Arne-Patrik Heinze, Henning Heinze, Barbara von Gayling-W
Systematisches Fallrepetitorium Verfassungsrecht –
Staatsorganisationsrecht, Grundrechte
De Gruyter Studium

Arne-Patrik Heinze, Henning Heinze,
Barbara von Gayling-Westphal

Systematisches Fallrepetitorium Verfassungsrecht – Staatsorganisationsrecht, Grundrechte

———

2., neu bearbeitete Auflage

DE GRUYTER

Weitere Inhalte auf der Website des Autors:

ISBN 978-3-11-061314-8
e-ISBN (PDF) 978-3-11-062441-0
e-ISBN (EPUB) 978-3-11-062736-7

Library of Congress Control Number: 2022932023

Bibliografische Information der Deutschen Nationalbibliothek
Die Deutsche Nationalbibliothek verzeichnet diese Publikation in der Deutschen
Nationalbibliografie; detaillierte bibliografische Daten sind im Internet
über http://dnb.dnb.de abrufbar.

© 2022 Walter de Gruyter GmbH, Berlin/Boston
Einbandabbildung: tapui/iStock/Getty Images Plus
Datenkonvertierung und Satz: jürgen ullrich typosatz, Nördlingen
Druck und Bindung: CPI books GmbH, Leck

www.degruyter.com

Vorwort zur 2. Auflage

Diese Lehrbuchreihe ist aus tausenden Unterrichtsstunden heraus entwickelt und somit als Lehrmaterial erprobt worden. Sie ist in besonderem Maße zur eigenständigen Examensvorbereitung sowie als Unterrichtsgrundlage für Dozent*innen geeignet, die auf die Erste Juristische Prüfung vorbereiten möchten. Der Anlass für die Kreation der Lehrbuchreihe war, dass es für notwendig erachtet wurde, eine Fallsammlung zu verfassen, in der nicht einzelne Fälle oder ehemalige Originalexamensfälle von unterschiedlichen Autoren zusammenhanglos aneinandergereiht werden. Es sollte eine systematische Lernfallsammlung entstehen, die auch als Nachschlagewerk zu einzelnen Themen geeignet ist. Ziel der Sammlung ist es, das für die Erste Juristische Prüfung examensrelevante öffentliche Recht systematisch auf wissenschaftlich-dogmatischer Basis abzudecken. Die Fälle sind derart konzipiert, dass durch Vernetzungen in allen Bänden eine einheitliche Struktur geschaffen wird. Dies wird anders als bei anderen Fallsammlungen dadurch gewährleistet, dass die Fälle und das Konzept im Kern von einem Autor stammen, der von Mitautor*innen, die seine Kurse gehört haben, unterstützt wurde, so dass die systematischen Strukturen gebietsübergreifend wiederkennbar sind. Die Fallkonstellationen basieren zum Teil auf geeigneten Gerichtsentscheidungen mit typischen immer wiederkehrenden Examenskonstellationen (Passagen aus den gemeinfreien Urteilen sind in die Fälle eingearbeitet, zum Teil umformuliert und kursiv in Anführungszeichen gesetzt, um die Lesbarkeit der Fälle nicht zu beeinträchtigen) und sind im Übrigen erfunden. Die Bände sind so konzipiert, dass eine darüber hinausgehende Literatur zur Examensvorbereitung im öffentlichen Recht allenfalls punktuell erforderlich ist. Für die 2. Auflage wurden die ursprünglichen Bände vollständig überarbeitet. Es ist zunächst eine 2. Auflage aus vier Bänden entstanden (Staatsorganisationsrecht und Grundrechte, Europarecht, Verwaltungsprozessrecht, Verwaltungsverfahrensrecht), die insbesondere durch die Einführung der Lernboxen, eines Stichwortverzeichnisses, der Zuordnung der in den Fällen behandelten juristischen Probleme im Inhaltsverzeichnis sowie durch Onlinekarteikarten und Schwerpunktkennzeichnung lern- und leserfreundlicher wurde. Die Konstruktion der Fälle ist derart erfolgt, dass problematische Aspekte beim maßgeblichen Prüfungspunkt im Fallaufbau mit den notwendigen abstrakten Hintergründen der Materie gutachtlich in die Falllösung eingearbeitet worden sind. So sollte eine perfekte Examensklausur verfasst sein, da zumindest bei guten Prüfern mit hohem Anspruch die Erläuterung des Lösungsweges mit guten Noten belohnt wird – nicht hingegen die Reproduktion auswendig gelernter Schlagworte. Aus seiner anwaltlichen Praxis heraus ist dem Autor Arne-Patrik Heinze jedoch bekannt, dass einige Prüfer bestimmte Formulierungen dennoch

https://doi.org.10.1515/9783110624410-202

lesen möchten. Deshalb sind derartige Schlagworte in die Lösungen implementiert worden. Anfängerhafte Darstellungen in Form der Verwendung so genannter „Theorien" sind bewusst vermieden worden. Es geht nicht darum, auswendig Gelerntes – womöglich noch im falschen Zusammenhang – zu reproduzieren. Es geht vielmehr darum, in einem juristischen Denksystem – Jura ist schließlich eine Art Mathematik in Worten – eine plausible Lösung am Gesetzestext mittels der juristischen Methodik zu entwickeln. Streitstände und vertretbare Lösungen sind in dieser Fallsammlung in die methodische Argumentation aufgenommen worden. Zudem wurden sprachliche Formulierungen vermieden, die einerseits von guten Prüfern zumindest unterbewusst oder bewusst als negativ erachtet werden, andererseits in juristischen Texten grundsätzlich ausgespart werden sollten. So gehören zum Beispiel Formulierungen wie „laut Sachverhalt" oder „vorliegend", „zu prüfen ist ..." regelmäßig nicht in gutachtliche Lösungen. Zudem wurde insoweit auf passive Formulierungen geachtet, als aktive Formulierungen fehlerhaft sind. So heißt es zum Beispiel nicht „das Gesetz sagt ...", sondern „im Gesetz steht ...". Ständige Wiederholungseffekte sind absichtlich in die Sammlung eingearbeitet worden, um durch die Zuordnung eines Problems an verschiedenen Stellen die Gesamtstruktur zu verdeutlichen. Auch Formulierungen sind bei wiederkehrenden Prüfungsfolgen bewusst gleich formuliert, um die Leser*innen für bestimmte Ausdrucksweisen zu sensibilisieren. Letztlich wird durch diese Fallsammlung eine Examensvorbereitung auf höchstem Niveau geboten, mittels derer strukturiertes Denken im öffentlichen Recht trainiert werden kann. Gleichzeitig kann sie aber als Nachschlagewerk herangezogen werden, weil die Fälle themenbezogen sind und es durch die dazugehörigen Fallgliederungen ermöglicht wird, einzelne Themengebiete gezielt zu suchen. Um es den Lesern zu ersparen, in der ohnehin begrenzten Examensvorbereitungszeit sämtliche Entscheidungen nachzulesen, sind wichtige Urteilspassagen mit dem Hinweis „zum Ganzen" und der entsprechenden abgeänderten Urteilspassage in die Falllösungen eingearbeitet worden. Für sachdienliche Hinweise und Verbesserungsvorschläge sind die Autor*innen stets dankbar und wünschen Ihnen einen erheblichen Lernerfolg beim Lesen der Bücher.

Hamburg, Januar 2022

Arne-Patrik Heinze
Henning Heinze
Barbara von Gayling-Westphal

Dr. Arne-Patrik Heinze

Dr. Arne-Patrik Heinze ist seit dem Jahr 2004 bundesweit als Dozent im Öffentlichen Recht unter anderem im Bereich der Vorbereitung auf die juristischen Examina tätig. Zudem arbeitet er seit 2008 als Rechtsanwalt und ist geschäftsführender Gründungsgesellschafter der Rechtsanwälte Dr. Heinze & Partner Deutschland und Schweiz mit Standorten in Hamburg, Berlin, Frankfurt am Main, Köln, München und Wollerau bei Zürich. Heinze ist als Fachanwalt für Verwaltungsrecht bundesweit auf Prüfungsanfechtungen (Staatsexamina Jura, Notarielle Fachprüfungen, Steuerberaterprüfungen, universitäre Prüfungen usw.), Studienplatzklagen und Verfassungsbeschwerden sowie Verfahren beim EGMR spezialisiert. Zudem betreut er Mandate im Allgemeinen Verwaltungsrecht und im Öffentlichen Baurecht.

Richterinnen und Richter, Professorinnen und Professoren, Rechtsanwältinnen und Rechtsanwälte und sonstige Juristinnen und Juristen haben bei Heinze Öffentliches Recht und das System der juristischen Dogmatik erlernt. Nach seiner Tätigkeit bei Alpmann & Schmidt war er bis zum Jahr 2013 geschäftsführender Gesellschafter der BeckAkademie (Verlag C.H. Beck), die er als Gründungsgesellschafter mit Kollegen bundesweit etabliert hat. In den Jahren 2013–2015 war er neben seiner Tätigkeit als Rechtsanwalt verbeamteter Professor für Öffentliches Recht an einer Polizeiakademie und Dozent der KaiserSeminare. Die Professur gab er zugunsten der Anwaltstätigkeit auf, da es in Deutschland nach dem anwaltlichen Berufsrecht neben der Anwaltstätigkeit zwar zulässig ist, „unechte" Professuren wie eine Honorarprofessur oder eine Professur an Privatinstitutionen innezuhaben – nicht jedoch eine „echte" Professur im Beamtenverhältnis. Dennoch ist Heinze der Wissenschaft und der Lehre aus Leidenschaft zur juristischen Dogmatik treu geblieben, kombiniert diese mit seiner Anwaltstätigkeit, publiziert regelmäßig und wird vor allem als Experte im Prüfungsrecht sowie im Bereich der Studienplatzklagen immer wieder von diversen renommierten Medien aus dem Fernseh-, Radio-, Online- und Printbereich angefragt.

Dr. Arne-Patrik Heinze, LL.M.
Dr. Heinze & Partner Partnerschaftsgesellschaft mbB
info@heinze-rechtsanwaelte.de
www.heinze-rechtsanwaelte.de
info@heinze-rechtsanwaelte.ch
www.heinze-rechtsanwaelte.ch

https://doi.org.10.1515/9783110624410-203

Barbara von Gayling-Westphal

Barbara von Gayling-Westphal ist seit 2018 als Rechtsanwältin im Energie- sowie im allgemeinen öffentlichen Wirtschaftsrecht tätig. Darüber hinaus berät sie ihre Mandanten auch im Bereich des Verfassungsrechts. Seit 2019 lehrt sie Verfassungsrecht an der Hochschule für Wirtschaft und Recht Berlin (HWR Berlin). Ihr Studium mit Schwerpunkt im Völker- und Europarecht absolvierte sie in München, London und Berlin und arbeitete anschließend als wissenschaftliche Mitarbeiterin im Öffentlichen Recht mit internationalem Bezug an der Universität Konstanz sowie in einer internationalen Organisation. Ihre Publikationen umfassen unter anderem die Bereiche des Investitionsschutz-, Umwelt- und Energierechts.

Henning Heinze

Henning Heinze ist als Rechtsanwalt im Bereich des Öffentlichen Rechts – insbesondere im Prüfungsrecht – tätig. Er ist geschäftsführender Gründungsgesellschafter der Rechtsanwälte Dr. Heinze & Partner Partnerschaftsgesellschaft mbB Deutschland und Schweiz mit Standorten in Hamburg, Berlin, Frankfurt am Main, Köln, München und Wollerau bei Zürich.

Inhaltsverzeichnis

Staatsorganisationsrecht

Grundrechte

Übersicht der Schemata

Staatsorganisationsrecht – Fall 1: „Die NATO im Einsatz"

Schwerpunkte: *Abgrenzung Staatsvertrag (Art. 59 Abs. 2 S. 1 GG i.V.m. Art. 24 Abs. 2 GG) von Verwaltungsabkommen, Verbands- und Organkompetenz, Anwendbarkeit des Art. 32 GG, Abgrenzung Abschluss eines völkerrechtlichen Vertrages zur Fortentwicklung, Organstreitverfahren (Art. 93 Abs. 1 Nr. 1 GG, §§ 13 Nr. 5, 63 ff. BVerfGG)*

Die Bundesrepublik Deutschland ist neben anderen Staaten Mitglied in der NATO. Die NATO ist eine internationale Organisation, die als Verteidigungsbündnis europäischer und nordamerikanischer Staaten konzipiert worden ist. Durch sie wird der Nordatlantikvertrag (NATO-Vertrag) – ein völkerrechtlicher Vertrag – umgesetzt. In dem Vertrag sind offen formulierte Absichtserklärungen enthalten. Zudem werden die Vertragspartner unter anderem zur friedlichen Konfliktbeilegung und zum Beistand verpflichtet, wenn ein Mitgliedstaat der NATO angegriffen wird.

In Art. 5 des Vertrages steht:

„Die Parteien vereinbaren, dass ein bewaffneter Angriff gegen eine oder mehrere von ihnen in Europa oder Nordamerika als ein Angriff gegen sie alle angesehen wird; sie vereinbaren daher, dass im Falle eines solchen bewaffneten Angriffs jede von ihnen [...] der Partei oder den Parteien, die angegriffen werden, Beistand leistet, indem jede von ihnen unverzüglich für sich und im Zusammenwirken mit den anderen Parteien die Maßnahmen, einschließlich der Anwendung von Waffengewalt, trifft, die sie für erforderlich erachtet ...".

Ein Art. 59 Abs. 2 S. 1 GG i.V.m. Art. 24 Abs. 2 GG entsprechendes Bundesgesetz ist hinsichtlich des NATO-Vertrages in der Bundesrepublik Deutschland ordnungsgemäß erlassen worden.

Nach dem Kalten Krieg beschlossen die Mitgliedstaaten der NATO, eine Neugestaltung des Verteidigungsbündnisses vorzunehmen. Auf dem NATO-Gipfeltreffen am 24.4.1999 in Washington unterzeichneten die Staats- und Regierungschefs der Mitgliedstaaten die „Erklärung von Washington" und stimmten dem neuen, derzeit gültigen Strategischen Konzept der NATO zu. Der Nordatlantikvertrag sollte allerdings weiterhin gültig bleiben. Durch das neue Konzept wurden die im Nordatlantikvertrag festgelegten Grundsätze fortgeführt und erweitert. In dem Konzept wurde festgelegt, dass durch das Bündnis auf der Grundlage der gemeinsamen Werte Demokratie, Menschenrechte und Rechtsstaatlichkeit eine gerechte und dauerhafte Friedensordnung in Europa ange-

https://doi.org.10.1515/9783110624410-001

strebt wird. Weitere Aufgabe des Bündnisses ist es nach dem neuen Strategischen Konzept darüber hinaus unter anderem, einen Beitrag zu einem stabilen euro-atlantischen Sicherheitsumfeld, das auf demokratischen Einrichtungen und dem Bekenntnis zur friedlichen Streitbeilegung beruht, zu leisten. Zudem verpflichtete sich das Bündnis zur Achtung der legitimen Sicherheitsinteressen dritter Staaten und betrachtet sich nicht als Gegner eines Staates. Im Sicherheitsansatz des Bündnisses stehen Konfliktverhütung, Zusammenarbeit und Erweiterung neben der Krisenbewältigung. In der Einleitung des Beschlusses heißt es unter anderem, dass der Zweck und das Wesen des Bündnisses unverändert bleiben. Die Einsatzvoraussetzungen der NATO-Streitkräfte sollen nach dem neuen Konzept nur in Übereinstimmung mit dem in der UN-Charta niedergeschriebenen Völkerrecht erfolgen. In Art. 2 Nr. 4 der UN-Charta steht:

„Alle Mitglieder unterlassen in ihren internationalen Beziehungen jede gegen die territoriale Unversehrtheit oder die politische Unabhängigkeit eines Staates gerichtete oder sonst mit den Zielen der Vereinten Nationen unvereinbare Androhung oder Anwendung von Gewalt."

Eine der wichtigsten Neuerungen des Konzepts besteht darin, dass zur Konfliktverhütung und Konfliktbewältigung auch militärische Operationen außerhalb des NATO-Gebietes zur Gefahrenabwehr zulässig sein sollen. Zudem soll die NATO auch ohne Mandat der Vereinten Nationen in Krisengebieten intervenieren können. Damit werden NATO-Beteiligungen bei internationalen Konflikten möglich, bei denen kein Mitgliedstaat als Partei beteiligt ist (sogenannte Krisenreaktionseinsätze). Diese Regelung geht über den ursprünglichen Verteidigungsauftrag hinaus. Im Bereich der Krisenreaktionen sollen die Parteien einander nach dem neuen Konzept konsultieren, wenn nach der Auffassung einer von ihnen ein Krisenreaktionseinsatz erforderlich erscheint, um anschließend gegebenenfalls ihre Maßnahmen im Einzelfall zu koordinieren.

Der Text des neuen Konzepts besteht hauptsächlich aus Schilderungen und Analysen der aktuellen politischen Lage im euro-atlantischen Raum und der neuen Gefahren, die sich aus dieser Lage ergeben, sowie aus Absichtserklärungen.

Das neue Konzept wird von allen Seiten als besonders bedeutungsvoll für die längerfristige Ausrichtung der NATO bezeichnet. Die Bundestagsfraktion der Partei P ist der Auffassung, dass die Bundesregierung mit ihrer Zustimmung zu den Beschlüssen über das neue Strategische Konzept auf der Gipfelkonferenz in Washington, ohne das in Art. 59 Abs. 2 S. 1 GG vorgeschriebene Zustimmungsverfahren beim Deutschen Bundestag einzuleiten, gegen Art. 59 Abs. 2 S. 1 GG verstoßen und damit Rechte des Deutschen Bundestages verletzt hat. Sie wendet sich deshalb im Mai 1999 an das Bundesverfassungsgericht und beantragt, den Verfassungsverstoß festzustellen.

Im Zusammenhang mit dem neuen Strategischen Konzept möchte der Bund eine „Wirtschaftsförderungsvereinbarung" mit den NATO-Partnern abschließen, durch welche die Gaststättenindustrie zwecks Qualitäts- und Umsatzsteigerung künftig weltweit gefördert werden soll. Dazu soll vertraglich zwischen den NATO-Partnern vereinbart werden, dass das jeweils nationale Gaststättenrecht um einige Gefahrenabwehrmaßnahmen im Hygienebereich ergänzt wird. Dazu müssten Rechtsgrundlagen zur Gefahrenabwehr im Gaststättenrecht geschaffen werden. Auf die Haushaltsgesetzgebung hat die „Wirtschaftsförderungsvereinbarung" indes keinen Einfluss.

Die P-Fraktion ist der Auffassung, es handele sich bei der „Wirtschaftsförderungsvereinbarung" um ein Verwaltungsabkommen, das von den Ländern vereinbart werden müsse. Selbst wenn es sich aber um einen Staatsvertrag handele, betreffe das Gaststättenrecht jedenfalls Länderkompetenzen, sodass die Bundesländer den Vertrag zu schließen haben. Das Vorhaben des Bundes sei mit den Artt. 32, 59 GG unvereinbar.

1. Komplex

Sie sollen gutachtlich darstellen, ob der Bund die Verbands- und seine Organe die Organkompetenz für den Abschluss einschließlich etwaiger Zustimmung und die Transformation der „Wirtschaftsförderungsvereinbarung" hat und ob der Bundesrat ebenfalls tätig werden muss. Sollten Sie der Auffassung sein, dass der Bund die Kompetenzen hat, stellen Sie im Gutachten auch dar, wer die Transformationskompetenz innehat.

2. Komplex

Wie wird das Bundesverfassungsgericht über den Antrag der P-Fraktion bezüglich des Verfassungsverstoßes durch die Bundesregierung aufgrund der Zustimmung zu den Beschlüssen über das neue
strategische Konzept entscheiden?

Lindauer Abkommen

1. Der Bund und die Länder halten an ihren bekannten Rechtsauffassungen über die Abschluss- und Transformationskompetenz bei völkerrechtlichen Verträgen, die ausschließliche Kompetenzen der Länder berühren, fest.

2. [...]

3. Beim Abschluss von Staatsverträgen, die nach Auffassung der Länder deren ausschließliche Kompetenzen berühren und nicht nach Ziffer 2 durch die Bundeskompetenzen gedeckt sind, insbesondere also bei Kulturabkommen, wird wie folgt verfahren: Soweit völkerrechtliche Verträge auf Gebieten der ausschließlichen Zuständigkeit der Länder eine Verpflichtung des Bundes oder der Länder begründen sollen, soll das Einverständnis der Länder herbeigeführt werden. Dieses Einverständnis soll vorliegen, bevor die Verpflichtung völkerrechtlich verbindlich wird [...] Bei den in Absatz 1 Satz 2 genannten Verträgen sollen die Länder an der Vorbereitung für den Abschluss möglichst frühzeitig, in jedem Fall rechtzeitig vor der endgültigen Festlegung des Vertragstextes beteiligt werden.

Vertiefung

BVerfG, Urteil vom 29.7.1952 – 2 BvE 2/51 (BVerfGE 1, 372); BVerfG, Urteil vom 12.7.1984 – 2 BvE 3/92, 5/93, 7/93, 8/93 (BVerfGE 90, 286); BVerfG, Urteil vom 22.11.2001 – 2 BvE 6/99 (BVerfGE 104, 151); BVerfG, Urteil vom 3.7.2007 – 2 BvE 2/07 (BVerfGE 118, 244)

Zur Geltendmachung von Rechten des Bundestages durch ständige Untergliederungen: BVerfG, Urteil vom 25.5.1977 – 2 BvE 1/74 (BVerfGE 45, 1, 29 f.); BVerfG, Urteil vom 18.12.1984 – 2 BvE 13/83 (BVerfGE 68, 1, 69 ff.); BVerfG, Beschluss vom 17.9.2019 – 2 BvE 2/16 (NVwZ 2019, 1669)

Gliederung

          aa) Wortlaut und Systematik
          bb) Teleologische Auslegung und praktische Konkordanz
    3. Zwischenergebnis
  II. Organkompetenz (+)
    1. Beteiligung des Bundestages (+)
    2. Beteiligung des Bundesrates (–)
B. Ergebnis

2. Komplex: Entscheidung des Bundesverfassungsgerichts
A. Zulässigkeit (+)
  I. Zuständigkeit des Bundesverfassungsgerichts (+)
  II. Verfahrensabhängige Zulässigkeitsvoraussetzungen (+)
    1. Beteiligte (+)
        a) Antragsteller (+)
        b) Antragsgegner (+)
    2. Antragsgegenstand (+)
    3. Antragsbefugnis bzw. Antragsgrund (+)
    4. Form und Frist (+)
  III. Allgemeines Rechtsschutzbedürfnis (+)
  IV. Zwischenergebnis (+)
B. Begründetheit (–)
  I. Inhaltliche Änderung des NATO-Vertrages (–)
    1. Ausdrückliche Vertragsänderung (–)
    2. Konkludente Vertragsänderung (–)
  II. Zustimmungserfordernis bei Fortentwicklung (–)
  III. Überschreitung der Ermächtigung aus dem ursprünglichen
      Zustimmungsgesetz (–)
C. Gesamtergebnis (–)

Lösungsvorschlag

Die folgende Lösung ist als Lösungsvorschlag zu verstehen und ausführlicher, als es in der Klausurbearbeitung verlangt werden kann. Aufgrund der wissenschaftlichen Freiheit können andere Lösungswege vertreten werden, soweit sie dogmatisch begründbar sind. Die Nachweise aus Rechtsprechung und Literatur sowie die das Verständnis fördernden Randbemerkungen sind in der Examensklausur auszusparen. Die Abkürzung „Alt." steht für Alternativfall, nicht für Alternative.

1. Komplex: Gutachten über die Kompetenz des Bundes

Der Bund ist für den Abschluss der „Wirtschaftsförderungsvereinbarung" (Wirtschaftsvereinbarung) zuständig, wenn er die entsprechende Verbandskompetenz und eines seiner Organe die Organkompetenz innehat. Eine Beteiligung des Bundestages und des Bundesrates muss erfolgen, wenn dies im Rahmen der Organkompetenz vorgesehen ist.

A. Wahrung der Kompetenzen bei Vertragsabschluss

Der Bund und eines seiner Organe können für den Abschluss der Wirtschaftsvereinbarung zuständig sein. Die Wirtschaftsvereinbarung ist ein Vertrag, der dem besonderen Völkerrecht, also einem partikularen Themengebiet des Völkerrechts, zuzuordnen ist. Die Kompetenz für den Abschluss völkerrechtlicher Verträge richtet sich nach den Artt. 32, 59 GG.

Da besonderes Völkerrecht in Art. 25 S. 1 GG nicht genannt ist, gilt es anders als das allgemeine Völkerrecht nicht unmittelbar als Bundesrecht, sondern muss transformiert werden. Das Transformationsbedürfnis im besonderen Völkerrecht wirkt sich dabei auf die Auslegung der Artt. 32, 59 GG aus.

I. Verbandskompetenz

Der Bund muss zunächst die Verbandskompetenz innehaben, also als Gebietskörperschaft des öffentlichen Rechts für den Abschluss völkerrechtlicher Verträge zuständig sein.

Die Ausübung staatlicher Befugnisse und damit auch der Abschluss völkerrechtlicher Verträge ist gemäß Art. 30 GG grundsätzlich Sache der Länder, soweit das Grundgesetz keine andere Regelung enthält. Nach Art. 32 Abs. 1 GG ist die Pflege der Beziehungen zu auswärtigen Staaten grundsätzlich Sache des Bundes, so dass sich bezüglich der Zuständigkeitsverteilung insoweit die Verteilung zwischen Bund und Ländern in auswärtigen Angelegenheiten ergibt. Allerdings können die Länder nach Art. 32 Abs. 3 GG mit Zustimmung der Bundesregierung Verträge mit ausländischen Staaten abschließen, soweit sie für die Gesetzgebung zuständig sind.

Für bestimmte völkerrechtliche Verträge – sogenannte Verwaltungsabkommen – ist in Art. 59 Abs. 2 S. 2 GG jedoch eine entsprechende Geltung der Vorschriften über die Bundesverwaltung geregelt. Zwar betrifft diese Regelung unmittelbar nur die Organkompetenz, jedoch könnte sie analog bzw. im Rahmen einer praktischen Konkordanz auch für die Verbandskompetenz maßgeblich sein.

Entscheidend ist somit, ob die Wirtschaftsvereinbarung ein Verwaltungsabkommen i.S.d. Art. 59 Abs. 2 S. 2 GG oder als (sonstiger) Staatsvertrag i.S.d. Art. 59 Abs. 2 S. 1 GG einzustufen ist.

Schema 1: Kompetenz zum Abschluss völkerrechtlicher Verträge

• Abs. 1: Abschlusskompetenz des Bundes	• Abs. 1: Für Verträge des Bundes → Bundespräsident
• Abs. 3: Abschlusskompetenz der Länder (an Gesetzgebungskompetenzen angelehnt)	• Abs. 2: Mitwirkungsrechte anderer Organe (Bundestag, Bundesrat)
• Str.: Abschlusskompetenz des Bundes auch bei ausschließlicher Gesetzeskompetenz der Länder? (v.a. sog. Kulturabkommen)	>S. 1, Var. 1: bei **politischen Verträgen** → betreffen die Existenz, territoriale Integrität, Unabhängigkeit oder Stellung der BRD in der Staatengemeinschaft
• Pragmatische Lösung durch **Lindauer Abkommen** → Einverständnis der Länder	>S. 1, Var. 2: bei Verträgen bzgl. **Gegenständen der Bundesgesetzgebung** (umfasst auch Gegenstände der Landesgesetzgebung; nach außen: Bundesrepublik als Einheitsstaat)
• P: Verbandskompetenz bei VerwAbkommen (HM: Art. 32 Abs. 1, 3 GG iVm Art. 83 ff. GG; MA: Art. 59 Abs. 2 S. 2 GG)	• Keine Mitwirkung von Bundestag/ Bundesrat bei **Verwaltungsabkommen** gemäß Abs. 2 S. 2>Art. 83 ff. GG beachten

1. Anwendbarkeit des Art. 32 GG

Ist die Wirtschaftsvereinbarung ein Staatsvertrag, gilt für die Verbandskompetenz ausschließlich Art. 32 GG. Wesentliche Arten von Staatsverträgen sind in Art. 59 Abs. 2 S. 1 GG benannt. Staatsverträge i.S.d. Art. 59 Abs. 2 S. 1 Alt. 1 GG sind politische Verträge und gemäß Art. 59 Abs. 2 S. 1 Alt. 2 GG Gesetzgebungsverträge sowie solche mit sonst wesentlichem Inhalt i.S.d. Art. 20 GG.

a) Staatsvertrag in Gestalt eines regulären politischen Vertrags

Es kann sich bei der Wirtschaftsvereinbarung um einen politischen Vertrag und damit um eine Form eines Staatsvertrages handeln. Ein politischer Vertrag ist nur anzunehmen, wenn es um hochpolitische Inhalte geht. Das sind politisch wesentliche und unmittelbar die Existenz und Unabhängigkeit des Staates sowie dessen Stellung und Gewicht innerhalb der Staatengemeinschaft betreffende Fragen wie zum Beispiel Gebietsabtretungen. Der Begriff des politischen Vertrages ist restriktiv auszulegen, da nahezu jeder völkerrechtliche Vertrag politische Dimensionen hat. Bei weitem Verständnis würden feste Kompetenzregeln des Grundgesetzes unterlaufen. Eine sekundäre, ungewollte Auswirkung auf die Beziehungen der Bundesrepublik Deutschland zu anderen Staaten genügt nicht. Die Wirtschaftsvereinbarung zur Schaffung von Rechtsgrundlagen im Gaststättenrecht dient ausschließlich der Belebung der Konjunktur sowie der effektiven Kontrolle der Gastronomie. Durch sie wird weder die Existenz noch die Unabhängigkeit der Bundesrepublik Deutschland tangiert. Die Vereinbarung ist auch nicht darauf ausgerichtet, „die Machtstellung Deutschlands gegenüber anderen Staaten zu behaupten, zu befestigen oder zu erweitern" (BVerfGE 1, 372, 381). Es handelt sich um keinen politischen Vertrag.

b) Staatsvertrag in Gestalt eines besonderen politischen Vertrags (Wirtschaftsabkommen mit Ausnahmecharakter)

Die Wirtschaftsvereinbarung kann als Wirtschaftsabkommen mit Ausnahmecharakter einzuordnen sein. Grundsätzlich sind Wirtschaftsabkommen keine politischen Verträge. Sie können aber im Einzelfall so erhebliche Auswirkungen auf politische Beziehungen haben, dass sie ausnahmsweise als politische Verträge einzustufen sind, zum Beispiel dann, „wenn die Vertragspartner durch den Abschluss eines Wirtschaftsabkommens ihre Volkswirtschaft ergänzen wollen, um ihre gemeinsame wirtschaftliche Stellung im Wettbewerb der Staaten zu stärken. Insoweit können die an sich unpolitischen Marktbeziehungen zu politischen Machtbeziehungen werden" (BVerfGE 1, 372, 383). Wenn ein Vertrag aber nur deshalb politische Bedeutung erlangt, weil er innerstaatliche Auswirkungen auf die wirtschaftlichen Verhältnisse hat, wird er dadurch noch nicht zu einem (völkerrechtlich) „politischen Vertrag" i.S.d. Art. 59 Abs. 2 S. 1 GG (BVerfGE 1, 372, 382).

Die Wirtschaftsvereinbarung dient nicht der Stärkung der Stellung der Bundesrepublik Deutschland gegenüber anderen im Wettbewerb stehenden Staaten, sondern der Belebung der weltweiten Konjunktur und der Qualitätssicherung. Zwar kann die Wirtschaftsvereinbarung über gemeinsame Investitionen in Bundes- und Landesstraßen Auswirkungen auf die Beziehungen der Bundesrepublik Deutschland zu anderen Staaten haben, jedoch werden diese nur durch eine gemeinsame Konzeption zur Förderung der Gastronomie „berührt", nicht jedoch i.S.d. Art. 59 Abs. 2 S. 1 GG „geregelt". Die Wirtschaftsvereinbarung ist somit kein Wirtschaftsabkommen mit Ausnahmecharakter und daher kein politischer Vertrag.

c) Staatsvertrag in Form eines Gesetzgebungsvertrages des Bundes

Es kann sich bei der Wirtschaftsvereinbarung aber um einen Vertrag über Gegenstände der Bundesgesetzgebung (Gesetzgebungsvertrag) handeln. Dann wäre sie kein Verwaltungsabkommen mit der Folge, dass Art. 32 GG für die Verbandskompetenz unstrittig anwendbar wäre. Sollte es sich bei der Wirtschaftsvereinbarung um einen Gesetzgebungsvertrag des Bundes in Bundesmaterien handeln, würde sich die Verbandskompetenz nach Art. 32 Abs. 1 GG richten. Sollte es sich bei der Wirtschaftsvereinbarung hingegen um einen Gesetzgebungsvertrag des Bundes in Landesmaterien handeln, würde sich die Verbandskompetenz nach Art. 32 Abs. 1 GG oder nach Art. 32 Abs. 3 GG richten.

aa) Gesetzgebungsvertrag des Bundes in Bundesmaterien

Die Wirtschaftsvereinbarung kann als Gesetzgebungsvertrag in Bundesmaterien ausgestaltet sein. Ein Gesetzgebungsvertrag des Bundes in Bundesmaterien ist anzunehmen, wenn der Bund durch einen Vertrag Verpflichtungen übernimmt, deren Erfüllung wegen des Gesetzesvorbehaltes bzw. dem sich aus Art. 20 Abs. 2 GG ableitenden Wesentlichkeitsgrundsatz nur durch ein Bundesgesetz möglich ist.

In der Wirtschaftsvereinbarung verpflichtet sich die Bundesrepublik Deutschland zur Veränderung der Rechtsgrundlagen im Gaststättenrecht. Das Gaststättenrecht unterliegt gemäß Art. 70 GG der Landesgesetzgebung, da es bei der konkurrierenden Gesetzgebung in Art. 74 Abs. 1 Nr. 11 GG ausdrücklich ausgeschlossen worden ist.

Bei der Wirtschaftsvereinbarung handelt es sich daher im Ergebnis um keinen Gesetzgebungsvertrag des Bundes in Bundesmaterien. Art. 32 Abs. 1 GG ist nicht die für die Verbandskompetenz zum Abschluss der Wirtschaftsvereinbarung maßgebliche Norm.

bb) Gesetzgebungsvertrag des Bundes in Landesmaterien

Es kann sich bei der Wirtschaftsvereinbarung aber um einen Gesetzgebungsvertrag des Bundes bezüglich einer Landesmaterie handeln. In diesem Fall könnte es gegebenenfalls an einer Verbandskompetenz des Bundes fehlen, soweit Art. 32 Abs. 3 GG für die Verbandskompetenz bezüglich der Wirtschaftsvereinbarung anwendbar ist.

Es handelt sich um einen Gesetzgebungsvertrag des Bundes in einer Landesmaterie, wenn zur Umsetzung der Wirtschaftsvereinbarung ein Landesgesetz geändert werden müsste. In der Wirtschaftsvereinbarung sind Änderungen der Gaststättengesetze vorgesehen, für welche die Bundesländer zuständig sind. Ein Landesgesetz müsste geändert werden.

2. Voraussetzungen des Art. 32 GG

In Art. 32 GG ist sowohl die Verbandskompetenz des Bundes als auch der Länder zum Abschluss völkerrechtlicher Verträge geregelt.

a) Abschlusskompetenz in Bundesmaterien

Gemäß Art. 32 Abs. 1 GG ist der Bund für den Abschluss völkerrechtlicher Verträge in solchen Materien als Verband zuständig, in denen er die Gesetzgebungskompetenz hat. In der Wirtschaftsvereinbarung geht es um das Gaststättenrecht als Gesetzgebungsmaterie des Landes gemäß Art. 70 GG. Somit ist Art. 32 Abs. 1 GG nach dem Wortlaut der Norm nicht anwendbar.

b) Abschlusskompetenz in Landesmaterien

Ist eine Gesetzgebungsmaterie – wie das Gaststättenrecht – innerstaatlich den Ländern zugewiesen, kann der Bund für den Abschluss von Staatsverträgen in diesem Bereich als Verband unzuständig sein, da die Kompetenz insoweit gemäß Art. 32 Abs. 3 GG den Ländern zugewiesen sein könnte.

aa) Wortlaut und Systematik

Bei einer Wortlautauslegung wären in Landesmaterien nach Art. 32 Abs. 3 GG die Länder zum Abschluss von Staatsverträgen zuständig. Art. 32 Abs. 3 GG, der bei systematischer Betrachtung spezieller als Art. 32 Abs. 1 GG ist, wäre anwendbar und die Zuständigkeit des Bundes würde fehlen. Der Bund wäre für die Wirtschaftsvereinbarung hinsichtlich des Gaststättenrechts unzuständig gewesen.

Für diese wortlautgetreue Auslegung spricht ein Rückschluss von der Organkompetenzregelung des Art. 59 GG auf die Verbandskompetenz. Denn wenn im Wortlaut des Art. 59 Abs. 2 S. 1 GG nur für die „Bundesgesetzgebung" eine Zustimmungsbedürftigkeit durch Bundesgesetz beim Abschluss von völkerrechtlichen Verträgen geregelt ist, kann sich daraus ein Rückschluss auf die Verbandskompetenz ergeben. Da die Materien der Landesgesetzgebung bei der Organkompetenz nicht erwähnt sind, könnte das bedeuten, dass der Bund insoweit auch als Verband schon unzuständig ist, sodass es in Art. 59 GG – in dem die Organkompetenz des Bundes geregelt ist – auch keiner Regelung bezüglich Landesmaterien bedurfte, weil ein Organ des Bundes nur im Rahmen der Verbandskompetenz des Bundes handeln kann.

Bei dieser länderfreundlichen Auslegung des Art. 32 Abs. 3 GG wäre die dort geregelte „Zustimmung der Bundesregierung" als rein formaler Akt zu verstehen, der einer präventiven Bundesaufsicht dienen würde und unterbleiben dürfte, sofern rechtsstaatliche Bedenken bestünden.

bb) Teleologische Auslegung und praktische Konkordanz

Bei teleologischer Betrachtung ist hingegen der Bund grundsätzlich auch in Landesmaterien für den Abschluss von Staatsverträgen zuständig (vgl. Jarass/ Pieroth, 16. Aufl., 2020, Art. 32, Rn. 6 m.w.N.). Art. 32 Abs. 3 GG ist eine Ausprägung des kooperativen Föderalismus als Form der vertikalen Gewaltenteilung, verankert wiederum im Bundesstaatsprinzip i.S.d. Art. 20 Abs. 1 GG. Kooperativer Föderalismus bedeutet, dass im zweigliedrigen Bundesstaat Bund und Länder miteinander verzahnt und zum Zusammenwirken innerhalb vorgegebener Regelungen verpflichtet sind. Art. 32 Abs. 3 GG ist so auszulegen, dass die Länder in ihren Materien nur die Verbandskompetenz für Staatsverträge haben, wenn der Bund ihnen diese mittels Zustimmung der Bundesregierung zugesteht. Der Rückschluss von der Organkompetenz des Art. 59 GG auf die Verbandskompetenz zugunsten der Länder ist zwar nicht fernliegend, jedoch sind unterschiedliche Verfassungsgüter im Rahmen einer praktischen Konkordanz in Einklang zu bringen. Das Bundesstaatsprinzip aus Art. 20 Abs. 1 GG ist daher als Verfassungsgut bei der Auslegung des Art. 32 Abs. 3 GG zu berücksichtigen.

Zwar könnte die Zweigliedrigkeit des Bundesstaates bedingen, grundsätzlich den Ländern nach Art. 32 Abs. 3 GG die Verbandskompetenz in eigenen Materien zuzusprechen, da sie eigene Staatsqualität haben. Maßgeblich ist jedoch, dass ein Bundesstaat nach außen einheitlich auftreten und lediglich nach innen föderal ausgestaltet sein soll. Anderenfalls wäre ein effizientes Wirken im Außenverhältnis kaum erreichbar, zumal die Glaubwürdigkeit der Bundesrepublik Deutschland im Außenverhältnis leiden würde. Das Bundesstaatsprinzip spricht somit dafür, Art. 32 Abs. 3 GG zulasten der Länder auszulegen.

Die Autonomie der Länder steht dieser bundesfreundlichen Auslegung nicht entgegen, da sie gewahrt bleibt. Zwar ist Art. 32 Abs. 2 GG insoweit nicht anwendbar, als dort ein Vertrag über regionale Fragen eines Landes und kein Vertrag über Landesmaterien im kompetenziellen Sinne gemeint ist, wobei in der Norm lediglich eine Anhörung vorgesehen ist, die keine echte Beteiligung des Landes darstellt. Eine Beteiligung der Länder erfolgt trotz Zuständigkeit des Bundes im Außenverhältnis aber jedenfalls im Innenverhältnis beim Transformationsgesetz. Die Transformationskompetenz bleibt bei den Ländern. Zwar würde ein einheitliches Auftreten des Bundes nach außen dafür sprechen können, dem Bund auch die Transformationskompetenz zu überlassen, damit er sich nicht zu etwas verpflichtet, das er nicht erfüllen kann. Allerdings beinhaltet das Bundesstaatsprinzip auch ein föderalistisches System nach innen, sodass es nach Art. 20 Abs. 1 GG unerlässlich ist, dem Land wenigstens die Transformationskompetenz zu belassen. Um zu verhindern, dass die Länder

Staatsverträge zulasten des Ansehens des Bundes gegenüber anderen Staaten nicht transformieren, haben Bund und Länder mit dem Lindauer Abkommen einen Staatsvertrag geschlossen, in dem eine frühzeitige Beteiligung der Länder vorgesehen ist.

Aufgrund dieser Beteiligung der Länder ist eine bundesfreundliche Auslegung des Art. 32 Abs. 3 GG möglich. Letztlich haben die Länder nach Art. 32 Abs. 3 GG nur die Verbandskompetenz für Staatsverträge in Landesmaterien, wenn der Bund ihnen dies durch Zustimmung der Bundesregierung zusteht. Im Übrigen bleibt es auch für Landesmaterien bei der Kompetenzregel des Art. 32 Abs. 1 GG. Da der Bund in der Wirtschaftsvereinbarung selbst einen Staatsvertrag über das Gaststättenrecht als Landesmaterie abgeschlossen und dieses nicht den Ländern überlassen hat, ist er Träger der Verbandskompetenz. Eine Beteiligung der Länder erfolgt aufgrund des Lindauer Abkommens.

3. Zwischenergebnis

Der Bund hat nach Art. 32 Abs. 1 GG die Verbandskompetenz für die Wirtschaftsvereinbarung als Staatsvertrag.

II. Organkompetenz

Neben der Verbandskompetenz des Bundes ist die Organkompetenz eines Bundesorgans i.S.d. Art. 59 GG maßgeblich.

Gemäß Art. 59 Abs. 1 GG wird der Bundespräsident als Organ des Bundes diesen bei der Ratifizierung des Vertrages vertreten. Das gilt auch insoweit, als von der Wirtschaftsvereinbarung Landesmaterien erfasst sind. Denn wenn der Bund die Verbandskompetenz hat, muss er auch durch seine Organe handeln können. Ein Organ eines Landes kann den Bund nicht verpflichten. Da im Wortlaut des Art. 59 Abs. 1 GG keine Einschränkung enthalten ist, vertritt der Bundespräsident den Bund beim Abschluss der Wirtschaftsvereinbarung bezüglich des gesamten Vertrages nach Art. 59 Abs. 1 GG. Die Bundesorgane Bundestag und Bundesrat können aber beim Abschluss der Wirtschaftsvereinbarung zu beteiligen sein.

Schema 2: Aufgaben des Bundespräsidenten (Artt. 54 ff. GG), siehe auch Schema 39

Aufgaben des Bundespräsidenten, Artt. 54 ff. GG		
Repräsentativfunktion (Vertretung des Staates als Einheit)	**Integrationsfunktion** (Herbeiführung staatlicher Übereinstimmung nach innen)	**Reservefunktion** (Eintreten bei eingeschränkter Handlungsfähigkeit anderer Verfassungsorgane)
– völkerrechtliche Vertretung (Art. 59 GG) – Ernennungs-/Begnadigungsrecht (Art. 60 GG)	– Gesetzesausfertigung (Art. 82 GG) – Genehmigung der Geschäftsordnung (Art. 65 S. 4 GG) – Beilegung von Differenzen durch Aussprache	– Ernennung/Entlassung des Kanzlers bzw. der Minister (Artt. 63, 64 GG) – Auflösung des Bundestages (Art. 68 GG) – Gesetzgebungsnotstand (Art. 81 GG)
Gegenzeichnung (Art. 58 GG) (+) bei verbindlichen Rechtsakten (-) bei Maßnahmen außerhalb organschaftlicher Kompetenz (str.) bei Akten ohne rechtliche Verbindlichkeit		

1. Beteiligung des Bundestages

Bei Staatsverträgen in Bundesmaterien ist der Bundestag nach Art. 59 Abs. 2 S. 1 GG durch ein Zustimmungsgesetz zu beteiligen, wobei ein Zustimmungsgesetz nicht mit einem zustimmungspflichtigen Gesetz gemäß Art. 78 GG gleichzusetzen ist, so dass eine Zustimmung des Bundesrates nicht zwingend erforderlich ist. Die Beteiligung des Bundestages kann auch bei Staatsverträgen über Landesmaterien gelten, für die der Bund die Verbandskompetenz hat.

Bei Zugrundelegung eines engen Verständnisses des Wortlautes des Art. 59 Abs. 2 S. 1 GG wäre der Bundestag für den Teil der Wirtschaftsvereinbarung, der Landesmaterien betrifft, nicht zu beteiligen, da der Wortlaut der Norm auf Bundesmaterien abzielt. Für eine solche Wortlautauslegung spricht, dass die Länder die Transformationskompetenz für die Staatsverträge in Landesmaterien haben. Der Bund könnte die Erfüllung des Vertrages mangels Transformationskompetenz ohnehin nicht garantieren, weil er für den Erlass der die Erfüllung sichernden Gesetze nicht zuständig ist. Insofern wäre eine Zustimmung des Bundestages über Gegenstände, welche die Landesgesetzgebung betreffen, unnötig. Die Tätigkeit der gesetzgebenden Körperschaften des

Bundes wäre demnach nicht über Art. 59 Abs. 2 S. 1 GG auf Materien der Landesgesetzgebung auszudehnen. Solche Materien würden ausnahmslos im Verantwortungsbereich der gesetzgebenden Körperschaften der Länder verbleiben.

Andererseits ist Art. 32 GG zugunsten des Bundes ausgelegt worden, der auch Staatsverträge über Landesmaterien abschließen darf. Dem zur weiten Auslegung bei der Verbandskompetenz führenden Bundesstaatsprinzip aus Art. 20 Abs. 1 GG muss auch im Rahmen der Organkompetenz Rechnung getragen werden. Art. 59 Abs. 2 S. 1 Alt. 2 GG ist daher über ein enges Wortlautverständnis hinaus aufgrund der praktischen Konkordanz mit dem Bundesstaatsprinzip ergänzend weit auszulegen. Zwar ist der Wortlaut die Grenze der Auslegung, jedoch erfolgt die Erweiterung des Tatbestandes mittels praktischer Konkordanz mit anderen Verfassungswerten. Das Tatbestandsmerkmal „Bundesgesetzgebung" muss so ausgelegt werden, dass „Bundes- und Landesgesetzgebung" erfasst sind. Wenn der Bund als Verband zuständig ist, müssen auch seine Organe handeln, zumal die Bundesregierung gemäß Art. 59 Abs. 2 S. 1 GG schon bei Bundesmaterien nicht ohne Beteiligung des Bundestages handeln darf. Dann darf sie dies erst recht nicht, wenn noch wesentlichere Bereiche tangiert werden, nämlich die Landesmaterien und damit die vertikale Gewaltenteilung im Bundesstaat. An wesentlichen Handlungen der Bundesregierung als Exekutivorgan des Bundes ist aufgrund des sich aus dem Demokratieprinzip i.S.d. Art. 20 Abs. 2 S. 1 GG ergebenden Grundsatzes der sachlichen Legitimation der Bundestag zu beteiligen, weil dort die vom Volk gewählten Vertreter abstimmen. Im Ergebnis muss der Bundestag somit auch im Bereich der Landesmaterien und damit für die Wirtschaftsvereinbarung bezüglich des Gaststättenrechts zustimmen.

2. Beteiligung des Bundesrates

Durch die Bezugnahme in Art. 59 Abs. 2 S. 1 GG auf die Zustimmung oder Mitwirkung der gesetzgebenden Körperschaften ergibt sich, dass das der Wirtschaftsvereinbarung zustimmende Zustimmungsgesetz zu einem Staatsvertrag wie jedes andere Gesetz entweder als zustimmungspflichtiges Gesetz oder als Einspruchsgesetz zu behandeln ist. Der Bundesrat muss einem Zustimmungsgesetz i.S.d. Art. 59 Abs. 2 S. 1 GG daher nur i.S.d. Art. 78 GG zustimmen, wenn dies für die vom Vertrag betroffene Materie ausdrücklich vorgesehen ist. Maßgeblich ist der Inhalt des Staatsvertrages im Einzelfall.

Die Beteiligung des Bundesrates bei Gegenständen der Landesgesetzgebung ist im Grundgesetz nicht vorgesehen. Dennoch kann das Zustimmungsgesetz der Zustimmung des Bundesrates bedürfen.

Ein Zustimmungsgesetz i.S.d. Art. 59 Abs. 1 S. 1 GG könnte schon dann einer Zustimmung des Bundesrates bedürfen, wenn Länderinteressen unmittelbar in besonderer Weise berührt sind. Der Bundesrat müsste der Wirtschaftsvereinbarung dann zustimmen, weil die Änderung der Rechtsgrundlagen im Gaststättenrecht die Länder in unmittelbarer Weise berührt. Andererseits kann eine generelle Zustimmungspflicht aber abzulehnen sein, da diese ansonsten stets ausdrücklich im Grundgesetz angeordnet wird.

Für eine Erweiterung der ausdrücklichen Regelungen im Grundgesetz bei besonderer Betroffenheit der Länder spricht, dass der Bundesrat ein Organ des Bundes ist, das Ausdruck der Verzahnung von Bund und Ländern ist, weil die Länder, deren Regierungen im Bundesrat repräsentiert sind, an Bundesgesetzen mittelbar beteiligt werden. Zudem wird bei Staatsverträgen des Bundes über Landesmaterien erheblich in die Gesetzgebungsmaterien der Länder eingegriffen.

Andererseits kann es weniger auf die Beteiligung des Bundesrates, sondern vielmehr auf die die Beteiligung der Länder ankommen. Ein Einverständnis oder eine Beteiligung der Länder sind von der Zustimmung des Bundesrates zu trennen, sodass selbst eine einstimmige Zustimmung des Bundesrates nicht als Einverständnis der Länder gewertet werden könnte. Trotz der weiten Verbandskompetenz des Bundes für Staatsverträge sind die Länder auch nicht zwingend durch eine Zustimmung des Bundesrates zum Zustimmungsgesetz i.S.d. Art. 59 Abs. 2 S. 1 GG schutzbedürftig. Einerseits sind sie schon durch einen möglichen Einspruch geschützt. Jedenfalls haben sie aber in Landesmaterien die Transformationskompetenz und sind zusätzlich aufgrund des Lindauer Abkommens beteiligt. Das Zustimmungsgesetz bedarf nicht der Zustimmung des Bundesrates.

B. Ergebnis

Im Ergebnis ist der Bund zum Abschluss der Wirtschaftsvereinbarung zuständig. Der Bundestag ist durch ein Zustimmungsgesetz zu beteiligen, während dem Bundesrat nur die Möglichkeit des Einspruches gegen das Zustimmungsgesetz verbleibt.

2. Komplex: Entscheidung des Bundesverfassungsgerichts

Der Antrag der P hat Erfolg, soweit er zulässig und begründet ist.

Schema 3: Organklage (Organstreit)

A. Zulässigkeit
 I. **Zuständigkeit BVerfG** (Art. 93 I Nr. 1 GG,
  § 13 Nr. 5 BVerfGG; ggf. Verf Land)
 II. **Verfahrensabhängige Voraussetzungen**
  1. **Beteiligte**
   ▪ § 63 BVerfGG
  2. **Antragsgegenstand**
   ▪ § 64 I BVerfGG: Maßnahme oder Unter-
    lassen des Antragsgegners

  3. **Antragsbefugnis (§ 64 I BVerfGG)**
   ▪ Eigene Wahrnehmungsberechtigung
   ▪ P: Prozessstandschaft (Abgeordneter
    nicht für BT)
  4. **Form und Frist**
   ▪ Bezeichnung Norm (§ 64 II BVerfGG)
   ▪ Frist: 6 Monate (§ 64 III BVerfGG)

B. Begründetheit
§ 67 S. 1 BVerfGG: wenn beanstandete
Maßnahme gegen das GG verstößt (HM: obj.
Prüfungsmaßstab, obwohl „subj." Einstieg!)

A. Zulässigkeit

I. Zuständigkeit des Bundesverfassungsgerichts

Das Bundesverfassungsgericht ist nach dem im Grundgesetz enthaltenen Enumerationsprinzip nur zuständig, wenn ihm ein Verfahren ausdrücklich zugewiesen ist. Dem Bundesverfassungsgericht ist gemäß Art. 93 Abs. 1 Nr. 1 GG i.V.m. § 13 Nr. 5 BVerfGG das Organstreitverfahren zugewiesen, bei dem oberste Bundesorgane oder Teile dieser Organe, die im Grundgesetz oder in der Geschäftsordnung eines obersten Bundesorgans mit eigenen Rechten ausgestattet sind, über verfassungsrechtlich gewährte Wahrnehmungsberechtigungen streiten. Für ein Organstreitverfahren ist das Bundesverfassungsgericht zuständig.

II. Verfahrensabhängige Zulässigkeitsvoraussetzungen

Jedem dem Bundesverfassungsgericht enumerativ zugewiesenen Verfahren sind verfahrensabhängige Zulässigkeitsvoraussetzungen zugeordnet, die erfüllt sein müssen. Für das Organstreitverfahren ergeben sie sich aus den §§ 13 Nr. 5, 63 ff. BVerfGG.

1. Beteiligte

Da es sich beim Organstreitverfahren um ein kontradiktorisches Verfahren handelt, bedarf es gemäß § 63 BVerfGG eines Antragstellers und eines Antragsgegners. Antragsteller und Antragsgegner können danach unter anderem der Bundestag und Teile des Bundestages sein, die im Grundgesetz oder in der Geschäftsordnung des Bundestages mit eigenen Rechten ausgestattet sind.

Das Organstreitverfahren ist ein kontradiktorisches Verfahren, sodass es zwei Beteiligte gibt. Daher wird es gelegentlich auch als Organklage bezeichnet.

---

a) Antragsteller

P ist als Antragstellerin beteiligungsfähig, wenn sie als Unterorgan mit eigenen Rechten ausgestattet ist. Fraktionen sind in § 10 Abs. 1 GO BT definiert und mit Rechten und Pflichten versehen. Sie sind in der parteienstaatlichen Demokratie i.S.d. Artt. 20 Abs. 2, 21, 38 Abs. 1 GG über den Zusammenschluss von Abgeordneten das Sprachrohr des Volkes. Parteien wahren die Interessen des Volkes im Parlament durch die Fraktionen, zu deren Bildung sich ein Recht aus Art. 38 Abs. 1 S. 2 GG ergibt. Fraktionen sind daher mit eigenen Rechten ausgestattet und beteiligungsfähig (BVerfGE 118, 244, 254 ff.). Die P-Fraktion ist beteiligungsfähig.

Schema 4: Unterorgane des Bundestages

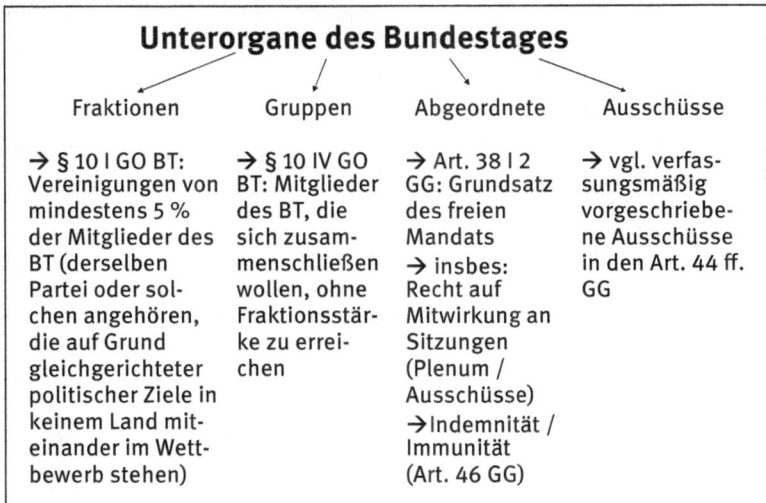

Unterorgane des Bundestages

Fraktionen	Gruppen	Abgeordnete	Ausschüsse
→ § 10 I GO BT: Vereinigungen von mindestens 5 % der Mitglieder des BT (derselben Partei oder solchen angehören, die auf Grund gleichgerichteter politischer Ziele in keinem Land miteinander im Wettbewerb stehen)	→ § 10 IV GO BT: Mitglieder des BT, die sich zusammenschließen wollen, ohne Fraktionsstärke zu erreichen	→ Art. 38 I 2 GG: Grundsatz des freien Mandats → insbes: Recht auf Mitwirkung an Sitzungen (Plenum / Ausschüsse) →Indemnität / Immunität (Art. 46 GG)	→ vgl. verfassungsmäßig vorgeschriebene Ausschüsse in den Art. 44 ff. GG

b) Antragsgegner

Antragsgegner ist die in Art. 65 GG mit eigenen Rechten ausgestattete Bundesregierung.

Soweit in § 63 BVerfGG der Kreis der Beteiligten gegenüber Art. 93 Abs. 1 Nr. 1 GG verengt wird,
folgt die Beteiligtenfähigkeit unmittelbar aus Art. 93 Abs. 1 Nr. 1 GG.

---

2. Antragsgegenstand

Antragsgegenstand i.S.d. § 64 Abs. 1 BVerfGG ist eine rechtserhebliche Maßnahme oder Unterlassung des Antragsgegners. Die Zustimmung der Bundesregierung zum neuen Konzept ohne Durchführung eines Zustimmungsverfahrens
i.S.d. Art. 59 Abs. 2 S. 1 GG stellt eine solche Maßnahme dar.

3. Antragsbefugnis bzw. Antragsgrund

P muss eine Antragsbefugnis bzw. einen Antragsgrund haben. Es handelt sich
beim Organstreitverfahren um ein kontradiktorisches Verfahren, bei dem der
Antragsteller gemäß § 64 Abs. 1 BVerfGG geltend machen muss, selbst in seinen
durch das Grundgesetz übertragenen Rechten und Pflichten verletzt oder unmittelbar gefährdet zu sein. Die Möglichkeit einer Rechtsverletzung ist dabei
hinreichend.

Ist Antragsteller ein Unterorgan, genügt es, wenn das Unterorgan in Prozessstandschaft geltend macht, das Organ, dem es angehöre, sei in den ihm
im Grundgesetz übertragenen Rechten und Pflichten verletzt bzw. unmittelbar
gefährdet. Ständige Untergliederungen des Bundestages wie Fraktionen können – anders als Abgeordnete – die Rechte des Bundestages bei weiter Auslegung der Norm gemäß § 64 Abs. 1 BVerfGG geltend machen – sogar entgegen der Mehrheit des Bundestages (BVerfGE 45, 1, 29 f.; 68, 1, 69; 90, 286,
343).

Die verfassungsrechtliche Stellung der Fraktionen als Zusammenschluss Abgeordneter ergibt
sich aus Art. 38 Abs. 1 S. 2 GG (h.M.) und nicht aus Art. 21 GG (Mindermeinung), da Parteien i.S.d. Art. 21 GG privatrechtlich organisierte Vereine sind, die von Fraktionen zu unterscheiden sind. Somit entspricht der Status der Fraktionen grundsätzlich demjenigen der Abgeordneten.

Einzelne Fraktionen können aber auch Rechte des Deutschen Bundestages im Wege der
Prozessstandschaft, das heißt fremde Rechte im eigenen Namen, geltend machen. Sinn und
Zweck der Gewährung der Prozessstandschaft ergeben sich daraus, dass der Parlamentsmin-
derheit im Rahmen des Demokratieprinzips in praktischer Konkordanz zu den Rechten der
Regierung die Befugnis zur Geltendmachung der Rechte des Bundestages auch bzw. gerade

dann gewährt werden, wenn die Parlamentsminderheit Rechte des Bundestages gegen die die Bundesregierung politisch stützende Parlamentsmehrheit geltend macht (BVerfG, Beschluss vom 17.9.2019 – 2 BvE 2/16 (NVwZ 2019, 1669, 1670).

P macht Rechte des Bundestages geltend, nämlich aus Art. 59 Abs. 2 S. 1 GG i.V.m. Art. 24 Abs. 2 GG. Mit dem in Art. 59 Abs. 2 S. 1 GG i.V.m. Art. 24 Abs. 2 GG geregelten Gesetzesvorbehalt ist dem Bundestag als Gesetzgebungsorgan ein Mitentscheidungsrecht im Bereich der auswärtigen Angelegenheiten übertragen worden.

„Durch dieses Gesetzgebungsrecht wird die Kompetenz des Bundestags, über die durch völkerrechtlichen Vertrag begründeten Rechte und Pflichten der Bundesrepublik Deutschland mitzuentscheiden, begründet, sofern die politischen Beziehungen des Bundes oder Gegenstände der Bundesgesetzgebung betroffen sind. Durch die Vorschrift wird die Legislativfunktion der gesetzgebenden Körperschaften im Bereich der auswärtigen Gewalt, mittels deren Zustimmung in der Form des Vertragsgesetzes (Zustimmungsgesetz) die innerstaatliche Anwendung solcher Verträge gesichert und das Handeln der Regierung bei dem völkerrechtlichen Vollzug des Vertrags gedeckt wird, gewährleistet" (BVerfGE 118, 244, 258). „In Art. 24 Abs. 2 GG ist kein eigenständiger besonderer Gesetzesvorbehalt wie in Art. 24 Abs. 1 oder Art. 23 Abs. 1 GG enthalten, weil im Grundgesetz impliziert ist, dass die Einordnung in ein System gegenseitiger kollektiver Sicherheit nur durch einen völkerrechtlichen Vertrag i.S.d. Art. 59 Abs. 2 S. 1 GG erfolgen kann. Durch den Vertrag wird dem System kollektiver Sicherheit eine dauerhafte rechtliche Grundlage verliehen. Durch die Zustimmung des Bundestages zu einem völkerrechtlichen Vertrag kann die Regierung zwar ermächtigt werden, an der Fortentwicklung des Vertrages auch ohne förmliche Vertragsänderung mitzuwirken, jedoch müssen die Vollzugsschritte in dem ergangenen Zustimmungsgesetz i.S.d. Art. 59 Abs. 2 S. 1 GG hinreichend bestimmbar angelegt sein" (BVerfGE 104, 151, 195). Von einer Zustimmung ist eine wesentliche Fortentwicklung, welche die Zustimmung gegenstandslos werden ließe, nicht erfasst. Bezüglich der Umsetzung des neuen Konzeptes der NATO ist es nicht ausgeschlossen, dass eine wesentliche Fortentwicklung vorliegt und die Zustimmung des Bundestages deshalb erforderlich war. P ist antragsbefugt.

4. Form und Frist
Die nach Auffassung der P verletzten Normen des Grundgesetzes wurden im Antrag i.S.d. § 23 Abs. 1 BVerfGG gemäß § 64 Abs. 2 BVerfGG bezeichnet und die Frist i.S.d. § 64 Abs. 3 BVerfGG von sechs Monaten nach Bekanntwerden der

beanstandeten Maßnahme – der Zustimmung der Bundesregierung zum neuen Konzept der NATO gemäß § 64 Abs. 3 BVerfGG – wurde eingehalten.

III. Allgemeines Rechtsschutzbedürfnis

P muss allgemein rechtsschutzbedürftig sein.

„Das Organstreitverfahren zwischen einer Fraktion des Bundestages und einem anderen obersten Bundesorgan dient unter anderem dem Schutz der in der Fraktion verkörperten Parlamentsminderheit. Dieser Gedanke ist auch dort nicht ohne weiteres unbeachtlich, wo die Fraktion nicht eigene Rechte, sondern Rechte des Bundestages geltend macht: Wäre die antragstellende Fraktion in der Lage gewesen, die nunmehr gerügte Verletzung der Rechte des Bundestages durch eigenes Handeln rechtzeitig zu vermeiden, wäre es zumindest fragwürdig, ihr Rechtsschutzbedürfnis für ein Organstreitverfahren ungeachtet ihrer diesbezüglichen parlamentarischen Untätigkeit anzuerkennen" (BVerfGE 68, 1, 77). Da die Bundesregierung kein Zustimmungsverfahren gemäß Art. 59 Abs. 2 S. 1 GG durchgeführt hat, kann der Antragstellerin ihre parlamentarische Untätigkeit insoweit nicht entgegengehalten werden. Unabhängig davon entfällt das aufgrund der rechtsstaatlichen Prozessökonomie für ein Verfahren erforderliche allgemeine Rechtsschutzbedürfnis auch nicht, wenn ein Antragsteller politisch-parlamentarische Handlungsmöglichkeiten nicht ausgeschöpft hat (vgl. BVerfGE 104, 151, 198). Das Bundesverfassungsgericht ist Hüter der Verfassung, sodass es ein Kontrollorgan darstellt, das verfassungsrechtliche Aspekte zur Erhaltung des Rechtsstaates umfassend prüfen und verfassungsrechtliche Werte wahren soll – unabhängig von der Möglichkeit politischer Druckmittel.

„Die verfassungsgerichtliche Prüfung der Mitwirkung der Bundesregierung am neuen Strategischen Konzept 1999 wird nicht dadurch ausgeschlossen, dass die NATO und die Bundesregierung bei ihrem Handeln das Konzept seit dessen Annahme zugrunde gelegt haben. Es ist denkbar, dass eine Maßnahme der auswärtigen Gewalt die Verfassung verletzt, während eine völkerrechtliche Bindung eintritt. In solchen Fällen mag der Staat zwar völkerrechtlich gebunden sein, jedoch kann der Bund aber die Pflicht haben, den verfassungswidrigen Zustand zu beseitigen, soweit dies möglich ist. Das gilt für völkerrechtliche Verträge ebenso wie für völkerrechtlich erhebliches Handeln unterhalb der Schwelle des Vertragsschlusses" (BVerfGE 104, 151, 198).

Die Antragstellerin P hat ein allgemeines Rechtsschutzbedürfnis.

IV. Zwischenergebnis

Der Antrag der P ist zulässig.

B. Begründetheit

Das Organstreitverfahren ist grundsätzlich ein prozessual subjektives Beanstandungsverfahren mit einem objektiven Prüfungsmaßstab in der Begründetheit. Das Bundesverfassungsgericht prüft jedoch entgegen des Wortlautes des § 67 S. 1 BVerfGG mit Verweis auf den Wortlaut des Art. 93 Abs. 1 Nr. 1 GG – dieser ist gegenüber § 67 S. 1 BVerfGG höherrangiges Recht – oft nur subjektiviert, obwohl sich aus Art. 93 Abs. 1 Nr. 1 GG keine Subjektivierung ergibt. Nach der Auffassung des Bundesverfassungsgerichts dient das Organstreitverfahren maßgeblich der gegenseitigen Abgrenzung der Kompetenzen der Verfassungsorgane oder ihren Teilen in einem Verfassungsrechtsverhältnis, nicht hingegen der Kontrolle der objektiven Verfassungsmäßigkeit eines bestimmten Organhandelns (BVerfGE 104, 151, 193f.). Nach dem Bundesverfassungsgericht wird durch das Verfahren damit nicht die Möglichkeit einer objektiven Beanstandungsklage eröffnet. Deshalb sollte zumindest der Schwerpunkt der Prüfung auch bei einem objektiv zugrunde gelegten Maßstab bei den Normen gesetzt werden, die den Antragsteller möglicherweise in seinen Rechten verletzen. In den Lösungen dieses Buches wird entsprechend dem Gesetzeswortlaut und im Hinblick darauf, dass ohnehin nur sehr wenige Antragsteller für ein Organstreitverfahren in Betracht kommen, die fundamental zur Sicherung der Demokratie und des Rechtsstaates verpflichtet sind, ein objektiver Prüfungsmaßstab vertreten, um eine möglichst effektive Kontrolle im Rahmen der Gewaltenteilung zu gewährleisten. Deshalb ist in der Begründetheit bei subjektivem prozessualen Einstieg die objektive Verfassungsmäßigkeit maßgeblich. Es ist sogar vertretbar, die Kontrollfunktion als derart beachtlich einzustufen, dass auch prozessual keine Antragsbefugnis als subjektives Recht, sondern nur ein sehr weit gefasster Antragsgrund erforderlich ist.

Der Antrag der P ist begründet, soweit die Zustimmung der Bundesregierung zu dem neuen Strategischen Konzept der NATO gegen Art. 59 Abs. 2 S. 1 GG i.V.m. Art. 24 Abs. 2 GG verstößt und somit die Rechte des Bundestages verletzt. Das Bundesverfassungsgericht wird in diesem Fall gemäß § 67 S. 1 BVerfGG einen Verstoß gegen das Grundgesetz feststellen.

Ein Verstoß gegen Art. 59 Abs. 2 S. 1 GG i.V.m. Art. 24 Abs. 2 GG besteht, wenn eine erforderliche Zustimmung oder Mitwirkung des Bundestages für die Bundesrepublik Deutschland als der für die Bundesgesetzgebung zuständigen Körperschaft bei Verträgen gemäß Art. 59 Abs. 2 S. 1 GG trotz Erforderlichkeit unterblieben ist. Zu diesen Verträgen gehören solche, in denen die politischen Beziehungen des Bundes geregelt und solche, die auf Gegenstände der Bundesgesetzgebung bezogen sind. Es kann sich bei der Änderung des völkerrechtlichen NATO-Vertrages bezüglich des strategischen Konzepts erneut um eine Regelung handeln, für die die Vorgaben des Art. 59 Abs. 2 S. 1 GG gelten.

I. Inhaltliche Änderung des NATO-Vertrages

Der NATO-Vertrag kann durch das Strategische Konzept inhaltlich geändert worden sein. Insoweit wäre – der NATO-Vertrag ist ein völkerrechtlicher Vertrag i.S.d. Art. 59 Abs. 2 Satz 1 GG – nach Art. 59 Abs. 2 S. 1 GG eine Zustimmung des Bundestages erforderlich, während eine bloße Fortentwicklung des Vertrages wegen der Dynamik der Materie und der deshalb weit auszulegenden ursprünglichen Zustimmung des Bundestages grundsätzlich keiner erneuten Zustimmung des Parlamentes bedürfte. Die Einführung des neuen Strategischen Konzeptes kann einen völkerrechtlichen Vertragsabschluss darstellen.

1. Ausdrückliche Vertragsänderung
Maßgeblich für die Feststellung einer Änderung eines völkerrechtlichen Vertrages ist ein gegebenenfalls aus dem Beschluss der Regierungsführer ableitbarer Vertragsänderungswille. „Völkerrechtliche Verträge sind Übereinkünfte zwischen zwei oder mehr Völkerrechtssubjekten, durch welche die zwischen ihnen bestehende Rechtslage verändert werden soll. Auch Übereinkünfte zur Änderung bestehender Verträge gehören dazu" (BVerfGE 104, 151, 199 f.).

Schema 5: Völkerrechtssubjekte

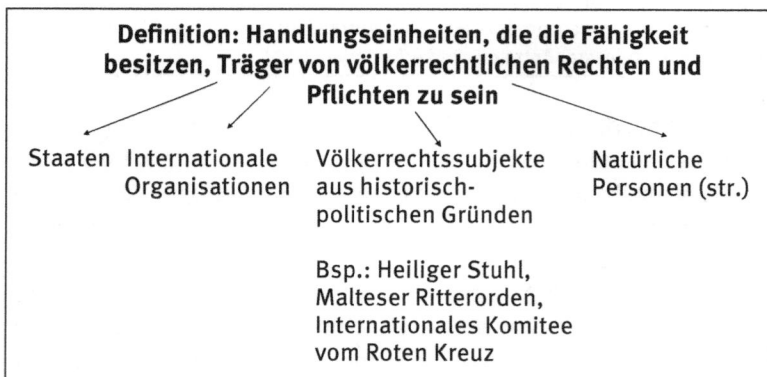

Definition: Handlungseinheiten, die die Fähigkeit besitzen, Träger von völkerrechtlichen Rechten und Pflichten zu sein

Staaten	Internationale Organisationen	Völkerrechtssubjekte aus historisch-politischen Gründen	Natürliche Personen (str.)
		Bsp.: Heiliger Stuhl, Malteser Ritterorden, Internationales Komitee vom Roten Kreuz	

„Auch ein Organakt einer internationalen Organisation kann zugleich einen Vertrag zwischen zwei oder mehr Mitgliedern der Organisation darstellen. Ob ein Dokument des internationalen Verkehrs ein völkerrechtlicher Vertrag ist, ist aus den Umständen zu schließen. Bezeichnung und Form der Annahme sind nicht maßgeblich. Auch ein Vertragsänderungsvertrag kann konkludent abgeschlossen werden" (BVerfGE 104, 151, 200).

„Fehlt eine Ratifikationsklausel, ist dies ein Indiz gegen den Vertragscharakter, wenngleich sich daraus kein zwingender Rückschluss ergibt, dass es an einem Vertragsschluss fehlt. Staaten sind frei, wie sie eine Bindung zum Ausdruck bringen wollen" (BVerfGE 104, 151, 200).

Für einen vertraglichen Bindungswillen im Rahmen des neuen Strategischen Konzeptes spricht dessen allseits betonte besondere Bedeutung. In dem Konzept kommt der Wille zur Erweiterung um Krisenreaktionseinsätze zum Ausdruck. Dennoch kann nicht allein aus dem hochpolitischen Gegenstand auf einen Vertragsänderungswillen geschlossen werden. Der Wortlaut spricht gegen die Vertragsnatur, weil es sich weitgehend um Schilderungen, Analysen und Absichtserklärungen handelt. Eine ausdrückliche Vertragsänderung ist nicht ersichtlich.

2. Konkludente Vertragsänderung

„Eine als völkerrechtlicher Vertrag einzustufende Vertragsänderung kann auch ohne ausdrückliche Willensbekundung erfolgen, wenn hinreichend deutliche objektive Umstände für den übereinstimmenden Willen zur Vertragsänderung sprechen. Wenn Festlegungen des Strategischen Konzepts 1999 in einen unüberwindbaren und deutlich erkennbaren Widerspruch zu dem im Vertrag definierten Einsatzbereich gesetzt werden oder eine Erweiterung des Vertrages über den bisherigen Rahmen enthalten, kann auf einen Abänderungswillen der Parteien geschlossen werden. Ohne Anhaltspunkte für einen entsprechenden subjektiven Bindungs- und Änderungswillen muss der Widerspruch zum bestehenden Vertrag aber hinreichend deutlich im Beschluss erkennbar sein, um das Verfahren nach Art. 59 Abs. 2 S. 1 GG auszulösen" (BVerfGE 104, 151, 202).

Die kollektive Verteidigungsfunktion des Bündnisses bleibt unberührt (BVerfGE 104, 151, 203). Zwar ist mit den Krisenreaktionseinsätzen eine bedeutende Änderung in dem Beschluss enthalten, jedoch ist diese noch als Fortentwicklung und Konkretisierung der offen formulierten Bestimmungen des NATO-Vertrages einzustufen, zumal ausdrücklich erklärt wurde, dass das Wesen und der Zweck unverändert bleiben (BVerfGE 104, 151, 205).

Bei Krisenreaktionseinsätzen koordinieren die Mitgliedstaaten ihre Maßnahmen im Einzelfall. Es besteht keine Verpflichtung zur kollektiven Verteidigung wie nach Art. 5 NATO-Vertrag. Die Regelungsdichte der vertraglichen Regelungen ist im Bereich der Krisenreaktion geringer. Bei Krisenreaktionen steht die konsensuale Willensbildung im Vordergrund. Die Mitgliedstaaten handeln insoweit auf der Grundlage ihres jeweiligen Verfassungsrechts, sodass die Bundesregierung im Rahmen des Grundgesetzes unabhängig von der Frage der Vertragsqualität vor der Beteiligung an Krisenreaktionseinsätzen ohnehin die Zustimmung des Bundestages einholen kann bzw. muss.

Der NATO-Vertrag ist entwicklungsoffen. „Bei der Auslegung des Art. 59 Abs. 2 S. 1 GG ist im Rahmen einer praktischen Konkordanz auf die besonderen

Erfordernisse eines in Art. 24 Abs. 2 GG implizierten Sicherheitssystems Rücksicht zu nehmen. Art. 59 Abs. 2 S. 1 GG darf deshalb nicht dahingehend ausgelegt werden, dass bereits bei einer, wenn auch erheblichen, Fortentwicklung des Vertrags durch die Organe des Sicherheitssystems ein hinreichend deutlich erkennbarer Widerspruch zum Vertrag entsteht, der auf einen konkludent zum Ausdruck gebrachten Vertragsänderungswillen schließen ließe" (BVerfGE 104, 151, 206). Nach alledem handelt es sich um eine Fortentwicklung des NATO-Vertrages, nicht aber um eine Änderung desselben.

II. Zustimmungserfordernis bei Fortentwicklung

Fraglich ist, ob auch die Fortentwicklung eines völkerrechtlichen Vertrages eines Zustimmungsgesetzes des Bundestages bedarf. Eine derartige Zustimmung ist in Art. 59 Abs. 2 S. 1 GG nicht vorgesehen und könnte allenfalls mittels einer Auslegung der Norm begründet werden. Bei der Auslegung des Art. 59 Abs. 2 S. 1 GG sind allerdings das Rechtsstaats- und das Demokratieprinzip im Rahmen einer praktischen Konkordanz zu beachten. Dazu gehört auch die Gewaltenteilung. Die Konkretisierung eines Vertrages ist Aufgabe der Bundesregierung als Exekutivorgan des Bundes. Ihr ist im Bereich auswärtiger Politik ein weiter Spielraum zur eigenverantwortlichen Aufgabenwahrnehmung zugewiesen. Es besteht zwar die Gefahr einer schleichenden Inhaltsveränderung ursprünglich mit der Zustimmung des Parlaments abgeschlossener Verträge durch Änderungsmaßnahmen unterhalb der Vertragsabschlussschwelle, jedoch ist der Bundestag demgegenüber nicht schutzlos. Es bestehen ausreichende mittelbare Instrumentarien der politischen Kontrolle – zum Beispiel gemäß Art. 43 Abs. 1 GG und den Haushaltsplan, zumal jeder Einsatz der Bundeswehr sowohl zur kollektiven Verteidigung als auch zur Krisenreaktion in der Bundesrepublik Deutschland als durch die repräsentative Demokratie geprägter Republik von der Zustimmung des Bundestages abhängig ist (BVerfGE 104, 151, 208).

Ein Zustimmungsbedürfnis besteht bei einer bloßen Fortentwicklung eines völkerrechtlichen Vertrages nicht.

III. Überschreitung der Ermächtigung aus dem ursprünglichen Zustimmungsgesetz

Die Vorschrift des Art. 59 Abs. 2 S. 1 GG ist im Hinblick auf Art. 24 Abs. 2 GG aber dennoch verletzt bzw. verfassungswidrig unterlaufen worden, wenn die Bundesregierung mit der Zustimmung zum neuen Konzept die bestehende Ermächtigung aufgrund des Zustimmungsgesetzes zum NATO-Vertrag und deren in

Art. 24 Abs. 2 GG vorgegebenen verfassungsrechtlichen Rahmen überschritten hat. In der Zustimmung zum NATO-Vertrag seitens des Bundestages ist eine Ermächtigung zugunsten der Bundesregierung enthalten, den Vertrag in den Formen des Völkerrechts fortzuentwickeln. Überschreitet die Bundesregierung diese Ermächtigung, werden die Rechte des Bundestages ungerechtfertigt verletzt. Die Bundesregierung und die Legislative wirken im Bereich der auswärtigen Gewalt zusammen. Eine Überschreitung der Ermächtigung ist anzunehmen, wenn die Fortentwicklung des NATO-Vertrages gegen wesentliche Strukturentscheidungen des Vertrages verstößt, nicht schon bei Verstößen gegen einzelne Bestimmungen. Schon aufgrund der entwicklungsoffenen Formulierung des NATO-Vertrages ist ein wesentlicher Verstoß durch die Einführung des neuen Strategischen Konzeptes nicht ersichtlich. Es besteht ein weiter Gestaltungsspielraum der Bundesregierung. Auch durch die Vereinbarung über die Krisenreaktionseinsätze ändert sich daran nichts, weil das Gesamtkonzept weiterhin auf eine umfassende regionale Friedenssicherung im europäischen und nordamerikanischen Raum ausgerichtet ist. Die Bindung an den NATO-Vertrag besteht weiterhin.

Durch Art. 24 Abs. 2 GG wird ausgeschlossen, dass sich die Bundesrepublik Deutschland in ein gegenseitiges kollektives System militärischer Sicherheit einordnet, welches nicht zur Friedenswahrung dient. Auch durch das neue Strategische Konzept entsteht aber kein Konzept, durch das vom Bündnis der Friedenswahrung und dem System militärischer Sicherheit abgewichen wird. Einsätze der NATO-Streitkräfte sollen nur in Übereinstimmung mit dem Völkerrecht erfolgen, in welchem in Art. 2 Nr. 4 UN-Charta ein zwingendes Gewaltverbot enthalten ist. Das NATO-Bündnis strebt eine gerechte und dauerhafte Friedensordnung an, betrachtet andere Staaten nicht als Gegner und hat sich eine friedliche Streitbeilegung zum Ziel gesetzt. Die nach Art. 24 Abs. 2 GG nötige Zweckbestimmung zur Friedenswahrung wird durch die Einführung des neuen Strategischen Konzepts nicht überschritten. Der Antrag ist unbegründet.

C. Gesamtergebnis

Der Antrag der P beim Bundesverfassungsgericht ist zulässig, jedoch unbegründet. Er wird keinen Erfolg haben.

Staatsorganisationsrecht – Fall 2: „Lasst mich so alt werden, wie ich morgens im Spiegel aussehe!"

Schwerpunkte: *Prüfungsrecht des Bundespräsidenten, Organstreitverfahren (Art. 93 Abs. 1 Nr. 1 GG, §§ 13 Nr. 5, 63 ff. BVerfGG), Abgrenzung zur Bundespräsidentenanklage, Gesetzgebungskompetenzen, Gesetzesinitiativrecht, Gesetzgebungsverfahren, Mitwirkung des Bundesrates, uneinheitliche Stimmenabgabe im Bundesrat*

Seitens der Bundesregierung sind Mängel in der Altenpflege aufgedeckt worden, die ihrer Ansicht nach insbesondere auf die unzureichende Qualifikation der Altenpfleger zurückzuführen sind. Sie will deshalb eine bundeseinheitliche Regelung zur Ausbildung der Altenpfleger schaffen. Bisher sind die Altenpflege und die Ausbildung zum Altenpfleger von den Ländern in jeweiligen Landesgesetzen geregelt worden.

Die Bundesregierung lässt eine entsprechende Gesetzesvorlage durch „ihre" Fraktion in den Bundestag einbringen. Sie wählt diesen Weg der Gesetzesinitiative, da ihr die Einbringung über die Bundesregierung zu umständlich und langwierig ist. Das Gesetz wird nach einer ausführlichen Lesung – um weitere kurze Lesungen zu vermeiden – bei umfassender Beteiligungsmöglichkeit der Abgeordneten, die alle anwesend sind, verabschiedet und dem Bundesrat zugeleitet. Dieser beruft zunächst ordnungsgemäß den Vermittlungsausschuss ein und stimmt nach dem Scheitern des Vermittlungsverfahrens innerhalb von zwei Wochen nach dem Eingang der Mitteilung des Vorsitzenden des Vermittlungsausschusses über den Abschluss des Vermittlungsverfahrens über einen Einspruch ab.

Dabei stimmen von den 69 Mitgliedern des Bundesrats 50 Mitglieder für den Einspruch. Der Einspruch wird seitens des Bundestages mit 310 Stimmen zurückgewiesen, wobei es zum Zeitpunkt der Zurückweisung im Bundestag keine Überhangmandate gibt. An der Abstimmung im Bundestag nehmen 480 Abgeordnete teil. Die Abgabe im Land Niedersachsen (6 Stimmen) erfolgt gespalten. Der Ministerpräsident M spricht sich für den Einspruch, Minister F jedoch gegen ihn aus. Daraufhin fragt der Bundesratspräsident erneut bei M nach der Stimmabgabe des Landes Niedersachsen, welcher die Zustimmung unter Außerachtlassung der gegenteiligen Erklärung des F erklärt, sodass der Bundesratspräsident die Stimme des M als für das Land Niedersachsen allein maßgeblich wertet mit der Folge, dass alle sechs Stimmen des Landes Niedersachsen als Zustimmung gewertet werden. Der Ministerpräsident sei „schließlich höherrangiger als der Minister". Das ergebe sich – das trifft zu – bereits daraus, dass nach der nie-

https://doi.org.10.1515/9783110624410-002

dersächsischen Landesverfassung der Ministerpräsident – vergleichbar Art. 65 S. 1 GG dem Bundeskanzler auf der Bundesebene – die Richtlinien der Politik bestimmt.

Das Gesetz wird daraufhin dem Bundespräsidenten nach Gegenzeichnung des Bundeskanzlers zur Ausfertigung vorgelegt. Der Bundespräsident hält das Gesetz für verfassungswidrig. Dem Bund fehle die Kompetenz, die Altenpflege zu regeln. Das ergebe sich bereits daraus, dass der Beruf des Altenpflegers erst Ende der 50er Jahre entstanden ist und damit nicht von den Kompetenztiteln des Bundes erfasst sein kann. Insbesondere sei der Bund nicht zuständig für die Regelung der Ausbildung der Altenpfleger. Auch sei schließlich ein Einspruch des Bundesrates erfolgt, der seitens des Bundestages nicht überstimmt worden sei.

Darüber hinaus hält der Bundespräsident das Gesetz auch materiell für verfassungswidrig. Zudem meint er, es gäbe effizientere Wege, die benannten Missstände zu beseitigen als im Altenpflegegesetz die neuen Regelungen zu treffen. Aus diesen Gründen verweigert der Bundespräsident nach sorgfältiger Abwägung die Ausfertigung des Gesetzes.

Wird der Bundestag mit einem Antrag beim Bundesverfassungsgericht bezüglich des Verhaltens des Bundespräsidenten erfolgreich sein?

Altenpflegegesetz
§ 3
Die Ausbildung in der Altenpflege soll die Kenntnisse, Fähigkeiten und Fertigkeiten vermitteln, die zur selbstständigen und eigenverantwortlichen Pflege einschließlich der Beratung, Begleitung und Betreuung alter Menschen erforderlich sind. Dies umfasst insbesondere
1. die sach- und fachkundige, den allgemein anerkannten pflegewissenschaftlichen, insbesondere den medizinisch-pflegerischen Erkenntnissen entsprechende, umfassende und geplante Pflege, [...]

§ 4
(1) Die Ausbildung dauert unabhängig vom Zeitpunkt der staatlichen Prüfung drei Jahre. Die Ausbildung besteht aus theoretischem und praktischem Unterricht und einer praktischen Ausbildung. Der Anteil der praktischen Ausbildung überwiegt. Bei Modellvorhaben nach Absatz 7 ist die Ausbildungsdauer nach Satz 1 entsprechend zu verlängern. Das Nähere regeln die Lehrpläne der Altenpflegeschulen und die Ausbildungspläne der Träger der praktischen Ausbildung.
(2) Der Unterricht wird in Altenpflegeschulen erteilt.

Artikel 70 Abs. 1 Weimarer Reichsverfassung

Der Reichspräsident hat die verfassungsmäßig zustande gekommenen Gesetze auszufertigen und binnen Monatsfrist im Reichs-Gesetzblatt zu verkünden.

Bearbeitungsvermerk

Gehen Sie davon aus, dass das Altenpflegegesetz materiell verfassungsgemäß ist. Erörtern Sie dennoch sämtliche Rechtsfragen bezüglich des Prüfungsrechts des Bundespräsidenten. Es ist bei der Falllösung die abgedruckte Gesetzesversion zugrundezulegen. Prüfen Sie nicht bearbeitete rechtliche Aspekte, die sich aus dem Sachverhalt ergeben, bei Bedarf hilfsgutachtlich.

Vertiefung

BVerfG, Urteil vom 24.10.2002 – 2 BvF 1/01 (BVerfGE 106, 62)

Zur Gesetzgebungskompetenztitel des Art. 74 Nr. 19 GG: BVerfG, Beschluss vom 9.5.1972 – 1 BvR 518/62, 1 BvR 308/64 (BVerfGE 33, 125, 152f.)

Zur Stellung des Bundesrates: BVerfG, Urteil vom 30.7.1958 – 2 BvF 3, 6/58 (BVerfGE 8, 104, 120); BVerfG, Urteil vom 10.12.1980 – 2 BvF 3/77 (BVerfGE 55, 274, 327)

Gliederung

A. Zulässigkeit (+)
    I. Zuständigkeit des Bundesverfassungsgerichts (+)
    II. Verfahrensabhängige Zulässigkeitsvoraussetzungen (+)
        1. Beteiligte (+)
            a) Antragsteller (+)
            b) Antragsgegner (+)
        2. Antragsgegenstand (+)
        3. Antragsbefugnis bzw. Antragsgrund (+)
        4. Form und Frist (+)
    III. Allgemeines Rechtsschutzbedürfnis (+)
    IV. Zwischenergebnis (+)
B. Begründetheit (+)
    I. Formelles Prüfungsrecht des Bundespräsidenten (+)
        1. Bestehen eines formellen Prüfungsrechts (+)
        2. Ausübung des formellen Prüfungsrechts (+)
            a) Zuständigkeit (+)
               aa) Verbandskompetenz (+)
                   (1) Grundsatz (–)
                   (2) Ausschließliche Gesetzgebung (–)

(3) Konkurrierende Gesetzgebung (+)
   (a) Kompetenz bei konkurrierender Gesetzgebung
   (b) Kompetenztitel (+)
     (aa) Wortlaut (+/−)
     (bb) Historische Auslegung (+/−)
     (cc) Systematik und Telos (+)
     (dd) Zwischenergebnis (+)
  bb) Organkompetenz (+)
 b) Gesetzgebungsverfahren (+)
  aa) Einleitungsverfahren (+)
  bb) Hauptverfahren (+)
   (1) Beschluss des Bundestages (+)
   (2) Mitwirkung des Bundesrates (+)
    (a) Zustimmungspflichtiges Gesetz (−)
    (b) Rechtserheblicher Einspruch (−)
     (aa) Unwirksamkeit des Beschlusses des Bundesrates (−)
     (bb) Maßgeblichkeit des Ministerpräsidenten (−)
     (cc) Unbeachtlichkeit der Stimmen des Bundeslandes (+)
     (dd) Maßgeblichkeit des Einspruches (−)
 c) Zwischenergebnis (+)
II. Materielles Prüfungsrecht des Bundespräsidenten (+/−)
  1. Bestehen eines materiellen Prüfungsrechts (+/−)
   a) Ableitung aus dem formellen Prüfungsrecht (−)
   b) Wortlaut und Systematik (+/−)
    aa) Amtseid (+/−)
    bb) Verhältnis zum Bundesverfassungsgericht (+/−)
   c) Historische Auslegung (−)
   d) Telos (+/−)
  2. Ausübung des materiellen Prüfungsrechts (+)
III. Politisches Prüfungsrecht des Bundespräsidenten (−)
IV. Zwischenergebnis (+)
C. Ergebnis (+)

Lösungsvorschlag

Die folgende Lösung ist als Lösungsvorschlag zu verstehen und ausführlicher, als es in der Klausurbearbeitung verlangt werden kann. Aufgrund der wissenschaftlichen Freiheit können andere Lösungswege vertreten werden, soweit sie dogmatisch begründbar sind. Die Nachweise aus Rechtsprechung und Literatur sowie die das Verständnis fördernden Randbemerkungen sind in der Examensklausur auszusparen. Die Abkürzung „Alt." steht für Alternativfall, nicht für Alternative.

Der Bundestag wird mit seinem Antrag beim Bundesverfassungsgericht erfolgreich sein, soweit er zulässig und begründet ist.

A. Zulässigkeit
Die Zulässigkeitsvoraussetzungen können erfüllt sein.

I. Zuständigkeit des Bundesverfassungsgerichts
Das Bundesverfassungsgericht ist nur zuständig, wenn ihm ein Verfahren ausdrücklich enumerativ zugewiesen ist. Dem Bundesverfassungsgericht ist gemäß Art. 93 Abs. 1 Nr. 1 GG i.V.m. § 13 Nr. 5 BVerfGG das Organstreitverfahren, bei dem es darum geht, dass oberste Bundesorgane oder Teile dieser Organe, die im Grundgesetz oder in der Geschäftsordnung eines obersten Bundesorgans mit eigenen Rechten ausgestattet sind, über verfassungsrechtlich gewährte Wahrnehmungsberechtigungen streiten.

Es streitet der Bundestag als ein unter anderem in den Artt. 38 ff., 77 Abs. 1 S. 1 GG mit Rechten ausgestattetes Bundesorgan mit dem Bundespräsidenten als einem ebenfalls unter anderem in den Artt. 54 ff. GG mit Rechten und Pflichten ausgestatteten Bundesorgan über die Auslegung des Grundgesetzes aus Anlass von Streitigkeiten über den Umfang der Rechte und Pflichten des Bundespräsidenten.

Eine Bundespräsidentenanklage i.S.d. Art. 61 Abs. 1 GG i.V.m. den §§ 13 Nr. 4, 49 ff. BVerfGG als Spezialregelung gegenüber dem Organstreitverfahren kommt nicht in Betracht, da insoweit ein vorsätzlicher Verstoß des Bundespräsidenten gegen das Grundgesetz gerügt werden müsste. Aufgrund der sorgfältigen Abwägung des Bundespräsidenten ist ein solcher Verstoß nicht ersichtlich. Der Bundespräsident ging vielmehr davon aus, er sei berechtigt, die Ausfertigung wegen einer nach seiner Auffassung bestehenden Verfassungswidrigkeit des Gesetzes zu verweigern. Das Bundesverfassungsgericht ist für das Organstreitverfahren nach Art. 93 Abs. 1 Nr. 1 GG i.V.m. § 13 Nr. 5 BVerfGG zuständig.

II. Verfahrensabhängige Zulässigkeitsvoraussetzungen
Jedem dem Bundesverfassungsgericht enumerativ zugewiesenen Verfahren sind verfahrensabhängige Zulässigkeitsvoraussetzungen zugeordnet, die erfüllt sein müssen. Für das Organstreitverfahren ergeben sie sich aus den §§ 13 Nr. 5, 63 ff. BVerfGG.

1. Beteiligte
Da es sich beim Organstreitverfahren um ein kontradiktorisches Verfahren handelt, bedarf es gemäß § 63 BVerfGG eines Antragstellers und eines Antragsgeg-

ners. Antragsteller und Antragsgegner können danach unter anderem der Bundespräsident, der Bundestag und Teile des Bundestages sein, die im Grundgesetz oder in der Geschäftsordnung des Bundestages mit eigenen Rechten ausgestattet sind.

Das Organstreitverfahren ist ein kontradiktorisches Verfahren, sodass es zwei Beteiligte gibt. Daher wird es gelegentlich auch als Organklage bezeichnet.

---

a) Antragsteller

Antragsteller ist der Bundestag als Legislativorgan des Bundes, dem unter anderem in den Artt. 38 ff. GG Rechte und Pflichten zugewiesen worden sind und der insoweit prozessfähig ist, als er gemäß § 7 Abs. 1 S. 1 GO BT i.V.m. Art. 40 Abs. 1 S. 2 GG durch den Bundestagspräsidenten vertreten wird.

b) Antragsgegner

Antragsgegner ist der in den Artt. 54 ff. GG mit eigenen Rechten und Pflichten versehene Bundespräsident.

Soweit der Kreis der Beteiligten in § 63 BVerfGG gegenüber Art. 93 Abs. 1 Nr. 1 GG verengt wird, folgt die Beteiligtenfähigkeit unmittelbar aus Art. 93 Abs. 1 Nr. 1 GG.

---

2. Antragsgegenstand

Antragsgegenstand i.S.d. § 64 Abs. 1 BVerfGG ist eine rechtserhebliche Maßnahme oder Unterlassung des Antragsgegners. Die Weigerung des B, das Gesetz auszufertigen, stellt eine solche Unterlassung dar. Sie ist rechtserheblich, weil zwischen den Beteiligten eine Meinungsverschiedenheit darüber besteht, ob dem Bundespräsidenten eine verfassungsrechtliche Pflicht zur Ausfertigung des Gesetzes gemäß Art. 82 Abs. 1 GG trifft. Ein tauglicher Antragsgegenstand ist somit gegeben.

3. Antragsbefugnis bzw. Antragsgrund

Der Bundestag muss eine Antragsbefugnis bzw. einen Antragsgrund haben. Da es sich beim Organstreitverfahren um ein kontradiktorisches Verfahren handelt, muss der Antragsteller gemäß § 64 Abs. 1 BVerfGG geltend machen, selbst in seinen ihm durch das Grundgesetz übertragenen Rechten und Pflichten verletzt oder unmittelbar gefährdet zu sein. Die Möglichkeit einer Rechtsverletzung ist dabei hinreichend.

Gemäß Art. 77 Abs. 1 S. 1 GG werden Bundesgesetze vom Bundestag beschlossen, welcher in der repräsentativen Demokratie als Volksvertretung gemäß Art. 38 Abs. 1 S. 1 GG unmittelbar vom Volk gewählt worden ist, wobei gemäß Art. 20 Abs. 2 S. 1 GG alle Staatsgewalt vom Volk ausgeht. Wird ein seitens des Bundestages verabschiedetes Gesetz vom Bundespräsidenten nicht gemäß Art. 82 Abs. 1 S. 1 GG gegengezeichnet, besteht zumindest die Möglichkeit, dass der Bundestag dadurch in seinem Recht zur Gesetzgebung i.S.d. Artt. 76 ff. GG als Legislativorgan verletzt wird. Eine Antragsbefugnis besteht.

4. Form und Frist

Es ist davon auszugehen, dass die nach Auffassung des Bundestages verletzten Normen des Grundgesetzes im Antrag i.S.d. § 23 Abs. 1 BVerfGG gemäß § 64 Abs. 2 BVerfGG bezeichnet und die Frist nach § 64 Abs. 3 BVerfGG von sechs Monaten nach Bekanntwerden des Unterlassens (Ausfertigung, also Ratifizierung des Altenpflegegesetzes durch den Bundespräsidenten gemäß Art. 82 Abs. 1 S. 1 GG) eingehalten wurden.

Die allgemeinen Voraussetzungen zum Antrag nach § 23 Abs. 1 BVerfGG können entweder gesondert oder konnex zu den verfahrensspezifischen Voraussetzungen zu Antrag und Form nach § 64 Abs. 2–4 BVerfGG geprüft werden.

III. Allgemeines Rechtsschutzbedürfnis

Anhaltspunkte dafür, dass der Bundestag nicht allgemein rechtsschutzbedürftig wäre, bestehen nicht.

IV. Zwischenergebnis

Der Antrag des Bundestages zur Einleitung eines Organstreitverfahrens ist zulässig.

B. Begründetheit

Das Organstreitverfahren ist grundsätzlich ein prozessual subjektives Beanstandungsverfahren mit einem objektiven Prüfungsmaßstab in der Begründetheit. Das Bundesverfassungsgericht prüft jedoch entgegen des Wortlautes des § 67 S. 1 BVerfGG mit Verweis auf den Wortlaut des Art. 93 Abs. 1 Nr. 1 GG – dieser ist gegenüber § 67 S. 1 BVerfGG höherrangiges Recht – oft nur subjektiviert, obwohl sich aus Art. 93 Abs. 1 Nr. 1 GG keine Subjektivierung ergibt. Nach der Auffassung des Bundesverfassungsgerichts dient das Organstreitverfahren maßgeblich der gegenseitigen Abgrenzung der Kompetenzen der Verfassungsorgane oder ihren Teilen in einem Verfassungsrechtsverhältnis, nicht hingegen der Kontrolle der objektiven Verfassungsmäßigkeit eines bestimmten Organhandelns (BVerfGE 104, 151, 193 f.). Nach dem Bundesverfassungsgericht wird durch das Verfahren damit nicht die Möglichkeit einer objektiven Beanstandungsklage eröffnet. Deshalb sollte zumindest der Schwerpunkt der Prüfung auch bei einem objektiv zugrunde gelegten Maßstab bei den Normen gesetzt werden, die den Antragsteller möglicherweise in seinen Rechten verletzen. In den Lösungen dieses Buches wird entsprechend dem Gesetzeswortlaut und im Hinblick darauf, dass ohnehin nur sehr wenige Antragsteller für ein Organstreitverfahren in Betracht kommen, die fundamental zur Sicherung der Demokratie und des Rechtsstaates verpflichtet sind, ein objektiver Prüfungsmaßstab vertreten, um eine möglichst effektive Kontrolle im Rahmen der Gewaltenteilung zu gewährleisten. Deshalb ist in der Begründetheit bei einem subjektiv-prozessualen Einstieg die objektive Verfassungsmäßigkeit maßgeblich. Es ist sogar vertretbar, die Kontrollfunktion als derart beachtlich einzustufen, dass auch prozessual keine Antragsbefugnis als subjektives Recht, sondern nur ein sehr weit gefasster Antragsgrund erforderlich ist.

Der Antrag des Bundestages ist begründet, soweit die Unterlassung der Ausfertigung des Gesetzes gemäß Art. 82 Abs. 1 S. 1 GG durch den Bundespräsidenten insbesondere bezüglich der Gesetzgebungsrechte des Bundestages gemäß den Artt. 76 ff. GG nicht mit dem Grundgesetz vereinbar ist. Das Bundesverfassungsgericht wird gegebenenfalls gemäß § 67 S. 1 BVerfGG einen Verstoß des Bundespräsidenten gegen das Grundgesetz feststellen.

Nach Art. 82 Abs. 1 S. 1 GG werden die nach den Vorschriften des Grundgesetzes zustande gekommenen Gesetze durch den Bundespräsidenten nach Gegenzeichnung durch den Bundeskanzler gemäß Art. 58 S. 1 GG ausgefertigt und anschließend im Bundesgesetzblatt verkündet. Die in Art. 82 Abs. 1 S. 1 GG enthaltenen Vorgaben und damit das Recht des Bundestags zur Gesetzgebung i.S.d. Artt. 76 ff. GG können durch die Unterlassung der Ausfertigung verletzt worden sein. Für die Feststellung eines Verstoßes gegen Art. 82 Abs. 1 S. 1 GG ist maßgeblich, ob dem Bundespräsidenten das Recht zusteht, die Ausfertigung eines Gesetzes zu unterlassen. Hierfür ist wiederum maßgeblich, ob ihm ein entsprechendes Prüfungsrecht der Gesetze zugewiesen worden ist und er dieses Recht gegebenenfalls verfassungsgemäß ausgeübt hat. Grundsätzlich ist zwischen einem formellen, materiellen und politischen Prüfungsrecht zu unterscheiden.

Schema 6: Prüfungsrecht Bundespräsident (Art. 82 GG)

Prüfungsrecht Bundespräsident (Art. 82 I 1 GG)

Politisches Prüfungsrecht (-)	Formelles Prüfungsrecht (+)	Materielles Prüfungsrecht (str.)
	→ Wortlaut: „....nach den Vorschriften dieses GG *zustande gekommenen* Gesetze..." → anders J. Rau bei Zuwanderungsgesetz (Ausfertigung mangels evidenten Verfahrensverstoßes)	*Pro:* >Amtseid gem. Art. 56 GG (Zirkelschluss?) >Art. 20 III GG → Gesetzgeber an GG gebunden (aber: GG dem BP evtl. gerade nur formelles Prüfungsrecht) *Contra:* >**Gewaltenteilung, Kompetenzverteilung** >**Art. 100 (Verwerfungsmonopol BVerfG)**; aber: Differenzierung zwischen nachträglicher Überprüfung BVerfG auf Antrag/ vorheriger Prüfung durch BP denkbar >Historisch: „Lehre aus Weimar" → BP primär Repräsentativfunktion, da starke Stellung in WRV (NotstandsVO)

I. Formelles Prüfungsrecht des Bundespräsidenten

Möglicherweise weist das Grundgesetz dem Bundespräsidenten das Recht zu, ein Gesetz vor Ausfertigung auf seine formelle Verfassungsmäßigkeit hin zu prüfen (formelles Prüfungsrecht).

1. Bestehen eines formellen Prüfungsrechts

Ein formelles Prüfungsrecht des Bundespräsidenten könnte bei historischer Auslegung des Grundgesetzes abzulehnen sein, weil die Position des Bundespräsidenten seitens des parlamentarischen Rates im Grundgesetz gegenüber einer gegenteiligen Konstruktion in der Weimarer Reichsverfassung geschwächt werden sollte. Gemäß Art. 82 Abs. 1 S. 1 GG fertigt der Bundespräsident die „nach den Vorschriften dieses Grundgesetzes zustande gekommenen Gesetze" aus. Diese Formulierung könnte dahingehend verstanden werden, dass es auf ein faktisches und nicht auf ein formell verfassungsgemäßes Zustandekommen der Gesetze ankommt.

Allerdings steht der Wortlaut des Art. 82 GG diesem Verständnis entgegen. Die „nach den Vorschriften dieses Grundgesetzes zustande gekommenen Gesetze" sind explizit nur solche, die die verfassungsrechtlichen Anforderungen an ein Zustandekommen erfüllen. Außerdem ist Art. 82 GG systematisch im Abschnitt zur Gesetzgebung des Bundes bei den Artt. 77 ff GG geregelt. Ein formelles Prüfungsrecht des Bundespräsidenten besteht.

2. Ausübung des formellen Prüfungsrechts

Möglicherweise hat der Bundespräsident dieses formelle Prüfungsrecht nicht verfassungsgemäß ausgeübt. Das ist anzunehmen, wenn das Gesetz formell verfassungswidrig zustande gekommen ist.

a) Zuständigkeit

Bezüglich des Erlasses des Altenpflegegesetzes als Bundesgesetz können die Verbandskompetenz des Bundes und die Organkompetenz des Bundestages bestehen.

aa) Verbandskompetenz

Für die Verbandskompetenz des Bundes ist es maßgeblich, ob der Bund als Rechtsträger öffentlichen Rechts in Form einer Körperschaft zum Erlass des Altenpflegegesetzes zuständig ist.

(1) Grundsatz

Grundsätzlich haben gemäß Art. 70 Abs. 1 GG die Länder das Recht zur Gesetzgebung, soweit im Grundgesetz nichts anderes bestimmt ist.

Schema 7: Gesetzgebungskompetenzen

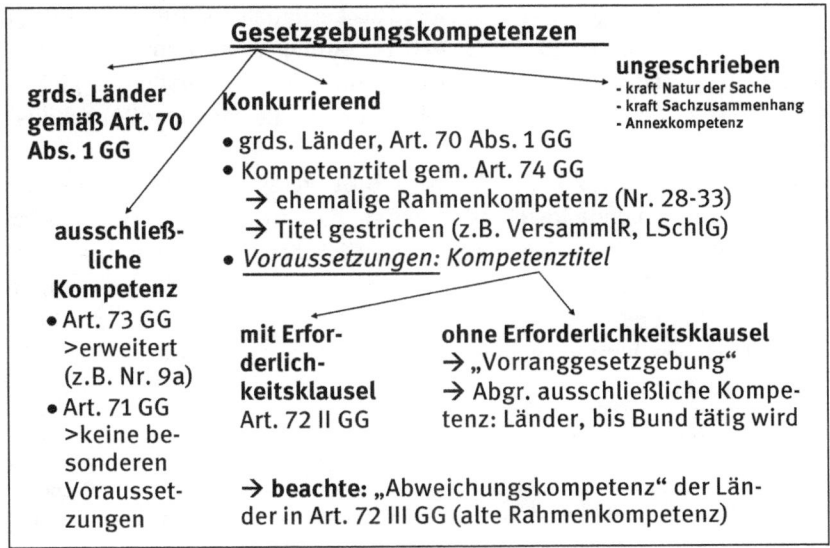

(2) Ausschließliche Gesetzgebung

Im Bereich der ausschließlichen Gesetzgebung des Bundes gemäß Art. 71 GG haben die Länder die Befugnis zur Gesetzgebung nur, wenn und soweit sie hierzu in einem Bundesgesetz ausdrücklich ermächtigt werden. Die Kompetenztitel zur ausschließlichen Gesetzgebung des Bundes sind in Art. 73 GG geregelt. Ein Kompetenztitel für die Gesetzgebung bezüglich der Altenpflege ist in Art. 73 GG jedoch nicht ersichtlich.

(3) Konkurrierende Gesetzgebung

Der Bund kann im Rahmen der konkurrierenden Gesetzgebungskompetenz für die Gesetzgebung bei der Altenpflege zuständig sein.

(a) Kompetenz bei konkurrierender Gesetzgebung

Im Bereich der konkurrierenden Gesetzgebung haben gemäß Art. 72 Abs. 1 GG die Länder die Befugnis zur Gesetzgebung, solange und soweit der Bund von seiner Gesetzgebungskompetenz nicht durch ein Gesetz Gebrauch gemacht hat. Die entsprechenden Kompetenztitel sind in Art. 74 Abs. 1 GG geregelt, wobei die konkurrierende Gesetzgebung grundsätzlich eine Vorranggesetzgebung darstellt, bezüglich derer der Bund vorrangig agieren darf, soweit er davon Gebrauch macht.

Soweit der Bund im Rahmen der konkurrierenden Gesetzgebungskompetenztitel von der ihm grundsätzlich zugewiesenen Gesetzgebungskompetenz Gebrauch macht, bedarf es gemäß Art. 72 Abs. 2 GG bezüglich der Titel nach Art. 74 Abs. 1 Nr. 4, 7, 11, 13, 15, 19a, 20, 22, 25, 26 GG allerdings einer besonderen Erforderlichkeit einer bundesgesetzlichen Regelung in Form der Herstellung gleichwertiger Lebensverhältnisse im Bundesgebiet oder der Rechts- oder Wirtschaftseinheit.

Bezüglich der in Art. 72 Abs. 3 S. 1 Nr. 1–6 GG geregelten Titel können die Länder davon abweichende Regelungen treffen, die seitens des Bundes wieder mittels eines neuen Gesetzes überlagert werden können. Dabei ist zu beachten, dass Bundesgesetze insoweit gemäß Art. 72 Abs. 3 S. 2 GG erst sechs Monate nach ihrer Verkündung in Kraft treten, soweit nicht mit Zustimmung des Bundesrates anderes bestimmt ist, wobei gemäß Art. 72 Abs. 3 S. 3 GG stets das spätere Gesetz vorrangig ist.

Die Titel in Art. 72 Abs. 3 S. 1 GG sind solche der ehemaligen Rahmengesetzgebung. Mittels des Art. 72 Abs. 3 S. 2 GG werden die Interessen der Länder geschützt und es wird Rechtssicherheit geschaffen. Nur bei der Mitwirkung der Länder über das Bundesorgan Bundesrat kann das Bundesgesetz sofort erlassen werden.

(b) Kompetenztitel

Für die konkurrierende Gesetzgebung des Bundes bedarf es eines Kompetenztitels i.S.d. Art. 74 Abs. 1 GG. In Betracht kommt die Zulassung zu ärztlichen und anderen Heilberufen in Art. 74 Abs. 1 Nr. 19 GG, da der Beruf des Altenpflegers als Heilberuf einzustufen sein kann.

(aa) Wortlaut

Der Terminus „Heilberuf" ist an den Begriff der „Heilung" angelehnt, der sowohl umgangs- als auch fachsprachlich auf die Gesundung des Kranken abzielt. Auf Grundlage dieses Wortlautverständnisses ist es denkbar, anzunehmen, dass es im Kontext der Altenpflege an einer solchen Gesundungsintention fehlt und der Altenpflegeberuf demnach nicht unter Art. 74 Abs. 1 Nr. 19 GG subsumierbar ist. Der Heilberuf kann aber auch als Ausübung der „Heilkunde" verstanden werden, die nicht nur der Heilung im engeren Sinne, sondern auch der Linderung körperlicher Defekte dient, also vergleichbar der Heilkunde in § 1 Abs. 2 Heilpraktikergesetz (BVerfGE 106, 62, 106). Nach diesem Verständnis wäre der Altenpflegeberuf als Heilberuf anzusehen.

(bb) Historische Auslegung

Der Beruf des Altenpflegers ist allerdings erst Ende der 1950er Jahre entstanden und wurde bei den Beratungen zu Art. 74 Abs. 1 Nr. 19 GG somit nicht berücksichtigt. Eine entsprechende historische Auslegung der Kompetenznorm könnte der Zuordnung des Berufes des Altenpflegers i.S.d. Art. 74 Abs. 1 Nr. 19 GG entgegenstehen.

„Bei der Bestimmung der einzelnen Materien, die in Art. 74 GG benannt sind, sind Art. 30 GG als Grundregel, nach der grundsätzlich die Länder für die Gesetzgebung zuständig sind, sowie der historische Zusammenhang in der deutschen Gesetzgebung in besonderem Maß zu berücksichtigen. Die Tradition und die Herkömmlichkeit der Gesetzgebungskompetenzen sind insoweit besonders bedeutsam, sodass die Entstehungsgeschichte des Art. 74 GG und die Staatspraxis zumindest auch maßgeblich sind (BVerfGE 106, 62, 156).

„Aus diesen Auslegungsregeln bezüglich des Art. 74 GG ergibt sich aber nicht, dass der Begriff des Heilberufs als im Berufsbild unabänderlich festgelegt ist. Es sind nicht nur die Berufe erfasst, die bereits bei Erlass des Grundgesetzes als Heilberufe galten oder die seither zu Heilberufen geworden sind. Vielmehr kann der Bundesgesetzgeber auch neue Heilberufe schaffen oder die Entwicklung bestehender Berufe zu Heilberufen aufnehmen, solange der Kompetenztitel des Art. 74 Abs. 1 Nr. 19 GG nicht überschritten wird" (BVerfGE 106, 62, 157).

Somit ist die Berücksichtigung der Entstehungsgeschichte nicht zielführend. Dass die Berufe der Altenpflege bei den Grundrechtsberatungen nicht berücksichtigt worden sind, ist vielmehr irrelevant, weil die Entwicklung der Altenpflege als Berufsbild erst Ende der 50er Jahre erfolgte.

(cc) Systematik und Telos

Aus der systematischen Stellung des Art. 74 Abs. 1 Nr. 19 GG lassen sich keine Anhaltspunkte auf dessen Spezifizierung ableiten. Maßgeblich ist letztlich die teleologische Auslegung

Der Kompetenztitel des Art. 74 Abs. 1 Nr. 19 GG enthält verschiedene Lebensbereiche, die mit Gesundheitsgefahren bzw. -fragen zusammenhängen – „Maßnahmen gegen gemeingefährliche oder übertragbare Krankheiten bei Menschen und Tieren, Zulassung zu ärztlichen und anderen Heilberufen und zum Heilgewerbe, sowie das Recht des Apothekenwesens, der Arzneien, der Medizinprodukte, der Heilmittel, der Betäubungsmittel und der Gifte" –, mit Ausnahme der „wirtschaftlichen Sicherung der Krankenhäuser und die Regelung der Krankenhauspflegesätze", welche von Art. 74 Abs. 1 Nr. 19a GG umfasst ist. Es ist somit der Sinn und Zweck des Art. 74 Abs. 1 Nr. 19 GG, dem Bund insgesamt die Gesetzgebungskompetenz für eine einheitliche Regelung gesundheitsrelevanter Berufe zuzuordnen, um dieselben Qualifikationsstandards und eine einheitliche Qualitätskontrolle in Gesundheitsfragen garantieren zu können (BVerfGE 106, 62, 119).

„Das Berufsbild der Altenpflege ist in den fachlichen Anforderungen und den praktischen Voraussetzungen inzwischen derart denjenigen der Heilberufe angenähert worden, dass der Gesetzgeber diese Entwicklung mit einfachgesetzlichen Vorgaben weiterführen durfte, indem er dem Berufsbild der Altenpflege einen heilkundlichen Schwerpunkt zuweist. Auch pflegende Berufe sind als Heilhilfsberufe einzuordnen, soweit sie im Schwerpunkt eine Ersetzung, Ergänzung oder Unterstützung der ärztlichen Tätigkeit zum Gegenstand haben, zum Beispiel die Berufe in der Krankenpflege" (BVerfGE 106, 62, 109).

„§ 3 S. 2 Nr. 1 AltPflG ist als Programmsatz für die Altenpflege ausgestaltet. Es wird insoweit die Ausrichtung der Pflege insgesamt beschrieben und die Orientierung an den Pflegewissenschaften betont. Zu den pflegewissenschaftlichen Erkenntnissen, denen die Ausbildung in der Altenpflege entsprechen soll, gehören auch medizinisch-pflegerische Daten" (BVerfGE 106, 62, 111). Insoweit ist es dem Gesetzgeber auch erlaubt, Anforderungen an die Ausbildung in der Altenpflege im Sinne von Mindeststandards zu stellen. Dies gehört zur „Zulassung" i.S.d. Art. 74 Abs. 1 Nr. 19 GG.

„Zwar wird mittels Art. 74 Abs. 1 Nr. 19 GG nicht die Kompetenz begründet, die Materie des Ausbildungswesens vollumfänglich zu regeln. Das ergibt sich bereits aus der Abgrenzung zu den Kompetenztiteln der Nummern 1 und 11, durch die das Berufsrecht in den dort genannten Bereichen ohne die Beschränkung auf Zulassungsregelungen vollständig geregelt worden ist. Andererseits kann es dem Zulassungsgesetzgeber nicht verwehrt sein, überhaupt Anforderungen an die Ausbildung zu stellen, um so die das Berufsbild ausmachenden Qualitätsstandards zu vereinheitlichen. Die Substanz des Ausbildungsrechts muss zwar den Ländern vorbehalten bleiben, jedoch ist die Regelung von Mindeststandards hingegen noch unmittelbar zulassungsrelevant und damit kompetenzgemäß. Nur auf diese Weise ist es möglich, ein bestimmtes fachliches Niveau der Berufsangehörigen – und damit des Berufes – sicherzustellen" (BVerfGE 106, 62, 131).

Nach dem Sinn und Zweck des Art. 74 Abs. 1 Nr. 19 GG ist die Altenpflege in einer Gesamtbetrachtung den Heilberufen zuzuordnen.

(dd) Zwischenergebnis
Der Bund ist als Verband gemäß Art. 74 Abs. 1 Nr. 19 GG zum Erlass des Altenpflegegesetzes zuständig.

bb) Organkompetenz
Als Organ ist gemäß Art. 77 Abs. 1 S. 1 GG der Bundestag zum Beschluss der Bundesgesetze zuständig.

b) Gesetzgebungsverfahren
Das Gesetzgebungsverfahren könnte fehlerhaft durchgeführt worden sein.

Schema 8: Gesetzgebungsverfahren

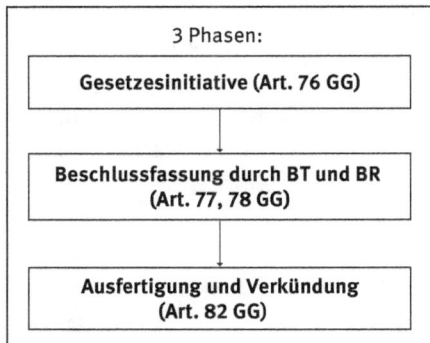

```
3 Phasen:

┌─────────────────────────────────────┐
│  Gesetzesinitiative (Art. 76 GG)    │
└─────────────────────────────────────┘
                  │
┌─────────────────────────────────────┐
│  Beschlussfassung durch BT und BR   │
│        (Art. 77, 78 GG)             │
└─────────────────────────────────────┘
                  │
┌─────────────────────────────────────┐
│  Ausfertigung und Verkündung        │
│        (Art. 82 GG)                 │
└─────────────────────────────────────┘
```

aa) Einleitungsverfahren

Schema 9: Gesetzesinitiative (Art. 76 GG)

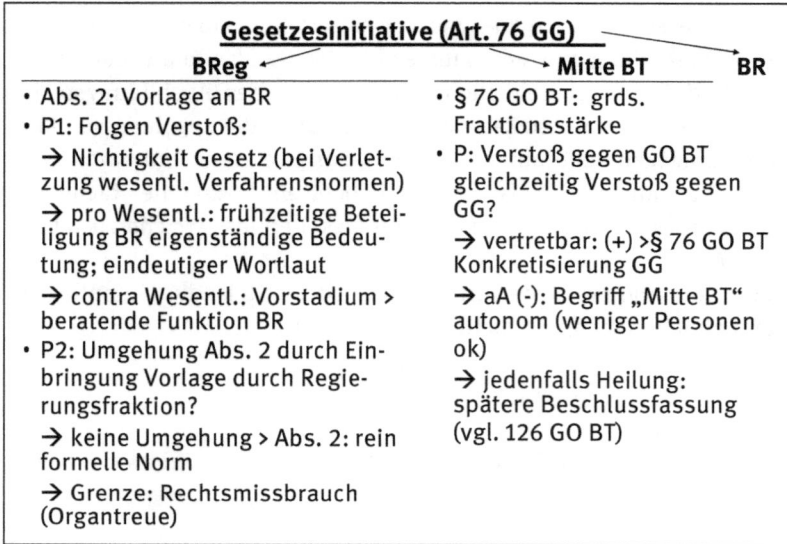

Gesetzesinitiative (Art. 76 GG)	
BReg ←	→ **Mitte BT** **BR**
• Abs. 2: Vorlage an BR • P1: Folgen Verstoß: → Nichtigkeit Gesetz (bei Verletzung wesentl. Verfahrensnormen) → pro Wesentl.: frühzeitige Beteiligung BR eigenständige Bedeutung; eindeutiger Wortlaut → contra Wesentl.: Vorstadium > beratende Funktion BR • P2: Umgehung Abs. 2 durch Einbringung Vorlage durch Regierungsfraktion? → keine Umgehung > Abs. 2: rein formelle Norm → Grenze: Rechtsmissbrauch (Organtreue)	• § 76 GO BT: grds. Fraktionsstärke • P: Verstoß gegen GO BT gleichzeitig Verstoß gegen GG? → vertretbar: (+) >§ 76 GO BT Konkretisierung GG → aA (-): Begriff „Mitte BT" autonom (weniger Personen ok) → jedenfalls Heilung: spätere Beschlussfassung (vgl. 126 GO BT)

Das Einleitungsverfahren könnte fehlerhaft durchgeführt worden sein. Gemäß Art. 76 Abs. 1 GG haben die Bundesregierung, der Bundesrat oder die Mitte des Bundestages das Gesetzesinitiativrecht. Vorlagen der Bundesregierung sind gemäß Art. 76 Abs. 2 S. 1 GG zunächst dem Bundesrat zuzuleiten. Die Fraktion der Regierungskoalition – nicht aber die Bundesregierung selbst – hat dem Bundestag den Entwurf des Altenpflegegesetzes unmittelbar zugeleitet. Fraglich ist, ob das als ein Verstoß gegen Art. 76 Abs. 2 S. 1 GG einzustufen ist. Für die Beurteilung eines Verstoßes gegen Vorgaben des Art. 76 GG kommt es darauf an, ob die Vorlage der Bundesregierung zuzurechnen ist oder ob es sich um eine Vorlage aus der Mitte des Bundestages handelt.

Das hängt wiederum davon ab, ob dem Art. 76 Abs. 2 S. 1 GG ein formeller oder ein materieller Begriff der Vorlage zugrunde liegt. Bei einer materiellen Betrachtung käme es darauf an, wer sich die Vorlage inhaltlich zu Eigen macht und sich deshalb zurechnen lassen muss. Bei einer formellen Betrachtung käme es hingegen nur darauf an, wer die Vorlage tatsächlich einbringt.

Für eine formelle Betrachtung spricht, dass das Gesetzgebungsverfahren formalisiert ist. Aus Art. 76 GG ergibt sich kein Erfordernis des „Erarbeitens" oder „Verfassens" der Vorlagen. Ein materieller Vorlagebegriff ist zudem kaum praktikabel. Es ist regelmäßig nicht möglich, den tatsächlichen Urheber festzustellen. Hingegen lässt sich stets eindeutig klären, wer die Vorlage formell eingebracht hat. Das Zusammenwirken von Bundesregierung und Bundestagsmehrheit ist außerdem ein charakteristisches Merkmal des parlamentarischen Systems. Das unterstützende Zusammenwirken ist legitim. Deshalb ist für die Vorlage letztlich nicht der wahre Urheber maßgeblich, sondern derjenige, der sie formell eingereicht hat.

Demnach wurde der erarbeitete Gesetzesentwurf nicht von der Bundesregierung in den Bundestag eingebracht, sodass er nicht erst gemäß Art. 76 Abs. 2 S. 1 GG dem Bundesrat zugeleitet werden musste. Der Entwurf wurde von den Fraktionen in den Bundestag eingebracht. Diese Einbringung ist letztlich als eine Einbringung aus der Mitte des Bundestages, also eine Einbringung durch Abgeordnete, zu verstehen. Gemäß den §§ 75 Abs. 1 lit. a, 76 Abs. 1 GO BT, die wiederum auf Art. 40 Abs. 1 S. 2 GG rückführbar sind, bedarf es für die Einbringung eines Gesetzesentwurfes aus der Mitte des Bundestages der Einbringung durch eine Fraktion oder fünf Prozent der Mitglieder des Bundestages.

Die Einbringung des Gesetzesentwurfes durch die Mitte des Bundestages mittels der Fraktion war nach Art. 76 Abs. 1 GG verfassungsgemäß, zumal eine Umgehung der Rechte des Bundesrates auch insoweit nicht ersichtlich ist, als dieser als Bundesorgan im weiteren Verlauf des Gesetzgebungsverfahrens – dem Hauptverfahren – Mitwirkungsrechte wahrnehmen kann. Das Einleitungsverfahren war nicht fehlerhaft.

bb) Hauptverfahren

Im Hauptverfahren bedarf es eines ordnungsgemäßen Beschlusses des Bundestages gemäß Art. 77 Abs. 1 S. 1 GG und einer ordnungsgemäßen Einbindung des Bundesrates.

(1) Beschluss des Bundestages

Es kann ein ordnungsgemäßer Beschluss des Bundestages gemäß Art. 77 Abs. 1 S. 1 GG erfolgt sein. Das Altenpflegegesetz hat der Bundestag nach nur einer Lesung verabschiedet. Art. 77 Abs. 1 S. 1 GG enthält keine Anforderungen für das Beschlussverfahren. Gemäß § 78 Abs. 1 GO BT sind bei Gesetzesentwürfen jedoch drei Lesungen vorgesehen. Fraglich ist, inwieweit ein Verstoß gegen die Geschäftsordnung des Bundestages hier beachtlich ist. Da nur das Grundgesetz den Prüfungsmaßstab eines Organstreitverfahrens bildet, kommt es darauf an, ob durch den Verstoß gegen § 78 Abs. 1 GO BT verfassungsrechtliche Rechte des Antragstellers verletzt worden sind. Es kommt also darauf an, ob der Bundestag mittels der Formvorschrift in seinen ihm verfassungsrechtlich zugewiesenen Mitwirkungsrechten geschützt werden soll.

§ 78 GOBT ist zunächst mittelbar über Art. 40 Abs. 1 S. 1 GG bei der Prüfung des Grundgesetzes zu berücksichtigen. Durch die in § 78 GO BT enthaltenen Vorgaben sollen zudem die grundgesetzlich zum Beispiel in Art. 38 Abs. 1 S. 2 GG geregelten Mitwirkungsbefugnisse der Abgeordneten gesichert werden. Die GOBT ist also durch den mittelbaren Bezug im Rahmen der verfassungsrechtlichen Prüfung maßgeblich. Die Mitwirkungsrechte der Abgeordneten sind jedoch nicht automatisch verletzt, wenn nur eine Lesung durchgeführt wurde. Ein verfassungsrechtlich beachtlicher Verfahrensverstoß ist mangels Umgehung wesentlicher Beteiligungen von Verfassungsorganen oder Unterorganen nicht anzunehmen, wenn etwa die drei Lesungen auf eine ausführlichere Lesung verkürzt werden, sofern die Abgeordneten dabei ordnungsgemäß mitwirken konnten. Die Lesung bezüglich des Altenpflegegesetzes ist in besonders ausführlicher Weise erfolgt, um weitere kurze Lesungen zu vermeiden. Alle Abgeordneten konnten effizient mitwirken, sodass sich eine Beachtlichkeit des Fehlers nicht daraus ergibt, dass einzelne Abgeordnete an dem Tag der einen Lesung nicht teilnehmen konnten. Die Auslassung der weiteren Lesungen führt somit nicht zu einer beachtlichen Fehlerhaftigkeit des Gesetzes. Es ist somit ein verfassungsgemäßer Beschluss des Bundestages erfolgt.

(2) Mitwirkung des Bundesrates

Bearbeiter, die der Ansicht des Bundesverfassungsgerichts folgen und eine subjektivierte Prüfung vornehmen, sollten die Mitwirkung des Bundesrates im Hilfsgutachten prüfen.

Der Bundesrat muss – soweit ein Gesetz formell verfassungsgemäß zustande kommen soll – ordnungsgemäß nach Art. 77 GG am Gesetzgebungsverfahren beteiligt werden. Inwieweit der Bundesrat am Gesetzgebungsverfahren beteiligt werden muss, ist von der Art der vorgeschriebenen Mitwirkung abhängig.

Seitens des Bundesverfassungsgerichts wird die Erforderlichkeit der Zustimmung des Bundesrates über die ausdrücklich geregelten Konstellationen hinaus nicht angenommen.

(a) Zustimmungspflichtiges Gesetz

Gemäß Art. 78 GG kann es insoweit der positiven Zustimmung des Bundesrates bedürfen oder es kann lediglich die Einspruchsmöglichkeit bestehen. „Gemäß Art. 78 GG kommt ein vom Bundestag beschlossenes Gesetz zustande, wenn der

Bundesrat zustimmt, den Antrag gemäß Art. 77 Abs. 2 GG nicht stellt, innerhalb der Frist i.S.d. Art. 77 Abs. 3 GG keinen Einspruch einlegt oder ihn zurücknimmt oder wenn der Einspruch vom Bundestag überstimmt wird" (BVerfGE 55, 274, 327). Soweit das maßgebliche Gesetz als Einspruchsgesetz einzustufen ist und der Bundesrat keine Einberufung des Vermittlungsausschusses gemäß Art. 77 Abs. 2 GG veranlasst hat, kommt das Gesetz zustande. Es kommt ebenfalls zustande, falls nach Einberufung des Vermittlungsausschusses – zum Beispiel aufgrund einer erfolgreichen Vermittlung – kein Einspruch eingelegt wird. Lediglich soweit nach erfolgloser Einberufung des Vermittlungsausschusses seitens des Bundesrates Einspruch eingelegt wird, sind die Mehrheiten i.S.d. Art. 77 Abs. 4 GG maßgeblich.

Ein Gesetz ist seitens des Bundesrates nur zustimmungspflichtig, wenn die Zustimmungspflichtigkeit im Grundgesetz ausdrücklich geregelt ist. Eine Erweiterung der Zustimmungspflichtigkeit auf Gesetzgebungsmaterien, für welche dies nicht ausdrücklich geregelt ist, ist mit dem in praktischer Konkordanz zu anderen grundgesetzlichen Vorschriften stehenden Bestimmtheitsgebot aus Art. 20 Abs. 3 GG nicht vereinbar. Mangels ausdrücklicher Regelung bezüglich der Zustimmung des Bundesrates – die Altenpflege ist auch in Art. 74 Abs. 2 GG nicht benannt worden – handelt es sich beim Altenpflegegesetz um ein Einspruchsgesetz, sodass es auf eine ordnungsgemäße Zustimmung gemäß Art. 77 Abs. 2a GG nicht ankommt.

(b) Rechtserheblicher Einspruch

Fraglich ist, ob seitens des Bundesrates bezüglich des Altenpflegegesetzes rechtserheblich Einspruch eingelegt worden ist. Ein Einspruch kann gemäß Art. 77 Abs. 3 S. 1 GG nur beachtlich sein, wenn zuvor der Vermittlungsausschuss gemäß Art. 77 Abs. 2 GG ordnungsgemäß einberufen wurde. Letzteres ist bezüglich des Altenpflegegesetzes geschehen. Somit könnte der mangels erfolgreicher Vermittlung im Vermittlungsausschuss seitens des Bundesrates eingelegte Einspruch i.S.d. Art. 77 Abs. 3 S. 1 GG beachtlich sein.

Zunächst ist der Einspruch fristgerecht gemäß Art. 77 Abs. 3 S. 1, 2 GG innerhalb von zwei Wochen nach dem Eingang der Mitteilung des Vorsitzenden des Vermittlungsausschusses über den Abschluss des Vermittlungsverfahrens eingelegt worden. Fraglich ist, ob die erforderlichen Mehrheiten i.S.d. Art. 77 Abs. 4 GG gegeben waren.

Schema 10: Mehrheiten im Verfassungsrecht

Einfache Mitgliedermehrheit
(absolute Mehrheit, Kanzlermehrheit): Mehrheit der gesetzlichen Mitgliederzahl (*Art. 121 GG*); Bundestag: 598 (§ 1 I BWG) zzgl. Sonderregelungen (BWG); Bundesrat: 35 (69); (Kanzlerwahl, Misstrauensvotum, Vertrauensfrage, Zurückweisen eines einfachen Einspruchs des Bundesrats bei Gesetzgebungsverfahren; stets bei Beschlüssen des Bundesrates Art. 52 III 1 GG)

Qualifizierte Mitgliedermehrheit
2/3 der gesetzlichen Mitgliederzahl → Verfassungsänderung (*Art. 79 II GG*)

Einfache Abstimmungsmehrheit
Mehrheit der abgegebenen Stimmen (dazu zählen nicht: Enthaltungen)→Regelfall gem. *Art. 42 II 1 GG* für BT; zusätzlich erforderlich >materielles Quorum (5% der gesetzlichen Mitglieder; str.)

Qualifizierte Abstimmungsmehrheit
2/3 der abgegebenen Stimmen → Ausschluss der Öffentlichkeit gem. *Art. 42 I 2 GG*

Doppelt qualifizierte Mehrheit
2/3 der abgegebenen Stimmen und Mehrheit der gesetzlichen Mitgliederzahl → Zurückweisen eines qualifizierten Einspruchs des Bundesrates bei Gesetzgebungsverfahren (**Art. 77 IV S. 2 GG**)

Wichtige Mehrheiten im Grundgesetz:
- einfache Abstimmungsmehrheit gemäß Art. 42 Abs. 2 S. 1 GG (jedenfalls materielles Quorum i.H.v. 5% der Mitglieder erforderlich; str.)
- qualifizierte Abstimmungsmehrheit (z.B. Art. 42 Abs. 1 S. 2 GG)
- einfache Mitgliedermehrheit i.S.d. Art. 121 GG (auch absolute Mehrheit oder Kanzlermehrheit genannt; vgl. Art. 63 Abs. 2 S. 1 GG)
- qualifizierte Mitgliedermehrheit i.S.d. Art. 79 Abs. 2 GG
- doppelt qualifizierte Mehrheit i.S.d. Art. 77 Abs. 4 S. 2 GG (zwei Drittel der Abstimmenden als qualifizierte Abstimmungsmehrheit zzgl. qualifizierter Mehrheit i.S.d. Art. 121 GG)

Gemäß Art. 52 Abs. 3 S. 1 GG fasst der Bundesrat seine Beschlüsse mit mindestens der Mehrheit seiner Stimmen. Dabei können die Stimmen eines Bundeslandes gemäß Art. 51 Abs. 3 S. 2 GG nur einheitlich abgegeben werden. Darüber hinaus sind Abstimmungsfragen gemäß § 30 Abs. 1 S. 1 GO BR hinreichend bestimmt zu formulieren, wobei mangels gegenteiliger Anhaltspunkte von einer hinreichenden Bestimmtheit auszugehen ist.

Bei der Abstimmung des Bundesrates bezüglich des Altenpflegegesetzes haben alle Bundesländer abgestimmt, wobei insgesamt 69 Stimmen i.S.d. Art. 51 Abs. 2 GG abgegeben worden sind. Dabei bestand der Bundesrat ordnungsgemäß i.S.d. Art. 51 Abs. 1 S. 1 GG aus den Mitgliedern der Regierungen der Länder, die bestellt und abberufen worden sind, bzw. gemäß Art. 51 Abs. 1 S. 2 GG vertretungsweise aus anderen Mitgliedern ihrer Regierungen.

Problematisch ist allerdings die – widersprüchliche – Stimmabgabe im Land Niedersachsen durch F und M. Seitens des Bundesrates wurde mit 50 von 69 Stimmen Einspruch gegen das Altenpflegegesetz eingelegt, sodass unabhängig von der Berücksichtigung der sechs Stimmen des Landes Niedersachsen eine Mehrheit der Stimmen des Bundesrates gemäß Art. 77 Abs. 4 S. 1 GG für den Einspruch gestimmt hat.

Ein Einspruch mit der Mehrheit der Stimmen im Bundesrat kann gemäß Art. 77 Abs. 4 S. 1 GG mit der Mehrheit der Mitglieder des Bundestages überstimmt werden. Die Mehrheit der Mitglieder des Bundestages ist nach Art. 121 GG – absolute Mehrheit – die Mehrheit ihrer gesetzlichen Mitgliederzahl. Die gesetzliche Mitgliederzahl bestimmt sich anhand des Bundeswahlgesetzes. Grundsätzlich ist der Bundestag gemäß § 1 Abs. 1 S. 1 BWG mit 598 Abgeordneten besetzt, wobei bezüglich der Mitgliedermehrheit i.S.d. Art. 121 GG auch etwaige Überhangmandate i.S.d. § 6 Abs. 5 BWG zu berücksichtigen sind. Mangels Überhangmandaten hat der Bundestag mit 310 Stimmen gegen den Einspruch des Bundesrates mit mehr als der Hälfte der gesetzlichen 598 Mitglieder gestimmt, sodass ein Einspruch basierend auf der Mehrheit der Stimmen des Bundesrates ordnungsgemäß durch den Bundestag überstimmt worden wäre, wobei es auf die Stimmen des Landes Niedersachsen im Bundesrat insoweit nicht ankommt, als sogar bei Abzug der sechs Stimmen eine Mehrheit im Bundesrat mit 44 Stimmen für einen ordnungsgemäßen Einspruch genügt hätte, soweit nicht davon auszugehen ist, dass bei uneinheitlicher Abstimmung eines Bundeslandes im Bundesrat nicht der gesamte Beschluss des Bundesrates unwirksam wäre.

Die Stimmen des Bundeslandes Niedersachsen sind jedoch insoweit beachtlich, als bei Wirksamkeit der sechs Stimmen der Bundesrat den Einspruch mit 50 Stimmen – also mit mehr als zwei Dritteln der 69 Gesamtstimmen – eingelegt hat, sodass der Bundestag den Einspruch gemäß Art. 77 Abs. 4 S. 2 GG ebenfalls nur mit mindestens zwei Dritteln seiner Stimmen, mindestens aber mit der Mehrheit der Mitglieder des Bundestages hätte zurückweisen müssen. Zwar repräsentierten die 310 gegen den Einspruch des Bundesrates abstimmenden Abgeordneten des Bundestages die einfache Mitgliedermehrheit des Bundestages i.S.d. Art. 121 GG, jedoch nicht die für die doppelt qualifizierte Mehrheit i.S.d. Art. 77 Abs. 4 S. 2 GG erforderliche qualifizierte Abstimmungsmehrheit, da es bei

480 Abstimmenden zur Erreichung der zwei Drittel einer gegen den Einspruch des Bundesrates abstimmenden Mehrheit von 320 Abgeordneten bedurft hätte. Eine Beschlussunfähigkeit des Bundestages mangels sich aus dem Rechtsstaats- und Demokratieprinzip aus Art. 20 Abs. 2, 3 GG ergebenden erforderlichen Min- destquorums i.H.v. fünf Prozent der Mitglieder bestand hingegen nicht.

Sind somit die Stimmen des Bundeslandes Niedersachsen nicht mitzuzäh- len, wurde der Einspruch des Bundesrates lediglich mit der Mehrheit der Stim- men des Bundesrates eingelegt und der Einspruch wäre durch den Bundestag ordnungsgemäß gemäß Art. 77 Abs. 4 S. 1 GG zurückgewiesen worden. Sind die Stimmen des Bundeslandes hingegen als Stimmen für den Einspruch zu zählen, hätte der Bundestag den Einspruch des Bundesrates nicht ordnungsgemäß zu- rückgewiesen, da es an den gemäß Art. 77 Abs. 4 S. 2 GG erforderlichen zwei Dritteln der Abstimmenden fehlte. Maßgeblich ist somit, welche Auswirkung eine uneinheitliche Stimmabgabe im Bundesrat entgegen Art. 51 Abs. 3 S. 2 GG hat. Eine partielle Zählung und somit eine Aufteilung der Stimmen eines Bun- deslandes ist jedenfalls mit dem Wortlaut des Art. 51 Abs. 3 S. 2 GG unvereinbar.

(aa) Unwirksamkeit des Beschlusses des Bundesrates
Werden die Stimmen eines Bundeslandes entgegen Art. 51 Abs. 3 S. 2 GG nicht einheitlich durch die anwesenden Mitglieder oder deren Vertreter abgegeben, könnte der gesamte Beschluss des Bundesrates unwirksam sein. Zwar würden damit die Interessen aller Bundesländer im zweigliedrigen Bundesstaat i.S.d. Art. 20 Abs. 1 GG gewahrt, da ein Beschluss ohne effektive Mitwirkung eines Bundeslandes nicht denkbar wäre, jedoch könnte ein Bundesland durch unter Umständen sogar zielgerichtete uneinheitliche Stimmabgabe im Bundesrat sämtliche Beschlüsse bzw. Abstimmungen im Bundesrat blockieren. Das wäre mit dem Bundesstaatsprinzip i.S.d. Art. 20 Abs. 1 GG unvereinbar, weil das föde- ralistische Gefüge ergänzt durch die bundesstaatlich verankerte Bundestreue durchbrochen werden würde. Zudem würde das Demokratieprinzip i.S.d. Art. 20 Abs. 2 S. 1 GG ungerechtfertigt beeinträchtigt werden, weil im Rahmen der Ge- setzgebung der Wille der Mehrheit des Volkes durch eine sperrende Minderheit ausgehebelt werden könnte. Folglich ist der Beschluss des Bundesrates bei un- einheitlicher Abstimmung eines Bundeslandes i.S.d. Art. 51 Abs. 3 S. 2 GG nicht unwirksam.

(bb) Maßgeblichkeit des Ministerpräsidenten
Bei uneinheitlicher Stimmabgabe eines Bundeslandes im Bundesrat könnte die Stimme des Ministerpräsidenten maßgeblich sein. Das könnte sich daraus erge-

ben, dass der Ministerpräsident gemäß der Landesverfassung die Leitlinien der Politik bestimmt und ihm insoweit in dem Kollegialorgan „Landesregierung" eine Sonderposition zugewiesen ist. Dann wäre aber die seitens des Gesetzgebers in Art. 51 Abs. 3 GG geregelte Möglichkeit der Entsendung mehrerer Mitglieder bzw. Vertreter überflüssig, da direkt lediglich auf den Ministerpräsidenten bzw. des in Stadtstaaten vergleichbaren Senatschefs hätte abgestellt werden können.

Entscheidend ist letztlich, dass das Grundgesetz als Bundesverfassung nicht mittels der Landesverfassung auszulegen ist. Landesrecht wird gemäß Art. 31 GG ohnehin durch Bundesrecht gebrochen, zumal für Landesverfassungen gemäß Art. 28 Abs. 1 S. 1 GG eine Homogenität bezüglich diverser verfassungsrechtlicher Prinzipien vorgegeben ist. Die einheitliche Stimmabgabe im Bundesrat – dieser besteht gemäß Art. 51 Abs. 1 S. 1 GG aus Mitgliedern der Regierungen der Länder, welche diese bestellen und abberufen, wenngleich sie gemäß Art. 51 Abs. 1 S. 2 GG durch andere Mitglieder ihrer Regierungen vertreten werden können – i.S.d. Art. 51 Abs. 3 S. 2 GG kann somit nicht gemäß der Landesverfassung wider den Wortlaut des Grundgesetzes ausgelegt werden.

(cc) Unbeachtlichkeit der Stimmen des Bundeslandes

Stimmt ein Bundesland im Bundesrat entgegen Art. 51 Abs. 3 S. 2 GG nicht einheitlich ab, sind die Stimmen dieses Bundeslandes bei der im Übrigen gültigen Abstimmung im Bundesrat somit nicht zu zählen. Die nachträgliche erneute Nachfrage bei M ist insoweit unbeachtlich, als die Abstimmung im Bundesrat zu diesem Zeitpunkt bereits beendet war, sodass auch eine Einordnung als wiederholte Abstimmung nicht möglich ist (vgl. zum Ganzen: BVerfG, Urteil vom 18. 12. 2002 – 2 BvF 1/02, NJW 2003, 339).

„Der Bundesrat ist nämlich ein kollegiales Verfassungsorgan des Bundes, das gemäß Art. 51 Abs. 1 S. 1 GG aus Mitgliedern der Landesregierungen besteht. Er wird nicht aus den Ländern gebildet. In Art. 50 GG ist nur die Funktion dieses Bundesverfassungsorgans umschrieben worden, indem geregelt worden ist, dass die Länder im Bundesrat bei der Gesetzgebung und Verwaltung des Bundes und in Angelegenheiten der Europäischen Union mitwirken. Diese Mitwirkung erfolgt nicht unmittelbar, sondern vermittelt durch die aus dem Kreis der Landesregierungen stammenden Mitglieder des Bundesrates. Die Länder werden jeweils durch ihre anwesenden Bundesratsmitglieder vertreten" (BVerfGE 106, 310, 330).

„Die Stimmen eines Landes werden durch seine Bundesratsmitglieder abgegeben. Wer aus dem Kreis dieser Vertreter die Stimmen eines Landes abgibt, bestimmen in der Regel die Vertreter selbst oder im Vorfeld einer Bundesratssitzung die jeweilige Landesregierung. Im Grundgesetz wird die einheitliche

Stimmenabgabe gefordert, wenngleich in der Praxis ein einheitlicher Stimmführer respektiert wird, ohne seinerseits mit Geboten und Festlegungen in den Verfassungsraum des Landes überzugreifen" (BVerfGE 106, 310, 330).

„Aus dieser Konzeption des Grundgesetzes für den Bundesrat folgt letztlich, dass der Abgabe der Stimmen durch einen Stimmführer jederzeit durch ein anderes Bundesratsmitglied desselben Landes widersprochen werden kann und damit die Voraussetzungen der Stimmführerschaft insgesamt nicht erfüllt sind. Der Bundesratspräsident nimmt somit die Stimme eines einzelnen Bundesratsmitglieds als Stimmenabgabe für das ganze Land entgegen, sofern nicht ein anderes Mitglied des jeweiligen Landes abweichend stimmt" (BVerfGE 106, 310, 330f.).

„Die gezielte Rückfrage des Bundesratspräsidenten nur an den Ministerpräsidenten eines Landes ließe sich mangels Klärungsbedarfs nur rechtfertigen, wenn ein Ministerpräsident sich in der Abstimmung über die Stimmenabgabe durch die anderen Bundesratsmitglieder des Landes hätte hinwegsetzen dürfen, sei es, dass er ein Weisungsrecht im Bundesrat beanspruchen könnte, sei es, dass nur auf diese Weise ein drohender Verstoß gegen die Bundesverfassung hätte abgewendet werden können" (BVerfGE 106, 310, 334).

„Beide Voraussetzungen sind nicht erfüllt. Rangverhältnisse des Landesverfassungsrechts sind irrelevant. Der Inhaber einer landesrechtlichen Richtlinienkompetenz hat keine bundesverfassungsrechtlich herausgehobene Stellung, mittels derer es ihm erlaubt wäre, einen Abstimmungsdissens zweier anderer anwesender Mitglieder allein durch seine Willensbekundung zu überwinden. Die landesrechtliche Weisung an Bundesratsmitglieder, die im Grundgesetz für den Bundesrat in Art. 51 Abs. 1 S. 1 GG – anders als im Gemeinsamen Ausschuss gemäß Art. 53a Abs. 1 S. 3 GG oder im Vermittlungsausschuss gemäß Art. 77 Abs. 2 S. 3 GG – geregelt ist, ist die Weisung der Landesregierung, nicht die des Inhabers der Richtlinienkompetenz. Besteht keine Weisung der Landesregierung und stimmen die ein Land und dessen Landesregierung repräsentierenden Mitglieder uneinheitlich ab, ist dies nicht verfassungswidrig. In Art. 51 Abs. 3 S. 2 GG ist lediglich die uneinheitliche Stimmabgabe verboten worden, also einen gespaltenen Landeswillen im Abstimmungsergebnis des Bundesrates durch Aufteilung der Stimmen des Landes zu berücksichtigen" (BVerfGE 106, 310, 335). Der Beschluss als solcher ist wirksam.

Somit sind sämtliche Stimmen des Bundeslandes Niedersachsen nicht zu zählen.

(dd) Maßgeblichkeit des Einspruches

Werden die Stimmen des Bundeslandes Niedersachsen im Bundesrat nicht mitgezählt, ist der Einspruch mit lediglich 44 Stimmen eingelegt worden, also zwar mit der Mehrheit der Stimmen des Bundesrates, jedoch nicht mit einer Mehrheit von zwei Dritteln der Stimmen des Bundesrates, da dazu 46 Stimmen erforderlich gewesen wären. Somit konnte der Bundestag den Einspruch des Bundesrates mit der einfachen Mitgliedermehrheit gemäß Art. 77 Abs. 4 S. 1 GG i.V.m. Art. 121 GG zurückweisen. Dies ist mit den 310 Stimmen im Bundestag erfolgt, da der Bundestag zum maßgeblichen Zeitpunkt mangels Überhangmandate lediglich aus der gesetzlichen Mitgliederzahl gemäß § 1 BWG i.H.v. 598 Abgeordneten bestand. Somit ist der Einspruch des Bundesrates wirksam überstimmt worden und daher unbeachtlich.

c) Zwischenergebnis
Das Gesetz ist formell verfassungsgemäß, sodass der Bundespräsident sein formelles Prüfungsrecht zu Unrecht ausgeübt und damit die sich für ihn aus Art. 82 Abs. 1 S. 1 GG ergebenden Pflichten verletzt hat.

II. Materielles Prüfungsrecht des Bundespräsidenten
Fraglich ist, ob dem Bundespräsidenten auch ein materielles Prüfungsrecht zugewiesen ist.

In einem Gutachten im verfassungsrechtlichen Verfahren ist umfassend zu prüfen, sodass trotz unrechtmäßiger Ausübung des formellen Prüfungsrechts auch das materielle und das politische Prüfungsrecht des Bundespräsidenten zu erörtern sind, zumal im Bearbeitungsvermerk eine entsprechende Vorgabe enthalten ist.

1. Bestehen eines materiellen Prüfungsrechts
Dem Bundespräsidenten kann in der Verfassung ein materielles Prüfungsrecht zugewiesen worden sein.

a) Ableitung aus dem formellen Prüfungsrecht
Ein materielles Prüfungsrecht des Bundespräsidenten könnte aus dem formellen Prüfungsrecht abzuleiten sein, da sich bei einem materiell verfassungswidrigen Gesetz gleichzeitig der formelle Mangel ergeben könnte, dass die formellen Voraussetzungen für eine Verfassungsänderung nicht erfüllt worden sind. Es würde jedoch einen Zirkelschluss darstellen, falls jeder materielle Fehler insoweit auch als formeller Fehler eingestuft würde, als die Voraussetzungen für eine Verfassungsänderung nicht erfüllt sind, wenn eine gesetzgeberische Intention zur Ver-

fassungsänderung nicht ersichtlich ist. Aus dem formellen Prüfungsrecht lässt sich somit kein materielles Prüfungsrecht des Bundespräsidenten ableiten.

b) Wortlaut und Systematik

Aus dem Wortlaut der grundgesetzlichen Normen ergibt sich kein materielles Prüfungsrecht des Bundespräsidenten, jedoch könnte ein solches aus der Systematik des Grundgesetzes ableitbar sein.

aa) Amtseid

Gemäß Art. 56 GG leistet der Bundespräsident einen Amtseid auf die Verfassung, sodass sich daraus seine Pflicht zur materiellen Prüfung der von ihm zu unterzeichnenden Gesetze ergeben könnte. Auch dies wäre jedoch ein Zirkelschluss. Der Schwur im Sinne des Amtseides kann nur auf die in der Verfassung geregelten Amtspflichten des Bundespräsidenten bezogen sein, welche bezüglich seiner Prüfungskompetenz gerade unklar sind. Aus dem Amtseid ergibt sich kein materielles Prüfungsrecht des Bundespräsidenten.

bb) Verhältnis zum Bundesverfassungsgericht

Aus der systematischen Stellung des Verfassungsorgans Bundesverfassungsgericht i.S.d. Artt. 92 ff. GG könnte sich ergeben, dass dem Bundespräsidenten kein materielles Prüfungsrecht zugewiesen wird, weil es Aufgabe des Bundesverfassungsgerichts als Hüter der Verfassung ist, die Verfassungsmäßigkeit der Gesetze zu prüfen. Insoweit ist jedoch in den Artt. 92 ff. GG i.V.m. der Prozessordnung des Bundesverfassungsgerichts – dem Bundesverfassungsgerichtsgesetz – konstatiert, dass das Bundesverfassungsgericht grundsätzlich aus Gründen der Gewaltenteilung im Sinne des unter anderem in Art. 20 Abs. 3 GG geregelten Rechtsstaatsprinzips lediglich bereits in Kraft getretene Gesetze prüfen kann, während das materielle Prüfungsrecht des Bundespräsidenten bereits im Vorfeld – nämlich im Endstadium des Gesetzgebungsverfahrens – relevant ist.

c) Historische Auslegung

Es könnte sich aus einem Vergleich zu Art. 70 der Weimarer Reichsverfassung ein materielles Prüfungsrecht des Bundespräsidenten ergeben, weil die dortige Regelung für den Reichspräsidenten mit der für den Bundespräsidenten vergleichbar ist. Der Reichspräsident in der Weimarer Republik hatte jedoch insgesamt deutlich weitere Befugnisse – insbesondere bezüglich der Notstandsverordnungen – als der Bundespräsident. Genau diese weitgehenden Befugnisse sollten seitens des parlamentarischen Rates mit der Fassung des Grundgesetzes umfassend eingeschränkt werden, um ein erneutes historisches Desaster zu verhindern. Vielmehr sollte dem Bundespräsidenten lediglich eine Funktion als eine Art Staatsnotar zugewiesen werden, sodass bei historischer Auslegung allenfalls ein eingeschränktes Prüfungsrecht des Bundespräsidenten angenommen werden kann.

d) Telos

Bei teleologischer Auslegung, also bei Berücksichtigung des Sinnes und des Zwecks der Funktion des Bundespräsidenten, sind das unter anderem in Art. 20 Abs. 3 GG geregelte Rechtsstaatsprinzip und die Bindung an die Grundrechte i.S.d. Art. 1 Abs. 3 GG zu berücksichtigen. Daraus ergibt sich, dass der Bundespräsident zumindest bei evidenten Verstößen gegen das Grundgesetz nicht verpflichtet sein kann, ein Gesetz zu unterzeichnen, wenngleich sich aus Art. 1 Abs. 3 GG und Art. 20 Abs. 3 GG andererseits auch kein weitergehendes Prüfungsrecht ergibt. Zwar ist der Bundespräsident Oberhaupt des Staates, jedoch ist nur der Bundestag unmittelbar vom Volk i.S.d. Art. 38 Abs. 1 GG legitimiert, sodass die Einschätzungsprärogative des Gesetzgebers gegenüber der Einschätzung des Bundespräsidenten im Zweifel vorrangig ist. Dem Bundespräsidenten fehlen darüber hinaus bereits faktisch die Möglichkeiten für eine umfassende verfassungsrechtliche Prüfung, da ihm kein verwaltungsrechtlicher Unterbau für die Prüfung derartiger verfassungsrechtlicher Fragen zugewiesen ist.

Nach alledem ist dem Bundespräsidenten ein materielles Prüfungsrecht lediglich zur Prüfung hinsichtlich evidenter Fehler zugewiesen.

In Klausuren bedeutet die Evidenzprüfung regelmäßig das Erfordernis einer vollständigen materiellen Prüfung mit der anschließenden Bewertung der Schwere und Offensichtlichkeit des Fehlers.

---

2. Ausübung des materiellen Prüfungsrechts

Der Bundespräsident hat von seinem materiellen Prüfungsrecht zu Unrecht Gebrauch gemacht, weil das Gesetz materiell verfassungsgemäß ist.

III. Politisches Prüfungsrecht des Bundespräsidenten

Dem Bundespräsidenten könnte auch ein politisches Prüfungsrecht zugewiesen sein, also ein Recht, die Zwecksetzung der Gesetzgebung zu prüfen. Der Bundespräsident ist jedoch schon in Abgrenzung zur Weimarer Reichsverfassung lediglich ein repräsentativer Präsident. Die Richtlinien der Politik bestimmt gemäß Art. 65 S. 1 GG der Bundeskanzler, während die Gesetzgebung in der demokratisch organisierten Bundesrepublik Deutschland gemäß Art. 20 Abs. 2 S. 1 GG dem Volk zugewiesen ist, welches diese regelmäßig repräsentativ vertreten durch den Bundestag gemäß Art. 77 Abs. 1 S. 1 GG oder in bestimmten Konstellationen im Rahmen der unmittelbaren Demokratie wahrnimmt. Ein politisches Prüfungsrecht des Bundespräsidenten besteht nicht. Erweiterte Kompetenzen sind ihm lediglich bei einem Gesetzgebungsnotstand i.S.d. Art. 81 GG zugewiesen.

IV. Zwischenergebnis
Durch die Weigerung, das Altenpflegegesetz auszufertigen, hat der Bundespräsident die ihm zugewiesenen Pflichten aus Art. 82 Abs. 1 S. 1 GG verletzt.

C. Ergebnis
Der Antrag des Bundestages ist zulässig und begründet und somit erfolgreich. Das Bundesverfassungsgericht wird gemäß § 67 S. 1 BVerfGG feststellen, dass der Bundespräsident die Verfassung verletzt hat.

Staatsorganisationsrecht – Fall 3: „Kernkraft und Flugzeuge – eine gefährliche Mischung!"

Schwerpunkte: *Bund-Länder-Streitverfahren (Art. 93 Abs. 1 Nr. 3 GG, §§ 13 Nr. 7, 68 ff. BVerfGG), Abgrenzung zur abstrakten Normenkontrolle (Art. 93 Abs. 1 Nr. 6 GG, §§ 13 Nr. 5, 76 ff. BVerfGG, Verwaltungskompetenzen, Bundesauftragsverwaltung, Fach- und Rechtsaufsicht, Weisungsrechte, Gebot der Weisungsklarheit, Grundrechte als Prüfungsmaßstab Bund-Länder-Streitverfahren, Verwaltungsverfahrensgesetzgebung*

Die Gesellschaft K möchte den Betrieb ihres Kernkraftwerkes KK ausbauen lassen. Hierzu beantragt K bei der gemäß den §§ 7, 24 Abs. 2 S. 1 AtG zuständigen obersten Landesbehörde L des Bundeslandes Bu eine Genehmigung.

Aufgrund jüngster Kernkraftkatastrophen hat L Zweifel an der Erteilung der Genehmigung. L ist der Auffassung, durch den beabsichtigten Ausbau werde nicht die „erforderliche Vorsorge gegen Schäden" getroffen. Vor allem seien die Ausbauten gegen die Gefahr eines Flugzeugabsturzes nicht hinreichend gesichert. Daher beabsichtigt L, ein Gutachten in Auftrag zu geben, mittels dessen die bisher zugrunde gelegten Standards überprüft werden sollen.

Auf Druck der K mischt sich der Bundesumweltminister B in die Angelegenheit ein und bittet L, davon auszugehen, dass sich die Anforderungen an Kernkraftwerke durch die Kernkatastrophen nicht verändert hätten. Trotz mehrfacher nachfolgender Schriftwechsel zwischen L und B ergab sich jedoch keine übereinstimmende Lösung, wobei B auf die Möglichkeiten einer aufsichtsrechtlichen Weisung hinwies.

L beharrt auf ihrer Position. Es sei in Anbetracht neuer Tatsachen eine nochmalige Überprüfung erforderlich. Daraufhin schickt B folgendes Schreiben (Auszug) an L:

Weisung

Es ist davon auszugehen, dass die Bewertungsmaßstäbe gemäß § 7 Abs. 2 Nr. 3, 5 AtG trotz der jüngsten Kernkraftkatastrophe in unveränderter Form beizubehalten sind. Meine Ihnen bereits in der Vergangenheit schriftlich dargelegte Auffassung zu den Bewertungsmaßstäben ist dem atomrechtlichen Genehmigungsverfahren für das Kernkraftwerk KK zugrunde zu legen. Es ist von einem erneuten Sachverständigengutachten abzusehen, da die bisherigen Vorkehrungen als sicher gelten.

https://doi.org.10.1515/9783110624410-003

L ist über dieses Vorgehen empört. Die Weisung sei inhaltlich rechtswidrig. L würde dadurch zu einer Verletzung ihrer Schutzpflichten aus Art. 2 Abs. 2 S. 1 GG gezwungen sowie in ihrem Recht auf ungestörte Verwaltung verletzt werden. Zudem hätte B eine einverständliche Regelung mit ihr herbeiführen müssen. Sein Vorgehen würde daher gegen die Pflicht zu bundestreuem Verhalten verstoßen. Auch sei die Weisung nicht bestimmt genug. Es sei nicht zu erkennen, welche Handlung in Folge der Weisung genau von dem Land erwartet würde. Insoweit sei gegen das sich unter anderem aus Art. 20 Abs. 1, 3 GG ergebende Bestimmtheitsgebot verstoßen worden, sodass die Weisung letztlich nicht umsetzungsfähig sei.

Die Landesregierung stellt mit dieser Begründung gegen die Bundesregierung einen Antrag beim Bundesverfassungsgericht. Mit Erfolg?

§ 7 Abs. 2 AtG
Die Genehmigung darf nur erteilt werden, wenn
[...]
3. die nach dem Stand von Wissenschaft und Technik erforderliche Vorsorge gegen Schäden durch die Errichtung und den Betrieb der Anlage getroffen ist,
[...]
5. der erforderliche Schutz gegen Störmaßnahmen oder sonstige Einwirkungen Dritter gewährleistet ist [...]

Bearbeitungsvermerk
Gehen Sie davon aus, dass die Weisung des B inhaltlich rechtswidrig ist. Die Weisungsklarheit und die Tauglichkeit des Weisungsgegenstandes sind jedoch nicht zu unterstellen.

Abwandlung
Der Bundestag beschließt mit Zustimmung des Bundesrates eine Ergänzung des Atomgesetzes um § 7 Abs. 2a AtG (fiktiv).

§ 7 Abs. 2a AtG (fiktiv)
Bei Anlagen zur Spaltung von Kernbrennstoffen, die der Erzeugung von Elektrizität dienen, gilt Abs. 2 Nr. 3 mit der Maßgabe, dass zur weiteren Vorsorge gegen Risiken für die Allgemeinheit die Genehmigung nur erteilt werden darf, wenn

aufgrund der Beschaffenheit und des Betriebs der Anlage auch Ereignisse, deren Eintritt durch die zu treffende Vorsorge gegen Schäden praktisch ausgeschlossen ist, einschneidende Maßnahmen zum Schutz vor der schädlichen Wirkung ionisierender Strahlen außerhalb des abgeschlossenen Geländes der Anlage nicht erforderlich machen würden; die bei der Auslegung der Anlage zugrunde zu legenden Ereignisse sind in Leitlinien näher zu bestimmen, die das für die kerntechnische Sicherheit und den Strahlenschutz zuständige Bundesministerium nach Anhörung der zuständigen obersten Landesbehörden im Bundesanzeiger veröffentlicht. [...]

Die Landesregierung hält diese Regelung für einen Verstoß gegen Art. 85 Abs. 2 S. 1 GG und stellt einen entsprechenden Antrag beim Bundesverfassungsgericht. Die Bundesregierung entgegnet, es handele sich schon bei der Ermächtigung zum Erlass von Leitlinien nicht um Verwaltungsrichtlinien i.S.d. Art. 85 Abs. 2 S. 1 GG. Diese seien vielmehr als übliche, konsentierte Regelungen, also Regelungen, die durch eine Übereinstimmung zwischen den zuständigen Behörden der Länder und dem zuständigen Bundesministerium getroffen würden, einzustufen. Überdies seien das Bundesland Bu und somit auch die Landesregierung durch das Gesetz nicht ersichtlich in Rechten betroffen.

Ist der Antrag der Landesregierung in eigener Wahrnehmungskompetenz beim Bundesverfassungsgericht erfolgreich?

Zusatzfrage 1
Seitens des Bundes sollen im AtG die verfahrensrechtlichen Regelungen ergänzt werden. Woraus ergibt sich die Gesetzgebungskompetenz des Bundes?

Zusatzfrage 2
Die Bundesregierung stellt bei Ausführung der Bundesgesetze durch die Länder im Rahmen der Verwaltung eines Bundesgesetzes als eigene Angelegenheit durch die Länder bei manchen Ländern Mängel fest, die nicht beseitigt werden, sodass der Bundesrat einen Beschluss mit dem Inhalt der Feststellung der Rechtsverletzung durch diese Länder fasst. Kann ein Bundesland – und gegebenenfalls mittels welchen Verfahrens – den Beschluss des Bundesrates zum Gegenstand eines Verfahrens beim Bundesverfassungsgericht machen?

Vertiefung
BVerfG, Urteil vom 22.5.1990 – 2 BvG 1/88 (BVerfGE 81, 310; „Kalkar-Entscheidung"); BVerfG, Urteil vom 2.3.1999 – 2 BvF 1/94 (BVerfGE 100, 249);

alte Rechtsprechung: BVerfG, Beschluss vom 15.7.1969 – 2 BvF 1/64 (BVerfGE 26, 338)

Zum Prinzip der Bundestreue: BVerfG, Beschluss vom 27.6.1961 – 1 BvR 486/59 (BVerfGE 13, 54, 75); BVerfG, Beschluss vom 18.7.1962 – 2 BvC 1/61 (BVerfGE 14, 197, 215); BVerfG, Beschluss vom 11.4.1967 – 2 BvG 1/62 (BVerfGE 21, 312, 326)

Zum bundesfreundlichen Verhalten: BVerfG, Urteil vom 30.7.1958 – 2 BvF 6/58 (BVerfGE 8, 122, 140); BVerfG, Urteil vom 28.2.1961 – 2 BvG 1/60, 2 BvG 2/60 (BVerfGE 12, 205, 254); BVerfG, Beschluss vom 6.4.1976 – 2 BvR 61/76 (BVerfGE 42, 103, 117)

Zum Weisungsrecht: BVerfG, Urteil vom 10.4.1991 – 2 BvG 1/91 (BVerfGE 84, 25); BVerfG, Urteil vom 3.7.2000 – 2 BvG 1/96 (BVerfGE 102, 167, 172)

Zum Rechtsschutzbedürfnis beim abstrakten Normenkontrollverfahren: BVerfG, Beschluss vom 18.7.1979 – 2 BvR 488/76 (BVerfGE 52, 63, 80)

Zur Abgrenzung des abstrakten Normenkontrollverfahrens zum Bund-Länder-Streitverfahren: BVerfG, Urteil vom 23.10.1951 – 2 BvG 1/51 (BVerfGE 1, 14, 39); BVerfG, Urteil vom 20.2.1952 – 1 BvF 2/51 (BVerfGE 1, 117, 125f.); BVerfG, Urteil vom 1.12.1954 – 2 BvF 1/54 (BVerfGE 4, 115, 122); BVerfG, Urteil vom 30.7.1958 – 2 BvF 3, 6/58 (BVerfGE 8, 104, 110); BVerfG, Urteil vom 19.7.1966 – 2 BvF 1/65 (BVerfGE 20, 56, 95)

Gliederung

1. Komplex: Die Weisung
- A. Zulässigkeit (+)
  - I. Zuständigkeit des Bundesverfassungsgerichts (+)
  - II. Verfahrensabhängige Zulässigkeitsvoraussetzungen (+)
    1. Beteiligte (+)
    2. Antragsgegenstand (+)
    3. Antragsbefugnis (+)
    4. Form und Frist (+)
  - III. Allgemeines Rechtsschutzbedürfnis (+)
  - IV. Zwischenergebnis (+)
- B. Begründetheit (–)
  - I. Rechtsgrundlage (+)
  - II. Verfassungswidrigkeit der Weisung (–)
    1. Formelle Verfassungswidrigkeit der Weisung (–)
       - a) Zuständigkeit und Adressat der Weisung (+)
       - b) Verfahren (+)
       - c) Form (+)
    2. Materielle Verfassungswidrigkeit der Weisung (–)
       - a) Tauglicher Weisungsgegenstand (+)

b) Gebot der Weisungsklarheit (+)
c) Rechtswidriger Inhalt der Weisung und Fehlerfolge
    aa) Grundrechte als Schutzpflichten (–)
    bb) Rechtswidrige Weisung als Verstoß gegen Art. 85 GG (–)
d) Zwischenergebnis (–)
C. Ergebnis (–)

2. Komplex: Abwandlung
A. Zulässigkeit (+)
    I. Zuständigkeit des Bundesverfassungsgerichts (+)
    II. Verfahrensabhängige Zulässigkeitsvoraussetzungen (+)
        1. Antragsfähigkeit (+)
        2. Antragsgegenstand (+)
        3. Antragsgrund (+)
    III. Form (+)
    IV. Allgemeines Rechtsschutzbedürfnis (+)
    V. Zwischenergebnis (+)
B. Begründetheit (+)
    I. Formelle Verfassungswidrigkeit des Gesetzes (–)
    II. Materielle Verfassungswidrigkeit des Gesetzes (+)
        1. Konstellation i.S.d. Art. 85 Abs. 2 GG (+)
        2. Leitlinien als Verwaltungsvorschriften i.S.d. Art. 85 Abs. 2 S. 1 GG (+)
            a) Inhalt
            b) Entstehung
            c) Zwischenergebnis (+)
        3. Inhaltliche Unvereinbarkeit der Regelung mit Art. 85 Abs. 2 S. 1 GG (+)
            a) Bundesstaatsprinzip und Wortlaut
            b) Wortlaut, Bundesstaat und Telos
C. Ergebnis (+)

Zusatzfrage 1
A. Ausschließliche Gesetzgebung (–)
B. Konkurrierende Gesetzgebung (+)
    I. Kompetenz bei konkurrierender Gesetzgebung
    II. Spezielle konkurrierende Gesetzgebung (+)

Zusatzfrage 2

Lösungsvorschlag

Die folgende Lösung ist als Lösungsvorschlag zu verstehen und ausführlicher, als es in der Klausurbearbeitung verlangt werden kann. Aufgrund der wissenschaftlichen Freiheit können andere Lösungswege vertreten werden, soweit sie dogmatisch begründbar sind. Die Nachweise aus Rechtsprechung und Literatur sowie die das Verständnis fördernden Randbemerkungen sind in der Examensklausur auszusparen. Die Abkürzung „Alt." steht für Alternativfall, nicht für Alternative.

1. Komplex: Die Weisung

Der Antrag der Landesregierung beim Bundesverfassungsgericht wird erfolgreich sein, soweit er zulässig und begründet ist.

A. Zulässigkeit

Der Antrag der Landesregierung kann zulässig sein.

I. Zuständigkeit des Bundesverfassungsgerichts

Das Bundesverfassungsgericht ist nur zuständig, wenn ihm ein Verfahren ausdrücklich enumerativ zugewiesen ist. Das in Betracht kommende Bund-Länder-Streitverfahren ist dem Bundesverfassungsgericht gemäß Art. 93 Abs. 1 Nr. 3 GG i.V.m. § 13 Nr. 7 BVerfGG enumerativ zugewiesen, sodass das Bundesverfassungsgericht insoweit zuständig ist.

Das Bund-Länder-Streitverfahren ist wie das Organstreitverfahren ein subjektives und kontradiktorisches Beanstandungsverfahren. Den Gemeinsamkeiten wird in § 69 BVerfG insofern Rechnung getragen, als hinsichtlich der prozessualen Anforderungen des Bund-Länder-Streitverfahrens auf die für das Organstreitverfahren einschlägigen Vorschriften verwiesen wird.

II. Verfahrensabhängige Zulässigkeitsvoraussetzungen

Jedem dem Bundesverfassungsgericht enumerativ zugewiesenen Verfahren sind verfahrensabhängige Zulässigkeitsvoraussetzungen zugeordnet, die erfüllt sein müssen. Für das Bund-Länder-Streitverfahren sie sich aus den §§ 13 Nr. 7, 68 ff. BVerfGG.

1. Beteiligte

Da es sich bei dem Bund-Länder-Streitverfahren um ein kontradiktorisches Verfahren handelt, bedarf es gemäß § 68 BVerfGG eines Antragstellers und eines Antragsgegners. Antragstellerin und Antragsgegnerin können gemäß § 68 BVerfGG nur die Bundesregierung für den Bund und die Landesregierung für ein Land sein. Die Landesregierung stellt den Antrag für das Bundesland Bu gegen den Bund, welcher gemäß Art. 65 GG durch die Bundesregierung vertreten wird. Antragstellerin ist die Landesregierung; Antragsgegnerin ist die Bundesregierung.

In einem Bund-Länder-Streitverfahren handeln die jeweiligen Regierungen als prozessführungsbefugte Vertreter des Bundes bzw. des Landes.

---

2. Antragsgegenstand

Gemäß § 69 BVerfGG i.V.m. § 64 Abs. 1 BVerfGG bedarf es eines konkreten Antragsgegenstandes. Solche Antragsgegenstände sind gemäß § 69 BVerfGG i.V.m. § 64 Abs. 1 BVerfGG Maßnahmen bzw. Unterlassungen des Antragsgegners. Die Weisung des Bundes an das Bundesland Bu – jeweils vertreten durch ihre Regierungen – zur Ausführung des Atomgesetzes stellt eine solche Maßnahme i.S.d. § 69 BVerfGG i.V.m. § 64 Abs. 1 BVerfGG dar.

3. Antragsbefugnis

Das Bundesland Bu muss antragsbefugt sein. Da es sich beim Bund-Länder-Streitverfahren um ein kontradiktorisches Verfahren handelt, muss das mittels der Landesregierung antragstellende Land gemäß § 69 BVerfGG i.V.m. § 64 Abs. 1 BVerfGG geltend machen, selbst in durch das Grundgesetz übertragenen Rechten und Pflichten verletzt oder unmittelbar gefährdet zu sein. Insoweit genügt die Möglichkeit der Rechtsverletzung.

Das durch die Landesregierung vertretene Land könnte durch die Weisung des Bundes bezüglich der ihm zugewiesenen Verwaltungskompetenzen verletzt sein.

Verwaltungskompetenzen:
- Grundregel: Art. 30 GG (Landesbehörden verwalten; bei Landesgesetzen als landeseigene Verwaltung)
- Bundeseigene Verwaltung: Art. 86 GG (Bundesbehörden verwalten Bundesgesetze)
- Verwaltung der Bundesgesetze durch die Länder als eigene Angelegenheit: Artt. 83, 84 GG (Landesbehörden führen Bundesgesetze aus; grds. Rechtsaufsicht)
- Bundesauftragsverwaltung: Art. 85 GG (Landesbehörden führen Bundesgesetze aus; Rechts- und Fachaufsicht)

Schema 11: Verwaltungskompetenzen im Bundesstaat

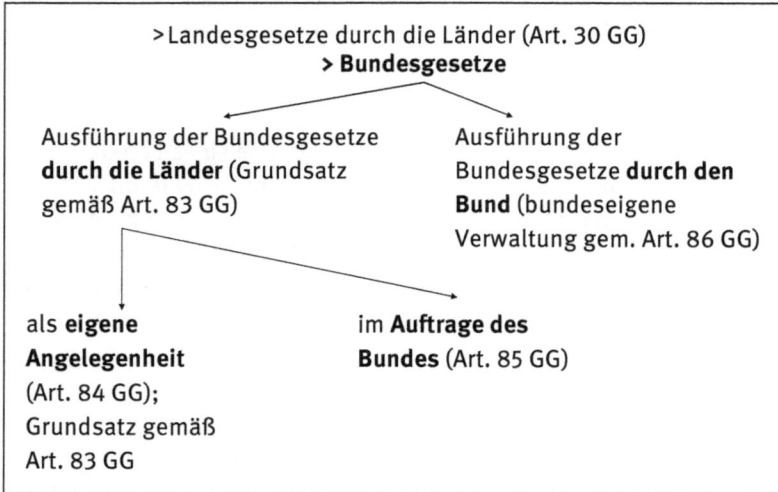

> Landesgesetze durch die Länder (Art. 30 GG)
> **Bundesgesetze**

Ausführung der Bundesgesetze **durch die Länder** (Grundsatz gemäß Art. 83 GG)

Ausführung der Bundesgesetze **durch den Bund** (bundeseigene Verwaltung gem. Art. 86 GG)

als **eigene Angelegenheit** (Art. 84 GG); Grundsatz gemäß Art. 83 GG

im **Auftrage des Bundes** (Art. 85 GG)

Landesgesetze werden gemäß Art. 30 GG durch die Landesbehörden verwaltet. Bundesgesetze werden gemäß den Artt. 83, 84 GG durch die Länder als eigene Angelegenheit verwaltet. Insoweit darf durch den Bund gemäß Art. 84 Abs. 3 S. 1 GG vorbehaltlich von Ausnahmen i.S.d. Art. 84 Abs. 5 GG nur eine Rechtsaufsicht ausgeübt werden. Gemäß Art. 85 Abs. 1 GG können Bundesgesetze durch die Länder auch im Auftrag des Bundes ausgeführt werden. Diesbezüglich besteht gemäß Art. 85 Abs. 3, 4 GG die Möglichkeit der Fachaufsicht durch den Bund, sodass neben der Aufsicht über die Rechtmäßigkeit des Handelns der ausführenden Landesbehörde gemäß Art. 85 Abs. 4 GG eine Vorgabe zur Zweckmäßigkeit des Verwaltungshandelns gemacht werden kann. Auch bei der Verwaltung von Bundesgesetzen durch die Länder im Auftrag des Bundes werden aber die Landesbehörden tätig, da ein Selbsteintrittsrecht der Bundesbehörden in Art. 85 GG nicht vorgesehen ist. Lediglich in Materien der bundeseigenen Verwaltung i.S.d. Artt. 86, 87 GG dürfen Bundesbehörden die Bundesgesetze selbst ausführen.

Bezüglich des Gesetzgebungskompetenztitels der Atomkraft gemäß Art. 73 Abs. 1 Nr. 14 GG als Kompetenztitel der ausschließlichen Gesetzgebung handelt es sich um einen Titel, für den gemäß Art. 87c GG einfachgesetzlich geregelt werden kann, dass entsprechende Gesetze von den Ländern im Auftrage des Bundes ausgeführt werden können (fakultative Auftragsverwaltung). Eine solche Regelung ist in § 24 Abs. 1 S. 1 AtG für Verwaltungsaufgaben enthalten, die nicht bereits nach §§ 22–23d AtG einer speziellen Bundesbehörde zugewiesen sind. Insoweit handelt es sich bei der Verwaltung des Atomgesetzes um eine

Bundesauftragsverwaltung gemäß Art. 85 GG. Somit besteht zumindest die Möglichkeit, dass das Land durch die Weisung in seinen ihm zugewiesenen Rechten verletzt worden ist. Das Land Bu ist mittels der Landesregierung somit antragsbefugt.

4. Form und Frist

Es ist davon auszugehen, dass die nach Auffassung der Landesregierung verletzten Normen des Grundgesetzes im Antrag i.S.d. § 23 Abs. 1 BVerfGG gemäß § 69 BVerfGG i.V.m. § 64 Abs. 2 BVerfGG bezeichnet und die Frist nach § 69 BVerfGG i.V.m. § 64 Abs. 3 BVerfGG von sechs Monaten nach Bekanntwerden der beanstandeten Maßnahme – der Weisung seitens des B – eingehalten wurden.

Die allgemeinen Voraussetzungen zum Antrag nach § 23 Abs. 1 BVerfGG können entweder gesondert oder konnex zu den verfahrensspezifischen Voraussetzungen zu Antrag und Form nach § 69 BVerfGG i.V.m. § 64 Abs. 2–4 BVerfGG geprüft werden.

III. Allgemeines Rechtsschutzbedürfnis

Anhaltspunkte für ein fehlendes Rechtsschutzbedürfnis des Landes Bu bzw. der Landesregierung bestehen nicht.

IV. Zwischenergebnis

Der Antrag der Landesregierung ist zulässig.

B. Begründetheit

Der Antrag ist begründet, soweit das Land Bu durch die Weisung des B an die oberste Landesbehörde L in seinen verfassungsmäßigen Rechten verletzt worden ist. Dies ist gegeben, „wenn die Inanspruchnahme der Weisungsbefugnis selbst – sei es dem Grunde nach oder wegen der Art und Weise der Wahrnehmung – gegen das Grundgesetz verstößt" (BVerfGE 102, 167, 172; BVerfGE 81, 310, Leitsatz 2. a). Das Bundesverfassungsgericht wird gegebenenfalls gemäß § 67 S. 1 BVerfGG i.V.m. § 69 BVerfGG einen Verstoß des Bundes gegen das Grundgesetz feststellen.

Da der Kreis der Antragsteller beim Bund-Länder-Streitverfahren noch geringer als beim Organstreitverfahren ist und Art. 93 Abs. 1 Nr. 3 GG keinerlei Subjektivierung enthält, gilt gemäß § 69 BVerfGG der objektive Prüfungsmaßstab des § 67 S. 1 BVerfGG.

Schema 12: Kompetenzverteilung Bund/Länder

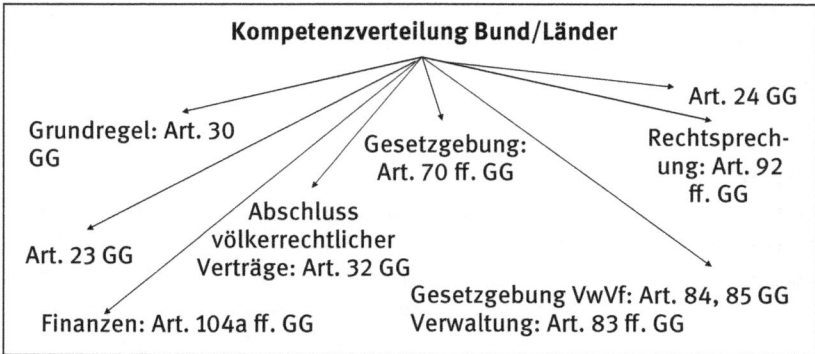

Kompetenzverteilung Bund/Länder

Grundregel: Art. 30
GG

Art. 23 GG

Finanzen: Art. 104a ff. GG

Abschluss
völkerrechtlicher
Verträge: Art. 32 GG

Gesetzgebung:
Art. 70 ff. GG

Gesetzgebung VwVf: Art. 84, 85 GG
Verwaltung: Art. 83 ff. GG

Art. 24 GG

Rechtsprech-
ung: Art. 92
ff. GG

I. Rechtsgrundlage

Welche Rechtsgrundlage für die Weisung gilt, hängt davon ab, welche Art der
Länderverwaltung gegeben ist. Während der Bundesregierung im Rahmen der
Verwaltung der Bundesgesetze als eigene Angelegenheit nach Art. 84 Abs. 5 S. 1
GG durch ein Bundesgesetz die Weisungsbefugnis verliehen werden kann, ist
Art. 85 Abs. 3 S. 1 GG unmittelbar als Ermächtigung für Weisungen im Rahmen
der Bundesauftragverwaltung formuliert und somit nicht nur als eigenständige
Ermächtigungs-, sondern auch als Rechtsgrundlage einzustufen. Dies gilt auch
für die fakultative Auftragsverwaltung.

In Betracht kommt eine Bundesauftragsverwaltung i.S.d. Art. 85 GG i.V.m.
Art. 87c GG, § 24 Abs. 1 S. 1 AtG. Dann müsste sich der Inhalt der Weisung durch
B auf einen Bereich der „übrigen Verwaltungsaufgaben" i.S.d. § 24 Abs. 1 S. 1
AtG beziehen. Da es um eine Änderungsgenehmigung eines Kernkraftwerkes
nach § 7 Abs. 1 AtG geht, deren Verwaltung keiner Bundesbehörde nach §§ 22–
23d AtG zugewiesen ist, ist das der Fall. Somit ist als Rechtsgrundlage für die
Weisung des B an die oberste Landesbehörde L Art. 85 Abs. 3 S. 1 GG maßgeblich, sodass es nicht darauf ankommt, ob mittels Bundesgesetzes die Weisungsbefugnis nach Art. 84 Abs. 5 S. 1 GG verliehen wird.

Schema 13: Bundesaufsicht bei Länderverwaltung

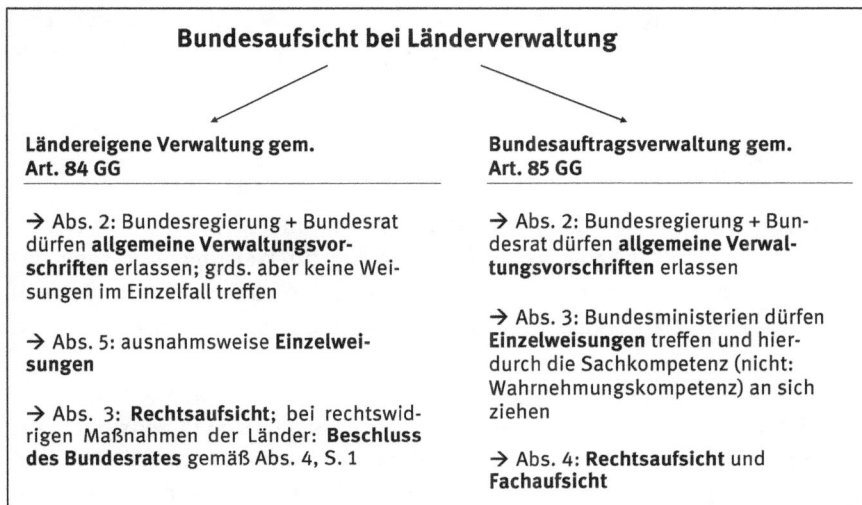

Bundesaufsicht bei Länderverwaltung

Ländereigene Verwaltung gem. Art. 84 GG

→ Abs. 2: Bundesregierung + Bundesrat dürfen **allgemeine Verwaltungsvorschriften** erlassen; grds. aber keine Weisungen im Einzelfall treffen

→ Abs. 5: ausnahmsweise **Einzelweisungen**

→ Abs. 3: **Rechtsaufsicht**; bei rechtswidrigen Maßnahmen der Länder: **Beschluss des Bundesrates** gemäß Abs. 4, S. 1

Bundesauftragsverwaltung gem. Art. 85 GG

→ Abs. 2: Bundesregierung + Bundesrat dürfen **allgemeine Verwaltungsvorschriften** erlassen

→ Abs. 3: Bundesministerien dürfen **Einzelweisungen** treffen und hierdurch die Sachkompetenz (nicht: Wahrnehmungskompetenz) an sich ziehen

→ Abs. 4: **Rechtsaufsicht** und **Fachaufsicht**

II. Verfassungswidrigkeit der Weisung

Die Weisung kann verfassungswidrig sein.

1. Formelle Verfassungswidrigkeit der Weisung

Fraglich ist, ob die Weisung des B an L formell verfassungswidrig ist.

a) Zuständigkeit und Adressat der Weisung

Die nach Art. 85 Abs. 3 S. 1 GG zuständige Behörde muss die Weisung an die nach Art. 85 Abs. 3 S. 2 GG zuständige Adressatin erlassen haben. Zuständig für Weisungen gemäß Art. 85 Abs. 3 S. 1 GG ist die jeweils zuständige oberste Bundesbehörde. Oberste Behörden sind solche, deren Wahrnehmungskompetenz sich aus der jeweils maßgeblichen Verbandsverfassung ergibt. Der Bundesumweltminister ist als Teil der Bundesregierung gemäß Art. 65 S. 2 GG Leiter seines Geschäftsbereiches, in den das Atomrecht fällt. Ministern ist im Grundgesetz als Verbandsverfassung des Bundes also eine Aufgabe zugewiesen worden. Auf die explizite Benennung des Umweltministers im Grundgesetz kommt es nicht an, sondern es genügt die allgemeine Nennung der Ministerien. Mit dem Bundesumweltminister hat bezüglich der Weisung die zuständige oberste Bundesbehörde gehandelt.

Die Weisung muss auch an die zutreffende Adressatin gerichtet worden sein. Eine Weisung i.S.d. Art. 85 Abs. 3 S. 1 GG ist gemäß Art. 85 Abs. 3 S. 2 GG an die zuständige oberste Landesbehörde zu richten, soweit die Bundesregierung es nicht als dringlich erachtet, an eine andere Behörde zu adressieren. L ist somit als die für das Atomrecht zuständige oberste Landesbehörde die richtige Adressatin.

b) Verfahren

Die verfahrensrechtlichen Anforderungen müssen eingehalten sein. In Art. 85 Abs. 3 GG sind explizit keine Verfahrensvorgaben für Weisungen geregelt. Allerdings besteht bezüglich des Art. 85 Abs. 3 GG eine praktische Konkordanz zu Art. 20 Abs. 1 GG, sodass das Bundesstaatsprinzip bei Weisungen zu beachten ist.

Aus dem Bundesstaatsprinzip ergeben sich der kooperative Föderalismus sowie das Prinzip der Bundestreue. Kooperativer Föderalismus bedeutet, dass im zweigliedrigen Bundesstaat Bund und Länder miteinander verzahnt und zum Zusammenwirken innerhalb vorgegebener Regelungen verpflichtet sind. Das ergänzend zu beachtende Prinzip der Bundestreue beinhaltet in Abgrenzung dazu, dass der Bund und die Länder gleichermaßen dem Bundesstaat auch außerhalb geregelter Bereiche verpflichtet sind, sodass sie untereinander Rücksicht zu nehmen haben. Aus dieser praktischen Konkordanz ergeben sich bundesstaatliche Verfahrensanforderungen.

Schema 14: Kooperativer Föderalismus & Bundestreue

Kooperativer Föderalismus (geschrieben)		Bundestreue (ungeschrieben)
Beispiele aus dem Grundgesetz	freiwilliges Zusammenwirken	abgeleitet aus dem allgemeinen Bundesstaatsprinzip (Art. 20 Abs. 1 GG)
– Beteiligung des Bundesrates – Gesetzesvollzug, Artt. 83 ff. GG	Meinungs- und Informationsaustausch, gegenseitige Abstimmung, Verträge zwischen Bund & Ländern usw.	= wechselseitige Pflicht, auf das Gesamtinteresse des zweigliedrigen Bundesstaates zu achten (Bund gegenüber Ländern, Länder gegenüber Bund und Länder untereinander) Beispiele: – Kompetenzausübungsschranken – Einschränkung der Handlungsspielräume – verfahrensrechtliche Pflichten

„Bei der Ausübung seiner Weisungskompetenz unterliegt der Bund der Pflicht zu bundesfreundlichem Verhalten" (BVerfGE 81, 310, 4. Leitsatz). „Im deutschen Bundesstaat wird das gesamte verfassungsrechtliche Verhältnis zwischen dem Gesamtstaat und seinen Gliedern durch den ungeschriebenen Verfassungsgrundsatz der wechselseitigen Pflicht des Bundes und der Länder zu bundesfreundlichem Verhalten beherrscht" (BVerfGE 12, 205, 254).

Das Bundesverfassungsgericht hat zwei Voraussetzungen entwickelt:
1. Der Bund muss dem Weisungsadressaten grundsätzlich vorher ankündigen, dass er beabsichtigt, eine Weisung zu erlassen.
2. Der Bund hat den Ländern vor der Weisung eine Gelegenheit zur Stellungnahme zu geben.

Somit müssen „sowohl der Bund als auch die Länder bei der Wahrnehmung ihrer Kompetenzen die gebotene und ihnen zumutbare Rücksicht auf das Gesamtinteresse des Bundesstaates sowie auf die Belange der Länder nehmen. Der Bund verstößt gegen die Pflicht zum bundesfreundlichen Verhalten nicht bereits dadurch, dass er von einer ihm durch das Grundgesetz eingeräumten Kompetenz Gebrauch macht. Vielmehr muss die Inanspruchnahme der Kompetenz missbräuchlich sein oder einen Verstoß gegen prozedurale Anforderungen darstellen, die sich aus dem Grundsatz des bundesfreundlichen Verhaltens ergeben" (BVerfGE 81, 310, 337).

„Als verfahrensrechtliche Voraussetzung ergibt sich somit aus der Pflicht zur gegenseitigen Rücksichtnahme, dass der Bund vor einem Weisungserlass grundsätzlich – außer bei Eilbedürftigkeit – dem Land die Gelegenheit zur Stellungnahme geben und dessen Standpunkt berücksichtigen muss. Das bedeutet allerdings nicht, dass der Bund sich um ein Einvernehmen mit dem Land zu bemühen hat, bevor eine Weisung erlassen wird" (BVerfGE 81, 310, 337). Durch den Grundsatz des bundesfreundlichen Verhaltens wird die im Grundgesetz geregelte Kompetenzverteilung nämlich nicht verändert.

„Darüber hinaus entspricht es der gebotenen Rücksichtnahme, dass der Bund dem Land gegenüber im Streitfall grundsätzlich zu erkennen gibt, er erwäge den Erlass einer Weisung, um dem Land die Bedeutung des Konfliktes zu verdeutlichen" (BVerfGE 81, 310, 338).

B hatte dem Land für den Bund im Vorfeld angekündigt, dass er eventuell beabsichtige, eine Weisung zu erlassen. Zwar hat sich B nicht um ein Einvernehmen der L für das Land bemüht. Es genügt jedoch, dass der Bund den Standpunkt des Landes erwägt: Ein Bemühen um das Einverständnis des Landes ist nicht erforderlich, denn der Bund hat nach der im Grundgesetz geregelten Kompetenzverteilung in diesem Bereich das Entscheidungsrecht. Eine Unvereinbarkeit des Verfahrens bei der Weisung mit dem sich aus dem Bundesstaatsprinzip i.S.d. Art. 20 Abs. 1 GG ergebenden Prinzip der Bundestreue ist nicht ersichtlich. Das Verfahren war mangels weiterer Anhaltspunkte nicht fehlerhaft.

c) Form
Formfehler bei der Weisung sind nicht ersichtlich.

2. Materielle Verfassungswidrigkeit der Weisung
Die Weisung kann materiell verfassungswidrig sein.

a) Tauglicher Weisungsgegenstand
Zunächst bedarf es eines tauglichen Weisungsgegenstandes. Eine Weisung i.S.d. Art. 85 Abs. 3 S. 1 GG muss auf die Ausführung von Gesetzen im Rahmen der Bundesauftragsverwaltung bezogen sein. Die Verwaltungsbezogenheit der Weisung des B ist insoweit problematisch, als sie auf die Auslegung des § 7 Abs. 2 Nr. 3, 5 AtG bezogen ist.

„Nach Art. 85 Abs. 1 und 3 GG kann die Weisung auf jede Gesetzesmaterie bezogen sein, die vom Land in Auftragsverwaltung auszuführen ist. Von der Weisungskompetenz ist die gesamte Vollzugtätigkeit des Landes erfasst. Gegenstand der Weisung können sowohl eine nach außen zu treffende verfahrensabschließende Entscheidung, als auch das ihrer Vorbereitung dienende interne Verwaltungshandeln sein. Solche Weisungen können auch auf Art und Umfang der Sachverhaltsermittlung und -beurteilung gerichtet sein. Durch eine die Sachverhaltsermittlung betreffende Weisung wird ein eigenes verantwortbares Urteil der Landesbehörde nicht verhindert. Durch die sich aus den benannten Kompetenznormen des Grundgesetzes ergebende Verantwortung des Bundes für die erteilte Weisung ist ein Recht des Landes, welches der Beurteilungskompetenz des Bundes entgegengesetzt werden könnte, ausgeschlossen. Dies gilt auch für die Konsequenzen der weiteren Ausführung der Weisung und für die weitere Fortführung des Verfahrens" (BVerfGE 81, 310, 335).

„Inhalt einer Weisung kann auch die Festlegung auf eine bestimmte Gesetzesauslegung sein. Derartige, die Sachentscheidung vorprägende Weisungen sind von der Weisungskompetenz nach Art. 85 Abs. 3 GG nicht ausgeschlossen. Die Weisung ist Mittel zur Steuerung des Gesetzesvollzugs der Länder in dessen gesamten Phasen – auch in jener, in der die Maßstäbe gewonnen werden, nach denen die Verwaltung im vorgegebenen normativen Rahmen den ihr unterbreiteten Sachverhalt einer Entscheidung zuzuführen hat. Eine hierarchische Lenkung dieses Interpretations- und Entscheidungsprozesses ist nichts Ungewöhnliches. Mit der richtungslenkenden Weisung beschränkt sich der Weisungsgeber auf eine Grundsatzentscheidung und überlässt die Detailarbeit der sachnäheren Behörde. Er begnügt sich folglich damit, lediglich diejenigen sachlichen Vorfragen mit bindender Wirkung zu entscheiden, die ihm besonders wesentlich erscheinen. Dem Land als Weisungsadressaten wird somit ein Entscheidungsspielraum belassen" (BVerfGE 81, 310, 335f.).

Die Weisung des B an L ist somit vom Weisungsrahmen des B erfasst, weil die Weisung zur Ausführung des Atomgesetzes zwar Auslegungsfragen betrifft, die konkrete Entscheidung, ob die Genehmigung ergeht, jedoch der sachnäheren Landesbehörde L überlassen bleibt. Eine Steuerung in der Phase, in der erst Maßstäbe für eine spätere Entscheidung gewonnen werden, ist somit als tauglicher Weisungsgegenstand von Art. 85 Abs. 3 GG erfasst.

b) Gebot der Weisungsklarheit

In praktischer Konkordanz des Art. 85 Abs. 3 GG zu dem sich unter anderem aus Art. 20 Abs. 3 GG ergebenden Rechtsstaatsprinzip und Bestimmtheitsgebot ergibt sich das Gebot der Weisungsklarheit. An die rechtmäßige Inanspruchnahme der Weisungskompetenz nach Art. 85 Abs. 3 GG werden somit weitere Anforderungen gestellt, die sich aus der Funktion der Weisung als ein Instrument der Verwaltungssteuerung und der damit verbundenen Verlagerung von Sachkompetenz ergeben: Durch die Weisung sind die jeweiligen Verantwortungsbereiche klar voneinander abzugrenzen. Die angewiesene Behörde muss erkennen können, dass eine Weisung an sie erteilt worden ist und welche Vorgaben für welches Verwaltungshandeln daraus folgen. Die Weisung muss daher so abgefasst sein, dass ihre Adressatin bei Zuhilfenahme ihrer Erkenntnismöglichkeiten, die ihr als mit spezieller Sach- und Rechtskunde ausgestatteter Landesbehörde zu Gebote stehen, deren objektiven Sinn ermitteln kann. In diesem Zusammenhang können auch die vorausgegangenen Kontakte mit der weisungsgebenden obersten Bundesbehörde von Bedeutung sein. Durch das Gebot der Weisungsklarheit wird allerdings nicht die Verwendung solcher Termini verboten, deren Konkretisierung eines Werturteils bedarf. Es steht einer richtunggebenden Weisung daher nicht entgegen.

Fraglich ist, ob die Weisung des B, die Bewertungsmaßstäbe des § 7 Abs. 2 AtG beizubehalten, bereits in der Vergangenheit dargelegte Auffassungen des B zugrunde zu legen und von einem erneuten Sachverständigengutachten abzusehen, diesen Maßstäben genügt. Der Inhalt der Weisung ist die ausdrückliche Untersagung des durch L verfolgten Gutachtenauftrags. „Die Begutachtung einzelner in diesem Schreiben genannter Prüfthemen und Prüfaspekte im Rahmen anderer Gutachtenaufträge ist damit nur insoweit ausgeschlossen, als sie mit den in der Weisung geäußerten Auffassungen nicht in Einklang zu bringen ist. Durch die Weisung werden also notwendige Untersuchungen im Rahmen des regulären anlagenspezifischen Begutachtungsprozesses nicht ausgeschlossen" (BVerfGE 81, 310, 342). Trotz der Weisung bleibt es gestattet, Untersuchungen aufzunehmen, „soweit konkrete Anhaltspunkte für einen neuen Stand von Wissenschaft und Technik mit Relevanz für ein Sicherheitsdefizit der Anlage bestehen" (BVerfGE 81, 310, 319).

Die Weisung des B ist so auszulegen, dass aufgrund jüngster Kernkraftkatastrophen keine Änderung der Maßstäbe eintreten soll. Dies ist die Grundlage der Bewertung. Unabhängige Gutachten und entgegenstehende Gründe können und sollen weiterhin von L geprüft werden. Die Weisung ist damit hinreichend bestimmt.

c) Rechtswidriger Inhalt der Weisung und Fehlerfolge

Inhaltlich ist die Weisung im Übrigen rechtswidrig. Fraglich ist jedoch, ob das Land dem Bund die insoweit vorgetragene grundrechtliche Schutzpflicht für Körper und Gesundheit der Bürger aus Art. 2 Abs. 2 S. 1 GG entgegenhalten kann (dazu: BVerfG 2 BvG 1/88 Rn. 89 ff.).

aa) Grundrechte als Schutzpflichten

„Eine Verletzung des Landes in dessen kompetentiellen Rechten besteht nicht, wenn der Inhalt der Weisung, die das Land auszuführen hat, wegen eines Verfassungsverstoßes, insbesondere einer Grundrechtsverletzung, rechtswidrig ist. Ein Land kann kraft seiner Kompetenz vom Bund nur die Achtung solcher Verfassungsnormen verlangen, welche die Bundesgewalt in ihrer Auswirkung auf das Verfassungsleben der Länder beherrschen und damit eine rechtliche Beziehung zwischen Bundesgewalt und Landesgewalten herstellen" (BVerfGE 81, 310, 333). „Die Länder haben dem Bund gegenüber bereits wegen der tendenziell formal ausgestalteten Verwaltungskompetenzen bezüglich der insoweit geregelten Gewaltenteilung kein einforderbares Recht darauf, dass dieser einen Verstoß gegen Grundrechtsbestimmungen unterlässt. Die Länder sind nicht Träger von Grundrechten. Sie können auch nicht deshalb, weil sie Aufgaben im Interesse der Allgemeinheit wahrnehmen, Sachwalter des Einzelnen bei der Wahrnehmung seiner Grundrechte sein. Aus der objektiv-rechtlichen Dimension der Grundrechte ergibt sich keine Garantenstellung für die Einhaltung der Wirkungsweise der Grundrechte. In der bundesstaatlichen Ordnung des Grundgesetzes, in der die Wahrnehmung der staatlichen Aufgaben und Befugnisse zwischen Bund und Ländern kompetentiell aufgeteilt ist, sind die Rechtsträger bei der Wahrnehmung bestehender Kompetenzen zwar durch die Grundrechte gebunden, jedoch ergibt sich daraus keine eigenständige Kompetenz" (BVerfGE 81, 310, 334).

„Eine Grenze alleiniger Gemeinwohlverantwortlichkeit des Bundes ergibt sich allerdings daraus, dass eine zuständige oberste Bundesbehörde unter grober Missachtung der ihr obliegenden Obhutspflicht zu einem Tun oder Unterlassen anweist, welches im Hinblick auf die damit einhergehende allgemeine Gefährdung oder Verletzung bedeutender Rechtsgüter rechtsstaatlich im Sinne des sich unter anderem aus Art. 20 Abs. 3 GG ergebenden Rechtsstaatsprinzips nicht verantwortet werden kann. Diese Grenze folgt auch daraus, dass bei der Ausführung der Bundesgesetze dem Bund und den Ländern – unbeschadet bestehender Kompetenzverteilungsregelungen – eine gemeinsame Verantwortung für den Bestand des Staates und seiner Verfassungsordnung sowie für die Abwehr kollektiver Existenzgefährdungen zugewiesen ist. Insofern entspricht es der bundesstaatlich i.S.d. Art. 20 Abs. 1 GG vorgegebenen Verantwortungsverteilung bei der Ausführung der Bundesgesetze im Auftrag des Bundes, dass der Pflicht des Landes zur Befolgung der von den zuständigen obersten Bundesbehörden erlassenen Weisungen eine vom Land vermöge seines Rechts auf Eigenstaatlichkeit einforderbare Pflicht des Bundes gegenübersteht, von ihm – dem Land – nicht zu fordern, was schlechthin außerhalb des von einem Staat Verantwortbaren gelegen ist. Der grobe Verfassungsverstoß, die unmittelbare Gefährdung der Allgemeinheit in Hinblick auf Leben und Gesundheit oder eine sonstige Überschreitung der Grenze des verantwortbaren Handelns müssen vom antragstellenden Land jedoch substantiiert dargelegt werden, soweit sie nicht ohne Weiteres nachvollziehbar offensichtlich sind" (BVerfGE 81, 310, 334 f.).

L kann dem Bund die sich aus Art. 2 Abs. 2 S. 1 GG ergebenden Schutzpflichten gegenüber den Bürgern bezüglich der Atomkraft nicht entgegenhalten. Vielmehr kann das Land mittels der Landesregierung für L nur solche Rechte geltend machen, die das Verhältnis der Bundesgewalt zur Landesgewalt betreffen. Das Land bzw. die Landesregierung sind nicht Träger von Grundrechten und nicht Sachwalter der Grundrechte Einzelner. Eine Überschreitung der Grenze zur groben Missachtung der ihr obliegenden Obhutspflichten ist nicht ersichtlich.

Nochmals: Die Länder können sich auf ihre grundrechtlichen Schutzpflichten gegenüber dem Bund nicht berufen, da die Gemeinwohlverantwortung beim Bund liegt. Eine (restriktiv zu handhabende) Ausnahme gilt nur, wenn eine Bundesoberbehörde unter grober Missachtung der eigenen Obhutspflichten eine Weisung erteilt, die im Lichte des Rechtsstaatsprinzips nicht verantwortet werden kann.

---

bb) Rechtswidrige Weisung als Verstoß gegen Art. 85 GG

Fraglich ist, inwieweit eine rechtswidrige Weisung einen beachtlichen Eingriff des Bundes in die den Ländern in Art. 85 GG belassenen Verwaltungskompetenzen darstellt. Es könnte in praktischer Konkordanz des Art. 85 GG zu dem sich unter anderem aus Art. 20 Abs. 3 GG ergebenden Rechtsstaatsprinzip und dem sich aus Art. 20 Abs. 1 GG ergebenden Bundesstaatsprinzip jede inhaltlich rechtswidrige Weisung einen unzulässigen Eingriff in die Länderkompetenzen aus den Artt. 30, 85 GG darstellen. So würde ein möglichst umfassender Rechtsgüterschutz gewährleistet, zumal das Land im Außenverhältnis dem Bürger gegenüber als Ausführender der Weisung auftritt und trotz rechtswidriger Weisung grundsätzlich Beklagter wäre,

„Schließlich ist auch die sogenannte Auftragsverwaltung als eine Form der Landesverwaltung einzuordnen. Die Länder üben hierbei Landesstaatsgewalt aus. Ihre Behörden handeln als Landesorgane, nicht als Bundesorgane. Das folgt ebenso aus dem Wortlaut des Art. 85 Abs. 1 GG wie aus der Systematik des 8. Abschnitts des Grundgesetzes, in welchem der bundeseigenen Verwaltung i.S.d. Art. 86 GG zwei Formen der Landesverwaltung vorangestellt sind, nämlich die Ausführung der Bundesgesetze durch die Länder als eigene Angelegenheit und durch die Länder im Auftrag des Bundes. Auch bei den Beratungen im Parlamentarischen Rat wurde davon ausgegangen, dass bei der Auftragsverwaltung das Land als solches – als Gliedstaat im Bundesstaat – dem Bund gegenübersteht und nicht einzelne Landesbehörden zu Bundesorganen werden" (BVerfGE 81, 310, 331).

„Allerdings ist die Eigenständigkeit der Länder bei der Auftragsverwaltung deutlich begrenzt. Während bei der landeseigenen Ausführung der Bundesgesetze dem Bund als Kontrollbefugnis nur eine Rechtsaufsicht zukommt, die in ein eigenes Verfahren der Mängelrüge und -beseitigung nach Art. 84 Abs. 3, 4 GG eingebunden ist und Weisungsrechte nur für besondere Konstellationen durch eine eigene bundesgesetzliche Regelung i.S.d. Art. 84 Abs. 5 GG begründet werden können, hat der Bund bei der Auftragsverwaltung weit stärkere Einwirkungsmöglichkeiten. Seine Aufsicht erstreckt sich auf die Gesetzmäßigkeit und Zweckmäßigkeit der Gesetzesausführung, wobei die Bundesregierung gemäß Art. 85 Abs. 4 GG zu diesem Zweck jederzeit Bericht und Vorlage der Akten verlangen sowie Beauftragte zu allen Behörden entsenden kann. Zudem unterstehen die Landesbehörden insoweit von vornherein den Weisungen der zuständigen obersten Bundesbehörden mit der Maßgabe, dass der Vollzug der Weisungen – ohne dass dem ein darauf gerichtetes besonderes Verfahren vorauszugehen hätte – von den obersten Landesbehörden i.S.d. Art. 85 Abs. 3 GG sicherzustellen ist" (BVerfGE 81, 310, 331 f.).

„Hieraus ergibt sich, dass die Verwaltungskompetenz des Landes schon nach der ursprünglichen Zuweisung eingeschränkt ist. Unentziehbar ist dem

Land nur die sogenannte Wahrnehmungskompetenz zugewiesen. Das Handeln und die Verantwortlichkeit im Außenverhältnis zu Dritten bleibt Landesangelegenheit, weil ein Selbsteintrittsrecht des Bundes in Art. 85 GG nicht geregelt ist" (BVerfGE 81, 310, 332).

„Für die Sachbeurteilung und Sachentscheidung, die sogenannte Sachkompetenz, gilt dies hingegen nicht. Zwar ist auch diese zunächst dem Land zugewiesen. Aber der Bund kann sie, indem er das ihm zuerkannte Weisungsrecht in Anspruch nimmt, nach eigener Entscheidung an sich ziehen. Diese Inanspruchnahme ist nicht auf Ausnahmefälle begrenzt und auch nicht weiter rechtfertigungsbedürftig. Vielmehr ist sie gemäß Art. 85 Abs. 3 GG das reguläre Mittel, damit bei Meinungsverschiedenheiten das seitens des Bundes zu definierende Gemeinwohlinteresse durchsetzbar ist. Außerdem ist die Sachkompetenz dem Land von vornherein nur unter dem Vorbehalt ihrer Inanspruchnahme durch den Bund zugewiesen" (BVerfGE 81, 310, 332).

Merke: Auch bei der Bundesauftragsverwaltung trägt das Land grundsätzlich die Wahrnehmungs- und Sachkompetenz. Während die Wahrnehmungskompetenz nicht entziehbar ist, kann der Bund die Sachkompetenz im Wege des Weisungsrechts an sich ziehen.

„Demgemäß können die Länder durch eine Weisung des Bundes nur in ihrem Recht auf Wahrnehmung der eigenen Kompetenz verletzt sein, wenn gerade die Inanspruchnahme der Weisungsbefugnis als solche oder in ihren Modalitäten mit der Verfassung unvereinbar ist. Dagegen können die Länder nicht geltend machen, der Bund übe seine im Einklang mit der Verfassung in Anspruch genommene Weisungsbefugnis inhaltlich rechtswidrig aus" (BVerfGE 84, 25, 31). „Insoweit wird nicht in eine eigene Sachkompetenz der Länder eingegriffen. An einer derartigen Sachkompetenz fehlt es vielmehr, wenn der Bund seine Weisungsbefugnis berechtigterweise in Anspruch genommen hat. Durch die dem Land insoweit verbleibende Wahrnehmungskompetenz wird keine entgegenstehende Rechtsposition begründet, denn sie wird von einer rechtswidrigen Weisung nicht betroffen" (BVerfGE 81, 310, 333).

„Dass das Land eine Weisung, deren Inhalt es für rechtswidrig hält, ausführen muss und für den nach außen wirkenden Weisungsvollzug insoweit einzustehen hat, als es selbst als Beklagter gerichtlich in Anspruch zu nehmen ist, ist nur die Folge des Auseinanderfallens der Wahrnehmungs- und Sachkompetenz. Darüber hinaus wird jedoch keine eigene Verantwortung des Landes für die nach Weisung getroffene Sachentscheidung begründet. Die parlamentarische Verantwortlichkeit hierfür liegt beim zuständigen Bundesminister. Die Pflicht, die finanziellen Lasten hieraus letztendlich zu tragen, trifft gemäß Art. 104a Abs. 2 und Abs. 5 S. 1 GG den Bund" (BVerfGE 81, 310, 333).

Nach alledem stellt die inhaltlich rechtswidrige Weisung des B keinen verfassungsrechtlich beachtlichen Verstoß gegen Art. 85 GG dar.

d) Zwischenergebnis
Eine beachtliche Verletzung des Art. 85 GG ist durch die rechtswidrige Weisung des B an L nicht erfolgt.

C. Ergebnis
Der Antrag des Landes durch die Landesregierung ist zulässig, jedoch unbegründet und wird abgelehnt.

2. Komplex: Abwandlung
Der Antrag der Landesregierung beim Bundesverfassungsgericht hat Erfolg, soweit er zulässig und begründet ist.

A. Zulässigkeit
Der Antrag der Landesregierung kann zulässig sein.

I. Zuständigkeit des Bundesverfassungsgerichts
Das Bundesverfassungsgericht ist zuständig, soweit ihm ein Verfahren enumerativ zugewiesen ist. Die Landesregierung begehrt die verfassungsgerichtliche Prüfung der gesetzlichen Regelung des § 7 Abs. 2a AtG. Da Gesetze auch Gegenstände i.S.d. § 64 Abs. 1 BVerfGG i.V.m. § 69 BVerfGG im Rahmen eines Bund-Länder-Streitverfahrens sein können (vgl. BVerfGE 4, 115, 122), ist fraglich, ob es vornehmlich um Meinungsverschiedenheiten über die verfassungsrechtlichen Pflichten des Bundes gegenüber dem antragstellenden Land i.S.d. Art. 93 Abs. 1 Nr. 3 GG oder um die Vereinbarkeit von Bundesrecht mit dem Grundgesetz Art. 93 Abs. 1 Nr. 2 GG geht.

Das Normenkontrollverfahren gemäß Art. 93 Abs. 1 Nr. 2 und das Bund-Länder-Streitverfahren nach Art. 93 Abs. 1 Nr. 3 GG stehen als Verfahrensarten selbständig nebeneinander (BVerfGE 1, 14, 39; 20, 56, 95). „Für die Beurteilung sind nicht allein die Anträge, sondern auch die zu ihrer Begründung vorgetragenen Umstände heranzuziehen. Es ist ein Unterschied, ob eine Landesregierung unter den Voraussetzungen des § 76 Nr. 1 oder Nr. 2 BVerfGG ein rechtliches Interesse daran hat, in einem Verfahren vor dem Bundesverfassungsgericht, das keine Beteiligten erfordert, abstrakt feststellen zu lassen, dass eine bundesgesetzliche Vorschrift mit einer übergeordneten Norm unvereinbar und deshalb nichtig ist, oder ob sie diese Feststellung begehrt, weil jene Vorschrift nach ihrer Auffassung in ihre eigenen Rechte und Kompetenzen oder in die verfassungsmäßig geschützten Rechte ihres Landes eingreift. Im letzten Falle handelt es sich nicht nur um eine abstrakte Normenkontrolle, sondern zugleich und notwendigerweise um eine Meinungsverschiedenheit über Rechte und Pflichten des Bundes und eines Landes i.S.d. Art. 93 Abs. 1 Nr. 3 GG. Auf das Verfahren sind dann sowohl die besonderen Vorschriften des 10. Abschnitts des III. Teils des Gesetzes über das Bundesverfassungsgericht gemäß den §§ 76 ff. BVerfGG als auch die des 7. Abschnitts des III. Teils des Gesetzes gemäß den §§ 68 ff. BVerfGG anzuwenden" (BVerfGE 1, 14, 39).

Die Landesregierung rügt die Verletzung des Art. 85 Abs. 2 S. 1 GG. Diese Vorschrift regelt die Beteiligung der Länder in Gestalt des Bundesrates an dem Erlass allgemeiner Verwaltungsvorschriften. Es handelt sich somit um eine grundgesetzliche Kompetenzverteilungsnorm zwischen Bund und Ländern. Allerdings streiten die Landesregierung und die Bundesregierung bereits darüber, ob es sich bei den Leitlinien i.S.d. § 7 Abs. 2a AtG überhaupt um Verwaltungsvorschriften i.S.d. Art. 85 Abs. 2 S. 1 GG handelt – also um eine förmliche verfassungsrechtliche Frage.

Das abstrakte Normenkontrollverfahren dient, wie sich aus dem Wortlaut der Verfassungsvorschrift ergibt, nicht nur der Prüfung, ob der normative Gehalt eines Gesetzes inhaltlich mit einer Norm des Grundgesetzes vereinbar ist, sondern umfasst auch Meinungsverschiedenheiten „über die *förmliche* Vereinbarkeit" des Gesetzes mit dem Grundgesetz (vgl. BVerfGE 8, 104, 110). Insofern könnte die Frage nach der Anwendbarkeit des Art. 85 Abs. 2 S. 1 GG als förmliche kompetentielle Vereinbarkeit mit dem Grundgesetz verstanden werden. Allerdings ist das Bund-Länder-Streitverfahren dann anzuwenden, „wenn ein Antragsberechtigter i.S.d. Art. 93 Abs. 1 Nr. 2 GG eine Bundesnorm wegen Unvereinbarkeit mit dem Grundgesetz für nichtig hält und eine hierüber bestehende Meinungsverschiedenheit den wesentlichen Streitgegenstand in dem Sinne bildet, dass ein etwa darin eingeschlossener Streit über Rechte und Pflichten der Beteiligten aus der angefochtenen Norm durch die Entscheidung über ihre Gültigkeit oder Nichtigkeit zugleich miterledigt wird" (BVerfGE 1, 117, 125 f.).

Zwar sind für beide Verfahren Anhaltspunkte ersichtlich, so dass inhaltlich beide Verfahren angenommen werden könnten, jedoch hat formal die Landesregierung den Antrag in eigener Wahrnehmungskompetenz den Antrag gestellt – nicht hingegen in Vertretung für das Land als Rechtsträger. Dies ist gemäß § 13 Nr. 6 BVerfGG nur für das Verfahren aus Art. 93 Abs. 1 Nr. 2 GG vorgesehen, gemäß § 13 Nr. 7 BVerfGG jedoch nicht für ein Bund-Länder-Streitverfahren nach Art. 93

Abs. 1 Nr. 3 GG, bei dem die jeweilige Regierung lediglich in Vertretung des Landes bzw. des Bundes den Antrag stellen, jedoch nicht selbst Beteiligte sein würde. Es handelt sich daher um eine abstrakte Normenkontrolle.

Das seitens der Landesregierung angestrebte abstrakte Normenkontrollverfahren ist dem Bundesverfassungsgericht gemäß Art. 93 Abs. 1 Nr. 2 GG i.V.m. § 13 Nr. 6 BVerfGG zugewiesen. Das Bundesverfassungsgericht ist zuständig.

II. Verfahrensabhängige Zulässigkeitsvoraussetzungen

Jedem dem Bundesverfassungsgericht enumerativ zugewiesenen Verfahren sind verfahrensabhängige Zulässigkeitsvoraussetzungen zugeordnet, die erfüllt sein müssen. Für das Verfahren der abstrakten Normenkontrolle ergeben sie sich aus den §§ 13 Nr. 6, 76 ff. BVerfGG.

1. Antragsfähigkeit

Zwar ist die abstrakte Normenkontrolle nicht kontradiktorisch ausgestaltet, sodass es nicht zweier Beteiligter bedarf, jedoch bedarf es zumindest eines Antragstellers. Antragsteller können gemäß § 76 Abs. 1 BVerfGG die Bundesregierung, eine Landesregierung oder ein Viertel der Mitglieder des Bundestages sein. Die Landesregierung kann den Antrag zur abstrakten Normenkontrolle stellen.

2. Antragsgegenstand

Antragsgegenstand kann gemäß § 76 Abs. 1 BVerfGG ein Bundes- oder Landesgesetz sein. Die auf Antrag der Landesregierung durch das Bundesverfassungsgericht zu prüfende Gesetzesänderung des § 7 Abs. 2a AtG ist ein Bundesgesetz.

3. Antragsgrund

Die Landesregierung muss einen Antragsgrund haben. Da es sich bei der abstrakten Normenkontrolle prozessual und materiell um ein objektives Beanstandungsverfahren handelt, das Ausdruck der Stellung des Bundesverfassungsgerichts als „Hüter der Verfassung" ist, bedarf es keiner individuellen Betroffenheit der Antragstellerin, also keines subjektiven Rechts. Für die Annahme eines Antragsgrundes ist es gemäß § 76 Abs. 1 Nr. 1 BVerfGG hinreichend, wenn die Antragstellerin das beanstandete Gesetz für nichtig hält und dies im Antrag zum Ausdruck bringt. Eine engere, verfassungskonforme Auslegung des § 76 Abs. 1 BVerfGG in Richtung einer Antragsbefugnis nicht in Betracht, weil die Vermeidung von Popularverfahren, die zur Herstellung der Funktionsfähigkeit des Rechtsstaates im Sinne des sich unter anderem aus Art. 20 Abs. 3 GG ergebenden Rechtsstaatsprinzips erforderlich ist, durch den begrenzten Kreis der Antragsteller, die selbst an rechtsstaatliche Grundsätze gebunden sind, gewährleistet wird. Vielmehr ist § 76 Abs. 1 Nr. 1 BVerfGG aufgrund des Art. 93 Abs. 1 Nr. 2 GG und des darin zum Ausdruck kommenden Rechtsstaatsprinzips verfassungskonform dahingehend auszulegen, dass für die Antragsbefugnis schon Zweifel an der Verfassungsmäßigkeit des Gesetzes hinreichen. Ein Antragsgrund besteht, weil die Landesregierung § 7 Abs. 2a AtG für nichtig hält und dies vorträgt.

III. Form

Mangels gegenteiliger Anhaltspunkte ist davon auszugehen, dass die Landesregierung den zur Einleitung des Verfahrens erforderlichen Antrag gemäß § 23 Abs. 1 S. 1, 2 BVerfGG schriftlich und mit der erforderlichen Begründung gestellt hat.

IV. Allgemeines Rechtsschutzbedürfnis

Da bei der abstrakten Normenkontrolle als objektivem Beanstandungsverfahren zum Schutz der Verfassung ein objektives Klarstellungsinteresse indiziert ist, bedarf es keines subjektiv motivierten Rechtsschutzbedürfnisses (BVerfGE 52, 63, 80). Damit ist es auch irrelevant, dass der Erlass der Leitlinien noch nicht erfolgt ist.

V. Zwischenergebnis

Der Antrag ist zulässig.

B. Begründetheit

Das Bundesverfassungsgericht wird das Gesetz gemäß § 78 S. 1, 2 BVerfGG für nichtig erklären und damit dem Antrag auf abstrakte Normenkontrolle stattgeben, soweit § 7 Abs. 2a AtG verfassungswidrig, also mit dem Grundgesetz nicht vereinbar ist. Die Entscheidung des Bundesverfassungsgerichts erfolgt gemäß § 31 Abs. 2 S. 1 BVerfGG mit Gesetzeskraft. Aufgrund des aus dem Rechtsstaatsprinzip folgenden Nichtigkeitsdogmas bei Normen ist § 7 Abs. 2a AtG grundsätzlich nichtig, soweit er verfassungswidrig ist.

Während Bundesrecht nach Art. 93 Abs. 1 Nr. 2 GG nur am Maßstab des Grundgesetzes überprüft werden kann, ist in § 76 Abs. 1 Nr. 1 BVerfGG auch „sonstiges Bundesrecht" als Prüfungsmaßstab für untergesetzliches Bundesrecht wie Satzungen oder Verordnungen vorgesehen. Jedenfalls ist eine objektive Prüfung in der Begründetheit erforderlich.

I. Formelle Verfassungswidrigkeit des Gesetzes

Bezüglich einer formellen Verfassungswidrigkeit des § 7 Abs. 2a AtG bestehen keine Anhaltspunkte.

II. Materielle Verfassungswidrigkeit des Gesetzes

Materiell kann § 7 Abs. 2a AtG mit den Vorgaben aus Art. 85 Abs. 2 S. 1 GG unvereinbar sein. Dazu muss es sich zunächst um allgemeine Verwaltungsvorschriften i.S.d. Art. 85 Abs. 2 GG im Rahmen einer Bundesauftragsverwaltung handeln.

1. Konstellation i.S.d. Art. 85 Abs. 2 GG

Bei der Ausführung des § 7 AtG handelt es sich gemäß den Artt. 87c, 73 Abs. 1 Nr. 14 GG i.V.m. § 24 S. 1 AtG um Bundesauftragsverwaltung, sodass insoweit allgemeine Verwaltungsvorschriften i.S.d. Art. 85 Abs. 2 S. 1 GG erlassen werden können.

2. Leitlinien als Verwaltungsvorschriften i.S.d. Art. 85 Abs. 2 S. 1 GG

Fraglich ist, ob die in § 7 Abs. 2a AtG benannten Leitlinien als Verwaltungsvorschriften i.S.d. Art. 85 Abs. 2 S. 1 GG einzustufen sind, oder ob sie nicht vielmehr eine Ermächtigung für den Erlass sogenannter „konsentierter Vorgaben" darstellen. Diese sind nicht als verbindliche Verwaltungsvorschriften einzustufen, sondern als übereinstimmende Lösung zwischen Bund und Ländern, die nur begrenzt verbindlich sind.

„Allgemeine Verwaltungsvorschriften i.S.d. Art. 85 Abs. 2 S. 1 GG sind nur solche Regelungen, in denen für eine abstrakte Anzahl von Konstellationen des Verwaltungsgeschehens verbindliche Aussagen getroffen werden, ohne auf eine unmittelbare Rechtswirkung nach außen gerichtet zu sein" (BVerfGE 100, 249, 258). Ob die in § 7 Abs. 2a S. 1 HS. 2 AtG vorgesehenen Leitlinien als allgemeine Verwaltungsvorschriften einzustufen sind, kann sich letztlich nur aus deren Inhalt und deren Entstehungsvorgang ergeben.

a) Inhalt

„Mittels der Leitlinien i.S.d. § 7 Abs. 2a S. 1 HS. 2 AtG bestimmt das für die kerntechnische Sicherheit und den Strahlenschutz zuständige Bundesministerium gegenüber den ausführenden Landesverwaltungen die näheren Einzelheiten derjenigen Ereignisse, die zur weiteren Vorsorge gegen Risiken für die Allgemeinheit bei der Genehmigung der Errichtung und des Betriebs von Leistungsreaktoren zu berücksichtigen sind. In diesem Zusammenhang sind sie von erheblicher Bedeutung für die Umschreibung und Festlegung der Genehmigungsvoraussetzungen. Durch die seitens des Bundes kraft seiner Sachkompetenz getroffenen Bestimmungen sind die Länder bei Ausübung ihrer Wahrnehmungskompetenz im Rahmen des in Bundesauftragsverwaltung auszuführenden Atomgesetzes gebunden. Also handelt es sich bei den Leitlinien im Verhältnis von Bund und Ländern um einen Rechtsakt und keine bloße Empfehlung. Rechtswirkung nach außen kann ihnen allerdings nur kraft ihrer Berücksichtigung im Genehmigungsverfahren und damit lediglich mittelbar zukommen" (BVerfGE 100, 249, 258f.). Dem Inhalt nach sind die Leitlinien also als verbindlich und damit als Verwaltungsvorschriften einzustufen.

b) Entstehung

Da es für den Erlass der Leitlinien i.S.d. § 7 Abs. 2a S. 1 HS. 2 AtG als einseitige Entschließungen des für die kerntechnische Sicherheit und den Strahlenschutz zuständigen Bundesministeriums lediglich einer Anhörung, jedoch keiner Übereinstimmung zwischen den zuständigen Landesbehörden und dem zuständigen Bundesministerium bedarf, sind sie nicht dem Regelwerk konsentierter Vorgaben für die Handhabung des Atomgesetzes zuzuordnen, sondern auch demnach als Verwaltungsvorschriften einzustufen.

c) Zwischenergebnis

Bei den Leitlinien i.S.d. § 7 Abs. 2a S. 1 HS. 2 AtG handelt es sich dem Inhalt und der Entstehung nach um Verwaltungsvorschriften.

3. Inhaltliche Unvereinbarkeit der Regelung mit Art. 85 Abs. 2 S. 1 GG

Durch die Schaffung des § 7 Abs. 2a S. 1 HS. 2 AtG kann insoweit gegen Art. 85 Abs. 2 S. 1 GG verstoßen worden sein, als gemäß Art. 85 Abs. 2 S. 1 GG die Bundesregierung allgemeine Verwaltungsvorschriften nur mit Zustimmung des Bundesrates erlassen kann, in § 7 Abs. 2a S. 1 HS. 2 AtG jedoch das zuständige Bundesministerium ermächtigt worden und keine Zustimmung des Bundesrates – sondern lediglich eine Anhörung der zuständigen obersten Landesbehörden – geregelt ist.

a) Bundesstaatsprinzip und Wortlaut

Wegen der Wesentlichkeit der Verwaltungsvorschriften für den zweigliedrigen Bundesstaat i.S.d. Art. 20 Abs. 1 GG könnte die Übertragung auf das Bundesministerium als Verstoß gegen Art. 85 Abs. 2 S. 1 GG einzustufen sein (vgl. alte Rechtsprechung: BVerfGE 26, 338, 385 f.).

„Eine Staatspraxis, nach der durch Bundesgesetz mit Zustimmung des Bundesrates auch einzelne Bundesminister zum Erlass allgemeiner Verwaltungsvorschriften für die landeseigene und die Auftragsverwaltung der Länder ermächtigt werden, kann nicht auf die Erwägung gestützt werden, es handele sich dabei um eine Regelung des Verwaltungsverfahrens, die dem Bund für die landeseigene Verwaltung nach Art. 84 Abs. 1 GG, ebenso aber auch für die Auftragsverwaltung durch die Länder, möglich sei" (BVerfGE 100, 249, 260). Denn das Verwaltungsverfahren, das nach Art. 84 Abs. 1 S. 5 und 6 GG durch ein zustimmungspflichtiges Zustimmungsgesetz geregelt werden kann, ist offensichtlich eine Ausnahme der Verwaltungsverfahren der Länder bei Bundesgesetzen als eigene Angelegenheit.

„Entsprechendes gilt für bundesgesetzliche Regelungen des Verfahrens der Auftragsverwaltung der Länder. In einer Bestimmung, nach der die Befugnis zum Erlass allgemeiner Verwaltungsvorschriften einem einzelnen Bundesminister erteilt wird, ist jedoch nicht das Verfahren der Länderverwaltung, sondern allenfalls das Verfahren des Bundes bei seiner Einwirkung auf die Verwaltung der Länder geregelt. Ermächtigungen und Kompetenzverteilungen im Bereich des Bundes stellen keine Regelungen des Verwaltungsverfahrens der Länder dar" (BVerfGE 26, 338, 399). Es handelt sich nämlich anders als bei der Verwaltung eines Bundesgesetzes durch die Länder als eigene Angelegenheit im Rahmen des Art. 85 Abs. 2 S. 1 GG lediglich um eine Bundesauftragsverwaltung der Länder mit Rechts- und Fachaufsicht des Bundes. Zwar ist Art. 85 Abs. 2 S. 1 GG einschlägig, jedoch ist die Übertragung auf einen Minister dem Wortlaut nach nicht ausgeschlossen.

„Aus den Artt. 84 Abs. 2, 85 Abs. 2 S. 1 GG als Ermächtigungsnormen für den Bund ergibt sich die Befugnis, für die Verwaltung der Länder allgemeine Verwaltungsvorschriften zu erlassen. Für diesen das Bund-Länder-Verhältnis tangierenden Aspekt werden Vorkehrungen zum Schutz der Eigenständigkeit der Verwaltung der Länder bei der Ausführung von Bundesgesetzen getroffen" (BVerfGE 100, 249, 260). Eine darüberhinausgehende Funktion der Normen besteht nicht.

Es ist nach dem Wortlaut der Normen kein Verbot enthalten, durch Bundesgesetz auch einen Ressortminister zum Erlass allgemeiner Verwaltungsvorschriften zu ermächtigen, zumal der Minister ein Teil der Bundesregierung ist. Solche speziellen Ermächtigungen einzelner Bundesminister wären dem Wortlaut nach grundsätzlich mit den Artt. 84 Abs. 2, 85 Abs. 2 S. 1 GG vertretbar als vereinbar und zulässig einstufbar. „Aus der föderativen Bedeutung der Artt. 84 Abs. 2, 85 Abs. 2 S. 1 GG ergibt sich jedoch, dass Ermächtigungen einzelner Bundesminister zum Erlass allgemeiner Verwaltungsvorschriften allenfalls durch Gesetz mit Zustimmung des Bundesrats erteilt werden können" (BVerfGE 100, 249, 260).

Da § 7 Abs. 2a S. 1 HS. 2 AtG als formelles Gesetz mit Zustimmung des Bundesrates erlassen worden ist, wäre die Übertragung auf das Ministerium nach dem Wortlaut der Artt. 84 Abs. 2, 85 Abs. 2 S. 1 GG verfassungsgemäß.

b) Wortlaut, Bundesstaat und Telos

Bei Berücksichtigung des zweigliedrigen Bundesstaates i.S.d. Art. 20 Abs. 1 GG i.V.m. dem Sinn und Zweck der Auftragsverwaltung kann die Übertragung auf das Bundesministerium allerdings verfassungswidrig sein (vgl. aktuelle Rechtsprechung: BVerfGE 100, 249).

Nach Sinn und Zweck können „allgemeine Verwaltungsvorschriften für den Vollzug der Bundesgesetze durch die Länder im Auftrage des Bundes gemäß Art. 85 Abs. 2 S. 1 GG ausschließlich von der Bundesregierung als Kollegium mit der Zustimmung des Bundesrates erlassen werden" (BVerfGE 100, 249, Leitsatz).

Das ergibt sich hinsichtlich des Ermächtigungsadressaten insoweit aus dem Wortlaut, als gerade nicht auf den Minister, sondern auf das Kollegialorgan Bundesregierung abgestellt worden ist. „Durch Art. 85 Abs. 2 S. 1 GG wird die der Exekutive inhärente Befugnis zum Erlass allgemeiner Verwaltungsvorschriften zugunsten des Bundes über seinen Bereich hinaus auf die Länderverwaltungen erstreckt. Den Grundsätzen, die in Artt. 30 und 83 GG enthalten sind, entspricht es, die Regelung dieser Einwirkungsmöglichkeit strikt auszulegen. Der einfache Bundesgesetzgeber ist daher nicht frei, abweichend von dieser grundgesetzlichen Ausgestaltung des sich unter anderem aus Art. 20 Abs. 1 GG ergebenden föderativen Prinzips, einen anderen Ermächtigungsadressaten auszuwählen und *dafür* (nur einmalig) die Zustimmung des Bundesrates einzuholen" (BVerfGE 100, 249, 261).

Hinsichtlich der Beteiligung der Länder ergibt sich das Erfordernis der Zustimmung des Bundesrates ebenfalls aus dem Gebot der strikten Auslegung der Grundsätze aus Artt. 30 und 83 GG. „Würde für den künftigen Erlass allgemeiner Verwaltungsvorschriften von vorneherein auf die Zustimmung des Bundesrates verzichtet werden, wäre der Schutz der Länderhoheit im Bereich ihrer Verwaltung gegenüber dem in Art. 85 Abs. 2 S. 1 GG vorgegebenen Niveau gemindert. Würde nämlich das Erfordernis einer Zustimmung des Bundesrates auf das Gesetz selbst beschränkt, durch das ein einzelnes Bundesministerium ermächtigt werden würde, allgemeine Verwaltungsvorschriften zu erlassen, hätten die Länder keine der Vorgabe des Art. 85 Abs. 2 S. 1 GG entsprechende Möglichkeit mehr, auf die damit verbundene nähere Ausgestaltung ihrer Wahrnehmungskompetenz über den Bundesrat einzuwirken" (BVerfGE 100, 249, 261). Eine bloße Anhörung der zuständigen obersten Landesbehörden stellt keine gleichwertige Beteiligung dar. „Der Bundesrat würde somit eine Blankettermächtigung erteilen – ohne Kenntnis und Bestimmung des konkreten Inhalts künftiger allgemeiner Verwaltungsvorschriften. Der effektive Schutz der Länderverwaltungen stellt aber die Grundlage des Art. 85 Abs. 2 S. 1 GG dar. Durch die Mitwirkung der Länder über den Bundesrat wird auch die Einheitlichkeit der politischen Entscheidung innerhalb eines Landes gesichert. Der Bundesrat besteht gemäß Art. 51 Abs. 1 GG aus Mitgliedern der Regierungen der Länder, die sie bestellen und abberufen und die durch andere Mitglieder ihrer Regierungen vertreten werden. Dieser Schutz würde durch die bloße Anhörung einer obersten Landesbehörde nicht gleichwertig gewährleistet" (BVerfGE 100, 249, 261).

„Es besteht ferner kein Grund, über das Erfordernis einer Zustimmung des Bundesrates im Gesetzgebungsverfahren hinaus noch seine Zustimmung zum Erlass der jeweiligen einzelnen allgemeinen Verwaltungsvorschrift zu verlangen. Dafür würde es nämlich an einer Lücke im Schutz der Verwaltungshoheit der Länder fehlen, die aufgrund der föderativen Bedeutung der Artt. 84 Abs. 2, 85 Abs. 2 S. 1 GG ohne ausdrückliche Regelung im Grundgesetz durch das Erfordernis der Zustimmung des Bundesrates schon zur bundesgesetzlichen Ermächtigung zu schließen wäre. Die bundesgesetzliche Ermächtigung zum Erlass allgemeiner Verwaltungsvorschriften an ein einzelnes Bundesministerium anstelle der Bundesregierung als Kollegium ist für sich allein für den Schutz der Verwaltungshoheit der Länder ohne erkennbare Bedeutung und bedarf deshalb keiner föderativen Kompensation durch eine im Grundgesetz nicht ausdrücklich vorgesehene Zustimmung des Bundesrates" (BVerfGE 100, 249, 262).

Nach alledem wird der Schutz der Länder durch eine Möglichkeit der Übertragung der Befugnis zum Erlass von Verwaltungsvorschriften auf ein Bundesministerium ohne Zustimmung des Bundesrates unterlaufen. Somit ist § 7 Abs. 2a AtG gemäß Art. 85 Abs. 2 S. 1 GG verfassungswidrig.

C. Ergebnis

Der Antrag der Landesregierung ist zulässig und begründet. Das Bundesverfassungsgericht wird die Nichtigkeit des § 7 Abs. 2a AtG wegen des Verstoßes gegen Art. 85 Abs. 2 S. 1 GG gemäß den §§ 78 S. 1, 31 Abs. 2 S. 1 BVerfGG feststellen.

Zusatzfrage 1

Grundsätzlich haben gemäß Art. 70 Abs. 1 GG die Länder das Recht zur Gesetzgebung, soweit im Grundgesetz nichts anderes bestimmt ist.

A. Ausschließliche Gesetzgebung

Im Bereich der ausschließlichen Gesetzgebung des Bundes gemäß Art. 71 GG haben die Länder die Befugnis zur Gesetzgebung nur, wenn und soweit sie hierzu in einem Bundesgesetz ausdrücklich ermächtigt werden. Die Kompetenztitel zur ausschließlichen Gesetzgebung des Bundes sind in Art. 73 GG geregelt. Ein Kompetenztitel für die Verwaltungsverfahrensgesetzgebung bezüglich des Atomgesetzes ist in Art. 73 GG jedoch nicht ersichtlich.

B. Konkurrierende Gesetzgebung

Der Bund kann im Rahmen der konkurrierenden Gesetzgebungskompetenz für die Verwaltungsverfahrensgesetzgebung zuständig sein.

Schema 15: Probleme (konkurrierende Kompetenz)

Abweichungskompetenz:
- Bund/Länder parallel zuständig
- Art. 72 III 3 GG: späteres Gesetz (Ausnahme zu Art. 31 GG)
- P: Bund/Länder abwechselnd abweichende Gesetze
- Art. 72 III 2 GG: Bundesgesetze grds. erst 6 Monate nach Verkündung in Kraft → Länderschutz (bei Zustimmung BR Bundesgesetz sofort in Kraft)

Kompetenzielle Zuordnung:
- Gesetze oft verschiedenen Kompetenztiteln zuordbar
- Problem: ein Titel Teil der Vorranggesetzgebung, ein anderer nicht>vertretbar:
> Erforderlichkeitsprüfung gesamtes Gesetz
> Versuch eindeutiger Zuordnung (z.B. Schwerpunkt)
> Erforderlichkeitsprüfung nur für Teile des Gesetzes

I. Kompetenz bei konkurrierender Gesetzgebung

Im Bereich der konkurrierenden Gesetzgebung haben gemäß Art. 72 Abs. 1 GG die Länder die Befugnis zur Gesetzgebung, solange und soweit der Bund von seiner Gesetzgebungskompetenz nicht durch ein Gesetz Gebrauch gemacht hat. Die Kompetenztitel sind diesbezüglich in Art. 74 Abs. 1 GG geregelt, wobei die konkurrierende Gesetzgebung grundsätzlich eine Vorranggesetzgebung darstellt, bezüglich derer der Bund vorrangig agieren darf, soweit er davon Gebrauch macht.

Soweit der Bund im Rahmen der konkurrierenden Gesetzgebungskompetenztitel von der ihm grundsätzlich zugewiesenen Gesetzgebungskompetenz Gebrauch macht, bedarf es bezüglich der Titel gemäß Art. 74 Abs. 1 Nr. 4, 7, 11, 13, 15, 19a, 20, 22, 25, 26 GG allerdings gemäß Art. 72 Abs. 2 GG einer besonderen Erforderlichkeit in Form der Herstellung gleichwertiger Lebensverhältnisse im Bundesgebiet oder der Rechts- oder Wirtschaftseinheit.

Bezüglich der in Art. 72 Abs. 3 S. 1 Nr. 1–6 GG geregelten Titel können die Länder davon abweichende Regelungen treffen, die seitens des Bundes wieder mittels eines neuen Gesetzes überlagert werden können, wobei ein Bundesgesetz insoweit gemäß Art. 72 Abs. 3 S. 2 GG erst sechs Monate nach seiner Verkündung in Kraft tritt, soweit nicht mit Zustimmung des Bundesrates anderes bestimmt ist, wobei gemäß Art. 72 Abs. 3 S. 3 GG stets das spätere Gesetz vorrangig ist.

II. Spezielle konkurrierende Gesetzgebung

Bezüglich der Verwaltungsverfahrensgesetzgebung kann eine spezielle konkurrierende Gesetzgebungskompetenz bestehen.

Zwar könnte auf ungeschriebene Gesetzgebungskompetenzen – die Annexkompetenz – abzustellen sein. Sollte jedoch eine spezielle Gesetzgebungskompetenz geregelt sein, sind die ungeschriebenen Gesetzgebungskompetenzen kraft Sachzusammenhanges, Annexkompetenz und kraft Natur der Sache nicht maßgeblich. Eine solche spezielle Gesetzgebungskompetenz kann sich aus den Artt. 84, 85 GG ergeben.

Bezüglich der Gesetzgebungskompetenz zur Regelung des Verwaltungsverfahrens ist in Art. 84 Abs. 1 S. 1 GG eine spezielle Regelung getroffen worden. Danach regeln die Länder die Einrichtung der Behörden und das Verwaltungsverfahren, wenn sie die Bundesgesetze als eigene Angelegenheit ausführen, wenngleich es gemäß Art. 84 Abs. 1 S. 5, 6 GG mit Zustimmung des Bundesrates abweichende Regelungen des Bundes geben kann. Die Zuweisung der Regelung des Verwaltungsverfahrens stellt eine Sonderregelung der konkurrierenden Gesetzgebungskompetenz bezüglich der Verfahrensgesetzgebung dar.

Fraglich ist, ob eine derartige Spezialgesetzgebungskompetenz auch bei der Bundesauftragsverwaltung besteht. Gemäß Art. 85 Abs. 1 S. 1 GG bleibt die Einrichtung der Behörden im Bereich der Bundesauftragsverwaltung Angelegenheit der Länder, soweit nicht in einem Bundesgesetz mit Zustimmung des Bundesrates etwas anderes bestimmt ist. Eine insoweit geregelte Spezialgesetzgebungskompetenz könnte abzulehnen sein, weil das Verwaltungsverfahren in Art. 85 Abs. 1 S. 1 GG nicht erwähnt wird. Daraus könnte sich ergeben, dass eine Regelung der Verwaltungsverfahrensgesetzgebung der Länder bei der Bundesauftragsverwaltung nicht intendiert ist, weil die Aufsichtskompetenz des Bundes bei der Verwaltung im Auftrage des Bundes durch die Länder erheblicher sein soll als bei der Verwaltung von Bundesgesetzen als eigene Angelegenheit i.S.d. Art. 84 Abs. 1 S. 1 GG. Dies könnte auf die Gesetzgebungskompetenz des Bundes insoweit übertragen werden, als auch die Verwaltungsverfahrensgesetzgebungskompetenz als Annex dem Bund zugewiesen und somit keine Art. 84 Abs. 1 S. 1, 2 GG vergleichbare Regelung enthalten sein sollte.

Andererseits könnte eine grundsätzliche Verfahrensgesetzgebungskompetenz der Länder bei der Bundesauftragsverwaltung erst recht anzunehmen sein, wenn sie bereits bei der Verwaltung der Bundesgesetze durch die Länder als eigene Angelegenheit grundsätzlich gemäß Art. 84 Abs. 1 S. 1 GG besteht. Wenn schon eine erheblichere, die bundesstaatliche Gliederung i.S.d. Art. 20 Abs. 1 GG tangierende Beeinträchtigung der Kompetenzen durch eine Fachaufsicht in Kombination mit einer Rechtsaufsicht i.S.d. Art. 85 Abs. 1 S. 1 GG erfolgt, müssen zumindest die für die Verwaltung maßgeblichen Verfahrensgesetzgebungsregeln bei praktischer Konkordanz zum Bundesstaatsprinzip i.S.d. Art. 20 Abs. 1 GG auf Landesgesetzgebungskompetenzen beruhen. Anderenfalls würde das verfassungsrechtlich in den Artt. 20 Abs. 1, 79 Abs. 3 GG unabänderlich verankerte Bundesstaatsprinzip zu massiv beeinträchtigt werden. Um wiederum eine effektive Verwaltung mit dem Bundesstaatsprinzip in Einklang zu bringen, gilt Art. 85 Abs. 1 S. 1 GG vergleichbar mit Art. 84 Abs. 1 S. 2 GG als Ausnahme von der Regel im Rahmen einer speziellen konkurrierenden Gesetzgebung.

Bevor also systematisch insoweit eine Annexkompetenz der Länder angenommen werden kann, welche ungeschrieben ist, ist die „Einrichtung der Behörden" i.S.d. Art. 85 Abs. 1 GG in praktischer Konkordanz zum Bundesstaatsprinzip i.S.d. Art. 20 Abs. 1 GG weit auszulegen. Somit besteht bei der Bundesauftragsverwaltung gemäß Art. 85 Abs. 1 S. 1 GG eine grundsätzliche Verwaltungsverfahrensgesetzgebungskompetenz der Länder, soweit nicht in Bundesgesetzen, die mit Zustimmung des Bundesrates erlassen sind, etwas anderes bestimmt ist (anders vgl. BVerfGE 126, 77 zum Luftsicherheitsgesetz, welches mit dem Atomgesetz aufgrund der Wesentlichkeit der Materie und des insoweit höheren Legitimationserfordernisses nicht vergleichbar ist). Es handelt sich bei der Regelung des Art. 85 GG auch um eine spezielle Regelung der konkurrierenden Gesetzgebung.

Da die Verwaltung des Atomgesetzes in weiten Teilen der Bundesauftragsverwaltung i.S.d. Art. 85 GG i.V.m. Art. 87c GG, § 24 Abs. 1 S. 1 AtG zugeordnet ist, bedarf es für den Erlass diesbezüglicher Verwaltungsverfahrensgesetze gemäß Art. 85 Abs. 1 S. 1 GG eines Bundesgesetzes mit Zustimmung des Bundesrates

---

In Rechtsprechung und Literatur wird die Zustimmungspflichtigkeit bezüglich des Verfahrensgesetzes bei der Bundesauftragsverwaltung unterschiedlich beurteilt. Eine andere Auffassung ist vertretbar.

Zusatzfrage 2

Der Beschluss des Bundesrates kann mittels eines Aufsichtsverfahrens, welches als kontradiktorisches Verfahren auch Aufsichtsklage genannt werden darf, gemäß Art. 84 Abs. 4 S. 2 GG i.V.m. § 13 Nr. 7 BVerfGG als Spezialregelung eines Bund-Länder-Streitverfahrens i.S.d. Art. 93 Abs. 1 Nr. 3 GG i.V.m. § 13 Nr. 7 BVerfGG zum Gegenstand eines Verfahrens gemacht werden.

Staatsorganisationsrecht – Fall 4:
„Wenn Stimmen fehlen – besser nicht wählen!"

Schwerpunkte: Wahlprüfungsbeschwerde (Art. 41 Abs. 2 GG, § 13 Nr. 3 BVerfGG), Wahlrechtsgrundsätze, Ausländerwahlrecht, Wahlgeräte, Briefwahl, Überhangmandate, Sperrklausel beim Europäischen Parlament, Finanzverfassung

Anders als gedacht erzielte die Partei P bei der letzten Bundestagswahl nicht die erhofften Wahlergebnisse. Wieder einmal kann P damit nicht den Bundeskanzler stellen. Der wahlberechtigte Bürger L ärgert sich darüber. Nach seiner Auffassung ist die geringere Stimmenzahl nicht auf seine präferierte Partei oder das Wahlverhalten, sondern auf das deutsche Wahlrecht zurückzuführen.

Zum einen sei es problematisch, dass bei der Bundestagswahl Wahlgeräte in Form von Wahlcomputern eingesetzt wurden, auf denen die Stimmabgabe gespeichert wurde. Einen Papierausdruck oder eine ähnliche Protokollierung, auf welchem die Stimmen verzeichnet sind, gibt es bei dem Einsatz derartiger Wahlcomputer nicht. Die Nachzählung findet ausschließlich im Innern eines Wahlgerätes statt. Diese Wahlgeräte sind nach der Auffassung des L – obwohl derartige Manipulationen nicht nachgewiesen wurden – leicht manipulierbar.

L ist zudem der Meinung, dass die per Briefwahl eingegangenen Stimmen nicht zu werten sind. Schließlich seien auch insoweit Manipulationen möglich. Zu weit gehe für L vor allem, dass nun auch körperlich fitte „Jungspunde" Briefwahlen durchführen können. L befürchtet, dass diese lieber den Wahlsonntag zu Hause vor dem Computer verbringen, anstatt aktiv an der Demokratie im Wahllokal teilzunehmen.

Darüber hinaus hätte die „Konkurrenzpartei" der P eine horrende Zahl an Überhangmandaten erreicht, was nun laut des von ihm abonnierten Tagesblattes zur Folge habe, dass der ganze Bundestag proportional „aufgebläht" werden würde. Ein derartiges „Riesen-Parlament" wolle L mit seinen Steuergeldern jedenfalls nicht finanzieren, zumal Abgeordnete – natürlich außer jene der P-Partei – aus Sicht des L nicht gerade für sparsames Wirtschaften bekannt seien!

Zudem behauptet L pauschal, dass das Wahlstimmenberechnungssystem dazu führe, dass sich Stimmen nicht nur neutral oder positiv, sondern auch negativ auswirken können. Das habe es schließlich schon einmal gegeben.

Letztlich ist der integrationsfreundliche L auch der Meinung, dass auch Ausländer bei der Wahl mitzuwirken hätten. Er selbst hat aus Protest gegen das verfassungswidrige Wahlsystem an der Wahl nicht teilgenommen.

https://doi.org.10.1515/9783110624410-004

Nach erfolgloser Anrufung des Bundestages und des damit verbundenen ablehnenden Beschlusses wendet sich L an das Bundesverfassungsgericht und möchte die Ungültigkeit der Bundestagswahl festgestellt haben.

1. Komplex

Wird L mit seiner Beschwerde beim Bundesverfassungsgericht Erfolg haben, wenn diese fristgerecht erhoben wird?

Bundeswahlgeräteverordnung (BWahlGV)
§ 13: Zählung der Wähler

Vor dem Ablesen der einzelnen Anzeigen der von einem Wahlgerät gezählten Stimmen werden zur Feststellung der Zahl der Wähler die Zahl der Stimmabgabevermerke im Wählerverzeichnis und die Zahl der eingenommenen Wahlscheine zusammengezählt. Sodann werden an jedem verwendeten Wahlgerät die insgesamt angezeigten Zahlen für die Erst- und Zweitstimmen abgelesen und die sich aus den Zähllisten ergebenden Zahlen der nicht abgegebenen Erst- und Zweitstimmen (§ 11 Abs. 4 Satz 3 und 4) jeweils hinzugezählt. Ergibt sich auch nach wiederholter Zählung eine Abweichung zwischen der Zahl der Stimmabgabevermerke einschließlich der eingenommenen Wahlscheine und den nach Satz 2 festgestellten Erst- und Zweitstimmen, so ist dies in der Wahlniederschrift zu vermerken, und, soweit möglich, zu erläutern.

§ 15 Abs. 3: Wahlniederschrift

Nach Ermittlung des Wahlergebnisses ist jedes Wahlgerät zu schließen und zu versiegeln. Bei Geräten oder bei herausnehmbaren Stimmenspeichern, bei denen eine Entsperrung in geschlossenem Zustand nicht möglich ist, genügt die Versiegelung und Kennzeichnung des Behältnisses, in dem sich die Schlüssel oder Stimmenspeicher befinden.

§ 16 Abs. 2: Übergabe und Verwahrung der Wahlunterlagen
und der Wahlgeräte

Wahlvorsteher, Gemeindebehörde und Kreiswahlleiter haben sicherzustellen, dass die eingesetzten Wahlgeräte oder deren herausgenommene Stimmenspeicher und die Wahlniederschrift mit den Anlagen bis zur Aufhebung der Sperrung und Versiegelung der eingesetzten Wahlgeräte oder der herausgenommenen Stimmenspeicher Unbefugten nicht zugänglich sind.

Bundeswahlgesetz (BWG)

§ 6: Wahl nach Landeslisten

(1) Für die Verteilung der nach Landeslisten zu besetzenden Sitze werden die für jede Landesliste abgegebenen Zweitstimmen zusammengezählt. Nicht berücksichtigt werden dabei die Zweitstimmen derjenigen Wähler, die ihre Erststimme für einen im Wahlkreis erfolgreichen Bewerber abgegeben haben, der gemäß § 20 Absatz 3 oder von einer Partei vorgeschlagen ist, die nach Absatz 3 bei der Sitzverteilung nicht berücksichtigt wird oder für die in dem betreffenden Land keine Landesliste zugelassen ist. Von der Gesamtzahl der Abgeordneten (§ 1 Absatz 1) wird die Zahl der erfolgreichen Wahlkreisbewerber abgezogen, die in Satz 2 genannt sind.

(2) In einer ersten Verteilung wird zunächst die Gesamtzahl der Sitze (§ 1 Absatz 1) in dem in Satz 2 bis 7 beschriebenen Berechnungsverfahren den Ländern nach deren Bevölkerungsanteil (§ 3 Absatz 1) und sodann in jedem Land die Zahl der dort nach Absatz 1 Satz 3 verbleibenden Sitze auf der Grundlage der zu berücksichtigenden Zweitstimmen den Landeslisten zugeordnet. Jede Landesliste erhält so viele Sitze, wie sich nach Teilung der Summe ihrer erhaltenen Zweitstimmen durch einen Zuteilungsdivisor ergeben. Zahlenbruchteile unter 0,5 werden auf die darunter liegende ganze Zahl abgerundet, solche über 0,5 werden auf die darüber liegende ganze Zahl aufgerundet. Zahlenbruchteile, die gleich 0,5 sind, werden so aufgerundet oder abgerundet, dass die Zahl der zu vergebenden Sitze eingehalten wird; ergeben sich dabei mehrere mögliche Sitzzuteilungen, so entscheidet das vom Bundeswahlleiter zu ziehende Los. Der Zuteilungsdivisor ist so zu bestimmen, dass insgesamt so viele Sitze auf die Landeslisten entfallen, wie Sitze zu vergeben sind. Dazu wird zunächst die Gesamtzahl der Zweitstimmen aller zu berücksichtigenden Landeslisten durch die Zahl der jeweils nach Absatz 1 Satz 3 verbleibenden Sitze geteilt. Entfallen danach mehr Sitze auf die Landeslisten, als Sitze zu vergeben sind, ist der Zuteilungsdivisor so heraufzusetzen, dass sich bei der Berechnung die zu vergebende Sitzzahl ergibt; entfallen zu wenig Sitze auf die Landeslisten, ist der Zuteilungsdivisor entsprechend herunterzusetzen.

(3) Bei Verteilung der Sitze auf die Landeslisten werden nur Parteien berücksichtigt, die mindestens 5 Prozent der im Wahlgebiet abgegebenen gültigen Zweitstimmen erhalten oder in mindestens drei Wahlkreisen einen Sitz errungen haben. Satz 1 findet auf die von Parteien nationaler Minderheiten eingereichten Listen keine Anwendung.

(4) Von der für jede Landesliste so ermittelten Sitzzahl wird die Zahl der von der Partei in den Wahlkreisen des Landes errungenen Sitze (§ 5) abgerechnet. In den Wahlkreisen errungene Sitze verbleiben einer Partei auch dann, wenn sie die nach den Absätzen 2 und 3 ermittelte Zahl übersteigen.

(5) Die Zahl der nach Absatz 1 Satz 3 verbleibenden Sitze wird so lange erhöht, bis jede Partei bei der zweiten Verteilung der Sitze nach Absatz 6 Satz 1 mindestens die Gesamtzahl der ihren Landeslisten nach den Sätzen 2 und 3 zugeordneten Sitze erhält. Dabei wird jeder Landesliste der höhere Wert aus entweder der Zahl der im Land von Wahlbewerbern der Partei in den Wahlkreisen nach § 5 errungenen Sitze oder dem auf ganze Sitze aufgerundeten Mittelwert zwischen diesen und den für die Landesliste der Partei nach der ersten Verteilung nach den Absätzen 2 und 3 ermittelten Sitzen zugeordnet. Jede Partei erhält mindestens die bei der ersten Verteilung nach den Absätzen 2 und 3 für ihre Landeslisten ermittelten Sätze. Bei der Erhöhung bleiben in den Wahlkreisen errungene Sitze, die nicht nach Absatz 4 Satz 1 von der Zahl der für die Landesliste ermittelten Sitze abgerechnet werden können, bis zu einer Zahl von drei unberücksichtigt. Die Gesamtzahl der Sitze (§ 1 Absatz 1) erhöht sich um die Unterschiedszahl. bei der ersten Verteilung nach den Absätzen 2 und 3 für sie ermittelten zuzüglich der in den Wahlkreisen errungenen Sitze erhält, die nicht nach Absatz 4 Satz 1 von der Zahl der für die Landesliste ermittelten Sitze abgerechnet werden können. Die Gesamtzahl der Sitze (§ 1 Absatz 1) erhöht sich um die Unterschiedszahl.

(6) Die nach Absatz 5 Satz 1 zu vergebenden Sitze werden in jedem Fall bundesweit nach der Zahl der zu berücksichtigenden Zweitstimmen in dem in Absatz 2 Satz 2 bis 7 beschriebenen Berechnungsverfahren auf die nach Absatz 3 zu berücksichtigenden Parteien verteilt. In den Parteien werden die Sitze nach der Zahl der zu berücksichtigenden Zweitstimmen in dem in Absatz 2 Satz 2 bis 7 beschriebenen Berechnungsverfahren auf die Landeslisten verteilt; dabei wird jeder Landesliste mindestens die nach Absatz 5 Satz 2 für sie ermittelte Zahl der in den Wahlkreisen des Landes von der Partei errungenen Sitze Sitzzahl zugeteilt. Von der für jede Landesliste ermittelten Sitzzahl wird die Zahl der von der Partei in den Wahlkreisen des Landes errungenen Sitze (§ 5) abgerechnet. In den Wahlkreisen errungene Sitze verbleiben einer Partei auch dann, wenn sie die nach Satz 1 ermittelte Zahl übersteigen. In diesem Fall erhöht sich die Gesamtzahl der Sitze (§ 1 Absatz 1) um die Unterschiedszahl; eine erneute Berechnung nach Satz 1 findet nicht statt. Die restlichen Sitze werden aus der Landesliste in der dort festgelegten Reihenfolge besetzt. Bewerber, die in einem Wahlkreis gewählt sind, bleiben auf der Landesliste unberücksichtigt. Entfallen auf eine Landesliste mehr Sitze, als Bewerber benannt sind, so bleiben diese Sitze unbesetzt.

(7) Erhält bei der Verteilung der Sitze nach den Absätzen 2 bis 6 eine Partei, auf die mehr als die Hälfte der Gesamtzahl der Zweitstimmen aller zu berücksichtigenden Parteien entfallen ist, nicht mehr als die Hälfte der Sitze, werden ihr weitere Sitze zugeteilt, bis auf sie ein Sitz mehr als die Hälfte der Sitze entfällt.

Die Sitze werden in der Partei entsprechend Absatz 6 Satz 2 bis 6 verteilt. In einem solchen Falle erhöht sich die nach Absatz 5 ermittelte Gesamtzahl der Sitze (§ 1 Absatz 1) um die Unterschiedszahl.

Bundeswahlordnung (BWahlO)
§ 25 Abs. 1: Voraussetzungen für die Erteilung von Wahlscheinen
Ein Wahlberechtigter, der in das Wählerverzeichnis eingetragen ist, erhält auf Antrag einen Wahlschein

§ 27: Wahlscheinanträge
(1) Die Erteilung eines Wahlscheines kann schriftlich oder mündlich bei der Gemeindebehörde beantragt werden. Die Schriftform gilt auch durch Telegramm, Fernschreiben, Telefax, E-Mail oder durch sonstige dokumentierbare elektronische Übermittlung als gewahrt. Eine telefonische Antragstellung ist unzulässig. Ein Wahlberechtigter mit Behinderungen kann sich bei der Antragstellung der Hilfe einer anderen Person bedienen; § 57 gilt entsprechend. [...]
(3) Wer den Antrag für einen anderen stellt, muss durch Vorlage einer schriftlichen Vollmacht nachweisen, dass er dazu berechtigt ist.
(4) Wahlscheine können bis zum zweiten Tage vor der Wahl, 18.00 Uhr, beantragt werden. In den Fällen des § 25 Abs. 2 können Wahlscheine noch bis zum Wahltage, 15.00 Uhr, beantragt werden. Gleiches gilt, wenn bei nachgewiesener plötzlicher Erkrankung der Wahlraum nicht oder nur unter nicht zumutbaren Schwierigkeiten aufgesucht werden kann; in diesem Fall hat die Gemeindebehörde vor Erteilung des Wahlscheines den für den Wahlbezirk des Wahlberechtigten zuständigen Wahlvorsteher davon zu unterrichten, der entsprechend § 53 Abs. 2 zu verfahren hat.
[...]

§ 28: Ausstellung von Wahlscheinen
[...]
(2) Der Wahlschein muss von dem mit der Erteilung beauftragten Bediensteten eigenhändig unterschrieben werden und mit dem Dienstsiegel versehen sein. Das Dienstsiegel kann eingedruckt werden. Wird der Wahlschein mit Hilfe automatischer Einrichtungen erstellt, kann abweichend von Satz 1 die Unterschrift fehlen; stattdessen kann der Name des beauftragten Bediensteten eingedruckt werden.

[...]

(6) Über die erteilten Wahlscheine führt die Gemeindebehörde ein Wahlschein-verzeichnis, in dem die Fälle des § 25 Abs. 1 und die des Absatzes 2 getrennt gehalten werden. Das Verzeichnis wird als Liste oder als Sammlung der Durchschriften der Wahlscheine geführt. Auf dem Wahlschein wird die Nummer eingetragen, unter der er im Wahlscheinverzeichnis vermerkt ist, sowie die Nummer, unter der der Wahlberechtigte im Wählerverzeichnis geführt wird, oder der vorgesehene Wahlbezirk.

[...]

(10) Verlorene Wahlscheine werden nicht ersetzt. Versichert ein Wahlberechtigter glaubhaft, dass ihm der beantragte Wahlschein nicht zugegangen ist, kann ihm bis zum Tage vor der Wahl, 12.00 Uhr, ein neuer Wahlschein erteilt werden;

[...]

§ 66: Briefwahl

(1) Wer durch Briefwahl wählt, kennzeichnet persönlich den Stimmzettel, legt ihn in den amtlichen Stimmzettelumschlag und verschließt diesen, unterzeichnet die auf dem Wahlschein vorgedruckte Versicherung an Eides statt zur Briefwahl unter Angabe des Tages, steckt den verschlossenen amtlichen Stimmzettelumschlag und den unterschriebenen Wahlschein in den amtlichen Wahlbriefumschlag, verschließt den Wahlbriefumschlag und übersendet den Wahlbrief durch ein Postunternehmen rechtzeitig an die nach Absatz 2 zuständige, auf dem Wahlbriefumschlag angegebene Stelle. Der Wahlbrief kann bei dieser Stelle auch abgegeben werden. Nach Eingang des Wahlbriefes bei der zuständigen Stelle darf er nicht mehr zurückgegeben werden.

[...]

(3) Der Stimmzettel ist unbeobachtet zu kennzeichnen und in den Stimmzettelumschlag zu legen; [...]

2. Komplex

Beurteilen Sie gutachtlich, ob die Regelung des § 2 Abs. 7 des Gesetzes über die Wahl der Abgeordneten des Europäischen Parlaments aus der Bundesrepublik Deutschland materiell verfassungswidrig ist.

Gesetz über die Wahl der Abgeordneten des Europäischen Parlaments aus der Bundesrepublik Deutschland (Europawahlgesetz – EuWG)
§ 2 Abs. 7: Wahlsystem, Sitzverteilung
Bei der Verteilung der Sitze auf die Wahlvorschläge werden nur Wahlvorschläge berücksichtigt, die mindestens 3 Prozent der im Wahlgebiet abgegebenen gültigen Stimmen erhalten haben.

§ 8 Abs. 1: Wahlvorschlagsrecht
Wahlvorschläge können nach Maßgabe des § 9 Abs. 5 von Parteien und von sonstigen mitgliedschaftlich organisierten, auf Teilnahme an der politischen Willensbildung und Mitwirkung in Volksvertretungen ausgerichteten Vereinigungen mit Sitz, Geschäftsleitung, Tätigkeit und Mitgliederbestand in den Gebieten der Mitgliedstaaten der Europäischen Union (sonstige politische Vereinigungen) eingereicht werden.

Zusatzfrage 1
Welche Verbände – Bund oder Bundesländer – tragen die Kosten für die Ausführung der gesetzlich zugewiesenen Aufgaben?

Zusatzfrage 2
Welche Folgen hat es, wenn in einem Bundesgesetz bestimmt ist, dass die Bundesländer Kosten tragen?

Bearbeitungsvermerk
Gehen Sie im ersten Komplex davon aus, dass die Wahlprüfung bezüglich der Anwendung des Bundeswahlgesetzes durch den Bundestag formell und materiell rechtmäßig erfolgt ist. Prüfen Sie – soweit es Anhaltspunkte gibt – die Verfassungsgemäßheit des Bundeswahlgesetzes und berücksichtigen Sie dabei die abgedruckten Paragraphen. Die Bundeswahlgeräteverordnung kann mit BWahlGV abgekürzt werden. Es sind (unter anderen) die abgedruckten Normen zugrundezulegen, die bei abweichenden Neuregelungen primär gelten.

Vertiefung
Die Wahlrechtsreform aus dem Jahre 2013 basierte auf der Entscheidung des Bundesverfassungsgerichts zum negativen Stimmgewicht und zur Ausgleichs-

pflicht für Überhangmandate: BVerfG, Urteil vom 25.7.2012 – 2 BvF 3/11; 2 BvR 2670/2011; BVerfG, Urteil vom 25.7.2012 – 2 BvE 9/11 (BVerfGE 131, 316)

Ebenso zum negativen Stimmgewicht: BVerfG, Urteil vom 3.7.2008 – 2 BvC 1/07, 2 BvC 7/07 (BVerfGE 121, 266)

Zur Geheimheit und Öffentlichkeit der Wahl (Briefwahl): BVerfG, Beschluss vom 15.2.1967 – 2 BvC 2/66 (BVerfGE 21, 200)

Zur Öffentlichkeit der Wahl und zum Einsatz elektronischer Wahlgeräte: BVerfG, Urteil vom 3.3.2009 – 2 BvC 3/07 und 2 BvC 4/07 (BVerfGE 123, 39)

Zur Wahlprüfungsbeschwerde: BVerfG, Beschluss vom 26.2.2009 – 2 BvC 6/04

Zur Allgemeinheit der Wahl: BVerfG, Beschluss vom 4.7.2012 – 2 BvC 1/11 und 2/11 (BVerfGE 132, 39)

Zum Begriff des Staatsvolkes: BVerfG, Urteil vom 31.10.1990 – 2 BvF 2, 6/89 (BVerfGE 83, 37)

Zur Sperrklausel im Europawahlrecht: BVerfG, Urteil vom 9.11.2011 – 2 BvC 4/10, 2 BvC 6/10, 2 BvC 8/10 (BVerfGE 129, 300); BVerfG, Urteil vom 26.2.2014 – 2 BvE 2/13 (BVerfGE 135, 259)

Zur Briefwahl im Europawahlrecht: BVerfG, Beschluss vom 9.7.2013 – BvC 7/10 (BVerfGE 134, 25)

Gliederung

1. Komplex: Ausgangskonstellation
- A. Zulässigkeit (+)
  - I. Zuständigkeit des Bundesverfassungsgerichts (+)
  - II. Verfahrensabhängige Zulässigkeitsvoraussetzungen (+)
    1. Beschwerdefähigkeit (+)
    2. Beschwerdegegenstand (+)
    3. Beschwerdebefugnis (+)
    4. Form und Frist (+)
  - III. Allgemeines Rechtsschutzbedürfnis (+)
- B. Begründetheit (+)
  - I. Formelle Fehler im Wahlprüfungsverfahren (–)
  - II. Materielle Fehler im Wahlprüfungsverfahren (+)
    1. Verfassungswidrigkeit des Bundeswahlgesetzes (–)
       - a) Formelle Verfassungswidrigkeit des Gesetzes (–)
       - b) Materielle Verfassungswidrigkeit des Gesetzes (–)
         - aa) Allgemeinheit der Wahl
           - (1) Schutzbereichsbetroffenheit (+/–)
             - (a) Weiter Staatsvolkbegriff (–)
             - (b) Enger Staatsvolkbegriff (+)
           - (2) Zwischenergebnis (–)

Lösungsvorschlag

*Die folgende Lösung ist als Lösungsvorschlag zu verstehen und ausführlicher,
als es in der Klausurbearbeitung verlangt werden kann. Aufgrund der wissen-*

schaftlichen Freiheit können andere Lösungswege vertreten werden, soweit sie dogmatisch begründbar sind. Die Nachweise aus Rechtsprechung und Literatur sowie die das Verständnis fördernden Randbemerkungen sind in der Examensklausur auszusparen. Die Abkürzung „Alt." steht für Alternativfall, nicht für Alternative.

1. Komplex: Ausgangskonstellation

Die Beschwerde des L wird erfolgreich sein, soweit sie zulässig und begründet ist.

A. Zulässigkeit

Die Beschwerde des L kann zulässig sein.

I. Zuständigkeit des Bundesverfassungsgerichts

Das Bundesverfassungsgericht muss für Wahlprüfungsbeschwerden zuständig sein. Das Bundesverfassungsgericht ist für ein Verfahren zuständig, soweit eine ausdrückliche Zuweisung besteht. Verfahren über Wahlprüfungsbeschwerden sind dem Bundesverfassungsgericht gemäß Art. 41 Abs. 2 GG i.V.m. § 13 Nr. 3 BVerfGG zugewiesen. Das Bundesverfassungsgericht ist für die Wahlprüfungsbeschwerde des L zuständig.

II. Verfahrensabhängige Zulässigkeitsvoraussetzungen

Jedem dem Bundesverfassungsgericht enumerativ zugewiesenen Verfahren sind verfahrensabhängige Zulässigkeitsvoraussetzungen zugeordnet, die erfüllt sein müssen. Für die Wahlprüfungsbeschwerde ergeben sie sich aus den §§ 13 Nr. 3, 48 BVerfGG i.V.m. Art. 41 Abs. 2 GG.

1. Beschwerdefähigkeit

L muss beschwerdefähig sein. Beschwerdefähig sind gemäß § 48 Abs. 1 BVerfGG unter anderem ein Wahlberechtigter oder eine Gruppe von Wahlberechtigten. L ist als Deutscher, der das achtzehnte Lebensjahr vollendet und hier seinen gewöhnlichen Aufenthalt hat, wahlberechtigt i.S.d. § 12 Abs. 1 Nr. 1, 2 BWG, da er nicht i.S.d. § 13 BWG vom Wahlrecht ausgeschlossen ist. L ist beschwerdefähig.

2. Beschwerdegegenstand

Beschwerdegegenstand i.S.d. § 48 Abs. 1 BVerfGG ist der ablehnende Beschluss des Bundestages über die Beschwerde des L über die Gültigkeit der Wahl.

3. Beschwerdebefugnis

L muss beschwerdebefugt sein. Beschwerdebefugt ist ein Wahlberechtigter gemäß § 48 Abs. 1 BVerfGG, wenn der Bundestag ablehnend über seinen Einspruch entscheidet. Fraglich ist, ob es darüber hinaus einer Beschwerdebefugnis in der Form einer subjektiven Rechtsverletzung bedarf. An einer subjektiven Rechtsverletzung könnte es fehlen, da L nicht an der Wahl teilgenommen hat.

Eine derartige Beschwerdebefugnis könnte zur Vermeidung von Popularanträgen im Sinne des sich unter anderem aus Art. 20 Abs. 3 GG ergebenden Rechtsstaatsprinzips erforderlich sein, zumal das Bundesverfassungsgericht als Hüter der Verfassung im Rechtsstaat nur restriktiv mit Aufgaben zu befassen ist. Gegenläufig ist in praktischer Konkordanz jedoch das i.S.d. Art. 20 Abs. 2 S. 1 GG i.V.m. Art. 79 Abs. 3 GG für die Demokratie schlechthin konstituierende Demokratieprinzip, welches durch die objektive Formulierung des § 48 Abs. 1 BVerfGG spezifiziert wird. Somit soll mittels der Wahlprüfungsbeschwerde die in der Bundesrepublik Deutschland derzeit weitgehend repräsentativ ausgestaltete Demokratie gesichert werden. Daher ist die Wahlprüfungsbeschwerde als objektives Beanstandungsverfahren einzuordnen, bei dem es keiner Beschwerdebefugnis im engen Sinne in Form eines subjektiven Rechts bedarf, wenngleich das Bundesverfassungsgericht gegebenenfalls die Verletzung eines Rechtes des Wahlberechtigten dennoch i.S.d. § 48 Abs. 3 BVerfGG feststellen kann. Somit ist es auch irrelevant, dass L nicht gewählt hat. Er ist beschwerdebefugt.

Die Wahlprüfungsbeschwerde stellt grundsätzlich ein objektives Beanstandungsverfahren dar, bei dem der Beschwerdeführer nicht die Verletzung subjektiver Rechte geltend machen muss. Sofern das Bundesverfassungsgericht eine Wahl aber nicht für ungültig erklärt, kommt es für die Feststellung einer Rechtsverletzung nach § 48 Abs. 3 BVerfGG auf subjektive Rechte des oder der Beschwerdeführer an.

---

4. Form und Frist

Es ist davon auszugehen, dass die gemäß § 48 Abs. 1 BVerfGG fristgerechte Beschwerde des L den Formvorgaben des § 23 Abs. 1 BVerfGG entspricht.

Die allgemeinen Voraussetzungen zum Antrag nach § 23 Abs. 1 BVerfGG können entweder gesondert oder konnex zu den verfahrensspezifischen Voraussetzungen geprüft werden.

III. Allgemeines Rechtsschutzbedürfnis

Für eine zulässige Wahlprüfungsbeschwerde könnte es am allgemeinen Rechtschutzbedürfnis fehlen. Ein solches besteht bei verfassungskonformer Auslegung der §§ 48, 13 Nr. 3 BVerfGG im Sinne des sich unter anderem aus Art. 20 Abs. 2, 3 GG ergebenden Demokratie- und Rechtsstaatsprinzips nur, soweit die Legislaturperiode nicht bereits abgelaufen ist, es sei denn, es bedarf trotz des Ablaufes der Legislaturperiode der Prüfung klärungsbedürftiger Grundfragen (vgl. BVerfG, Beschluss vom 26.2.2009 – 2 BvC 6/04, Rn. 10). Mangels Anhaltspunkten für den Ablauf der Legislaturperiode oder sonstiger Indizien für das Nichtbestehen des allgemeinen Rechtsschutzbedürfnisses ist ein solches anzunehmen.

B. Begründetheit

Die Beschwerde des L ist i.S.d. § 48 Abs. 1 BVerfGG begründet, soweit die Ablehnung durch den Bundestag formell fehlerhaft war bzw. die Wahl mit verfassungsrechtlichen Wahlgrundsätzen unvereinbar ist. Das Bundesverfassungsgericht wird gemäß § 48 Abs. 3 BVerfGG gegebenenfalls eine Rechtsverletzung feststellen, soweit es nicht die Wahl für ungültig erklärt.

Fraglich ist, inwieweit auch einfachgesetzliche Regelungen vom Prüfungsmaßstab des Bundesverfassungsgerichts erfasst sind. Das Bundesverfassungsgericht könnte lediglich auf den Prüfungsmaßstab des Grundgesetzes beschränkt sein, weil es keine Superrevisionsinstanz darstellt. Allerdings ist dem Bundesverfassungsgericht im demokratisch ausgestalteten Rechtsstaat Bundesrepublik Deutschland die Hütung der Verfassung aufgegeben. Im Rahmen der Wahlprüfung sind die Möglichkeiten der Prüfung durch die Beschwerdeführer im Vorfeld sehr gering. Zudem ist die Wahlprüfungsbeschwerde unmittelbar zur Sicherung der Demokratie geschaffen worden. Sie ist somit verfassungskonform bzw. in praktischer Konkordanz zu anderen verfassungsrechtlichen Normen im Sinne des sich aus Art. 20 Abs. 2 S. 1 GG ergebenden Demokratieprinzips derart zu verstehen, dass ein weiter Prüfungsmaßstab des Bundesverfassungsgerichts besteht. Somit ist vom Prüfungsmaßstab des Bundesverfassungsgerichts auch das einfache Wahlrecht, insbesondere die §§ 6, 7 BWG, erfasst, wobei auch maßgeblich ist, ob das jeweilige Wahlrecht mit den Vorgaben der Verfassung in Einklang steht (BVerfGE 121, 266, 295).

Prüfungsmaßstab des Verfahrens über eine Wahlprüfungsbeschwerde ist neben der Verfassung auch das Bundeswahlgesetz und mittelbar durch Einstrahlung in das Grundgesetz mit zunehmender Wesentlichkeit auch unter der Verfassung stehendes Wahlrecht (etwa die Bundeswahlordnung oder das Wahlprüfungsgesetz). Das Bundesverfassungsgericht prüft nicht nur, ob das angewendete Wahlgesetz mit höherrangigem Recht im Einklang steht, sondern auch, ob das unter der Verfassung stehende Wahlrecht zutreffend angewendet worden ist.

I. Formelle Fehler im Wahlprüfungsverfahren

Da formelle Fehler des Bundestages bezüglich der Ablehnung der Wahlprüfung des L nicht erfolgten, sind die Vorschriften des Wahlprüfungsgesetzes eingehalten worden.

II. Materielle Fehler im Wahlprüfungsverfahren

Materielle Fehler bei der Anwendung des Bundeswahlrechts sind durch den Bundestag nicht begangen worden. Insbesondere ist nicht ersichtlich, dass die bei der Bundestagswahl eingesetzten Wahlcomputer nicht den Vorgaben der Bundeswahlgeräteverordnung entsprochen haben.

Allerdings können das Bundeswahlgesetz bzw. die Bundeswahlgeräteverordnung ihrerseits verfassungswidrig sein. Gemäß des sich aus dem Rechtsstaatprinzip ergebenden Vorrangs des Gesetzes – es darf nicht gegen höherrangiges Recht verstoßen werden – müssen das Bundeswahlgesetz und die Bundeswahlgeräteverordnung formell und materiell verfassungsgemäß sein. Die Wahlprüfungsbeschwerde wäre somit auch begründet, wenn das Bundeswahlgesetz oder die Bundeswahlgeräteverordnung, auf deren Grundlage die Bundestagswahl erfolgte, verfassungswidrig sind.

1. Verfassungswidrigkeit des Bundeswahlgesetzes

a) Formelle Verfassungswidrigkeit des Gesetzes

Die Verbandskompetenz des Bundes zum Erlass des Bundeswahlgesetzes ergibt sich aus Art. 38 Abs. 3 GG. Mangels Anhaltspunkten bezüglich der Organkompetenz, des Gesetzgebungsverfahrens und der Form ist das Bundeswahlgesetz formell verfassungsgemäß.

b) Materielle Verfassungswidrigkeit des Gesetzes

Das Bundeswahlgesetz könnte mit den in Art. 38 Abs. 1 S. 1 GG geregelten Wahlrechtsgrundsätzen unvereinbar sein.

Schema 16: Wahlrechtsgrundsätze (Art. 38 Abs. 1 S. 1 GG)

Wahlrechtsgrundsätze (Art. 38 I 1 GG)		
Allgemein	**Geheim**	**Frei**
→ Wahlrecht steht grds. allen Bürgern zu → Einschränkung in Art. 38 II bezüglich des Alters → P: Wahlrecht für Ausländer?	→ Stimmabgabe darf keinem anderen bekannt werden → Stimmabgabe im Wahllokal muss Regelfall gegenüber Briefwahl bleiben	→ Stimmabgabe muss frei von Druck und Zwang erfolgen
Öffentlichkeit	**Unmittelbar**	**Gleich**
→ wesentliche Schritte der Wahl unterliegen öff. Überprüfbarkeit, soweit gegenläufige Belange keine Ausnahme rechtfertigen → Art. 38, 20 I, II GG → BVerfG NVwZ 2009, 708	→ zwischen Wahlentscheidung und Wahlergebnis darf keine weitere Person oder Entscheidung treten → P: Nachrücken von Abgeordneten	→ jede Stimme muss gleich gezählt werden (Zählwertgleichheit) → jede Stimme muss sich grds. auch gleich im Wahlergebnis widerspiegeln (Erfolgswertgleichheit) → P: Sperrklauseln, Grundmandatsklausel, Überhangmandate → neg. Stimmgewicht verfassungswidrig

aa) Allgemeinheit der Wahl

Der in Art. 38 Abs. 1 S. 1 GG geregelte Grundsatz der Allgemeinheit der Wahl könnte insofern verletzt sein, als nach § 12 Abs. 1 BWG nur Deutsche wahlberechtigt sind.

(1) Schutzbereichsbetroffenheit

Die in § 12 Abs. 1 BWG enthaltene Regelung, nach der nur Deutsche i.S.d. Art. 116 GG i.V.m. Staatsangehörigkeitsgesetz wählen dürfen, könnte als Schutzbereichseingriff in den Grundsatz der Allgemeinheit der Wahl einzustufen sein.

Durch die Allgemeinheit der Wahl werden das aktive und das passive Wahlrecht – also zu wählen und gewählt zu werden – geschützt. Fraglich ist allerdings, wessen Wahlrecht verfassungsrechtlich geschützt ist. Zur allgemeinen Wahl berechtigt ist das Staatsvolk.

„Die Bundesrepublik Deutschland ist in Art. 20 Abs. 1–3 GG als demokratischer und sozialer Bundesstaat mit rechtsstaatlich-gewaltengliedernder Struktur konstituiert worden. Als demokratischer Staat kann sie nicht ohne die Personengesamtheit gedacht werden, die Trägerin und Subjekt der in ihr und durch ihre Organe ausgeübten Staatsgewalt ist. Diese Personengesamtheit bildet das Staatsvolk, von dem alle Staatsgewalt ausgeht. In Art. 20 Abs. 2 S. 1 GG ist daher nicht geregelt, dass die Entscheidungen der Staatsgewalt von den jeweils Betroffenen zu legitimieren ist – vielmehr muss die Staatsgewalt das Volk als eine zur Einheit verbundene Gruppe von Menschen zu ihrem Subjekt haben" (BVerfGE 83, 37, 50 f.).

Fraglich ist jedoch, wie der Terminus des Staatsvolkes auszulegen ist.

Schema 17: 3 Elemente des Staates

3 Elemente des Staates		
Staatsvolk	**Staatsgebiet**	**Staatsgewalt**
> sämtliche Staatsangehörige > Staatsangehörigkeit richtet sich nach innerstaatlichem Recht (Deutschland: Staatsangehörigkeitsgesetz) > typische Anknüpfungspunkte für Staatsangehörigkeit: Geburt von Staatsangehörigen (**ius sanguinis**); Geburt im Staatsgebiet (**ius soli**) > völkerrechtliche Grenze: Staatsangehörige müssen „genuine connection" zu ihrem Staat aufweisen	> Raum, der unter der territorialen Souveränität des Staates steht > umfasst Landgebiet, Küstenmeer und Luftgebiet	> souveränes Recht zur Ausübung von Gewalt gegen Menschen und Sachen > nach außen: Unabhängigkeit > nach innen: Selbstregierung

(a) Weiter Staatsvolkbegriff

Bei weiter Auslegung des Staatsvolkbegriffes – der Wortlaut der Artt. 38, 116 GG ist nicht eindeutig – ist auf eine gebietsbezogene Lebens- und Schicksalsgemeinschaft abzustellen, womit ein Junktim zwischen Wahlrecht und Herrschaftsunterworfenheit bestünde. Somit würden Ausländer zum deutschen Staatsvolk gehören, sofern sich deren Lebensmittelpunkt in Deutschland befindet.

(b) Enger Staatsvolkbegriff

Bei enger Auslegung des Begriffs ist das Staatsvolk im Sinne des Grundgesetzes auf Deutsche zu begrenzen. Das ergibt sich daraus, dass das „Volk" mehrfach mit „deutsch" verknüpft ist. So ist in der Präambel, in Art. 1 Abs. 2 GG, in Art. 33 Abs. 1, 2 GG, in den Artt. 56, 64 Abs. 2 GG sowie in Art. 146 GG das „Deutsche Volk" benannt oder es werden „Deutsche" genannt. Maßgeblich ist letztlich auch, dass in Art. 28 Abs. 1 S. 3 GG für Unionsausländer bei Kommunalwahlen ein Ausländerwahlrecht explizit geregelt worden ist, woraus sich im Umkehrschluss ergibt, dass ein Ausländerwahlrecht im Übrigen nicht besteht, weil die

Regelung in Art. 28 Abs. 1 S. 3 GG anderenfalls nur deklaratorisch wirken würde und überflüssig wäre.

Somit ist ein Ausländerwahlrecht vom Schutzbereich des Art. 38 Abs. 1 S. 1 GG nicht umfasst, sodass dieser nicht betroffen ist.

(2) Zwischenergebnis

Durch den in § 12 Abs. 1 BWG geregelten Ausschluss des Ausländerwahlrechts ist der in Art. 38 Abs. 1 S. 1 GG enthaltene Grundsatz der Allgemeinheit der Wahl nicht verletzt.

bb) Gleichheit der Wahl

Der in Art. 38 Abs. 1 S. 1 GG geregelte Grundsatz der Gleichheit der Wahl könnte aufgrund der in § 6 Abs. 5 BWG geregelten Überhangmandate, durch welche die in § 1 Abs. 1 BWG vorgesehene Abgeordnetenzahl i.H.v. 598 erhöht wird, verletzt sein.

Schema 18: Einschränkungen der Gleichheit der Wahl

Einschränkungen der Gleichheit der Wahl		
Sperrklausel (5%-Hürde) gemäß § 6 VI 1 BWG	Grundmandatklausel gemäß § 6 VI 1, 2. Hs. BWG	Überhangmandate gem. § 6 V BWG
→ zwar Zählwertgleichheit, jedoch spiegelt sich die Zweitstimmen für Parteien mit weniger als 5 % der Zweitstimmen nicht im Wahlergebnis wieder (Eingriff in Erfolgswertgleichheit) → Rechtfertigung des Eingriffs nur durch zwingende Gründe (formaler Gleichheitssatz); hier: Funktionsfähigkeit des Parlaments, Zersplitterung der Parteienlandschaft soll verhindert werden, Lehre aus Weimar; 5 % aber Obergrenze → P: Zulässigkeit von Sperrklauseln bei Wahlen auf kommunaler Ebene und zum Europ. Parl.	→ Parteien mit weniger als 5 % der Zweitstimmen aber min. drei Direktmandaten erhalten Sitze entsprechend ihrer Zweitstimmen; Ungleichbehandlung gegenüber kleinen Parteien ohne Direktmandate → Rechtfertigung: Direktmandate sprechen dafür, dass die Partei Anliegen mit höherer Akzeptanz vertritt; oft regionaler Schwerpunkt; Integrationscharakter von Wahlen	→ Hat eine Partei in einem Land mehr Direktmandate als Sitze auf Grund der Zweitstimmen, bleiben die „Überhangmandate" erhalten (Gesamtzahl der Abgeordneten erhöht sich) → Eingriff in Gleichheit der Wahl, da einige Wähler nun nicht nur mit der Zweitstimme, sondern auch mit der Erststimme die Kräfteverhältnisse im Parlament beeinflussen können → mögliche Ausgleichsmechanismen: Ausgleichsmandate (Nachteil: Parlament wird noch größer); Verrechnung mit Listenplätzen der Partei in anderen Ländern (Nachteil: Eingriff in föderalistisches Prinzip) → Rechtfertigung nach BVerfG: Überhangmandate Konsequenz des Mischsystems im dt. Wahlrecht, das auch Elemente der Mehrheitswahl enthält (Verhältnisausgleichswahl) aber: negat. Stimmgewicht verfw (§ 7 III i.V.m. § 6 IV, V BWG)

(1) Schutzbereichsbeeinträchtigung

Der Schutzbereich der Gleichheit der Wahl i.S.d. Art. 38 Abs. 1 S. 1 GG könnte betroffen sein. Dazu müsste durch die Regelung des § 6 Abs. 5 BWG mittels der

Überhangmandate der Grundsatz der Gleichheit der Wahl i.S.d. Art. 38 Abs. 1 S. 1 GG tangiert sein.

Durch den Grundsatz der Gleichheit der Wahl werden die Gleichheit des Zählwertes und die Gleichheit des Erfolgswertes der Stimme geschützt. Die Gleichheit des Zählwertes bedeutet, dass jede Stimme auch lediglich als eine Stimme zählt, nicht aber die Stimmen bestimmter Personen mit einem Multiplikationsfaktor gezählt werden. Die Gleichheit des Erfolgswertes bedeutet, dass jede Stimme sich in gleicher Weise insoweit auf das Wahlergebnis auswirken muss, als eine gleiche Repräsentation jedes Wählers erfolgen muss. Dies umfasst auch, dass es nicht möglich sein soll, dass eine Stimme in auch nur einer denkbaren Konstellation der Verteilung der Erst- und Zweitstimme zu einem negativen Effekt – also zu einem sogenannten negativen Stimmgewicht – führen kann.

Die Wahl des deutschen Bundestages ist im Bundeswahlgesetz geregelt. Der Bundestag besteht gemäß § 1 Abs. 1 S. 1 BWG grundsätzlich aus 598 Abgeordneten. Diese werden von den Wählern gemäß § 4 BWG mit zwei Stimmen gewählt. Es werden dabei in 299 Wahlkreisen mit der Erststimme in relativer Mehrheitswahl i.S.d. § 1 Abs. 2 BWG und § 5 BWG jeweils ein Abgeordneter gewählt. Diese so gewählten 299 Abgeordneten werden direkt als sogenannte Direktmandate gewählt. Mit der Zweistimme werden in Verhältniswahl die übrigen 299 Abgeordneten als Listenmandate nach Listen gewählt. Die Verteilung der Sitze auf Grundlage der Abstimmungsergebnisse der Zweitstimmen erfolgt in zwei Verteilungsdurchgängen:

Im ersten Durchgang werden gemäß § 6 Abs. 2 BWG zunächst vorläufige Landessitzkontingente ermittelt, indem die 598 Sitze auf die Länder proportional nach den Bevölkerungsanteilen in den Ländern verteilt werden. Danach werden die Zweitstimmen auf Bundesebene ermittelt, um festzustellen, welche Parteien die Fünf-Prozent-Hürde überwunden oder mindestens drei Direktmandate erzielt haben und folglich gemäß § 6 Abs. 1 S. 2, Abs. 3 BWG bei der Verteilung zu berücksichtigen sind. Die demnach mandatsrelevanten Zweitstimmen werden sodann gemäß § 6 Abs. 1 S. 1 BWG landesbezogen ausgewertet und auf die Landessitze verteilt, wobei sich der auf die Parteien jeweils entfallende Anteil der Sitze nach dem im Divisorverfahren gemäß § 6 Abs. 2 BWG ermittelten Zweitstimmenverhältnis – sogenanntes Parteienproporz – bemisst. Von diesen für die Parteien ermittelten Sitzen werden sodann gemäß § 6 Abs. 4 S. 1 BWG die über die Erststimme erzielten Direktmandate abgezogen. Direktmandate, welche die nach dem Parteienproporz berechnete Anzahl der Sitze für deren Partei übersteigen, verbleiben jedoch § 6 Abs. 4 S. 2 BWG als Überhangmandate.

Dadurch erhöht sich die Anzahl der Mitglieder des Bundestages. Die Überhangmandate stellen zunächst insoweit einen Eingriff bezüglich des Erfolgswertes der Stimme dar, als die Verteilung der Sitze nicht mehr dem Verhältnis gültiger Zweitstimmen – dem Parteienproporz – entspricht. Vielmehr sind für die Erreichung einer identischen Sitzzahl rechnerisch weniger Zweitstimmen für eine Partei notwendig, die Überhangmandate erzielt hat, als für eine Partei, die keine Überhangmandate erzielt hat, sodass sich für die Stimmen ein unterschiedlicher Erfolgswert ergibt, weil einige Wähler somit auch durch die Erststimme Einfluss nehmen können. Würde es bei diesem Ergebnis bleiben, so wäre der Schutzbereich der Gleichheit der Wahl i.S.d. Art. 38 Abs. 1 S. 1 GG beeinträchtigt, sodass es einer Rechtfertigung bedürfte.

Jedoch ist im Sitzverteilungsverfahren seit der Wahlrechtsreform im Jahr 2013 noch ein zweiter Durchlauf – das Ausgleichsverfahren – vorgesehen, bei dem die durch Überhangmandate entstehenden Ungleichheiten ausgeglichen werden. Dieser zweite Durchlauf wurde durch eine weitere Wahlrechtsreform im Jahre 2020 erneut modifiziert.

Dabei werden die durch die Überhangmandate hervorgerufenen Unstimmigkeiten korrigiert, indem sich die Anzahl der Sitzplätze des Bundestages gemäß § 6 Abs. 5 S. 1 BWG so lange mit sogenannten Ausgleichsmandaten erhöht, bis jede Partei mindestens die Gesamtzahl der ihren Landeslisten zugeordneten Sitze erhält. Jeder Landesliste wird gemäß § 6 Abs. 5 S. 2 BWG der höhere Wert entweder der Zahl der Direktmandate im jeweiligen Land oder dem auf ganze Sitze aufgerundeten Mittelwert zwischen diesen und den für die Landesliste der Partei nach der oben dargestellten ersten Verteilung ermittelten Sitzen zugeordnet. Bei der Erhöhung bleiben Überhangmandate § 6 Abs. 5 S. 4 BWG bis zu einer Zahl von drei jedoch unberücksichtigt.

Die neue Gesamtsitzzahl wird gemäß § 6 Abs. 6 S. 1 BWG dann auch auf Bundesebene nach dem Bundesproporz verteilt, bevor § 6 Abs. 6 S. 2 BWG landesbezogen eine Unterverteilung auf die jeweiligen Parteien nach dem Landesproporz erfolgt. Von der danach ermittelten Anzahl der Parteiensitze werden § 6 Abs. 6 S. 3 BWG die Direktmandate zum Verhältnisausgleich abgezogen. Die Direktmandate einer Partei verbleiben ihr auch dann, wenn sie die nach § 6 Abs. 6 S. 1 BWG ermittelte Zahl übersteigen. In diesem Fall erhöht sich die Gesamtzahl der Sitze i.S.d. § 1 Abs. 1 BWG um die Unterschiedszahl; eine erneute Berechnung nach Satz 1 findet nicht statt. Die übrigen Plätze werden gemäß § 6 Abs. 6 S. 5 BWG nach der Reihenfolge der Landesliste besetzt.

Durch das zweite Verteilungsverfahren werden die Mehrheiten folglich wiederhergestellt und die verzerrenden Effekte der Überhangmandate, die für sich genommen die Gleichheit der Wahl gemäß Art. 38 Abs. 1 S. 1 GG und die Parteiengleichheit gemäß Art. 3 Abs. 1 GG beeinträchtigen würden, ausgeglichen. Das Ausgleichsverfahren kann zwar in Einzelfällen dazu führen, dass bei einer großen Anzahl an in einem Wahldurchlauf entstandenen Überhangmandaten auch zahlreiche Ausgleichsmandate erforderlich sind, um die Proportionalitätsverhältnisse wiederherzustellen. Schlimmstenfalls kann dies den Bundestag erheblich vergrößern, sodass die Funktionsfähigkeit des Parlaments bedroht wäre. Diese Konstellation ist rechnerisch jedoch unwahrscheinlich und größenbedingte Funktionsstörungen sind in der Vergangenheit noch nicht aufgetreten, sodass die Gewährleistung der Gleichheit der Wahl sowie der Charakter der Wahl als Verhältniswahl vorrangig sind.

Ein negatives Stimmgewicht, das nach früherem Wahlrecht rechnerisch möglich war, ist entgegen der pauschalen Behauptung des L nicht mehr ersichtlich, sodass insoweit ebenfalls kein Verstoß gegen den Grundsatz der Gleichheit der Wahl besteht.

(2) Zwischenergebnis
Durch die Überhangmandate und die proportionalitätswahrenden Ausgleichsmandate ist der Grundsatz der Gleichheit der Wahl nicht betroffen.

cc) Geheime Wahl
Der Grundsatz der geheimen Wahl i.S.d. Art. 38 Abs. 1 S. 1 GG könnte durch die in § 36 BWG ermöglichte Briefwahl verletzt sein.

(1) Schutzbereichsbeeinträchtigung
Der Schutzbereich der geheimen Wahl i.S.d. Art. 38 Abs. 1 S. 1 GG kann beeinträchtigt sein. „Durch den Grundsatz der geheimen Wahl wird gewährleistet, dass der Wähler in uneingeschränkter Freiheit stimmen kann. Eine solche Unabhängigkeit ist nur gewährleistet, wenn durch die Vorschriften über die Stimmabgabe und -auszählung sichergestellt ist, dass niemand die wirkliche Wahlentscheidung des Einzelnen erfährt. Nur durch diese Geheimhaltung der Wahl wird garantiert, dass der Einzelne keinem Druck ausgesetzt wird und die Staatsgewalt demokratisch legitimiert ist, sodass bezüglich der Wahrung des Wahlgeheimnisses ein öffentliches Interesse besteht. In einem demokratischen Staat muss daher auch eine private Beeinflussung des Wählers bei der Stimmabgabe verhindert werden" (vgl. BVerfGE 21, 200, 201).

„In § 66 Abs. 3 S. 1 HS. 1 BWahlO ist zwar geregelt, dass der Stimmzettel unbeobachtet zu kennzeichnen und in den Wahlumschlag zu legen ist. Die Einhaltung dieser Vorschrift kann aber nicht kontrolliert werden. Vielmehr ist es bei jeder Stimmabgabe außerhalb des Wahllokals möglich, dass der Stimmberechtigte privat beeinflusst wird. Überdies ist die eidesstattliche Versicherung des

Briefwählers nur auf die persönliche Kennzeichnung des Stimmzettels bezogen, nicht aber auf die Beachtung des Wahlgeheimnisses. Es besteht sogar die Gefahr, dass der Wahlberechtigte entgegen seiner eidesstattlichen Versicherung den Stimmzettel durch andere Personen kennzeichnen lässt" (vgl. BVerfGE 21, 200, 201 f.).

Die Briefwahl stellt somit eine Beeinträchtigung des Schutzbereiches der geheimen Wahl i.S.d. Art. 38 Abs. 1 S. 1 GG dar.

(2) Rechtfertigung

Die Schutzbereichsbeeinträchtigung der geheimen Wahl i.S.d. Art. 38 Abs. 1 S. 1 GG durch die Briefwahl kann gerechtfertigt sein, weil gegenläufige Verfassungsgüter – die Gewährleistung der Wahl für alle im demokratischen Rechtsstaat Wahlberechtigten – einem vollständigen Briefwahlverbot entgegenstehen. Die Rechtfertigung einer Briefwahl hängt im Rahmen einer praktischen Konkordanz der gegenläufigen verfassungsrechtlich zu berücksichtigenden Interessen auch von deren Voraussetzungen ab.

Es ist gemäß § 36 Abs. 1 S. 1 BWG Voraussetzung der Briefwahl, dass der Wähler einen Wahlschein besitzt. Einen Wahlschein erhält gemäß § 25 Abs. 1 BWahlO jeder in das Wählerverzeichnis eingetragene Wahlberechtigte auf Antrag, wobei sich im Umkehrschluss aus § 27 BWahlO ergibt, dass für den Antrag kein Grund benannt und glaubhaft zu machen ist. Wer den Antrag auf Erteilung eines Wahlscheines für einen anderen stellt, muss nach § 27 Abs. 3 BWahlO nachweisen, dass er dazu berechtigt ist. Der Wahlschein muss gemäß § 25 Abs. 2 BWahlO von dem damit beauftragten Bediensteten eigenhändig unterschrieben sein (vgl. BVerfGE 21, 200, 204).

Über die ausgestellten Wahlscheine führt die Gemeindebehörde gemäß § 28 Abs. 6 S. 1 BWahlO ein besonderes Wahlscheinverzeichnis. Wird Wahlberechtigten auf Antrag ein Wahlschein erteilt, so wird gemäß § 28 Abs. 6 S. 2 BWahlO dafür ein Durchschlag oder ein Listeneintrag im Wahlscheinverzeichnis hinterlegt und verlorene Wahlscheine werden gemäß § 28 Abs. 10 BWahlO grundsätzlich nicht ersetzt. Der Wähler hat dem Kreiswahlleiter des Wahlkreises, in dem der Wahlschein ausgestellt ist, gemäß § 36 Abs. 1 BWahlG in einem verschlossenen Wahlbriefumschlag seinen Wahlschein und in einem besonderen verschlossenen Umschlag seinen Stimmzettel zu übersenden. Der Stimmzettel ist unbeobachtet zu kennzeichnen und gemäß § 66 Abs. 1 BWahlO in den Wahlumschlag zu legen. Auf dem Wahlschein hat der Wähler gemäß § 36 Abs. 2 S. 1 BWahlG eidesstattlich zu versichern, dass er den Stimmzettel persönlich gekennzeichnet hat. Der Kreiswahlleiter sammelt gemäß § 74 Abs. 1 BWahlO die Wahlbriefe ungeöffnet und legt sie unter Verschluss. Folglich sind die Vorgaben für eine Briefwahl sehr dezidiert geregelt und strenge prozedurale Vorkehrungen getroffen. „Den staatlichen Bediensteten ist vorgeschrieben, wie sie zu verfahren haben. Die Sorge für die Wahrung des Wahlgeheimnisses ist dem Kreiswahlleiter übertragen. Bezüglich der Beförderung der Briefe durch die Post besteht die Garantie des Postgeheimnisses" (BVerfGE 21, 200, 205).

„Dem Wahlberechtigten ist es bei der Briefwahl allerdings weitgehend selbst überlassen, für das Wahlgeheimnis und die Wahlfreiheit Sorge zu tragen. Der Gesetzgeber ist sich jedoch der besonderen Gefahren, die sich daraus ergeben, bewusst gewesen. Der Stimmberechtigte muss zunächst die Initiative ergreifen, um sich die Briefwahlunterlagen zu beschaffen. Er ist zudem verpflichtet, den Stimmzettel selbst unbeobachtet zu kennzeichnen und in den Wahlumschlag zu legen und hat eidesstattlich zu versichern, dass er den Stimmzettel persönlich gekennzeichnet hat" (BVerfGE 21, 200, 205).

Zwar könnte es bedenklich sein, dass keine Gründe für die Beantragung der Briefwahl zu benennen sind. Würde jeder Wahlberechtigte die Briefwahl beantragen, so könnte die Geheimheit der Wahl in erheblichem Maße beeinträchtigt sein – insbesondere, falls auch junge und mobile Wähler grundlos die Briefwahl wahrnehmen. Es ist jedoch grundsätzlich dem Gesetzgeber im Rahmen seiner weiten Einschätzungsprärogative überlassen, gegenläufige Verfassungsregelungen in Einklang zu bringen. Dem Grundsatz der geheimen Wahl steht in praktischer Konkordanz die Allgemeinheit der Wahl entgegen. Dazu gehört auch, dass eine möglichst hohe Wahlbeteiligung erfolgen soll. In einer Gesellschaft mit zunehmender Mobilität und einer verstärkten Hinwendung zur individuellen Lebensgestaltung ist eine höhere Wahlbeteiligung zu erwarten (vgl. BVerfGE 134, 25, 32), wenn die Anforderungen an die Briefwahl gering sind. Insoweit wäre sogar eine Regelung verfassungsgemäß, in der keine besonderen Anforderungen an die Briefwahl gestellt würden, solange die Urnenwahl nicht vollständig abgeschafft bzw. von marginaler Bedeutung werden würde.

Aufgrund der sich aus Art. 20 Abs. 2 S. 1 GG und aus Art. 38 Abs. 1 GG ergebenden Notwendigkeit, in der repräsentativen Demokratie jedem Wahlberechtigten eine effektive Wahlmöglichkeit zu gewährleisten, ist die Beeinträchtigung der geheimen Wahl i.S.d. Art. 38 Abs. 1 S. 1 GG durch eine eng begrenzt mögliche Briefwahl gerechtfertigt.

(3) Zwischenergebnis
Durch die Möglichkeit der Stimmabgabe per Briefwahl ist der Grundsatz der geheimen Wahl nicht verletzt.

dd) Freiheit der Wahl
Der in Art. 38 Abs. 1 S. 1 GG enthaltene Grundsatz der Freiheit der Wahl kann durch die in § 36 BWG geregelte Briefwahl verletzt worden sein.

(1) Schutzbereichsbeeinträchtigung
Dafür müsste zunächst der Schutzbereich der Freiheit der Wahl beeinträchtigt sein. Durch den Grundsatz der Freiheit der Wahl soll die Beeinflussung durch staatlichen Zwang und durch die Beeinflussung Privater geschützt werden. Durch die Ermöglichung der Briefwahl ist nicht mehr gewährleistet, dass der Einzelne beim Wahlvorgang zu Hause seine Entscheidung frei von dem Einfluss Privater trifft, sodass in der Ermöglichung der Wahlabgabe per Brief eine Schutzbereichsbeeinträchtigung besteht.

(2) Rechtfertigung
Die Beeinträchtigung der Freiheit der Wahl durch die Ermöglichung der Briefwahl i.S.d. § 36 BWG ist jedoch ebenso wie die Beeinträchtigung der Gleichheit der Wahl gerechtfertigt.

(3) Zwischenergebnis
Durch die Ermöglichung der Stimmabgabe per Briefwahl ist der Grundsatz der Freiheit der Wahl nicht verletzt.

ee) Öffentlichkeit der Wahl
Es kann ein weiterer Wahlgrundsatz – der Grundsatz der Öffentlichkeit der Wahl – bestehen, der wegen des in § 35 BWG geregelten Einsatzes von Wahlgeräten verletzt sein kann.

(1) Grundlage des Grundsatzes der Öffentlichkeit
Fraglich ist, ob zu den Wahlrechtsgrundsätzen auch ein Grundsatz der Öffentlichkeit der Wahl gehört. Zwar ist ein Grundsatz der Öffentlichkeit in Art. 38 Abs. 1 S. 1 GG nicht explizit geregelt, jedoch stellen die Wahlrechtsgrundsätze eine Ausgestaltung des in Art. 20 Abs. 2 S. 1 GG geregelten Demokratieprinzips dar. Dieses steht wiederum in praktischer Konkordanz zu dem sich unter anderem aus Art. 20 Abs. 3 GG ergebenden Rechtsstaatsprinzip. Damit ist zu konstatieren, dass die Beachtung der Wahlrechtsgrundsätze und das Vertrauen der

Bevölkerung auf den ordnungsgemäßen Ablauf einer Wahl geschützt sind. Die Wahl muss somit öffentlich und transparent sowie – in der Bundesrepublik Deutschland als Republik – als Angelegenheit des Volkes nachvollziehbar sein (dazu: BVerfGE 21, 200). Der Grundsatz der Öffentlichkeit ist dabei nicht für den Akt der Stimmabgabe, sondern für das Wahlverfahren insgesamt anwendbar.

Der Grundsatz der Öffentlichkeit der Wahl ist somit mittels Art. 38 Abs. 1 S. 1 GG i.V.m. Art. 20 Abs. 1–3 GG geschützt.

(2) Schutzbereichsbeeinträchtigung durch § 35 Abs. 1 BWG

Der Schutzbereich eines Wahlgrundsatzes der Öffentlichkeit kann beeinträchtigt sein. Fraglich ist, ob dieser durch § 35 Abs. 1 BWG, durch welchen die Benutzung der Wahlgeräte „anstelle von Stimmzetteln und Wahlurnen" zugelassen ist, beeinträchtigt wird.

„Durch die insoweit vom Gesetzgeber in § 35 Abs. 1 BWG gewählte Formulierung sind die Zulassung und die Verwendung von Wahlgeräten mit Kontrollvorrichtungen, durch welche die Stimmen zusätzlich zur (elektronischen) Erfassung im Wahlgerät in einer vom Wähler kontrollierbaren Weise erfasst werden, nicht ausgeschlossen. Nach der systematischen Stellung des § 35 Abs. 1 BWG wird mit den Worten „anstelle von Stimmzetteln und Wahlurnen" jedoch auf das in § 34 BWG normierte herkömmliche Wahlverfahren Bezug genommen, bei dem ausschließlich amtliche Stimmzettel und Wahlurnen eingesetzt werden. Lediglich der Erlass von Vorschriften, in denen Vorrichtungen für eine von der elektronischen Stimmerfassung und Stimmauswertung unabhängige Nachprüfbarkeit des Wahlergebnisses vorgesehen sind, wird durch § 35 Abs. 1 BWG nicht ausgeschlossen" (BVerfGE 123, 39, 81). Deshalb erfolgt jedoch durch § 35 Abs. 1 BWG allerdings noch keine Schutzbereichsbeeinträchtigung.

„Eine solche ergibt sich aus § 35 BWG auch nicht deshalb, weil der Grundsatz der Öffentlichkeit der Wahl in der Norm nicht ausdrücklich als Voraussetzung für die Genehmigung und die Verwendung rechnergesteuerter Wahlgeräte aufgeführt ist. Diese Anforderungen ergeben sich unmittelbar aus der Verfassung und binden daher auch den Verordnungsgeber bei der Konkretisierung des § 35 BWG. Unabhängig davon ergibt sich auch aus anderen – zu § 35 BWG konnexen Regelungen – des Bundeswahlgesetzes, dass die Verwendung von Wahlgeräten nur zulässig ist, wenn der Grundsatz der Öffentlichkeit der Wahl gewahrt ist. In § 31 S. 1 BWG ist bestimmt, dass die Wahlhandlung öffentlich ist. In § 35 Abs. 3 S. 1 Nr. 4 BWG wird zum Erlass von Regelungen hinsichtlich der öffentlichen Erprobung eines Wahlgerätes vor seiner Verwendung ermächtigt" (BVerfGE 123, 39, 81).

Durch die Regelung des § 35 BWG selbst ist somit keine Schutzbereichsbeeinträchtigung des Grundsatzes der Öffentlichkeit der Wahl erfolgt.

(3) Zwischenergebnis

Der Grundsatz der Öffentlichkeit der Wahl ist durch den in § 35 BWG geregelten Einsatz von Wahlgeräten nicht verletzt.

ff) Ergebnis zur materiellen Verfassungswidrigkeit des Bundeswahlgesetzes

Das Bundeswahlgesetz ist nicht verfassungswidrig.

2. Verfassungswidrigkeit der Bundeswahlgeräteverordnung

Fraglich bleibt aber, ob die konkrete Ausgestaltung des § 35 Abs. 3 BWG in Form der Bundeswahlgeräteverordnung, spezifisch mittels der Regelung der §§ 13–16 BWahlGV, verfassungswidrig ist.

a) Formelle Verfassungswidrigkeit der Verordnung

Entsprechend den Vorgaben aus Art. 80 Abs. 1 S. 1–3 GG soll die Verordnung von der Bundesregierung erlassen werden, den Tag ihres Inkrafttretens bestimmen und die Rechtsgrundlage angeben. Diesen Vorgaben wurde entsprochen.

b) Materielle Verfassungswidrigkeit der Verordnung

Die Bundeswahlgeräteverordnung könnte den Grundsatz der Öffentlichkeit der Wahl verletzen. Eine Schutzbereichsbeeinträchtigung kann nur bestehen, falls die darin geregelten Wahlabläufe bei der Verwendung elektronischer Wahlgeräte anders als bei manueller Wahl ausgestaltet sind und dadurch die Öffentlichkeit der Wahl gefährdet ist.

aa) Schutzbereich der Öffentlichkeit der Wahl bezüglich der Wahlgeräte

„Beim Einsatz elektronischer Wahlgeräte müssen die wesentlichen Vorgänge der Wahlhandlung und Ergebnisermittlung aufgrund der Öffentlichkeit der Wahl zuverlässig und ohne besondere Sachkenntnis überprüfbar sein, sodass der Schutzbereich weit auszulegen ist" (BVerfG 123, 39, 2. Leitsatz). Diese Anforderungen an die Überprüfbarkeit ergeben sich daraus, dass elektronische

Wahlgeräte in gesteigertem Grade anfällig für Fehler und Manipulationen sind, da die in den Geräten ablaufenden Rechenprozesse bei der Auswertung der Stimmabgaben ohne Fachkenntnisse für die Öffentlichkeit weder nachvollziehbar, noch auf Fehler überprüfbar sind. Eine besondere Gefährlichkeit der Wahlgeräte folgt zudem daraus, dass Manipulationen und Schwachstellen nicht nur Einzelgeräte, sondern auch eine Viel- oder die Gesamtzahl der eingesetzten Geräte betreffen kann.

„Während bei der herkömmlichen Wahl mit Stimmzetteln Manipulationen oder Wahlfälschungen unter den Rahmenbedingungen der geltenden Vorschriften, zu denen auch die Regelungen über die Öffentlichkeit gehören, kaum – oder jedenfalls nur mit erheblichem Einsatz und einem präventiv wirkenden sehr hohen Entdeckungsrisiko – möglich sind, kann durch Eingriffe an elektronisch gesteuerten Wahlgeräten im Prinzip mit relativ geringem Aufwand eine große Wirkung erzielt werden. Durch Manipulationen an einzelnen Wahlgeräten können nicht nur einzelne Wählerstimmen, sondern alle Stimmen beeinflusst werden, die unter Verwendung dieses Gerätes abgegeben werden. Noch höher ist die Reichweite der Wahlfehler, die mittels geräteübergreifender Veränderungen und Fehlfunktionen einer einzigen Software verursacht werden. Die große Breitenwirkung möglicher Fehler an den Wahlgeräten oder gezielter Wahlfälschungen gebietet besondere Vorkehrungen zur Wahrung des Grundsatzes der Öffentlichkeit der Wahl" (BVerfGE 123, 39, 72). Der Schutzbereich ist somit weit ausgestaltet und bezüglich der §§ 13–16 BWahlGV eröffnet.

bb) Beeinträchtigung

Der Schutzbereich des Grundsatzes der Öffentlichkeit der Wahl kann auch beeinträchtigt sein. Eine Beeinträchtigung besteht insoweit, als durch die Ermöglichung der Verwendung der Wahlgeräte die den manuellen Wahlen vergleichbare Transparenz gefährdet ist. In der Bundeswahlgeräteverordnung müssten die Anforderungen an den Grundsatz der Öffentlichkeit der Wahl somit eingehalten worden sein.

Aus der Bundeswahlgeräteverordnung ergibt sich jedoch nicht, dass nur Wahlgeräte eingesetzt werden dürfen, durch die dem Wähler bei Abgabe seiner Stimme eine verlässliche Kontrolle bezüglich der Unverfälschtheit seiner Stimme ermöglicht wird. Es sind auch keine konkreten inhaltlichen und verfahrensmäßigen Anforderungen bezüglich einer verlässlichen nachträglichen Kontrolle der Ergebnisermittlung enthalten (BVerfGE 123, 39, 83).

„Die Verpflichtung, rechnergesteuerte Wahlgeräte und die Behältnisse, in denen sich die Stimmenspeicher befinden, nach der Ermittlung des Wahlergebnisses i.S.d. § 15 Abs. 3 BWahlGV zu versiegeln sowie gemäß § 16 BWahlGV sicherzustellen, dass die Stimmenspeicher Unbefugten nicht zugänglich sind, ist insoweit nicht ausreichend. Denn auch wenn die Stimmenspeicher jederzeit nach Ablauf des Wahltages erneut mithilfe eines Wahlgerätes ausgelesen werden können, bilden den Gegenstand einer solchen Nachzählung nur die elektronisch gespeicherten Stimmen, hinsichtlich derer weder Wähler noch Wahlvorstand überprüfen können, ob sie unverfälscht erfasst wurden. Der Bürger kann die wesentlichen Schritte der Ergebnisermittlung nicht überprüfen, wenn die Nachzählung wiederum im Innern eines Wahlgerätes stattfindet" (BVerfGE 123, 39, 83 f.).

„Auch durch die Zählung der im Wählerverzeichnis eingetragenen Stimmabgabevermerke und der eingenommenen Wahlscheine sowie der Vergleich mit den am Wahlgerät i.S.d. § 13 BWahlGV insgesamt angezeigten Zahlen für die Erst- und Zweitstimmen wird nur eine Kontrolle daraufhin ermöglicht, ob das Wahlgerät so viele Stimmen verarbeitet hat, wie Wähler zur Bedienung des Wahlgeräts zugelassen worden sind. Die öffentliche Kontrolle der wesentlichen Schritte von Wahlhandlung und Ergebnisermittlung ist dadurch nicht gewährleistet" (BVerfGE 123, 39, 84).

Da der Schutz der Öffentlichkeit der Wahl in der Bundeswahlgeräteverordnung nicht dezidiert berücksichtigt worden ist, stellen §§ 13–16 BWahlGV eine Beeinträchtigung des Grundsatzes der Öffentlichkeit der Wahl dar.

cc) Rechtfertigung

Die Beeinträchtigung des Grundsatzes der Öffentlichkeit durch die Regelungen in der Bundeswahlgeräteverordnung kann gerechtfertigt sein, weil gegenläufige Verfassungsprinzipien im Rahmen einer praktischen Konkordanz zu berücksichtigen sind – etwa die effiziente und gebietsumfassende Wahl i.S.d. Art. 38 GG.

(1) Rechtfertigung durch Vermeidung von Wahlfehlern

Die Ermöglichung des Einsatzes von Wahlgeräten könnte damit gerechtfertigt werden, dass es bei der manuellen Wahl stetig zu unbewusst falschen Stimmzettelkennzeichnungen und unwillentlich ungültigen Stimmabgaben sowie unbeabsichtigten Zählfehlern oder unzutreffenden Deutungen des Wählerwillens kommt.

„Soweit mit dem Einsatz rechnergesteuerter Wahlgeräte jedoch darauf abgezielt wird, die bei der herkömmlichen Wahl mit Stimmzetteln regelmäßig vorkommenden unbewusst falschen Stimmzettelkennzeichnungen, unwillentlich ungültigen Stimmabgaben, unbeabsichtigten Zählfehler oder unzutreffenden

Deutungen des Wählerwillens bei der Stimmenauszählung auszuschließen, dient dies der Durchsetzung der Wahlgleichheit aus Art. 38 Abs. 1 S. 1 GG" (BVerfGE 123, 39, 75).

Dadurch allein wird jedoch nicht der Verzicht auf jegliche Art der Nachvollziehbarkeit des Wahlakts gerechtfertigt. „Denn unbeabsichtigte Zählfehler oder unzutreffende Deutungen des Wählerwillens können durch Wahlgeräte auch dann ausgeschlossen werden, wenn neben der elektronischen Erfassung und Zählung der Stimmen eine ergänzende Kontrolle durch den Wähler, die Wahlorgane oder die Allgemeinheit ermöglicht wird. Eine entsprechende Kontrolle ist beispielsweise bei elektronischen Wahlgeräten möglich, bei denen die Stimmen nicht nur elektronisch im Wahlgerät, sondern gleichzeitig auch in einer hiervon unabhängigen Form erfasst werden. Abgesehen davon werden auch Bedienungsfehler – wie zum Beispiel die Benutzung einer „Ungültig"-Taste in der Annahme, es könne damit ein Eingabeversehen korrigiert werden – in der Bundeswahlgeräteverordnung nicht ausgeschlossen" (BVerfGE 123, 39, 75 f.). Je wesentlicher die zu regelnde Materie, desto dezidierterer Regelungen bedarf es.

Durch die Verhinderung von Wahlfehlern kann letztlich zwar der Einsatz von Wahlgeräten gerechtfertigt werden, jedoch gilt dies nicht für Wahlgeräte in der dargestellten Form, weil durch sie keine hinreichende Transparenz gewährleistet wird.

(2) Rechtfertigung durch den Grundsatz der geheimen Wahl

Die Beeinträchtigung des Grundsatzes der Öffentlichkeit der Wahl könnte durch den in praktischer Konkordanz sich aus Art. 38 Abs. 1 S. 1 GG ergebenden Grundsatz der Geheimheit der Wahl gerechtfertigt sein.

Allerdings ist kein Spannungsfeld zwischen dem Prinzip der geheimen Wahl und dem Öffentlichkeitsprinzip ersichtlich, durch das eine Beeinträchtigung wie die erfolgte gerechtfertigt werden könnte. „Durch den Grundsatz der geheimen Wahl wird gewährleistet, dass ausschließlich der Wähler vom Inhalt seiner Wahlentscheidung Kenntnis hat, während der Gesetzgeber verpflichtet ist, die erforderlichen Maßnahmen zum Schutz des Wahlgeheimnisses zu treffen. Die Geheimheit der Wahl bildet den wichtigsten institutionellen Schutz der Freiheit der Wahl" (BVerfGE 123, 39, 76).

Historisch betrachtet war die geheime Wahl eine Durchbrechung der Öffentlichkeit des Wahlverfahrens, da mit ihrer Anerkennung die offene Stimmabgabe zugunsten der Freiheit der Wahl aufgegeben wurde. Im Anwendungsbereich des Grundgesetzes, in dem die geheime Wahl zum Schutz der Freiheit in Art. 38 Abs. 1 S. 1 GG explizit geregelt ist, ist der Grundsatz der Öffentlichkeit von vornherein nicht für den Akt der Stimmabgabe anwendbar. Soweit nicht der Akt der Stimmabgabe als solcher betroffen ist, gilt für das Wahlverfahren jedoch der Grundsatz der Öffentlichkeit. Durch den Grundsatz der geheimen Wahl wird der Grundsatz der Öffentlichkeit demnach schon für den Akt der Stimmabgabe nicht eingeschränkt. Es ist auch keine Begrenzung der öffentlichen Kontrolle bei der Stimmabgabe mittels des zuvor geheim ausgefüllten Stimmenträgers oder bei der Ermittlung der Ergebnisse gerechtfertigt. Dies ergibt sich schon daraus, dass er zusätzlichen Vorkehrungen, die dem Wähler eine Kontrolle ermöglichen, ob seine Stimme als Grundlage für eine spätere Nachzählung unverfälscht erfasst wird, nicht entgegensteht (BVerfGE 123, 39, 76f.).

Die Beeinträchtigung des Grundsatzes der Öffentlichkeit der Wahl ist nicht durch die den Grundsatz der geheimen Wahl gerechtfertigt.

(3) Rechtfertigung durch Zeitmoment

Die Beeinträchtigung des Grundsatzes der Öffentlichkeit der Wahl durch die Bundeswahlgeräteverordnung könnte mittels eines Zeitmoments gerechtfertigt sein.

„In einem demokratisch ausgestalteten Rechtsstaat muss es möglich sein, in kurzer Zeit eine handlungsfähige Volksvertretung bilden zu können. Fraglich ist jedoch, ob es dazu rechnergesteuerter Wahlgeräte bedarf. Die Klärung der richtigen Zusammensetzung der Volksvertretung binnen angemessener Zeit ist ein Aspekt, der bei der Ausgestaltung des Wahlverfahrens und des Wahlprüfungsverfahrens berücksichtigt werden kann" (BVerfGE 123, 39, 77). Verfassungsrechtlich ist nicht geregelt, dass das Wahlergebnis kurz nach Schließung der Wahllokale bekannt sein muss. „Ein rechtzeitiges Zusammenkommen eines neuen Bundestages i.S.d. Art. 39 Abs. 2 GG wird durch ausreichende Vorkehrungen zur Sicherung der Öffentlichkeit der Wahl nicht gefährdet. Zudem verdeutlichen Erfahrungswerte früherer Bundestagswahlen, dass auch ohne den Einsatz der Wahlgeräte das vorläufige amtliche Endergebnis der Wahl regelmäßig innerhalb weniger Stunden ermittelt werden kann" (BVerfGE 123, 39, 77). Bei Abwägung der betroffenen Prinzipien ergibt sich keine Rechtfertigung der Beeinträchtigung des Grundsatzes der Öffentlichkeit der Wahl durch ein Zeitmoment.

(4) Grundsätzliche Rechtfertigung des Einsatzes von Wahlgeräten

„Nach alledem ist der Gesetzgeber nicht gehindert, bei den Wahlen elektronische Wahlgeräte einzusetzen, wenn die verfassungsrechtlich gebotene Möglichkeit gesichert ist, diese auf ihre Richtigkeit zu überprüfen. Denkbar sind insbesondere Wahlgeräte, in denen die Stimmen neben der einer elektronischen

Speicherung anderweitig erfasst werden. Dies ist beispielsweise bei elektronischen Wahlgeräten möglich, die zusätzlich zur elektronischen Erfassung der Stimme ein für den jeweiligen Wähler sichtbares Papierprotokoll der abgegebenen Stimme ausdrucken, das vor der endgültigen Stimmabgabe kontrolliert werden kann und anschließend zur Ermöglichung der Nachprüfung gesammelt wird. Eine von der elektronischen Stimmerfassung unabhängige Kontrolle bleibt auch beim Einsatz von Systemen möglich, bei denen die Wähler einen Stimmzettel kennzeichnen und die getroffene Wahlentscheidung gleichzeitig oder nachträglich (zum Beispiel durch einen Stimmzettel-Scanner) elektronisch erfasst wird, um diese am Tagesende elektronisch auszuwerten" (BVerfGE 123, 39, 73).

„Der Gesetzgeber kann vom Grundsatz der Öffentlichkeit in beschränktem Umfang Ausnahmen treffen, wenn dadurch anderen verfassungsrechtlichen Belangen zur Geltung verholfen wird und insbesondere die geschriebenen Wahlrechtsgrundsätze des Art. 38 Abs. 1 S. 1 GG dadurch befördert werden. Begrenzte Kontrollmöglichkeiten der Öffentlichkeit beispielsweise bei der Briefwahl i.S.d. § 36 BWG sind dadurch gerechtfertigt, dass durch sie eine möglichst hohe Wahlbeteiligung erreicht und damit der Allgemeinheit der Wahl Rechnung getragen werden kann. Dagegen sind beim Einsatz rechnergesteuerter Wahlgeräte keine Verfassungsprinzipien gegenläufig, durch die eine weitreichende Beschränkung der Kontrollmöglichkeiten der Wahlhandlungen und Ergebnisermittlungen zuungunsten der Öffentlichkeit der Wahl gerechtfertigt wäre" (BVerfGE 123, 39, 75). Eine grundsätzliche Rechtfertigung ist nicht gegeben.

dd) Verfassungskonforme Auslegung der Bundeswahlgeräteverordnung

Die Bundeswahlgeräteverordnung könnte aber verfassungskonform dahingehend auszulegen sein, dass nur solche Wahlgeräte eingesetzt werden dürfen, die mit dem Grundsatz der Öffentlichkeit der Wahl vereinbar sind. Grundsätzlich gilt bezüglich des Begehrens eines Bürgers zwar, dass seitens des Bundesverfassungsgerichts lediglich spezifisches Verfassungsrecht geprüft wird, jedoch handelt es sich bei der Gewährleistung der Wahlrechtsgrundsätze um Aspekte, die für die Funktionsfähigkeit der Demokratie i.S.d. Art. 20 Abs. 2 GG schlechthin konstituierend sind. Je wesentlicher eine Materie ist und je geringer die fachgerichtlichen Prüfungsmöglichkeiten im Vorfeld ausgestaltet sind, desto umfangreicher erfolgt die Prüfung des Bundesverfassungsgerichts als Hüter der Verfassung. Eine verfassungskonforme Auslegung der Bundeswahlgeräteverordnung durch das Bundesverfassungsgericht wäre von dessen Prüfungsmaßstab gedeckt, weil einerseits kein effizienter fachgerichtlicher Rechtsschutz bestand, es andererseits um solche für die Demokratie schlechthin konstituierenden Grundsätze geht.

„Eine verfassungskonforme Anwendung der Bundeswahlgeräteverordnung dergestalt, dass Bauartzulassung und Verwendungsgenehmigung vom Bundesministerium des Innern nur erteilt werden dürfen, wenn eine wirksame Kontrolle der Wahlhandlung und der Ergebnisermittlung gewährleistet ist, überschritte jedoch die Grenzen einer verfassungskonformen Auslegung. Dem Verordnungsgeber stehen grundsätzlich unterschiedliche Möglichkeiten offen, eine Kontrollierbarkeit der zentralen Schritte von Stimmabgabe und Stimmenzählung sicherzustellen. Da sich aus der Bundeswahlgeräteverordnung nicht ergibt, wie eine solche Kontrolle auszusehen hätte, fehlt es an der verfassungsrechtlich gebotenen Normierung und damit an hinreichenden Anhaltspunkten, an denen eine verfassungskonforme Auslegung angesetzt werden könnte" (BVerfGE 123, 39, 84).

Somit wird mittels der Bundeswahlgeräteverordnung gegen das Grundgesetz verstoßen.

III. Rechtsfolge

Fraglich ist, wie sich die Verstöße gegen die verfassungsrechtlichen Wahlrechtsgrundsätze durch den Einsatz von Wahlgeräten auswirken. Möglich erscheinen eine Feststellung der Ungültigkeit der Wahl, die Feststellung der Verfassungswidrigkeit der Bundeswahlgeräteverordnung sowie eine Feststellung der Verletzung der Rechte des Antragstellers gemäß § 48 Abs. 3 BVerfGG.

Für die Feststellung der Ungültigkeit der Wahl durch das Bundesverfassungsgericht bedarf es einer Mandatsrelevanz. Der Bundestag müsste dazu ohne den Fehler im Wahlverfahren anders zusammengesetzt sein.

Durch den Einsatz der Wahlgeräte ist die Feststellung der Ungültigkeit der Wahl denkbar. Insoweit besteht jedoch eine praktische Konkordanz der in Art. 38 Abs. 1 S. 1 GG i.V.m. Art. 20 Abs. 2 S. 1 GG enthaltenen Wahlrechtsgrundsätze zum Demokratieprinzip i.S.d. Art. 20 Abs. 2 S. 1 GG bezüglich des Bestandsschutzes der gewählten Volksvertretung i.S.d. Artt. 38 ff. GG.

Da von den Wahlgeräten nicht einzelne Landeslisten oder Wahlkreise betroffen sind, müsste der Bundestag insgesamt aufgelöst werden. Es bedürfte einer Neuwahl in verfassungsgemäßer Form nach gegebenenfalls erfolgter Änderung des Wahlrechts. Da insgesamt aber nur wenige Mandate betroffen sind, überwiegt im Rahmen der praktischen Konkordanz letztlich der Bestandsschutz des Parlaments. Da es bezüglich des Einsatzes der Wahlgeräte an Anhaltspunkten für eine Auswirkung auf die Zusammensetzung des Bundestages fehlt, ergibt sich insoweit keine Ungültigkeit der Wahl, sodass bezüglich der

Wahlgeräte lediglich die Verfassungswidrigkeit der Verordnung festgestellt wird.

Die Ungültigkeit der Wahl wird nicht festgestellt. Es wird die Verletzung des Wahlrechts des L gemäß § 48 Abs. 3 BVerfGG im Rahmen der weit zu verstehenden Wahlberechtigung festgestellt.

Damit das Bundesverfassungsgericht eine Wahl für ungültig erklären kann, muss es sich um Wahlfehler handeln, die sich auf die Sitzverteilung im Bundestag ausgewirkt haben oder ausgewirkt haben könnten – sogenannte Mandatsrelevanz. Denn im Interesse des Bestandsschutzes eines gewählten Parlamentes darf die Entscheidung nur so weit gehen, wie es der festgestellte Wahlfehler verlangt. Das Bundesverfassungsgericht stellt gemäß § 48 Abs. 3 BVerfGG dennoch Rechtsverletzungen fest, die nicht zur Ungültigkeit der Wahl führen.

C. Ergebnis

Die Wahlprüfungsbeschwerde ist zulässig und begründet und daher erfolgreich. Das Bundesverfassungsgericht stellt die Verfassungswidrigkeit der Bundeswahlgeräteverordnung sowie die Rechtsverletzung des Antragstellers fest.

2. Komplex: Wahl zum Europäischen Parlament

§ 2 Abs. 7 EuWG kann aufgrund der darin enthaltenen Drei-Prozent-Klausel verfassungswidrig sein. Während die in § 6 Abs. 5 S. 1 Alt. 1 BWG enthaltene Fünf-Prozent-Sperrklausel und die eine Abschwächung der Sperrklausel enthaltene Grundmandatsklausel zur Vermeidung der Zersplitterung des Parlaments – historisch sollen Verhältnisse wie in der Weimarer Republik vermieden werden – und zur Gewährleistung der Funktionsfähigkeit des Parlaments i.S.d. Art. 20 Abs. 2 S. 1 GG gerechtfertigte Beeinträchtigungen der Gleichheit der Wahl i.S.d. Art. 38 Abs. 1 S. 1 GG darstellen, kann die niedrigere, aber dennoch den Einzug von Parteien in das Europäische Parlamente potentiell verhindernde Drei-Prozent-Sperrklausel für die Wahl zum Europäischen Parlament als verfassungswidrig einzustufen sein.

Art. 38 Abs. 1 S. 1 GG ist lediglich auf die Wahl zum Bundestag bezogen, sodass eine Unvereinbarkeit des § 2 Abs. 7 EuWG insoweit nicht ersichtlich ist. Jedoch ist eine Unvereinbarkeit mit Art. 21 Abs. 1 GG i.V.m. Art. 3 Abs. 1 GG sowie mit Art. 3 Abs. 1 GG möglich.

A. Schutzbereichsbeeinträchtigung

Der Schutzbereich der Gleichheitsrechte kann beeinträchtigt sein.

I. Chancengleichheit der Parteien

„Aus dem sich aus Art. 21 Abs. 1 GG i.V.m. Art. 3 Abs. 1 GG ergebenden Grundsatz der Chancengleichheit der Parteien und unter dem Aspekt demokratisch gleich zu gewährender Wettbewerbschancen auch für sonstige politische Vereinigungen i.S.d. § 8 Abs. 1 EuWG sind jeder Partei, jeder Wählergruppe und ihren Wahlbewerbern grundsätzlich die gleichen Möglichkeiten im gesamten Wahlverfahren und damit gleiche Chancen bei der Verteilung der Sitze zu gewähren. Das Recht der politischen Parteien auf Chancengleichheit hängt eng mit den Grundsätzen der Allgemeinheit und der Gleichheit der Wahl zusammen, die ihre Prägung durch das Demokratieprinzip erfahren. Deshalb ist insoweit – ebenso wie bei der durch die Grundsätze der Allgemeinheit und Gleichheit der Wahl gewährten gleichen Behandlung der Wähler – Gleichheit strikt und formal zu gewähren. Soweit mittels der öffentlichen Gewalt in den Parteienwettbewerb in einer Weise eingegriffen wird, welche die Chancen der politischen Parteien verändern kann, ist das Ermessen eng zu begrenzen" (BVerfGE 135, 259, 285).

„Durch die Drei-Prozent-Sperrklausel wird zwar weniger intensiv in die Wahlrechtsgleichheit und in die Chancengleichheit der Parteien als durch die frühere Fünf-Prozent-Sperrklausel eingegriffen. Daraus folgt jedoch nicht, dass der auch mit der Drei-Prozent-Sperrklausel verbundene Eingriff in die Wahlrechtsgleichheit vernachlässigbar wäre und keiner Rechtfertigung bedürfte. Ein Sitz im Europäischen Parlament kann bereits mit etwa einem Prozent der abgegebenen Stimmen errungen werden, so dass die Sperrklausel praktische Wirksamkeit entfaltet (BVerfGE 135, 259, 298).

Mittels der in § 2 Abs. 7 EuWG enthaltenen Drei-Prozent-Klausel wird die Chancengleichheit der Parteien bei der Wahl zum Europäischen Parlament beeinträchtigt.

II. Gleichheit der Wahl

Als Auffangtatbestand für den Grundsatz der Gleichheit der Wahl für den Bürger ist auch der Schutzbereich des Art. 3 Abs. 1 GG beeinträchtigt, da durch die Drei-Prozent-Klausel der gleiche Erfolgswert der Stimmen im Europäischen Parlament nicht gewährleistet ist.

B. Rechtfertigung

Die mittels des § 2 Abs. 7 EuWG erfolgte Beeinträchtigung könnte durch das Demokratieprinzip i.S.d. Art. 20 Abs. 2 S. 1 GG als in praktischer Konkordanz zu Art. 21 Abs. 1 GG i.V.m. Art. 3 Abs. 1 GG und zu Art. 3 Abs. 1 GG zu berücksichtigende Norm gerechtfertigt sein. Die Funktionsfähigkeit des Europäischen Parlaments als konkrete Ausprägung des Demokratieprinzips ist insofern ein legitimer Zweck.

Das Mittel der Drei-Prozent-Sperrklausel stellt eine nicht unwesentliche Beeinträchtigung der Chancengleichheit der Parteien dar. „Wie bei der Regelung des Wahlrechts zum Deutschen Bundestag besteht bei der Ausgestaltung des Europawahlrechts die Gefahr, dass der deutsche Wahlgesetzgeber mit einer Mehrheit von Abgeordneten die Wahl eigener Parteien auf europäischer Ebene durch eine Sperrklausel und den hierdurch bewirkten Ausschluss kleinerer Parteien absichern könnte" (BVerfGE 129, 300, 323).

Fraglich ist, ob das Mittel der Sperrklausel geeignet ist, den legitimen Zweck der Funktionsfähigkeit des Europäischen Parlaments zu erreichen, bzw. ob die Funktionsfähigkeit ohne eine nationale Sperrklausel tatsächlich beeinträchtigt wäre. Dies hängt davon ab, wie Funktionsweise und Gesetzgebungsverfahren im Europäischen Parlament ausgestaltet sind.

„Irrelevant ist eine Erwägung, die für die Beurteilung der Fünf-Prozent-Sperrklausel bei der Wahl zum Deutschen Bundestag beachtlich ist. Sollte die Sperrklausel bezüglich der Wahl zum Bundestag gestrichen werden, bestünde die Gefahr, dass bei Funktionsbeeinträchtigungen das Parlament aufgrund seiner veränderten strukturellen Zusammensetzung nicht mehr in der Lage wäre, die gesetzlichen Regelungen zu ändern, weil die erforderliche Mehrheit nicht mehr zustande käme. Dies ist bezüglich der Wahl zum Europäischen Parlament nicht möglich, solange zur Regelung des Wahlrechts nicht das Europäische Parlament selbst, sondern der Deutsche Bundestag berufen ist" (BVerfGE 129, 300, 324). „Bei der Wahl zum Deutschen Bundestag wird die Fünf-Prozent-Klausel dadurch gerechtfertigt, dass die Bildung einer stabilen Mehrheit für die Wahl einer handlungsfähigen Regierung und deren fortlaufende Unterstützung notwendig ist und dieses Ziel durch eine Zersplitterung des Parlaments in viele kleine Gruppen gefährdet wird. Der Gesetzgeber darf daher das mit der Verhältniswahl verfolgte Anliegen, dass die politischen Meinungen in der Wählerschaft im Parlament weitestgehend repräsentiert werden, zurücktreten lassen. Eine vergleichbare Interessenlage besteht auf europäischer Ebene nach den europäischen Verträgen nicht. Das Europäische Parlament wählt keine Unionsregierung, die auf seine fortlaufende Unterstützung angewiesen wäre. Ebenso wenig ist die Gesetzgebung der Union von einer gleichbleibenden Mehrheit im Europäischen Parlament abhängig, die von einer stabilen Koalition bestimmter Fraktionen gebildet würde und der eine Opposition gegenüberstünde. Erst recht gilt dies für Informations- und Kontrollrechte des Parlaments, die auch in den nationalen Parlamenten regelmäßig als Minderheitenrechte ausgestaltet sind" (BVerfGE 129, 300, 335f.)

„Faktisch kann durch den Wegfall einer Sperrklausel und äquivalenter Regelungen zwar eine spürbare Zunahme von Parteien mit einem oder zwei Abgeordneten im Europäischen Parlament bewirkt werden. Jedoch fehlt es an Anhaltspunkten dafür, dass damit strukturelle Veränderungen innerhalb des Parlaments verbunden sind, die eine Beeinträchtigung der Funktionsfähigkeit desselben hinreichend wahrscheinlich werden lassen. Durch die europäischen Verträge sind die Aufgaben des Europäischen Parlaments unter anderem in Art. 14 EUV derart ausgestaltet, dass es an zwingenden Gründen zur Beeinträchtigung der Wahl- und Chancengleichheit durch Sperrklauseln fehlt" (BVerfGE 129, 300, 324 f.).

„Es ist nicht erkennbar, dass durch die Zunahme von Parteien mit einem oder zwei Abgeordneten im Europäischen Parlament dessen Funktionsfähigkeit mit der erforderlichen Wahrscheinlichkeit beeinträchtigt würde. Die im Europäischen Parlament gebildeten Fraktionen verfügen über eine erhebliche Integrationskraft, die durch den Einzug weiterer Parteien ebenso wenig grundsätzlich in Frage gestellt werden dürfte wie ihre Absprachefähigkeit. Das Risiko einer zu erwartenden Erschwerung der Mehrheitsbildung ist mit der Gefahr einer Funktionsbeeinträchtigung nicht gleichzusetzen" (BVerfGE 129, 300, 327).

„Die Fraktionen haben es über die Jahre hinweg vermocht, die im Zuge der Erweiterungen der Europäischen Union hinzutretenden Parteien zu integrieren. Somit ist jedenfalls grundsätzlich davon auszugehen, dass auch weitere Kleinparteien, die beim Fortfall der Sperrklauseln im Parlament vertreten wären, sich den bestehenden Fraktionen anschließen können" (BVerfGE 129, 300, 328 f.).

„Eine Folge der Aufnahme einer Vielzahl von nationalen Parteien und Abgeordneten unterschiedlicher Herkunft und Tradition ist allerdings, dass die einzelnen Fraktionen im Europäischen Parlament eine große Bandbreite verschiedener politischer Strömungen in sich vereinen. Der innere Zusammenhalt aufgrund ähnlicher Präferenzen in den Fraktionen des Europäischen Parlaments ist geringer als in den nationalen Parlamenten, wenngleich zwischen einzelnen Fraktionen differenziert wird. Diesbezügliche Unterschiede sind auch auf die Strategie einzelner Fraktionen des Europäischen Parlaments zurückzuführen, eine möglichst große Fraktionsstärke zu erreichen. Dies kann neu in das Parlament eintretenden Kräften zugutekommen. Die Strukturen der Fraktionen sind über die Wahlperioden hinweg gefestigt und es ist dauerhaft ein Kern von Abgeordneten aus bestimmten Mitgliedsparteien an sie gebunden" (BVerfGE 129, 300, 329).

„Da keine der im Europäischen Parlament vertretenen Parteien oder der dort gebildeten Fraktionen über eine Mehrheit der Abgeordneten verfügt und eine solche Mehrheit auch nicht zu erwarten ist, müssen die Fraktionen zur Mehrheitsgewinnung Absprachen treffen und Bündnisse eingehen. Wäre dieser Weg parlamentarischer Willensbildung durch das Hinzutreten einer beachtlichen Zahl von Kleinparteien spürbar erschwert, könnte dies insoweit zu einer Beeinträchtigung der Funktionsfähigkeit des Europäischen Parlaments kommen, als in angemessener Zeit bezüglich einer bestimmten Frage Mehrheitsentscheidungen herbeizuführen sind. Für eine dahingehende Prognose bestehen jedoch keine Anhaltspunkte" (BVerfGE 129, 300, 330).

Allerdings genügt zur Beschlussfassung des Europäischen Parlaments gemäß Art. 231 S. 1 AEUV nicht stets die einfache Mehrheit. „Vielmehr bedarf es in bestimmten Konstellationen qualifizierter Mehrheiten – zum Beispiel die Mehrheit der Parlamentsmitglieder in den Konstellationen des Art. 294 Abs. 7 lit. b, c AEUV – sowie der Ablehnung bzw. der Änderung des Standpunkts des Rates durch das Parlament in erster Lesung" (BVerfGE 129, 300, 332).

„Auch das Erfordernis der Mehrheit von zwei Dritteln der abgegebenen Stimmen, die zugleich die Mehrheit der Mitglieder des Parlaments darstellen muss, ist zum Beispiel in der Konstellation des Art. 234 Abs. 2 S. 1 AEUV – also bei der Abwahl der Kommission i.S.d. Art. 17 EUV – denkbar. Die Erreichung qualifizierter Mehrheiten und insbesondere ihre Sicherung bei Verhandlungen im Vorfeld von Abstimmungen werden sicherlich erschwert, wenn in größerer Anzahl Abgeordnete von vorneherein nicht als mögliche Partner in Frage kommen oder in diesem Sinne eingeschätzt werden und die erforderliche Stimmenzahl von kooperationsbereiten Fraktionen nur knapp oder nur in bestimmten Konstellationen erreicht wird. Die Anordnung qualifizierter Mehrheiten ist von den Mitgliedstaaten als Parteien der Verträge jedoch gewollt und ist auf eine breite Zustimmung im Europäischen Parlament ausgerichtet" (BVerfGE 129, 300, 332).

„Zur Herbeiführung eines institutionellen Gleichgewichts mit den anderen in Art. 13 EUV benannten Organen der Europäischen Union wird auch in Kauf genommen, dass dem Europäischen Parlament bei unüberwindbaren Meinungsverschiedenheiten keine durchsetzbare Position zukommt. Eine Funktionsbeeinträchtigung des Europäischen Parlaments käme allenfalls in Betracht, wenn bei realistischer Einschätzung die Zahl der grundsätzlich kooperationsunwilligen Abgeordneten derart hoch wäre, dass qualifizierte Mehrheiten in aller Regel praktisch nicht mehr erreichbar wären. Dass dies mit der Abschaffung der Sperrklausel geschieht, ist nicht ersichtlich" (BVerfGE 129, 300, 332).

„Deshalb fehlt es an zwingenden Gründen, die Wahl- und die Chancengleichheit durch Sperrklauseln zu beeinträchtigen, sodass der mit der Anordnung des Verhältniswahlrechts auf europäischer Ebene in Art. 10 Abs. 1 EUV verankerte Grundsatz der repräsentativen Demokratie im Europäischen Parlament uneingeschränkt maßgeblich ist. Damit steht im Einklang, dass seitens des europäischen Normengebers keine den nationalen vergleichbaren Vorkehrungen gegen eine „Zersplitterung" des Europäischen Parlaments getroffen worden sind. Vielmehr ist den Mitgliedstaaten lediglich die Möglichkeit eröffnet worden, für die Sitzvergabe eine Mindestschwelle festzulegen oder vergleichbar wirkende Gestaltungen des Wahlrechts vorzusehen" (BVerfGE 129, 300, 336).

„Nach der Zuleitung des Vorschlags der Kommission erfolgt die erste Lesung im Europäischen Parlament, die zur Festlegung des in Art. 294 Abs. 3 AEUV vorgesehenen Standpunkts des Europäischen Parlaments führen soll. Der Vorschlag wird zunächst an den zuständigen Ausschuss überwiesen, in dem in der Regel ein Berichterstatter den Kommissionsvorschlag prüft und einen Bericht erstellt. Diesen muss der Ausschuss vor der Vorlage an das Plenum mit einfacher Mehrheit annehmen. Das Plenum stimmt sowohl über den Rechtssetzungsvorschlag im Ganzen ab als auch über alle Änderungsanträge, die durch die Ausschussarbeit entstanden sind. Erforderlich ist gemäß Art. 231 AEUV jeweils lediglich die Mehrheit der abgegebenen Stimmen. In der folgenden ersten Lesung im Rat kann dieser den Rechtsakt in der vom Parlament beschlossenen Form mit der Folge des erfolgreichen Abschlusses des Rechtssetzungsprozesses annehmen. Werden seitens des Rates Änderungen vorgeschlagen, folgt gemäß Art. 294 Abs. 7 AEUV eine zweite Lesung im Parlament. Reagiert das Parlament binnen einer Dreimonatsfrist nicht oder billigt es den Standpunkt des Rates, gilt der Rechtsakt gemäß Art. 294 Abs. 7 lit. a AEUV als erlassen. Für eine – dann endgültig wirkende – Ablehnung oder den Vorschlag einer Änderung des Standpunktes des Rates ist gemäß Art. 294 Abs. 7 lit. b, c AEUV im Parlament die Mehrheit seiner Mitglieder erforderlich. Schließt sich der Rat mit qualifizierter Mehrheit dem geänderten Vorschlag des Europäischen Parlaments an, kommt der Rechtsakt gemäß Art. 294 Abs. 8 lit. a AEUV zustande" (BVerfGE 129, 300, 337).

Anderenfalls wird ein Vermittlungsausschuss angerufen, dem gemäß Art. 294 Abs. 8 lit. b und Abs. 10 AEUV Vertreter des Parlaments und des Rates angehören. Der aus diesem Vermittlungsverfahren resultierende Vorschlag in Form eines „gemeinsamen Entwurfes" „muss schließlich gemäß Art. 294 Abs. 13 AEUV binnen sechs Wochen sowohl vom Parlament als auch vom Rat in dritter Lesung gebilligt werden, wobei im Parlament wiederum die Mehrheit der abgegebenen Stimmen genügt" (BVerfGE 129, 300, 338).

„Die Zustimmung des Europäischen Parlaments ist für das Zustandekommen eines Rechtsaktes im ordentlichen Gesetzgebungsverfahren nicht zwingend erforderlich, da der Rechtsakt, den der Rat nach Art. 294 Abs. 5 AEUV festlegt und dem Parlament übermittelt, gemäß Art. 294 Abs. 7 lit. a Alt. 2 und lit. b AEUV auch dann als erlassen gilt, wenn sich das Parlament in der zweiten Lesung zum Standpunkt des Rates nicht äußert oder den Ratsvorschlag nicht mit der Mehrheit seiner Mitglieder ablehnt. Folglich ist die unionale Gesetzgebung nach dem Primärrecht derart konzipiert, dass sie nicht von bestimmten Mehrheitsverhältnissen im Europäischen Parlament abhängig ist. Damit entfällt ein zentraler Grund für die Rechtfertigung der Fünf-Prozent-Sperrklausel" (BVerfGE 129, 300, 338).

„Schließlich folgt aus dem Umstand, dass bestimmte, in den Verträgen ausdrücklich aufgeführte Rechtssetzungsakte nur mit Zustimmung des Parlaments nach besonderen Gesetzgebungsverfahren erlassen werden können, keine Notwendigkeit einer stabilen Parlamentsmehrheit. Durch wechselnde Mehrheiten mögen die Verhandlungen zwischen Europäischem Parlament, Rat und Kommission erschwert werden, jedoch ergeben sich daraus größere Chancen der Mehrheitsfindung. Zudem ist in den Verträgen die Zustimmung des Europäischen Parlaments im besonderen Gesetzgebungsverfahren für gänzlich unterschiedliche Fallgestaltungen wie etwa die Antidiskriminierungsgesetzgebung i.S.d. Art. 19 Abs. 1 AEUV oder die Errichtung der Europäischen Staatsanwaltschaft i.S.d. Art. 86 Abs. 1 AEUV vorgesehen, sodass eine generelle Blockade parlamentarischer Tätigkeit nicht droht, wenn in einzelnen Konstellationen eine Mehrheit für die Zustimmung nicht zustande kommt. Davon ist auch bezüglich der Zustimmungsvorbehalte – vor allem bei den sogenannten konstitutionellen Rechtsakten – auszugehen, durch welche die Europäische Union langfristig geprägt wird – zum Beispiel bei der Aufnahme neuer Mitgliedstaaten i.S.d. Art. 49 Abs. 1 S. 3 EUV, bei der Feststellung einer schwerwiegenden und anhaltenden Verletzung von Werten der Union durch einen Mitgliedstaat i.S.d. Art. 7 Abs. 2 EUV oder bei der Beschlussfassung bezüglich bestimmter völkerrechtlicher Übereinkünfte i.S.d. Art. 218 Abs. 6 lit. a AEUV" (BVerfGE 129, 300, 339).

„Von vorneherein ausgeschlossen werden kann, dass durch die Zunahme kleiner Parteien das Europäische Parlament in der Wahrnehmung seiner Aufgaben der politischen Kontrolle i.S.d. Art. 14 Abs. 1 S. 2 EUV behindert wird. Fragerechte des Parlaments sowie Auskunfts- und Berichtspflichten der Kommission, sonstiger Exekutivorgane und des Rates – auf nationaler Ebene typische Instrumente der parlamentarischen Opposition – sind nicht vom Bestehen einer bestimmten Parlamentsmehrheit abhängig. Soweit im Vertragsrecht bestimmte Quoren vorgesehen sind, bedarf es gemäß Art. 226 Abs. 1 AEUV für die Einsetzung eines Untersuchungsausschusses des Antrags eines Viertels der Parlamentsmitglieder, für die Annahme eines Misstrauensantrags gemäß Art. 234 Abs. 2 AEUV gegen die Kommission der Mehrheit von zwei Dritteln der abgegebenen Stimmen und der Mehrheit der Mitglieder des Europäischen Parlaments. Diese Regelungen sind primär zur Gewährleistung des institutionellen Gleichgewichts zwischen den Organen der Europäischen Union geschaffen worden und enthalten nicht etwa die Maßgabe, dem Europäischen Parlament den Einsatz dieser Instrumente über entsprechende Rahmenbedingungen möglichst zu erleichtern. Bei der Kontrolle des Haushaltsvollzugs der Kommission i.S.d. Art. 319 AEUV entscheidet das Parlament mit der Mehrheit der abgegebenen Stimmen über die Entlastung. Deren Verweigerung gilt als Misstrauensvotum gegenüber der Kommission, das rechtlich allerdings als folgenlos angesehen wird. Auch insoweit bedarf es keiner mehrheitsstabilisierenden Maßnahmen" (BVerfGE 129, 300, 339 f.).

"Auch durch den Charakter der Wahl als Integrationsvorgang bei der politischen Willensbildung und durch den im Primärrecht kodifizierten Europabezug der Parteien i.S.d. Art. 10 Abs. 4 EUV wird es nicht gerechtfertigt, kleineren Parteien mithilfe einer Sperrklausel den Einzug in das Europäische Parlament zu verwehren. Es ist nicht Aufgabe der Wahlgesetzgebung, die Bandbreite des politischen Meinungsspektrums – zum Beispiel im Sinne besserer Übersichtlichkeit der Entscheidungsprozesse in den Volksvertretungen – zu reduzieren. Vielmehr ist auch auf europäischer Ebene die Offenheit des politischen Prozesses zu wahren" (BVerfGE 129, 300, 340).

"Dazu gehört, dass kleinen Parteien die Chance eingeräumt wird, politische Erfolge zu erzielen. Neue politische Vorstellungen werden zum Teil erst über sogenannte Ein-Themen-Parteien der Öffentlichkeit unterbreitet. Es ist gerade Sinn und Zweck der parlamentarischen Debatte, entsprechende Anregungen politisch zu verarbeiten und diesen Vorgang öffentlich zu machen" (BVerfGE 129, 300, 340).

Nach alledem ist die Drei-Prozent-Klausel als Sperrklausel bei der Europawahl nicht gerechtfertigt. § 2 Abs. 7 EuWG ist verfassungswidrig.

Zusatzfrage 1: Kosten der Verwaltung

Gemäß Art. 104a Abs. 1 GG trägt grundsätzlich der Rechtsträger – Bund oder Land – die Ausgaben, die sich aus der Wahrnehmung ihrer Aufgaben ergeben, soweit im Grundgesetz nichts anderes geregelt ist. Dies sind sogenannte Zweckausgaben, von denen auch Verwaltungsausgaben – Kosten für den Unterhalt und den Betrieb des Verwaltungsapparates – erfasst sind. Es gelten insoweit die Grundsätze der gesonderten Ausgabentragung und Konnexität. Dies gilt gemäß Art. 104a Abs. 5 GG auch für Verwaltungsaufgaben sowie die Haftung im Verhältnis zueinander für eine ordnungsgemäße Verwaltung. Gemäß Art. 104a Abs. 6 GG tragen der Bund und die Länder im Verhältnis zueinander auch die Lasten einer Verletzung von supranationalen oder völkerrechtlichen Verpflichtungen Deutschlands nach der innerstaatlichen Zuständigkeits- und Aufgabenverteilung.

Bei der Bundesauftragsverwaltung trägt gemäß Art. 104a Abs. 2 GG trotz der Verwaltungstätigkeit der Länder der Bund die Kosten der Verwaltung. Gemäß

Art. 104a Abs. 3 S. 1 GG kann in Bundesgesetzen, durch die Geldleistungen gewährt und die von den Ländern ausgeführt werden, bestimmt werden, dass die
Geldleistungen ganz oder zum Teil vom Bund getragen werden. Wird durch das
Gesetz bestimmt, dass der Bund die Hälfte der Ausgaben oder mehr trägt, besteht eine Bundesauftragsverwaltung i.S.d. Art. 104a Abs. 3 S. 2 GG.

Zusatzfrage 2: Kostenzuweisung zu den Ländern

Werden in einem Bundesgesetz Kosten den Ländern zugewiesen, bedarf das
Gesetz gemäß Art. 104a Abs. 4 GG der Zustimmung des Bundesrates.

Staatsorganisationsrecht – Fall 5:
„Die Staatsgewalt dem Volk!" (Landesrecht)

Schwerpunkte: abstrakte Normenkontrolle auf Landesebene, Landesverfassungsgerichtsbarkeit, Demokratieprinzip, direkte Demokratie, Volksentscheid, Abgaben, Privatisierung, verfassungsrechtliche Grenzen der Beleihung

Hinweis: Diesem Fall sowie der Falllösung liegt exemplarisch das Landesrecht **NRW** zugrunde. An die Rechtslage in **Berlin, Hamburg** und **Niedersachsen** angepasste Falllösungen sind online einsehbar.

In der Bevölkerung des Bundeslandes Nordrhein-Westfalen besteht über die Politik der Landesregierung erhebliche Unzufriedenheit. Grund hierfür ist die Zunahme der Gewaltdelikte im öffentlichen Raum. Die Landesregierung ergriff daher Maßnahmen zur Erhöhung der Polizeipräsenz in Nordrhein-Westfalen. Die erfolgten Maßnahmen wurden jedoch seitens der Presse und der Bürgerverbände als unzureichend kritisiert.

Der Rentner A, wahlberechtiger Bürger in Nordrhein-Westfalen, ist, nachdem er bereits mehrfach Opfer von Gewalt geworden ist, nicht länger gewillt, die Missstände hinzunehmen und gründet mit einigen Mitstreitern die Volksinitiative „Bürger gegen Wut". Durch Unterschriftenaktionen, Anzeigen in Zeitungen und andere Aufmerksamkeit erregende Aktivitäten erreicht der Zusammenschluss der Bürger zügig die erforderliche Mindeststimmenzahl, um eine Volksinitiative zu bilden. Die Regierung macht dennoch deutlich, dass sie sich damit nicht näher auseinandersetzen will. Der Ministerpräsident erklärt in einer Fernsehtalkshow, dass die aktuelle Gesetzeslage vollkommen ausreichend sei und die veranlassten Maßnahmen bald Früchte trügen.

Die Verantwortlichen der Volksinitiative geben sich damit nicht zufrieden und es folgt ein Volksbegehren. Bezüglich dessen wird innerhalb kurzer Zeit die notwendige Stimmenzahl erreicht. Die Landesregierung legt dem Landtag daraufhin das Volksbegehren zur Entscheidung vor. Nach umfangreichen Debatten, in denen die Landesregierung erneut ihren Standpunkt verdeutlicht hat, lehnen die Regierungsfraktionen das Volksbegehren mit knapper Mehrheit ab. Fünf Wochen nach der Landtagsentscheidung wird durch die Verantwortlichen ein Volksentscheid herbeigeführt mit folgender Formulierung:

§ 1

Die Polizei wird durch einen privaten Schutzdienst (juristische Person des Privatrechts) unterstützt. Dieser darf Maßnahmen im Sinne des PolG NRW durch-

https://doi.org.10.1515/9783110624410-005

führen und wird diesbezüglich beliehen. Der private Schutzdienst ergreift insbesondere die zum Schutz der öffentlichen Sicherheit und Ordnung erforderlichen Maßnahmen. Er kann darüber hinaus auch privatrechtlich tätig werden.

§ 2

Das Land Nordrhein-Westfalen haftet nicht für die durch den Schutzdienst verursachten Schäden. Eine Haftungsüberleitung auf den öffentlich-rechtlichen Rechtsträger erfolgt nicht.

§ 3

Die Kosten der Einsätze des privaten Schutzdienstes, die auf den privatrechtlichen Bereich bezogen sind, werden von denjenigen Personen getragen, die den privaten Schutzdienst beauftragen.

§ 4

Es wird ein Aufsichtsrat gebildet. In diesem bilden Vertreter des Landesparlamentes die Mehrheit.

Der Volksentscheid wird – obwohl sich bereits einige Rechtsexperten zweifelnd über dessen Verfassungsmäßigkeit geäußert haben – durch das Volk mit der erforderlichen Mehrheit angenommen. Das volksbeschlossene Gesetz kommt infolge dessen i.S.d. §§ 22 ff. VIVBVEG einschließlich der ordnungsgemäßen Verkündung gemäß § 29 VIVBVEG zustande.

Seitens der Landesregierung wird einige Wochen später beim Verfassungsgerichtshof beantragt, festzustellen, dass das durch den Volksentscheid zustande gekommene Gesetz verfassungswidrig und somit nichtig ist. Die Landesregierung ist der Auffassung, dass das Volk bezüglich der im Volksgesetz enthaltenen Gesetzgebungsmaterie nicht kompetent sei. Zudem sei eine (Teil-)Privatisierung des Gefahrenabwehrrechts nicht zulässig. Die Landesregierung hält das Gesetz für nichtig. Nachdem der Antrag seitens der Landesregierung schriftlich gestellt worden ist, kommt es aufgrund eines Misstrauensvotums zu vorgezogenen Landtagswahlen und infolgedessen zu einem Regierungswechsel.

Wird der Antrag beim Verfassungsgerichtshof erfolgreich sein, wenn sogar der Landtag und die Akteure des Volksbegehrens vom Verfassungsgerichtshof die Gelegenheit zur Stellungnahme bekommen haben, jedoch jeweils nicht dem Verfahren beigetreten sind?

Zusatzfrage 1
Kann das Volksgesetz durch den Landtag unmittelbar geändert bzw. aufgehoben werden?

Zusatzfrage 2
Stellen Sie dar, ob und inwieweit Formen unmittelbarer Demokratie auf Bundesebene geregelt bzw. regelbar sind.

Bearbeitungsvermerk
Gehen Sie davon aus, dass gegen das Gesetz über das Verfahren bei Volksinitiative, Volksbegehren und Volksentscheid (VIVBVEG) nicht verstoßen wurde. Die Form bei der Gesetzesverkündung ist eingehalten worden. Gehen Sie davon aus, dass die Formvorgaben für den Antrag beim Gericht eingehalten worden sind. Unterstellen Sie, dass – soweit der Schutzdienst öffentlich-rechtlich tätig wird – die Haushaltsgesetzgebung nicht beeinträchtigt ist.

Vertiefung
BVerfG, Urteil vom 22.2.1994 – 1 BvL 30/88 (BVerfGE 90, 60); VerfGH Thüringen, Urteil vom 5.12.2007 – VerfGH 47/60 (BeckRS 2008, 30188); BayVerfGH, Entscheidung vom 31.3.2000 – Vf. 2-IX/00 (BeckRS 2000, 21141)

Zur Einschränkung der Volksgesetzgebungskompetenz: NRWVerfGH, Beschluss vom 26.6.1981 – VerfGH 19/80 (NVwZ 1982, 188); HbgVerfG, Urteil vom 3.3.2005 – HverfG 5/04 (NVwZ-RR 2006, 370)

Zu Sonderabgaben: BVerfG, Urteil vom 12.12.1980 – 2 BvF 3/77 (BVerfGE 55, 274)

Zur demokratischen Legitimation der Ausübung von Staatsgewalt: BVerfG, Beschluss vom 24.5.1995 – 2 BvF 1/92 (BVerfGE 93, 37)

Zur Privatisierung einer Justizvollzugsanstalt: BVerfG, Beschluss vom 18.1.2012 – 2 BvR 133/10 (BVerfGE 130, 76)

Gliederung

Antrag beim Gericht
    A.   Zulässigkeit (+)
        I.   Zuständigkeit (+)
        II. Verfahrensabhängige Zulässigkeitsvoraussetzungen (+)
            1.   Antragsfähigkeit (+)
            2.   Antragsgegenstand (+)

Lösungsvorschlag

Die folgende Lösung ist als Lösungsvorschlag zu verstehen und ausführlicher, als es in der Klausurbearbeitung verlangt werden kann. Aufgrund der wissenschaftlichen Freiheit können andere Lösungswege vertreten werden, soweit sie dogmatisch begründbar sind. Die Nachweise aus Rechtsprechung und Literatur sowie die das Verständnis fördernden Randbemerkungen sind in der Examensklausur auszusparen. Die Abkürzung „Alt." steht für Alternativfall, nicht für Alternative.

Zur Verbesserung der Methodik bei der Anfertigung eines Gutachtens in der Klausur empfiehlt sich die Lektüre des Leitfadens, der online über den QR-Code zur Verfügung steht.

Antrag beim Gericht

Der Antrag der Landesregierung beim Verfassungsgerichtshof wird erfolgreich sein, soweit er zulässig und begründet ist.

A. Zulässigkeit

Der Antrag der Landesregierung beim Verfassungsgerichtshof kann zulässig sein.

Die Zulässigkeit eines Verfahrens vor einem Landesverfassungsgerichtshof ist wie in sonstigen verfassungsprozessualen Verfahren zu erörtern: Es bestehen eine enumerative Zuweisung in der Landesverfassung (anstelle des Grundgesetzes) und in der zugehörigen Prozessordnung (anstelle des BVerfGG) sowie die Erforderlichkeit der Prüfung weiterer – insbesondere in der Prozessordnung geregelter – Voraussetzungen.

I. Zuständigkeit

Der Verfassungsgerichtshof ist nur zuständig, soweit ihm ein Verfahren enumerativ zugewiesen ist. Enumerative Zuweisungen ergeben sich aus der Landesverfassung Nordrhein-Westfalen. Da die Landesregierung das volksbeschlossene Gesetz seitens des Verfassungsgerichtshofes geprüft haben möchte, ist die für den Verfassungsgerichtshof in Art. 75 Nr. 3 Verf NRW i.V.m. § 12 Nr. 6 VGHG NRW enthaltene Zuweisung für eine abstrakte Normenkontrolle maßgeblich. Der Verfassungsgerichtshof ist zuständig.

II. Verfahrensabhängige Zulässigkeitsvoraussetzungen

Jedem dem Verfassungsgerichtshof enumerativ zugewiesenen Verfahren sind verfahrensabhängige Zulässigkeitsvoraussetzungen zugeordnet, die erfüllt sein müssen. Für das Verfahren der abstrakten Normenkontrolle ergeben sie sich aus den §§ 47 ff. VGHG NRW.

1. Antragsfähigkeit

Zwar ist die abstrakte Normenkontrolle nicht kontradiktorisch ausgestaltet, sodass es nicht zweier Parteien bedarf, jedoch bedarf es zumindest eines Antragstellers. Der Antrag kann gemäß § 47 VGHG NRW von der Landesregierung oder von einem Drittel der Mitglieder des Landtages gestellt werden. Dass es seit der Antragstellung zu einem Regierungswechsel gekommen ist, ist dabei unerheblich, da § 47 VGHG NRW auf die Landesregierung als Organ und nicht nur auf die konkret amtierende Landesregierung abstellt. Die Landesregierung ist somit gemäß § 47 VGHG NRW antragsfähig.

2. Antragsgegenstand

Antragsgegenstand kann gemäß § 47 lit. a VGHG NRW eine „Norm des Landesrechts" sein. Das auf Antrag der Landesregierung durch den Verfassungsgerichtshof zu prüfende volksbeschlossene Gesetz als Landesgesetz stellt einen solchen Verfahrensgegenstand dar.

3. Antragsgrund

Die Landesregierung muss einen Antragsgrund haben. Da es sich bei der abstrakten Normenkontrolle um ein objektives Beanstandungsverfahren handelt, das Ausdruck der Stellung des Verfassungsgerichtshofes als „Hüter der Verfassung" ist, bedarf es keiner individuellen Betroffenheit der Landesregierung, also keines subjektiven Rechtes. Für die Annahme eines Antragsgrundes ist es gemäß § 47 lit. a VGHG NRW hinreichend, wenn die Antragstellerin das Gesetz für nichtig hält und dies im Antrag zum Ausdruck bringt. Eine engere, verfassungskonforme Auslegung des § 47 lit. a VGHG dahingehend, dass es eines subjektiven Rechts bedarf, kommt nicht in Betracht, weil die Vermeidung von Popularverfahren, die zur Herstellung der Funktionsfähigkeit des unter anderem in Art. 20 Abs. 2 S. 2 und Abs. 3 GG i.V.m. der Homogenitätsklausel i.S.d. Art. 28 Abs. 1 GG verankerten Rechtsstaatsprinzips erforderlich ist, durch den begrenzten Kreis der Antragsteller, die selbst an rechtsstaatliche Grundsätze gebunden sind, gewährleistet ist. Vielmehr ist § 47 lit. a VGHG NRW verfassungskonform i.S.d. Art. 75 Nr. 3 Verf NRW dahingehend auszulegen, dass Zweifel an der Verfassungsmäßigkeit des Gesetzes hinreichend sind. Da die Landesregierung das volksbeschlossene Gesetz für nichtig hält, besteht ein Antragsgrund.

Die Thematik des Antragsgrundes im Rahmen des objektiven Beanstandungsverfahrens besteht vergleichbar auf Bundesebene bezüglich des Art. 93 Abs. 1 Nr. 2 GG und des § 76 Abs. 1 BVerfGG.

---

4. Beteiligung des Landtages, der Landesregierung und der Akteure des Volksbegehrens

Ob die Landesregierung über ihre Stellung als Antragstellerin hinaus sowie der Landtag i.S.d. § 48 S. 1 VGHG NRW bei einem volksbeschlossenen Gesetz beteiligt werden müssen, ist irrelevant, weil dies jedenfalls geschehen und der Landtag dem Verfahren nicht gemäß § 48 S. 2 VGHG NRW beigetreten ist. Der Verfassungsgerichtshof hatte dem Landtag und der Landesregierung die erforderliche Gelegenheit zur Stellungnahme i.S.d. § 48 S. 1 VGHG NRW gegeben. Ebenso kommt es nicht darauf an, ob die Akteure des Volksbegehrens analog § 48 S. 1 VGHG NRW hätten beteiligt werden müssen, weil dies ebenfalls geschehen ist und ein Beitritt analog § 48 S. 2 VGHG NRW jedenfalls nicht erfolgt ist.

III. Form und Frist

Es ist davon auszugehen, dass der Antrag gemäß § 18 Abs. 1 S. 1, 2 VGHG NRW ordnungsgemäß begründet, schriftlich gestellt und gegebenenfalls mit ordnungsgemäßen Beweismitteln versehen worden ist. Zwar war keine gesetzliche Frist einzuhalten, jedoch ist die seitens des Verfassungsgerichtshofes gemäß § 18 Abs. 2 VGHG NRW gegebenenfalls gesetzte Frist jedenfalls eingehalten worden.

IV. Zwischenergebnis

Der Antrag der Landesregierung, die Nichtigkeit des i.S.d. §§ 22ff. VIVBVEG zustande gekommenen volksbeschlossenen Gesetzes festzustellen, ist zulässig.

B. Begründetheit

Der Antrag der Landesregierung ist begründet, soweit das volksbeschlossene Gesetz mit der Verfassung des Landes Nordrhein-Westfalen unvereinbar ist. Dann wird der Verfassungsgerichtshof gemäß § 49 S. 1, 2 VGHG NRW erklären, dass das Gesetz mit der Verfassung von Nordrhein-Westfalen unvereinbar ist bzw. es für nichtig erklären. Gemessen am objektiv anzuwendenden Maßstab des Vorranges des Gesetzes kann das volksbeschlossene Gesetz formell bzw. materiell mit der Verfassung des Landes Nordrhein-Westfalen unvereinbar sein.

Prüfungsmaßstab für den (Landes-)Verfassungsgerichtshof ist gemäß § 49 S. 1 VGHG NRW Landesverfassungsrecht, während für die Prüfung anhand des Grundgesetzes das Bundesverfassungsgericht zuständig ist. Nur soweit das Grundgesetz Bestandteil der Landesverfassung ist, darf seitens des Verfassungsgerichtshofes auch auf das Grundgesetz Bezug genommen werden.

Über die Homogenitätsklausel des Art. 28 Abs. 1 S. 1 GG sind insbesondere die klausurre-levanten Grundsätze des Demokratie- und Rechtsstaatsprinzips auch auf Landesebene zu be-achten.

I. Formelle Verfassungswidrigkeit

Das volksbeschlossene Gesetz kann formell verfassungswidrig sein.

1. Zuständigkeit

Die Zuständigkeit im Sinne der Verfassung des Landes Nordrhein-Westfalen ist gewahrt worden, soweit mit dem Land Nordrhein-Westfalen der zuständige Verband und mit dem Volk das zuständige Organ gehandelt hat.

a) Verbandskompetenz

Bezüglich der Verbandskompetenz ist maßgeblich, ob das Land Nordrhein-Westfalen als Gebietskörperschaft des öffentlichen Rechts als Rechtsträger zum Erlass eines Gesetzes im Gefahrenabwehrrecht zuständig ist. Bezüglich der Ge-setzgebungskompetenzen sind die Artt. 70 ff. GG maßgeblich, während Art. 30 GG bei Kompetenzstreitigkeiten lediglich als Generalklausel maßgeblich ist.

Als Grundregel bei den Gesetzgebungskompetenzen i.S.d. Artt. 70 ff. GG ist Art. 70 Abs. 1 GG als eine den Art. 30 GG verdrängende, für die Gesetzge-bungskompetenzen geschaffene Generalklausel maßgeblich. Danach sind die Länder zur Gesetzgebung zuständig, soweit im Grundgesetz nicht anderes be-stimmt ist. Ein Verstoß gegen die Gesetzgebungskompetenzen i.S.d. Artt. 70 ff. GG stellt zugleich einen Verstoß gegen das auch in den Ländern gemäß Art. 28 Abs. 1 S. 1 GG i.V.m. Art. 79 Abs. 3 GG geltende Demokratieprinzip aus Art. 20 Abs. 2 S. 1 GG dar, sodass die Artt. 70 ff. GG vom Prüfungsmaßstab umfasst sind.

Gemäß Art. 71 GG haben die Länder im Bereich der ausschließlichen Ge-setzgebung nur die Gesetzgebungskompetenz, soweit sie dazu in einem Bun-desgesetz ausdrücklich ermächtigt werden, während im Rahmen der konkurrie-renden Gesetzgebung i.S.d. Art. 72 Abs. 1, 2 GG die Länder für die Gesetzgebung zuständig sind, soweit im Grundgesetz nichts anderes bestimmt ist.

Da es sich bei der allgemeinen Gefahrenabwehr jedoch weder um einen Kompetenztitel der ausschließlichen Gesetzgebung i.S.d. Art. 73 GG noch einen Titel der konkurrierenden Gesetzgebung i.S.d. Art. 74 GG handelt und zudem keine Spezialregelungen maßgeblich sind, ergibt sich die Verbandskompetenz des Landes Nordrhein-Westfalen für die allgemeine Gefahrenabwehr aus der Generalklausel für Gesetzgebungskompetenzen – Art. 70 Abs. 1 GG. Das Land

Nordrhein-Westfalen ist für die Gesetzgebung im Bereich der Gefahrenabwehr als Verband somit gemäß Art. 70 Abs. 1 GG zuständig.

Soweit in § 2 S. 2 des volksbeschlossenen Gesetzes die Staatshaftung als konkurrierende Gesetzgebung i.S.d. Art. 72 Abs. 1 GG i.V.m. Art. 74 Abs. 1 Nr. 25 GG betroffen ist, hat der Bund von seiner Gesetzgebungskompetenz keinen Gebrauch gemacht, weil Art. 34 S. 1 GG im Grundgesetz wegen der Formulierung „grundsätzlich" offen formuliert ist, sodass gemäß Art. 72 Abs. 1 GG das Land Nordrhein-Westfalen zuständig ist.

b) Organkompetenz

Da das Volk als Organ mittels der Volksinitiative, des Begehrens und des Entscheides zur Gesetzgebung tätig geworden ist, muss – soweit das Gesetz verfassungsgemäß sein soll – eine entsprechende Organkompetenz bestehen. Gemäß Art. 3 Abs. 1 Verf NRW sind das Volk und die Volksvertretung – der Landtag i.S.d. Art. 30 Verf NRW – als Organe für die Gesetzgebung zuständig. § 26 GO NRW ist insoweit irrelevant, da in dieser Norm lediglich die unmittelbare Demokratie auf kommunaler Ebene geregelt ist.

Schema 19: Direkte Demokratie NRW

> **1. Volksinitiative gem. Art. 67a NRW Verf**
> \> Verlangen: Befassung des Landtages mit bestimmten Gegenständen der politischen Willensbildung (auch Gesetz> Abs. 1 S. 2)
> \> Voraussetzung: Unterschriften (0,5% der Stimmberechtigten>Abs. 2; §§ 1 ff. VIVBVEG)
>
> **2. Volksbegehren gem. Art. 68 NRW Verf**
> \> Gerichtet auf Erlass, Änderung, Aufhebung eines Gesetzes (Abs. 1 S. 1)
> \> Zustandekommen: 8% der Stimmberechtigten (Abs. 1 S. 7>§§ 6 ff. VIVBVEG)
>
> **3. Volksentscheid gem. Art. 68 NRW Verf**
> \> Nichtannahme des Landtages (Gesetzesentwurf): Durchführung eines Volksentscheides **(Abs. 2 S. 2)**
> \> Volksentscheid erfolgreich
>
> **a)** im Fall von Verfassungsänderungen: mind. Hälfte der Stimmberechtigten beteiligt und 2/3 der Abstimmenden **(Art. 69 Abs. 3 S. 2)**
>
> **b)** sonst: Mehrheit abgegebener Stimmen, mind. 15% Stimmberechtigter **(Abs. 4 S. 2)**

Während die Kompetenz des Landtages nicht begrenzt ist, ist die Kompetenz des Volkes gemäß Art. 68 Abs. 1 S. 4 Verf NRW eingeschränkt. Das Volksbegehren ist gemäß Art. 68 Abs. 1 S. 3 Verf NRW grundsätzlich auf Gebieten der Landesgesetzgebung zulässig ist. In Art. 68 Abs. 1 S. 4 Verf NRW ist aber eine Einschränkung dahingehend geregelt, dass Finanzfragen, Abgabengesetze und Besoldungsordnungen ausgenommen sind. Zwar ist die Regelung lediglich auf Volksbegehren bezogen, jedoch ist das Volksbegehren die notwendige Vorstufe eines Volksentscheides (siehe § 24 Abs. 1 Nr. 1 VIVBVEG), sodass die Einschränkung auch für Volksentscheide gilt.

Schema 20: Finanzverfassung – Grundentscheidungen

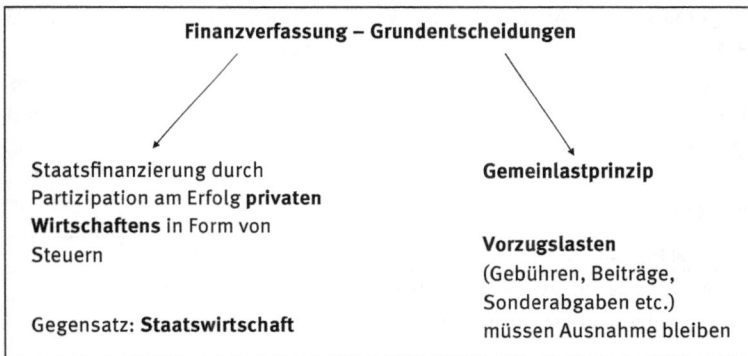

Finanzverfassung – Grundentscheidungen

Staatsfinanzierung durch Partizipation am Erfolg **privaten Wirtschaftens** in Form von Steuern

Gegensatz: **Staatswirtschaft**

Gemeinlastprinzip

Vorzugslasten (Gebühren, Beiträge, Sonderabgaben etc.) müssen Ausnahme bleiben

Schema 21: Finanzverfassung – Regelungsbereiche

Finanzverfassung – Regelungsbereiche

Ausgaben-verteilung Art. 104a GG	**Gesetzgebungs-kompetenzen:** Art. 105 GG	**Verteilung des Steueraufkommens** Art. 106, 107 GG

Der Sinn und der Zweck der Regelung besteht darin, dass die Budgethoheit beim Parlament verbleibt, damit keine Abstimmung des Volkes aus persönlichen Vorteilserwägungen Einzelner heraus erfolgt. „Die Leistungsfähigkeit des Staates ist zu gewährleisten und ein Missbrauch der Volksgesetzgebung zu verhindern. Wegen fehlender „repräsentativer Distanz" besteht die Gefahr, dass das Volk seine finanziellen Lasten ohne Rücksicht auf den Haushalt herabsetzt. Diese Gefahr besteht auch bei Kommunalabgaben" (VerfGH Thüringen, BeckRS 2008, 30188).

aa) Unzulässige Finanzfragen

Fraglich ist, ob das volksbeschlossene Gesetz Regelungen über Finanzfragen enthält, die nicht Gegenstand der Volksgesetzgebung sein dürfen. In § 3 des Gesetzes ist nämlich eine Regelung für die Kostenumlegung auf den Bürger enthalten.

Der Terminus „Finanzfragen" des Art. 68 Abs. 1 S. 4 Verf NRW ist weit gefasst. Somit könnte die Kostenregelung in § 3 des volksbeschlossenen Gesetzes als Finanzfrage einzuordnen sein.

Jedoch sind nach dem Sinn und Zweck des Art. 68 Abs. 1 S. 4 Verf NRW nur Gesetze erfasst, deren Schwerpunkt in der Anordnung von Einnahmen oder Ausgaben liegt, durch die der Staatshaushalt wesentlich beeinflusst wird. Letztlich soll zwar gemäß Art. 3 Abs. 1 Verf NRW und gemäß Art. 20 Abs. 2 S. 1 GG i.V.m. Art. 28 Abs. 1 GG die Staatsgewalt vom Volk ausgehen, jedoch muss das Budgetrecht dem Parlament belassen bleiben, damit der Staat im Sinne des sich unter anderem aus Art. 20 Abs. 3 GG i.V.m. Art. 28 Abs. 1 GG ergebenden Rechtsstaatsprinzips handlungsfähig bleibt.

Schema 22: Staatsgewalt (Art. 20 Abs. 2 S. 1 GG)

"Alle **Staatsgewalt**...	... geht vom **Volke** aus."
Koppelung der Gewalt an den Staat ➜ europäischer Bundesstaat derzeit nicht möglich	Willensbildung des Volkes muss – frei – offen & – unreglementiert vollzogen werden
Kernbereiche: – Strafrecht – Gewaltmonopol – Haushalt – Familie, Bildung	➜ pluralistischer und transparenter Prozess der Willensbildung d.h. Mehrheit setzt sich durch „Ausnahmen": – Minderheitenschutz – Untersuchungsausschüsse – Flankierende Grundrechte zur Meinungsbildung

Volksbegehren sind somit unzulässig, wenn durch sie auf den Gesamtbestand des Haushaltes Einfluss genommen, das Gleichgewicht des gesamten Haushaltes gestört und damit eine wesentliche Beeinträchtigung des Budgetrechtes des Parlamentes herbeigeführt würde. Maßgeblich ist diesbezüglich nicht die Höhe etwaiger Mehrkosten, sondern eine wertende Gesamtbetrachtung im Einzelfall.

Durch § 3 des maßgeblichen volksbeschlossenen Gesetzes entstehen keine Mehrkosten im Haushalt, durch welche die Festsetzungen zur Gefahrenabwehr im Haushalt verändert werden. Durch § 3 des volksbeschlossenen Gesetzes sollen lediglich die entstehenden Kosten als solche im Bereich außerhalb der Gefahrenabwehr im privatrechtlichen Bereich verlangt werden, sodass es lediglich um die Selbstfinanzierung der im Gesetz geregelten Maßnahmen geht. Dem Land Nordrhein-Westfalen entstehen keine neuen Kosten mit der Folge, dass keine Regelungen über Finanzfragen enthalten sind.

bb) Unzulässige Besoldungsordnungen

Unzulässige Besoldungsordnungen i.S.d. Art. 68 Abs. 1 S. 4 Verf NRW sind in dem volksbeschlossenen Gesetz nicht ersichtlich, da in dem Gesetz keine beamtenrechtlichen Dienst- und Versorgungsbezüge geregelt sind.

cc) Unzulässiges Abgabengesetz

Es könnte sich bei dem Gesetz jedoch um ein unzulässiges volksbeschlossenes Abgabengesetz handeln. Abgaben sind Geldleistungen, die Bürger aufgrund von Rechtsvorschriften an den Staat abzuführen haben. Zu ihnen gehören Steuern, Vorzugslasten und beitragsähnliche Sonderabgaben.

Schema 23: Abgabearten, siehe auch Schema 40

Steuern	Gebühren	Beiträge
→ Geldleistungen, die keine Gegenleistung für besondere Leistungen darstellen	→ Geldleistungen, die als Gegenleistung für die **tatsächliche Inanspruchnahme** einer besonderen	→ Abgaben für die Nutzungsmöglichkeit von Vorteilen, die dem einzelnen
>von einem öffentlich-rechtlichen Gemeinwesen zur Erzielung von Einnahmen allen auferlegt werden, bei denen der Tatbestand zutrifft, an den durch Gesetz die Leistungspflicht geknüpft wird (§ 3 I AO)	Leistung von Behörden (Verwaltungsgebühren) oder für die Inanspruchnahme einer öffentlichen Einrichtung (Benutzungsgebühren) erhoben	eröffnet werden, unabhängig davon, ob er den Vorteil in Anspruch nimmt oder nicht
Im Übrigen: **Sonderabgaben**		

(1) Steuer

Es könnte sich bei den Zahlungen i.S.d. § 3 des volksbeschlossenen Gesetzes um eine Steuer handeln. Steuern sind gemäß § 3 Abs. 1 AO, die nicht eine Gegenleistung für eine besondere Leistung darstellen und von einem öffentlichen Gemeinwesen zur Erzielung von Einkünften allen auferlegt werden, bei denen der Tatbestand zutrifft, an den das Gesetz die Leistungspflicht knüpft. Dazu gehören auch Zölle, nicht aber Vorzugslasten, also Gebühren für eine besondere Inanspruchnahme der Verwaltung und Beiträge. Für die Steuer wird also die Legaldefinition des § 3 Abs. 1 AO entsprechend maßgeblich, wenngleich der Steuerbegriff des Grundgesetzes und damit auch der Landesverfassung über das Konzentrat einfachgesetzlicher Normen hinausgeht (BVerfGE 55, 274, 299). Bei der Abgabe der Polizeipflichtigen i.S.d. § 3 des volksbeschlossenen Gesetzes geht es nicht um die Erzielung von Einkünften für das Gemeinwesen, sondern die Gegenfinanzierung des Gesetzes. Es handelt sich nicht um eine Steuer.

(2) Vorzugslasten

Es kann sich bei den Kosten i.S.d. § 3 des volksbeschlossenen Gesetzes um eine Vorzugslast in Form einer Gebühr oder eines Beitrages handeln. Gebühren sind Leistungen, die aufgrund einer konkreten Gegenleistung staatlicher Einrichtungen zu erbringen sind, wobei zwischen Verwaltungs- und Nutzungsgebühren zu unterscheiden ist. Verwaltungsgebühren sind Zahlungen für eine konkrete Handlung der Verwaltung, während Nutzungsgebühren bei der Inanspruchnahme im Rahmen der Daseinsvorsorge seitens des Staates zur Verfügung gestellter öffentlicher Einrichtungen entstehen. Beiträge werden im Rahmen zwangsmitgliedschaftlich organisierter juristischer Personen für eine dem Einzelnen eröffnete Nutzungsmöglichkeit innerhalb der zwangsmitgliedschaftlich organisierten juristischen Person entrichtet, ohne dass es auf die tatsächliche Nutzung ankommt. Die gemäß § 3 des volksbeschlossenen Gesetzes geregelten Kosten sind auf die privatrechtliche Tätigkeit des Schutzdienstes bezogen, sodass es sich nicht um Gebühren bzw. Beiträge im Sinne des öffentlichen Rechts handelt.

(3) Beitragsähnliche Sonderabgabe

Es könnte sich bei den Kosten i.S.d. § 3 des volksbeschlossenen Gesetzes um eine beitragsähnliche Sonderabgabe handeln. Diese könnte gesetzlich geregelt sein. Eine Sonderabgabe ist in der Landesverfassung NRW und im Grundgesetz, über das eine etwaige Sonderabgabenregelung gemäß Art. 28 Abs. 1 S. 1, Abs. 3 GG in die Landesverfassung einstrahlen könnte, nicht explizit geregelt, sodass insoweit keine Sonderkompetenznorm ersichtlich ist. Dennoch sind Sonderabgaben im verfassungsrechtlichen Kompetenzgefüge in Anlehnung an die jeweilige Gesetzgebungsmaterie zulässig, soweit damit keine zusätzliche Steuer unter Umgehung der besonderen Vorschriften im Finanzverfassungsrecht umgangen wird. Es darf sich somit nicht um eine steuerähnliche Abgabe handeln, die gegeben ist, wenn es um die Erzielung von Einnahmen für den allgemeinen öffentlichen Finanzbedarf des öffentlichen Gemeinwesens geht. Eine solche ist die von einer abgrenzbaren homogenen Gruppe geforderte Abgabe, wobei eine evidente Nähe der Abgabepflichtigen zum Zweck bestehen muss. Darüber hinaus bedarf es einer Verantwortlichkeit der Gruppe im betroffenen Bereich, also eines gruppenspezifischen Bezuges. Die Abgabe muss gruppennützig verwendet werden (zum Ganzen: BVerfGE 55, 274; VerfGH Thüringen, Beck-RS 2008, 30188). Die gemäß § 3 des volksbeschlossenen Gesetzes geregelten Kosten sind jedoch auf die privatrechtliche Tätigkeit des Schutzdienstes bezogen, sodass es sich nicht um Sonderabgaben im Sinne des öffentlichen Rechts handelt.

Schema 24: Voraussetzungen zulässiger Sonderabgaben

▪ **Homogene Gruppe** (gemeinsame Interessen/Gegebenheiten)
▪ **Sachnähe** (spezifische Beziehung Kreis Pflichtiger/Zweck>evidente Nähe)
▪ **Gruppenverantwortung** (für Zweckerfüllung)
▪ **Gruppennützige Verwendung**

(4) Zwischenergebnis

Die gemäß § 3 des volksbeschlossenen Gesetzes umzulegenden Kosten stellen keine Abgaben dar. Die Volksgesetzgebung ist somit nicht gemäß Art. 68 Abs. 1 S. 4 Verf NRW ausgeschlossen, sodass das Volk im Rahmen seiner Organkompetenz gehandelt hat.

2. Verfahren

Fraglich ist, ob aufgrund der Abstimmung durch das Volk im Volksgesetzgebungsverfahren insoweit gegen die Verfassung von Nordrhein-Westfalen verstoßen worden ist, als die direkte Demokratie unzulässig sein könnte.

„Direkte" und „unmittelbare" Demokratie sind ebenso wie „indirekte" und „mittelbare" Demokratie gleichbedeutend. Bei direkter Demokratie spricht man auch von einem „plebiszitären Element", während indirekte Demokratie auch „repräsentative Demokratie" genannt wird.

Gemäß der Homogenitätsvorgabe i.S.d. Art. 28 Abs. 1 GG gilt das Demokratieprinzip i.S.d. Art. 20 Abs. 2 S. 2 GG auch im Bereich der Landesverfassung. Gemäß Art. 20 Abs. 2 S. 2 GG ist Demokratie im Sinne des Grundgesetzes jedoch nicht auf ein repräsentatives System festgelegt. Die Demokratieausübung erfolgt durch „Wahlen und Abstimmungen", sodass mittels der Abstimmungen auch die direkte Demokratie erfasst ist. Demgemäß wird nach Art. 2 Verf NRW die Staatsgewalt auch durch Wahl, Volksbegehren und Volksentscheid ausgeübt.

Wie im Rahmen der Homogenität in den Ländern das Verhältnis zwischen mittelbarer und unmittelbarer Demokratie ausgestaltet ist, liegt im Ermessen des Landesverfassungsgebers. Ein Verstoß gegen das Homogenitätsgebot des Art. 28 Abs. 1 S. 1 GG durch die Vorschriften der Volksgesetzgebung ist aufgrund der Möglichkeit der Ausgestaltung der direkten Demokratie in Form plebiszitärer Elemente demnach nicht erfolgt (vgl. BayVerfGH, BeckRS 2000, 21141).

Im Übrigen sind Verfahrensfehler im Gesetzgebungsverfahren gemäß den Artt. 68–69 Verf NRW nicht ersichtlich, sodass es unerheblich ist, inwieweit der Verfassungsgerichtshof etwaige Verstöße gegen das Gesetz über das Verfahren bei Volksinitiative, Volksbegehren und Volksentscheid prüfen würde. Das Gesetz ist verfahrensrechtlich ordnungsgemäß zustande gekommen.

3. Form

Das volksbeschlossene Gesetz ist gemäß Art. 71 Abs. 1 S. 1, 2 Verf NRW unverzüglich ausgefertigt und im Gesetz- und Verordnungsblatt verkündet und vom Ministerpräsidenten sowie von den beteiligten Ministern unterzeichnet worden.

II. Materielle Verfassungswidrigkeit

Das volksbeschlossene Gesetz kann materiell verfassungswidrig sein. Das setzt allerdings voraus, dass es mit höherrangigem Recht unvereinbar ist. Prüfungsmaßstab ist für den Verfassungsgerichtshof jedoch gemäß § 49 S. 1 VGHG NRW lediglich die Landesverfassung. Nur soweit das Grundgesetz – etwa über die Homogenitätsklausel des Art. 28 Abs. 1 S. 1 GG – Bestandteil der Landesverfassung ist, darf seitens des Verfassungsgerichtshofes auch auf das Grundgesetz Bezug genommen werden.

1. Unvereinbarkeit mit dem Demokratieprinzip

Das volksbeschlossene Gesetz kann mit dem Demokratieprinzip unvereinbar sein. Das Demokratieprinzip ist einerseits in den Artt. 2 und 3 Abs. 1 Verf NRW geregelt. Diese landesverfassungsrechtlichen Normen sind jedoch homogen zum Grundgesetz, da das Demokratieprinzip i.S.d. Art. 20 Abs. 2 S. 1 GG, welches gemäß Art. 79 Abs. 3 GG unabänderlich ist, gemäß des Homogenitätsgebotes i.S.d. Art. 28 Abs. 1 S. 1 GG auch in den Ländern gilt.

a) Bedeutung des Art. 28 Abs. 1 S. 1 GG

„Gemäß Art. 28 Abs. 1 S. 1 GG muss die verfassungsmäßige Ordnung in den Ländern unter anderem den Grundsätzen des demokratischen und sozialen Rechtsstaats im Sinne des Grundgesetzes entsprechen. Durch Art. 28 Abs. 1 GG soll dasjenige Maß an struktureller Homogenität zwischen Gesamtstaat und Gliedstaaten gewährleistet werden, das für die Funktionsfähigkeit eines Bundesstaats unerlässlich ist, wenngleich im zweigliedrigen Bundesstaat i.S.d. Art. 20 Abs. 1 GG keine Uniformität hergestellt werden soll. Im Grundgesetz wird sogar gegenteilig eine grundsätzliche Verfassungsautonomie der Länder vorausgesetzt. Es ist lediglich ein Mindestmaß an Homogenität erforderlich, das inhaltlich in Art. 28 Abs. 1 GG bestimmt ist. Dieser Zurückhaltung gegenüber den Landesverfassungen entspricht eine enge Interpretation des Art. 28 Abs. 1 GG. Das Homogenitätserfordernis ist auf die dort genannten Staatsstruktur- und Staatszielbestimmungen und innerhalb dieser wiederum auf deren Grundsätze beschränkt. Die konkreten Ausgestaltungen dieser Grundsätze im Grundgesetz sind für die Landesverfassungen nicht verbindlich" (BVerfGE 90, 60, 84 f.).

b) Unvereinbarkeit der Privatisierung mit dem Demokratieprinzip

Die im volksbeschlossenen Gesetz in § 1 geregelte Privatisierung kann mit demokratischen Grundsätzen unvereinbar sein. Das Demokratieprinzip besteht im Wesentlichen aus der sachlichen Legitimation, der zeitlichen Legitimation und der personellen Legitimation.

Schema 25: Legitimation staatlichen Handelns

Staatliches Handeln =	
amtliches Handeln	**mit Entscheidungscharakter**
Gesetzgebung, Rechtsprechung, unmittelbare Verwaltung und mittelbare Verwaltung durch Zwischenschaltung juristischer Personen des öffentlichen Rechts und Beliehene	Rechtsakte, schlichtes Handeln

Personelle Legitimation	**Sachliche Legitimation**
= jeder Amtswalter muss durch ununterbrochene Legitimationskette mit Volk verbunden sein	= inhaltliche Bindung durch 1. Gesetzesvorbehalt (Artt, 1-19, 80 Abs. 1 GG) und Wesentlichkeitsgrundsatz (folgt aus praktischer Konkordanz zwischen Demokratie- und Rechtsstaatsprinzip) 2. Aufsicht und Weisungen
Plus und Minus der jeweiligen Legitimation können zum Ausgleich führen!	

aa) Sachliche Legitimation

Sachliche Legitimation bedeutet, dass alle Staatsgewalt ihrem Inhalt nach auf den Willen des Volkes zurückgeführt werden kann.

Das würde in der repräsentativen Demokratie bedeuten, dass ein Totalvorbehalt bestünde. Jede staatliche Handlung müsste durch einen Parlamentsbeschluss erfolgen. Dadurch würden die Parlamente aber funktionsunfähig werden. In praktischer Konkordanz zum Demokratieprinzip ist als gegenläufiges Verfassungsgut jedoch das unter anderem in Art. 3 Verf NRW geregelte Rechtsstaatsprinzip – auch dieses ist gemäß Art. 28 Abs. 1 S. 1 GG i.V.m. Art. 20 Abs. 2 S. 2 und Abs. 3 GG sowie Art. 79 Abs. 3 GG unabänderlich – zu berücksichtigen. Im Rahmen dieser praktischen Konkordanz ergibt sich, dass (nur) Wesentliches durch den Gesetzgeber geregelt werden muss. Es gilt ein Gesetzesvorbehalt.

Da volksbeschlossene Gesetze in den Artt. 68–69 Verf NRW jedoch mit Parlamentsgesetzen gleichgesetzt werden, gelten sie als vollwertige formelle Gesetze. Somit entsprechen die Regelungen im Gesetz dem Gesetzesvorbehalt. Eine Unvereinbarkeit des volksbeschlossenen Gesetzes mit dem Gebot sachlicher Legitimation ist nicht ersichtlich.

Aus dem Demokratieprinzip ergibt sich in praktischer Konkordanz zum Rechtsstaatsprinzip der Gesetzesvorbehalt für Wesentliches. Im Gegensatz dazu steht der Verwaltungsvorbehalt als

Ausdruck rechtsstaatlicher Gewaltenteilung. Danach ist Nicht-Wesentliches der Verwaltung „vorbehalten". Der Verwaltungsvorbehalt stellt somit eine Ausnahme zur uneingeschränkten sachlichen Legitimation dar.

---

bb) Legitimation auf Zeit

Das demokratische Gebot der Legitimation auf Zeit bedeutet, dass das Volk in regelmäßigen Abständen neue Entscheidungen treffen darf – insbesondere über seine Repräsentanten. Somit müssen in regelmäßigen Abständen Wahlen stattfinden. Eine Durchbrechung des uneingeschränkten Gebotes zeitlicher Legitimation ergibt sich zum Beispiel aus einer praktischen Konkordanz des Demokratieprinzips zu Art. 23 GG, durch den es ermöglicht wird, dauerhaft Hoheitsgewalt auf die Europäische Union zu übertragen. Eine Beeinträchtigung des Gebotes der zeitlichen Legitimation durch das volksbeschlossene Gesetz ist jedoch nicht ersichtlich.

cc) Personelle Legitimation

Das volksbeschlossene Gesetz kann mit dem demokratischen Gebot der personellen Legitimation insofern unvereinbar sein, als die Polizei durch einen beliehenen privaten Schutzdienst mit der Befugnis zur Ausübung von Staatsgewalt im Sinne des PolG NRW unterstützt werden soll.

Eine personelle Legitimation ist dann gegeben, wenn eine personelle Legitimationskette öffentlich-rechtlich handelnder Personen zum Volk als Träger staatlicher Gewalt besteht. In der repräsentativen Demokratie bedeutet dies, dass auch eine ständige Rückkopplung der öffentlich-rechtlich handelnden Personen zum Parlament bestehen muss.

„Organe und Amtswalter bedürfen zur Ausübung von Staatsgewalt somit einer Legitimation, die – als eine demokratische – auf die Gesamtheit der Staatsbürger, das Volk, rückführbar ist, jedoch regelmäßig nicht durch eine unmittelbare Volkswahl erfolgen muss. Die Handlungen der Amtsträger müssen dadurch ausreichend sachlich legitimiert sein, dass die Amtsträger im Auftrag und nach Weisung der Regierung – ohne Bindung an die Willensentschließung einer außerhalb parlamentarischer Verantwortung stehenden Stelle – handeln können und die Regierung damit in die Lage versetzt wird, die Sachverantwortung gegenüber dem Volk und dem Parlament zu übernehmen" (BVerfGE 93, 37, 67).

„Eine uneingeschränkte personelle Legitimation eines Amtsträgers besteht, wenn er sein Amt verfassungsgemäß mittels einer Wahl durch das Volk oder das Parlament oder dadurch erhalten hat, dass er durch einen seinerseits personell legitimierten, in Verantwortung gegenüber dem Parlament handelnden Amtsträger oder mit dessen Zustimmung in ununterbrochener Legitimationskette bestellt worden ist. Ist im Gesetz ein Gremium als Kreationsorgan für die definitive Bestellung eines Amtsträgers vorgesehen, das nur teilweise aus personell legitimierten Amtsträgern zusammengesetzt ist, erhält der zu Bestellende die volle demokratische Legitimation für sein Amt nur dadurch, dass die entscheidungserhebliche Mehrheit sich ihrerseits aus einer Mehrheit unbeschränkt demokratisch legitimierter Mitglieder des Kreationsorgans ergibt. Die Vermittlung personeller demokratischer Legitimation setzt zudem voraus, dass die personell demokratisch legitimierten Mitglieder eines solchen Kreationsorgans bei ihrer Mitwirkung an der Bestellung eines Amtsträgers ihrerseits auch parlamentarisch verantwortlich handeln" (BVerfGE 93, 37, 67).

Fraglich ist, ob die Unterstützung der Polizei durch den beliehenen privaten Schutzdienst mit diesen Maßstäben vereinbar ist. Eine demokratisch gebotene personelle Legitimation kann auch durch eine Privatisierung oder zwischengeschaltete juristische Personen erfolgen, da das Demokratieprinzip im Sinne eines Totalvorbehaltes in praktischer Konkordanz mit dem gegenläufigen, sich unter anderem aus Art. 20 Abs. 3 GG ergebenden Rechtsstaatsprinzip im Sinne eines Verwaltungsvorbehaltes auszulegen ist.

(1) Juristische Personen

Bei der Einbindung juristischer Personen des öffentlichen Rechts in die Staatsunterteilung ist die personelle Legitimation insoweit durchbrochen, als Körperschaften – unterteilt in Gebiets- und Personalkörperschaften – sowie Anstalten und Stiftungen als Rechtsträger öffentlichen Rechts durch eigene Organe handeln, die nur im Rahmen mittelbarer Staatsverwaltung für den Staat – Bund oder Land – handeln, unmittelbar jedoch für den unterstaatlichen Rechtsträger. Eine solche Durchbrechung der personellen Legitimation ist regelmäßig gesetzlich geregelt und aus rechtsstaatlichen Gründen zur effektiven Verwaltung gerechtfertigt. Bezüglich des Schutzdienstes ist nicht ersichtlich, dass eine juristische Person des öffentlichen Rechts gegründet wurde. Insoweit ist keine ungerechtfertigte Beeinträchtigung des Gebotes personeller Legitimation ersichtlich.

(2) Privatisierung

Gemäß § 1 Satz 2 darf der private Schutzdienst Maßnahmen im Sinne des PolG NRW durchführen und wird diesbezüglich beliehen. Fraglich ist, ob das im volksbeschlossenen Gesetz enthaltene Modell des Schutzdienstes als Privatisierung im demokratischen Gefüge verfassungsgemäß ist. Durch eine Privatisierung wird die personelle Legitimationskette durchbrochen, da Personen des

Privatrechts im Vergleich zu öffentlich-rechtlich Bediensteten nur eine vergleichsweise geringe Legitimation vom Volk erhalten haben, auch wenn die Privatisierung auf von öffentlich-rechtlich Bediensteten geschaffene Regelungen rückführbar ist.

Es gibt verschiedene Formen der Privatisierung, die jeweils ein unterschiedliches Legitimationsniveau aufweisen.

Beim Verwaltungsprivatrecht, also einer Organisationsprivatisierung, wird eine juristische Person des Privatrechts mit öffentlichen Aufgaben betraut, wobei sie durch einen Beherrschungsvertrag oder durch Mehrheiten staatlich beherrscht wird, sodass dadurch zumindest ein gemischt-wirtschaftliches Unternehmen oder sogar eine staatliche Eigengesellschaft entsteht. Für die juristische Person des Privatrechts gilt das Zivilrecht, zur Verhinderung einer Flucht des Staates in das Privatrecht allerdings zusätzlich eine unmittelbare Grundrechtsbindung. Bei dem Schutzdienst handelt es sich weder um eine staatliche Eigengesellschaft noch um eine durch einen Beherrschungsvertrag oder durch Mehrheitsanteile seitens des Staates beherrschte Gesellschaft.

Im Fiskalbereich handelt der Staat wie ein Bürger in Form der Bedarfsdeckung, Bestandsverwaltung und der wirtschaftlichen Tätigkeit, soweit die erlaubt ist, sodass das Zivilrecht zuzüglich eines sich unter anderem aus Art. 20 Abs. 3 GG rechtsstaatlich ergebenden Willkürverbotes gilt, welches bei einem bestimmten Geschäftsvolumen durch vergaberechtliche Vorschriften spezifiziert wird. Dem Schutzdienst sind nicht lediglich private Handlungsformen zugewiesen, sodass es sich nicht lediglich um eine fiskalische Ausgestaltung handelt.

Zur Erfüllung staatlicher Aufgaben kann eine juristische Person des Privatrechts auch beliehen werden. Zwar sind öffentliche Aufgaben gemäß Art. 33 Abs. 4 GG in der Regel von Angehörigen des öffentlichen Dienstes auszuführen, jedoch wird die Regel durch Ausnahmen bestätigt, sodass eine Beleihung durch ein Gesetz bei hinreichender Bestimmtheit in engen Grenzen zulässig ist. Allerdings dürfen genuin staatliche Aufgaben nicht auf Private übertragen werden, weil dies mit dem Rechtsstaats- und Demokratieprinzip nicht vereinbar wäre. Eine Ausnahme ist denkbar, wenn im Rahmen des Verwaltungsprivatrechts – der Organisationsprivatisierung – in Grenzbereichen zusätzlich eine gesetzliche Beleihung erfolgt, bezüglich derer zudem dezidierte Aufsichtsrechte eingeräumt werden. Eine derartige Organisationsprivatisierung ist nicht ersichtlich. Zudem handelt es sich bei der Übertragung polizeilicher Hoheitsgewalt nicht mehr um einen Grenzbereich, sondern um einen absoluten Kernbereich, also um genuin staatliche Aufgaben. Eine Beleihung im Bereich polizeilicher Hoheitsgewalt stellt eine unzulässige Durchbrechung demokratisch gebotener personeller Legitimation dar und ist deshalb auch im Sinne der Verfassung Nordrhein-Westfalens verfassungswidrig.

(3) Legitimation durch den Aufsichtsrat

Eine Legitimation kann auch nicht durch den in § 4 des volksbeschlossenen Gesetzes vorgesehenen Aufsichtsrat vermittelt werden. Zwar ist dieser mehrheitlich mit Vertretern des Landesparlaments besetzt, woraus geschlossen werden könnte, dass die personelle Legitimation hinreichend gewahrt ist. Allerdings bedeutet die Besetzung des Ausschusses mehrheitlich durch Parlamentsvertreter nicht, dass diese auch einheitlich abstimmen werden, sodass die parlamentarische Absicherung jedenfalls geringer ist, als wenn alle Aufsichtsratsmitglieder Vertreter des Parlaments wären. Soweit die einheitliche Stimmenabgabe der Vertreter des Parlaments nämlich nicht zwingend ist, kann eine Minderheit dieser Vertreter in Kumulation mit den nichtparlamentarischen Vertretern die Sicherung der Legitimationskette beeinträchtigen. In jedem Fall kann die Übertragung genuin staatlicher Aufgaben auf Private personell nicht durch eine parlamentarische Absicherung legitimiert werden.

cc) Zwischenergebnis

§ 1 des volksbeschlossenen Gesetzes ist mit dem Demokratieprinzip mangels hinreichender personeller Legitimation unvereinbar.

2. Unvereinbarkeit mit dem Rechtsstaatsprinzip

Das volksbeschlossene Gesetz könnte auch mit dem sich unter anderem aus Art. 20 Abs. 3 GG ergebenden Rechtsstaatsprinzip unvereinbar sein, welches gemäß Art. 28 Abs. 1 S. 1 GG auch in den Ländern gilt und in Art. 3 Verf NRW geregelt ist.

Zum Rechtsstaatsprinzip gehören unter anderem der Grundsatz der Verhältnismäßigkeit, ein Willkürverbot, Rechtssicherheit und ein damit verbundenes Rückwirkungsverbot für bestimmte Rückwirkungen. Ebenso ergibt sich aus dem Rechtsstaatsprinzip der Bestimmtheitsgrundsatz, gegen den durch die Aufnahme der unbestimmten Termini „öffentliche Sicherheit und Ordnung" im volksbeschlossenen Gesetz verstoßen worden sein könnte.

„Gemäß dem sich aus dem Rechtsstaatsprinzip ergebenden Bestimmtheitsgebot hat der Gesetzgeber Vorschriften so zu formulieren, wie dies nach der Eigenart der zu ordnenden Lebenssachverhalte mit Rücksicht auf den Normzweck möglich ist. Der Betroffene muss die Rechtslage anhand der gesetzlichen Regelung so erkennen können, dass er sein Verhalten danach auszurichten vermag. Die Anforderungen im Einzelfall richten sich nach Art und Schwere des jeweiligen Eingriffs. Je schwerwiegendere Auswirkungen ein Gesetz hat, desto höher sind die an die Gesetzesbestimmtheit und -klarheit zu stellenden Anforderungen" (BFH, Urteil vom 18. 3. 2009 – I R 37/08, DStR 2009, 1904, 1906).

Jedenfalls der Terminus „öffentliche Sicherheit" ist aufgrund der davon erfassten öffentlich-rechtlichen Vorschriften, Individualrechte und -rechtsgüter hinreichend bestimmt. Der bereichsabhängig definierte Terminus der „öffentlichen Ordnung" ist zwar weniger dezidiert bestimmt, jedoch ergibt sich daraus – unabhängig davon, ob eine derartige Auffangregelung erforderlich ist – nicht bereits dessen Verfassungswidrigkeit, da eine verfassungskonforme Auslegung jedenfalls insoweit erfolgen kann, als auf dieses Tatbestandsmerkmal nur restriktive Maßnahmen gestützt werden können und der Anwendungsbereich somit reduziert wird.

Trotz der Verwendung der auslegungsbedürftigen Termini „öffentliche Sicherheit" und „öffentliche Ordnung" im volksbeschlossenen Gesetz ist dieses hinreichend bestimmt, sodass insoweit nicht gegen das Rechtsstaatsprinzip verstoßen worden ist.

Merkmale des Rechtsstaatsprinzips:
- Willkürverbot
- Rückwirkungsverbot (Differenzierung in echtes und unechtes)
- Verhältnismäßigkeit (primär jedoch aus Grundrechten)
- Rechtssicherheit und die damit verbundene Bestimmtheit

Schema 26: Merkmale des Rechtsstaatsprinzips

<u>Rechtsstaatsprinzip</u>
(Art. 20 Abs. 2 S. 3, Abs. 3 GG: für den Bund; mittels Art. 28 Abs. 1 S. 1 GG und gemäß den Landesverfassungen auch für die Länder)

- **Gewaltenteilung**, Art. 20 Abs. 2 S. 2 GG
  - o Jede Gewalt hat eigenen Kernbereich
  - o Aber auch: Verschränkung und Verzahnung („checks and balances"), z.B. Artt. 81, 40 Abs. 2 S. 2, 82 GG
  - o Unzulässig: Eingriff in den Kernbereich!
- **Messbarkeit staatlichen Handeln**
  - o Gesetzesvorrang und Gesetzesvorbehalt (praktische Konkordanz aus Demokratie- und Rechtsstaatsprinzip)
  - o Angemessenheit staatlichen Handelns
  - o Rückwirkungsverbot
  - o Rechtssicherheit (Bestimmtheitsgebot)
- **garantierter Grundrechtsschutz als Ganzes**
- **Rechtsschutz**, Artt. 19 Abs. 4, 97 Abs. 1, 101, 103 GG
- **Bestandsgarantien**, Art. 79 Abs. 3 GG

3. Unvereinbarkeit mit Art. 34 S. 1 GG (i.V.m. Rechtsstaatsprinzip)

Der in § 2 des volksbeschlossenen Gesetzes enthaltene Haftungsausschluss – die gesetzliche Haftungsüberleitung ist ausgeschlossen – kann mit Art. 34 S. 1 GG, wonach die „Verantwortlichkeit grundsätzlich den Staat oder die Körperschaft trifft", unvereinbar sein. Zwar ist Art. 34 S. 1 GG eine im Grundgesetz geregelte Norm, die vom Verfassungsgerichtshof grundsätzlich nicht geprüft wird, da sie über das Homogenitätsgebot nicht anwendbar ist. Jedoch ist die Haftung des Staates in bestimmten Bereichen auf der Sekundärebene Bestandteil eines Rechtsstaates, sodass über das in der Verfassung Nordrhein-Westfalens in Art. 3 Verf NRW verankerte Rechtsstaatsprinzip die Grundsätze des Art. 34 S. 1 GG zu berücksichtigen sind, zumal eine grundgesetzkonforme Auslegung im Hinblick auf Art. 28 Abs. 1 S. 1, Abs. 3 GG wegen des gemäß Art. 31 GG vorrangigen Landesrechts notwendig ist. Ist der Haftungsausschluss schon mit Art. 34 S. 1 GG vereinbar, besteht diesbezüglich jedenfalls keine Unvereinbarkeit mit der Landesverfassung.

Die in Art. 34 S. 1 GG enthaltene Formulierung „grundsätzlich" könnte dahingehend eng ausgelegt werden, dass damit nur klargestellt werden soll, dass neben den benannten juristischen Personen des öffentlichen Rechts bzw. der Dienstherrenkörperschaft auch andere juristische Personen des öffentlichen Rechts – zum Beispiel Funktionskörperschaften – haften können.

Bei weiter, dem Wortlaut des Art. 34 S. 1 GG entsprechender Auslegung ist die Formulierung „grundsätzlich" aber dahingehend zu verstehen, dass von der Grundregel der Haftungsüberleitung auf den öffentlich-rechtlichen Rechtsträger eine Ausnahme geregelt werden kann (vgl. Maunz/Dürig, GG-Kommentar, Art. 34, Rn. 237 ff.).

Es ist kein Erfordernis ersichtlich, das dazu führen kann, den nach dem Wortlaut des Art. 34 S. 1 GG eröffneten Anwendungsbereich der Norm zum Beispiel mittels praktischer Konkordanz dahingehend zu reduzieren, dass eine enge Auslegung erfolgen muss. Der in § 2 vorgesehene Haftungsausschluss mit der Folge des Ausschlusses der gesetzlichen Haftungsüberleitung ist deshalb mit Art. 34 S. 1 GG vereinbar.

C. Ergebnis

Der Antrag der Landesregierung ist zulässig und begründet. Da § 1 des Gesetzes von den übrigen Regelungen nicht sinnvoll getrennt werden kann, stellt der Verfassungsgerichtshof gemäß § 49 S. 1 VGHG NRW die Nichtigkeit des gesamten volksbeschlossenen Gesetzes fest.

Zusatzfrage 1: Abänderung des volksbeschlossenen Gesetzes

Fraglich ist, ob der Landtag als Landesparlament das volksbeschlossene Gesetz umgehend ändern kann. Hierfür ist das Demokratieprinzip i.S.d. Art. 20 Abs. 2 S. 1 GG i.V.m. Art. 28 Abs. 1 S. 1 GG maßgeblich, welches auch in Art. 2 Verf NRW verankert ist. Das Demokratieprinzip erfordert nicht zwingend die mittelbare – indirekte, also repräsentative – Demokratie, sondern ermöglicht auch eine unmittelbare – direkte – Demokratie. Da in Nordrhein-Westfalen beides im Landesrecht geregelt ist, ist im Rahmen einer praktischen Konkordanz im funktionsfähigen Rechtsstaat die Funktionsfähigkeit der Demokratie maßgeblich.

Weil letztlich alle Staatsgewalt vom Volk ausgehen muss und die Legitimation eines volksbeschlossenen Gesetzes besonders hoch ist, könnte ein volksbeschlossenes Gesetz durch das Parlament nicht abänderbar sein. Ein Indiz für einen zumindest zeitlich limitierten Schutz volksbeschlossener Regelungen kann sich aus § 26 Abs. 8 S. 2 GO NRW ergeben. Danach ist bei plebiszitären Elementen auf kommunaler Ebene – bei Bürgerentscheiden – eine Änderung nur auf Initiative des Rates – dieser wäre mit dem Landtag auf Landesebene zu vergleichen – mittels eines neuen Bürgerentscheides abänderbar, soweit nicht bereits zwei Jahre vergangen sind. Auch ein zeitlich unlimitierter Schutz wäre denkbar, damit der Wille des Volkes hinreichend beachtet wird.

In Art. 65 Verf NRW ist jedoch keine Rangfolge bzw. Wertigkeit der Gesetze des Landtages und der volksbeschlossenen Gesetze geregelt. Vielmehr ist von einer Gleichwertigkeit ausgegangen worden. Der Gesetzgeber hat keine Sperrfrist geschaffen, obwohl das Problem – das ergibt sich aus § 26 Abs. 8 S. 2 GO NRW – bekannt war. Würde von einer – wenn auch nur zeitlich limitierten – Schutzperiode zum Beispiel bis zum Ablauf der Legislaturperiode ausgegangen werden, wäre das Parlament zeitweise handlungsunfähig. Es muss in einem Rechtsstaat i.S.d. Art. 20 Abs. 2 S. 2 und Abs. 3 GG i.V.m. Art. 28 Abs. 1 S. 1 GG und Art. 3 Verf NRW möglich sein, dass in Eilsituationen aufgrund geänderter Gegebenheiten zügig und effizient gehandelt wird, ohne dass ein Gesetzgebungsnotstand besteht. Wäre das Parlament insoweit bis zum Ende der Legislaturperiode in seiner Gesetzgebungskompetenz gesperrt, wäre das Land diesbezüglich handlungsunfähig. Selbst wenn auf Initiative des Landtages vergleichbar § 26 Abs. 8 S. 2 GO NRW ein neuer Volksentscheid herbeigeführt werden könnte, würde das Verfahren für ein effizientes Handeln in bestimmten Konstellationen zu lange dauern. Darüber hinaus wäre die Festsetzung eines Schutzzeitraumes willkürlich, während der Schutz über die gesamte Legislaturperiode abhängig vom jeweiligen Zeitpunkt des jeweiligen Volksentscheides innerhalb der jeweiligen Legislaturperiode zu unterschiedlich langen Schutzzeiträumen führen würde.

Nach alledem ist eine jederzeitige Änderung eines volksbeschlossenen Gesetzes durch das Landesparlament im demokratischen Rechtsstaat möglich.

Bezüglich der sofortigen Abänderbarkeit eines volksbeschlossenen Gesetzes durch das Landesparlament sind mit guter Begründung andere Auffassungen vertretbar.

Faktisch ergibt sich aus der in der Bundesrepublik Deutschland als für die Demokratie schlechthin konstituierend gewährleisteten Meinungs- und Pressefreiheit i.S.d. Art. 5 Abs. 1 GG eine Kontrolle durch die Medien, welche bei rechtsstaatswidrigem Missbrauch der Gesetzgebungskompetenzen durch den Landtag ebenso effektiv zur Kontrolle führen kann wie ein Verfahren beim Verfassungsgerichtshof.

Zusatzfrage 2: Direkte Demokratie auf Bundesebene

Gemäß Art. 20 Abs. 2 S. 1 GG geht alle Staatsgewalt vom Volke aus. Sie wird gemäß Art. 20 Abs. 2 S. 2 GG in Wahlen und Abstimmungen ausgeübt, sodass mittelbare und unmittelbare Demokratie vorgesehen ist. Die Formen unmittelbarer Demokratie sind im Grundgesetz jedoch begrenzt geregelt. Gemäß Art. 29 Abs. 2 S. 1 GG bedarf es zur Neugliederung des Bundesgebietes eines Bundesgesetzes, das der Bestätigung durch Volksentscheid bedarf. Davon kann gemäß Art. 118 S. 1 GG und Art. 118a GG abgewichen werden, wobei in beiden Normen eine Beteiligung des Volkes vorgesehen ist. Auch in Art. 146 GG ist für die Abschaffung des Grundgesetzes ein plebiszitäres Element geregelt.

Würden die Regelungen im Grundgesetz als deklaratorische Regelungen verstanden, wäre es möglich, durch einfache formelle Bundesgesetze weitere plebiszitäre Elemente einzuführen. Da der parlamentarische Rat jedoch historisch die Formen direkter Demokratie begrenzen wollte – der Volksgesetzgeber ist wechselhaft – und zudem eine rechtsstaatlich funktionsfähige Demokratie bestehen muss, bei der nicht stets kostenaufwendige und langwierige Verfahren möglich sind, sind die im Grundgesetz benannten plebiszitären Elemente zunächst als abschließend einzustufen.

Die Erweiterung plebiszitärer Elemente bedarf somit der Änderung des Grundgesetzes durch ein ausdrücklich den Wortlaut des Grundgesetzes änderndes Gesetz i.S.d. Art. 79 Abs. 1 S. 1 GG, wobei gemäß Art. 79 Abs. 2 GG eine Zustimmung von zwei Dritteln der Mitglieder des Bundestages und zwei Dritteln der Mitglieder des Bundesrates erforderlich ist.

Mit ausgiebiger Argumentation ist die Annahme einer Erweiterung plebiszitärer Elemente auf Bundesebene durch einfache formelle Bundesgesetze vertretbar.

Schema 27: Demokratieprinzip (Art. 20 Abs. 1 und 2 GG; Art. 28 Abs. 1 S. GG)

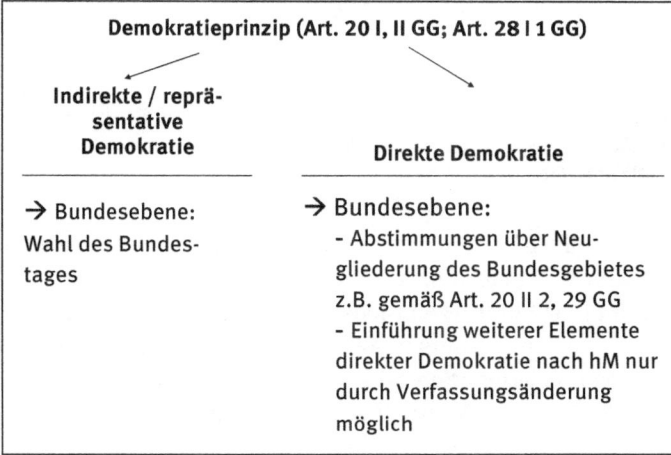

Demokratieprinzip (Art. 20 I, II GG; Art. 28 I 1 GG)

Indirekte / repräsentative Demokratie

Direkte Demokratie

→ Bundesebene:
Wahl des Bundestages

→ Bundesebene:
- Abstimmungen über Neugliederung des Bundesgebietes z.B. gemäß Art. 20 II 2, 29 GG
- Einführung weiterer Elemente direkter Demokratie nach hM nur durch Verfassungsänderung möglich

---

Schema 28: Direkte Demokratie auf Bundesebene

- Art. 20 II 2 GG: **Wahlen** (indir. Demokratie) / **Abstimmungen** (dir. Demokratie); GG; zB Abstimmungen auf Neugliederung des Bundesgebietes (eigentlich=Volksentscheide auf Landesebene)

- P: Einführung weitere Elemente unm. Demokratie

1. **Durch Verfassungsänderung**
   > Prüfungsmaßstab: **Art. 79 III GG**
   > Demokratieprinzip Art. 20 II GG: nicht zwingend repräsentative Demokratie
   > Demokratieprinzip: Für Volksentscheide bestimmte Quoren / Mehrheitserfordernisse

2. **Durch einfaches Gesetz**
   > Prüfungsmaßstab: **gesamtes VerfR**
   > Artt. 29, 118, 146 GG abschließend?
   > Normen im GG: Konkretisierung der Ermächtigung zur Durchführung von Wahlen/Abstimmungen (Art. 20 II 2 GG) auf Verfassungsebene
   > Direkter Einfluss des Volkes auf Gesetzgebungsverfahren modifiziert Art. 76 ff. GG (nur durch Verfassungsänderung zulässig)
   > Historisches Arg.: Parlamentarischer Rat kritisch gegenüber plebiszitären Elementen; Misstrauen gegenüber Volksvernunft (Drittes Reich)

   → **hM: Erweiterung direkter Demokratie (Bundesebene) nur durch Verfassungsänderung**

Staatsorganisationsrecht – Fall 6: „Sicher verwahrt!"

Schwerpunkte: Konkrete Normenkontrolle aus Sicht des BVerfG (Art. 100 GG, §§ 13 Nr. 11, 80 ff. BVerfGG), Verhältnis von EMRK und GG, Rechtsstaat, Rückwirkungs-verbote (allgemeines und strafrechtliches), Freiheit der Person

Der 1947 geborene S ist vielfach vorbestraft und befindet sich seit 1973 nahezu fortlaufend in Haft oder im Maßregelvollzug.

Er wurde erstmals im Jahr 1968 wegen Diebstahls zu einer Geldauflage und im Jahr 1970 wegen Beihilfe zur Verkehrsunfallflucht zu einer Geldstrafe sowie wegen mehrerer, teils qualifizierter Diebstähle zu einer Gesamtfreiheitsstrafe von einem Jahr und sechs Monaten verurteilt, deren Vollstreckung zur Bewährung ausgesetzt wurde. In der Zeit von 1970 bis 1973 brachte er in insgesamt zwölf Fällen Mädchen an einsam gelegenen Orten überfallartig in seine Gewalt, versetzte sie durch Drohung mit einem Messer in Todesangst und nötigte sie zu sexuellen Handlungen. Er wurde deshalb im Dezember 1973 durch das Landgericht Berlin wegen Vergewaltigung in fünf Fällen, in zwei Fällen in Tateinheit mit sexuellem Missbrauch von Kindern, sowie wegen sexuellen Missbrauchs von Kindern in Tateinheit mit sexueller Nötigung in sieben weiteren Fällen zu einer Gesamtfreiheitsstrafe von zwölf Jahren verurteilt. Die Strafaussetzung zur Bewährung aus der vorangegangenen Verurteilung wurde widerrufen. Die verhängten Freiheitsstrafen verbüßte er vollständig bis 1986.

Im Jahr 1987 wurde er erneut festgenommen und 1988 vom Landgericht Hannover wegen einer – drei Monate nach seiner Haftentlassung an einem achtjährigen Mädchen begangenen – Vergewaltigung in Tateinheit mit sexueller Nötigung, sexuellen Missbrauchs von Kindern und Entführung gegen den Willen der Entführten zu einer Freiheitsstrafe von sieben Jahren und sechs Monaten verurteilt. Zugleich wurde seine Unterbringung in einem psychiatrischen Krankenhaus gemäß § 63 StGB angeordnet. Im Jahr 1988 entwich er aus dem Maßregelvollzug und überfiel eine junge Frau, bedrohte sie mit einem Messer, versuchte, sie zu vergewaltigen, und erwürgte sie anschließend. Kurz darauf wurde er wieder festgenommen und im Jahre 1990 durch das Landgericht Baden-Baden wegen versuchter Vergewaltigung und Mordes zu einer Gesamtfreiheitsstrafe von 15 Jahren verurteilt, wobei erneut seine Unterbringung in einem psychiatrischen Krankenhaus gemäß § 63 StGB angeordnet wurde.

Das Landgericht ging nach sachverständiger Beratung davon aus, S leide an einer schweren seelischen Abartigkeit i.S.d. §§ 20, 21 StGB, nämlich einer sado-

https://doi.org.10.1515/9783110624410-006

masochistischen sexuellen Perversion von tiefgreifendem Ausmaß und mit progredienter Verlaufsform, aufgrund derer seine Steuerungsfähigkeit im Tatzeitpunkt erheblich vermindert gewesen sei. Infolge seines psychischen Zustandes sei er für die Allgemeinheit gefährlich. Sobald er auf freien Fuß gelange, seien weitere schwerwiegende Sexualstraftaten und Tötungsdelikte mit an Sicherheit grenzender Wahrscheinlichkeit vorauszusehen. Zwar lägen auch die Voraussetzungen für die Anordnung der Sicherungsverwahrung gemäß § 66 Abs. 1 StGB vor; insbesondere habe er einen Hang zur Begehung erheblicher Straftaten. Gemäß § 72 Abs. 1 StGB sei jedoch lediglich die Unterbringung in einem psychiatrischen Krankenhaus anzuordnen, weil dadurch zugleich der Zweck der Sicherungsverwahrung erreicht werden könne und er therapiefähig sei. Seine Persönlichkeitsstörung sei im Rahmen einer langdauernden psychotherapeutischen Behandlung grundsätzlich beeinflussbar und könne in einem Zeitraum von voraussichtlich erheblich mehr als zehn Jahren bei intensiver fachärztlicher Betreuung erfolgreich behandelt werden.

In der Folgezeit war S im Maßregelvollzug in psychiatrischen Krankenhäusern untergebracht. Im Jahre 1993 erklärte die zuständige Strafvollstreckungskammer die Unterbringung für erledigt und ordnete die Vollstreckung der restlichen Freiheitsstrafen an, weil S therapieunfähig sei. Daraufhin wurden die bestehenden Restfreiheitsstrafen vollstreckt. S nahm von 2002 bis 2003 und ab 2005 an einem Behandlungsprogramm für Sexualstraftäter in der Sozialtherapeutischen Anstalt der Justizvollzugsanstalt teil. Hinreichende Behandlungserfolge konnten dabei nicht erzielt werden. Die Strafvollstreckung war im August 2009 vollständig erledigt. Aufgrund der Verurteilung vom Februar 1990 wegen versuchter Vergewaltigung und wegen Mordes ordnete das Landgericht Baden-Baden mit Urteil aus dem August 2009 gemäß § 66b Abs. 2 StGB (alte Fassung) nachträglich die Unterbringung des S in der Sicherungsverwahrung an.

Gegen die nachträgliche Anordnung der Sicherungsverwahrung wendet sich S mit einer Beschwerde an das zuständige Oberlandesgericht, im Rahmen derer er insbesondere die Verfassungswidrigkeit des § 66b Abs. 2 StGB (alte Fassung) geltend macht. Das Oberlandesgericht beabsichtigt, die Beschwerde in der Sache als unbegründet zu verwerfen, soweit sie sich gegen die Fortdauer der Sicherungsverwahrung richtet.

Dabei stellt es im Wesentlichen auf die erst nachträglich erkennbar gewordene Behandlungsunfähigkeit ab, die den Abbruch der Unterbringung in einem psychiatrischen Krankenhaus zur Folge gehabt habe. Diese belege die fortdauernde Gefährlichkeit des S auf einer von der Anlassverurteilung abweichenden Beurteilungsgrundlage. Darüber hinaus habe er erstmals im Jahre 2001 gegenüber dem psychologischen Dienst der Justizvollzugsanstalt eingeräumt, bei früheren Begutachtungen und vor Gericht bewusst gelogen und insbesondere falsche Angaben zur Biographie und zur Sexualanamnese gemacht zu haben, um der Verurteilung zu einer lebenslangen Freiheitsstrafe sowie der Anordnung der Sicherungsverwahrung zu entgehen und später die Erledigung der Maßregel zu erreichen. Das nachträglich zum Vorschein getretene manipulative Einlassungsverhalten des S sei ebenfalls eine neue Tatsache. Bei der Anlassverurteilung sei weder bekannt noch erkennbar gewesen, dass seine Angaben auf einem strategischen und nicht auf authentischem Verhalten beruht hätten.

S habe einen Hang zur Begehung erheblicher Straftaten, sei noch immer als hoch gefährlich einzustufen und werde sich im Falle seiner Freilassung in Kürze zu schweren Sexualstraftaten wie sexuellem Missbrauch von Kindern oder Vergewaltigung hinreißen lassen. Dabei stützt sich das Oberlandesgericht auf die Gutachten von zwei psychiatrischen Sachverständigen, die bei dem S eine „dissoziale Persönlichkeitsstruktur" und „ausgeprägte pädophile Tendenzen" beziehungsweise eine „pädophile Nebenströmung", aber „keine Hinweise auf eine sadistische Ausprägung" und „keine chronische psychische Erkrankung" festgestellt hatten, sowie auf die Aussage der Anstaltspsychologin, die S zuletzt (erfolglos) behandelt hatte. Wesentliche Risikofaktoren sieht das Oberlandesgericht in der Vielzahl und der hohen Brutalität der über einen Zeitraum von 18 Jahren hinweg begangenen Sexualstraftaten, der hohen Rückfallgeschwindigkeit, der zufälligen Auswahl der Tatopfer und der Wiederholbarkeit der Tatsituationen, dem Auftreten einer Deliktserie sowie in dem Umstand, dass S keinerlei Strategien entwickelt und Kontrollmechanismen erarbeitet habe, um mit seiner „dissozialen Persönlichkeitsstörung" und seiner Rückfallgefährdung umzugehen. Das Landgericht sei auch in rechtlich nicht zu beanstandender Weise zu dem Ergebnis gelangt, dass S mit sehr hoher Wahrscheinlichkeit in Freiheit weitere erhebliche Straftaten der in § 66b Abs. 2 StGB genannten Art begehen werde, sodass die Voraussetzungen der nachträglichen Unterbringung in der Sicherungsverwahrung erfüllt seien.

Allerdings hält das Gericht die der Sicherungsverwahrung zugrunde liegende Vorschrift – § 66b Abs. 2 StGB (alte Fassung) – für verfassungswidrig. Die im April 2007 neu gefasste Vorschrift würde aufgrund der Möglichkeit einer nachträglichen Anordnung der Sicherungsverwahrung Art. 1 Abs. 1 GG (Menschenwürde), Art. 2 Abs. 2 S. 2 GG i.V.m. Art. 104 Abs. 1 S. 1 GG (persönliche Freiheit), Art. 103 Abs. 2 GG und Art. 2 Abs. 2 S. 2 GG i.V.m. Art. 20 Abs. 3 GG (Vertrauensschutz) verletzen. Das Oberlandesgericht setzt sein Verfahren folglich aus und ruft das Bundesverfassungsgericht an, um dessen Entscheidung über die Verfassungsgemäßheit dieser Vorschrift einzuholen.

Eine Entscheidung des Europäischen Gerichtshofs für Menschenrechte (EGMR) in einer anderen Strafsache, bei der nach der Erschöpfung des Rechtsweges zunächst das Bundesverfassungsgericht angerufen worden war, hat das Oberlandesgericht unberücksichtigt gelassen, weil es der Auffassung ist, dass es an Entscheidungen des EGMR nicht gebunden ist. Außerdem habe das Bundesverfassungsgericht in dem anderen Verfahren in der Tendenz – wenn auch aufgrund des etwas anders gelagerten Falles nicht ausdrücklich – zu erkennen gegeben, dass die Sicherungsverwahrung verfassungsgemäß sei. Der EGMR hat hingegen einen Verstoß gegen die Europäische Menschenrechtskonvention durch die nachträgliche Anordnung der Sicherungsverwahrung angenommen.

Wie wird das angerufene Bundesverfassungsgericht über die Vorlage entscheiden, wenn § 66b StGB formell verfassungsgemäß ist?

Bearbeitungsvermerk
Gehen Sie davon aus, dass § 66b Abs. 2 StGB zum Zeitpunkt der Vorlage geltendes Recht ist. Gehen Sie zudem davon aus, dass die Voraussetzungen für eine Sicherungsverwahrung nach § 66b Abs. 2 StGB bei S erfüllt wären.

**§ 66b StGB – Nachträgliche Anordnung der Unterbringung in der Sicherungs-
verwahrung (alte Fassung)**
(1) Werden nach einer Verurteilung wegen eines Verbrechens gegen das Leben, die körperliche Unversehrtheit, die persönliche Freiheit oder die sexuelle Selbstbestimmung oder eines Verbrechens nach den §§ 250, 251, auch in Verbindung mit den §§ 252, 255, oder wegen eines der in § 66 Abs. 3 Satz 1 genannten Vergehen vor Ende des Vollzugs dieser Freiheitsstrafe Tatsachen erkennbar, die auf eine erhebliche Gefährlichkeit des Verurteilten für die Allgemeinheit hinweisen, so kann das Gericht die Unterbringung in der Sicherungsverwahrung nachträglich anordnen, wenn die Gesamtwürdigung des Verurteilten, seiner Taten und ergänzend seiner Entwicklung während des Strafvollzugs ergibt, dass er mit hoher Wahrscheinlichkeit erhebliche Straftaten begehen wird, durch welche die Opfer seelisch oder körperlich schwer geschädigt werden, und wenn im Zeitpunkt der Entscheidung über die nachträgliche Anordnung der Sicherungsverwahrung die übrigen Voraussetzungen des § 66 erfüllt sind. War die Anordnung der Sicherungsverwahrung im Zeitpunkt der Verurteilung aus rechtlichen Gründen nicht möglich, so berücksichtigt das Gericht als Tatsachen im Sinne des Satzes 1 auch solche, die im Zeitpunkt der Verurteilung bereits erkennbar waren.
(2) Werden Tatsachen der in Absatz 1 Satz 1 genannten Art nach einer Verurteilung zu einer Freiheitsstrafe von mindestens fünf Jahren wegen eines oder mehrerer Verbrechen gegen das Leben, die körperliche Unversehrtheit, die persönli-

che Freiheit, die sexuelle Selbstbestimmung oder nach den §§ 250, 251, auch in Verbindung mit § 252 oder § 255, erkennbar, so kann das Gericht die Unterbringung in der Sicherungsverwahrung nachträglich anordnen, wenn die Gesamtwürdigung des Verurteilten, seiner Tat oder seiner Taten und ergänzend seiner Entwicklung während des Strafvollzugs ergibt, dass er mit hoher Wahrscheinlichkeit erhebliche Straftaten begehen wird, durch welche die Opfer seelisch oder körperlich schwer geschädigt werden. [...]

Vertiefung

BVerfG, Urteil vom 5.2.2004 – 1 BvR 2029/01 (BVerfGE 109, 133); BVerfG, Urteil vom 4.5.2011 – 2 BvR 2365/09 (BVerfGE 128, 326); BVerfG, Beschluss vom 20.6.2012 – 2 BvR 1048/11 (BVerfGE 131, 268)

Zum Vertrauensschutz: BVerfG, Beschluss vom 5.2.2002 – 2 BvR 305, 348/93 (BVerfGE 105, 17, 37 ff.)

Zur Menschenwürde: BVerfG, Beschluss vom 16.7.1969 – 1 BvL 19/63 (BVerfGE 27, 1, 6); BVerfG, Urteil vom 21.6.1977 – 1 BvL 14/76 (BVerfGE 45, 187, 228); BVerfG, Beschluss vom 20.10.1992 – 1 BvR 698/89 (BVerfGE 87, 209, 228); BVerfGE, Beschluss vom 15.10.1997 – 1 BvR 307/94 (BVerfGE 96, 375, 398)

Zum konkreten Normenkontrollverfahren: BVerfG, Beschluss vom 17.1.1957 – 1 BvL 4/54 (BVerfGE 6, 55, 63);

Zum Zitiergebot: BVerfG, Beschluss vom 25.5.1956 – 1 BvR 190/55 (BVerfGE 5, 13, 16); BVerfG, Beschluss vom 19.2.1963 – 1 BvR 610/62 (BVerfGE15, 288, 293); BVerfG, Beschluss vom 18.2.1970 – 2 BvR 531/68 (BVerfGE 28, 36, 46); BVerfG, Beschluss vom 30.5.1973 – 2 BvL 4/73 (BVerfGE 35, 185, 188 f.)

Gliederung

A. Zulässigkeit (+)
    I.   Zuständigkeit des Bundesverfassungsgerichts (+)
    II. Verfahrensabhängige Zulässigkeitsvoraussetzungen (+)
        1. Vorlageberechtigtes Gericht (+)
        2. Vorlagegegenstand (+)
        3. Überzeugung bezüglich der Verfassungswidrigkeit (+)
        4. Entscheidungserheblichkeit (+)
           a) Grundsatz
           b) Europäische Menschenrechtskonvention
        5. Ordnungsgemäßer Antrag (+)
    III. Zwischenergebnis (+)
B. Begründetheit (+)
    I.   Unvereinbarkeit mit der Menschenwürde i.S.d. Art. 1 Abs. 1 GG (+)

     1.   Schutzbereichseingriff (−)

     2.   Zwischenergebnis (+)

  II.   Unvereinbarkeit mit Art. 2 Abs. 2 S. 2 GG i.V.m. Art. 104 Abs. 1 S. 1 GG (−)

     1.   Schutzbereichseingriff (+)

     2.   Verfassungsrechtliche Rechtfertigung (−)

        a)   Einschränkungsmöglichkeit i.S.d. Art. 2 Abs. 2 S. 2 GG i.V.m. Art. 104 Abs. 1 S. 1 GG

        b)   Verfassungsrechtliche Anforderungen

           aa)   Besondere Anforderungen aus Art. 19 GG

           bb)   Verhältnismäßigkeit

               (1)   Verfassungsrechtlich legitimer Zweck (+)

               (2)   Eignung (+)

               (3)   Erforderlichkeit (+)

               (4)   Verhältnismäßigkeit im engen Sinne (Disproportionalität) (−)

     3.   Zwischenergebnis (−)

  III.   Unvereinbarkeit mit Art. 103 Abs. 2 GG (besonderes strafrechtliches Rückwirkungsverbot) (+)

     1.   Schutzbereich (−)

        a)   Wortlaut (+/−)

        b)   Historische Auslegung (−)

        c)   Systematische Auslegung (−)

        d)   Teleologische Auslegung (−)

     2.   Zwischenergebnis (−)

  IV.   Unvereinbarkeit mit dem Rechtsstaatsprinzip (allgemeines Rückwirkungsverbot) (−)

     1.   Anwendungsbereich und Beeinträchtigung (+)

        a)   Echte Rückwirkung (−)

        b)   Unechte Rückwirkung (+)

     2.   Verfassungsrechtliche Rechtfertigung (−)

        a)   Verfassungsrechtlich legitimer Zweck (+)

        b)   Eignung (+)

        c)   Erforderlichkeit (+)

        d)   Verhältnismäßigkeit im engen Sinne (Disproportionalität) (−)

  V.   Zwischenergebnis (−)

  VI.   Rechtsfolge

C.   Ergebnis (+)

Lösungsvorschlag

Die folgende Lösung ist als Lösungsvorschlag zu verstehen und ausführlicher, als es in der Klausurbearbeitung verlangt werden kann. Aufgrund der wissenschaftlichen Freiheit können andere Lösungswege vertreten werden, soweit sie dogmatisch begründbar sind. Die Nachweise aus Rechtsprechung und Literatur sowie die das Verständnis fördernden Randbemerkungen sind in der Examensklausur auszusparen. Die Abkürzung „Alt." steht für Alternativfall, nicht für Alternative.

Die auf der Vorlage des Oberlandesgerichtes erfolgte konkrete Normenkontrolle i.S.d. Art. 100 Abs. 1 GG wird erfolgreich sein, soweit sie zulässig und begründet ist.

A. Zulässigkeit

Die konkrete Normenkontrolle beim Bundesverfassungsgericht muss zulässig sein.

I. Zuständigkeit des Bundesverfassungsgerichts

Das Bundesverfassungsgericht ist nur zuständig, wenn ihm ein Verfahren ausdrücklich enumerativ zugewiesen ist. Dem Bundesverfassungsgericht ist das konkrete Normenkontrollverfahren gemäß den Artt. 93 Abs. 1 Nr. 5, 100 Abs. 1 GG i.V.m. § 13 Nr. 11 BVerfGG zugewiesen. Hierbei geht es darum, dass seitens des Bundesverfassungsgerichtes ein nachkonstitutionelles Gesetz, welches von einem Fachgericht vorgelegt wird, überprüft wird.

II. Verfahrensabhängige Zulässigkeitsvoraussetzungen

Jedem dem Bundesverfassungsgericht enumerativ zugewiesenen Verfahren sind verfahrensabhängige Zulässigkeitsvoraussetzungen zugeordnet, die erfüllt sein müssen. Für das konkrete Normenkontrollverfahren ergeben sie sich aus den §§ 13 Nr. 11, 80 ff. BVerfGG.

1. Vorlageberechtigtes Gericht

Zunächst muss das dem Bundesverfassungsgericht vorlegende Gericht vorlageberechtigt i.S.d. § 80 Abs. 1 BVerfGG i.V.m. Art. 100 Abs. 1 GG sein. Vorlageberechtigte Gerichte i.S.d. § 80 Abs. 1 BVerfGG sind alle sachlich unabhängigen Spruchkörper, die in einem formellen Gesetz als Gericht bezeichnet oder denen gerichtliche Aufgaben überantwortet worden sind (BVerfGE 6, 55, 63). Das gilt jedenfalls für ordentliche Gerichte i.S.d. § 13 GVG, also auch für das vorlegende Oberlandesgericht. Das Oberlandesgericht ist vorlageberechtigt.

2. Vorlagegegenstand

Es muss sich bei § 66b Abs. 2 StGB um einen tauglichen Vorlagegegenstand i.S.d. § 80 Abs. 1 BVerfGG i.V.m. Art. 100 Abs. 1 GG, also um ein vorlagefähiges

Gesetz handeln, bezüglich dessen das Bundesverfassungsgericht i.S.d. § 81 BVerfGG Rechtsfragen prüft. Vorlagefähige Gesetze sind grundsätzlich formelle und nachkonstitutionelle abstrakt-generelle Regelungen.

Dazu würden allerdings zum Beispiel auch Verordnungen gehören, die mittels delegierter Legislativgewalt von der Exekutive erlassen worden sind und bezüglich derer die Fachgerichte nicht nur die Prüfungs-, sondern auch die Verwerfungskompetenz zumindest zwischen den Beteiligten in Verfahren indirekten Rechtsschutzes haben. Im direkten Rechtsschutzverfahren gegen eine Verordnung könnte ein Oberverwaltungsgericht – soweit eine prinzipale Normenkontrolle i.S.d. § 47 Abs. 1 VwGO vorgesehen ist – diese sogar allgemein verbindlich i.S.d. § 47 Abs. 5 S. 2 VwGO verwerfen. Insoweit ist § 81 BVerfGG verfassungskonform im Sinne des sich unter anderem aus Art. 20 Abs. 3 GG ergebenden Rechtsstaatprinzips dahingehend auszulegen, dass das Bundesverfassungsgericht als Hüter der Verfassung möglichst geringfügig mit Verfahren behelligt werden soll, sodass Gesetze i.S.d. Art. 100 Abs. 1 GG – welcher in praktischer Konkordanz mit Art. 20 Abs. 3 GG anzuwenden ist – restriktiv anzunehmen sind.

Gesetze sind insoweit jedenfalls geltende, formelle und nachkonstitutionelle Bundes- oder Landesgesetze, für welche bei den Instanzgerichten zwar eine Prüfungskompetenz, jedoch keine Verwerfungskompetenz besteht, weil diese ausschließlich dem Bundesverfassungsgericht zugewiesen ist. Ein Gesetz ist im Sinne dieser Normen jedenfalls gültig, wenn es gemäß Art. 82 GG durch die Verkündung im Bundesgesetzblatt in Kraft getreten ist. Es ist formell und nachkonstitutionell, wenn es durch den Rechtssetzungsakt eines Legislativorgans nach 1949 in Kraft getreten ist. Nur insoweit bedarf es durch die alleinige Zuweisung der Verwerfungskompetenz zum Bundesverfassungsgericht dem erhöhten Schutz des parlamentarischen Gesetzgebers, während vorkonstitutionelle Gesetze grundsätzlich auch durch die Instanzgerichte zumindest zwischen Verfahrensbeteiligten verworfen werden können.

§ 66b Abs. 2 StGB stellt als formelles Bundesgesetz vom 13. April 2007 einen ordnungsgemäßen Vorlagegegenstand dar, wenngleich das Strafgesetzbuch als solches vorkonstitutionell ist. Selbst wenn das Strafgesetzbuch als vorkonstitutionelles Gesetz maßgeblich sein sollte, kann es jedenfalls Gegenstand der Vorlage beim Bundesverfassungsgericht sein, da dessen Verfassungsgemäßheit aufgrund der Grundrechtsintensität von besonderer Bedeutung ist und somit vom Bundesverfassungsgericht geprüft werden kann, wenngleich für vorkonstitutionelle Gesetze die Prüfungs- und die Verwerfungskompetenz grundsätzlich den Fachgerichten zugeordnet ist. Ob ausnahmsweise auch Verordnungen Gegenstand einer Vorlage beim Bundesverfassungsgericht sein können, ist nicht maßgeblich und kann somit dahinstehen.

Der Zweck der konkreten Normenkontrolle besteht in der Wahrung der Autorität des (nach-) konstitutionellen Gesetzgebers. Bei umstrittenen Vorschriften sollen dadurch Rechtsklarheit geschaffen und widersprüchliche Gerichtsentscheidungen verhindert werden.

Beachten Sie, dass das Bundesverfassungsgericht gemäß Art. 100 Abs. 1 S. 2 GG auch über die Vereinbarkeit des Landesrechts mit dem Grundgesetz entscheidet.

3. Überzeugung bezüglich der Verfassungswidrigkeit

Das vorlegende Gericht muss von der Verfassungswidrigkeit des Gesetzes überzeugt sein, wobei eine Überzeugung über bloße Zweifel an der Vereinbarkeit des Gesetzes mit grundgesetzlichen Vorschriften hinausgeht. Die Darlegungslegt ist gemäß § 80 Abs. 2 S. 1 BVerfGG insoweit dem vorlegenden Gericht zugewiesen.

Das vorlegende Oberlandesgericht hält § 66b Abs. 2 StGB für verfassungswidrig, weil die Norm nach der Überzeugung des Gerichts mit der Menschenwürde i.S.d. Art. 1 Abs. 1 GG, der Freiheit der Person i.S.d. Art. 2 Abs. 2 S. 2 GG i.V.m. Art. 104 Abs. 1 S. 1 GG, dem sich aus Art. 103 Abs. 2 GG ergebenden besonderen Bestimmtheitsgebot sowie dem sich aus Art. 2 Abs. 2 S. 2 GG i.V.m. Art. 20 Abs. 3 GG ergebenden Vertrauensschutz unvereinbar ist. Das Oberlandesgericht ist von der Verfassungswidrigkeit des Gesetzes überzeugt.

4. Entscheidungserheblichkeit

Es ist eine Voraussetzung für eine Vorlage im konkreten Normenkontrollverfahren i.S.d. Art. 100 Abs. 1 S. 1 GG beim Bundesverfassungsgericht, dass es bei der Entscheidung des vorlegenden Gerichts auf die Verfassungsmäßigkeit und damit auf die Gültigkeit des Vorlagegegenstandes ankommt. Die Darlegungslast ist gemäß § 80 Abs. 2 S. 1 BVerfGG wiederum dem vorlegenden Gericht zugewiesen.

a) Grundsatz

Es kommt auf die Verfassungsmäßigkeit eines Gesetzes an, wenn die Gerichtsentscheidung bei Verfassungswidrigkeit des Gesetzes eine andere wäre als bei Verfassungsmäßigkeit des Gesetzes. Gesetze sind – anders als Verwaltungsakte – bei Beachtung des sich unter anderem aus Art. 20 Abs. 3 GG ergebenden Rechtsstaatsprinzips bei Rechtswidrigkeit grundsätzlich nichtig. Die Entscheidungserheblichkeit ist somit nur gegeben, wenn die einfachgesetzlichen Voraussetzungen des Gesetzes erfüllt sind, weil nur dann dessen Tatbestandsmerkmale für die Gerichtsentscheidung relevant sein können. Maßgeblich ist dabei grundsätzlich der Tenor der Entscheidung – nicht die Begründung. Verfahrensgegenständliches Gesetz ist § 66b Abs. 2 StGB.

Bei Wirksamkeit des § 66b Abs. 2 StGB wird das Oberlandesgericht eine fortdauernde Sicherungsverwahrung und damit zulasten des S tenorieren, weil die tatbestandlichen Voraussetzungen der Norm erfüllt sind. Sollte § 66b Abs. 2 StGB jedoch verfassungswidrig sein, wäre die Norm nichtig und die Voraussetzungen für eine Sicherungsverwahrung wären mangels gesetzlicher Grundlage nicht erfüllt, sodass die Beschwerde des S in diesem Fall begründet wäre.

Die Voraussetzung der Entscheidungserheblichkeit ist Ausdruck der Subsidiarität der Verfassungsgerichtsbarkeit.

Wenn feststeht, dass ein Gesetz mit dem Unionsrecht nicht vereinbar ist, und es aufgrund des Anwendungsvorrangs des Unionsrechts nicht angewandt werden darf, ist es nicht entscheidungserheblich. Da ein solcher Anwendungsvorrang im Kontext der Europäischen Menschenrechtskonvention nicht unmittelbar besteht, ist das Verhältnis der Europäischen Menschenrechtskonvention (EMRK) und der Entscheidungen des EGMR im Verhältnis zum Unionsrecht und Verfassungsrecht relevant.

---

b) Europäische Menschenrechtskonvention

Die Entscheidungserheblichkeit könnte abzulehnen sein, wenn die Vereinbarkeit des § 66b Abs. 2 StGB mit dem Grundgesetz irrelevant wäre, weil nur Rechte und Freiheiten der Europäischen Menschenrechtskonvention betroffen und vom EGMR bzw. von den Instanzgerichten wie dem Oberlandesgericht ohne die Notwendigkeit einer Vorlage beim Bundesverfassungsgericht unmittelbar zu berücksichtigen wären. Eine Entscheidungserheblichkeit i.S.d. Art. 100 Abs. 1 GG wäre abzulehnen, wenn aufgrund in Betracht kommender Normen der Europäischen Menschenrechtskonvention zunächst ein Prozess beim EGMR oder beim Europäischen Gerichtshof (EuGH) geführt bzw. gegebenenfalls zum Beispiel dem EuGH gemäß Art. 267 AEUV vorgelegt werden müsste. Als Normen der Europäischen Menschenrechtskonvention kommen die Freiheit der Person i.S.d. Art. 5 EMRK sowie das Rückwirkungsverbot i.S.d. Art. 7 EMRK in Betracht. Maßgeblich sind für die Entscheidungserheblichkeit i.S.d. Art. 100 Abs. 1 GG zunächst die prozessualen Vorgaben für ein Verfahren beim EGMR bzw. beim EuGH sowie die Rechtsnatur der Europäischen Menschenrechtskonvention im Verhältnis zum Verfassungsrecht.

Die Vorschriften der Europäischen Menschenrechtskonvention gehören zunächst nicht zu den Grundrechten und grundrechtsgleichen Rechten, die nach § 90 Abs. 1 BVerfGG Maßstab einer Verfassungsbeschwerde sein können (BVerfGE 41, 88, 105f.; 64, 135, 157).

Die Europäische Menschenrechtskonvention ist auf einen völkerrechtlichen Vertrag zurückzuführen, der anders als das allgemeine Völkerrecht, welches gemäß Art. 25 S. 1 GG unmittelbar gilt, keine unmittelbare Wirkung in der Bundesrepublik Deutschland entfaltet, sondern transformiert werden musste. Durch die Transformation hat die Europäische Menschenrechtskonvention den Rang einfachen Rechts und steht nicht wie das allgemeine Völkerrecht zwischen dem einfachen Recht und dem Verfassungsrecht.

Über die Auslegung der Europäischen Menschenrechtskonvention entscheidet grundsätzlich der EGMR, nachdem gemäß Art. 35 Abs. 1 EMRK der nationale Rechtsweg erschöpft ist, zu dem auch die Anrufung des Bundesverfassungsgerichtes gehört, wobei Individualbeschwerden in Art. 34 EMRK geregelt sind. Eine zwingende Bindung nationaler Gerichte an Urteile des EGMR ergibt sich aus Art. 46 EMRK nicht, da die Parteien insoweit unterschiedlich sein können. Der EGMR, der ebenfalls nur aufgrund dieser völkerrechtlichen Basis agiert, gehört wiederum nicht zur supranationalen Einrichtung der Europäischen Union (EU), sodass seine Entscheidungen nicht als Unionsrecht einzustufen sind. Zwar wird in Art. 6 Abs. 3 EUV auf die Europäische Menschenrechtskonvention ebenso wie auf die EU-Grundrechte-Charta in Art. 6 Abs. 1 EUV Bezug genommen, jedoch fehlt eine Bezugnahme auf Entscheidungen des EGMR, sodass diese Urteile weder primäres noch sekundäres Unionsrecht darstellen. Selbst wenn die Europäische Menschenrechtskonvention aufgrund der Bezugnahme in Art. 6 Abs. 1 EUV als unmittelbarer Bestandteil des primären Unionsrechts einzustufen sein sollte, sind Entscheidungen des EGMR vom Unionsrecht i.S.d. Art. 6 EUV nicht mehr erfasst.

Gegebenenfalls wird der EuGH auf Entscheidungen des EGMR insoweit Bezug nehmen, als sie zur Auslegung der Europäischen Menschenrechtskonvention relevant sind. Die Europäische Menschenrechtskonvention könnte als Primärrecht über Art. 6 Abs. 1 EUV gleichrangig neben der EU-Grundrechte-Charta einzustufen sein, jedoch ist der Verweis auf die Europäische Menschenrechtskonvention in Art. 6 Abs. 3 EUV anders als bezüglich der EU-Grundrechte-Charta in Art. 6 Abs. 1 EUV, in dem eine Gleichstellungsklausel bezüglich des europäischen Primärrechts enthalten ist, formuliert. Daher ist die Europäische Menschenrechtskonvention nicht als primäres EU-Recht im engen Sinne, sondern als subsidiär gegenüber der Grundrechte-Charta in ihren grundlegenden Rechtsinhalten einzustufen, wenngleich die Europäische Menschenrechtskonvention bei der Auslegung der EU-Grundrechte-Charta gemäß Art. 52 Abs. 3 EU-GR-Charta und auch im Allgemeinen gemäß Art. 6 Abs. 3 EUV auf Unionsebene zu berücksichtigen ist. Jedenfalls ist nicht ausschließlich der EuGH für die Europäische Menschenrechtskonvention zuständig mit der Folge, dass eine etwaige Sperrwirkung für das Bundesverfassungsgericht über das primäre Unionsrecht im Rahmen des Anwendungsvorranges des Unionsrechts – etwa im Sinne einer vorrangigen Vorlage beim Europäischen Gerichtshof gemäß Art. 267 AEUV – nicht besteht.

Beim Bundesverfassungsgericht kann die Europäische Menschenrechtskonvention als einfaches nationales Recht nur über das unter anderem in Art. 20 Abs. 3 GG verankerte Rechtsstaatsprinzip sowie im subjektivierten Bereich mittels der Verhältnismäßigkeit der Grundrechte bei völkerrechtskonformer Auslegung des Grundgesetzes einfließen. Das Rechtsstaatsprinzip ist bei verfassungsrechtlichen Prüfungen zu berücksichtigen und kann mittelbar durch einfaches Recht – die Europäische Menschenrechtskonvention ist national transformiert worden – beeinflusst werden. Somit können die Normen der Europäischen Menschenrechtskonvention und ebenso die Entscheidungen des EGMR, welche auf die Europäische Menschenrechtskonvention bezogen sind, als Indiz für rechtsstaatliche Grundsätze bei der verfassungsrechtlichen Prüfung des Art. 20 Abs. 3 GG im Rahmen des objektiven Prüfungsmaßstabes einfließen, da nur durch ein objektiv verfassungsgemäßes Gesetz Grundrechtseingriffe gerechtfertigt werden können.

Nach alledem ist ein Verstoß gegen Artt. 5, 7 EMRK prozessual zwar grundsätzlich nach Erschöpfung des Rechtsweges beim EGMR geltend zu machen, nicht jedoch beim EuGH. Voraussetzung für eine Rechtswegerschöpfung ist gemäß Art. 35 Abs. 1 EMRK sogar, dass zunächst das Bundesverfassungsgericht angerufen wurde, sodass eine Sperrwirkung durch ein noch zu führendes Verfahren beim EGMR oder beim EuGH einer Vorlage zur Entscheidungserheblichkeit i.S.d. Art. 100 Abs. 1 GG bezüglich der Verfassungsmäßigkeit des Gesetzes nicht entgegensteht.

Schema 29: Normenhierarchie (Unionsrecht/deutsches Recht)

Art. 79 III GG
↓
Primäres Unionsrecht
↓ *Geltungsvorrang*
Sekundäres Unionsrecht
↓ *Anwendungsvorrang* ↓
Nationales Verfassungsrecht (Grundgesetz)
↓ *Geltungsvorrang*
Nationales einfaches Recht

5. Ordnungsgemäßer Antrag

Es ist davon auszugehen, dass der Antrag hinreichend begründet i.S.d. § 80 Abs. 2 BVerfGG und auch ansonsten ordnungsgemäß i.S.d. § 23 Abs. 1 BVerfGG gestellt wurde.

Zwar sind die Anforderungen aus § 23 BVerfGG allgemeine Verfahrensvoraussetzungen, jedoch dürfen sie auch in Verknüpfung mit § 80 Abs. 2 BVerfGG bei den verfahrensabhängigen Voraussetzungen erörtert werden.

III. Zwischenergebnis

Der Antrag des Oberlandesgerichts beim Bundesverfassungsgericht ist zulässig.

B. Begründetheit

Der Antrag des Oberlandesgerichts ist begründet, soweit § 66b Abs. 2 StGB und die dort geregelte Möglichkeit der nachträglichen Sicherungsverwahrung mit dem Grundgesetz unvereinbar ist. Dann wird das Bundesverfassungsgericht den verfahrensgegenständlichen § 66b Abs. 2 StGB gemäß §§ 78 S. 1, 81 BVerfGG i.V.m. § 82 Abs. 1 BVerfGG mit Gesetzeskraft i.S.d. § 31 Abs. 2 S. 1 BVerfGG i.V.m. § 78 BVerfGG für nichtig erklären. Das konkrete Normenkontrollverfahren ist ein objektives Beanstandungsverfahren, sodass eine objektive Verfassungswidrigkeit des Gesetzes entsprechend dem in Art. 100 Abs. 1 GG enthaltenen Prüfungsmaßstab des Grundgesetzes maßgeblich ist.

Da § 66b StGB formell verfassungsgemäß ist, bedarf es für eine Begründetheit des Antrages der materiellen Verfassungswidrigkeit des Gesetzes.

Die formelle Verfassungsgemäßheit ist nach dem Bearbeitungsvermerk nicht zu prüfen. Die Gesetzgebungskompetenz für § 66b StGB ergibt sich aus Art. 72 Abs. 1 GG i.V.m. Art. 74 Abs. 1 Nr. 1 GG bzw. ergänzend für die Sicherungsverwahrung aus einer ungeschriebenen Annexkompetenz, soweit sie von der Strafgesetzgebungskompetenz nicht umfasst ist.

Eine Unvereinbarkeit des § 66b Abs. 2 StGB kann sich bezüglich der Menschenwürde gemäß Art. 1 Abs. 1 GG, der Freiheit der Person gemäß Art. 2 Abs. 2 S. 2 GG, des besonderen Bestimmtheitsgebotes aus Art. 103 Abs. 2 GG sowie des besonderen rechtsstaatlichen Vertrauensgrundsatzes aus Art. 2 Abs. 2 S. 2 GG i.V.m. Art. 20 Abs. 3 GG ergeben.

Bei dem konkreten Normenkontrollverfahren handelt es sich um ein objektives Beanstandungsverfahren. Der Vorlagegegenstand ist dabei nicht nur hinsichtlich der vom vorlegenden

Gericht vorgetragenen, sondern hinsichtlich aller denkbaren verfassungsrechtlichen Aspekte hin zu prüfen.

I. Unvereinbarkeit mit der Menschenwürde i.S.d. Art. 1 Abs. 1 GG

Mittels der Reglung des § 66b Abs. 2 StGB kann die Menschenwürde verletzt sein.

1. Schutzbereichseingriff

In Art. 1 Abs. 1 GG wird die Menschenwürde geschützt. „Durch die Menschenwürde wird der soziale Wert- und Achtungsanspruch des Menschen insoweit geschützt, als der Mensch nicht zum bloßen Objekt des Staates gemacht oder einer Behandlung ausgesetzt werden darf, durch die seine Subjektqualität prinzipiell in Frage gestellt wird, wobei die Achtung und der Schutz der Menschenwürde als Konstitutionsprinzipien des Grundgesetzes unantastbar sind" (BVerfGE 109, 133, 149 f.).

Dabei kann es durch die im Grundgesetz verankerte Gemeinschaftsbezogenheit und Gemeinschaftsgebundenheit des Individuums gerechtfertigt sein, unabdingbare Maßnahmen zum Schutz wesentlicher Gemeinschaftsgüter vorzunehmen und dies bei der Schutzbereichsdefinition zu berücksichtigen. „Die Menschenwürde ist unter Berücksichtigung des Spannungsverhältnisses zwischen Individuum und Gemeinschaft im Sinne der Gemeinschaftsgebundenheit der Person auszulegen, ohne dabei deren Eigenwert zu beeinträchtigen" (BVerfGE 109, 133, 151). Insoweit ist es möglich, dass durch das subjektive Verhalten einer Person der Schutzbereich im Einzelfall eingeschränkt auszulegen ist.

„Die staatliche Gemeinschaft ist somit berechtigt, sich gegen gefährliche Straftäter durch Freiheitsentzug zu sichern" (BVerfGE 109, 133, 151). „Die Menschenwürde wird auch durch eine lange dauernde Unterbringung in der Sicherungsverwahrung nicht verletzt, wenn diese wegen fortdauernder Gefährlichkeit des Untergebrachten notwendig ist und solange auch in solchen Konstellationen die Eigenständigkeit des Untergebrachten gewahrt und seine Würde als Individuum geachtet wird" (BVerfGE 109, 133, Leitsatz 1.a). „Bezüglich des Instituts der Sicherungsverwahrung ergibt sich aus Art. 1 Abs. 1 GG kein verfassungsrechtliches Gebot, schon bei Urteilsfindung über die Anordnung der Unterbringung des Straftäters zu entscheiden. Die Menschenwürdegarantie des Art. 1 Abs. 1 GG ist nicht tangiert, wenn der Gesetzgeber vorsieht, dass eine verbindliche Entscheidung über den voraussichtlichen Entlassungszeitpunkt bei einem Sicherungsverwahrten nicht im Vorhinein getroffen wird" (BVerfGE 109,

133, Leitsatz 1.b). Es entspricht nämlich der Einstufung der Personen als Subjekte, deren Entwicklung abzuwarten und individuell sowie stets aktuell über eine Sicherungsverwahrung zu entscheiden.

Durch das Verhalten hochgefährlicher Straftäter wird der Schutzbereich der Menschenwürde also insoweit eingeengt, als eine Sicherung vor diesen Tätern nicht als Schutzbereichseingriff einzustufen ist, weil sie nicht zum Objekt des Staates gemacht werden, sondern sich selbst durch ihr Verhalten in diese Situation begeben.

2. Zwischenergebnis

Eine Unvereinbarkeit des § 66b Abs. 2 StGB mit der Menschenwürde gemäß Art. 1 Abs. 1 GG besteht nicht.

II. Unvereinbarkeit mit Art. 2 Abs. 2 S. 2 GG i.V.m. Art. 104 Abs. 1 S. 1 GG

Durch § 66b Abs. 2 StGB kann ungerechtfertigt in Art. 2 Abs. 2 S. 2 GG i.V.m. Art. 104 Abs. 1 S. 1 GG eingegriffen werden.

1. Schutzbereichseingriff

Durch die in § 66b Abs. 2 StGB festgelegte Möglichkeit, Personen zur Sicherung zu verwahren, ist geregelt worden, dass die Freiheit der Person i.S.d. Art. 2 Abs. 2 S. 2 GG i.V.m. Art. 104 Abs. 1 S. 1 GG aufgrund der Norm eingeschränkt werden kann, sodass durch § 66b Abs. 2 StGB die Freiheit der Person unmittelbar verkürzt wird, also ein unmittelbarer Eingriff gegeben ist.

2. Verfassungsrechtliche Rechtfertigung

Der Eingriff in die Freiheit der Person kann verfassungsrechtlich gerechtfertigt sein. Dies ist anzunehmen, wenn für das Grundrecht eine Schrankensystematik geregelt ist, deren verfassungsrechtliche Voraussetzungen erfüllt sind.

a) Einschränkungsmöglichkeit des Art. 2 Abs. 2 S. 2 GG
i.V.m. Art. 104 Abs. 1 S. 1 GG

In Art. 2 Abs. 2 S. 3 GG i.V.m. Art. 104 Abs. 1 S. 1, Abs. 2 GG ist ein qualifiziert einschränkender Gesetzesvorbehalt enthalten, da die Freiheit der Person nur aufgrund eines förmlichen Gesetzes und nur unter den erhöhten Anforderungen der Regelung eines Richtervorbehaltes eingeschränkt werden kann. Als formelles Gesetz entspricht § 66b Abs. 2 StGB zunächst einem solchen Gesetzesvorbehalt.

Schema 30: Schrankensystematik

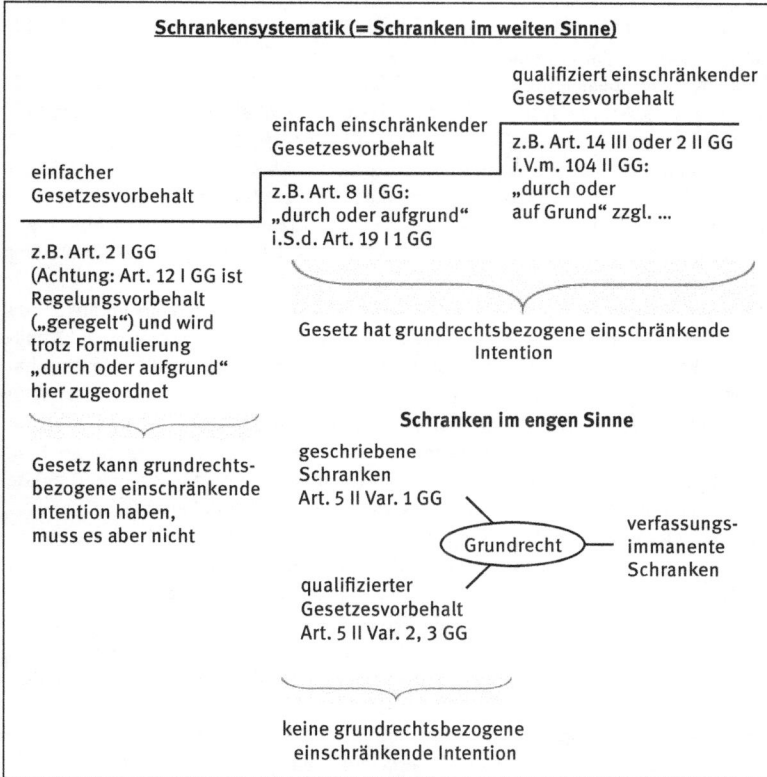

Der Oberbegriff ist „Schrankensystematik“, die auch als „Schranken im weiten Sinne“ bezeichnet werden darf. Diese gliedert sich in „grundlegende Gesetzesvorbehalte“ und „Schranken im engen Sinne“.

Bei grundlegenden Gesetzesvorbehalten ist zwischen dem einfachen, dem einfach einschränkenden sowie dem qualifiziert einschränkenden Gesetzesvorbehalt zu unterscheiden. Diese grundlegenden Gesetzesvorbehalte sind im Rahmen der Schrankensystematik von den „Schranken im engen Sinne“ zu unterscheiden, die wiederum in geschriebene Schranken (Art. 5 Abs. 2 Var. 1 GG), den qualifizierten Gesetzesvorbehalt (Art. 5 Abs. 2 Var. 2, 3 GG) und verfassungsimmanente Schranken untergliedert werden können. Wie bei grundlegenden Gesetzesvorbehalten bedarf es bei „Schranken im engen Sinne“ stets eines Gesetzes – bei verfassungsimmanenten Schranken eines Gesetzes, das Ausdruck gegenläufiger Verfassungsrechte bzw. -rechtsgüter ist.

Bei einfachen Gesetzesvorbehalten (zum Beispiel Art. 2 Abs. 1 GG) werden an das Gesetz keine besonderen Anforderungen gestellt. Es bedarf lediglich eines Gesetzes, das eine grundrechtsbezogene einschränkende Intention haben kann, diese jedoch nicht haben muss, während Gesetze bei einfach einschränkenden und qualifiziert einschränkenden Gesetzesvorbehalten eine grundrechtsbezogene einschränkende Intention haben und deshalb den zusätzlichen Anforderungen des Art. 19 Abs. 1 GG genügen müssen (zum Beispiel dem Zitiergebot aus Art. 19 Abs. 1 S. 2 GG). Einfach und qualifiziert einschränkende Gesetzesvorbehalte enthalten – neben der Formulierung „durch oder aufgrund eines Gesetzes" oder „aufgrund eines Gesetzes" – eine auf die grundrechtsbezogene einschränkende Intention hinweisende Formulierung wie „eingeschränkt" bzw. „beschränkt". Bei qualifiziert einschränkenden Gesetzesvorbehalten werden – über Art. 19 Abs. 1 GG hinausgehende – Gesetzesinhalte vorgegeben (zum Beispiel eine Entschädigungsregelung in Art. 14 Abs. 3 GG). Der Regelungsvorbehalt in Art. 12 Abs. 1 S. 2 GG ist als einfacher Gesetzesvorbehalt einzustufen. Zwar steht in Art. 12 Abs. 1 S. 2 GG die Formulierung „durch Gesetz oder aufgrund eines Gesetzes", so dass die Annahme eines einfach einschränkenden Gesetzesvorbehaltes naheliegt, jedoch ist in Art. 12 Abs. 1 S. 2 GG die Formulierung „geregelt" anstatt der in Art. 19 Abs. 1 S. 1 GG gewählten Formulierung „eingeschränkt" verwendet worden.

Bei „Schranken im engen Sinne" darf durch das Gesetz – anders als bei einschränkenden Gesetzesvorbehalten – hingegen nur eine zufällige Kollision mit dem betroffenen Grundrecht erfolgen, so dass das Gesetz keine grundrechtsbezogene einschränkende Intention haben darf. Bei geschriebenen Schranken werden an das Gesetz keine weiteren Anforderungen gestellt („allgemeine Gesetze" i.S.d. Art. 5 Abs. 2 Var. 1 GG). Der einfache Gesetzesvorbehalt unterscheidet sich von den geschriebenen Schranken dadurch, dass er eine Zwitterstellung hat – er kann grundrechtsbezogen zielgerichtet sein (dann wie einschränkende Vorbehalte ohne Zitiergebot), muss es aber nicht (dann wie eine geschriebene Schranke).

Beim qualifizierten Gesetzesvorbehalt muss es sich um ein Gesetz handeln, das trotz zufälliger Kollision mit dem betroffenen Grundrecht einem bestimmten Zweck (dem Schutz der Jugend bzw. persönliche Ehre i.S.d. Art. 5 Abs. 2 Var. 2, 3 GG) dient, dem aber – anders als beim qualifiziert einschränkenden Gesetzesvorbehalt – die grundrechtsbezogene einschränkende Intention fehlt. Der qualifizierte Gesetzesvorbehalt hat mittlerweile kaum noch eine eigene Bedeutung, weil die Gesetze zum Schutze der Jugend und der persönlichen Ehre (Art. 5 Abs. 2 Var. 2, 3 GG) in den allgemeinen Gesetzen (Art. 5 Abs. 2 Var. 1 GG) enthalten sind. Bei verfassungsimmanenten Schranken bedarf es grundsätzlich einer zufälligen Kollision und eines Gesetzes, das Ausdruck der gegenläufigen Verfassungsgüter bzw. -rechte ist.

Bei oberflächlicher Herangehensweise wird nur zwischen einem einfachen und einem qualifizierten Gesetzesvorbehalt differenziert. Selbst bei dieser – leider verbreiteten – undifferenzierten Betrachtung sind die Anforderungen an die eingangs aufgezeigten Kategorien in der Sache jedenfalls dennoch verfassungsrechtlich vorgegeben und zu prüfen, so dass es sinnvoll erscheint, in der Terminologie ebenfalls ein dogmatisch differenziertes System zu verwenden.

b) Verfassungsrechtliche Anforderungen

aa) Besondere Anforderungen aus Art. 19 GG

Da für die Freiheit der Person i.S.d. Art. 2 Abs. 2 S. 2 GG i.V.m. Art. 104 Abs. 1 S. 1 GG ein qualifiziert einschränkender Gesetzesvorbehalt geregelt ist, müssen die Anforderungen des Art. 19 Abs. 1 GG erfüllt sein.

§ 66b Abs. 2 StGB ist bezüglich diverser Konstellationen abstrakt formuliert. Somit handelt es sich bei der Norm entsprechend der Vorgabe des Art. 19 Abs. 1 S. 1 GG nicht um ein Einzelfallgesetz.

Weiterhin muss das Zitiergebot i.S.d. Art. 19 Abs. 1 S. 2 GG im Strafgesetzbuch eingehalten worden sein. Die Einhaltung des Zitiergebotes in § 196 Strafvollzugsgesetz als Regelung über das „Wie" des Vollzuges ist nicht hinreichend, da auch durch die für das „Ob" maßgeblichen Normen ein Grundrechtseingriff erfolgt. Eine Norm im Strafgesetzbuch, in welcher geregelt ist, dass durch das Strafgesetzbuch – auch durch den oder aufgrund des § 66b Abs. 2 StGB – die Freiheit der Person beschränkt oder eingeschränkt wird, besteht nicht.

Eine Einhaltung des Zitiergebotes kann bei restriktiver Auslegung des Zitiergebotes aber ausnahmsweise entbehrlich sein, wobei diesbezüglich eine praktische Konkordanz mit anderen verfassungsrechtlichen Normen sowie der Sinn und der Zweck des Zitiergebotes im rechtsstaatlichen Gefüge zu berücksichtigen sind. Der Sinn und Zweck des formellen Erfordernisses des Zitiergebotes ist die Warnung des Gesetzgebers vor leichtfertiger oder unbeabsichtigter Einschränkung der Grundrechte (BVerfGE 15, 288, 293; 28, 36, 46; 35, 185, 188 f.). Es handelt sich dabei um eine Formvorschrift, die in praktischer Konkordanz mit dem sich unter anderem aus Art. 20 Abs. 3 GG ergebenden Rechtsstaatsprinzip aus Gründen der effektiven Tätigkeit der Legislative gegebenenfalls einer engen Auslegung bedarf, damit „sie nicht zu einer leeren Förmlichkeit erstarrt und der die verfassungsmäßige Ordnung konkretisierende Gesetzgeber in seiner Arbeit nicht unnötig behindert wird" (BVerfGE 28, 36, 46). Durch das Zitiergebot soll lediglich ausgeschlossen werden, dass „neue, dem bisherigen Recht fremde Möglichkeiten des Eingriffs in Grundrechte geschaffen werden, ohne dass der Gesetzgeber darüber Rechenschaft ablegt und dies ausdrücklich zu erkennen gibt." (BVerfGE 5, 13, 16)

Außerdem kann das Zitiergebot nur bezüglich solcher Gesetze anwendbar sein, die nach dem Grundgesetz am 23. Mai 1949 in Kraft getreten sind – vorkonstitutionelle Gesetze –, um auch insoweit Rechtssicherheit zu schaffen (st. Rspr. seit BVerfGE 2, 121, 122 f.). Das Strafgesetzbuch ist in seiner ursprünglichen Fassung jedoch bereits im Jahr 1870 verabschiedet worden und somit ein vorkonstitutionelles Gesetz. Zwar könnte das Strafgesetzbuch durch diverse Änderungen mittlerweile nachkonstitutionelles Recht geworden sein, da § 66b Abs. 2 StGB mit dem Gesetz vom 13. April 2007 in Kraft getreten ist. Sollte das Strafgesetzbuch zumindest bezüglich des § 66b Abs. 2 StGB wegen der späteren Änderung bei dieser strengen Betrachtungsweise als nachkonstitutionelles Recht eingestuft werden, wäre das Gesetz insoweit mangels der Einhaltung des Zitiergebotes verfassungswidrig und könnte allenfalls noch als Ausdruck ver-

fassungsimmanenter Schranken bestehen bleiben, wobei wiederum problematisch ist, ob die verfassungsimmanenten Schranken trotz ausdrücklicher
Schrankensystematik ergänzend anwendbar sind – dadurch würde möglicherweise verfassungswidrig das Zitiergebot entwertet.

Nach alledem ist § 66b Abs. 2 StGB bezüglich des formellen Zitiergebotes
aufgrund des Zeitpunktes des Inkrafttretens des Strafgesetzbuches in dessen
Gesamtheit als vorkonstitutionelles Gesetz einzustufen. Das Zitiergebot muss im
Gesetz somit nicht beachtet worden sein, sodass keine Unvereinbarkeit des Gesetzes mit Art. 19 Abs. 1 S. 2 GG anzunehmen ist.

Eine Unvereinbarkeit des § 66b Abs. 2 StGB mit Art. 19 Abs. 2 GG ist nicht
gegeben, weil der Kernbereich des Grundrechtes der Freiheit der Person i.S.d.
Art. 2 Abs. 2 S. 2 GG nicht subjektiv, sondern im Hinblick auf die Grundrechte
als objektive Werteordnung i.S.d. Art. 1 Abs. 3 GG objektiv zu beurteilen ist und
durch § 66b Abs. 2 GG nicht das Recht auf die Freiheit der Person als solches
abgeschafft werden soll (BVerfGE 109, 133, 156). Letztlich entspricht § 66b Abs. 2
StGB den Vorgaben des Art. 19 GG.

bb) Verhältnismäßigkeit

In Wechselwirkung zu den Grundrechten und den übrigen zu schützenden
Verfassungsgütern kann der Eingriff mit dem Grundsatz der Verhältnismäßigkeit als Schranken-Schranke der Grundrechte unverhältnismäßig sein. „Danach muss ein grundrechtsverkürzendes Gesetz geeignet und erforderlich sein,
um den erstrebten Zweck zu erreichen. Ein Gesetz ist geeignet, wenn mit seiner Hilfe der erstrebte Erfolg gefördert werden kann; es ist erforderlich, wenn
der Gesetzgeber nicht ein anderes gleich wirksames, aber das Grundrecht
nicht oder weniger stark einschränkendes Mittel hätte wählen können. Bei der
Beurteilung der Eignung und Erforderlichkeit des gewählten Mittels zur Erreichung der erstrebten Ziele sowie bei der in diesem Zusammenhang vorzunehmenden Einschätzung und Prognose der dem Einzelnen oder der Allgemeinheit drohenden Gefahren steht dem Gesetzgeber ein Beurteilungsspielraum zu,
welcher je nach der Eigenart des maßgeblichen Sachbereichs, den Möglichkeiten, sich ein hinreichend sicheres Urteil zu bilden, und der maßgeblichen
Rechtsgüter nur in begrenztem Umfang gerichtlich überprüft werden kann.
Ferner muss bei einer Gesamtabwägung im Rahmen der Verhältnismäßigkeit
im engen Sinne zwischen der Schwere des Eingriffs und dem Gewicht sowie
der Dringlichkeit der ihn rechtfertigenden Gründe die Grenze der Zumutbarkeit für die Adressaten des Verbots gewahrt sein. Durch die Maßnahme dürfen
die Adressaten nicht übermäßig belastet werden" (BVerfGE 90, 145, 172f., Leitsatz 2.b).

(1) Verfassungsrechtlich legitimer Zweck

Es muss mit § 66b Abs. 2 StGB als Gesetz über die nachträgliche Sicherungsverwahrung ein verfassungsrechtlich legitimer Zweck verfolgt werden, wobei ein solcher Zweck wegen der weiten Einschätzungsprärogative des Gesetzgebers lediglich nicht willkürlich sein darf. Zweck des Gesetzes ist der Schutz der Grundrechte anderer – zum Beispiel der körperlichen Unversehrtheit i.S.d. Art. 2 Abs. 2 S. 1 GG – und damit auch das Sicherungsbedürfnis der Allgemeinheit. § 66b Abs. 2 StGB verfolgt somit einen verfassungsrechtlich legitimen Zweck.

(2) Eignung

§ 66b Abs. 2 StGB muss im Hinblick auf den verfolgten Zweck geeignet sein. Es muss also der gewünschte Erfolg gefördert werden (BVerfGE 96, 10, 23; 67, 157, 173). Dabei genügt es auf Gesetzesebene, wenn die abstrakte Möglichkeit der Zweckerreichung besteht (BVerfGE 100, 313, 373). Durch eine präventive Sicherungsverwahrung wird das Gefahrpotential für die Bevölkerung gemindert, da die Gewalttäter keine Möglichkeit des Zugriffes auf etwaige Opfer mehr haben. § 66b Abs. 2 StGB ist somit zur Zweckerreichung grundsätzlich geeignet.

(3) Erforderlichkeit

Die getroffene Regelung darf nicht über das zur Verfolgung ihres Zweckes notwendige Maß hinaus-, also nicht weitergehen, als der mit ihr intendierte Schutzzweck reicht Es darf zur Erreichung des Zwecks kein gleich geeignetes milderes Mittel ersichtlich sein. Im Hinblick auf die Prognose des Gesetzgebers beim Erlass des § 66 Abs. 2 StGB ist eine Sicherungsverwahrung für gefährliche Straftäter erforderlich, weil jegliche alternative Schutzmechanismen zugunsten der Allgemeinheit jedenfalls nicht so wirksam wie ein vollständiger Freiheitsentzug sind.

(4) Verhältnismäßigkeit im engen Sinne (Disproportionalität)

Das Gesetz darf bezüglich des Art. 2 Abs. 2 S. 2 GG nicht unverhältnismäßig im engen Sinne, also nicht disproportional zum angestrebten Zweck sein und somit nicht in einem erheblichen Missverhältnis dazu stehen. Voraussetzung für die Verhältnismäßigkeit im engen Sinne ist es, dass der Eingriff in angemessenem Verhältnis zu dem Gewicht und der Bedeutung des Grundrechts steht (BVerfGE 67, 157, 173). Es ist ein Ausgleich der widerstreitenden Verfassungsgüter im

Wege der praktischen Konkordanz mit dem Ziel herzustellen, den gegenläufigen Positionen größtmögliche Geltung zu verschaffen.

Maßgeblich ist insoweit einerseits die Freiheit der Person als Grundlage und Voraussetzung der Entfaltungsmöglichkeiten des Bürgers mit einem hohen verfassungsrechtlichen Stellenwert, der unter anderem in deren besonderen Verfahrensgarantien in Art. 104 Abs. 2–4 GG zum Ausdruck kommt. In diesem Spannungsverhältnis können präventive Eingriffe in Freiheitsgrundrechte, die – wie die Sicherungsverwahrung – nicht dem Schuldausgleich im Sinne einer Spezialprävention dienen, nur zulässig sein, wenn dies aufgrund des Schutzes hochwertiger Rechtsgüter erforderlich ist (BVerfGE 131, 268, 290 f.).

Es sind der Freiheitsanspruch der Untergebrachten und das Sicherungsbedürfnis der Allgemeinheit unter Wahrung der Grenze der Zumutbarkeit abzuwägen. „Dabei erfolgt eine Absicherung des Freiheitsgrundrechts der Betroffenen sowohl auf der Ebene des Verfahrensrechts als auch materiell-rechtlich mittels der hohen verfassungsrechtlichen Anforderungen an die Sicherungsverwahrung i.S.d. §§ 66 ff. StGB" (BVerfGE 131, 268, 291). Auch die Anforderungen an zugrunde liegende Entscheidungen und die Ausgestaltung des Vollzugs sind entsprechend hoch und müssen im Gesetz zumindest im Ansatz enthalten sein.

Über diese engen Zumutbarkeitsgrenzen hinaus könnte das maßgebliche Grundrecht der Freiheit der Person aus Art. 2 Abs. 2 S. 2 GG i.V.m. Art. 104 Abs. 1 S. 1 GG völkerrechtsfreundlich auszulegen und in Bezug auf in der Europäischen Menschenrechtskonvention enthaltene Wertungen einem nochmals strengeren Prüfungsmaßstab ausgesetzt sein. Die Europäische Menschenrechtskonvention sowie ihre Protokolle stehen innerstaatlich – soweit sie national transformiert worden sind – im Rang eines Bundesgesetzes und damit unter dem Grundgesetz. „Die Europäische Menschenrechtskonvention und ihre Zusatzprotokolle sind völkerrechtliche Verträge. In der Konvention ist es den Vertragsparteien überlassen, in welcher Weise sie ihrer Pflicht zur Beachtung der Vertragsvorschriften gerecht werden. Der Bundesgesetzgeber hat dem völkerrechtlichen Vertrag mit förmlichem Zustimmungsgesetz gemäß Art. 59 Abs. 2 S. 1 GG zugestimmt. Damit hat er einen entsprechenden Rechtsanwendungsbefehl erteilt" (BVerfGE, Beschluss vom 14.10.2004 – 2 BvR 1481/04, NJW 2004, 3407, 3408). Die Verletzung eines in der Europäischen Menschenrechtskonvention enthaltenen Menschenrechts kann nicht unmittelbar beim Bundesverfassungsgericht gerügt werden. „Gleichwohl ist der Europäischen Menschenrechtskonvention insoweit verfassungsrechtliche Bedeutung beizumessen, als durch sie die Auslegung der Grundrechte und der rechtsstaatlichen Grundsätze des Grundgesetzes mittelbar beeinflusst werden kann. Der Konventionstext und die Rechtsprechung des EGMR dienen auf der Ebene des Verfassungsrechts mittels einfachgesetzlicher Regelungen im Transformationsgesetz und der Einstrahlung in rechtsstaatliche Grundsätze als Auslegungshilfen für die Bestimmung des Inhalts und der Reichweite der Grundrechte und der rechtsstaatlichen Grundsätze des Grundgesetzes, sofern dies nicht zu einer – in der Konvention i.S.d. Art. 53 EMRK grundsätzlich ausgeschlossenen – Einschränkung oder Minderung des Grundrechtsschutzes nach dem Grundgesetz führt" (BVerfGE 128, 326, 367 f.).

Dies gilt auch für die Auslegung der Europäischen Menschenrechtskonvention durch den EGMR. Diese verfassungsrechtliche Bedeutung der Europäischen Menschenrechtskonvention und damit auch der Rechtsprechung des EGMR beruht auf der Völkerrechtsfreundlichkeit des Grundgesetzes und seiner inhaltlichen Ausrichtung auf die Menschenrechte. „Im Übrigen ist auch im Rahmen der konventionsfreundlichen Auslegung des Grundgesetzes – ebenso wie bei der Berücksichtigung der Rechtsprechung des EGMR auf der Ebene des einfachen Rechts – die Rechtsprechung des EGMR möglichst schonend in das vorhandene, dogmatisch ausdifferenzierte nationale Rechtssystem einzupassen, weshalb sich eine unreflektierte Adaption völkerrechtlicher Begriffe verbietet. Im Hinblick auf das Grundgesetz kommt insbesondere der Verhältnismäßigkeitsgrundsatz in Betracht, um Wertungen des EGMR zu berücksichtigen" (BVerfGE 128, 326, 371). „Insoweit ergibt sich aus den Wertungen des Art. 7 Abs. 1 EMRK, dass die ohnehin geltenden verfassungsrechtlichen Anforderungen an die Ausgestaltung eines schuldunabhängigen präventiven Freiheitsentzugs, der sich von einer „Strafe" qualitativ unterscheidet, im Sinne eines sogenannten Abstandsgebotes zu präzisieren sind" (BVerfGE 128, 326, 374).

Ein solches durch Art. 7 Abs. 1 EMRK geprägtes „Abstandsgebot" „beruht auf unterschiedlichen verfassungsrechtlichen Legitimationsgrundlagen und Zwecksetzungen der Freiheitsstrafe und Sicherungsverwahrung" (BVerfGE 128, 326, 376). „Es ist für alle staatlichen Gewalten verbindlich und zunächst an den Gesetzgeber gerichtet, dem aufgegeben ist, ein entsprechendes Gesamtkonzept der Sicherungsverwahrung zu entwickeln und normativ festzuschreiben" (BVerfGE 128, 326, 3. c) Leitsatz) und den dabei zur Verfügung stehenden Gestaltungsspielraum unter Verwertung aller ihm bekannten Erkenntnisse ausnutzen. „Eine zentrale Bedeutung ist in diesem Konzept zur Verwirklichung des Freiheitsrechts des Untergebrachten der gesetzlichen Regelungsdichte zuzusprechen, sodass keine maßgeblichen Fragen der Entscheidungsmacht von Exekutive oder Judikative überlassen werden dürfen, sondern deren Handeln in allen wesentlichen Bereichen wirksam zu determinieren ist" (BVerfGE 128, 326, 378). „Die Sicherungsverwahrung muss ebenso wie der Strafvollzug – auf der

Grundlage der sich unter anderem aus dem allgemeinen Persönlichkeitsrecht ergebenden Spezialprävention – darauf ausgerichtet sein, die Voraussetzungen für ein verantwortliches Leben in Freiheit zu schaffen" (BVerfGE 109, 133, 151).

„Da der Maßregelvollzug nur durch ein überwiegendes Interesse gerechtfertigt sein kann, muss er umgehend beendet werden, wenn Schutzinteressen der Allgemeinheit das Freiheitsrecht des Untergebrachten nicht länger überwiegen. Der Staat ist insoweit verpflichtet, im Vollzug von Beginn an geeignete Konzepte bereitzustellen, um die Gefährlichkeit des Verwahrten nach Möglichkeit zu beseitigen" (BVerfGE 128, 326, 377). „Durch die vorhandenen Regelungen über die Sicherungsverwahrung wird die Wahrung dieser verfassungsrechtlichen Mindestanforderungen an der Ausgestaltung des Vollzugs strukturell nicht gewährleistet" (BVerfGE 128, 326, 372). Aufgrund der hohen Schutzgüter der zu verwahrenden Personen darf der Gesetzgeber Regelungen über Anordnung und Dauer dieser Maßregel verfassungsgemäß nur als integraler Bestandteil eines freiheitsorientierten und therapiegerichteten Gesamtkonzepts treffen. „Es besteht ein unverhältnismäßiger Widerspruch zum hohen Rang des Freiheitsrechts, wenn die Anordnung der Sicherungsverwahrung isoliert gestattet wird, obwohl die verfassungsrechtlichen Anforderungen an die Ausgestaltung dieser Maßregel aufgrund eines normativen Regelungsdefizits strukturell nicht gewahrt sind. Die Betroffenen werden einer verfassungswidrigen Freiheitsentziehung unterworfen" (BVerfGE 128, 326, 387).

Somit werden die Anforderungen eines sich mittelbar aus der Europäischen Menschenrechtskonvention ergebenden Abstandsgebotes durch die § 66b Abs. 2 StGB nicht erfüllt. § 66b Abs. 2 StGB stellt im Verhältnis zum Freiheitsrecht der Betroffenen i.S.d. Art. 2 Abs. 2 S. 2 GG einen unverhältnismäßigen Eingriff dar.

3. Zwischenergebnis

Die Regelung des § 66b Abs. 2 StGB stellt einen nicht gerechtfertigten Eingriff in das Recht auf die Freiheit der Person i.S.d. Art. 2 Abs. 2 S. 2 GG dar.

III. Unvereinbarkeit mit Art. 103 Abs. 2 GG (besonderes strafrechtliches Rückwirkungsverbot)

Durch die Verabschiedung der Regelung des § 66b Abs. 2 StGB und der darin enthaltenen nachträglichen Sicherungsverwahrung kann auch das in Art. 103 Abs. 2 GG geregelte besondere Bestimmtheitsgebot verletzt worden sein.

Schema 31: Rückwirkungsverbote

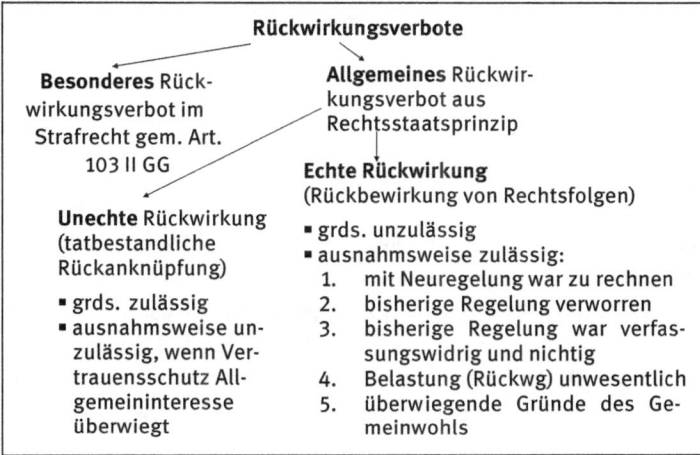

<table>
<tr><td colspan="2" align="center">**Rückwirkungsverbote**</td></tr>
<tr>
<td>**Besonderes** Rück-
wirkungsverbot im
Strafrecht gem. Art.
103 II GG</td>
<td>**Allgemeines** Rückwir-
kungsverbot aus
Rechtsstaatsprinzip</td>
</tr>
<tr>
<td>**Unechte** Rückwirkung
(tatbestandliche
Rückanknüpfung)

▪ grds. zulässig
▪ ausnahmsweise un-
zulässig, wenn Ver-
trauensschutz All-
gemeininteresse
überwiegt</td>
<td>**Echte Rückwirkung**
(Rückbewirkung von Rechtsfolgen)

▪ grds. unzulässig
▪ ausnahmsweise zulässig:
1. mit Neuregelung war zu rechnen
2. bisherige Regelung verworren
3. bisherige Regelung war verfas-
sungswidrig und nichtig
4. Belastung (Rückwg) unwesentlich
5. überwiegende Gründe des Ge-
meinwohls</td>
</tr>
</table>

1. Schutzbereich

Der Schutzbereich des Art. 103 Abs. 2 GG muss eröffnet sein. Während in Art. 20 Abs. 3 GG i.V.m. Freiheitsrechten ein allgemeines Rückwirkungsverbot mit Differenzierungen bei der echten und der unechten Rückwirkung enthalten ist, ist in Art. 103 Abs. 2 GG ein besonderes strafrechtliches Rückwirkungsverbot verankert. Dies ist in Anlehnung an die im Grundgesetz vorausgesetzte und in Art. 1 Abs. 1 GG i.V.m. Art. 2 Abs. 1 GG geschützte Würde und Eigenverantwortlichkeit des Menschen (BVerfGE 25, 269, 285) geregelt, wobei aufgrund der Gewichtigkeit der Bestimmtheit im Strafrecht und der Rückwirkung bei strafrechtlich begründeten Freiheitsentziehungen weder eine Abwägung auf Tatbestandsebene noch Rechtfertigung möglich ist. Insoweit ist i.S.d. Art. 103 Abs. 2 GG aufgrund der verfassungsrechtlichen Vorgaben keine Strafe ohne Schuld (BVerfGE 45, 187, 228; 25, 269, 285; 105, 135, 154) möglich. „Das bedeutet auch, dass die Strafe als missbilligende hoheitliche Reaktion auf schuldhaftes Unrecht in einem vom Schuldprinzip geprägten Straftatsystem durch eine hinreichend gesetzlich bestimmte Strafandrohung für den Normadressaten vorhersehbar sein muss" (BVerfGE 109, 133, 171). Da es keine Strafe ohne ein Gesetz geben darf, ist es die Pflicht des Gesetzgebers, die Voraussetzungen der Strafbarkeit so konkret zu umschreiben, dass deren Tragweite und deren Anwendungsbereich der entsprechenden Strafnorm für den Bürger zu erkennen sind oder sich durch Auslegung ermitteln lassen (BVerfGE 75, 329, 341).

Bei der nachträglichen Anordnung der Sicherungsverwahrung handelt es sich um eine Maßregel der Besserung und Sicherung und zumindest formal nicht um eine unmittelbare Strafe. Fraglich ist somit, ob der Schutzbereich des Art. 103 Abs. 2 GG, in dem explizit der Terminus „Strafe" geregelt ist, eröffnet ist. Dies ist durch Auslegung zu ermitteln.

a) Wortlaut

Der Schutzbereich ist nur eröffnet, wenn die nachträglich angeordnete Sicherungsverwahrung als Strafe i.S.d. Art. 103 Abs. 2 GG einzustufen ist. „Strafe ist ein Übel, das als gerechter Ausgleich für eine rechtswidrige, schuldhafte sowie vom Gesetz mit Strafe bedrohte Handlung auferlegt wird und durch welches die öffentliche Missbilligung der Tat zum Ausdruck gebracht wird. Strafe ist somit auch ein Ausdruck vergeltender Gerechtigkeit und die Reaktion auf normwidriges Verhalten" (BVerfGE 109, 133, 168). Durch den Begriff „Strafe" ist eine Sicherungsverwahrung als Maßregel der Besserung und Sicherung jedoch nicht zwingend ausgeschlossen, weil auch insoweit an normwidriges Verhalten angeknüpft wird.

b) Historische Auslegung

Der parlamentarische Rat hat das Rückwirkungsverbot des Art. 103 Abs. 2 GG bei der Erschaffung des Grundgesetzes an die fast wortgleiche Regelung des Art. 116 WRV angeknüpft. „Zur Weimarer Zeit unterfielen Maßregeln der Besserung und Sicherung jedoch nicht dem absoluten Rückwirkungsverbot. Art. 116 WRV wurde eng ausgelegt und ein historischer Beleg für eine Veränderung durch die Einführung des Art. 103 Abs. 2 GG ist nicht ersichtlich" (BVerfGE 109, 133, 168). Bei historischer Betrachtung umfasst der Schutzbereich des Art. 103 Abs. 2 GG die Sicherungsverwahrung nicht

---

Hinweis: Eine historische Auslegung wird in der Examensklausur meist nicht möglich sein, ist zum Verständnis der Hintergründe jedoch hilfreich.

---

c) Systematische Auslegung

Systematisch könnte der Begriff der „Strafe" im Vergleich – also in Anlehnung oder Abgrenzung – zu anderen Normen des Grundgesetzes auszulegen sein. Der Terminus „Strafe" ist als Kompetenztitel für das „Strafrecht" in Art. 74 Abs. 1 Nr. 1 GG anwendbar und dort weit auszulegen. Einer entsprechend weiten Auslegung des Begriffs „Strafe" in Art. 103 Abs. 2 GG kann eine unterschiedliche Zielrichtung der Normen entgegenstehen.

In Art. 103 Abs. 2 GG geht es um die rückwirkende Begründung und Verschärfung vergeltender strafrechtlicher Sanktionen im Sinne einer freiheitsgewährleistenden Funktion für den Einzelnen, während durch die Kompetenzvorschrift des Art. 74 Abs. 1 Nr. 1 GG kein subjektives Recht vermittelt wird, sondern eine Aufteilung der Gesetzgebungsbefugnisse zwischen Bund und Ländern im Föderalstaat erfolgt (BVerfGE 109, 133, 170). Die Normen stehen systematisch in keinem relevanten Zusammenhang.

Die verfassungsrechtlich materiell für das Strafrecht abgeleiteten Gewährleistungen in Form des Gesetzlichkeitsprinzips, Bestimmtheitsgebotes, Analogie- und Rückwirkungsverbotes sind hingegen auf eine Grundlage rückführbar: die Möglichkeit des Einzelnen, im Bereich des Strafrechts sein Verhalten eigenverantwortlich so einzurichten, dass Strafbarkeit vermieden werden kann (BVerfGE 109, 133, 171). Es geht jeweils um die Verstärkung der strukturähnlichen Garantieelemente des Rechtsstaatsprinzips. Aus dem rechtsstaatlichen Vertrauensschutzgebot ergibt sich zunächst nur ein Gebot, „den rechtsstaatlichen Schutz auf Vorgänge zu erstrecken, die unmittelbar Gegenstand schuldangemessenen Strafens als Anwendungsbereich allgemeiner rechtsstaatlicher Garantien sind" (BVerfGE 109, 133, 172). „Bei systematischer Auslegung ist der Anwendungsbereich des Art. 103 Abs. 2 GG auf staatliche Maßnahmen beschränkt, die eine missbilligende hoheitliche Reaktion auf rechtswidriges, schuldhaftes Verhalten darstellen und die als Übel verhängt werden, das dem Schuldausgleich dient" (BVerfGE 109, 133, Leitsatz 3). Durch Maßregeln der Besserung und Sicherung wird ein Schuldausgleich nicht mehr verfolgt, weil dieser bereits zuvor abgeschlossen worden ist.

Eine weite Auslegung in Anlehnung an den Strafrechtsbegriff aus Art. 74 Abs. 1 Nr. GG kommt daher nicht in Betracht.

d) Teleologische Auslegung

Bei teleologischer Auslegung sind der Sinn und Zweck einer Norm maßgeblich. „Durch Art. 103 Abs. 2 GG soll verhindert werden, dass durch den Staat nachträglich Verhalten missbilligt wird, indem sanktioniert und dem Betroffenen der Vorwurf rechtswidrigen und schuldhaften Verhaltens gemacht wird" (BVerfGE 109, 133, 172), ohne dass dies für ihn vorhersehbar war. Dem Bürger sollen die Grenzen des straffreien Raumes klar aufgezeigt werden, damit er sein Verhalten daran orientieren kann (BVerfGE 32, 346, 362). „Wer sich gesetzestreu verhalten hat, darf nicht durch eine rückwirkende Rechtsnorm nachträglich als unrechtmäßig Handelnder eingestuft werden. Der Bürger muss davor geschützt sein, dass der Staat die Bewertung des Unrechtsgehalts einer Tat nachträglich zum Nachteil des Täters ändert – unabhängig davon, ob er vergangenes Verhalten neu mit Strafe bedroht, eine bestehende Strafdrohung verschärft oder auf sonstige Weise Unrecht neu bewertet" (BVerfGE 109, 133, 172).

„Voraussetzung für die Strafbarkeit i.S.d. Art. 103 Abs. 2 GG ist es demnach, dass das auferlegte materielle Übel mit der Missbilligung vorwerfbaren Verhaltens verknüpft ist und der Zielrichtung nach zumindest auch dem Schuldausgleich dient. Das trifft für die Maßregel der Sicherungsverwahrung nicht zu" (BVerfGE 109, 133, 172), welche primär der Sicherung der Bevölkerung dient, obwohl ein Schuldausgleich durch Strafe bereits erfolgt oder nicht möglich ist. Wenngleich die Zielsetzungen der Sicherungsverwahrung und der Strafe unterschiedlich sind, ergeben sich aus der gesetzlichen Ausgestaltung beider Institute zumindest bezüglich immanenter präventiver Zwecke auch Gemeinsamkeiten. Aus den im Ergebnis jedoch bestehenden Unterschieden ergibt sich aber, dass diese Gemeinsamkeiten nach einer teleologischen Auslegung nicht zu einer Einordnung der Sicherungsverwahrung in den Schutzbereich des Art. 103 Abs. 2 GG führen, da die Maßregel im Gegensatz zur Strafe keine repressive Funktion beinhaltet und „schon der Vollzug der Freiheitsstrafe nicht nach repressiven schuldausgleichenden Gesichtspunkten ausgestaltet ist" (BVerfGE 109, 133, 176).

2. Zwischenergebnis
Die in § 66b Abs. 2 StGB geregelte Sicherungsverwahrung ist keine Strafe i.S.d. Art. 103 Abs. 2 GG, sodass der Schutzbereich des besonderen absoluten Rückwirkungsverbots aus Art. 103 Abs. 2 GG nicht eröffnet ist.

IV. Unvereinbarkeit mit dem Rechtsstaatsprinzip (allgemeines Rückwirkungsverbot)
Die in § 66b Abs. 2 StGB geregelte nachträglich anzuordnende Sicherungsverwahrung kann auch mit dem unter anderem in Art. 20 Abs. 3 GG geregelten Rechtsstaatsprinzip in seiner Ausgestaltung in Form des allgemeinen Rückwirkungsverbotes unvereinbar sein.

1. Anwendungsbereich und Beeinträchtigung
Der Anwendungsbereich des Art. 20 Abs. 3 GG umfasst ein rechtsstaatliches Vertrauensschutzgebot, das durch die in Art. 2 Abs. 2 S. 2 GG geschützte Freiheit der Person verstärkt werden kann. Rechtsstaatliche Grundsätze sind die Messbarkeit, die Kalkulierbarkeit und die Vorhersehbarkeit legislativer Maßnahmen. Die Verlässlichkeit der Rechtsordnung ist eine Grundbedingung freiheitlicher Verfassungen. Dazu gehört auch ein grundsätzliches Verbot rückwirkender Belastungen sowie rückwirkender Beendigungen von Begünstigungen, sodass

zumindest für bestimmte Bereiche ein verfassungsrechtliches Rückwirkungs-verbot besteht.

„Eine Rechtsnorm entfaltet dann Rückwirkung, wenn der Beginn ihrer zeit-lichen Anwendung auf einen Zeitpunkt festgelegt ist, der vor dem Zeitpunkt liegt, zu dem die Norm rechtlich existent bzw. gültig, also in der Regel in Kraft getreten ist" (BVerfGE 109, 133, 181). Die Befugnis des Gesetzgebers, Rechtsän-derungen vorzunehmen, die an Sachverhalte der Vergangenheit angeknüpft sind, muss begrenzt sein, sodass ein besonderes Rechtfertigungserfordernis besteht, wenn der Gesetzgeber die Rechtsfolgen eines der Vergangenheit zuge-hörigen Verhaltens nachträglich belastend ändert und der Bürger in seinem Vertrauen auf die Verlässlichkeit der Rechtsordnung enttäuscht wird (BVerfGE 109, 133, 180). Dabei ist zwischen der echten und der unechten Rückwirkung zu unterscheiden.

Bei der Prüfung eines objektiven Prinzips wie dem Rechtsstaatsprinzip kann anstatt des eher subjektiv verstandenen Terminus „Schutzbereich" das Wort „Anwendungsbereich" verwendet werden – anstatt des „Eingriffs" der Begriff „Beeinträchtigung". Alle dieser Termini sind aber gleichermaßen vertretbar verwendbar.

---

a) Echte Rückwirkung

Die echte Rückwirkung stellt einen legislativen Akt dar, in welchem die Anord-nung enthalten ist, die Rechtsfolge solle schon für einen Zeitraum vor dem Zeit-punkt der Verkündung der Norm gelten und somit für bereits abgewickelte, der Vergangenheit angehörende Sachverhalte bzw. Tatbestände anwendbar sein, um ihnen neue Rechtsfolgen zuzuweisen. Eine derartige echte Rückwirkung ist rechtsstaatlich grundsätzlich verboten. Sie kann nur bei einem zwingenden öf-fentlichen Interesse oder bei fehlender Vertrauensschutzwürdigkeit seitens des Bürgers möglich sein.

Als echte Rückwirkung ist die nachträglich angeordnete Sicherungsverwah-rung nicht einzustufen, weil entweder lediglich nachträglich verlängert oder aber an die Strafe angeknüpft wird, ohne dass ein Täter zunächst in Freiheit kommt. Das Rechtsverhältnis zwischen Bürger und Staat dauert hinsichtlich der jeweils maßgeblichen Straftaten, an die in § 66b Abs. 2 StGB angeknüpft wird, fort.

b) Unechte Rückwirkung

Es kann sich bei der in § 66b Abs. 2 StGB geregelten nachträglichen Sicherungs-verwahrung jedoch um eine tatbestandliche Rückanknüpfung in Form einer unechten Rückwirkung handeln. Bei einer unechten Rückwirkung wird der Anwendungsbereich einer gesetzlichen Regelung auf gegenwärtig bestehende oder andauernde Rechtsbeziehungen ausgedehnt oder es wird bezüglich solcher Rechtsbeziehungen eine neue Norm geschaffen, sodass Sachverhalte erfasst werden, die bereits vor der Verkündung im Erststadium entstanden waren mit der Folge, dass die Normanwendung in ihren Auswirkungen zu einer Entwertung von vorhandenen Positionen führt (vgl. BVerfGE 72, 200, 242; 105, 17, 37 f.).

„Durch Tatbestände, bei denen der Eintritt ihrer Rechtsfolgen von Gegebenheiten aus einer Zeit vor der Verkündung abhängig gemacht wird, werden vorrangig Grundrechte berührt. Die unechte Rückwirkung unterliegt weniger strengen Beschränkungen als die Rückbewirkung von Rechtsfolgen" (BVerfGE 97, 67, 79). Die unechte Rückwirkung muss in der Regel je nach Intensität lediglich verhältnismäßig sein, wobei die Verhältnismäßigkeit zum Beispiel häufig durch Übergangsregelungen hergestellt werden kann. Somit stellt § 66b Abs. 2 StGB mit der Möglichkeit der nachträglichen Sicherungsverwahrung einen Eingriff dar, der zum Zeitpunkt der ursprünglichen Verurteilung für einige vom Gesetz erfasste Konstellationen noch nicht vorgesehen war, wenngleich die Sachverhalte mangels Entlassung der Täter noch nicht abgeschlossen sind. Es handelt sich insoweit um eine schwerwiegende Beeinträchtigung in das rechtsstaatliche Vertrauensschutzgebot aus Art. 20 Abs. 3 GG i.V.m. Art. 2 Abs. 2 S. 2 GG, wenngleich er nicht die Qualität einer echten Rückwirkung hat, sondern den einer unechten Rückwirkung. Eine Beeinträchtigung des Anwendungsbereiches des Art. 20 Abs. 3 GG ist gegeben.

2. Verfassungsrechtliche Rechtfertigung

Die Regelung des § 66b Abs. 2 StGB kann über die ungerechtfertigte Beeinträchtigung in Art. 2 Abs. 2 S. 2 GG eine unverhältnismäßige Beeinträchtigung des Rechtsstaatsprinzips in Form der unechten Rückwirkung darstellen. Beeinträchtigungen rechtsstaatlicher Grundsätze können mittels des den Grundrechten und dem Rechtsstaatsprinzip als Verfassungsgut im Rahmen einer Wechselwirkung immanenten Grundsatzes der Verhältnismäßigkeit gerechtfertigt werden. Bei einer unechten Rückwirkung besteht kein genereller Vorrang der allgemeinen Grundsätze des Vertrauensschutzes und der Rechtssicherheit vor dem jeweils verfolgten gesetzgeberischen Anliegen, denn „der verfassungsrechtliche Vertrauensschutz ist nicht so weitgehend, dass die Staatsbürger vor jeglicher Enttäuschung der Erwartung in die Dauerhaftigkeit der Rechtslage gesichert sind. Die schlichte Erwartung, das geltende Recht werde unverändert fortbestehen, ist verfassungsrechtlich nicht geschützt" (BVerfGE 109, 133, 180 f.).

„Die Gewährung vollständigen Schutzes zugunsten des Fortbestehens der bisherigen Rechtslage würde den dem Gemeinwohl verpflichteten demokratischen Gesetzgeber in wichtigen Bereichen lähmen und der Konflikt zwischen der Verlässlichkeit der Rechtsordnung und der Notwendigkeit ihrer Änderung würde in nicht mehr vertretbarer Weise zulasten der Anpassungsfähigkeit der Rechtsordnung gelöst werden" (BVerfGE 105, 17, 40). Unter Berücksichtigung des Grundsatzes der Verhältnismäßigkeit muss dem Gesetzgeber die Möglichkeit belassen bleiben, „Normen, die auch in erheblichem Umfang an in der Vergangenheit liegende Tatbestände anknüpfen, zu erlassen, und durch Änderung der künftigen Rechtsfolgen dieser Tatbestände auf veränderte Gegebenheiten zu reagieren" (BVerfGE 109, 133, 182).

a) Verfassungsrechtlich legitimer Zweck
Mittels § 66b Abs. 2 StGB wird der Schutz der Grundrechte anderer – zum Beispiel der körperlichen Unversehrtheit i.S.d. Art. 2 Abs. 2 S. 1 GG – und damit ein verfassungsrechtlich legitimer Zweck verfolgt.

b) Eignung
§ 66b Abs. 2 StGB muss im Hinblick auf den verfolgten Zweck geeignet sein. Es muss also der gewünschte Erfolg gefördert werden (BVerfGE 96, 10, 23; 67, 157, 173). Dabei genügt es auf Gesetzesebene, wenn die abstrakte Möglichkeit der Zweckerreichung besteht (BVerfGE 100, 313, 373). Durch eine präventive Sicherungsverwahrung wird das Gefahrenpotential für die Bevölkerung gemindert, da die Gewalttäter keine Möglichkeit des Zugriffes auf etwaige Opfer mehr haben.

c) Erforderlichkeit
Die unechte Rückwirkung in § 66 Abs. 2 StGB muss zur Verfolgung des Zweckes erforderlich sein, es darf also kein gleich geeignetes milderes Mittel ersichtlich sein. Eine Anknüpfung an gegenwärtig bestehende oder andauernde Sachverhalte ist erforderlich, weil die bloße Erfassung zukünftiger Sachverhalte nicht derart wirksam ist. Es ist kein gleich geeignetes, milderes Mittel ersichtlich,

d) Verhältnismäßigkeit im engen Sinne (Disproportionalität)
Die in § 66b Abs. 2 StGB geregelte nachträgliche Sicherungsverwahrung kann im Rahmen einer Zweck-Mittel-Relation disproportional bzw. unangemessen

sein. Das Rechtsstaatsprinzip i.S.d. Art. 20 Abs. 3 GG ist insoweit in Anlehnung an die Grundrechte zu berücksichtigen. „Durch die tatbestandliche Rückanknüpfung können Grundrechte zum Schutz solcher Sachverhalte tangiert werden, die mit der Verwirklichung des jeweiligen Tatbestandsmerkmals vor der Verkündung der Norm erstmals existent wurden. Die rechtsstaatlichen Grundsätze des Vertrauensschutzes, der Rechtssicherheit und der Verhältnismäßigkeit wirken – beschränkt auf die Vergangenheitsanknüpfung – auf die rechtsstaatliche grundrechtliche Bewertung in der Weise ein, wie dies allgemein bei der Auslegung und Anwendung von Grundrechten bezüglich des materiellen Rechts geschieht. Die Grenzen der gesetzgeberischen Regelungsbefugnis ergeben sich aus der Abwägung zwischen den berührten Vertrauensschutzbelangen und der Bedeutung des gesetzgeberischen Anliegens für das Gemeinwohl" (BVerfGE 109, 133, 182).

Beachte: Die Dauerobservation ehemaliger Sicherheitsverwahrter kann nur vorläufig auf die polizeirechtlichen Generalklauseln gestützt werden (BVerfG, Beschluss vom 8.1.2012, 1 BvR 22/12; VGH Mannheim, Beschluss vom 31.1.2013, 1 S 1817/12).

„Gesetze, auf die schutzwürdiges Vertrauen des Einzelnen gegründet wird, dürfen einerseits nicht ohne besondere und überwiegende Gründe des öffentlichen Interesses rückwirkend geändert werden, andererseits kann sich der Einzelne dann nicht auf den Schutz seines Vertrauens berufen, wenn sein Vertrauen auf den Fortbestand einer ihm günstigen Regelung die Rücksichtnahme durch den Gesetzgeber billigerweise nicht beanspruchen darf" (BVerfGE 109, 133, 186).

„Es ist die Aufgabe des Staates, die Grundrechte potentieller Opfer vor den Verletzungen durch potentielle Straftäter zu schützen. Die Schutzpflicht des Staates ist umso intensiver, je mehr Gefährdung konkretisiert bzw. individualisiert ist und je stärker durch sie elementare Lebensbereiche betroffen sind. Je existentieller die Grundrechte beim Einzelnen betroffen sind, desto intensiver ist das Bedürfnis nach staatlichem Schutz vor Gefährdungen und Beeinträchtigungen im Rahmen einer rechtsstaatlichen Rückwirkung" (BVerfGE 109, 133, 186).

Die in § 66b Abs. 2 StGB geregelte nachträgliche Sicherungsverwahrung führt hinsichtlich der Freiheitsentziehung zu einem sehr intensiven Eingriff in die Freiheit der Person, sodass der Eingriff in dieser Intensität rückwirkend verfassungsrechtlich nur nach Maßgabe einer strikten Verhältnismäßigkeitsprüfung und allenfalls zum Schutz höchstwertiger Rechtsgüter zulässig sein kann. Die Sicherungsverwahrung ist zumindest mit Freiheitsstrafe vergleichbar und der Erwartung des Untergebrachten, die Freiheit zu einem bestimmten Zeitpunkt wieder zu erlangen, kommt besondere Bedeutung zu (BVerfGE 128, 326, 390).

Wie bereits im Hinblick auf Art. 2 Abs. 2 S. 2 GG festgestellt worden ist, werden die verfassungsrechtlichen Mindestanforderungen an die Ausgestaltung des Maßregelvollzuges durch die vorhandenen Regelungen über die Sicherungsverwahrung mangels eines strukturellen Gesamtkonzeptes nicht gewährleistet. „Die Verletzung des Abstandsgebotes im Hinblick auf Art. 7 Abs. 1 EMRK hat zur Folge, dass sich die Gewichtigkeit des Vertrauens der Betroffenen einem absoluten Vertrauensschutz annähern muss" (BVerfGE 128, 326, 391).

Die Erheblichkeit der berührten Vertrauensschutzbelange wird durch weitere Wertungen der mittelbar in das Grundgesetz einstrahlenden Europäischen Menschenrechtskonvention verstärkt, weil eine Rechtfertigung der Freiheitsentziehung in der in § 66b Abs. 2 StGB gewählten Form gemäß Art. 5 EMRK nur unter den dort genannten Voraussetzungen möglich ist. Gemäß Art. 5 Abs. 1 S. 2 lit. e EMRK ist eine Freiheitsentziehung bei psychisch Kranken möglich. Das setzt eine psychische Krankheit voraus, so dass beim Betroffenen eine zuverlässig nachgewiesene und fortdauernde psychische Störung festgestellt worden sein muss. Diese Merkmale müssen gesetzlich geregelt sein. Außerdem bedarf es der gesetzlichen Ausgestaltung der Unterbringung des Betroffenen, in welcher berücksichtigt werden muss, dass er aufgrund einer psychischen Störung untergebracht ist.

„Unter Berücksichtigung dieser Wertungen und in Anbetracht des erheblichen Eingriffs in das Vertrauen der in ihrem Grundrecht aus Art. 2 Abs. 2 S. 2 GG i.V.m. Art. 104 Abs. 1 S. 1 GG betroffenen Sicherungsverwahrten ist der legitime gesetzgeberische durch § 66b Abs. 2 StGB verfolgte Zweck, die Allgemeinheit vor gefährlichen Straftätern zu schützen, gegenüber dem grundrechtlich geschützten Vertrauen in das Unterbleiben einer Anordnung der Sicherungsverwahrung nachrangig" (BVerfGE 128, 326, 399). Die rückwirkend angeordnete Freiheitsentziehung durch eine Sicherungsverwahrung ist nur verhältnismäßig, „wenn der gebotene Abstand zur Strafe gewahrt wird, eine hochgradige Gefahr schwerster Gewalt- oder Sexualstraftaten aus konkreten Umständen in der Person oder dem Verhalten des Untergebrachten abzuleiten ist und die Voraussetzungen des Art. 5 Abs. 1 S. 2 lit. e EMRK erfüllt sind" (BVerfGE 128, 326, 389). Lediglich in solchen Ausnahmefällen ist das verfassungsrechtliche Überwiegen der öffentlichen Sicherheitsinteressen festzuhalten.

§ 66b Abs. 2 StGB ist nicht entsprechend diesen Anforderungen ausgestaltet worden. Die Norm ist nicht hinreichend differenziert formuliert. Zudem ist nicht ausdrücklich klargestellt, ob die nachträgliche Sicherungsverwahrung nur in den Fällen anzuordnen sein soll, oder auch in solchen Konstellationen, in denen die Verurteilung des Täters vor dem Inkrafttreten der Norm erfolgte. Aufgrund dieser Unbestimmtheit ist § 66b Abs. 2 StGB nach seinem Wortlautverständnis auch bezüglich des Art. 20 Abs. 3 GG unverhältnismäßig und daher rechtsstaatswidrig.

V. Zwischenergebnis

§ 66b Abs. 2 StGB ist aufgrund der ungerechtfertigten Eingriffe in die Freiheit der Person und das allgemeine Rückwirkungsverbot verfassungswidrig. Die Vorlage beim Bundesverfassungsgericht ist begründet, da eine verfassungskonforme Auslegung zumindest nicht offensichtlich in der Norm angelegt ist und somit nicht ohne Vorlage beim Bundesverfassungsgericht erfolgen konnte.

Die Regelung des § 2 Abs. 6 StGB ist ebenso wie § 66b Abs. 2 StGB verfassungswidrig. § 2 Abs. 6 StGB ist jedoch nicht maßgeblich, da lediglich § 66b Abs. 2 StGB Gegenstand der Vorlage beim Bundesverfassungsgericht ist.

Die Möglichkeit einer verfassungskonformen Auslegung der Norm als milderes Mittel gegenüber der Vorlage führt nur zur Unzulässigkeit bzw. Unbegründetheit der Vorlage, wenn eine derartige Auslegung in der Norm offensichtlich angelegt war und daher durch das Instanzgericht hätte erfolgen müssen. Im Übrigen erfolgt eine derartige Auslegung durch das Bundesverfassungsgericht.

VI. Rechtsfolge

In der Folge wird das Bundesverfassungsgericht den verfahrensgegenständlichen § 66b Abs. 2 StGB gemäß § 78 S. 1 BVerfGG i.V.m. § 82 Abs. 1 BVerfGG mit Gesetzeskraft i.S.d. § 31 Abs. 2 S. 1 BVerfGG i.V.m. § 78 BVerfGG für nichtig erklären oder gegebenenfalls – soweit rechtsstaatlich erforderlich bzw. tragbar – zur Erhaltung der Rechtssicherheit eine Übergangsfrist für den Gesetzgeber benennen. Als mildere Form der Durchbrechung der Gewaltenteilung kommt eine verfassungskonforme Auslegung des Gesetzes in Betracht. „Dabei darf durch die verfassungskonforme Interpretation jedoch der normative Gehalt der Regelung nicht neu bestimmt werden, sondern die zur Vermeidung eines Nichtigkeitsausspruchs gefundene Interpretation muss methodisch eine zulässige Auslegung sein" (BVerfGE 128, 326, 400). Die Grenzen der verfassungskonformen Auslegung sind der Wortlaut des Gesetzes und die prinzipielle Zielsetzung des Gesetzgebers. „Die Deutung des Gesetzes darf nicht dazu führen, dass das gesetzgeberische Ziel in einem wesentlichen Punkt verfehlt oder verfälscht wird" (BVerfGE 128, 326, 400).

Zwar besteht in § 66b Abs. 2 StGB ein Ermessensspielraum der Fachgerichte auf Rechtsfolgenseite innerhalb der Grenzen des Zwecks der Ermächtigung und die „Fachgerichte dürfen trotz der Gegebenheit der Voraussetzungen im Einzelfall mit guten Gründen von der nachträglichen Anordnung der Sicherungsverwahrung absehen. Es besteht jedoch kompetenziell keine Möglichkeit, die vom Gesetzgeber vorgesehene Rechtsfolge generell unangewendet, Vorschriften also gänzlich leerlaufen zu lassen und anstelle des Gesetzgebers die grundsätzliche Entscheidung zu treffen, ob die nachträgliche Sicherungsverwahrung vollständig abgeschafft werden soll" (BVerfGE 128, 326, 401).

Es ist die Aufgabe des Gesetzgebers, der Wesentliches zu regeln hat, sämtliche von der Rückwirkungsproblematik berührten Probleme zu erfassen und zu regeln, ob betroffene Sicherungsverwahrte freizulassen sind. Das gilt insbesondere für Konstellationen, in denen die Verurteilung der Straftäter schon vor dem Inkrafttreten der Norm erfolgte. Die nachträgliche Sicherungsverwahrung – ohne konkreten Ausspruch im Urteil – ist ohnehin problematisch, jedoch wird die nachträgliche Anordnung des Maßregelvollzuges verfassungsrechtlich noch komplizierter, wenn die Verurteilung vor dem Inkrafttreten des § 66b Abs. 2 StGB erfolgte. Diese Problematik muss gesetzlich bestimmt sein und kann nicht durch eine Auslegung ausgeglichen werden.

„Es ist auch nicht möglich, die Norm im Wege der verfassungskonformen Auslegung der Ermessensermächtigung auf ihren noch verfassungskonformen Teil zu reduzieren, da den Fachgerichten zur Herstellung verfassungskonformer Verhältnisse ein im Recht der Sicherungsverwahrung erforderliches normatives Instrumentarium nicht zur Verfügung steht. Es ist eine Voraussetzung für die Verfassungsmäßigkeit der nachträglichen Sicherungsverwahrung i.S.d. § 66b Abs. 2 StGB, dass zusätzliche umfangreiche Vorschriften – insbesondere bezüglich der Normierung der Anforderungen zur Wahrung des „Abstandsgebots" sowie der Voraussetzungen zur Feststellung der psychischen Störung i.S.d. Art. 5 Abs. 1 S. 2 lit. e EMRK – durch den Gesetzgeber unter Ausschöpfung seiner Gestaltungsmöglichkeiten und mit der notwendigen Detailliertheit geschaffen werden" (BVerfGE 128, 326, 401). Eine verfassungskonforme Auslegung ist schon aufgrund der Bedeutung der betroffenen Verfassungsgüter nicht möglich.

C. Ergebnis

Der Normenkontrollantrag ist zulässig und begründet. Das Bundesverfassungsgericht wird den verfahrensgegenständlichen § 66b Abs. 2 StGB gemäß § 78 S. 1 BVerfGG i.V.m. § 82 Abs. 1 BVerfGG mit Gesetzeskraft i.S.d. § 31 Abs. 2 S. 1 BVerfGG i.V.m. § 78 BVerfGG für nichtig erklären.

Staatsorganisationsrecht – Fall 7:
„Rettet den EURO!"

Schwerpunkte: Organstreitverfahren (Art. 93 Abs. 1 Nr. 1 GG, §§ 13 Nr. 5, 63 ff. BVerfGG), Bundestagsbeschlüsse, Redezeitbeschränkung, einstweilige Anordnung (§ 32 BVerfGG), Rechte von (fraktionslosen) Abgeordneten, freies Mandat, Mehrheiten

Im Bundestag entbrennt eine hitzige Debatte über die erneute Erweiterung des Euro-Rettungsschirms. Im Mittelpunkt der Diskussion steht die Unterstützung des maroden Mitgliedstaates M. Während die Regierungsfraktionen, bestehend aus der C-Fraktion und der F-Fraktion, weitere Maßnahmen befürworten, lehnen die Oppositionsparteien diese vehement ab.

Da die Regierungsfraktionen eine weitere Abwärtsspirale an den Finanzmärkten verhindern wollen, sehen sie sich zu einem schnellen Handeln gezwungen. Für die abschließende Lesung des diskutierten Rettungsgesetzes soll die Bundestagsdebatte zeitnah zielorientiert einem Ende zugeführt werden. Die Regierungsfraktionen beschließen daher auf Vorschlag des Ältestenrates – bei zahlreichen Gegenstimmen aus der Opposition – eine einmalige Redezeitbeschränkung für die in einigen Tagen stattfindende Sitzung.

Die Redezeit der Abgeordneten soll danach auf zehn Minuten für jeden Redebeitrag begrenzt werden – die der Regierungsmitglieder jedoch auf 35 Minuten. Die Gesamtredezeit – angesetzt ist für die nächste Sitzung eine Länge von acht Stunden – soll nach der jeweiligen Fraktionsstärke gestaffelt werden. Die Festsetzung der Fraktionsredezeiten nach der Fraktionsstärke erfolgt nach einem Verteilungsschlüssel, der nicht streng am Stärkeverhältnis der Fraktionen ausgerichtet ist, sondern durch den die kleinen Fraktionen relativ begünstigt werden.

Von den 598 gewählten Abgeordneten sind bei der Abstimmung über die Redezeitbeschränkung 200 im Sitzungssaal anwesend. Von diesen stimmen 95 für die Redezeitbeschränkung, 20 enthielten sich ihrer Stimme und 85 stimmten dagegen. Die Beschlussfähigkeit des Bundestages wird nicht bezweifelt. Die kleineren Oppositionsparteien sind von diesem Beschluss nicht begeistert und bezweifeln dessen Verfassungsmäßigkeit. Sie fühlen sich aufgrund des gewählten Verteilungsschlüssels benachteiligt. Der Hinterbänkler H der oppositionellen S-Partei sieht sich in seinen verfassungsrechtlich gewährleisteten Abgeordnetenrechten verletzt. Da die entscheidende Lesung unmittelbar bevorsteht, beantragt er einstweiligen Rechtsschutz beim Bundesverfassungsgericht. Er begehrt, feststellen zu lassen, dass die Redezeitbeschränkung der Abgeordneten nach Fraktionsstärke verfassungswidrig sei. Er führt dazu aus, dass er als Abgeordneter

https://doi.org.10.1515/9783110624410-007

ohne besonderes Amt bei der nächsten Sitzung nicht seine Meinung äußern kann, obwohl ihm die Rettung des Mitgliedstaates M eine Herzensangelegenheit ist. H ist weiterhin der Ansicht, dass die bereits angekündigten Reden der Regierungsmitglieder auf die Redezeit der jeweiligen Regierungsfraktion anzurechnen seien oder doch zumindest zu einem Ausgleich zugunsten der Opposition führen müssten. Die Missachtung seines Rederechts sei zudem nicht mit seinem Abgeordnetenrecht auf freie Meinungsäußerung vereinbar. Im Übrigen meint er, dass der Beschluss bereits nicht ordnungsgemäß zustande gekommen sei.

Wie wird das Bundesverfassungsgericht über den Antrag des H auf einstweiligen Rechtsschutz entscheiden?

Bearbeitungshinweis

Unterstellen Sie, dass eine Entscheidung durch das Gericht vor der nächsten Bundestagssitzung möglich ist. Soweit Sie den Antrag für unzulässig halten, ist die Begründetheit hilfsgutachtlich zu prüfen. Die Redezeitbeschränkung für die Regierungsmitglieder ist insoweit nicht zu berücksichtigen.

Zusatzfrage 1

Würden sich die Erfolgsaussichten des Antrages des H beim Bundesverfassungsgericht materiell-rechtlich ändern, wenn er keiner Bundestagsfraktion angehören würde? H ist der Meinung, ihm müsse mindestens so viel Redezeit zustehen wie der kleinstmöglichen Fraktion.

Zusatzfrage 2

Ist die Redezeitbeschränkung für die Regierungsmitglieder mit dem Grundgesetz vereinbar?

Anlage 5 zur Geschäftsordnung des Bundestages – Richtlinien für Aussprachen zu Themen von allgemeinem aktuellen Interesse
Nr. 6

(1) Die Aussprache dauert höchstens eine Stunde. Sprechen weniger Mitglieder einer Fraktion, als aus deren Mitte das Wort erhalten können, verkürzt sich die Aussprache um die ihnen zustehende Redezeit.

(2) Die von Mitgliedern der Bundesregierung, des Bundesrates oder ihren Beauftragten in Anspruch genommene Redezeit bleibt unberücksichtigt. Überschreitet die von Mitgliedern der Bundesregierung, des Bundesrates oder ihren Beauf-

tragten in Anspruch genommene Redezeit dreißig Minuten, so verlängert sich die Dauer der Aussprache um dreißig Minuten. [...]

Vertiefung

Zu Redefreiheit und Rederecht der (fraktionslosen) Abgeordneten: BVerfG, Urteil vom 14.7.1959 – 2 BvE 2, 3/58 (BVerfGE 10, 4); BVerfG, Beschluss vom 8.6.1982 – 2 BvE 2/82 (BVerfGE 60, 374); BVerfG, Urteil vom 13.6.1989 – 2 BvE 1/88 (BVerfGE 80, 188); BayVerfGH, Entscheidung vom 17.2.1998 – Vf. 81-IVa-96 (NVwZ-RR 1998, 409)

 Zur Beschlussfähigkeit des Bundestages: BVerfG, Beschluss vom 10.5.1977 – 2 BvR 705/75 (BVerfGE 44, 308)

 Zu parlamentarischen Minderheiten: BVerfG, Urteil vom 14.1.1986 – 2 BvE 14/83, 2 BvE 4/84 (BVerfGE 70, 324)

 Zur Haushaltsautonomie des Bundestages: BVerfG, Urteil vom 7.9.2011 – 2 BvR 987/10, 1485/10, 1099/10 (BVerfGE 129, 124)

Gliederung

Antrag des H beim Bundesverfassungsgericht
A. Zulässigkeit
  I. Zuständigkeit des Bundesverfassungsgerichts (+)
  II. Antragsberechtigung (+)
  III. Ordnungsgemäßheit und Begründung des Antrags (+)
  IV. Möglichkeit gleicher Entscheidung in der Hauptsache (+)
  V. Keine unbehebbare Unzulässigkeit der Hauptsache (+)
   1. Zuständigkeit des Bundesverfassungsgerichts in der Hauptsache (+)
   2. Verfahrensabhängige Zulässigkeitsvoraussetzungen (+)
    a) Beteiligte (+)
     aa) Antragsteller (+)
     bb) Antragsgegner (+)
    b) Antragsgegenstand (+)
    c) Antragsbefugnis bzw. Antragsgrund (+)
    d) Form und Frist (+)
    e) Allgemeines Rechtsschutzbedürfnis (+)
   3. Zwischenergebnis (+)
  VI. Keine offensichtliche Unbegründetheit der Hauptsache (–)
   1. Unvereinbarkeit mit Art. 42 Abs. 2 S. 1 GG (–)
    a) Abweichende Mehrheit gemäß § 126 GO BT (–)
    b) Stimmenanzahl bei einfacher Abstimmungsmehrheit (+)
    c) Beschlussunfähigkeit des Bundestages (+)
   2. Unvereinbarkeit mit Art. 38 Abs. 1 S. 2 GG (–)

a) Schutzbereich (+)
b) Schutzbereichsbeeinträchtigung (+)
   aa) Beeinträchtigung durch Beschränkung auf zehn Minuten und quotale Staffelung nach Fraktionsstärke (+)
   bb) Beeinträchtigung durch Nichtanrechnung der Reden der Regierungsmitglieder auf die Gesamtredezeit der Regierungsfraktionen (–)
   cc) Beeinträchtigung durch fehlenden Ausgleich bei Regierungsreden zugunsten der Opposition (–)
c) Rechtfertigung (+)
   aa) Schranken des Art. 38 Abs. 1 S. 2 GG
   bb) Verhältnismäßigkeit (+)
      (1) Legitimer Zweck (+)
      (2) Eignung (+)
      (3) Erforderlichkeit (+)
      (4) Verhältnismäßigkeit im engen Sinne (Disproportionalität) (+)
  3. Zwischenergebnis (–)
VII. Zwischenergebnis (–)
B. Ergebnis (–)
C. Hilfsgutachten Begründetheit
  I. Eilbedürftigkeit (+)
  II. Folgenabwägung (–)
  III. Ergebnis (–)

Zusatzfrage 1: Fraktionsloser Abgeordneter
Zusatzfrage 2: Redezeitbeschränkung der Regierungsmitglieder
A. Schutzbereichsbeeinträchtigung (+)
B. Rechtfertigung (–)
C. Ergebnis (+)

Lösungsvorschlag

Die folgende Lösung ist als Lösungsvorschlag zu verstehen und ausführlicher, als es in der Klausurbearbeitung verlangt werden kann. Aufgrund der wissenschaftlichen Freiheit können andere Lösungswege vertreten werden, soweit sie dogmatisch begründbar sind. Die Nachweise aus Rechtsprechung und Literatur sowie die das Verständnis fördernden Randbemerkungen sind in der Examensklausur auszusparen. Die Abkürzung „Alt." steht für Alternativfall, nicht für Alternative.

Antrag des H beim Bundesverfassungsgericht

Der Antrag des H beim Bundesverfassungsgericht auf Feststellung der Verfassungswidrigkeit des Beschlusses des Bundestages wird erfolgreich sein, soweit er zulässig und begründet ist.

Der Aufbau eines Verfahrens gemäß § 32 BVerfGG wird unterschiedlich gehandhabt. Es ist vertretbar, eine unbehebbare Unzulässigkeit bzw. offensichtliche Unbegründetheit der Hauptsache im Rahmen der Begründetheit (Sachstation) zu prüfen. Überwiegend werden mit dem Wortlaut des § 32 Abs. 1 BVerfGG in der Begründetheit der einstweiligen Anordnung nur die Eilbedürftigkeit und die Folgenabwägung geprüft, während die unbehebbare Unzulässigkeit bzw. offensichtliche Unbegründetheit der Hauptsache in der Zulässigkeit (Prozessstation) der einstweiligen Anordnung geprüft wird. Letzteres entspricht auch der Praxis, zumal die meisten Anträge beim Bundesverfassungsgericht unzulässig sind.

Schema 32: Einstweilige Anordnung nach § 32 BVerfGG

A. Zulässigkeit
I. Zuständigkeit BVerfG
(§ 32 BVerfGG für alle Verfahrensarten; Zuständigkeit in der Hauptsache erforderlich; vgl. § 32 II 2 BVerfGG)
II. Antragsberechtigung
falls schon Antrag in der HS, dann nur dortige Beteiligte antragsberechtigt
(III. Möglichkeit gleicher Entscheidung in der Hauptsache; vgl. Allg. RSB)
IV. Keine unbehebbare Unzulässigkeit HS
V. Keine offensichtliche Unbegründetheit in der Hauptsache
VII. Allgemeines Rechtsschutzbedürfnis
1. Subsidiarität
(2. Vorwegnahme der Hauptsache; vgl. III.)
3. Neue Gründe bei Wiederholung

B. Begründetheit
I. Sofortige Erforderlichkeit der EA
II. Folgenabwägung

A. Zulässigkeit
Der Antrag des H muss zulässig sein.

I. Zuständigkeit des Bundesverfassungsgerichts
Das Bundesverfassungsgericht ist nach dem im Grundgesetz enthaltenen Enumerationsprinzip nur zuständig, wenn ihm ein Verfahren ausdrücklich zugewiesen ist. Während für die Hauptverfahren beim Bundesverfassungsgericht in Art. 93 GG oder einer anderen Norm des Grundgesetzes jeweils i.V.m. § 13 BVerfGG für verschiedene Konstellationen dezidierte Regelungen geschaffen

worden sind, ist der einstweilige Rechtsschutz im Bundesverfassungsgerichtsgesetz als Prozessordnung des Bundesverfassungsgerichts für alle Verfahren in Art. 93 Abs. 3 GG i.V.m. § 32 BVerfGG geregelt. Dem Verweis auf die Hauptsache in § 32 Abs. 2 S. 2 BVerfGG lässt sich entnehmen, dass das Bundesverfassungsgericht für die einstweilige Anordnung nur zuständig ist, wenn ihm auch das Verfahren in der Hauptsache enumerativ zugewiesen ist. Dem Bundesverfassungsgericht ist gemäß Art. 93 Abs. 1 Nr. 1 GG i.V.m. § 13 Nr. 5 BVerfGG das Organstreitverfahren zugewiesen, bei dem es darum geht, dass oberste Bundesorgane oder Teile dieser Organe, die im Grundgesetz oder in der Geschäftsordnung eines obersten Bundesorgans mit eigenen Rechten ausgestattet sind, über verfassungsrechtlich gewährte Wahrnehmungsberechtigungen streiten. Der Abgeordnete ist als Unterorgan des obersten Bundesorgans Bundestages in Art. 38 Abs. 1 S. 1, 2 GG konstituiert. In der Hauptsache ist somit ein Organstreitverfahren statthaft, das dem Bundesverfassungsgericht zugewiesen ist. Somit ist das Bundesverfassungsgericht auch für die einstweilige Anordnung zuständig.

Verfahrensabhängige Voraussetzungen sind für die einstweilige Anordnung i.S.d. § 32 BVerfGG nicht ausdrücklich vorgegeben. Es ist daher in Anlehnung an den Wortlaut des § 32 BVerfGG ein Prüfungsaufbau zu entwickeln. In langjähriger Rechtsprechung des Bundesverfassungsgerichts sind die in diesem Lösungsvorschlag zugrunde gelegten Prüfungspunkte insbesondere aus dem Wortlaut des § 32 BVerfGG heraus entstanden.

II. Antragsberechtigung
Antragsberechtigt in einem Verfahren im einstweiligen Rechtsschutz bezüglich eines Hauptsacheverfahrens ist bei bereits anhängigem Hauptsacheverfahren in Anlehnung an § 32 Abs. 2 S. 2 BVerfGG nur, wer im Hauptsacheverfahren beteiligt ist. In der Hauptsache ist noch kein Antrag gestellt worden, sodass H unabhängig von der Hauptsache zulässigerweise Antragsteller bezüglich der von ihm begehrten einstweiligen Anordnung ist.

III. Ordnungsgemäßheit und Begründung des Antrags
Es ist davon auszugehen, dass H den Antrag gemäß § 23 Abs. 1 S. 1 BVerfGG schriftlich gestellt und das verfolgte Begehren, die Feststellung der Verfassungswidrigkeit der Redezeitbeschränkung, im Antrag gemäß § 23 Abs. 1 S. 2 BVerfGG i.V.m. § 64 BVerfGG bezeichnet hat.

IV. Möglichkeit gleicher Entscheidung in der Hauptsache

Ebenfalls in Anlehnung an § 32 Abs. 2 S. 2 BVerfGG ist es grundsätzlich erforderlich, dass eine Entscheidung – wie sie in der einstweiligen Anordnung beantragt ist – auch in der Hauptsache erfolgen kann. Es darf grundsätzlich kein Antrag im einstweiligen Rechtsschutz gestellt werden, der von jeglicher Hauptsache losgelöst ist. Die von H begehrte Entscheidung könnte in einem Organstreitverfahren als Hauptsacheverfahren grundsätzlich erfolgen.

Eine Entscheidung im einstweiligen Rechtsschutz ist auch ohne eine folgende Hauptsache ausnahmsweise zulässig, wenn dies aufgrund einer Eilsituation erforderlich ist. In einer rechtsstaatlichen Demokratie i.S.d. Art. 20 Abs. 2, 3 GG ist nämlich nicht nur ein Rechtsweg i.S.d. Art. 19 Abs. 4 GG zu gewähren – zu diesem dort gewährten Rechtsschutz gehören Anträge beim Bundesverfassungsgericht nicht –, sondern es muss im Rahmen einer effektiven Gewaltenkontrolle auch eine verfassungsgerichtliche Prüfungsinstanz bestehen, wenn es wegen des Zeitmoments nicht mehr zu einer Hauptsache kommen wird. Der seitens des H gerügte Beschluss des Bundestages bezüglich der Redezeitbeschränkung ist auf die kurz bevorstehende Debatte über den Beschluss zum Rettungsfonds bezogen. Selbst wenn es wegen dann eingetretener Erledigung nicht mehr zu einem Hauptsacheverfahren beim Bundesverfassungsgericht kommen sollte, ist die Angelegenheit eilbedürftig. Eine Entscheidungsbedürftigkeit besteht schon aufgrund der Wahrung der Demokratie i.S.d. Art. 20 Abs. 2 S. 1 GG, an welcher H als Abgeordneter und somit als Volksvertreter mitwirkt.

Die Möglichkeit einer gleichen Entscheidung in der Hauptsache könnte auch im allgemeinen Rechtsschutzbedürfnis erörtert werden.

V. Keine unbehebbare Unzulässigkeit der Hauptsache

Der Antrag gemäß § 32 BVerfGG ist unzulässig, wenn die Hauptsache unbehebbar unzulässig wäre. Maßgeblich ist daher, ob ein Antrag des H auf Feststellung der Verfassungswidrigkeit des Bundestagsbeschlusses im Rahmen eines Hauptsache-Organstreitverfahrens unzulässig wäre.

Vertretbar ist es auch, statt auf eine unbehebbare, auf eine offensichtliche Unzulässigkeit der Hauptsache abzustellen. Wichtig ist nur, dass inzident die Zulässigkeit der Hauptsache geprüft wird.

---

1. Zuständigkeit des Bundesverfassungsgerichts in der Hauptsache

Die Zuständigkeit des Bundesverfassungsgerichts für ein Organstreitverfahren in der Hauptsache ergibt sich aus Art. 93 Abs. 1 Nr. 1 GG i.V.m. § 13 Nr. 5 BVerfGG.

Es ist vertretbar, die Wiederholung der Erwähnung der Zuständigkeit des Bundesverfassungsgerichts für die Hauptsache auszusparen. Diese Zuständigkeit ist bereits in der Zuständigkeit für den einstweiligen Rechtsschutz erörtert worden.

---

2. Verfahrensabhängige Zulässigkeitsvoraussetzungen

Jedem dem Bundesverfassungsgericht enumerativ zugewiesenen Verfahren sind verfahrensabhängige Zulässigkeitsvoraussetzungen zugeordnet, die erfüllt sein müssen. Für das Organstreitverfahren ergeben sie sich aus den §§ 13 Nr. 5, 63 ff. BVerfGG.

a) Beteiligte

Da es sich beim Organstreitverfahren um ein kontradiktorisches Verfahren handelt, bedarf es gemäß § 63 BVerfGG eines Antragstellers und eines Antragsgegners. Antragsteller und Antragsgegner können danach der Bundespräsident, der Bundestag, der Bundesrat, die Bundesregierung und die im Grundgesetz oder in den Geschäftsordnungen des Bundestages und des Bundesrates eigenen Rechten ausgestatteten Teile dieser Organe sein.

aa) Antragsteller

H als Antragsteller und Abgeordneter wäre beteiligungsfähig, wenn er als Unterorgan des Bundestages mit eigenen Rechten ausgestattet ist. Abgeordnete sind als Teile des Bundestages in Art. 38 Abs. 1 S. 1, 2 GG mit eigenen Rechten ausgestattet, da sie als Volksvertreter handeln dürfen und dabei nur ihrem Gewissen unterworfen und an Weisungen nicht gebunden sind. H als Abgeordneter wäre als Antragsteller beteiligungsfähig.

bb) Antragsgegner

Antragsgegner wäre der in § 63 BVerfGG benannte Bundestag, der i.S.d. Artt. 38 ff. GG die Volksvertretung darstellt.

Soweit in § 63 BVerfGG der Kreis der Beteiligten gegenüber Art. 93 Abs. 1 Nr. 1 GG verengt wird, folgt die Beteiligungsfähigkeit unmittelbar aus Art. 93 Abs. 1 Nr. 1 GG.

---

b) Antragsgegenstand

Antragsgegenstand i.S.d. § 64 Abs. 1 BVerfGG wäre eine rechtserhebliche Maßnahme oder Unterlassung des Antragsgegners. Der Beschluss des Bundestages über die Redezeitbeschränkung stellt eine solche Maßnahme dar.

c) Antragsbefugnis bzw. Antragsgrund

H müsste antragsbefugt sein bzw. einen Antragsgrund haben. Da es sich beim Organstreitverfahren um ein kontradiktorisches Verfahren handelt, muss der Antragsteller gemäß § 64 Abs. 1 BVerfGG geltend machen, in seinen durch das Grundgesetz übertragenen Rechten und Pflichten verletzt oder unmittelbar gefährdet zu sein. Die Möglichkeit einer Rechtsverletzung ist dabei hinreichend.

Ist Antragsteller ein Unterorgan, genügt es, wenn das Unterorgan in Prozessstandschaft geltend macht, das Organ, dem es angehöre, sei in den ihm im Grundgesetz übertragenen Rechten und Pflichten verletzt oder unmittelbar gefährdet. Ständige Untergliederungen des Bundestages zum Beispiel Fraktionen) können die Rechte des Bundestages gemäß § 64 Abs. 1 BVerfGG sogar entgegen der Mehrheit des Bundestages geltend machen, während der einzelne Abgeordnete nicht Organwalter des Bundestages sein darf (BVerfGE 45, 1, 29 f.; 68, 1, 69; 90, 286, 343; zur Beteiligung des Bundestages beim Euro-Rettungsschirm: BVerfG, Urteil vom 19.6.2012 – 2 BvE 4/11). Letzteres ergibt sich aus dem sich unter anderem aus Art. 20 Abs. 3 GG ergebenden Rechtsstaatprinzip, weil das Bundesverfassungsgericht anderenfalls mit Anträgen von Abgeordneten, die Rechte des Bundestages geltend machen wollen würden, überflutet werden würde und möglicherweise nicht mehr handlungsfähig wäre.

Ein einzelner Abgeordneter ist keine ständige Untergliederung des Bundestages (BVerfGE 105, 197, 221). Der Bundestagsabgeordnete kann nur eigene Rechte geltend machen, wobei durch das Organstreitverfahren als spezielleres Verfahren die Verfassungsbeschwerde grundsätzlich verdrängt wird (BVerfGE 60, 374, 379; 94, 351, 365). Durch das in den Fraktionen verkörperte Gliederungsprinzip wird der Bundestag hingegen erst handlungsfähig. Diese können Rechte des Bundestages geltend machen (BVerfGE 90, 286, 336; 104, 151, 193; 113, 113, 120).

H macht bezüglich der beschlossenen Redezeitbeschränkung keine Rechte des Bundestages in Prozessstandschaft, sondern sein eigenes Rederecht im Bundestag aus Art. 38 Abs. 1 S. 2 GG geltend. Es besteht die Möglichkeit, dass ihm mehr Redezeit hätte eingeräumt werden müssen. H wäre antragsbefugt.

d) Form und Frist

Die nach Auffassung des H verletzten Normen des Grundgesetzes müssten bei der Stellung eines Antrags in der Hauptsache gemäß § 64 Abs. 2 BVerfGG i.V.m. § 23 Abs. 1 BVerfGG bezeichnet und die Frist von sechs Monaten nach Bekanntwerden der beanstandeten Maßnahme oder Unterlassung würde gemäß § 64 Abs. 3 BVerfGG eingehalten werden.

Die allgemeinen Voraussetzungen zum Antrag nach § 23 Abs. 1 BVerfGG können entweder gesondert oder vollständig konnex zu den verfahrensspezifischen Voraussetzungen zu Antrag und Form nach § 64 Abs. 2–4 BVerfGG geprüft werden.

e) Allgemeines Rechtsschutzbedürfnis

Anhaltspunkte für ein Fehlen des allgemeinen Rechtsschutzbedürfnisses – zum Beispiel die Möglichkeit anderer Rechtsschutzmöglichkeiten – bestehen nicht.

3. Zwischenergebnis

Eine unbehebbare Unzulässigkeit der Hauptsache ist nicht ersichtlich.

VI. Keine offensichtliche Unbegründetheit der Hauptsache

Im 1. Examen hat beim Prüfungspunkt der offensichtlichen Unbegründetheit der Hauptsache eine vollständige Prüfung der Sachstation der Hauptsache zu erfolgen.

Nochmals: Der Aufbau ist in unterschiedlicher Weise möglich, da es keine klaren Gesetzesvorgaben gibt. Es ist vertretbar, die unbehebbare Unzulässigkeit und das Nichtbestehen einer offensichtlichen Unbegründetheit der Hauptsache in der Prozessstation des Eilverfahrens zu prüfen. Dies erscheint sinnvoll, da ein hoher Prozentsatz der Anträge beim Bundesverfassungsgericht unzulässig ist. Es wird – ohne nähere Begründung – auch vertreten, die prozessualen und materiellen Aspekte der Hauptsache in der Begründetheit der einstweiligen Anordnung zu prüfen, wobei dies zumindest bezüglich des prozessualen Teils nicht zu überzeugen vermag, da es sich insoweit um verfahrensrechtliche Aspekte handelt. Allenfalls eine Splittung der prozessualen und materiellen Aspekte der Hauptsache auf die Prozess- und die Sachstation der einstweiligen Anordnung erscheint vertretbar.

Der Antrag auf Erlass einer einstweiligen Anordnung gemäß § 32 BVerfGG ist nur zulässig, wenn ein entsprechender Antrag in der Hauptsache nicht offensichtlich unbegründet wäre. Ein Antrag des H in der Hauptsache bezüglich des Beschlusses des Bundestages wäre gemäß § 67 S. 1 BVerfGG begründet, soweit die beanstandete Maßnahme nicht mit dem Grundgesetz vereinbar wäre. Dabei ist mit dem Wortlaut des § 67 S. 1 BVerfGG ein objektiver Prüfungsmaßstab in der Sachstation zugrunde zu legen. Zwar stellt der Organstreit ein subjektives Beanstandungsverfahren dar, für das im Rahmen der Prozessstation ein subjektives Recht vorausgesetzt wird, jedoch ist das Bundesverfassungsgericht Hüter der Verfassung, sodass aufgrund des geringen Kreises der zulässigen Beteiligten eine weite Auslegung des § 67 S. 1 BVerfGG im Sinne eines objektiven Prüfungsmaßstabes erfolgen muss.

Das Organstreitverfahren ist grundsätzlich ein prozessual subjektives Beanstandungsverfahren mit einem objektiven Prüfungsmaßstab in der Begründetheit. Das Bundesverfassungsgericht prüft jedoch entgegen des Wortlautes des § 67 S. 1 BVerfGG mit Verweis auf den Wortlaut des Art. 93 Abs. 1 Nr. 1 GG – dieser ist gegenüber § 67 S. 1 BVerfGG höherrangiges Recht – oft nur subjektiviert, obwohl sich aus Art. 93 Abs. 1 Nr. 1 GG keine Subjektivierung ergibt. Nach der Auffassung des Bundesverfassungsgerichts dient das Organstreitverfahren maßgeblich der gegenseitigen Abgrenzung der Kompetenzen der Verfassungsorgane oder ihren Teilen in einem Verfassungsrechtsverhältnis, nicht hingegen der Kontrolle der objektiven Verfassungsmäßigkeit eines bestimmten Organhandelns (BVerfGE 104, 151, 193 f.). Nach dem Bundesverfassungsgericht wird durch das Verfahren damit nicht die Möglichkeit einer objektiven Beanstandungsklage eröffnet. Deshalb sollte zumindest der Schwerpunkt der Prüfung auch bei einem objektiv zugrunde gelegten Maßstab bei den Normen gesetzt werden, die den Antragsteller möglicherweise in seinen Rechten verletzen. In den Lösungen dieses Buches wird entsprechend dem Gesetzeswortlaut und im Hinblick darauf, dass ohnehin nur sehr wenige Antragsteller für ein Organstreitverfahren in Betracht kommen, die fundamental zur Sicherung der Demokratie und des Rechtsstaates verpflichtet sind, ein objektiver Prüfungsmaßstab vertreten, um eine möglichst effektive Kontrolle im Rahmen der Gewaltenteilung zu gewährleisten. Deshalb ist in der Begründetheit bei einem subjektiv-prozessualen Einstieg die objektive Verfassungsmäßigkeit maßgeblich. Es ist sogar vertretbar, die Kontrollfunktion als derart beachtlich einzustufen, dass auch prozessual keine Antragsbefugnis als subjektives Recht, sondern nur ein sehr weit gefasster Antragsgrund erforderlich ist.

Der vom Bundestag gefasste Beschluss könnte mit dem Grundgesetz unvereinbar und somit verfassungswidrig sein. Prüfungsmaßstab für das Bundesverfassungsgericht ist zudem die Geschäftsordnung des Bundestages, da diese unter anderem mittels Art. 40 Abs. 1 S. 2 GG in das Grundgesetz einstrahlt. Zwar ist die Geschäftsordnung des Bundestages aufgrund ihrer überwiegenden Binnenwirkung lediglich als satzungsähnliches und unter der Verfassung stehendes Binnenrecht einzustufen, jedoch ist es zur Gewährleistung effizienter Abläufe im Bundestag erforderlich. Das Bundesverfassungsgericht wird dadurch auch nicht zur Superrevisionsinstanz, weil es sich diesbezüglich um verfassungsrechtliche Abläufe handelt, die im Übrigen allenfalls begrenzt überprüfbar sind.

In Betracht kommen in formeller Hinsicht ein Verstoß gegen Art. 42 Abs. 2 S. 1 GG und in materieller Hinsicht ein Verstoß gegen Art. 38 Abs. 1 S. 2 GG.

Schema 33: Beschlussfassung Bundestag/Bundesrat

Bundestag

→ gem. Art. 42 II GG grds. Mehrheit abgege-
bener Stimmen; echte Enthaltungen möglich

→ Beschlussfähigkeit: gem. § 45 GOBT bei
Anwesenheit der Hälfte aller Mitglieder

→ wichtig: ***Beschlussfähigkeit wird gem. § 45
II-IV GO BT fingiert***, d.h. nur auf Antrag
festgestellt

→ Z.T. wird zusätzlich **materielles Quorum** von
5 % aller Mitglieder für erforderlich gehalten

Bundesrat

→ Beteiligung abhängig von **Zustim-
mungs-** oder **Einspruchs**gesetz: Zustimmungsbedürftigkeit ausdrücklich
im GG; inbesondere: Art. 84, 85 GG

→ P1: Zustimmungsbedürftigkeit von
Änderungsgesetzen

→ einfache Mehrheit (= 35 von 69
Stimmen) reicht

→ P2: uneinheitliche Stimmabgabe

---

1. Unvereinbarkeit mit Art. 42 Abs. 2 S. 1 GG

Es könnte durch die Beschlussfassung gegen die Mehrheitsvorgabe des Art. 42
Abs. 2 S. 1 GG verstoßen worden sein. Da eine spezielle Regelung für den
Beschluss einer Redezeitbeschränkung im Grundgesetz nicht ersichtlich ist,
gilt grundsätzlich die einfache Abstimmungsmehrheit i.S.d. Art. 42 Abs. 2 S. 1
GG. Danach ist für einen Beschluss des Bundestages die Mehrheit der abgegebenen Stimmen erforderlich, soweit im Grundgesetz nichts anderes bestimmt
ist.

Wichtige Mehrheiten im Grundgesetz:
- einfache Abstimmungsmehrheit i.S.d. Art. 42 Abs. 2 S. 1 GG (jedenfalls materielles Quorum i.H.v. 5% der Mitglieder erforderlich; str.)
- qualifizierte Abstimmungsmehrheit (z.B. Art. 42 Abs. 1 S. 2 GG)
- einfache Mitgliedermehrheit i.S.d. Art. 121 GG (auch absolute Mehrheit oder Kanzlermehrheit genannt; vgl. Art. 63 Abs. 2 S. 1 GG)
- qualifizierte Mitgliedermehrheit i.S.d. Art. 79 Abs. 2 GG
- doppelt qualifizierte Mehrheit i.S.d. Art. 77 Abs. 4 S. 2 GG (zwei Drittel der Abstimmenden
  als qualifizierte Abstimmungsmehrheit zzgl. qualifizierter Mehrheit i.S.d. Art. 121 GG)

---

a) Abweichende Mehrheit gemäß § 126 GO BT

Fraglich ist, ob statt der einfachen Abstimmungsmehrheit des Art. 42 Abs. 2 S. 1 GG die qualifizierte Zweidrittelmehrheit des § 126 GO BT maßgeblich ist für die Entscheidung über die Redezeitbeschränkung. Das hängt davon ab, ob der Beschluss eine Abweichung von den Vorschriften der Geschäftsordnung des Bundestages i.S.d. § 126 GO BT darstellt.

Gemäß § 126 GO BT bedarf es zur Änderung der Geschäftsordnung des Bundestages der Mehrheit von zwei Dritteln der anwesenden Mitglieder. Eine Abweichung von der Geschäftsordnung des Bundestages ist danach möglich, sofern die Bestimmungen des Grundgesetzes nicht entgegenstehen. Die in § 126 GO BT enthaltene Selbstbindung des Bundestages ist selbst wiederum verfassungsgemäß, weil der Bundestag seine Geschäftsordnung jederzeit ändern kann und sich somit im Rahmen seiner Geschäftsordnungsautonomie auch selbst binden konnte.

Die Mehrheit i.S.d. § 126 GO BT könnte insoweit maßgeblich sein, als in § 35 GO BT die Redezeit in anderer Weise als in dem vom Bundestag gefassten Beschluss vorgesehen ist. Allerdings ist in § 35 Abs. 1 S. 1 GO BT die Abweichung durch einen Beschluss des Bundestages von den in § 35 GO BT grundsätzlich geltenden Redezeitvorgaben vorgesehen, soweit der Ältestenrat dies vorgeschlagen hatte. Da der Bundestag die Redezeitbeschränkung für die Rettungsschirmdebatte vorgeschlagen hatte, ist der Beschluss mit den von der Grundregel des § 35 GO BT abweichenden Redezeiten von § 35 Abs. 1 S. 1 GO BT erfasst. Es handelt sich bei dem Beschluss somit nicht um eine Abweichung von den Vorschriften der Geschäftsordnung des Bundestages i.S.d. § 126 GO BT, sondern um eine in der Geschäftsordnung bereits vorgesehene Möglichkeit i.S.d. § 35 Abs. 1 S. 1 GO BT. Maßgeblich bleibt somit die Grundregel für Mehrheiten gemäß Art. 42 Abs. 2 S. 1 GG. Es genügt die einfache Abstimmungsmehrheit.

b) Stimmenanzahl bei einfacher Abstimmungsmehrheit

Die für die einfache Abstimmungsmehrheit gemäß Art. 42 Abs. 2 S. 1 GG erforderliche Stimmenanzahl kann nicht gegeben gewesen sein, denn dafür bedarf es der Mehrheit der abgegebenen Stimmen. Von den nach § 1 BWG im Bundestag vertretenen Abgeordneten – Überhangmandate sind nicht ersichtlich – waren 200 Abgeordnete bei der Abstimmung über die Redezeitbeschränkung anwesend. 95 Abgeordnete stimmten für die beschlossene Redezeitbeschränkung, 20 Abgeordnete enthielten sich und 85 Abgeordnete stimmten dagegen. Maßgeblich ist also, wie die Enthaltungen zu werten sind. Eine Berücksichtigung der Enthaltungen als negative Stimmen käme dann in Betracht, wenn die Mehrheit der Stimmen der Anwesenden maßgeblich wäre. In Art. 42 Abs. 2 S. 1 GG ist jedoch auf die „abgegebenen Stimmen" verwiesen worden. Somit sind nur die tatsächlich abgegebenen Stimmen maßgeblich, nicht aber die Stimmen der Anwesenden. Von den anwesenden 200 Abgeordneten haben 180 Abgeordnete ihre Stimme abgegeben. Davon haben 95 für die Redezeitbeschränkung gestimmt. Eine einfache Abstimmungsmehrheit für die Redezeitbeschränkung bestand.

c) Beschlussunfähigkeit des Bundestages

Der Bundestag kann jedoch beschlussunfähig gewesen sein. Eine Beschlussunfähigkeit könnte sich aus der möglicherweise zu geringen Zahl abstimmender Abgeordneter ergeben.

Da gemäß Art. 20 Abs. 2 S. 1 GG alle Staatsgewalt vom Volk ausgeht, muss das Parlament hinreichend legitimiert sein. Wären bei einer Abstimmung im Bundestag zum Beispiel nur drei Abgeordnete anwesend, von denen zwei positiv und einer negativ abstimmen würden, wäre das Volk nicht hinreichend repräsentiert. Deshalb bedarf es – Art. 42 Abs. 2 S. 1 GG steht in praktischer Konkordanz zu Art. 20 Abs. 2 S. 1 GG – eines materiellen Mindestquorums, sodass bei einer Abstimmung im Bundestag bei verfassungsrechtlicher Betrachtung mindestens fünf Prozent der Mitglieder des Bundestages anwesend sein müssen, um minimale demokratische Grundsätze i.S.d. Art. 20 Abs. 2 S. 1 GG zu wahren.

Da bei der Abstimmung über die Redezeitbeschränkung 200 von insgesamt 598 Abgeordneten anwesend waren, waren hinreichend Abgeordnete anwesend, die hätten abstimmen können.

Die Beschlussfähigkeit des Bundestages kann jedoch zudem an § 45 GO BT zu messen sein, weil der Bundestag sich gemäß Art. 40 Abs. 1 S. 2 GG eine Geschäftsordnung gibt und sich dadurch selbst gebunden hat, so dass die Geschäftsordnung des Bundestages wiederum in andere grundgesetzliche Normen einstrahlt. Gemäß § 45 Abs. 1 GO BT hat sich der Bundestag dahingehend über die verfassungsrechtliche Vorgabe hinaus selbst gebunden, dass bei Abstimmungen mehr als die Hälfte seiner Mitglieder im Sitzungssaal anwesend sein müssen. Im Umkehrschluss aus § 45 Abs. 2 GO BT wird die Beschlussfähigkeit jedoch fingiert, wenn sie nicht bezweifelt wird. Nur soweit sie bezweifelt wird, ist sie positiv festzustellen. Diese Fiktion kann wegen des Demokratieprinzips aus Art. 20 Abs. 2 S. 1 GG jedoch nur gelten, wenn das materielle Mindestquorum von fünf Prozent der Mitglieder des Bundestages bei einem Beschluss wenigstens anwesend ist. Da mit der Anzahl von 200 Abgeordneten nicht die Hälfte der Mitglieder gemäß § 45 Abs. 1 GO BT anwesend waren, ist die in § 45 GO BT enthaltene Fiktion maßgeblich, da die Beschlussfähigkeit des Bundestages nicht bezweifelt wurde.

Fraglich ist jedoch, ob die in § 45 Abs. 2 GO BT enthaltene Fiktion mit dem in Art. 20 Abs. 2 S. 1 GG enthaltenen Demokratieprinzip vereinbar ist. Gemäß Art. 20 Abs. 2 S. 1 GG geht alle Staatsgewalt vom Volk aus, sodass das Volk möglichst umfassend repräsentiert werden muss. Andererseits muss das Parlament fähig sein, effizient handeln zu können.

„Daraus folgt, dass eine Regelung bestehen muss, durch die dem einzelnen Abgeordneten eine solche Mitwirkung in dem von der Sache her gebotenen Umfang ermöglicht werden muss. Insoweit ist die Regelung des § 45 GO BT im Rahmen der repräsentativen Demokratie ein Ausdruck der Handlungsfähigkeit des Bundestages, als faktisch ein Anlass zu der Erwartung geboten ist, dass der Abgeordnete im Regelfall von der Möglichkeit zur Mitarbeit im Parlament auch Gebrauch machen wird" (BVerfGE 44, 308, 316f.).

„Die aus der repräsentativen Demokratie abzuleitende prinzipielle Forderung nach der Mitwirkung aller Abgeordneten bei Entscheidungen des Parlaments bedeutet schließlich nicht, dass die Abgeordneten das Volk bei solchen Anlässen nur im Plenum des Bundestages repräsentieren könnten. Zwar würde die Präsenz aller Abgeordneten im Plenum dem Geiste des Parlamentarismus und des Prinzips der Repräsentation am ehesten gerecht werden. Jedoch ist zu beachten, dass ein wesentlicher Teil der Parlamentsarbeit traditionell außerhalb des Plenums geleistet wird. Dies beruht einerseits auf der seit Jahrzehnten zunehmenden Komplikation der Lebensverhältnisse und dem damit verbundenen Zwang zur Arbeitsteilung, andererseits darauf, dass Detailarbeit aufgrund der Schwerfälligkeit des Plenums nur in sehr beschränktem Umfang möglich ist" (BVerfGE 44, 308, 317). Diese real bestehende Problematik ist im Grundgesetz berücksichtigt worden, weshalb es bei Gesetzgebungsverfahren zum Beispiel regelmäßig mehrere Lesungen gibt. „Dabei ist jedoch vorausgesetzt, dass die endgültige Beschlussfassung über ein parlamentarisches Vorhaben dem Plenum vorbehalten bleibt, die Mitwirkung der Abgeordneten bei der Vorbereitung der Parlamentsbeschlüsse außerhalb des Plenums ihrer Art und ihrem Gewicht nach der Mitwirkung im Plenum im Wesentlichen gleich zu erachten ist und der parlamentarische Entscheidungsprozess institutionell in den Bereich des Parlaments eingefügt bleibt" (BVerfGE 44, 308, 317). Um in diesem Gefüge die Effizienz des Parlaments zu gewährleisten, ist in einem demokratischen Rechtsstaat die Regelung des § 45 GO BT nach Abwägung der maßgeblichen Verfassungsprinzipien mit Art. 20 Abs. 2 S. 1 GG vereinbar und somit verfassungsgemäß.

Mangels Zweifeln an der Beschlussfähigkeit des Bundestages ist der Beschluss über die Redezeitbeschränkung mit Art. 42 Abs. 2 S. 1 GG und § 45 GO BT vereinbar.

2. Unvereinbarkeit mit Art. 38 Abs. 1 S. 2 GG

Der Beschluss des Bundestages zur Redezeitbeschränkung könnte mit den sich aus Art. 38 Abs. 1 S. 2 GG ergebenden Rechten des Abgeordneten unvereinbar sein. Dazu muss zunächst der Schutzbereich des Art. 38 Abs. 1 S. 2 GG eröffnet sein.

Schema 34: Rechte der Abgeordneten (Art. 38 Abs. 1 S. 2 GG)

Freies Mandat	Gleichheit	Teilhaberechte
schützt vor allen Maßnahmen, die die inhaltliche Bindung der Mandatsausübung herbeiführen (>< Fraktions-/Parteieinbindung), § 2 AbgG	Verbot der Differenzierung des verfassungsrechtlichen Status -> alle Abgeordneten sind einander formal gleichgestellt	<ul><li>Stimmrecht</li><li>Initiativrecht</li><li>Rede- und Fragerecht</li><li>Abstimmungs- und Beratungsrecht</li><li>Interpellationsrecht ggü Regierung</li><li>Recht zur Fraktionsbildung</li><li>Recht auf Sitz in einem Ausschuss</li></ul>

Zudem:
- Anspruch auf angemessene Entschädigung, Art. 48 Abs. 3 GG
- Zeugnisverweigerungsrecht, Art. 47 GG

a) Schutzbereich

Der Schutzbereich des Art. 38 Abs. 1 S. 2 GG kann eröffnet sein. Gemäß Art. 38 Abs. 1 S. 2 GG sind die Abgeordneten des Deutschen Bundestages Vertreter des ganzen Volkes, an Aufträge und Weisungen nicht gebunden und nur ihrem Gewissen unterworfen. Das Mandat des Abgeordneten ist also frei (zum Ganzen: BayVerfGH NVwZ-RR 1998, 409).

„Durch Art. 38 Abs. 1 S. 1, 2 GG wird dem Bundestagsabgeordneten eine gewisse Eigenständigkeit innerhalb des Bundestages verliehen. Diese Eigenständigkeit besteht nicht nur darin, dass er sein Stimmrecht frei ausüben, sondern auch darin, dass er im Plenum des Bundestages von seinem Rederecht selbstständig Gebrauch machen kann" (BVerfGE 10, 4, 12).

Für das Rederecht des einzelnen Abgeordneten ist zudem zu berücksichtigen, dass aus dem demokratischen Prinzip das Gebot folgt, parlamentarischen Minderheiten das Recht auf Ausübung der Opposition zu gewährleisten. „Dieser Schutz geht zwar nicht so weit, die Minderheit vor Sachentscheidungen der Mehrheit zu bewahren, wohl aber dahin, der Minderheit zu ermöglichen, ihren

Standpunkt in den Willensbildungsprozess des Parlaments einzubringen" (BVerfGE 70, 324, 363). Das Rederecht, das dem einzelnen Abgeordneten grundsätzlich zusteht, ist auch darauf bezogen, dass sich die Opposition gegenüber der Mehrheit darstellen und ihre Auffassungen zu dem in Frage stehenden Gegenstand darlegen kann. Aus Art. 38 Abs. 1 S. 2 GG ergibt sich ein freies Mandat einschließlich des Rederechts sowie die Chancengleichheit jedes Abgeordneten.

Der Schutzbereich des Art. 38 Abs. 1 S. 2 GG ist hinsichtlich des Beschlusses zur Redezeitbeschränkung eröffnet.

b) Schutzbereichsbeeinträchtigung

Der Schutzbereich des Art. 38 Abs. 1 S. 2 GG kann auch beeinträchtigt sein. Zwar bestimmt der Bundestag gemäß Art. 39 Abs. 3 S. 1 GG den Schluss und den Wiederbeginn seiner Sitzungen, wozu zwangsläufig neben einer Maximaldauer der Sitzungen auch eine Redezeitbeschränkung gehört. Dennoch wird den einzelnen Abgeordneten in Art. 38 Abs. 1 S. 1, 2 GG eine gewisse Eigenständigkeit innerhalb des Bundestages gewährt, sodass dessen Schutzbereich durch den Beschluss beeinträchtigt sein kann.

aa) Beeinträchtigung durch Beschränkung auf zehn Minuten und quotale Staffelung nach Fraktionsstärke

Zunächst besteht eine Schutzbereichsbeeinträchtigung des freien Mandates der Abgeordneten durch die Beschränkung der Redezeit auf maximal zehn Minuten sowie durch die Staffelung der Gesamtredezeit von acht Stunden nach der jeweiligen Fraktionsstärke, weil die Abgeordneten nicht unbeschränkt lange reden dürfen, wie sie möchten.

bb) Beeinträchtigung durch Nichtanrechnung der Reden der Regierungsmitglieder auf die Gesamtredezeit der Regierungsfraktionen

Darüber hinaus könnte durch die Nichtanrechnung der Reden der Regierungsmitglieder auf die Gesamtredezeit der Regierungsfraktionen das freie Mandat der Abgeordneten i.S.d. Art. 38 Abs. 1 S. 2 GG beeinträchtigt worden sein, weil insoweit andere Abgeordnete – von Oppositionsparteien – im Verhältnis zu Abgeordneten, die gleichzeitig Regierungsmitglieder sind, ungleich benachteiligt werden.

Eine Beeinträchtigung des freien Mandats i.S.d. Art. 38 Abs. 1 S. 2 GG könnte anzunehmen sein, weil die Regierungsmitglieder regelmäßig auch Mitglieder

der Bundestagsfraktionen sind. Andererseits sind die Reden und die Interessen der Regierungsmitglieder nicht zwingend mit den Reden und den Interessen der Mitglieder der Regierungsparteien identisch.

„Die Regierung ist mehr als ein Exponent der Parlamentsmehrheit. Die Reden ihrer Mitglieder können nicht nur als eine Vertretung des Mehrheitsstandpunktes betrachtet werden" (BVerfGE 10, 4, 19). Zwar steht die Opposition nicht nur der Parlamentsmehrheit, sondern auch der Regierung gegenüber. „Allerdings ist die Stellung der Regierung damit nicht erschöpfend umschrieben. Sie steht als Spitze der Exekutive zugleich dem Parlament, also der Opposition und der Mehrheit, gegenüber. Für die Frage der Redezeitverteilung ist das insofern von Bedeutung, als die Regierungsreden nicht nur wie eine hinzukommende erweiterte Vertretung des Mehrheitsstandpunktes betrachtet werden dürfen, für welche die Opposition stets einen Ausgleich fordern kann. In den Reden der Regierungsmitglieder kommt primär der Standpunkt der Regierung zum Ausdruck, der sich mit dem der Parlamentsmehrheit nicht zu decken braucht. Der Redebefugnis der Regierung nach Art. 43 Abs. 2 GG steht die Redebefugnis des Parlaments, also die Summe der Redezeiten aller Abgeordneten, gegenüber. Der auf die Opposition entfallende Anteil an der für die Abgeordneten festgesetzten Redezeit enthält daher schon – mindestens zu einem Teil – den Ausgleich und das Gegengewicht für Regierungsreden. Das wird besonders deutlich, wenn die Regierung eine Auffassung verficht, die von den Standpunkten sowohl der Opposition als auch der Regierungsparteien abweicht. Es gilt aber auch dann, wenn die Auffassungen der Regierung und der Regierungsparteien im Wesentlichen übereinstimmen" (BVerfGE 10, 4, 19).

Da somit die Regierung und das Parlament unterschiedliche Organe darstellen und diese Organe unterschiedliche Funktionen haben und unterschiedlichen Gewalten – nämlich Exekutive und Legislative – zugeordnet sind, ist die Nichtanrechnung der Reden der Regierungsmitglieder auf die Gesamtredezeit der Regierungsfraktionen nicht als Beeinträchtigung des freien Mandats der Abgeordneten i.S.d. Art. 38 Abs. 1 S. 2 GG einzustufen.

Es ist vertretbar, eine Schutzbereichsbeeinträchtigung anzunehmen und den abweichenden Beschluss auf die Rechtfertigungsebene zu verlagern.

---

cc) Beeinträchtigung durch fehlenden Ausgleich bei Regierungsreden zugunsten der Opposition

Eine Schutzbereichsbeeinträchtigung des freien Mandats i.S.d. Art. 38 Abs. 1 S. 2 GG könnte durch den Ausschluss bzw. das Fehlen eines Ausgleichs zugunsten der Opposition bei Regierungsreden erfolgt sein.

Maßgeblich für den Umfang des Schutzbereichs sind die mittels Art. 40 Abs. 1 S. 2 GG einstrahlenden Regelungen der Geschäftsordnung des Bundestages. Gemäß § 35 Abs. 2 GO BT ist es Oppositionsparteien grundsätzlich möglich, zusätzliche Redezeiten in Anspruch zu nehmen, sofern ein Regierungsmitglied länger als 20 Minuten referiert hat. In der Anlage 5 – Richtlinien für Aussprachen zu Themen des allgemeinen aktuellen Interesses – zur Geschäftsordnung des Bundestages ist in Nr. 6 Abs. 2 S. 2 vorgesehen, dass sich die Aussprachezeit um 30 Minuten verlängert, sofern Mitglieder der Bundesregierung eine Redezeit von 30 Minuten überschreiten. Fraglich ist, ob der Ausschluss dieser Ausgleichsregelung bezüglich der Debatte zum Rettungsschirm gleichzeitig eine Beeinträchtigung des freien Mandats i.S.d. Art. 38 Abs. 1 S. 2 GG darstellt, oder ob ein solcher Bundestagsbeschluss grundsätzlich möglich ist.

Sollte keine Abweichungsmöglichkeit durch den Bundestag in seiner Geschäftsordnung, durch welche das freie Mandat aus Art. 38 Abs. 1 S. 2 GG spezifiziert wird, vorgesehen sein, wäre der abweichende Bundestagsbeschluss als Änderung der Geschäftsordnung i.S.d. § 126 GO BT einzustufen, für den es der Mehrheit von zwei Dritteln der anwesenden Mitglieder des Bundestages bedurft hätte. Da sich aber schon aus § 35 Abs. 1 S. 2 GO BT eine grundsätzliche Abweichungsmöglichkeit durch Bundestagsbeschlüsse ohne gesteigerte Mehrheitsverhältnisse ergibt, ist eine Abweichung auch ohne die Zweidrittelmehrheit gemäß § 126 GO BT möglich, ohne dass in das durch Art. 38 Abs. 1 S. 2 GG geschützte freie Mandat der Oppositionsabgeordneten eingegriffen werden würde. Somit ist es grundsätzlich möglich, von Ausgleichsregelungen abzusehen und stattdessen nur ausnahmsweise einen Ausgleich vorzusehen, wenngleich ein Missbrauch des Rederechts durch die Regierungsmitglieder im demokratischen Rechtsstaat als Grenze anzusehen ist (vgl. BVerfGE 10, 4, 20).

Eine Schutzbereichsbeeinträchtigung des freien Mandats i.S.d. Art. 38 Abs. 1 S. 2 GG ist durch den Ausschluss bzw. das Fehlen eines Ausgleichs zugunsten der Opposition bei Regierungsreden nicht erfolgt.

Es ist vertretbar, eine Schutzbereichsbeeinträchtigung anzunehmen und den abweichenden Beschluss auf die Rechtfertigungsebene zu verlagern.

---

c) Rechtfertigung

Soweit mittels der Redezeitbeschränkung das freie Mandat der Abgeordneten gemäß Art. 38 Abs. 1 S. 2 GG beeinträchtigt worden ist, kann die Beeinträchtigung gerechtfertigt sein.

aa) Schranken des Art. 38 Abs. 1 S. 2 GG

Eine Schranke des für die Demokratie schlechthin konstituierenden freien Abgeordnetenmandates gemäß Art. 38 Abs. 1 S. 2 GG kann sich nur aus gegenläufigen Verfassungsprinzipien ergeben. Insoweit sind die Funktionsfähigkeit des Bundestages in der Demokratie i.S.d. Art. 20 Abs. 2 S. 1 GG und die Rechte übriger Abgeordneter i.S.d. Art. 38 Abs. 1 S. 2 GG maßgeblich. Ohne Redezeitbeschränkung besteht die Gefahr langer Redebeiträge, durch welche die parlamentarische Debatte verlangsamt bzw. das Rederecht anderer Abgeordneter beeinträchtigt werden kann. Eine Redezeitbeschränkung kann mit diesen gegenläufigen Verfassungsprinzipien grundsätzlich gerechtfertigt werden.

„Die Grenze einer solchen Redezeitbeschränkung besteht jedoch im Wesen und an der grundsätzlichen Aufgabe des Parlaments, ein Forum für Rede und Gegenrede zu sein. Daher sind Konstellationen denkbar, in denen die Benutzung eines an sich legitimen Mittels, wie es die Redezeitfestsetzung ist, missbräuchlich und verfassungswidrig wird. Die Redebefugnis ergibt sich zwar aus dem verfassungsrechtlichen Status des Abgeordneten. Ihre Ausübung unterliegt jedoch den vom Parlament kraft seiner Autonomie gesetzten Schranken" (BVerfGE 10, 4, 13).

Die Redezeitbeschränkung als solche ist gerechtfertigt, soweit sie hinsichtlich der mit ihr verfolgten Ziele der Funktionsfähigkeit des Bundestages und der Wahrung der Rechte übriger Abgeordneter mit dem sich aus dem Rechtsstaatsprinzip – dieses ergibt sich unter anderem aus Art. 20 Abs. 3 GG – ergebenden Grundsatz der Verhältnismäßigkeit vereinbar ist.

bb) Verhältnismäßigkeit

Im Rahmen der Wechselwirkung verfassungsrechtlicher Prinzipien gilt als Schranken-Schranke des freien Mandates der Grundsatz der Verhältnismäßigkeit.

(1) Legitimer Zweck

Es muss mit der Redezeitbeschränkung ein verfassungsrechtlich legitimer Zweck verfolgt werden, wobei ein solcher Zweck wegen der weiten Einschätzungsprärogative des Gesetzgebers lediglich nicht willkürlich sein darf. Zweck der Redezeitbeschränkung ist die Funktionsfähigkeit des Bundestages i.S.d. Art. 20 Abs. 2 S. 1 GG und der Schutz der Rechte übriger Abgeordneter i.S.d. Art. 38 Abs. 1 S. 2 GG, da ohne eine solche Beschränkung jeder Abgeordnete uneingeschränkt reden und das Parlament nicht mehr effizient handeln könnte.

Dieser Zweck ist im Rahmen der weiten Einschätzungsprärogative des Bundestages legitim.

(2) Eignung

Die beschlossene Redezeitbeschränkung muss zur Zweckerreichung geeignet sein. Es muss also der gewünschte Erfolg gefördert werden.

„Die quotale Aufteilung bzw. Beschränkung der Redezeit ist geeignet, die sachliche Arbeit des Parlaments zu fördern. Durch sie wird sichergestellt, dass Abgeordnete aller Richtungen sprechen und dass nicht durch Zufälligkeiten des Ablaufs der Debatte die eine oder die andere Fraktion nur unverhältnismäßig kurz zu Wort kommt. Bei Festsetzung einer Gesamtredezeit ohne Verteilung auf die Fraktionen bestünde zudem die Gefahr, dass einzelne Redner ihre Reden übermäßig ausdehnten, nur um ihre politischen Gegner um das Wort zu bringen. Diese Gefahr ist beseitigt, wenn jeder Sprecher weiß, dass durch eine unangebrachte Ausdehnung seiner Rede nur seine Gesinnungsfreunde benachteiligt würden" (BVerfGE 10, 4, 14 f.). Durch die Begrenzung der Redezeit kann der Bundestag in überschaubarer Zeit einen Beschluss fassen und so effizient handeln.

(3) Erforderlichkeit

Die getroffene Regelung darf nicht über das zur Verfolgung ihres Zweckes notwendige Maß hinaus-, also nicht weitergehen, als der mit ihr intendierte Schutzzweck reicht (BVerfGE 148, 40, 57). Es darf zur Erreichung des Zwecks kein gleich geeignetes milderes Mittel ersichtlich sein. Da kein der Redezeitbeschränkung gleich geeignetes milderes Mittel ersichtlich ist, ist sie erforderlich.

(4) Verhältnismäßigkeit im engen Sinne (Disproportionalität)

Die Redezeitbeschränkung darf nicht unverhältnismäßig im engen Sinne, also nicht disproportional zum angestrebten Zweck sein und somit nicht in einem erheblichen Missverhältnis dazu stehen. Es ist Voraussetzung für die Verhältnismäßigkeit im engen Sinn, dass die Beeinträchtigung in angemessenem Verhältnis zu dem Gewicht und der Bedeutung des eingeschränkten Rechts steht.

„Maßgebend sind die gesamten Umstände des konkreten Einzelfalls wie etwa die Entwicklung und die Art der konkreten Beratung, die Bedeutung des zu behandelnden Gegenstands, das Interesse der Öffentlichkeit an diesem Gegenstand oder das Arbeitsprogramm des Parlaments oder des Ausschusses" (Bay VerfGH, NVwZ-RR 1998, 409, 410).

„Durch den Verteilungsschlüssel wird gesichert, dass die Redebefugnis des einzelnen Abgeordneten nicht über die Beschränkung hinaus, die schon in der Festsetzung der Gesamtredezeit erfolgt, beeinträchtigt wird. Durch die Begrenzung auf acht Stunden und die quotale Aufteilung dieser Stunden für Redebeiträge ist die Chance jedes einzelnen Abgeordneten, zu Wort zu kommen, weitgehend herabgemindert. Mit der Aufteilung auf die Fraktionen nach der Fraktionsstärke bleibt diese rechnerische Chance unverändert, da die Redezeit jeder Fraktion hiernach im gleichen Verhältnis zur Gesamtredezeit steht wie die Zahl der Fraktionsangehörigen zur Gesamtzahl der Parlamentsmitglieder. Es ist unzutreffend, dass dem einzelnen Abgeordneten der Minderheit durch die Redezeitaufteilung eine geringere Redebefugnis gegeben werde als dem einzelnen Abgeordneten, welcher der Mehrheit angehört. Vielmehr wird bei der Festsetzung von Redezeiten für die Fraktionen durch die Bemessung dieser Zeiten nach der Fraktionsstärke erreicht, dass jeder Abgeordnete die gleiche Redebefugnis und die gleiche rechnerische Chance zu Wort zu kommen erhält, ohne Rücksicht darauf, welcher Fraktion er angehört" (BVerfGE 10, 4, 16).

„Dem entspricht es, bei längeren Debatten die Redezeiten so aufzuteilen, dass wechselweise Redner verschiedener Auffassung zu Wort kommen. Wird die Debatte in mehreren Runden durchgeführt, ergibt sich aus dem Grundsatz von Rede und Gegenrede, dass die Fraktionen und der Antragsteller ihre Gesamtredezeit nicht allein in einer einzigen Runde in Anspruch nehmen. Da kleinen Fraktionen aufgrund ihrer geringeren Größe im Verhältnis zu den großen Fraktionen auch nur ein kleineres Gesamtredezeitkontingent zur Verfügung steht, führt die Aufteilung der Redezeit zu entsprechend kürzeren Redezeiten für die einzelnen Redner der kleinen Fraktionen. Mit einer fairen und loyalen Anwendung der Geschäftsordnung wäre es allerdings nicht mehr vereinbar, die Redezeiten der einzelnen Abgeordneten so kurz zu bemessen, dass eine dem Debattenthema angemessene Äußerung nicht mehr möglich wäre" (BVerfGE 96, 264, 284 f.).

Nach alledem erscheinen Beiträge mit einer Länge von zehn Minuten pro Person angemessen, weil sie ausreichend sind, um politische Positionen deutlich zu machen, Argumente darzustellen sowie Kritik an der Gegenseite zu üben. Die Aufteilung nach Fraktionsstärke ist ebenfalls nicht unzumutbar bzw. disproportional. Vielmehr bleibt die Chancengleichheit jedes Abgeordneten, die sich aus seinem freien Mandat ergibt, gewahrt. Die beschlossene Redezeitbeschränkung ist verhältnismäßig im engen Sinne.

Es ist mit guter Argumentation ebenso vertretbar, die Redezeitbeschränkung als unverhältnismäßig einzustufen.

3. Zwischenergebnis

Die Abgeordnetenrechte aus Art. 38 Abs. 1 S. 2 GG sind durch die beschlossene Redezeitbeschränkung nicht verletzt. Ein Antrag im Organstreitverfahren in der Hauptsache wäre unbegründet.

VII. Zwischenergebnis

Der Antrag des H ist unzulässig.

B. Ergebnis

Der Antrag auf einstweiligen Rechtsschutz beim Bundesverfassungsgericht ist unzulässig.

C. Hilfsgutachten Begründetheit

Der Antrag des H ist gemäß § 32 Abs. 1 BVerfGG begründet, soweit die einstweilige Anordnung zur Abwehr schwerer Nachteile, zur Verhinderung drohender Gewalt oder aus einem anderen wichtigen Grund zum gemeinen Wohl dringend geboten ist.

I. Eilbedürftigkeit

Die Entscheidung des Bundesverfassungsgerichts müsste in der Sache sofort erforderlich, also eilbedürftig sein. Dabei ist bei Organstreitigkeiten in der Hauptsache grundsätzlich ein strenger Maßstab an die Erforderlichkeit anzulegen, weil bei Organen untereinander, die nach Art. 20 Abs. 3 GG alle zum rechtmäßigen Handeln verpflichtet sind, grundsätzlich von nicht grob verfassungswidrigem Handeln ausgegangen werden muss, sodass das Kriterium der Eilbedürftigkeit i.S.d. § 32 BVerfGG restriktiv auszulegen ist. Allerdings steht die Debatte über den Rettungsschirm unmittelbar bevor und ist für die Bundesrepublik Deutschland wegen der damit international verbundenen Richtungsweisung möglicherweise von existenzieller Bedeutung. Die von H beantragte einstweilige Anordnung ist sofort erforderlich.

II. Folgenabwägung

Im Übrigen müssten im Rahmen einer Folgenabwägung die Interessen des H gegenüber denen des Bundestages überwiegen. Dabei ist maßgeblich, welche Folgen es hätte, wenn die einstweilige Anordnung nicht erlassen würde. Diese

Fiktion ist den Folgen eines Erlasses der einstweiligen Anordnung gegenüberzustellen. Es bedarf somit einer Doppelhypothese.

Würde die einstweilige Anordnung nicht erlassen werden, könnten die Abgeordneten ihre Auffassungen zum Rettungsschirm nicht uneingeschränkt äußern, wenngleich das Parlament effizient handeln und die Debatte zeitnah abschließen könnte. Würde die einstweilige Anordnung erlassen, würden zwar die Rederechte der Abgeordneten ausgedehnt, jedoch wäre das Parlament wegen einer voraussichtlich sehr lange dauernden Debatte in der Krisenzeit nicht handlungsfähig.

Da es sich bei der Debatte um den Rettungsschirm um ein für die Demokratie i.S.d. Art. 20 Abs. 2 S. 1 GG schlechthin konstituierendes Thema handelt, weil der Bundeshaushalt massiv beeinträchtigt und zumindest am Rande die Souveränität der Bundesrepublik Deutschland tangiert sein kann (zum Ganzen: BVerfGE 129, 124, auch zur Höhe der Ausgaben und der Zustimmungsbedürftigkeit des Haushaltsausschusses), könnte es einer umfassenden Debatte bedürfen, bei der das Rederecht der einzelnen Abgeordneten nicht verkürzt werden darf. Allerdings bedarf es im Rahmen einer Wirtschaftskrise einer zügigen Entscheidung und keiner sich über Monate hinziehenden Debatte. Somit würde letztlich die Handlungsfähigkeit des Bundestages aus demokratischen und rechtsstaatlichen Gründen gemäß Art. 20 Abs. 2, 3 GG vorrangig sein.

III. Ergebnis

Der Antrag auf den Erlass der einstweiligen Anordnung wäre unbegründet.

Es ist mit guter Argumentation vertretbar, die Begründetheit anzunehmen.

Zusatzfrage 1: Fraktionsloser Abgeordneter

Fraglich ist, ob die Beschränkung der Redezeit eines fraktionslosen Abgeordneten eine ungerechtfertigte Beeinträchtigung des freien Mandats des Abgeordneten in Form seines Rederechts gemäß Art. 38 Abs. 1 S. 2 GG darstellt.

Zunächst stellt die Beschränkung der Redezeit ebenso wie bei fraktionsangehörigen Abgeordneten auch bei fraktionslosen Abgeordneten eine Schutzbereichsbeeinträchtigung des freien Mandats i.S.d. Art. 38 Abs. 1 S. 2 GG dar, da nicht mehr mit uneingeschränkten Worten das Volk durch den einzelnen Abgeordneten repräsentiert werden kann. Das würde umso mehr gelten, wenn ihm aufgrund der ausschließlichen Verteilung nach Fraktionsstärke gar keine Redezeit zustünde.

Insoweit ist im Rahmen einer praktischen Konkordanz der gegenläufigen Verfassungsprinzipien zu berücksichtigen, inwieweit das Rederecht verkürzt wird. Es kann zwischen einer vollständigen Nichtbeachtung des Rederechts des fraktionslosen Abgeordneten und der bloßen Verkürzung des Rederechts insbesondere im Hinblick auf die Bedeutung des Verhandlungsgegenstandes und die Schwierigkeit des Verhandlungsprozesses sowie unter Berücksichtigung eventueller abweichender Meinungen des fraktionslosen Abgeordneten differenziert werden.

Ein fraktionsloser Abgeordneter ist nicht bereits dadurch ungerechtfertigt in seinem freien Mandat aus Art. 38 Abs. 1 S. 2 GG beeinträchtigt, dass in der mittelbar in das Grundgesetz einstrahlenden Geschäftsordnung des Bundestages keine Bestimmung über eine Mindestredezeit des einzelnen Abgeordneten enthalten ist. „Bei der Aufteilung der festgelegten Dauer der Aussprache auf die Fraktionen legt der Bundestag in der Staatspraxis einen Verteilungsschlüssel zugrunde, der nicht streng am Stärkeverhältnis der Fraktionen ausgerichtet ist, sondern durch den die kleinen Fraktionen relativ begünstigt werden. Somit kann auch ein fraktionsloser Abgeordneter nicht darauf verwiesen werden, dass er nur weniger als ein Fünfhundertstel – die Erreichung der Fraktionsstärke gemäß § 10 Abs. 1 S. 1 GOBT – der Gesamtdauer einer Debatte beanspruchen könne" (BVerfGE 80, 188, 228).

„Andererseits steht der fraktionslose Abgeordnete einer Fraktion nicht gleich. Im Gegensatz zu denjenigen Abgeordneten, die für ihre Fraktion sprechen und damit den Standpunkt einer Vielzahl von Abgeordneten zum Ausdruck bringen, spricht der fraktionslose Abgeordnete im Bundestag nur für sich selbst" (BVerfGE 80, 188, 228).

„Bei der Bemessung der Redezeit eines fraktionslosen Abgeordneten ist daher letztlich auf das Gewicht und die Schwierigkeit des Verhandlungsgegenstandes sowie auf die Gesamtdauer der Aussprache – dies ergibt sich auch aus der in § 35 Abs. 1 S. 4 GO BT enthaltenen Verlängerungsmöglichkeit der Redezeiten – und darauf Bedacht zu nehmen, ob er gleichgerichtete politische Ziele wie andere fraktionslose Mitglieder des Bundestages verfolgt und sich damit auch für diese äußert" (BVerfGE 80, 188, 5. Leitsatz).

Da H als fraktionsloser Abgeordneter statusrechtlich nicht den Fraktionen, sondern den übrigen einer Fraktion angehörenden Abgeordneten gleichsteht, kann er nicht verlangen, bei der Einräumung von Redezeiten wie eine Fraktion behandelt zu werden (vgl. BVerfGE 80, 188, 229).

Wäre H fraktionslos, so wäre sein Antrag beim Bundesverfassungsgericht erfolgreich, soweit er seine abweichenden Meinungen im Verhältnis zur Gewichtigkeit des Verhandlungsgegenstandes nicht hinreichend kundtun könnte. Eine Beschränkung der Redezeit auf zehn Minuten wäre in Anbetracht des mit dem EURO-Rettungsschirm gewichtigen Verhandlungsgegenstandes verfassungswidrig, da eine ungerechtfertigte Beeinträchtigung des freien Mandats i.S.d. Art. 38 Abs. 1 S. 2 GG erfolgt wäre und der fraktionslose Abgeordnete anders als ein fraktionsangehöriger Abgeordneter seine Meinung eigenständig kundtun muss.

Es ist argumentativ vertretbar, den fraktionslosen Abgeordneten ebenso wie einen fraktionsangehörigen Abgeordneten auf eine kurze Redezeit von zehn Minuten zu beschränken, obwohl ein fraktionsangehöriger Abgeordneter die Möglichkeit hat, die Fraktionsmeinung (Fraktionsbindung) mehrheitlich kundzutun und unter Umständen weniger Redezeit benötigt. Da aber durch das einzelne Abgeordnetenmandat Rechte begründet werden, ist die Rechtsprechung des Bundesverfassungsgerichts, wonach ein fraktionsangehöriger Abgeordneter erheblich beschränkt werden kann, nicht überzeugend. Um das Ungleichgewicht zwischen fraktionsangehörigen und fraktionslosen Abgeordneten zu vermeiden, konnte im Ausgangsfall eine andere Auffassung als die des Bundesverfassungsgerichts vertreten werden. Letztlich ist leider auch ein Bundesverfassungsgericht politisch besetzt, weil eine unabhängige Judikative, wie es sie in einigen Demokratien gibt, in der Bundesrepublik Deutschland auf verfassungsrichterlicher Ebene nicht besteht.

Zusatzfrage 2: Redezeitbeschränkung der Regierungsmitglieder

Die Redezeitbeschränkung für die Regierungsmitglieder kann mit dem Grundgesetz unvereinbar sein.

A. Schutzbereichsbeeinträchtigung

Gemäß Art. 43 Abs. 2 S. 2 GG muss ein Regierungsmitglied als Teil der Exekutive jederzeit gehört werden. In einem von der Gewaltenteilung geprägten Rechtsstaat i.S.d. Art. 20 Abs. 2 S. 2 und Abs. 3 GG muss für die Exekutive eine Kontrollmöglichkeit der Legislative bestehen. Durch die beschlossene Redezeitbeschränkung wird die jederzeitige Gehörsmöglichkeit der Regierungsmitglieder beeinträchtigt.

B. Rechtfertigung

Die Beeinträchtigung könnte durch gegenläufige Verfassungsprinzipien – einen funktionierenden demokratischen Rechtsstaat i.S.d. Art. 20 GG – gerechtfertigt sein. Diesbezüglich ist jedoch die Exekutiv- und Kontrollfunktion der Bundesregierung zu beachten.

„Wenngleich die Auffassungen der Regierung in einer parlamentarischen Demokratie in der Regel mit denen der Parlamentsmehrheit harmonieren und alle Regierungsmitglieder – Mitglieder der Bundesregierung können gleichzeitig Abgeordnete sein, da sie gemäß Art. 53a Abs. 1 S. 2 HS. 2 GG lediglich nicht dem Gemeinsamen Ausschuss angehören dürfen – gleichzeitig Abgeordnete sind, besteht dennoch ein Spannungsverhältnis zwischen dem Parlament als dem Gesetzgebungs- und obersten Kontrollorgan und der Regierung als der Spitze der Exekutive. Durch dieses Spannungsverhältnis wird ein zeitlich unbeschränktes und grundsätzlich unbeschränkbares Recht der Regierung, ihren Standpunkt im Parlament darzulegen und zu verteidigen, gerechtfertigt. Der Gebrauch dieses Rechts unterliegt allerdings der äußersten Schranke in Gestalt des Missbrauchsverbots" (BVerfGE 10, 4, 17 f.) insoweit, als der Bundestag nicht durch überlange und zahlreiche Reden der Regierung von seiner Parlamentsarbeit abgehalten werden darf. Die Redezeitbeschränkung der Regierungsmitglieder für die Debatte über den Rettungsschirm kann nicht gerechtfertigt werden.

C. Ergebnis

Die Redezeitbeschränkung für Regierungsmitglieder verstößt gegen Art. 43 Abs. 2 S. 2 GG. Ein Ausgleich für die Abgeordneten, die nicht Regierungsmitglieder sind, erfolgt über die Möglichkeit verlängerter Gegenreden einer Fraktion gemäß § 35 Abs. 2 GO BT.

Staatsorganisationsrecht – Fall 8: „Zwielichtige Waffengeschäfte"

Schwerpunkte: *Organstreitverfahren (Art. 93 Abs. 1 Nr. 1 GG, §§ 13 Nr. 5, 63 ff. BVerfGG), Untersuchungsausschuss, Waffenexport, Kontrolle der Exekutive, allgemeines Persönlichkeitsrecht (informationelle Selbstbestimmung)*

Die ABC-AG, die durch den Bund und die Länder subventioniert wird, plant den Verkauf verschiedener, sich außerhalb des Bundesgebietes befindlicher Kriegswaffensysteme im Sinne des Kriegswaffenkontrollgesetzes an den autokratischen Staat S am Persischen Golf. Zur Ausfuhr dieser Systeme bedarf es der Genehmigung des Bundeswirtschaftsministeriums, weil die Bundesregierung die Befugnis zur Erteilung und zum Widerruf der Genehmigung mittels wirksamer Verordnung dem Bundesministerium für Wirtschaft und Energie übertragen hat. Das Bundeswirtschaftsministerium hegt zwar aufgrund der andauernden Konflikte in der Region Bedenken hinsichtlich der Erteilung der Genehmigung, lässt sich jedoch von der seitens der ABC-AG getätigten Angabe, die Systeme würden hauptsächlich zur Verteidigung und nicht etwa zum Einsatz gegen Regimegegner verwendet werden, überzeugen.

In einer Rede vor dem Bundestag äußert sich der Wirtschaftsminister auf Nachfragen der Opposition zu dem Thema. Er erklärt, dass die Regierung die Genehmigung erteilen werde und weist mögliche Bedenken bezüglich etwaiger Menschenrechtsverletzungen entschieden zurück. Angesichts der aktuell schwierigen Wirtschaftslage und dem hohen Ölpreis sei Deutschland an guten Beziehungen zu dem Staat S gelegen. Kurz darauf wird die erforderliche Genehmigung erteilt.

Zeitgleich wird in den Medien darüber spekuliert, dass es im Zusammenhang mit der Genehmigungserteilung möglicherweise zu Schmiergeldzahlungen durch die ABC-AG gekommen ist. Die oppositionelle G-Fraktion ist empört und stellt einen Antrag auf die Einsetzung eines Untersuchungsausschusses. Dieser soll sich mit den näheren Umständen der Genehmigungserteilung auseinandersetzen. Für den Antrag stimmen im Bundestag 200 der 598 Abgeordneten, unter anderem sämtliche Mitglieder der G-Fraktion. Der Untersuchungsausschuss wird daraufhin antragsgemäß eingesetzt. Das Bundeswirtschaftsministerium verweigert bereits kurz nach dem Beginn der Untersuchungen die Zurverfügungstellung der notwendigen Akten, obwohl dies seitens des Ausschusses verlangt wird. Der Minister führt dazu aus, dass die Akten geheim seien und private Rechte der ABC-AG beträfen – insbesondere sensible Daten. Außerdem gehe die ganze Sache den Untersuchungsausschuss ohnehin nichts an und das Staatswohl sei bei Herausgabe der Akten gefährdet.

https://doi.org.10.1515/9783110624410-008

Die Ausschuss-Mitglieder der G-Fraktion, in der ein Drittel der Mitglieder des Untersuchungsausschusses vereinigt ist, stellt daher beim Bundesverfassungsgericht den Antrag, festzustellen, dass die Verweigerung der Zurverfügungstellung der Akten verfassungswidrig ist. Der Fraktionsführer F – gleichzeitig Mitglied des Untersuchungsausschusses – erklärt, dass die Ablehnung der Zurverfügungstellung der Akten mit dem Grundgesetz unvereinbar sei. Die Kontrolle der Bundesregierung sei Aufgabe des Parlaments und damit auch des Untersuchungsausschusses.

Wie wird das Bundesverfassungsgericht über den Antrag entscheiden? Die Rechtmäßigkeit einer Ausfuhrgenehmigung ist nicht zu prüfen. Auf die übrigen Rechtsfragen ist zumindest hilfsgutachtlich einzugehen.

Zusatzfrage 1
Was ändert sich, wenn das Genehmigungsverfahren durch das Ministerium noch nicht abgeschlossen ist?

Zusatzfrage 2
Einige Tage nach der Einsetzung des Untersuchungsausschusses beschließt der Bundestag mit einfacher Mehrheit bei Gegenstimmen der G-Fraktion einen Änderungsbeschluss. In diesem wird der Untersuchungsgegenstand dahingehend abgeändert, dass nicht nur die Ausfuhr der Waffensysteme nach S, sondern auch das Bauprojekt der ABC-AG in X zum Gegenstand des Ausschusses gemacht werden soll. Ist eine solche Änderung rechtmäßig?

Bearbeitungsvermerk
Gehen Sie davon aus, dass § 18 PUAG verfassungsgemäß ist. Die Artt. 12, 14 GG sind bezüglich der Betriebs- und Geschäftsgeheimnisse nicht zu prüfen, weil der Schwerpunkt der Beeinträchtigung auf die Daten des Unternehmens bezogen ist. Unterstellen Sie, dass die Stellung eines Antrages beim Bundesgerichtshof aufgrund der abweichenden Möglichkeit, beim Bundesverfassungsgericht einen Antrag zu stellen, nicht statthaft ist.

Gesetz über die Kontrolle von Kriegswaffen (KrWaffKontrG)
§ 4a: Auslandsgeschäfte
(1) Wer einen Vertrag über den Erwerb oder das Überlassen von Kriegswaffen, die sich außerhalb des Bundesgebietes befinden, vermitteln oder die Gelegen-

heit zum Abschluss eines solchen Vertrags nachweisen will, bedarf der Genehmigung.

(2) Einer Genehmigung bedarf auch, wer einen Vertrag über das Überlassen von Kriegswaffen, die sich außerhalb des Bundesgebietes befinden, abschließen will.

(3) Die Absätze 1 und 2 sind nicht anzuwenden, wenn die Kriegswaffen in Ausführung des Vertrags in das Bundesgebiet eingeführt oder durchgeführt werden sollen.

(4) Für Vermittlungs- und Überlassungsgeschäfte im Sinne der Absätze 1 und 2 von Unternehmen, die selbst Kriegswaffen innerhalb der Europäischen Union herstellen, kann eine Allgemeine Genehmigung erteilt werden.

§ 11: Genehmigungsbehörden

(1) Für die Erteilung und den Widerruf einer Genehmigung ist die Bundesregierung zuständig.

(2) Die Bundesregierung wird ermächtigt, durch Rechtsverordnung, die der Zustimmung des Bundesrates nicht bedarf, die Befugnis zur Erteilung und zum Widerruf der Genehmigung in den Fällen der §§ 2, 3 Abs. 1 und 2 und des § 4a

1. für den Bereich der Bundeswehr auf das Bundesministerium der Verteidigung,
2. für den Bereich der Zollverwaltung auf das Bundesministerium der Finanzen,
3. für den Bereich der für die Aufrechterhaltung der öffentlichen Sicherheit zuständigen Behörden oder Dienststellen sowie der Behörden des Strafvollzugs auf das Bundesministerium des Innern, für Bau und Heimat,
4. für alle übrigen Bereiche auf das Bundesministerium für Wirtschaft und Energie

zu übertragen.

(3) Die Befugnis zur Erteilung und zum Widerruf der Genehmigung in den Fällen des § 4 Abs. 1 kann durch Rechtsverordnung, die der Zustimmung des Bundesrates nicht bedarf, auf das Bundesministerium für Verkehr und digitale Infrastruktur übertragen werden, der diese Befugnis im Einvernehmen mit dem Auswärtigen Amt ausübt.

(4) Die Bundesregierung wird ferner ermächtigt, durch Rechtsverordnung mit Zustimmung des Bundesrates die erforderlichen Vorschriften zur näheren Regelung des Genehmigungsverfahrens zu erlassen.

(5) Das Bundesamt für Verfassungsschutz kann bei der Prüfung der Zuverlässigkeit gemäß § 6 Abs. 3 Nr. 3 herangezogen werden.

Vertiefung

BVerfG, Beschluss vom 1.10.1987 – 2 BvR 1178, 1179, 1191/86 (BVerfGE 77, 1); BVerfG, Beschluss vom 17.6.2009 – 2 BvE 3/07 (BVerfGE 124, 78); BT-Drucks. 18/ 997 vom 2.4.2014

Gliederung

Antrag beim Bundesverfassungsgericht
A. Zulässigkeit (+)
   I. Zuständigkeit des Bundesverfassungsgerichts (+)
   II. Verfahrensabhängige Zulässigkeitsvoraussetzungen (+)
      1. Beteiligte (+)
         a) Antragsteller (+)
         b) Antragsgegner (+)
      2. Antragsgegenstand (+)
      3. Antragsbefugnis bzw. Antragsgrund (+)
      4. Form und Frist (+)
   III. Allgemeines Rechtsschutzbedürfnis (+)
   IV. Zwischenergebnis (+)
B. Begründetheit (+)
   I. Anspruchsgrundlage (+)
   II. Anspruchsvoraussetzungen (+)
      1. Verfassungsmäßigkeit der Einsetzung des Untersuchungsausschusses (+)
         a) Formelle Verfassungsmäßigkeit (+)
            aa) Zuständigkeit (+)
               (1) Verbandskompetenz im weiten Sinne (+)
               (2) Organkompetenz im weiten Sinne (+)
            bb) Verfahren (+)
            cc) Form (+)
         b) Materielle Verfassungsmäßigkeit (+)
            aa) Bestimmtheit des Untersuchungsgegenstandes (+)
            bb) Verbandskompetenz im engen Sinne (+)
            cc) Organkompetenz im engen Sinne (+)
         c) Zwischenergebnis (+)
      2. Verfassungsmäßigkeit des Herausgabeverlangens (+)
         a) Kernbereich exekutiver Eigenverantwortlichkeit (–)
         b) Staatswohl (–)
         c) Grundrechte (–)
            aa) Schutzbereichseingriff (+)
            bb) Rechtfertigung (+)
               (1) Schranke (+)
               (2) Schranken-Schranke (+)
                   (a) Verfassungsrechtlich legitimer Zweck (+)
                   (b) Eignung (+)

(c)   Erforderlichkeit (+)
(d)   Verhältnismäßigkeit im engen Sinne
(Disproportionalität) (+)
d)   Zwischenergebnis
III.   Rechtsfolge
C.   Ergebnis (+)
Zusatzfrage 1: Änderungen bei nicht abgeschlossenem Verfahren
Zusatzfrage 2: Änderung des Untersuchungsgegenstandes

Lösungsvorschlag

Die folgende Lösung ist als Lösungsvorschlag zu verstehen und ausführlicher, als es in der Klausurbearbeitung verlangt werden kann. Aufgrund der wissenschaftlichen Freiheit können andere Lösungswege vertreten werden, soweit sie dogmatisch begründbar sind. Die Nachweise aus Rechtsprechung und Literatur sowie die das Verständnis fördernden Randbemerkungen sind in der Examensklausur auszusparen. Die Abkürzung „Alt." steht für Alternativfall, nicht für Alternative.

Antrag beim Bundesverfassungsgericht

Der Bundestag wird mit seinem Antrag erfolgreich sein, soweit er zulässig und begründet ist.

A. Zulässigkeit

Die Zulässigkeitsvoraussetzungen können erfüllt sein.

I. Zuständigkeit des Bundesverfassungsgerichts

Das Bundesverfassungsgericht ist nur zuständig, wenn ihm ein Verfahren ausdrücklich enumerativ zugewiesen ist. Dem Bundesverfassungsgericht ist gemäß Art. 93 Abs. 1 Nr. 1 GG i.V.m. § 13 Nr. 5 BVerfGG und § 66a BVerfGG das Organstreitverfahren zugewiesen, bei dem es darum geht, dass oberste Bundesorgane oder Teile dieser Organe, die im Grundgesetz oder in der Geschäftsordnung eines obersten Bundesorgans mit eigenen Rechten ausgestattet sind, über verfassungsrechtlich gewährte Wahrnehmungsberechtigungen streiten.

Es streitet ein im Untersuchungsausschuss vertretener Teil des Bundestages mit dem Bundeswirtschaftsministerium als Teil der Bundesregierung. Diesbezüglich könnte es sich gemäß Art. 93 Abs. 3 GG i.V.m. § 13 Nr. 15 BVerfGG um eine dem Bundesverfassungsgericht durch Bundesgesetz sonst zugewiesene

Konstellation handeln. Diese Normen stellen jedoch nur Auffangregelungen dar, die durch die Spezialregelungen für den Streit über Beweismittel im Verfahren beim Untersuchungsausschuss verdrängt sind. Ein derartiger Spezialfall eines Organstreitverfahrens ist in Art. 93 Abs. 1 Nr. 1 GG i.V.m. § 13 Nr. 5 BVerfGG i.V.m. § 18 Abs. 3 PUAG geregelt. Das Bundesverfassungsgericht ist für spezielle Organstreitverfahren i.S.d. Art. 93 Abs. 1 Nr. 1 GG i.V.m. § 13 Nr. 5 BVerfGG und § 66a BVerfGG i.V.m. § 18 Abs. 3 PUAG zuständig.

II. Verfahrensabhängige Zulässigkeitsvoraussetzungen

Jedem dem Bundesverfassungsgericht enumerativ zugewiesenen Verfahren sind verfahrensabhängige Zulässigkeitsvoraussetzungen zugeordnet, die erfüllt sein müssen. Für den Spezialfall eines Organstreitverfahrens über Beweismittel im Verfahren beim Untersuchungsausschuss ergeben sie sich aus den §§ 13 Nr. 5, 63 ff. BVerfGG i.V.m. § 18 Abs. 3 PUAG ergeben.

1. Beteiligte

Da es sich beim Organstreitverfahren um ein kontradiktorisches Verfahren handelt, bedarf es gemäß § 63 BVerfGG eines Antragstellers und eines Antragsgegners. Antragsteller und Antragsgegner können danach unter anderem der Bundespräsident, der Bundestag der Bundesrat, die Bundesregierung und Teile des Bundestages sein, die im Grundgesetz oder in der Geschäftsordnung des Bundestages mit eigenen Rechten ausgestattet sind.

Das Organstreitverfahren ist ein kontradiktorisches Verfahren, sodass es zwei Beteiligte gibt. Daher wird es gelegentlich auch als Organklage bezeichnet.

---

a) Antragsteller

Die Fraktion hat als eigenständiges Unterorgan des Bundestages i.S.d. § 10 Abs. 1 GO BT keinen Antrag gestellt. Antragsteller könnte der Bundestag als Legislativorgan des Bundes sein, jedoch wird der Antrag beim Bundesverfassungsgericht nicht vom gesamten Bundestag gestellt. Der Untersuchungsausschuss ist als gemäß Art. 44 Abs. 1 S. 1 GG vom Bundestag eingesetztes Unterorgan des Bundestages, das gemäß § 4 PUAG zu besetzen ist, grundsätzlich als Antragsteller denkbar, jedoch haben im Rahmen der Antragstellung beim Bundesverfassungsgericht nicht alle Mitglieder des Untersuchungsausschusses mitgewirkt. Gemäß § 18 Abs. 3 PUAG genügt zur Antragstellung – insoweit ist Art. 93 Abs. 1 Nr. 1 GG i.V.m. § 13 Nr. 5 BVerfGG in zulässiger Weise mittels des § 18 Abs. 3 PUAG modifiziert worden – ein Viertel der Mitglieder des Untersuchungsausschusses. Antragsteller ist somit ein Viertel der Mitglieder des Untersuchungsausschusses als ein mit eigenen Rechten ausgestatteter Teil des Bundestages.

Es kommt für den Antragsteller nicht auf das Viertel der Mitglieder i.S.d. Art. 44 Abs. 1 GG an, weil es nicht um die Einsetzung des Untersuchungsausschusses (dies ist nur mittelbar relevant), sondern um die Herausgabe der Akten geht.

---

b) Antragsgegner

Als Antragsgegner ist das Bundeswirtschaftsministerium als Teil des Bundesorgans Bundesregierung gemäß Art. 93 Abs. 1 Nr. 1 GG i.V.m. § 13 Nr. 5 BVerfGG antragsfähig.

Soweit in § 63 BVerfGG der Kreis der Beteiligten gegenüber Art. 93 Abs. 1 Nr. 1 GG verengt wird, folgt die Beteiligtenfähigkeit unmittelbar aus Art. 93 Abs. 1 Nr. 1 GG.

---

2. Antragsgegenstand

Antragsgegenstand i.S.d. § 64 Abs. 1 BVerfGG ist eine rechtserhebliche Maßnahme oder Unterlassung des Antragsgegners. Die Weigerung des Bundeswirtschaftsministeriums, die für den Untersuchungsausschuss wichtigen Akten herauszugeben, stellt eine solche Unterlassung dar, die als „Ablehnung eines Ersuchens" in § 18 Abs. 3 PUAG explizit als Verfahrensgegenstand benannt worden ist. Die Unterlassung der Aktenherausgabe ist als tauglicher Antragsgegenstand einzustufen.

3. Antragsbefugnis bzw. Antragsgrund

Der Antragsteller muss antragsbefugt sein bzw. einen Antragsgrund haben. Da es sich beim Organstreitverfahren um ein kontradiktorisches Verfahren handelt, muss der Antragsteller gemäß § 64 Abs. 1 BVerfGG geltend machen, in seinen durch das Grundgesetz übertragenen Rechten und Pflichten verletzt oder unmittelbar gefährdet zu sein. Die Möglichkeit einer Rechtsverletzung ist dabei hinreichend.

Ist Antragsteller ein Unterorgan, genügt es, wenn das Unterorgan in Prozessstandschaft geltend macht, das Organ, dem es angehöre, sei in den ihm im Grundgesetz übertragenen Rechten und Pflichten verletzt bzw. unmittelbar gefährdet.

Antragsteller ist mit dem Viertel der Mitglieder des Untersuchungsausschusses ein Unterorgan des Organs „Untersuchungsausschuss". Insoweit ist es hinreichend, wenn der Antragsteller die Möglichkeit einer Verletzung von Rechten des Untersuchungsausschusses geltend macht.

Im PUAG sind verfassungsrechtliche Befugnisse eines Untersuchungsausschusses gemäß Art. 44 Abs. 1 GG unter anderem in § 18 Abs. 3 und Abs. 1 PUAG spezifiziert worden. Zu einem effektiven Minderheitenschutz, für den Untersuchungsausschüsse zumindest auch geschaffen werden, gehört, dass eine vollständige Aufklärung erfolgen kann. Dazu gehört auch eine umfassende Akteneinsicht seitens des Untersuchungsausschusses. Diese ist nicht wie gesetzlich geregelt erfolgt, sodass zumindest die Möglichkeit besteht, dass das Viertel der Mitglieder in seinen Rechten verletzt worden ist. Das Viertel der Mitglieder des Untersuchungsausschusses ist antragsbefugt.

4. Form und Frist

Es ist davon auszugehen, dass die nach Auffassung des Viertels der Mitglieder des Untersuchungsausschusses nicht beachteten Normen des Grundgesetzes im Antrag i.S.d. § 23 Abs. 1 BVerfGG gemäß § 64 Abs. 2 BVerfGG bezeichnet und die Frist i.S.d. § 64 Abs. 3 BVerfGG von sechs Monaten nach Bekanntwerden des Unterlassens der Maßnahme – also seit der Ablehnung der Aktenherausgabe – eingehalten wurden.

Die allgemeinen Voraussetzungen zum Antrag nach § 23 Abs. 1 BVerfGG können entweder gesondert oder konnex zu den verfahrensspezifischen Voraussetzungen zu Antrag und Form nach § 64 Abs. 2–4 BVerfGG geprüft werden.

III. Allgemeines Rechtsschutzbedürfnis

Anhaltspunkte dafür, dass das Viertel der Mitglieder des Untersuchungsausschusses nicht allgemein rechtsschutzbedürftig wäre, bestehen nicht. Insbesondere fällt die Möglichkeit der Stellung eines Antrages beim Bundesgerichtshof i.S.d. § 36 PUAG aus, da in Art. 93 Abs. 1 Nr. 1 GG bzw. § 13 Nr. 5 BVerfGG über § 66a BVerfGG und § 18 Abs. 3 PUAG nichts Abweichendes geregelt ist.

IV. Zwischenergebnis

Der Antrag des Viertels der Mitglieder des Untersuchungsausschusses ist zulässig.

B. Begründetheit

Das Organstreitverfahren ist grundsätzlich ein prozessual subjektives Beanstandungsverfahren mit einem objektiven Prüfungsmaßstab in der Begründetheit. Das Bundesverfassungsgericht prüft jedoch entgegen des Wortlautes des § 67 S. 1 BVerfGG mit Verweis auf den Wortlaut des Art. 93 Abs. 1 Nr. 1 GG – dieser ist gegenüber § 67 S. 1 BVerfGG höherrangiges Recht – oft nur subjektiviert, obwohl sich aus Art. 93 Abs. 1 Nr. 1 GG keine Subjektivierung ergibt. Nach der Auffassung des Bundesverfassungsgerichts dient das Organstreitverfahren maßgeblich der gegenseitigen Abgrenzung der Kompetenzen der Verfassungsorgane oder ihren Teilen in einem Verfassungsrechtsverhältnis, nicht hingegen der Kontrolle der objektiven Verfassungsmäßigkeit eines bestimmten Organhandelns (BVerfGE 104, 151, 193 f.). Nach dem Bundesverfassungsgericht wird durch das Verfahren damit nicht die Möglichkeit einer objektiven Beanstandungsklage eröffnet. Deshalb sollte zumindest der Schwerpunkt der Prüfung auch bei einem objektiv zugrunde gelegten Maßstab bei den Normen gesetzt werden, die den Antragsteller möglicherweise in seinen Rechten verletzen. In den Lösungen dieses Buches wird entsprechend dem Gesetzeswortlaut und im Hinblick darauf, dass ohnehin nur sehr wenige Antragsteller für ein Organstreitverfahren in Betracht kommen, die fundamental zur Sicherung der Demokratie und des Rechtsstaates verpflichtet sind, ein objektiver Prüfungsmaßstab vertreten, um eine möglichst effektive Kontrolle im Rahmen der Gewaltenteilung zu gewährleisten. Deshalb ist in der Begründetheit bei einem subjektiv-prozessualen Einstieg die objektive Verfassungsmäßigkeit maßgeblich. Es ist sogar vertretbar, die Kontrollfunktion als derart beachtlich einzustufen, dass auch prozessual keine Antragsbefugnis als subjektives Recht, sondern nur ein sehr weit gefasster Antragsgrund erforderlich ist.

Der Antrag des Viertels der Mitglieder des Untersuchungsausschusses ist begründet, soweit die Unterlassung der Herausgabe der Akten durch das Bundeswirtschaftsministerium mit dem Grundgesetz nicht vereinbar ist, insbesondere bezüglich der sich für den Untersuchungsausschuss und die G-Fraktion aus Art. 44 Abs. 1 GG i.V.m. § 18 Abs. 3 PUAG ergebenden Minderheitenrechte. Das Bundesverfassungsgericht wird gemäß § 67 S. 1 BVerfGG gegebenenfalls einen Verstoß des Bundeswirtschaftsministers gegen das Grundgesetz feststellen. Maßgeblich für den Antrag gemäß § 18 Abs. 3 PUAG ist somit, ob die Verweigerung der Herausgabe der Akten verfassungswidrig war. Das ist der Fall, soweit seitens des Untersuchungsausschusses ein Anspruch auf Herausgabe der Akten bestand.

Zwar ist das Bundesverfassungsgericht keine Superrevisionsinstanz, jedoch kann das PUAG insoweit seitens des Bundesverfassungsgerichts geprüft werden, als dadurch das Grundgesetz spezifiziert wird, weil die Rechtsschutzmöglichkeiten im Vorfeld – ein Verfahren beim Bundesgerichtshof gemäß § 36 PUAG, das in dieser Konstellationen nicht in Betracht kommt – gering sind.

Der Untersuchungsausschuss kann einen Anspruch auf die Herausgabe der Akten haben.

Schema 35: Untersuchungsausschuss

Einsetzung	Rechtsgrundlage: Art. 44 Abs. 1 S. 1 GG, §§ 1 GG, 2 PUAG
	Voraussetzungen: • formell: Zuständigkeit Bundestag • materiell: abstellen auf Kompetenz bzgl. Untersuchungsgegenstand
	Rechtsfolge: Einsetzung ist gebunden, falls auf Antrag eines ¼ des Bundestages; ansonsten im Ermessen der Mehrheit
Verfahren	Einsetzungsbeschluss (§ 1 Abs. 2 PUAG) Antrag bestimmt Untersuchungsgegenstand
	Durchführung
	Abschluss: Bericht ohne Bindungswirkung
Beweiserhebung	Rechtsgrundlage: Art. 44 Abs. 1 S. 1 GG
	Voraussetzungen: • materiell: Beweisthema muss durch Untersuchungszweck geboten sein • ggf. weitere Befugnisbegrenzungen aus gegenläufigen Verfassungsprinzipien

I. Anspruchsgrundlage

Als Anspruchsgrundlage ist Art. 44 Abs. 1 GG i.V.m. § 18 Abs. 1 PUAG maßgeblich, da die in Art. 44 Abs. 1 GG geregelten Vorgaben für den Untersuchungsausschuss durch § 18 Abs. 1 PUAG spezifiziert werden.

II. Anspruchsvoraussetzungen

Der Anspruch des Untersuchungsausschusses auf Herausgabe der Akten besteht nur, soweit der Untersuchungsausschuss verfassungsgemäß eingesetzt wurde und das Bundesministerium die Herausgabe ungerechtfertigt verweigert.

Bei den Voraussetzungen des § 18 Abs. 1 PUAG ist nicht jedes formell vorgegebene Detail aus dem PUAG (zum Beispiel § 17 PUAG) zu prüfen, weil das Bundesverfassungsgericht keine Superrevisionsinstanz ist und primär spezifisches Verfassungsrecht prüft.

---

1. Verfassungsmäßigkeit der Einsetzung des Untersuchungsausschusses

Die Einsetzung des Untersuchungsausschusses muss verfassungskonform sein.

a) Formelle Verfassungsmäßigkeit

Die Einsetzung des Untersuchungsausschusses muss formell verfassungskonform sein. Dazu müssen Zuständigkeit, Verfahren und Form beachtet worden sein.

aa) Zuständigkeit

Die Zuständigkeit ist gewahrt worden, soweit mit dem Bund der zuständige Verband und mit dem Bundestag das zuständige Organ den Untersuchungsausschuss eingesetzt haben. Formell kommt es zunächst nicht darauf an, ob die Verbandskompetenz und die Organkompetenz in der konkreten Konstellation gegeben sind, weil dies das Untersuchungsthema und somit einen materiellen Aspekt betrifft. Maßgeblich ist formal lediglich, ob der Bund als Verband im weitesten Sinn mit der Gesetzgebungsmaterie zu tun hat und der Bundestag als Organ grundsätzlich in derartigen Konstellationen Untersuchungsausschüsse einsetzen darf.

Es ist vertretbar, bereits im Rahmen der Zuständigkeit bei der Verbands- und der Organkompetenz den konkreten Untersuchungsgegenstand in die Prüfung einzubeziehen. Ähnlich wie bei den Verwaltungskompetenzen geht es beim Untersuchungsgegenstand jedoch um einen inhaltlichen Aspekt, bezüglich dessen materielle Verfassungsprinzipien einzubeziehen sind, sodass es üblich ist, die Verbands- und Organkompetenz für den Untersuchungsgegenstand im engen Sinne im materiellen Teil zu erörtern, zumal anderenfalls keine materiellen Aspekte verbleiben würden.

---

(1) Verbandskompetenz im weiten Sinne

Der Bund kann für Waffenexporte ins Ausland als Verband im weitesten Sinne zuständig sein. Der Bund ist gemäß Art. 73 Abs. 1 Nr. 5 GG für die Einheit des Zoll- und Handelsgebietes, die Handels- und Schifffahrtsverträge, die Freizügigkeit des Warenverkehrs und den Waren- und Zahlungsverkehr mit dem Ausland einschließlich des Zoll- und Grenzschutzes zuständig. Gemäß Art. 73 Abs. 1 Nr. 12 GG ist dem Bund auch das Waffen- und Sprengstoffrecht ausschließlich zugewiesen. Dem Bund ist also die Kompetenz im Bereich des Waffenrechts sowie des Zollschutzes und Warenverkehrs im Verhältnis zum Ausland zugewiesen. Somit ist der Bund als Verband in der Form einer Körperschaft des öffentlichen Rechts für Waffenexporte zuständig.

(2) Organkompetenz im weiten Sinne

Als Bundesorgan ist der Bundestag auf Bundesebene gemäß Art. 44 Abs. 1 GG i.V.m. § 1 Abs. 1 PUAG zur Einsetzung des Untersuchungsausschusses im weiten Sinne zuständig.

bb) Verfahren

Unabhängig davon, dass der Bundestag gemäß Art. 44 Abs. 1 GG das Recht und auf Antrag eines Viertels seiner Mitglieder die Pflicht hat, einen Untersuchungsausschuss einzusetzen, bestehen keine Anhaltspunkte dafür, dass Verfahrensvorgaben bei der Einsetzung des Untersuchungsausschusses nicht eingehalten worden sind.

In der 18. Legislaturperiode wurde § 126a GO BT eingeführt, in welchem geregelt wird, dass in dieser Legislaturperiode 120 Mitglieder des Bundestages für die Einsetzung eines Untersuchungsausschusses ausreichend sind, vgl. BT-Drucks. 18/997.

Wichtige Mehrheiten im Grundgesetz:
- einfache Abstimmungsmehrheit i.S.d. Art. 42 Abs. 2 S. 1 GG (jedenfalls materielles Quorum i.H.v. 5% der Mitglieder erforderlich; str.)
- qualifizierte Abstimmungsmehrheit (z.B. Art. 42 Abs. 1 S. 2 GG)
- einfache Mitgliedermehrheit i.S.d. Art. 121 GG (auch absolute Mehrheit oder Kanzlermehrheit genannt; vgl. Art. 63 Abs. 2 S. 1 GG)
- qualifizierte Mitgliedermehrheit i.S.d. Art. 79 Abs. 2 GG
- doppelt qualifizierte Mehrheit i.S.d. Art. 77 Abs. 4 S. 2 GG (zwei Drittel der Abstimmenden als qualifizierte Abstimmungsmehrheit zzgl. qualifizierter Mehrheit i.S.d. Art. 121 GG)

---

cc) Form

Etwaige Formvorgaben zur Einsetzung eines Untersuchungsausschusses müssen bei einer verfassungsmäßigen Einsetzung des Untersuchungsausschusses erfüllt sein. In Art. 44 Abs. 1 GG sind keine konkreten Formvorgaben geregelt. Aus einer praktischen Konkordanz zu dem sich unter anderem aus Art. 20 Abs. 3 GG ergebenden Rechtsstaatsprinzip kann sich zwar das Erfordernis eines hinreichend bestimmten Untersuchungsgegenstandes ergeben, jedoch stellt dies einen materiellen Aspekt dar.

Für eine Unvereinbarkeit der Einsetzung des Untersuchungsausschusses mit den §§ 4 ff. PUAG bestehen keine Anhaltspunkte, so dass es darauf jedenfalls nicht ankommt. Formfehler sind somit nicht ersichtlich.

b) Materielle Verfassungsmäßigkeit

Die Einsetzung des Untersuchungsausschusses muss auch materiell verfassungsgemäß sein. Dazu bedarf es zunächst eines hinreichend bestimmten Untersuchungsgegenstandes sowie der Verbands- und Organkompetenz des Bundes im engen Sinne.

aa) Bestimmtheit des Untersuchungsgegenstandes

Aufgrund des unter anderem in Art. 20 Abs. 3 GG geregelten Rechtsstaatsprinzips muss der Untersuchungsgegenstand hinreichend bestimmt sein. „Das Erfordernis hinreichender Bestimmtheit des Untersuchungsauftrags, der durch den Einsetzungsbeschluss des Bundestages festzulegen ist und nur durch einen weiteren Beschluss des Bundestages i.S.d. § 3 PUAG abgeändert werden darf, ergibt sich zudem aus dem Sinn und Zweck des parlamentarischen Untersuchungsrechts und dem rechtsstaatlich vorgegebenen Gewaltenteilungsprinzip sowie aus der Stellung des Untersuchungsausschusses als Hilfsorgan des Bundestages. Dieser hat als Herr des Untersuchungsverfahrens dessen Rahmen selbst festzusetzen und darf diese Aufgabe nicht auf den Ausschuss delegieren. Die deutliche Abgrenzung des Untersuchungsgegenstandes dient dem Schutz einsetzungsberechtigter Parlamentsminderheiten und dem Schutz der Untersuchungsbetroffenen – der Bundesregierung wie auch Dritter –, denen gegenüber durch das Untersuchungsrecht Eingriffs- und Zwangsbefugnisse verliehen werden. Zudem ist sie zur Festlegung der Reichweite der von Behörden und Gerichten zu leistender Amtshilfe notwendig" (BVerfGE 124, 78, 119).

In dem seitens des Bundestages eingesetzten Untersuchungsausschuss ist das Untersuchungsthema mit der Erteilung der Genehmigung an die ABC-AG für den Waffenexport klar festgelegt und somit hinreichend bestimmt.

bb) Verbandskompetenz im engen Sinne

Der Bund als Rechtsträger, dem der Bundestag angehört, muss als Verband im engen Sinne für das konkrete Untersuchungsthema zuständig sein. Das ist anzunehmen, soweit der Bund nicht nur die Gesetzgebungskompetenz gemäß Art. 73 Abs. 1 Nr. 5, 12 GG hat, sondern auch die Verwaltungskompetenz bezüglich der Erteilung der Genehmigung für Waffenexporte. Wenngleich es bei der konkreten Behördenzuständigkeit bzw. der Zuständigkeit der Bundesregierung um die Organkompetenz geht, bedarf es zumindest der Klärung, inwieweit der Bund oder ein Land handeln dürfen. Insoweit erfolgt im weitesten Sinne ein Rückschluss von der Organtätigkeit auf die Verbandskompetenz.

Landesgesetze werden gemäß Art. 30 GG durch die Landesbehörden verwaltet. Bundesgesetze werden gemäß den Artt. 83, 84 GG durch die Länder grundsätzlich als eigene Angelegenheit verwaltet. Insoweit darf durch den Bund gemäß Art. 84 Abs. 3 S. 1 GG vorbehaltlich von Ausnahmen i.S.d. Art. 84 Abs. 5 GG nur eine Rechtsaufsicht ausgeübt werden. Gemäß Art. 85 Abs. 1 GG können Bundesgesetze durch die Länder auch im Auftrag des Bundes ausgeführt werden. Diesbezüglich besteht gemäß Art. 85 Abs. 3, 4 GG die Möglichkeit der Fachaufsicht durch den Bund, sodass neben der Aufsicht über die Rechtmäßigkeit des Handelns der ausführenden Landesbehörde gemäß Art. 85 Abs. 4 GG eine Vorgabe zur Zweckmäßigkeit des Verwaltungshandelns gemacht werden kann. Auch bei der Verwaltung von Bundesgesetzen durch die Länder im Auftrag des Bundes werden aber die Landesbehörden tätig, da ein Selbsteintrittsrecht der Bundesbehörden in Art. 85 GG nicht vorgesehen ist.

Lediglich in Materien der bundeseigenen Verwaltung i.S.d. Artt. 86, 87 GG dürfen Bundesbehörden die Bundesgesetze selbst ausführen. Eine Spezialregelung ist für Kriegswaffen in Art. 26 Abs. 2 S. 1 GG enthalten. Danach dürfen zur Kriegsführung bestimmte Waffen nur mit Genehmigung der Bundesregierung hergestellt, befördert und in den Verkehr gebracht werden, wobei das Nähere gemäß Art. 26 Abs. 2 S. 2 GG in einem Bundesgesetz geregelt werden kann. In § 11 Abs. 1 KrWaffKontrG ist klargestellt worden, dass die Bundesregierung zur Erteilung und zum Widerruf der erforderlichen Genehmigung zuständig ist.

Diese kann sie allerdings gemäß § 11 Abs. 2 Nr. 4 KrWaffKontrG auf das Bundesministerium für Wirtschaft und Energie übertragen, soweit es sich um eine Genehmigung gemäß den §§ 2, 3 Abs. 1 und 2 sowie § 4a KrWaffKontrG handelt.

Gemäß § 4a Abs. 1 KrWaffKontrG bedarf einer Genehmigung, wer einen Vertrag über den Erwerb oder das Überlassen von Kriegswaffen, die sich außerhalb des Bundesgebietes befinden, vermitteln oder die Gelegenheit zum Abschluss eines solchen Vertrags nachweisen will. Die Bundesregierung hat eine wirksame Verordnung erlassen, nach der die Organkompetenz durch das Ministerium für Wirtschaft und Energie für das Bundesorgan Bundesregierung wahrgenommen wird. Weil somit eine oberste Bundesbehörde gehandelt hat, ist der Untersuchungsgegenstand auf Bundesmaterien bezogen, sodass auch der Bund als Verband in Form einer Körperschaft öffentlichen Rechts zur Einsetzung des Untersuchungsausschusses im engen Sinne zuständig war.

cc) Organkompetenz im engen Sinne

Schema 36: Wichtige Funktionen des Bundestages

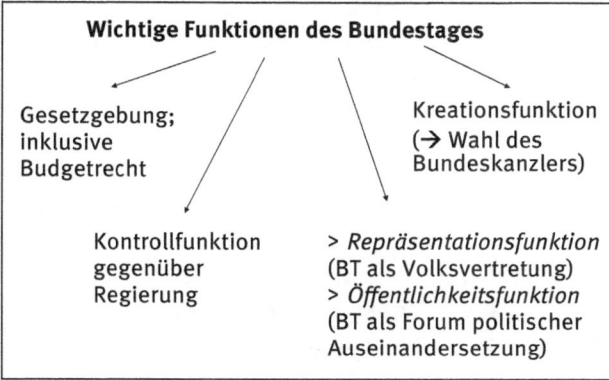

Wichtige Funktionen des Bundestages
Gesetzgebung; inklusive Budgetrecht
Kreationsfunktion (→ Wahl des Bundeskanzlers)
Kontrollfunktion gegenüber Regierung
> *Repräsentationsfunktion* (BT als Volksvertretung) > *Öffentlichkeitsfunktion* (BT als Forum politischer Auseinandersetzung)

Fraglich ist, ob dem Bundestag auch die Organkompetenz zusteht. Problematisch ist inshoweit, dass für die Genehmigung als solche die Bundesregierung zuständig ist, welche die Kompetenz ordnungsgemäß auf das Bundesministerium für Wirtschaft und Energie übertragen hat. Wenn der Bundestag einen Untersuchungsausschuss einsetzt, könnte dies im Hinblick auf die rechtsstaatliche Gewaltenteilung – das Rechtsstaatsprinzip ist unter anderem in Art. 20 Abs. 3 GG geregelt – problematisch sein, weil das Parlament als Legislative die Arbeit der Exekutive beeinträchtigen würde.

„Untersuchungsausschüsse dürfen jedoch nur im Rahmen des Aufgabenbereichs des Bundestages eingesetzt werden. Ausgenommen sind sowohl Angelegenheiten, an deren parlamentarischer Behandlung kein öffentliches Interesse hinreichenden Gewichts besteht als auch solche, die entweder nicht zu den Bundesaufgaben gehören – im Zweifel sind Aufgaben gemäß Art. 30 GG den Ländern zugewiesen – oder in die ausschließliche Kompetenz anderer Verfassungsorgane fallen" (BVerfGE 77, 1, 44).

Durchbrechung der Gewaltenteilung: Gewaltenverschränkung, unterteilt in Gewaltenverlagerung (eine Gewalt nimmt partiell Aufgaben anderer Gewalten wahr – zum Beispiel Erlass einer Verordnung durch die Exekutive) und Gewaltenverzahnung (Kontrollmechanismen – zum Beispiel Aufhebung eines Verwaltungsaktes als Rechtssetzungsakt der Exekutive durch die Legislative).

Allerdings gehört zum Rechtsstaat auch eine Gewaltenverschränkung in Form der Gewaltenverlagerung und der Gewaltenverzahnung. Insoweit ist zu berücksichtigen, ob bezüglich eines noch nicht abgeschlossenen Verwaltungsverfahrens oder bezüglich eines abgeschlossenen Verwaltungsverfahrens ein Untersuchungsausschuss eingesetzt wird. Während bei bereits abgeschlossenen Verwaltungsverfahren eine nachträgliche Kontrolle durch Gewaltenverzahnung erforderlich ist, besteht bei nicht abgeschlossenen Verwaltungsverfahren keine Gewissheit darüber, wie eine Verwaltungsentscheidung ausgehen wird, sodass die Einsetzung eines Untersuchungsausschusses bezüglich eines noch nicht abgeschlossenen Verwaltungsverfahrens nicht zulässig ist. Da die Genehmigung bereits erteilt ist, handelt es sich um ein abgeschlossenes Verwaltungsverfahren, bei dem eine gewaltenübergreifende Kontrolle grundsätzlich möglich ist.

Untersuchungsausschüsse dürfen insoweit nur im Rahmen des Aufgabenbereichs des Bundestages eingesetzt werden. Ausgenommen sind sowohl Angelegenheiten, an deren parlamentarischer Behandlung kein öffentliches Interesse von hinreichendem Gewicht besteht als auch solche, die entweder nicht zu den Bundesaufgaben gehören – im Zweifel sind Aufgaben gemäß Art. 30 GG den Ländern zugewiesen – oder in die ausschließliche Kompetenz anderer Verfassungsorgane fallen (BVerfGE 77, 1).

Fraglich ist jedoch, ob Untersuchungsausschüsse auch bezüglich des Agierens privater Unternehmen eingesetzt werden können.

„Die Einsetzung eines Untersuchungsausschusses ist nicht nur zur Vorbereitung rechtsverbindlichen parlamentarischen Handelns im Bereich der Gesetzgebung und der Kontrolle von Regierung und Verwaltung sowie zur Wahrung des Ansehens des Bundestages zulässig. Vielmehr können im Rahmen der parlamentarischen Aufgaben und Zuständigkeiten grundsätzlich auch Vorgänge im öffentlichen Leben und Vorkommnisse im gesellschaftlichen Bereich in die Untersuchung einbezogen werden, soweit ein öffentliches Interesse zur Rechtfertigung einer parlamentarischen Beratung und gegebenenfalls Beschlussfassung besteht" (BVerfGE 77, 1, 44).

Dazu kann es genügen, dass lediglich Empfehlungen politischer Art angestrebt werden. „Jedenfalls hinsichtlich solcher privater Unternehmen – einschließlich der mit ihnen eng, insbesondere konzernmäßig verflochtenen Gesellschaften –, die aufgrund gemeinwirtschaftlicher Zielsetzung ihrer Tätigkeit in erheblichem Umfang aus staatlichen Mitteln gefördert oder steuerlich begünstigt werden und besonderen gesetzlichen Bindungen unterliegen, besteht für damit in Zusammenhang stehende Missstände ein erhebliches öffentliches Interesse daran, durch das eine parlamentarische Beratung und Beschlussfassung gerechtfertigt ist" (BVerfGE 77, 1, 45).

Wegen des öffentlichen Interesses, das sich unter anderem aus der Förderung der ABC-AG durch Bund und Länder ergibt, durfte der Bundestag als Organ des Bundes handeln und den Untersuchungsausschuss einsetzen. Die Organkompetenz im engen Sinne besteht.

c) Zwischenergebnis

Die Einsetzung des Untersuchungsausschusses war verfassungsgemäß.

2. Verfassungsmäßigkeit des Herausgabeverlangens

Inhaltlich muss das Herausgabeverlangen bezüglich der Akten verfassungsgemäß sein. Dabei sind die Bundesregierung bzw. das Bundesministerium nach § 18 Abs. 1 PUAG zur Herausgabe verpflichtet, soweit keine verfassungsmäßigen Grenzen gesetzt sind. In einem demokratischen Rechtsstaat bestehen für das Beweiserhebungsrecht eines parlamentarischen Untersuchungsausschusses Begrenzungen, die – auch soweit sie einfachgesetzlich geregelt sind – im Verfassungsrecht begründet sind (BVerfGE 124, 78, 118).

a) Kernbereich exekutiver Eigenverantwortlichkeit

Eine Grenze des Herausgabeverlangens bezüglich der Akten könnte darin bestehen, dass die Grenzen des sich unter anderem aus Art. 20 Abs. 3 GG ergebenden Rechtsstaatsprinzips hinsichtlich der Gewaltenteilung verletzt werden. Durch die Einsetzung des Untersuchungsausschusses bezüglich der Erteilung einer Genehmigung nach dem Kriegswaffenkontrollgesetz wird der Grundsatz der Gewaltenteilung durchbrochen. Fraglich ist, ob hierdurch der Kernbereich exekutiver Eigenverantwortung verletzt ist.

„Das Gewaltenteilungsprinzip ist auf Machtverteilung und die sich daraus ergebende Mäßigung der Staatsherrschaft ausgelegt. In seiner grundgesetzlichen Ausformung als Gebot der Unterscheidung zwischen gesetzgebender, vollziehender und rechtsprechender Gewalt i.S.d. Art. 20 Abs. 2 S. 2 GG dient es zugleich einer funktionsgerechten Zuordnung hoheitlicher Befugnisse zu unterschiedlichen, jeweils aufgabenspezifisch ausgeformten Trägern öffentlicher Gewalt, sodass dadurch die rechtliche Bindung aller Staatsgewalt i.S.d. Art. 20 Abs. 3 GG gesichert wird" (BVerfGE 147, 50, 138).

Mittels Einsetzung des Untersuchungsausschusses bezüglich der Erteilung einer Genehmigung nach dem Kriegswaffengesetz wird der Grundsatz der Gewaltenteilung durchbrochen, wobei der Kernbereich exekutiver Eigenverantwortung nicht betroffen sein darf.

„Durch die Verantwortung der Regierung gegenüber dem Parlament und dem Volk wird notwendigerweise ein Kernbereich exekutiver Eigenverantwortung vorausgesetzt, durch den ein auch von parlamentarischen Untersuchungsausschüssen grundsätzlich nicht erforschbarer Initiativ-, Beratungs- und Handlungsbereich eingeschlossen ist. Dazu gehört die Willensbildung der Regierung – sowohl hinsichtlich der Erörterungen im Kabinett als auch bei der Vorbereitung von Kabinetts- und Ressortentscheidungen –, die vornehmlich in ressortübergreifenden und -internen Abstimmungsprozessen vollzogen wird" (BVerfGE 124, 78, 120).

„Auch dem nachträglichen parlamentarischen Zugriff auf Informationen aus der Phase der Vorbereitung von Regierungsentscheidungen wird durch den Gewaltenteilungsgrundsatz eine Grenze gesetzt. Bei abgeschlossenen Vorgängen sind Konstellationen möglich, in denen die Regierung geheim zu haltende Tatsachen aus dem Kernbereich exekutiver Eigenverantwortung mitzuteilen nicht verpflichtet ist. Mittels eines – sei es auch erst nach Abschluss des jeweiligen Entscheidungsprozesses einsetzenden – schrankenlosen parlamentarischen Informationsanspruches würde vor allem durch dessen einengende Vorwirkungen die Regierung in ihrer selbstständigen Funktion beeinträchtigt, die ihr durch das Gewaltenteilungsprinzip zugewiesen worden ist" (BVerfGE 124, 78, 121).

„Informationen aus dem Bereich der Vorbereitung von Regierungsentscheidungen, die Aufschluss über den Prozess der Willensbildung geben, sind umso schutzwürdiger, je näher sie der Entscheidung stehen. So kommt den Erörterungen im Kabinett besonders hohe Schutzwürdigkeit zu. Je weiter durch ein parlamentarisches Informationsbegehren in den innersten Bereich der Willensbildung der Regierung eingedrungen wird, desto gewichtiger muss das parlamentarische Informationsbegehren sein, um sich gegen ein von der Regierung geltend gemachtes Interesse an Vertraulichkeit durchsetzen zu können. Die vorgelagerten Beratungs- und Entscheidungsabläufe sind demgegenüber einer parlamentarischen Kontrolle in einem geringeren Maße entzogen. Besonders beachtlich ist das parlamentarische Informationsinteresse, soweit es um die Aufdeckung möglicher Rechtsverstöße und vergleichbarer Missstände innerhalb der Regierung geht" (BVerfGE 124, 78, 122f.).

Erforderlich ist eine Abwägung der gegenläufigen Belange – eine praktische Konkordanz – insbesondere zwischen der Funktionsfähigkeit der Regierung und dem Informationsinteresse des Parlaments.

„Die Berührung des Kernbereichs exekutiver Eigenverantwortung kann dem parlamentarischen Untersuchungsrecht in Bezug auf abgeschlossene Vorgänge nur nach Maßgabe einer fallbezogenen Abwägung zwischen dem parlamentarischen Informationsinteresse auf der einen und der Gefahr einer Beeinträchtigung der Funktionsfähigkeit und Eigenverantwortung durch die einengenden Vorwirkungen eines Informationszugangs auf der anderen Seite entgegengehalten werden. Dabei ist zu berücksichtigen, dass dem parlamentarischen Informationsinteresse besonderes Gewicht zukommt, soweit es um die Aufklärung behaupteter Rechtsverstöße und vergleichbarer Missstände im Verantwortungsbereich der Regierung geht" (BVerfGE 124, 78, 131f.).

„Einengende Vorwirkungen dahingehend, dass für rechtswidriges Vorgehen keine unter allen Umständen kontrollfreien Räume verbleiben, entsprechen dem Sinn und Zweck des parlamentarischen Untersuchungsrechts. Es ist zudem eine entsprechend substantiierte Begründung erforderlich, wenn einem Ausschuss nach Maßgabe der geforderten Abwägung Informationen vorenthalten werden sollen" (BVerfGE 124, 78, 132).Es besteht ein hinreichendes Interesse des Parlaments, herauszufinden, unter welchen Umständen Waffen in das Ausland exportiert werden können, weil der Verdacht der Schmiergeldzahlungen besteht. Eine dezidierte Begründung der Bundesregierung, warum die Unterlagen nicht herausgegeben werden können, ist nicht erfolgt. Eine bloße Berufung auf die Gewaltenteilung ist nicht hinreichend, zumal die Herausgabepflicht sogar gesetzlich normiert ist. Mit dem Genehmigungsverfahren für Kriegswaffenexporte ist auch nicht der absolute Kernbereich der Exekutive betroffen.

Nach einer Abwägung des öffentlichen Interesses, welches durch den Bundestag vertreten wird, und des Interesses der Exekutive überwiegt das Interesse des Parlaments, zumal alle Staatsgewalt gemäß Art. 20 Abs. 2 S. 1 GG vom Volk ausgeht, welches durch das Parlament repräsentiert wird.

Das Schutzbedürfnis des Kernbereiches der Exekutive steht der Herausgabe der Akten an den Untersuchungsausschuss nicht entgegen.

b) Staatswohl

Das Staatswohl im Sinne des Bundesstaatsprinzips gemäß Art. 20 Abs. 1 GG könnte der Herausgabe der Akten entgegenstehen, wobei gemäß Art. 44 Abs. 2 S. 1 GG auch die Vorschriften der Strafprozessordnung sinngemäß zu berücksichtigen sind.

„Nach der Strafprozessordnung ist die Pflicht zur Vorlage der Akten insoweit begrenzt, als durch das Bekanntwerden der betreffenden Informationen das Wohl des Bundes oder eines Landes i.S.d. § 96 StPO gefährdet werden würde. In gleicher Weise ist nach der Strafprozessordnung und den gesetzlichen Vorschriften, auf die in der Strafprozessordnung verwiesen wird, auch die Pflicht zur Erteilung von Aussagegenehmigungen i.S.d. § 54 Abs. 1 StPO begrenzt. Diese Bestimmungen sind gemäß Art. 44 Abs. 2 S. 1 GG sinngemäß, also in einer dem Sinn parlamentarischer Kontrolle durch einen Untersuchungsausschuss entsprechenden Weise, anzuwenden" (BVerfGE 124, 78, 123).

Die Grenzen des parlamentarischen Untersuchungsrechts sind von dessen Bedeutung im Verfassungsgefüge abhängig. „Dies gilt auch für die Auslegung und Anwendung des Begriffs der Gefährdung des Staatswohls. Ob durch Zeugenaussagen oder die Vorlage von Akten das Staatswohl gefährdet werden würde, ist auch davon abhängig, ob der Umgang mit Informationen in einem Untersuchungsausschuss eigenen Geheimschutzbestimmungen unterliegt, zumal das Staatswohl nicht allein der Bundesregierung, sondern dem Bundestag und der Bundesregierung gemeinsam anvertraut ist. Das Parlament und seine Organe können nicht als Außenstehende behandelt werden, die zum Kreis derer gehören, vor denen Informationen zum Schutz des Staatswohls geheim zu halten sind." (BVerfGE 124, 78, 123f.)

„Die Berufung auf das Staatswohl kann daher gegenüber dem Deutschen Bundestag in aller Regel nicht in Betracht kommen, wenn beiderseits wirksam Vorkehrungen gegen das Bekanntwerden von Dienstgeheimnissen getroffen wurden. Dass auch durch die Beobachtung von Vorschriften zur Wahrung von Dienstgeheimnissen deren Bekanntwerden nicht ausgeschlossen ist, ist insoweit nicht maßgeblich. Davon sind alle drei Gewalten betroffen. Aufgrund dieser Verfassungslage und dieser Verfahrensmöglichkeiten bestehen nur unter ganz besonderen Umständen Gründe, dem Untersuchungsausschuss Akten unter Berufung auf das Wohl des Bundes oder eines Landes vorzuenthalten" (BVerfGE 124, 78, 124).

Da es an einem hinreichend substantiierten Vortrag über entgegenstehende Belange des Bundes durch die Bundesregierung fehlt, ist die Verweigerung der Herausgabe der Akten nicht durch das Staatswohl gerechtfertigt. Wirtschaftsinteressen allein sind in einem gesamtstaatlichen Verfassungsgefüge des demokratischen Rechtsstaates insoweit nicht hinreichend.

c) Grundrechte

Die Verweigerung der Herausgabe der Akten könnte verfassungsgemäß sein, wenn die Herausgabe ungerechtfertigt in die Grundrechte der ABC-AG eingreifen würde. Zwar sind Grundrechte in ihrer klassischen Funktion als Abwehrrechte des Bürgers gegen den Staat einzuordnen, jedoch stellen sie gemäß Art. 1 Abs. 3 GG auch eine objektive Werteordnung dar, sodass durch sie auch Schutzpflichten begründet werden.

Grundrechte als Schutzpflicht:
- Verfassungsrechtlich gewährtes subjektives Recht
- Eingriffsadäquate bedeutsame Grundrechtsbeeinträchtigung
- Hinreichende Schadenswahrscheinlichkeit
- Schutzbedürftigkeit des Betroffenen

Durch Grundrechte werden Schutzpflichten begründet, wenn im Rahmen eines verfassungsrechtlich gewährten subjektiven Rechts eine eingriffsadäquate bedeutsame Grundrechtsbeeinträchtigung bei hinreichender Schadenswahrscheinlichkeit und Schutzbedürftigkeit des Betroffenen gegeben ist. Würde das Ministerium die Akten herausgeben, würden durch die Exekutive möglicherweise nicht nur Schutzpflichten verletzt, sondern es würde möglicherweise durch die Exekutive als Teil des Staates unmittelbar in Grundrechte der ABC-AG eingegriffen. Das Wirtschaftsministerium ist gemäß Art. 1 Abs. 3 GG an die Grundrechte gebunden. Die Verweigerung der Herausgabe der Akten ist verfassungsgemäß, soweit die Herausgabe einen ungerechtfertigten Grundrechtseingriff darstellen würde.

aa) Schutzbereichseingriff
Ein Schutzbereichseingriff durch die Herausgabe der Akten, in der auch Daten der ABC-AG stehen, könnte in das aus Art. 2 Abs. 1 GG i.V.m. Art. 1 Abs. 1 GG abgeleitete allgemeine Persönlichkeitsrecht erfolgen.

Allgemeines Persönlichkeitsrecht aus Art. 2 Abs. 1 GG i.V.m. Art. 1 Abs. 1 GG
– Selbstbestimmung
– Selbstbewahrung
– Selbstdarstellung

Durch das allgemeine Persönlichkeitsrecht werden die Selbstbestimmung, Selbstbewahrung und Selbstdarstellung geschützt. Während die Selbstbestimmung zum Beispiel auf die Kenntnis der Abstammung sowie auf die Wahl des Personenstandes und die Selbstbewahrung beispielsweise auf das Recht, sich zurückzuziehen, bezogen ist, sind vom Recht auf Selbstdarstellung zum Beispiel das Recht am eigenen Bild sowie partiell das Recht auf informationelle Selbstbestimmung als genereller Aspekt des allgemeinen Persönlichkeitsrechts umfasst. Das allgemeine Persönlichkeitsrecht muss dazu auf juristische Personen angewendet werden können.

Grundrechte sind gemäß Art. 19 Abs. 3 GG auf juristische Personen anzuwenden, soweit dies ihrem Wesen nach möglich ist. Die ABC-AG ist als Aktiengesellschaft ausgestaltet. In derartigen juristischen Personen sind Betriebsgeheimnisse und -interna zu wahren. Dabei gibt es Verwaltungsvorgänge, die dem Datenschutz unterfallen. Das allgemeine Persönlichkeitsrecht aus Art. 2 Abs. 1 GG i.V.m. Art. 1 Abs. 1 GG ist in seiner Ausprägung als informationelles Selbstbestimmungsrecht bezüglich der ABC-AG anwendbar. Durch die Herausgabe der Akten an den Untersuchungsausschuss würden Daten der ABC-AG preisgegeben, sodass dies als Schutzbereichseingriff einzustufen ist.

Es ist mit der Rechtsprechung vertretbar, ein allgemeines Persönlichkeitsrecht für juristische Personen abzulehnen, so dass insoweit auf Art. 12 GG und u.U. auf Art. 14 GG abgestellt werden müsste.

Aufgrund der primären Betroffenheit der Daten sind die Artt. 12, 14 GG gegenüber dem allgemeinen Persönlichkeitsrecht aus Art. 2 Abs. 1 GG i.V.m. Art. 1 Abs. 1 GG subsidiär.

Grundrechtskonkurrenzen:
- Spezialität
- Subsidiarität
- Idealkonkurrenz

bb) Rechtfertigung

Der Schutzbereichseingriff kann gerechtfertigt sein. Dies ist anzunehmen, wenn für das Grundrecht eine Schrankensystematik geregelt ist, deren verfassungsrechtliche Voraussetzungen erfüllt sind.

Der Oberbegriff ist „Schrankensystematik", die auch als „Schranken im weiten Sinne" bezeichnet werden darf. Diese gliedert sich in „grundlegende Gesetzesvorbehalte" und „Schranken im engen Sinne".

Bei grundlegenden Gesetzesvorbehalten ist zwischen dem einfachen, dem einfach einschränkenden sowie dem qualifiziert einschränkenden Gesetzesvorbehalt zu unterscheiden. Diese grundlegenden Gesetzesvorbehalte sind im Rahmen der Schrankensystematik von den „Schranken im engen Sinne" zu unterscheiden, die wiederum in geschriebene Schranken (Art. 5 Abs. 2 Var. 1 GG), den qualifizierten Gesetzesvorbehalt (Art. 5 Abs. 2 Var. 2, 3 GG) und verfassungsimmanente Schranken untergliedert werden können. Wie bei grundlegenden Gesetzesvorbehalten bedarf es bei „Schranken im engen Sinne" stets eines Gesetzes – bei verfassungsimmanenten Schranken eines Gesetzes, das Ausdruck gegenläufiger Verfassungsrechte bzw. -rechtsgüter ist.

Bei einfachen Gesetzesvorbehalten (zum Beispiel Art. 2 Abs. 1 GG) werden an das Gesetz keine besonderen Anforderungen gestellt. Es bedarf lediglich eines Gesetzes, das eine grundrechtsbezogene einschränkende Intention haben kann, diese jedoch nicht haben muss, während Gesetze bei einfach einschränkenden und qualifiziert einschränkenden Gesetzesvorbehalten eine grundrechtsbezogene einschränkende Intention haben und deshalb den zusätzlichen Anforderungen des Art. 19 Abs. 1 GG genügen müssen (zum Beispiel dem Zitiergebot aus Art. 19 Abs. 1 S. 2 GG). Einfach und qualifiziert einschränkende Gesetzesvorbehalte enthalten – neben der Formulierung „durch oder aufgrund eines Gesetzes" oder „aufgrund eines Gesetzes" – eine auf die grundrechtsbezogene einschränkende Intention hinweisende Formulierung wie „eingeschränkt" bzw. „beschränkt". Bei qualifiziert einschränkenden Gesetzesvorbehalten werden – über Art. 19 Abs. 1 GG hinausgehende – Gesetzesinhalte vorgegeben (zum Beispiel eine Entschädigungsregelung in Art. 14 Abs. 3 GG). Der Regelungsvorbehalt in

Art. 12 Abs. 1 S. 2 GG ist als einfacher Gesetzesvorbehalt einzustufen. Zwar steht in Art. 12 Abs. 1 S. 2 GG die Formulierung „durch Gesetz oder aufgrund eines Gesetzes", so dass die Annahme eines einfach einschränkenden Gesetzesvorbehaltes naheliegt, jedoch ist in Art. 12 Abs. 1 S. 2 GG die Formulierung „geregelt" anstatt der in Art. 19 Abs. 1 S. 1 GG gewählten Formulierung „eingeschränkt" verwendet worden.

Bei „Schranken im engen Sinne" darf durch das Gesetz – anders als bei einschränkenden Gesetzesvorbehalten – hingegen nur eine zufällige Kollision mit dem betroffenen Grundrecht erfolgen, so dass das Gesetz keine grundrechtsbezogene einschränkende Intention haben darf. Bei geschriebenen Schranken werden an das Gesetz keine weiteren Anforderungen gestellt („allgemeine Gesetze" i.S.d. Art. 5 Abs. 2 Var. 1 GG). Der einfache Gesetzesvorbehalt unterscheidet sich von den geschriebenen Schranken dadurch, dass er eine Zwitterstellung hat – er kann grundrechtsbezogen zielgerichtet sein (dann wie einschränkende Vorbehalte ohne Zitiergebot), muss es aber nicht (dann wie eine geschriebene Schranke).

Beim qualifizierten Gesetzesvorbehalt muss es sich um ein Gesetz handeln, das trotz zufälliger Kollision mit dem betroffenen Grundrecht einem bestimmten Zweck (dem Schutz der Jugend bzw. persönliche Ehre i.S.d. Art. 5 Abs. 2 Var. 2, 3 GG) dient, dem aber – anders als beim qualifiziert einschränkenden Gesetzesvorbehalt – die grundrechtsbezogene einschränkende Intention fehlt. Der qualifizierte Gesetzesvorbehalt hat mittlerweile kaum noch eine eigene Bedeutung, weil die Gesetze zum Schutze der Jugend und der persönlichen Ehre (Art. 5 Abs. 2 Var. 2, 3 GG) in den allgemeinen Gesetzen (Art. 5 Abs. 2 Var. 1 GG) enthalten sind. Bei verfassungsimmanenten Schranken bedarf es grundsätzlich einer zufälligen Kollision und eines Gesetzes, das Ausdruck der gegenläufigen Verfassungsgüter bzw. -rechte ist.

Bei oberflächlicher Herangehensweise wird nur zwischen einem einfachen und einem qualifizierten Gesetzesvorbehalt differenziert. Selbst bei dieser – leider verbreiteten – undifferenzierten Betrachtung sind die Anforderungen an die eingangs aufgezeigten Kategorien in der Sache jedenfalls dennoch verfassungsrechtlich vorgegeben und zu prüfen, so dass es sinnvoll erscheint, in der Terminologie ebenfalls ein dogmatisch differenziertes System zu verwenden.

---

(1) Schranke

Bei Gesetzesvorbehalten ist zwischen dem einfachen, dem einfach einschränkenden sowie dem qualifiziert einschränkenden und qualifizierten Gesetzesvorbehalt zu unterscheiden. Diese Gesetzesvorbehalte sind im Rahmen der Schrankensystematik wiederum von Schranken im engen Sinne zu unterscheiden. Bei einfachen Gesetzesvorbehalten, zu denen auch ein Regelungsvorbehalt gehört, bedarf es keiner besonderen Anforderungen an das Gesetz, während es bei einfach einschränkenden und qualifiziert einschränkenden Gesetzesvorbehalten der zusätzlichen Anforderungen des Art. 19 Abs. 1 GG bedarf. Bei qualifiziert einschränkenden Gesetzesvorbehalten sind über Art. 19 Abs. 1 GG hinausgehende Gesetzesinhalte vorgegeben. Bei Schranken im engen Sinne darf hingegen nur eine zufällige Kollision mit dem betroffenen Grundrecht erfolgen, während es sich beim qualifizierten Gesetzesvorbehalt um ein Gesetz handeln muss, das trotz zufälliger Kollision mit dem betroffenen Grundrecht im Übrigen einem bestimmten Zweck dient, dem aber anders als beim qualifiziert einschränkenden Gesetzesvorbehalt die einschränkende Intention fehlt.

Die Rechtfertigung eines Eingriffes in Art. 2 Abs. 1 GG i.V.m. Art. 1 Abs. 1 GG wäre dem Gesetzeswortlaut entsprechend im Rahmen der in Art. 2 Abs. 1 GG genannten Schrankentrias durch die verfassungsmäßige Ordnung, die Rechte anderer oder die Sittengesetze denkbar.

Der Begriff der verfassungsmäßigen Ordnung ist, anders als in anderen Regelungen des GG – etwa Artt. 9 Abs. 2, 18 S. 2, 21 Abs. 2 GG –, entsprechend der Entstehungsgeschichte des Grundgesetzes, extensiv als verfassungsmäßige Rechtsordnung zu verstehen, weil Eingriffe durch verfassungswidrige Gesetze in Anlehnung an die Historie nicht erfolgen dürfen. Zur verfassungsmäßigen Ordnung gehören alle formell und materiell objektiv verfassungsmäßigen Gesetze (BVerfGE 96, 10, 21; 90, 145, 172). Nur durch objektiv verfassungsmäßige Gesetze können Grundrechtseingriffe gerechtfertigt werden.

Eine Eingriffsrechtfertigung durch die Rechte anderer und durch Sittengesetze behält daneben zumindest keine eigenständige Bedeutung. Einerseits sind Rechte anderer und Sittengesetze hinsichtlich einer praktischen Konkordanz mit dem sich unter anderem aus Art. 20 Abs. 3 GG ergebenden Rechtsstaatsprinzip unvereinbar. Andererseits werden beide Aspekte durch die extensive Interpretation der verfassungsmäßigen Ordnung abgedeckt, sodass der Vorbehalt der Rechte anderer und das Sittengesetz keine eigenständige Bedeutung mehr haben (Jarass/Pieroth, 16. Aufl. 2020, Art. 2 GG, Rn. 13f.). Letztlich handelt es sich bei Art. 2 Abs. 1 GG um einen einfachen Gesetzesvorbehalt, sodass es zur Rechtfertigung eines Eingriffes eines objektiv verfassungsmäßigen Gesetzes bedarf. Dieser Gesetzesvorbehalt gilt auch für das allgemeine Persönlichkeitsrecht, welches sich primär aus Art. 2 Abs. 1 GG und nicht aus Art. 1 Abs. 1 GG ergibt. Würde für das allgemeine Persönlichkeitsrecht primär Art. 1 Abs. 1 GG als Maßstab gelten, gäbe es keine Schrankensystematik bezüglich des allgemeinen Persönlichkeitsrechts, weil Eingriffe in die sehr eng auszulegende Menschenwürde nicht gerechtfertigt werden können.

Bezüglich der Herausgabe der Akten ergibt sich eine Rechtfertigungsregelung sogar direkt aus dem Grundgesetz – aus Art. 44 Abs. 2 S. 1 GG i.V.m. der Strafprozessordnung.

„Die Bestimmungen der Strafprozessordnung stellen – wie für den Strafprozess – auch für parlamentarische Untersuchungen, bei denen sie gemäß Art. 44 Abs. 2 S. 1 GG sinngemäß anzuwenden sind, grundsätzlich eine ausreichende Grundlage für die Grundrechtseingriffe dar, die mit einer Beweiserhebung verbunden sein können. Dabei ist auch in der fallbezogenen Anwendung der Grundsatz der Verhältnismäßigkeit als Schranken-Schranke im Rahmen der Wechselwirkung zu beachten. So darf das Recht auf informationelle Selbstbestimmung, das bei Beweiserhebungen häufig berührt sein wird, nur im überwiegenden Interesse der Allgemeinheit und unter Beachtung des Grundsatzes der Verhältnismäßigkeit eingeschränkt werden. Die Einschränkung darf nicht in einem größeren Maß erfolgen als es zum Schutz öffentlicher Interessen unerlässlich ist. Das Beweiserhebungsrecht des parlamentarischen Untersuchungsausschusses i.S.d. Art. 44 Abs. 1, 2 GG und der grundrechtliche Datenschutz stehen sich auf der Ebene des Verfassungsrechts gegenüber und müssen einander in praktischer Konkordanz so zugeordnet werden, dass beide soweit wie möglich zur Geltung gelangen" (BVerfGE 124, 78, 125).

„Vorschriften müssen, insbesondere soweit Grundrechtseingriffe durch sie erfolgen oder zugelassen werden, den rechtsstaatlichen Grundsätzen der Normenklarheit und -bestimmtheit entsprechen. Sie müssen in ihren tatbestandlichen Voraussetzungen und Rechtsfolgen so formuliert sein, dass die Betroffenen die Rechtslage erkennen und ihr Verhalten danach einrichten können. Die Gerichte müssen in der Lage sein, die gesetzgeberische Entscheidung zu konkretisieren. Diesen Anforderungen ist der Gesetzgeber in Art. 44 Abs. 1, Abs. 2 S. 1 GG gerecht geworden, indem er für die Beweiserhebung die sinngemäße Anwendung der Vorschriften über den Strafprozess angeordnet hat. Auszugehen ist danach zunächst vom Sinn und Zweck des parlamentarischen Untersuchungsverfahrens" (BVerfGE 77, 1, 50).

Das erforderliche Gesetz im Sinne des Gesetzesvorbehaltes ist § 18 Abs. 1 PUAG, dessen Verfassungsgemäßheit mangels Anhaltspunkte zu unterstellen ist. In der Verhältnismäßigkeitsprüfung geht es daher um die Einzelmaßnahme (Herausgabe), die Ausdruck des Gesetzes ist, so dass zusätzlich auf die Verhältnismäßigkeit des Gesetzes eingegangen werden kann.

Als einfachgesetzliche Norm bezüglich der Herausgabe der Akten ist neben der Regelung des Art. 44 Abs. 2 S. 1 GG die verfassungsmäßige Regelung des § 18 Abs. 1 PUAG maßgeblich, wobei Schutzbereichseingriff und Schrankensystematik durch das Gesetz in gleicher Weise wie bei der Herausgabe als Einzelmaßnahme gegeben sind, weil mit der konkreten Herausgabe im Einzelfall jedenfalls in einer konkreten auf das Gesetz rückführbaren Konstellation die Voraussetzungen insoweit erfüllt sind.

Die seitens des Bundesverfassungsgerichts entwickelten Sphären (Öffentlichkeitssphäre, Privatsphäre, Intimsphäre) sind eine Ausprägung der Verhältnismäßigkeit als Schranken-Schranke. Aus ihnen ergibt sich im Grunde nichts weiter, als dass mit zunehmender Eingriffsintensität die Anforderungen an den Gesetzgeber bezüglich der Regelung des Wesentlichen steigen. Die gesetzlich geregelte Schrankensystematik darf durch die Judikative nicht geändert werden und wird dadurch in keiner Weise beeinflusst.

---

(2) Schranken-Schranke

Der potentielle Eingriff in Form der Herausgabe der Akten auf Grundlage des § 18 Abs. 1 PUAG müsste den verfassungsrechtlichen Voraussetzungen der Schrankensystematik entsprechen. Dies ist der Fall, wenn sowohl § 18 Abs. 1 PUAG als auch die Herausgabe verfassungsgemäß sind. Es sind keine Anhaltspunkte für die Verfassungswidrigkeit des § 18 Abs. 1 PUAG ersichtlich. Für die Verfassungsmäßigkeit der Herausgabe als Einzelakt kommt als Schranken-Schranke im Rahmen der Wechselwirkung der gegenläufigen Schutzgüter nur der Grundsatz der Verhältnismäßigkeit in Betracht.

Der Grundsatz der Verhältnismäßigkeit ergibt sich als Schranken-Schranke im Rahmen der Wechselwirkung aus dem Grundrecht. Nach diesem Grundsatz muss ein Eingriff geeignet und erforderlich sein, um den erstrebten Zweck zu erreichen. Ein Mittel ist geeignet, wenn mit seiner Hilfe der erstrebte Erfolg gefördert werden kann. Es ist erforderlich, wenn der dem Staat zurechenbare Akteur kein anderes, gleich wirksames, aber das Mittel nicht oder weniger stark einschränkendes Mittel hätte wählen können. Schließlich muss bei einer Gesamtabwägung im Rahmen der Verhältnismäßigkeit im engen Sinne zwischen der Schwere des Eingriffs und dem Gewicht sowie der Dringlichkeit der ihn rechtfertigenden Gründe die Grenze der Zumutbarkeit für die Grundrechtsträger gewahrt sein.

Auf die unterschiedlichen Sphären (Öffentlichkeitssphäre, Privatsphäre, Intimsphäre) kommt es noch immer nicht an.

(a) Verfassungsrechtlich legitimer Zweck

Es muss mit der auf das Gesetz zurückführbaren Herausgabe ein verfassungsrechtlich legitimer Zweck verfolgt werden. Durch die Herausgabe der Akten soll ein effektiver Minderheitenschutz im demokratischen Rechtsstaat herbeigeführt werden. Dies ist als legitimer Zweck mit Verfassungsrang einzustufen.

(b) Eignung

Die Herausgabe der Akten muss zur Erreichung des Zwecks geeignet sein. Dazu muss der gewünschte Erfolg gefördert werden (BVerfGE 96, 10, 23; 67, 157, 173). Würden die Akten herausgegeben, könnte im Untersuchungsausschuss die parlamentarische Minderheit geschützt und es könnten öffentliche Interessen gewahrt werden.

(c) Erforderlichkeit

Der Eingriff darf nicht über das zur Verfolgung ihres Zweckes notwendige Maß hinaus-, also nicht weitergehen, als der mit ihr intendierte Schutzzweck reicht. Es darf zur Erreichung des Zwecks kein gleich geeignetes milderes Mittel ersichtlich sein. Eine effektive Kontrolle zur Erreichung eines effektiven Minderheitenschutzes ist nur möglich, soweit Akteneinsicht gewährt wird. Ein milderes gleich geeignetes Mittel ist nicht ersichtlich, sodass die Herausgabe der Akten erforderlich ist.

(d) Verhältnismäßigkeit im engen Sinne (Disproportionalität)

Die Herausgabe darf nicht unverhältnismäßig im engen Sinne, also nicht disproportional zum angestrebten Zweck sein und somit nicht in einem erheblichen Missverhältnis dazu stehen. Voraussetzung für die Verhältnismäßigkeit im engen Sinne ist es, dass der Eingriff in angemessenem Verhältnis zu dem Gewicht und der Bedeutung des schützenswerten Grundrechts steht (BVerfGE 67, 157, 173).

Bei der Prüfung der Verhältnismäßigkeit im engen Sinne kann im Rahmen der Abwägung bezüglich des Allgemeinen Persönlichkeitsrechts in drei Sphären unterteilt werden:
– Öffentlichkeitssphäre
– Privatsphäre
– Intimsphäre

Dabei ist das allgemeine Persönlichkeitsrecht umso schützenswerter, je intensiver es betroffen ist. Geringfügig zu berücksichtigen ist es bei bloßer Betroffenheit der Öffentlichkeitssphäre, falls es also um Aspekte geht, die ohnehin öffentlich zugänglich sind. Im Rahmen der Privatsphäre – bei Betroffenheit eines Aspektes, der geheim gehalten werden soll bzw. der Öffentlichkeit nicht zugänglich gemacht ist – ist das allgemeine Persönlichkeitsrecht gewichtiger betroffen, während es bei Betroffenheit der natürlichen Personen zustehenden höchstpersönlichen Intimsphäre wie Tagebüchern immens gewichtig ist. Bei den herausverlangten Informationen geht es um Unterlagen, die geheim gehalten werden sollen und nicht öffentlich zugänglich sind, so dass sie der Privatsphäre zuzuordnen sind.

Die Intensität des Grundrechtseingriffs ist gegen das Gewicht des Untersuchungszwecks und des Beweisthemas abzuwägen. „Insoweit kann ein Untersuchungsausschuss des Deutschen Bundestages auch Unterlagen Privater durch die zuständigen Gerichte beschlagnahmen lassen" (BVerfGE 77, 1, 44).

„Das Beweiserhebungsrecht des parlamentarischen Untersuchungsausschusses i.S.d. Art. 44 Abs. 1 S. 1, Abs. 2 S. 1 GG und der grundrechtliche Datenschutz werden auf der Ebene des Verfassungsrechts gegenübergestellt und müssen im konkreten Fall einander so zugeordnet werden, dass beide soweit wie möglich berücksichtigt werden" (BVerfGE 124, 78, 125). „Bei der insoweit gebotenen Abwägung sind namentlich Art und Bedeutung des mit der beabsichtigten Beweiserhebung verfolgten Ziels im Rahmen des dem Untersuchungsausschuss erteilten Auftrags und die Schutzwürdigkeit und -bedürftigkeit der betroffenen Daten angemessen zu berücksichtigen. Auf Informationen, deren Weitergabe wegen ihres streng persönlichen Charakters für die Betroffenen unzumutbar ist, kann das Beweiserhebungsrecht nicht erstreckt werden. Letztlich ist maßgeblich, ob nach den Umständen eine öffentliche Beweisaufnahme gerechtfertigt ist oder ob wegen der Grundrechte bestimmte Vorkehrungen parlamentarischer Geheimhaltung erforderlich sind" (BVerfGE 77, 1, 47).

Die Kriegswaffenexporte ins Ausland sind von erheblichem öffentlichem Interesse, weil mit diesen Waffen Menschen in erheblicher Anzahl getötet werden können. Das Bedürfnis der Aufklärung und des parlamentarischen Minderheitenschutzes ist somit sehr hoch, zumal die Öffentlichkeit bei sensiblen Themen gemäß § 14 PUAG ausgeschlossen werden kann, sodass der Untersuchungsausschuss auf die parlamentarische Kontrolle beschränkt wird. Letztlich ist der Eingriff in das allgemeine Persönlichkeitsrecht i.S.d. Art. 2 Abs. 1 GG i.V.m. Art. 1 Abs. 1 GG der ABC-AG im Verhältnis zum öffentlichen Interesse – die Transparenz des Kriegswaffenexportes soll zum Schutz von Menschenleben gewährleistet werden – gering. Die Herausgabe der Akten an den Untersuchungsausschuss wäre verhältnismäßig.

d) Zwischenergebnis

Das Herausgabeverlangen ist verfassungsgemäß.

III. Rechtsfolge

Die Rechtsfolge des § 18 Abs. 1 PUAG ist gebunden, zumal entgegenstehende Verfassungsgrundsätze bereits auf Tatbestandsebene berücksichtigt worden sind. Der Anspruch des Untersuchungsausschusses auf Herausgabe der Akten besteht, sodass die Verweigerung der Herausgabe der Akten durch das Bundesministerium verfassungswidrig ist.

C. Ergebnis

Das Bundesverfassungsgericht stellt fest, dass die Verweigerung des Bundesministeriums für Wirtschaft und Energie, die Akten herauszugeben, mit dem Grundgesetz nicht vereinbar ist.

Zusatzfrage 1: Änderungen bei nicht abgeschlossenem Verfahren

Soweit das Verfahren über die Genehmigung zum Export von Kriegswaffen noch nicht abgeschlossen ist, kann die Einsetzung eines Untersuchungsausschusses als unzulässige Durchbrechung der Gewaltenteilung wegen der Betroffenheit des Kernbereiches der Exekutive einzustufen sein.

„Eine Pflicht der Regierung, parlamentarischen Informationswünschen zu entsprechen, besteht in der Regel nicht, wenn die Information zu einem Mitregieren Dritter bei Entscheidungen führen kann, die in der alleinigen Kompetenz der Regierung liegen. Diese Möglichkeit besteht bei Informationen aus dem Bereich der Vorbereitung der Regierungsentscheidungen regelmäßig, solange die Entscheidung noch nicht getroffen ist. Die Kontrollkompetenz des Parlaments erstreckt sich daher grundsätzlich nur auf bereits abgeschlossene Vorgänge. Die Befugnis, in laufende Verhandlungen und Entscheidungsvorbereitungen einzugreifen, ist nicht erfasst" (BVerfGE 124, 78, 120 f.).

Anderenfalls wäre der Kernbereich der Exekutive rechtsstaatswidrig im Sinne des sich unter anderem aus Art. 20 Abs. 3 GG ergebenden Rechtsstaatsprinzips betroffen. Es ist dann nämlich noch nicht einmal klar, wie die Verwaltung entscheiden oder endgültig handeln wird, weil möglicherweise die Prüfung noch nicht beendet ist.

Der Untersuchungsausschuss soll nach seinem verfassungsrechtlichen Auftrag nicht mitbestimmen können, sondern lediglich bereits getroffene Entscheidungen überprüfen. Eine Grenze ergibt sich allenfalls aus gegenläufigen Verfassungsprinzipien, falls rechtsmissbräuchlich gehandelt wird. Eine derartige Ausnahmekonstellation wäre zum Beispiel gegeben, wenn der Untersuchungsausschuss auf ein nicht abgeschlossenes Verwaltungsverfahren bezogen ist, welches seinerseits im Zusammenhang zu einem bereits abgeschlossenen Verwaltungsverfahren steht – unter anderem bei einer Rücknahme bzw. einem Widerruf i.S.d. §§ 48, 49 VwVfG.

Das Herausgabeverlangen ist bis zum Abschluss des Verwaltungsverfahrens verfassungswidrig.

Zusatzfrage 2: Änderung des Untersuchungsgegenstandes

Gemäß § 3 S. 2 PUAG i.V.m. § 2 Abs. 2 PUAG ist eine nachträgliche Änderung des Untersuchungsgegenstandes ohne die Zustimmung der Antragsteller nicht zulässig. Dieses Bepackungsverbot,– also eine nachträgliche Erweiterung des Untersuchungsgegenstandes – ergibt sich verfassungsrechtlich aus dem nach Art. 44 Abs. 1 GG zu gewährleistenden Minderheitsschutz. Anderenfalls könnte die Arbeit des Untersuchungsausschusses stets durch die Mehrheit des Bundestages untergraben werden, weil entweder der Untersuchungsgegenstand ausge-

tauscht und somit keine Kontrolle mehr erfolgen oder der Untersuchungsgegenstand ausgeweitet und somit aufgeweicht würde. Dies wäre auch bezüglich des
Demokratieprinzips i.S.d. Art. 20 Abs. 2 S. 1 GG und des Rechtsstaatsprinzips
nicht zu rechtfertigen.

Gegen den Willen der Antragsteller ist daher eine Änderung des Untersuchungsgegenstandes unzulässig.

Staatsorganisationsrecht – Fall 9: „Misstrauen im Bundestag"

Schwerpunkte: *Organstreitverfahren (Art. 93 Abs. 1 Nr. 1 GG, §§ 13 Nr. 5, 63 ff. BVerfGG), Abgrenzung zur Bundespräsidentenanklage, Vertrauensfrage, Misstrauensvotum, Auflösung des Bundestages, Bundeseigenverwaltung, Mischverwaltung*

Der x-te Deutsche Bundestag wurde am 22. September gewählt. Am 22. Oktober wählte der Deutsche Bundestag mit den Stimmen der Fraktionen S und BG den G (Parteivorsitzender der zur Fraktion gehörigen Partei S) zum Bundeskanzler. Durch Tod bzw. Mandatsverzicht der Inhaber zweier nicht nachzubesetzender Direktmandate im April und Juli (2 Jahre später) sank die Anzahl der auf die S entfallenden Sitze auf 249. Bei einer Mitgliederzahl des Bundestages von nunmehr insgesamt 601 Abgeordneten entfallen seither 304 Sitze auf die Fraktionen S und BG, 297 Sitze auf die Fraktionen von C und F sowie auf Fraktionslose.

In seiner Regierungserklärung vom 14. März des auf die Wahl folgenden Jahres stellte der Bundeskanzler ein umfangreiches Programm von Strukturveränderungen auf nahezu allen Gebieten der Wirtschafts-, Arbeitsmarkt-, Steuer- und Sozialpolitik vor, das unter der Bezeichnung „Agenda 1" bekannt geworden und zu weiten Teilen auch umgesetzt worden ist.

In der Folge verlor S in den kommenden Landtagswahlen und der Europawahl an Stimmen im Vergleich zu den jeweils vorherigen Wahlen – vielfach und in erheblichem Umfang. Als Konsequenz erklärte der Bundeskanzler am Abend des 22. Mai des dritten Jahres nach der Bundestagswahl:

„Mit den bitteren Wahlergebnissen für meine Partei ist die politische Grundlage für die Fortsetzung unserer Arbeit in Frage gestellt. Für die aus meiner Sicht notwendige Fortführung der Reformen halte ich eine klare Unterstützung durch eine Mehrheit der Deutschen gerade jetzt für erforderlich. Deshalb betrachte ich es als Bundeskanzler der Bundesrepublik Deutschland als meine Pflicht und Verantwortung, darauf hinzuwirken, dass der Herr Bundespräsident von den Möglichkeiten des Grundgesetzes Gebrauch machen kann, um so rasch wie möglich, also realistischerweise für den Herbst dieses Jahres, Neuwahlen zum Deutschen Bundestag herbeizuführen."

Am 27. Juni nach dieser Erklärung stellte der Bundeskanzler gemäß Art. 68 GG den Antrag, ihm das Vertrauen auszusprechen. Am 1. Juli fand die Beratung des Deutschen Bundestages über den Antrag des Bundeskanzlers statt. Der Bun-

https://doi.org.10.1515/9783110624410-009

deskanzler gab in diesem Zusammenhang folgende angekündigte Erklärung ab:

„Mein Antrag hat ein einziges ganz unmissverständliches Ziel: Ich möchte dem Herrn Bundespräsidenten die Auflösung des x-ten Deutschen Bundestages und die Anordnung von Neuwahlen vorschlagen können. Der für meine Partei und für mich selber bittere Ausgang der Landtagswahl in Nordrhein-Westfalen war das letzte Glied in einer Kette zum Teil empfindlicher und schmerzlicher Wahlniederlagen. In der Folge dessen wurde deutlich, dass es die sichtbar gewordenen Kräfteverhältnisse ohne eine neue Legitimation durch den Souverän, das deutsche Volk, nicht erlauben, meine Politik erfolgreich fortzusetzen. Ich habe diese Entscheidung nicht leichtfertig getroffen. Jedoch hat das Reformprogramm der Agenda 1 zu Streit zwischen den Parteien, innerhalb der S und mit der Koalitionspartnerin geführt. Diese Debatte hat so weit geführt, dass S-Mitglieder damit drohten, sich einer rückwärts gewandten, linkspopulistischen Partei anzuschließen, die vor Fremdenfeindlichkeit nicht zurückschreckt. Einige haben diesen Schritt vollzogen; an die Spitze jener Partei hat sich ein ehemaliger S-Vorsitzender gestellt. Nach all dem stellt sich die Frage, ob eine volle Handlungsfähigkeit für mich und meine Politik noch gegeben ist, zumal die Mehrheit für diese Regierung im Deutschen Bundestag von Anfang an denkbar knapp war. Grundvoraussetzung für die gesamte Regierungspolitik, ganz besonders aber für unsere Außen- und Sicherheitspolitik sind Planbarkeit und Verlässlichkeit. Hierfür ist die Bundesregierung auf die Geschlossenheit der Koalitionsfraktionen angewiesen. Auch hier sind vermehrt abweichende, jedenfalls die Mehrheit gefährdende Stimmen laut geworden. Zudem kann ich es weder der Regierung noch den Regierungsfraktionen zumuten, immer wieder Konzessionen zu machen und doch zu wissen, dass die Bundesratsmehrheit ihre destruktive Blockadehaltung nicht aufgeben wird."

Der Vorsitzende der Fraktion der S schloss sich im Anschluss der Erklärung des Bundeskanzlers an, wies aber darauf hin, dass der Bundeskanzler weiterhin das Vertrauen der S-Bundestagsfraktion genieße und diese ihn weiterhin als Bundeskanzler halten wolle. Im Anschluss an die Aussprache legten zwei Abgeordnete – A und B –, die jeweils einer Regierungsfraktion angehörten, in einer schriftlichen und einer mündlichen Erklärung ihre verfassungsrechtlichen und politischen Einwände gegen das Vorgehen nach Art. 68 GG dar.

Bei der namentlichen Abstimmung über den Antrag des Bundeskanzlers stimmten 151 der Mitglieder der Fraktionen S und BG mit „Ja", während die Mitglieder der Fraktionen C und F sowie die fraktionslosen Abgeordneten mit „Nein" (insgesamt 296) stimmten und sich acht Mitglieder der Fraktion BG und

140 Mitglieder der S-Fraktion der Stimme enthielten. A stimmte mit „Ja", B nahm an der Abstimmung nicht teil.

Daraufhin schlug der Bundeskanzler dem Bundespräsidenten vor, den Deutschen Bundestag aufzulösen und erklärte in Reaktion auf die Erklärung des Fraktionsvorsitzenden der S, dass, wenn Vertrauen nicht mehr vorhanden ist, öffentlich nicht so getan werden dürfe, als gäbe es dieses Vertrauen. Der Bundespräsident entsprach dem Antrag des Bundeskanzlers und ordnete, mit Gegenzeichnung des Bundeskanzlers, am 21. Juli die Auflösung des x-ten Deutschen Bundestages an. Gleichzeitig setzte er mit Gegenzeichnung des Bundeskanzlers und des Bundesministers des Innern die Wahl zum Deutschen Bundestag für den 18. September desselben Jahres fest.

Der Bundespräsident begründete seine Entscheidung in einer Fernsehansprache damit, dass er die Einschätzung des Bundeskanzlers zu beachten habe, es sei denn, eine andere Einschätzung sei offenkundig vorzuziehen. Eine andere Lagebeurteilung sehe er nach ernsthafter Abwägung nicht. Er sei davon überzeugt, dass die verfassungsrechtlichen Voraussetzungen für die Auflösung des Bundestages gegeben seien. Nach einer Gesamtabwägung komme er zu dem Ergebnis, dass dem Wohl des Volkes mit einer Neuwahl am besten gedient sei.

Die Abgeordneten A und B wenden sich unmittelbar nach der Entscheidung des Bundespräsidenten an das Bundesverfassungsgericht. Sie machen geltend, durch die Anordnungen des Bundespräsidenten, den x-ten Deutschen Bundestag aufzulösen und Neuwahlen anzusetzen, in ihrem Status als Abgeordnete des Bundestags unmittelbar gefährdet bzw. verletzt zu sein. Sie führen aus, dass nur eine durch die Kräfteverhältnisse im Bundestag verursachte politische Handlungsunfähigkeit der Bundesregierung die Stellung einer sogenannten „unechten Vertrauensfrage" mit dem Ziel der Bundestagsauflösung legitimieren könne. Eine abweichende Interpretation des Art. 68 GG führe zu einer grundlegenden Veränderung des den Art. 68 GG prägenden grundgesetzlichen Verfassungsgefüges. Bedroht wäre ferner die Freiheit und Offenheit des parlamentarischen Willensbildungsprozesses, weil eine unbeschränkt zulässige unechte Vertrauensfrage dem Bundeskanzler einen Weg eröffnen würde, kritische Abgeordnete über die Drohung mit der Selbstauflösung und der damit verbundenen Beendigung des Mandats zu disziplinieren. Die durch den Bundeskanzler abgegebene Begründung vermöge die Stellung einer unechten Vertrauensfrage verfassungsrechtlich nicht zu legitimieren. Ob sich der Bundeskanzler auf das Vertrauen der Mehrheitsfraktionen, das heißt die prinzipielle politische Unterstützung für Person und Sachprogramm des Bundeskanzlers, stützen könne, lasse sich nur anhand äußerer Umstände feststellen. Diese Umstände bestünden dahingehend, dass der Bundeskanzler die Unterstützung habe, insbesondere, da der Fraktionsvorsitzende der S dem Bundeskanzler ausdrücklich das Vertrauen ausgesprochen habe.

1. Komplex:

Wie wird das Bundesverfassungsgericht entscheiden?

Nach der Entscheidung des Bundesverfassungsgerichtes erlässt der Bundestag ein hinsichtlich des Verfahrens und der Form formell verfassungsmäßiges Gesetz, das Naturimmissionsschutzgesetz (NIG), mit dem er darauf abzielt, für bestimmte Verwaltungsaufgaben eine bundeseinheitliche und effiziente Verwaltung zu schaffen. § 1 NIG übertrag dem Umweltbundesamt als selbstständige Behörde Verwaltungsaufgaben in einem Teilbereich des Bundesimmissionsschutzgesetzes (genehmigungsbedürftige Anlagen). Gleichzeitig wird der Bundesumweltminister in § 2 NIG unter hinreichender Bestimmung des Inhaltes, Zweckes und Ausmaßes mit Zustimmung des Bundesrates zum Verordnungserlass über das bisher im Bundesimmissionsschutzgesetz enthaltene Maß hinaus ermächtigt, materiell-rechtliche Details zu regeln. Für nicht genehmigungsbedürftige Anlagen soll die Verwaltungskompetenz im Bereich des Bundesimmissionsschutzgesetzes bei den Bundesländern verbleiben. In § 3 NIG ist allerdings vorgesehen, dass eine neue „Abgabe" für Betreiber emittierender Anlagen eingeführt wird, die in einen Fonds eingezahlt werden soll. Aus diesem Fonds sollen zweckgebunden Untersuchungen finanziert werden, durch welche langfristig die Schadstoffwerte der Anlagen im Sinne des Bundesimmissionsschutzgesetzes zum Schutz der Umwelt verringert werden sollen. Die Forderungen sollen von den zuständigen Landesbehörden eingetrieben, jedoch auf Bundesebene von der dafür neu errichteten Anstalt öffentlichen Rechts, der Bundesimmissionsfondsanstalt (BIF), zweckgebunden verteilt werden. Bei § 3 NIG ist lediglich die formelle Verfassungsmäßigkeit bezüglich der Gesetzgebungskompetenz zweifelhaft – im Übrigen nicht.

2. Komplex:

Ist das Naturimmissionsschutzgesetz verfassungsgemäß?

Vertiefung

BVerfG, Urteil vom 16.2.1983 – 2 BvE 1/83, 2 BvE 2/83, 2 BvE 3/83, 2 BvE 4/83 (BVerfGE 62, 1); BVerfG, Urteil vom 25.8.2005 – 2 BvE 4/05, 2 BvE 7/05 (BVerfGE 114, 121)

Zum Abgabenbegriff des Grundgesetzes: BVerfG, Urteil vom 10.12.1980 – 2 BvF 3/77 (BVerfGE 55, 274)

Zur Mischverwaltung: BVerfG, Urteil vom 20.12.2007 – 2 BvR 2433/04, 2 BvR 2434/04 (119, 331, 365); BVerfG, Urteil vom 15.7.2003 – 2 BvF 6/98 (BVerfGE 108, 169, 182)

Gliederung

Lösungsvorschlag

Die folgende Lösung ist als Lösungsvorschlag zu verstehen und ausführlicher, als es in der Klausurbearbeitung verlangt werden kann. Aufgrund der wissenschaftlichen Freiheit können andere Lösungswege vertreten werden, soweit sie dogmatisch begründbar sind. Die Nachweise aus Rechtsprechung und Literatur sowie die das Verständnis fördernden Randbemerkungen sind in der Examensklausur auszusparen. Die Abkürzung „Alt." steht für Alternativfall, nicht für Alternative.

1. Komplex: Vertrauensfrage
Die Anträge des A und B haben Erfolg, soweit sie zulässig und begründet sind.

A. Zulässigkeit
Die Anträge können zulässig sein.

I. Zuständigkeit des Bundesverfassungsgerichts
Das Bundesverfassungsgericht ist nur zuständig, wenn ihm ein Verfahren ausdrücklich enumerativ zugewiesen ist. Dem Bundesverfassungsgericht ist gemäß Art. 93 Abs. 1 Nr. 1 GG i.V.m. § 13 Nr. 5 BVerfGG das Organstreitverfahren zugewiesen, bei dem es darum geht, dass oberste Bundesorgane oder Teile dieser Organe, die im Grundgesetz oder in der Geschäftsordnung eines obersten Bundesorgans mit eigenen Rechten ausgestattet sind, über verfassungsrechtlich gewährte Wahrnehmungsberechtigungen streiten. Es streiten Abgeordnete i.S.d. Art. 38 Abs. 1 S. 2 GG mit dem Bundespräsidenten i.S.d. Artt. 54 ff. GG, also ein oberstes Bundesorgan – der Bundespräsident – bzw. Teile des obersten Bundesorgans in Form des Bundestages – Abgeordnete.

Eine Bundespräsidentenanklage i.S.d. Art. 61 Abs. 1 GG i.V.m. den §§ 13 Nr. 4, 49 ff. BVerfGG als Spezialregelung gegenüber dem Organstreitverfahren kommt nicht in Betracht, da insoweit ein vorsätzlicher Verstoß des Bundespräsidenten gegen das Grundgesetz gerügt werden müsste, der aufgrund dessen sorgfältiger Abwägung nicht ersichtlich ist.

Das Bundesverfassungsgericht ist für das Organstreitverfahren i.S.d. Art. 93 Abs. 1 Nr. 1 GG i.V.m. § 13 Nr. 5 BVerfGG zuständig.

II. Verfahrensabhängige Zulässigkeitsvoraussetzungen

Jedem dem Bundesverfassungsgericht enumerativ zugewiesenen Verfahren sind verfahrensabhängige Zulässigkeitsvoraussetzungen zugeordnet, die erfüllt sein müssen. Für das Organstreitverfahren ergeben sie sich aus den §§ 13 Nr. 5, 63 ff. BVerfGG.

1. Beteiligte

Da es sich beim Organstreitverfahren um ein kontradiktorisches Verfahren handelt, bedarf es gemäß § 63 BVerfGG eines Antragstellers und eines Antragsgegners. Antragsteller und Antragsgegner können danach unter anderem der Bundespräsident, der Bundestag und Teile des Bundestages sein, die im Grundgesetz oder in der Geschäftsordnung des Bundestages mit eigenen Rechten ausgestattet sind.

Das Organstreitverfahren ist ein kontradiktorisches Verfahren, sodass es zwei Beteiligte gibt. Daher wird es gelegentlich auch als Organklage bezeichnet.

---

a) Antragsteller

A und B sind als Abgeordnete Teil des Organs „Bundestages", vom Grundgesetz in Art. 38 Abs. 1 S. 2 GG mit eigenen Rechten ausgestattet und damit antragsberechtigt.

b) Antragsgegner

Antragsgegner ist der in den Artt. 54 ff. GG mit eigenen Rechten versehene Bundespräsident.

Soweit in § 63 BVerfGG der Kreis der Beteiligten gegenüber Art. 93 Abs. 1 Nr. 1 GG verengt wird, folgt die Beteiligtenfähigkeit unmittelbar aus Art. 93 Abs. 1 Nr. 1 GG.

---

2. Antragsgegenstand

Antragsgegenstand i.S.d. § 64 Abs. 1 BVerfGG ist eine rechtserhebliche Maßnahme oder Unterlassung des Antragsgegners. Als solche Maßnahmen des Bundespräsidenten kommen die Auflösung des Bundestages sowie der Bestimmung eines Termins für die Neuwahl in Betracht. Das ist anzunehmen, soweit die Handlungen des Bundespräsidenten zumindest auf dessen grundgesetzliche Befugnisse rückführbar sind und für die Antragsteller rechtserheblich sind.

„Die Befugnis des Bundespräsidenten, den Wahltag zu bestimmen, ergibt sich zwar nicht unmittelbar aus dem Grundgesetz, sondern aus § 16 BWahlG. Die Anordnung der Neuwahl wird aber als staatsorganisatorischer Akt mit Verfassungsfunktion in Art. 39 Abs. 1, 2 GG vorausgesetzt und ist somit eine auf die Verfassung rückführbare Annex-Entscheidung zur Bundestagsauflösung" (BVerfGE 114, 121, 146). Die Bestimmung eines Termins ist somit auf den Bundespräsidenten rückführbar.

Fraglich ist, ob die Bestimmung eines Termins auch rechtserheblich ist. Eine Rechtserheblichkeit besteht dann, wenn die Maßnahme geeignet ist, die Rechtstellung der Antragsteller zu beeinträchtigen. Hieran könnte es fehlen, da die Festsetzung der Neuwahl zum einen die zwingende Folge der Auflösung des Parlamentes nach Art. 39 Abs. 1 S. 4 GG ist und zum anderen die Rechte der Abgeordneten bereits mit der Auflösung des Bundestages erlöschen können. Durch die zwingende Folge der Maßnahme allein kann die Rechtserheblichkeit jedoch nicht beseitigt werden, denn auch als solche kann sie für den Antragsteller rechtliche Bedeutung haben. Entscheidend ist somit, ob antragstellende Abgeordnete durch die Bestimmung eines Termins zur Neuwahl über die Auflösung des Bundestages hinaus in ihren Rechten als Abgeordnete beeinträchtigt werden können.

Gemäß Art. 39 Abs. 1 S. 2 GG endet die Wahlperiode – und damit auch die Stellung einzelner Abgeordneter als solche – mit dem Zusammentritt eines neuen Bundestages. Der Zusammentritt wiederum erfolgt gemäß Art. 39 Abs. 2 GG spätestens am dreißigsten Tage nach der Wahl. Somit sind die Wahl und ihr Zeitpunkt für die Dauer der Stellung der Abgeordneten als solche entscheidend. Da in Art. 39 Abs. 1 S. 4 GG für die Neuwahl nach einer Auflösung des Bundestages nur ein Zeitfenster – „innerhalb von sechzig Tagen" – geregelt ist, hat die konkrete Bestimmung eines Termins für die Neuwahl eine rechtliche Bedeutung für die Dauer der Stellung der Abgeordneten.

Antragsgegenstände i.S.d. § 64 Abs. 1 BVerfGG sind die Maßnahmen des Bundespräsidenten in Form der Auflösung des Bundestages sowie der Bestimmung eines Termins für die Neuwahl.

3. Antragsbefugnis

A und B müssen antragsbefugt sein. Da es sich beim Organstreitverfahren um ein kontradiktorisches Verfahren handelt, müssen die Antragsteller gemäß § 64 Abs. 1 BVerfGG geltend machen, in ihren durch das Grundgesetz übertragenen Rechten und Pflichten verletzt oder unmittelbar gefährdet zu sein. Die Möglichkeit einer Rechtsverletzung ist dabei hinreichend.

Ist Antragsteller ein Unterorgan, genügt es, wenn das Unterorgan in Prozessstandschaft geltend macht, das Organ, dem es angehöre, sei in den ihm im Grundgesetz übertragenen Rechten und Pflichten verletzt bzw. unmittelbar gefährdet. Ständige Untergliederungen des Bundestages wie zum Beispiel Fraktionen können die Rechte des Bundestages gemäß § 64 Abs. 1 BVerfGG sogar entgegen der Mehrheit des Bundestages geltend machen, während der einzelne Abgeordnete nicht Organwalter des Bundestages sein darf (BVerfGE 45, 1, 29 f.; 68, 1, 69; 90, 286, 343).

„Durch die in Art. 39 Abs. 1 S. 1 GG festgelegte Dauer der Wahlperiode wird zum Ausdruck gebracht, in welchen Abständen die demokratische Legitimation der Volksvertretung durch die Wähler i.S.d. Art. 20 Abs. 2 S. 2 GG erneuert werden muss. Die zeitliche Festlegung der Wahlperiode auf vier Jahre soll dem Deutschen Bundestag auch die wirksame und kontinuierliche Erfüllung seiner Aufgabe ermöglichen. Dazu gehört auch der Status des einzelnen Abgeordneten. Eine Verkürzung der laufenden Wahlperiode entgegen den Voraussetzungen des Grundgesetzes würde zugleich in den vom Grundgesetz gewährleisteten Status des Abgeordneten eingreifen" (BVerfGE 114, 121, 146 f.). A und B sind in ihrer eigenen Rechtsstellung als Abgeordnete i.S.d. Art. 38 Abs. 1 S. 2 GG unmittelbar betroffen, da bei einer Neuwahl ihre Mitwirkungsmöglichkeit im Deutschen Bundestag verkürzt würde.

Ein einzelner Abgeordneter ist keine ständige Untergliederung des Bundestages (BVerfGE 105, 197, 221). Der Bundestagsabgeordnete kann nur eigene Rechte geltend machen, wobei die Verfassungsbeschwerde durch das speziellere Organstreitverfahren grundsätzlich verdrängt wird (BVerfGE 60, 374, 379; 94, 351, 365). Durch das in den Fraktionen verkörperte Gliederungsprinzip wird der Bundestag hingegen erst handlungsfähig. Diese können Rechte des Bundestages geltend machen (BVerfGE 90, 286, 336; 104, 151, 193; 113, 113, 120).

---

4. Form und Frist

Es ist davon auszugehen, dass die nach Auffassung von A und B verletzten Normen des Grundgesetzes in den Anträgen i.S.d. § 23 Abs. 1 BVerfGG gemäß § 64 Abs. 2 BVerfGG bezeichnet und die Frist i.S.d. § 64 Abs. 3 BVerfGG von sechs Monaten nach Bekanntwerden der beanstandeten Maßnahmen – der Auflösung des Bundestages und Bestimmung eines Wahltermins –eingehalten wurden.

Die allgemeinen Voraussetzungen zum Antrag nach § 23 Abs. 1 BVerfGG können entweder gesondert oder konnex zu den verfahrensspezifischen Voraussetzungen zu Antrag und Form nach § 64 Abs. 2–4 BVerfGG geprüft werden.

III. Allgemeines Rechtsschutzbedürfnis

A und B müssen allgemein rechtsschutzbedürftig sein.

Möglicherweise fehlt es an einem allgemeinen Rechtsschutzbedürfnis des B, da er an der Abstimmung über den Vertrauensantrag nicht teilgenommen hat und damit dazu beigetragen haben könnte, überhaupt erst die Voraussetzungen für die streitgegenständlichen Maßnahmen zu schaffen. „Dieses Verhalten bedeutet jedoch schon objektiv nicht notwendigerweise eine Billigung der Auflösungsentscheidung. Darüber hinaus hat der Antragsteller B in seiner Erklärung vor dem Deutschen Bundestag zu der Abstimmung über den Vertrauensantrag ausdrücklich seine Einwände gegen die Vorgehensweise des Bundeskanzlers geäußert" (BVerfGE 114, 121, 147). In der repräsentativen Demokratie ist ein Abgeordneter unmittelbar i.S.d. Art. 20 Abs. 2 GG in besonderem Maß personell legitimiert mit der Folge, dass seine Rechte im Sinne des Demokratieprinzips in besonderem Maße zu wahren sind. Dazu gehört auch, dass er den Schutz seiner Rechte beim Bundesverfassungsgericht als Hüter der Verfassung prozessual umfangreich durchsetzen kann. Das Rechtsschutzbedürfnis ist B nicht abzusprechen, während es für ein eventuell fehlendes Rechtsschutzbedürfnis des A an Anhaltspunkten fehlt.

IV. Zwischenergebnis

Die Anträge von A und B sind zulässig.

B. Begründetheit

Die Anträge des A und des B sind begründet, soweit die Auflösung des Bundestages und die Bestimmung des Wahltermines objektiv i.S.d. § 67 S. 1 BVerfGG gegen das Grundgesetz verstoßen, insbesondere bei einer Verletzung der Rechte der Abgeordneten als Antragsteller i.S.d. Art. 38 Abs. 1 S. 2 GG i.V.m. Art. 39 Abs. 1 S. 1 GG.

I. Schutzbereichseingriffsrelevante Handlungen und Normen

Die Maßnahmen des Bundespräsidenten können gegen das Grundgesetz verstoßen. Insoweit ist zunächst maßgeblich, inwieweit ein Verstoß gegen das Grundgesetz in Betracht kommt und Gegenstand des Verfahrens ist. Gemäß dem Wortlaut des § 67 S. 1 BVerfGG ist im Organstreitverfahren in der Sachstation ein objektiver Prüfungsmaßstab zugrundezulegen. Art. 93 Abs. 1 Nr. 1 GG enthält einen Verweis auf ein subjektives Recht. Dieser ist allerdings auf die Prozessstation im subjektiven Beanstandungsverfahren bezogen, sodass alle in Betracht kommenden Verletzungen des Grundgesetzes Gegenstand der Sachstation sind.

Das Organstreitverfahren ist grundsätzlich ein prozessual subjektives Beanstandungsverfahren mit einem objektiven Prüfungsmaßstab in der Begründetheit. Das Bundesverfassungsgericht prüft jedoch entgegen des Wortlautes des § 67 S. 1 BVerfGG mit Verweis auf den Wortlaut des Art. 93 Abs. 1 Nr. 1 GG – dieser ist gegenüber § 67 S. 1 BVerfGG höherrangiges Recht – oft nur subjektiviert, obwohl sich aus Art. 93 Abs. 1 Nr. 1 GG keine Subjektivierung ergibt. Nach der Auffassung des Bundesverfassungsgerichts dient das Organstreitverfahren maßgeblich der gegenseitigen Abgrenzung der Kompetenzen der Verfassungsorgane oder ihren Teilen in einem Verfassungsrechtsverhältnis, nicht hingegen der Kontrolle der objektiven Verfassungsmäßigkeit eines bestimmten Organhandelns (BVerfGE 104, 151, 193 f.). Nach dem Bundesverfassungsgericht wird durch das Verfahren damit nicht die Möglichkeit einer objektiven Beanstandungsklage eröffnet. Deshalb sollte zumindest der Schwerpunkt der Prüfung auch bei einem objektiv zugrunde gelegten Maßstab bei den Normen gesetzt werden, die den Antragsteller möglicherweise in seinen Rechten verletzen. In den Lösungen dieses Buches wird entsprechend dem Gesetzeswortlaut und im Hinblick darauf, dass ohnehin nur sehr wenige Antragsteller für ein Organstreitverfahren in Betracht kommen, die fundamental zur Sicherung der Demokratie und des Rechtsstaates verpflichtet sind, ein objektiver Prüfungsmaßstab vertreten, um eine möglichst effektive Kontrolle im Rahmen der Gewaltenteilung zu gewährleisten. Deshalb ist in der Begründetheit bei einem subjektiv-prozessualen Einstieg die objektive Verfassungsmäßigkeit maßgeblich. Es ist sogar vertretbar, die Kontrollfunktion als derart beachtlich einzustufen, dass auch prozessual keine Antragsbefugnis als subjektives Recht, sondern nur ein sehr weit gefasster Antragsgrund erforderlich ist.

---

1. Handlungen und Normen

Normen des Grundgesetzes können durch die Handlungen des Bundespräsidenten verletzt worden sein. Als Normen kommen die Artt. 38 Abs. 1 S. 2, 39, 68 GG in Betracht, während als verletzende Handlungen jeweils die Auflösung des Bundestages und die Festsetzung der Neuwahl in Betracht kommen. Gemäß Art. 39 Abs. 1 S. 4 GG hat nach der Auflösung des Bundestages innerhalb von sechzig Tagen eine Neuwahl stattzufinden.

Soweit es um die Verletzung der Rechte der antragstellenden Abgeordneten aus Art. 38 Abs. 1 S. 2 GG geht, enthält die Festsetzung der Neuwahl keinen gegenüber der Auflösung eigenständigen Unrechtsgehalt. Diese Bewertung ist von der im Rahmen der Zulässigkeit erörterten Rechtserheblichkeit der Festsetzung als Antragsgegenstand zu unterscheiden. Zwar hat die konkrete Bestimmung des Termins für eine Neuwahl rechtliche Bedeutung für die Dauer der Rechte als Abgeordnete, jedoch geht die Bedeutung selbst über die möglicherweise bereits in der Auflösung bestehenden Verkürzung der Abgeordnetenrechte nicht hinaus.

Soweit es um die Verletzung objektiven Verfassungsrechts (Artt. 39, 68 GG) geht, ist die Festsetzung der Neuwahl durch den Bundespräsidenten die grundgesetzlich vorgegebene Folge der Auflösung des Parlamentes, sodass auch diesbezüglich keine Verletzung in Betracht kommt. Die Festsetzung der Wahl ist daher keine schutzbereichseingriffsrelevante Handlung.

2. Einschätzungsprärogative des Bundespräsidenten

Der Bundespräsident kann eine Einschätzungsprärogative dahingehend haben, dass er bei einer Auflösung des Bundestages lediglich eine Evidenzkontrolle bezüglich des vom Bundeskanzler gestellten Antrages vorzunehmen hat. Bei Einhaltung der Grenzen eines solchen Einschätzungsspielraumes könnte eine Verletzung des Grundgesetzes durch den Bundespräsidenten ausgeschlossen sein.

Grundlage für die Auflösungsanordnung des Bundespräsidenten ist Art. 68 GG. „Danach kann auf Antrag des Bundeskanzlers der Bundespräsident den Bundestag auflösen, wenn ein Antrag des Bundeskanzlers, ihm das Vertrauen auszusprechen, nicht die Zustimmung der Mehrheit der Mitglieder des Bundestages erhalten hat. Der Bundespräsident trifft die Entscheidung, den Bundestag aufzulösen oder aber dem Antrag des Bundeskanzlers nicht Folge zu leisten, als politische Leitentscheidung in eigener Verantwortung. Diese Entscheidung obliegt dem pflichtgemäßen Ermessen des Bundespräsidenten. Ein Ermessen im Rahmen des Art. 68 GG ist dem Bundespräsidenten allerdings nur eröffnet, wenn im Zeitpunkt seiner Entscheidung die Voraussetzungen des Art. 68 GG erfüllt sind" (BVerfGE 114, 121, 148).

Ob der Bundespräsident über eine Evidenzkontrolle hinaus verpflichtet ist, die Einhaltung dieser verfassungsrechtlichen Anforderungen des Art. 68 GG vor seiner Entscheidung zu prüfen, ist für die Feststellung eines Verfassungsverstoßes irrelevant (BVerfGE 114, 121, 148). Zur Absicherung der repräsentativen Demokratie kann das Bundesverfassungsgericht im Organstreitverfahren damit befasst werden, die Beachtung von Art. 68 GG zu prüfen. „Sind die Tatbestandserfordernisse des Art. 68 GG nicht erfüllt, ist die Auflösung des Deutschen Bundestages verfassungswidrig" (BVerfGE 114, 121, 148). Eine Einschätzungsprärogative des Bundespräsidenten hat nicht zur Folge, dass das Grundgesetz bei

Nichterfüllung des Tatbestandes des Art. 68 GG als nicht verletzt gilt. Die inhaltlichen Vorgaben im Grundgesetz sind maßgeblich.

II. Schutzbereichseingriff

Durch die Auflösung des Bundestages kann in die Rechte der Abgeordneten nach Art. 38 Abs. 1 S. 2 GG i.V.m. Art. 39 Abs. 1 S. 1 GG eingegriffen worden sein.

„Der verfassungsrechtliche Prüfungsmaßstab ergibt sich aus Art. 38 Abs. 1 S. 2 GG i.V.m. den Artt. 39 Abs. 1 S. 1, 68 GG. Die antragstellenden Abgeordneten berufen sich auf ihren Status als gewählte Vertreter des Volkes. Gemäß Art. 39 Abs. 1 S. 1 GG sind sie für die Dauer von vier Jahren gewählt" (BVerfGE 114, 121, 148). Durch die Auflösung des Deutschen Bundestages vor Ablauf dieser Wahlperiode wird ihr Status als Abgeordnete insoweit tangiert, als die Zeitdauer ihrer Mitwirkungsmöglichkeiten verkürzt wird. Dieser Eingriff ist nur gerechtfertigt, wenn er im Grundgesetz vorgesehen ist.

„Der Eingriff in Art. 38 Abs. 1 S. 2 GG ist jedoch nicht auf die vorzeitige Beendigung des Abgeordnetenmandats beschränkt. Die mögliche Auflösung des Deutschen Bundestages kann sich auch mittelbar auf den Status des Abgeordneten auswirken, weil die Stellung des Abgeordneten im politischen Gefüge geschwächt wird" (BVerfGE 114, 121, 148 f.), wenn die Auflösung des Deutschen Bundestages ohne Weiteres realisiert werden und damit das Abgeordnetenmandat beendet werden kann.

Ein Schutzbereichseingriff in die Rechte der Abgeordneten ist gegeben.

III. Rechtfertigung durch Art. 68 GG

Der Eingriff in den Schutzbereich des Art. 38 Abs. 1 S. 2 GG i.V.m. Art. 39 Abs. 1 S. 1 GG kann gerechtfertigt sein. Eine Rechtfertigung kann dabei nur durch kollidierendes Verfassungsrecht erfolgen. In Betracht kommen insoweit die verfassungsrechtlichen Regelungen zur vorzeitigen Auflösung des Bundestages. Fraglich ist also, ob die Voraussetzungen des Art. 68 GG erfüllt sind.

1. Formelle Voraussetzungen des Art. 68 GG

Nach dem Wortlaut des Art. 68 GG muss dazu ein Antrag des Bundeskanzlers, ihm das Vertrauen auszusprechen, nicht die Mehrheit der Mitglieder des Bundestages i.S.d. Art. 121 GG erhalten. Gemäß § 1 BWahlG hat der Bundestag 598 Abgeordnete – ohne Überhangmandate. Es haben mit 151 Abgeordneten weniger als die Hälfte der Mitglieder des Bundestages dem Bundeskanzler das Vertrauen ausgesprochen, sodass diese formelle Voraussetzung erfüllt ist.

2. Materielle, teleologische Voraussetzung des Art. 68 GG

„Die auf Auflösung des Bundestages gerichtete Vertrauensfrage ist nur verfassungsgemäß, wenn sie nicht nur den formellen Anforderungen, sondern auch dem Zweck des Art. 68 GG entspricht" (BVerfGE 114, 121, 149). Durch die Vertrauensfrage i.S.d. Art. 68 GG, ergänzt durch die Möglichkeit eines konstruktiven Misstrauensvotums gemäß Art. 67 GG und die Wahl des Bundeskanzlers durch den Bundestag i.S.d. Art. 63 Abs. 1 GG wird bezweckt, in der Bundesrepublik Deutschland eine vom Volk über das Parlament kontrollierbare handlungsfähige Bundesregierung gewährleisten zu können. Eine Auflösung des Bundestages gemäß Art. 68 GG darf demnach nur erfolgen, wenn anderenfalls keine handlungsfähige Bundesregierung bestünde. Fraglich ist, an welchem Maßstab die Handlungsunfähigkeit der Bundesregierung verfassungs-gerichtlich bemessen wird.

Schema 37: Bundesregierung: Misstrauensbekundungen und Vertrauensfrage

Bundesregierung: Misstrauensbekundungen und Vertrauensfrage			
Konstruktives Misstrauensvotum (Art. 67 GG, § 97 GO BT)	**Schlichte Misstrauensbekundung** nach h.M. möglich	**Vertrauensfrage**, Art. 68 GG	
		formell	materiell
			2 Möglichkeiten:
		Kanzler kann Vertrauensfrage isoliert oder mit Gesetzesvorlage verbunden stellen (Argument aus Art. 81 I 2 GG)	**echte Vertrauensfrage** Kanzler will Parlament für künftige Handlungsfähigkeit disziplinieren → keine materiellen Prüfungspunkte
			unechte Vertrauensfrage = auflösungsgerichtet Kanzler muss Eindruck haben, dass Regierung nicht mehr handlungsfähig ist → Prüfung der Handlungsunfähigkeit (Einschätzungsprärogative des Kanzlers) (+) bei zweifelhafter Mehrheit im BT (+) bei Blockadehaltung im BR

a) Handlungsunfähigkeit der Bundesregierung

Zunächst ist herauszuarbeiten, dass das Merkmal der Handlungsunfähigkeit schwer bestimmbar ist und zudem bis zu einer festzulegenden Grenze der Einschätzungsprärogative des Bundeskanzlers unterliegt.

Handlungsfähigkeit bedeutet nicht lediglich, dass der Bundeskanzler gemäß Art. 65 S. 1 GG die Richtlinien der Politik bestimmt und die Verantwortung für diese trägt, sondern auch, dass eine Mehrheit von Abgeordneten ihn stützt (vgl. BVerfGE 114, 121, 149).

Schema 38: Prinzipien der Bundesregierung (Art. 65 GG)

Kanzlerprinzip, Art. 65 S. 1 GG	Ressortprinzip, Art. 65 S. 2 GG	Kollegialprinzip, Art. 65 S. 3 GG
Regierungsbefugnisse liegen ausschließlich beim Kanzler	Regierungsaufgaben sind den Ministern zugewiesen	Rechtshandlungen setzen Mehrheitsbeschluss voraus

„Die Verfassung ist auf eine parlamentarisch verankerte Regierung ausgerichtet. Der Bundeskanzler wird gemäß Art. 63 GG vom Bundestag gewählt. Für eine effektive Wahrnehmung seines dadurch errungenen politischen Gestaltungsmandats bedarf er kontinuierlicher Unterstützung durch die Mehrheit des Deutschen Bundestages. Gestützt auf sein freies Mandat ist allerdings jeder Abgeordnete berechtigt und dafür verantwortlich, die Regierung zu überwachen und im Rahmen der Kompetenzen des Bundestages die Politik mitzugestalten. Die Aufgabe der Kontrolle fällt dabei zwar in besonderem Maße – aber keineswegs ausschließlich – der Opposition im Bundestag zu" (BVerfGE 114, 121, 149 f.).

Aus einer mit der Regierung verbundenen Parlamentsmehrheit und der Oppositionsminderheit entfaltet sich der parlamentarische Willensbildungsprozess. Kritik durch Abgeordnete des Bundestages wird insoweit jedoch nicht ausgeschlossen, sondern ist Bestandteil einer funktionsfähigen Demokratie. Abgeordnete sind nur ihrem Gewissen unterworfen (Art. 38 Abs. 1 S. 2 GG). Allerdings ist der Bundeskanzler auf das Vertrauen der Abgeordneten angewiesen.

„Die Führung der Fraktionen wirkt darauf hin, dass aus der Freiheit des Mandats ein wirksamer und ein einheitlicher Wille erwächst, der bei den die Regierung unterstützenden Fraktionen mit der Konzeption der Bundesregierung vereinbar ist" (BVerfGE 114, 121, 150). Der Bundeskanzler benötigt eine verlässliche Mehrheit und eine prinzipielle Unterstützung für sein politisches Konzept. Ob ein Bundeskanzler diese Unterstützung hat, ist extern in der Regel schwer zu beurteilen, da das Verhältnis zwischen dem Bundeskanzler und den Fraktionen für die Öffentlichkeit teilweise nur begrenzt einsehbar ist.

Ob G die nötige Unterstützung im Bundestag hatte – insbesondere von den Fraktionen S und BG – ist nicht offenkundig ersichtlich, weil es nicht eindeutig ist, wieweit kritische Äußerungen Abgeordneter eine konstruktive Wahrnehmung ihres verfassungsrechtlichen Auftrags der Kontrolle der Regierung darstellen und ab wann sie schon zur verfassungsrechtlich maßgeblichen mangelnden Unterstützung führen.

b) Grenze der Handlungsfähigkeit

Wann die Grenze der Handlungsfähigkeit einer Regierung erreicht ist, kann aus der Systematik des Grundgesetzes abgeleitet werden. „Das Grundgesetz enthält besondere Vorschriften, um in einer politischen Krise notfalls auch eine Minderheitsregierung handlungsfähig zu halten. Es sind dort jedoch Auswege geregelt, die auf die Wiederherstellung stabiler Mehrheitsverhältnisse im Deutschen Bundestag ausgerichtet sind" (BVerfGE 114, 121, 149).

Vereint ein Bundeskanzler keine Mehrheit der Abgeordneten mehr, handelt es sich um einen politischen Krisenfall, bei dem nach der Konstruktion des Grundgesetzes auch andere Verfassungsorgane Verantwortung tragen sollen, zum Beispiel der Bundespräsident gemäß Art. 63 Abs. 4 S. 3 GG in Form der Auflösung des Bundestages sowie gemäß Art. 81 GG beim Gesetzgebungsnotstand.

Schema 39: Aufgaben des Bundespräsidenten (Artt. 54 ff. GG), siehe auch Schema 2

Aufgaben des Bundespräsidenten, Artt. 54 ff. GG		
Repräsentativfunktion (Vertretung des Staates als Einheit)	**Integrationsfunktion** (Herbeiführung staatlicher Übereinstimmung nach innen)	**Reservefunktion** (Eintreten bei eingeschränkter Handlungsfähigkeit anderer Verfassungsorgane)
– völkerrechtliche Vertretung (Art. 59 GG) – Ernennungs-/Begnadigungsrecht (Art. 60 GG)	– Gesetzesausfertigung (Art. 82 GG) – Genehmigung der Geschäftsordnung (Art. 65 S. 4 GG) – Beilegung von Differenzen durch Aussprache	– Ernennung/Entlassung des Kanzlers bzw. der Minister (Artt. 63, 64 GG) – Auflösung des Bundestages (Art. 68 GG) – Gesetzgebungsnotstand (Art. 81 GG)
Gegenzeichnung (Art. 58 GG) (+) bei verbindlichen Rechtsakten (-) bei Maßnahmen außerhalb organschaftlicher Kompetenz (str.) bei Akten ohne rechtliche Verbindlichkeit		

Insoweit handelt es sich jedoch nur um Maßnahmen zur Sicherung der Demokratie, während das vorrangige Ziel die Wiederherstellung der Mehrheitsverhältnisse ist. Diese Wiederherstellung kann durch den Rücktritt und die Neuwahl des Bundeskanzlers gemäß Art. 63 GG sowie eine Neuwahl in Form des konstruktiven Misstrauensvotums gemäß Art. 67 GG erfolgen (vgl. BVerfGE 114, 121, 151).

Eine weitere Option für die Wiederherstellung der Mehrheitsverhältnisse ist die von G gewählte Vertrauensfrage gemäß Art. 68 GG. Von Art. 68 GG ist die „echte Vertrauensfrage", welche nicht auf Auflösung des Parlamentes gerichtet ist, ebenso erfasst wie die auf Auflösung gerichtete „unechte Vertrauensfrage", welche auf Auflösung des Parlamentes gerichtet ist. Aus der systematischen Stellung des Art. 68 GG in der Verfassung ergibt sich in Anlehnung an Art. 62 GG und Art. 67 GG allerdings, dass es dem Bundeskanzler nicht möglich sein soll, gemeinsam mit einer ihn verlässlich tragenden Parlamentsmehrheit einen ihm geeignet erscheinenden Neuwahltermin voraussetzungslos zu bestimmen (BVerfGE 114, 121, 151).

Eine Vertrauensfrage i.S.d. Art. 68 GG ist daher nur gerechtfertigt, wenn der Bundeskanzler nicht in undemokratischer Weise wider das Grundgesetz Neuwahlen herbeiführen will. Es muss dem Bundeskanzler um die Wiederherstellung der Handlungsfähigkeit einer ausreichend parlamentarisch verankerten Bundesregierung gehen.

c) Wiederherstellung der Handlungsfähigkeit

Letztlich genügt für diese Annahme die berechtigte Einschätzung des Bundeskanzlers, dass die Handlungsfähigkeit der Bundesregierung im Hinblick auf die Mehrheitsverhältnisse beeinträchtigt ist (BVerfGE 114, 121, 152).

Bei praktischer Konkordanz der benannten Verfassungswerte ist einerseits zu berücksichtigen, dass die Verkürzung einer Wahlperiode das Vertrauen in die Funktionsfähigkeit der parlamentarischen Demokratie beeinträchtigen und zur Radikalisierung der Parteienlandschaft führen kann. Dies geschah zum Beispiel bei der Auflösung des Reichstages in der Weimarer Republik. Andererseits ergibt sich aus der Entstehungsgeschichte des Art. 68 GG die Zulässigkeit einer unechten Vertrauensfrage, wenn die Handlungsfähigkeit der Bundesregierung nicht mehr besteht.

Bei der Errichtung des Grundgesetzes wurde seitens des Verfassungsgebers die Möglichkeit erkannt, „dass es zum amtierenden Bundeskanzler aus dem Parlament heraus einerseits keine personelle Alternative für ein konstruktives Misstrauensvotum i.S.d. Art. 67 GG gibt, der Bundeskanzler aber andererseits für seine Politik auch keine hinreichende Unterstützung einer Mehrheit mehr findet". Das verfassungsrechtliche Problem einer solchen Konstellation ist, „dass der Bundeskanzler diese Lage nicht aus eigener Initiative beendet, und zwar durch den Weg über eine Vertrauensfrage, um zu Neuwahlen zu gelangen". Problematisch ist insoweit der auf seiner Position beharrende Bundeskanzler, „der im Amt bleibt, obwohl seine Handlungsfähigkeit nicht mehr gewährleistet ist". Bei Zugrundelegung der geltenden Fassung des Art. 68 GG wurde offenbar lediglich diejenige Gefahr als noch größer angesehen, dass der Bundestag gegen den Willen des Bundeskanzlers ohne das formalisierte Verfahren des konstruktiven Misstrauensvotums zu einer Neuwahl gelangen kann, weshalb eine solche Möglichkeit im Grundgesetz nicht vorgesehen ist (BVerfGE 114, 121, 153).

Aus diesem Zusammenspiel des konstruktiven Misstrauensvotums einerseits und der unechten Vertrauensfrage andererseits und bei Abwägung der insoweit bestehenden gegenteiligen Interessen ist eine unechte Vertrauensfrage nicht zweckwidrig, wenn dem Bundeskanzler Niederlagen bei künftigen Abstimmungen im Bundestag drohen. Die Handlungsfähigkeit geht verloren, wenn der Bundeskanzler von wesentlichen Punkten seines politischen Konzepts abrücken muss. In einer solchen Situation ist der Bundeskanzler aber nicht zum Rücktritt oder zur Offenbarung der fehlenden Mehrheit verpflichtet. Es ist irrelevant, ob ein Rücktritt des Bundeskanzlers zu stabileren Verhältnissen führen würde. Die Offenlegung eines Dissenses könnte die politische Stabilität zusätzlich erschüttern. Es besteht keine Pflicht, zunächst eine echte Vertrauensfrage zu stellen.

„Es ist auch nicht zweckwidrig, wenn der Bundeskanzler hinsichtlich seiner künftigen politischen Rolle in seiner Fraktion und seiner Partei einen Zeitpunkt wählt, der ein Zerwürfnis noch nicht als irreparabel erscheinen lässt. Der Bundeskanzler kann nicht zwecks Vereinfachung der rechtlichen Prüfung gezwungen werden, die instabile Lage zu verschärfen, die er durch die auflösungsgerichtete Vertrauensfrage zu überwinden sucht" (BVerfGE 114, 121, 154 f.).

Aus der Sicht des Bundeskanzlers G ging es letztlich um eine Situation, in der er keine Mehrheit mehr hatte und welche wiederhergestellt werden musste. Maßgeblich ist, ob aus verfassungsrechtlicher Sicht die gerichtlich überprüfbaren Grenzen des Art. 68 GG eingehalten worden sind.

d) Maßgebliche Aspekte

Das Bundesverfassungsgericht darf die zweckgerichtete Anwendung des Art. 68 GG aufgrund des sich aus dem Rechtsstaatsprinzip ergebenden Grundsatzes der Gewaltenteilung und der daraus folgenden Einschätzungsprärogative des Bundeskanzlers als Exekutive lediglich in dem in der Verfassung vorgesehenen eingeschränkten Umfang prüfen. An den Voraussetzungen des Art. 68 GG fehlt es demnach nur, wenn maßgebliche, also über die Einschätzungsprärogative des Bundeskanzlers hinausgehende Tatbestandsmerkmale des Art. 68 GG nicht erfüllt sind.

aa) Offensichtliche Bestimmung der Handlungsfähigkeit der Bundesregierung

Eine Verletzung des Art. 68 GG kann jedenfalls festgestellt werden, wenn die von G geführte Bundesregierung bei Berücksichtigung der Einschätzungsprärogative des G doch als handlungsfähig einzustufen ist, insbesondere, wenn dies offensichtlich ist.

„Dabei lassen sich zu dem vom Bundeskanzler behaupteten Verlust seiner parlamentarischen Mehrheit mit den in einem verfassungsgerichtlichen Verfahren verfügbaren Erkenntnismitteln keine sicheren Feststellungen treffen, ohne die politische Handlungsfreiheit unangemessen zu beschränken" (BVerfGE 114, 121, 155). Die Handlungsfähigkeit der Bundesregierung hängt von deren Zielen ab. Einschätzungen haben Prognosecharakter und sind an höchstpersönliche Wahrnehmungen gebunden.

Eine sichere Beurteilung ist möglich, „wenn eine Mehrheit des Deutschen Bundestages sich offen und andauernd obstruktiv verhält und deutlich erklärt, zum Bundeskanzler kein Vertrauen mehr zu haben, sich jedoch ebenso erklärtermaßen nicht auf die Wahl eines neuen Bundeskanzlers über den Weg des Art. 67 GG einigen kann. Bei einer derart offenen Obstruktion bedarf es keiner Diskussion über die gerichtliche Kontrolldichte und den Einschätzungsspielraum des Bundeskanzlers, weil die Lage politischer Instabilität im Sinne einer Minderheitssituation der Regierung im Parlament klar erkennbar ist" (BVerfGE 114, 121, 156).

Ebenso wäre es, „wenn der Bundeskanzler seine Vertrauensfrage ersichtlich mit dem ausschließlichen Ziel stellen würde, den Bundesrat mit einer Bestätigung der Bundesregierung durch Wahlakklamation politisch zu delegitimieren. In einer solchen Konstellation würde es bereits an der von Art. 68 GG vorausgesetzten Instabilität der Lage im Verhältnis zwischen Bundeskanzler und Parlament fehlen" (BVerfGE 114, 121, 156).

Problematisch ist die Einschätzung, wenn die Richtigkeit der Einschätzung der Handlungsunfähigkeit durch den Bundeskanzler noch nicht offenkundig geworden ist. Sie lässt sich dann kaum gerichtlich feststellen, da insoweit Anhaltspunkte fehlen. Die Einschätzung des Bundeskanzlers darf das Bundesverfassungsgericht im Rahmen der vom Bundeskanzler für seine Wertung ausgeschöpften Einschätzungsprärogative nicht vollständig überprüfen.

„Der politische Willensbildungsprozess mit seinen zulässigen, auch von taktischen und strategischen Motiven geprägten Verhaltensweisen und Rücksichtnahmen darf in Fragen der politischen Einschätzung schließlich nicht durch eine nach vollständigem Beweis strebende gerichtliche Sachverhaltsaufklärung geschädigt werden. Andernfalls wäre die im Grundgesetz verankerte – aus dem rechtsstaatlichen Grundsatz der Gewaltenteilung ableitbare – Balance zwischen effektiver rechtlicher Bindung der öffentlichen Gewalt und der Ermöglichung wirksamer politischer Handlungsfreiheit verletzt" (BVerfGE 114, 121 157). Um die Handlungsfähigkeit der Bundesregierung offensichtlich feststellen zu können, bedarf es der genauen Betrachtung der Einbindung der unterschiedlichen rechtsstaatlichen Gewalten.

bb) Gewaltenteilung

Durch das gewaltenteilende System des Grundgesetzes ist die Verantwortung für die Auflösung des Bundestages auf drei Verfassungsorgane – nämlich auf Bundeskanzler, Bundespräsident und Bundestag – verteilt, deren Entscheidungen der verfassungsgerichtlichen Kontrolle dienen (BVerfGE 114, 121, 155). Diese drei benannten Verfassungsorgane können die Auflösung des Parlamentes jeweils verhindern. Durch diese Eingrenzung wird die Entscheidung über die Handlungsunfähigkeit des Bundeskanzlers abgesichert.

Die Verantwortungskette beginnt beim Bundeskanzler, dessen Antrag für die Auflösung des Bundestages erforderlich ist. Dann entscheidet der Bundestag, ob er die Vertrauensbekundung verweigert oder alternativ einen neuen Bundeskanzler wählt.

G wurde mit großer Mehrheit das Vertrauen versagt, wenngleich kein neuer Bundeskanzler gewählt worden ist. Die Mehrheit der Mitglieder des Bundestages i.S.d. Artt. 68, 121 GG erstrebte offenbar die Auflösung des Parlaments. Anschließend hatte der Bundespräsident nach eigener politischer Beurteilung die Auflösung des Bundestages angeordnet, nachdem er im Rahmen der ihm im Grundgesetz auferlegten Evidenzkontrolle eine rechtliche Beurteilung der Situation vorgenommen hatte.

Dem Bundespräsidenten steht bei der Prüfung eines Gesetzes vor Ratifizierung kein politisches Prüfungsrecht, jedoch nach h.M. ein formelles und ein auf evidente Fehler beschränktes materielles Prüfungsrecht zu. Bei der Vertrauensfrage hat er nach h.M. aufgrund seiner insoweit im Grundgesetz erweiterten Position ein (zumindest eingeschränktes) politisches Prüfungsrecht. Sollte es in einer Klausur um das Prüfungsrecht des Bundeskanzlers i.S.d. Art. 58 S. 1 GG gehen, ist dieses in gleicher Weise wie beim Bundespräsidenten zu behandeln – tendenziell eher restriktiver, so dass mit Ausnahme extremer Willkür auf ein formelles Prüfungsrecht beschränkt ist.

Die Vertrauensfrage des Bundeskanzlers kann – trotz Einbindung des Bundestages und des Bundespräsidenten – über die Einschätzungsprärogative des Bundeskanzlers hinaus grundsätzlich vom Bundesverfassungsgericht als verfassungswidrig festgestellt werden.

cc) Kontrolle durch das Bundesverfassungsgericht

Fraglich ist, ob trotz der Einbindung der übrigen Organe die Einschätzungsprärogative seitens des Bundeskanzlers überschritten worden ist. „Der für die
Auflösung nach Art. 68 GG geltende anspruchsvolle Mechanismus der Gewaltenteilung vermag nur sinnvoll entfaltet zu werden, wenn das Bundesverfassungsgericht die politische Einschätzung der Lage durch die zuvor tätigen Verfassungsorgane respektiert" (BVerfGE 141, 121, 159).

Die Prüfungskompetenz des Bundesverfassungsgerichts ist durch die Einschätzungsprärogative nämlich lediglich eingeschränkt, jedoch nicht ausgeschlossen. „Allerdings muss dabei die den anderen Verfassungsorganen im
Grundgesetz garantierte Möglichkeit freier politischer Gestaltung und Verantwortung offen berücksichtigt werden. Wegen des dreistufigen Entscheidungsprozesses sind die Prüfungsmöglichkeiten des Bundesverfassungsgerichts im
Rahmen des Art. 68 GG geringer als in den Bereichen von Rechtssetzung und
Normvollzug. Im Grundgesetz gilt insoweit primär das in Art. 68 GG angelegte
System der gegenseitigen politischen Kontrolle und des politischen Ausgleichs
zwischen den beteiligten obersten Verfassungsorganen. Nur soweit verfas-
sungsrechtliche Maßstäbe für politisches Verhalten normiert sind, darf das
Bundesverfassungsgericht deren Verletzung prüfen" (BVerfGE 114, 121, 160).
Insoweit muss die politische Lage für G tatsächlich instabil gewesen sein.

dd) Tatsächliche instabile Lage

Die Lage eines Bundeskanzlers ist instabil, wenn entsprechend der dargelegten
Maßstäbe die Handlungsfähigkeit nicht mehr gesichert war. Anders ist es zu
beurteilen, wenn ein Bundeskanzler eine instabile Lage nur vorschiebt, um
zweckwidrig Neuwahlen herbeiführen zu können.

Die Entscheidung des Bundeskanzlers muss auf Tatsachen gestützt sein.
Fehlt es an Tatsachen, hat der Bundeskanzler seine Einschätzungsprärogative
überschritten. Für eine verfassungsgemäße Einschätzung des Bundeskanzlers
genügt es allerdings, dass dessen Einschätzung plausibel erscheint. Sie muss
nicht zwingend sein, wobei eine andere Entscheidung nicht eindeutig vorzugswürdig sein darf.

„Tatsachen, auf die auch andere Einschätzungen als die des Bundeskanzlers gestützt werden, können nur geeignet sein, die Einschätzung des Bundeskanzlers zu widerlegen, wenn sie keinen anderen Schluss zulassen als den, dass
die Einschätzung des Verlusts politischer Handlungsfähigkeit im Parlament
falsch ist" (BVerfGE 114, 121, 161).

„Bei der Würdigung der Tatsachen bezüglich der Vertrauensfrage ist zu berücksichtigen, dass Entwicklungen im Parlament oder in dessen Umfeld nach der

Ankündigung des Bundeskanzlers, die Vertrauensfrage zu stellen, jedenfalls teilweise nicht geeignet sind, die im Zeitpunkt dieser Ankündigung gegebene Plausibilität seiner Einschätzung zu erschüttern. Diese Entwicklungen können ihrerseits von der bloßen Ankündigung der Vertrauensfrage und der davon ausgehenden Disziplinierungswirkung auf die Abgeordneten beeinflusst sein. Das gilt insbesondere, wenn der Bundeskanzler sich auf das Bestehen einer latenten Minderheitslage beruft. Derartige Aspekte können von Bedeutung sein und vom Bundeskanzler in seine Bewertung im Zeitpunkt des Antrags i.S.d. Art. 68 GG einbezogen werden. Die Ankündigung des Bundeskanzlers, über eine Vertrauensfrage zur Neuwahl gelangen zu wollen, kann diejenige politische Lage gravierend verändern, die der Rechtfertigung zu einem solchen Vorgehen zugrunde liegt. Auch ein bevorstehender vorwirkender Wahlkampf kann zur Stärkung des Bedürfnisses führen, die politischen Reihen zu schließen, die Parteien für den Wettstreit untereinander zu formieren und lässt die Handlungsfreiheit für abweichendes Verhalten innerhalb der Partei geringer werden" (BVerfGE 114, 121 161).

Letztlich muss G bis zur Ankündigung des Stellens der Vertrauensfrage hinreichende Tatsachen zur Begründung seiner Vertrauensfrage benannt haben, sodass keine andere Entscheidung des Bundeskanzlers verfassungsrechtlich vorzuziehen gewesen sein darf. Auch die Ermessensausübung des Bundespräsidenten darf nicht verfassungswidrig sein.

e) Entscheidungen des Bundeskanzlers und des Bundespräsidenten
Die Entscheidungen des Bundeskanzlers und des Bundespräsidenten können mit dem Grundgesetz unvereinbar sein.

aa) Möglichkeit anderer Entscheidung des Bundeskanzlers
Die Entscheidung des Bundeskanzlers ist mit dem Grundgesetz unvereinbar, wenn eine andere Entscheidung möglich und naheliegender gewesen wäre, ohne bei dieser Beurteilung die Einschätzungsprärogative des Bundeskanzlers einerseits und entgegenstehende Rechte und Rechtsgüter wie die Rechte der Abgeordneten andererseits zu verletzen.

Der Bundeskanzler hat Tatsachen benannt, die für seine Einschätzung sprechen. Er hat ausgeführt, die Agenda 1 habe zu Streit zwischen den Parteien, aber auch innerhalb der S geführt. Diese Spannungen würden durch verlorene Wahlen noch verstärkt, sodass sogar einige Mitglieder der S sich einer linkspopulistischen Partei zugewandt haben.

„Der Bundeskanzler hat ausgeführt, er befürchte daher, dass künftig in zentralen Feldern seiner Regierungspolitik, vor allem bezüglich der Agenda 1, abweichende Stimmen die Mehrheit gefährden würden. Er hat auch erklärt, weshalb öffentliche Loyalitätsbekundungen, zu denen sich nach seiner Ankündigung, auf Neuwahlen hinwirken zu wollen, diverse Abgeordnete veranlasst sahen, an dieser Einschätzung nichts geändert haben" (BVerfGE 114, 121, 163). Diese Sichtweise des Bundeskanzlers wird vom Partei- und Fraktionsvorsitzenden der S geteilt. Die politische Gesamtlage steht der Einschätzung des Bundeskanzlers nicht entgegen. Seine Annahme der Handlungsunfähigkeit entspricht der politischen Ereignislinie in Form ständiger Kritik und verlorener Wahlen.

Es sind keine Tatsachen ersichtlich, durch welche diese Einschätzung widerlegt werden würde, sodass eine andere Entscheidung vorzugswürdig wäre. Der Einwand, der Bundeskanzler wolle sich ein neues Mandat für seine Politik verschaffen, lässt nicht erkennen, dass der Bundeskanzler ein dem Zweck des Art. 68 GG widersprechendes Plebiszit anstrebt (vgl. BVerfGE 114, 121, 166). Im Übrigen ist es unerheblich, ob der Bundeskanzler weitere – über die des Art. 68 GG hinausgehende – Motive für seine Entscheidung hatte. Dies ist nicht durch die Einschätzung und die Vertrauensbekundung durch den Fraktionsvorsitzenden des S widerlegt worden, da dessen Äußerungen im Zusammenhang mit der Feststellung, dass die Fraktion den G weiterhin als Bundeskanzler haben wolle, stand (vgl. BVerfGE 114, 121, 167).

„Die Äußerungen des Fraktionsvorsitzenden bezogen sich somit allein auf die unumstrittene Person des Bundeskanzlers und hatten nicht den Sinn, vorausgegangene, die Einschätzung des Bundeskanzlers bestätigende Äußerungen zurückzunehmen" (BVerfGE 114, 121, 167). Die Erfüllung der Voraussetzungen des Art. 68 GG wird durch die vorhandene Unterstützung des Fraktionsvorsitzenden für eine erneute Kandidatur des amtierenden Bundeskanzlers nicht ausgeschlossen. Somit ist bei Berücksichtigung der Einschätzungsprärogative des Bundeskanzlers nicht anzunehmen, dass eine andere Entscheidung seinerseits vorrangig zu treffen gewesen wäre.

bb) Verfassungsgemäße Entscheidung des Bundespräsidenten

Auch die Folgeentscheidung des Bundespräsidenten darf nicht verfassungswidrig sein.

„Die Anordnung der Auflösung des Bundestages oder ihre Ablehnung gemäß Art. 68 GG ist eine politische Leitentscheidung, die dem pflichtgemäßen Ermessen des Bundespräsidenten obliegt. Ein Ermessen im Rahmen des Art. 68 Abs. 1 S. 1 GG ist dem Bundespräsidenten nur eröffnet, wenn im Zeitpunkt seiner Entscheidung die verfassungsrechtlichen Voraussetzungen hierfür erfüllt sind" (BVerfGE 62, 1, 2. Leitsatz).

„Der Bundespräsident hat den ihm vom Bundeskanzler unterbreiteten Vorschlag, den Deutschen Bundestag aufzulösen, geprüft. Es ist nicht ersichtlich, dass der Bundespräsident bei der Ausübung des ihm eingeräumten weiten politischen Ermessens gegen das Grundgesetz verstoßen hätte. Der Bundespräsident hat die ihm eröffnete politische Entscheidungsfreiheit gesehen und genutzt. Er hat Ermessenserwägungen angestellt und ist in seiner Gesamtabwägung zu dem verfassungsrechtlich unbedenklichen Ergebnis gekommen, dass dem Wohl des Volkes mit einer Neuwahl am besten gedient sei" (BVerfGE 114, 121, 169 f.). Seine Entscheidung ist verfassungsgemäß.

IV. Zwischenergebnis
Der Eingriff in den Schutzbereich des Art. 38 Abs. 1 S. 2 GG ist gerechtfertigt, da die Voraussetzungen des Art. 68 GG erfüllt sind. Die Anträge der A und B sind unbegründet.

C. Ergebnis
Die Anträge der A und B sind zulässig, aber unbegründet. Sie werden keinen Erfolg haben.

2. Komplex: Verfassungsmäßigkeit des Gesetzes
Das Naturimmissionsschutzgesetz (NIG) kann formell und materiell verfassungsgemäß sein.

Die formelle Prüfung ist durch die Vorgabe am Ende des Sachverhaltes auf die Prüfung der Kompetenz beschränkt.

A. Formelle Verfassungsmäßigkeit
Das Naturimmissionsschutzgesetz ist hinsichtlich des Verfahrens und der Form verfassungsgemäß zustande gekommen. Fraglich ist lediglich, ob dem Bund die Gesetzgebungskompetenz im Bereich der „Abgabe" zusteht. Die Gesetzgebungskompetenz ist abhängig von der Art der Abgabe. Handelt es sich bei der „Abgabe" um eine Steuer, ist Art. 105 GG maßgeblich, während die Gesetzgebungskompetenz bei Gebühren bzw. Beiträgen in den Artt. 70 GG oder gegebenenfalls nach den Spezialregelungen für die Verwaltungsverfahrensgesetzgebungskompetenz in den Artt. 84, 85 GG geregelt ist (vgl. BVerfGE 55, 274, 299 ff.).

I. Steuer

Würde es sich bei der „Abgabe" für die Anlagenbetreiber um eine Steuer handeln, würde sich die Gesetzgebungskompetenz nach Art. 105 GG richten. „Steuern sind einmalige oder laufende Geldleistungen, die nicht eine Gegenleistung für eine besondere Leistung darstellen und von einem öffentlichen Gemeinwesen zur Erzielung von Einkünften allen auferlegt werden, bei denen der Tatbestand zutrifft, an den das Gesetz die Leistungspflicht knüpft" (BVerfGE 55, 274, 299). Dazu gehören auch Zölle, nicht aber Vorzugslasten, also Gebühren für eine besondere Inanspruchnahme der Verwaltung und Beiträge. Für die Steuer wird also die Legaldefinition des § 3 Abs. 1 AO entsprechend maßgeblich, wenngleich der Steuerbegriff des Grundgesetzes über das Konzentrat einfachgesetzlicher Normen hinausgeht (BVerfGE 55, 274, 299). Bei der „Abgabe" der Anlagenbetreiber geht es nicht um die Erzielung von Einkünften für das Gemeinwesen, sondern um eine zweckgebundene Verwendung, da Untersuchungen für Schadstoffwerte mit den Einnahmen finanziert werden sollen. Es handelt sich bei der „Abgabe" nicht um eine Steuer, sodass sich die Gesetzgebungskompetenz nicht nach Art. 105 GG richtet.

II. Vorzugslasten

Es kann sich bei der neuen „Abgabe" um eine Vorzugslast in Form einer Gebühr oder eines Beitrages handeln. Dann würde sich die Gesetzgebungskompetenz für diese aus den Artt. 70 ff. GG in Anlehnung an die betroffene Gesetzgebungsmaterie ergeben. Gebühren sind Leistungen, die aufgrund einer konkreten Gegenleistung staatlicher Einrichtungen zu erbringen sind, wobei zwischen Verwaltungs- und Nutzungsgebühren zu unterscheiden ist. Verwaltungsgebühren sind Zahlungen für eine konkrete Handlung der Verwaltung, während Nutzungsgebühren bei der Inanspruchnahme im Rahmen der Daseinsvorsorge seitens des Staates zur Verfügung gestellter öffentlicher Einrichtungen entstehen. Demgegenüber werden Beiträge im Rahmen zwangsmitgliedschaftlich organisierter juristischer Personen für eine dem Einzelnen eröffnete Nutzungsmöglichkeit innerhalb der zwangsmitgliedschaftlich organisierten juristischen Person entrichtet, ohne dass es auf die tatschliche Nutzung ankommt. Die von den Anlagenbetreibern zu entrichtende „Abgabe" ist keine Gebühr, da sie nicht auf eine konkrete Gegenleistung bezogen ist. Sie ist zwar beitragsähnlich, jedoch ist sie nicht auf eine Zwangsmitgliedschaft in einer juristischen Person zurückzuführen. Die „Abgabe" für die Anlagenbetreiber ist weder eine Gebühr noch ein Beitrag und somit keine Vorzugslast.

III. Beitragsähnliche Sonderabgabe

Es kann sich bei der „Abgabe" für die Anlagenbetreiber um eine beitragsähnliche Sonderabgabe handeln. Eine Sonderabgabe ist im Grundgesetz nicht ausdrücklich vorgesehen, sodass insoweit keine Sonderkompetenznorm ersichtlich ist. Dennoch sind Sonderabgaben im verfassungsrechtlichen Kompetenzgefüge in Anlehnung an die jeweilige Gesetzgebungsmaterie zulässig, soweit damit keine zusätzliche Steuer unter Umgehung der besonderen Vorschriften im Finanzverfassungsrecht umgangen wird. Es darf sich somit nicht um eine steuerähnliche Abgabe handeln, die gegeben ist, wenn es um die Erzielung von Einnahmen für den allgemeinen öffentlichen Finanzbedarf des öffentlichen Gemeinwesens geht.

Es ist erforderlich, die Zulässigkeit einer Sonderabgabe bei den Gesetzgebungskompetenzen, also im Rahmen der formellen Verfassungsmäßigkeit zu erörtern, obwohl insoweit auch materiell-rechtliche Aspekte betroffen sind. Nur wenn eine Sonderabgabe gesetzlich zulässig ist, kann diesbezüglich die Kompetenz zugeordnet werden.

Schema 40: Abgabearten, siehe auch Schema 23

Steuern	Gebühren	Beiträge
→ Geldleistungen, die keine Gegenleistung für besondere Leistungen darstellen > von einem öffentlich-rechtlichen Gemeinwesen zur Erzielung von Einnahmen allen auferlegt werden, bei denen der Tatbestand zutrifft, an den durch Gesetz die Leistungspflicht geknüpft wird (§ 3 I AO)	→ Geldleistungen, die als Gegenleistung für die **tatsächliche Inanspruchnahme** einer besonderen Leistung von Behörden (Verwaltungsgebühren) oder für die Inanspruchnahme einer öffentlichen Einrichtung (Benutzungsgebühren) erhoben	→ Abgaben für die Nutzungs-möglichkeit von Vorteilen, die dem einzelnen eröffnet werden, unabhängig davon, ob er den Vorteil in Anspruch nimmt oder nicht

Im Übrigen: **Sonderabgaben**

Die „Abgabe" für die Anlagenbetreiber ist nicht steuerähnlich, weil sie zweckgebunden und somit nicht zur Finanzierung des öffentlichen Gemeinwesens eingeführt worden ist. Sie kann als Sonderabgabe zulässig sein. Eine Sonderabgabe ist die von einer abgrenzbaren homogenen Gruppe geforderte Abgabe, wobei eine evidente Nähe der Abgabepflichtigen zum Zweck bestehen muss. Darüber hinaus bedarf es einer Verantwortlichkeit der Gruppe im betroffenen Bereich, also eines gruppenspezifischen Bezuges. Die Abgabe muss auch gruppennützig verwendet werden.

Die neu eingeführte „Abgabe" richtet sich an Anlagenbetreiber und somit an eine homogene Gruppe, die für die Schadstoffproduktion verantwortlich ist.

Durch die Schadstoffproduktion der Anlagen besteht eine evidente Nähe der Gruppe der Anlagenbetreiber zum Zweck der Schadstoffbegrenzung und des Umweltschutzes. Die „Abgabe" wird zur Forschung in der Schadstoffbegrenzung und somit zweckgebunden verwendet. Die neue „Abgabe" stellt eine zulässige Sonderabgabe dar, für welche im Bereich des Bundesimmissionsschutzgesetzes entsprechend der konkurrierenden Gesetzgebung gemäß den Artt. 72 Abs. 1, 74 Abs. 1 Nr. 24 GG der Bund zuständig ist.

IV. Zwischenergebnis
Das Naturimmissionsschutzgesetz ist formell verfassungsgemäß.

B. Materielle Verfassungsmäßigkeit
Das Naturimmissionsschutzgesetz kann materiell verfassungsgemäß sein. Ein Bundesgesetz ist materiell verfassungsgemäß, soweit es mit dem Grundgesetz vereinbar ist. Fraglich ist die Vereinbarkeit mit den Artt. 83ff. GG, mit Art. 80 GG und mit den Artt. 104aff. GG.

I. Vereinbarkeit des § 1 NIG mit den Artt. 83ff. GG
Die Übertragung verwaltungsrechtlicher Aufgaben auf das Umweltbundesamt im Bereich der genehmigungsbedürftigen Anlagen gemäß § 1 NIG kann mit den Artt. 83ff. GG unvereinbar sein. Das ist anzunehmen, soweit die verwaltungsrechtlichen Aufgaben nicht vom Bundesumweltamt wahrgenommen werden dürften, weil eine Landesbehörde handeln müsste.

Landesgesetze werden gemäß Art. 30 GG durch die Landesbehörden verwaltet. Bundesgesetze werden gemäß Art. 84 GG entweder durch die Länder als eigene Angelegenheit, gemäß Art. 85 Abs. 1 GG durch die Länder im Auftrag des Bundes oder aber gemäß den Artt. 86, 87 GG durch den Bund in bundeseigener Verwaltung verwaltet.

Werden Gesetze durch die Länder als eigene Angelegenheit verwaltet, darf der Bund gemäß Art. 84 Abs. 3 S. 1 GG vorbehaltlich der Ausnahmen in Art. 84 Abs. 5 GG nur eine Rechtsaufsicht ausüben. Hinsichtlich der Verwaltung im Auftrag des Bundes besteht gemäß Art. 85 Abs. 3, 4 GG auch eine Fachaufsicht des Bundes, sodass neben der Aufsicht über die Rechtmäßigkeit des Handelns der ausführenden Landesbehörde gemäß Art. 85 Abs. 4 GG eine Vorgabe zur Zweckmäßigkeit des Verwaltungshandelns erfolgt.

Bundesbehörden dürfen Bundesgesetze also nur in Materien der bundeseigenen Verwaltung i.S.d. Artt. 86, 87 GG selbst ausführen. Hierzu gehört auch die in

Art. 87 Abs. 3 S. 1 GG eingeräumte Möglichkeit, Angelegenheiten, für die dem Bunde die Gesetzgebung zusteht, durch neu errichtete Bundesbehörden zu verwalten. Nur wenn es sich bei der dem Umweltbundesamt zugewiesenen Materie um einen Bereich der bundeseigenen Verwaltung oder um eine Angelegenheit, für die dem Bunde die Gesetzgebung zusteht, handelt, ist die Regelung mit dem Grundgesetz vereinbar.

Im Naturimmissionsgesetzes wird die Verwaltung des Bundesimmissionsschutzgesetzes im Bereich der genehmigungsbedürftigen Anlagen dem Umweltbundesamt zugewiesen. Es handelt sich dabei nicht um eine Materie der bundeseigenen Verwaltung, da sie weder in Art. 87 Abs. 1 GG genannt ist, noch zu den außerhalb des Art. 87 GG enumerativ aufgezählten Bereichen der bundeseigenen Verwaltung wie etwa den Artt. 87a, 87b, 87d–87f, 88, 89, 90 Abs. 3, 108 Abs. 1, 120a GG gehört.

Das Umweltbundesamt kann daher nur gemäß Art. 87 Abs. 3 S. 1 GG mit der Verwaltung betraut werden. Danach können selbstständige Bundesoberbehörden und neue bundesunmittelbare Körperschaften und Anstalten des öffentlichen Rechts durch ein Bundesgesetz in solchen Rechtsbereichen errichtet werden, in denen der Bund die Gesetzgebungskompetenz hat. Das Bundesimmissionsschutzrecht gehört gemäß Art. 74 Abs. 1 Nr. 24 GG zur konkurrierenden Vorranggesetzgebung, da die Erforderlichkeitsklausel gemäß Art. 72 Abs. 2 GG nicht anwendbar ist. Es handelt sich somit um eine Gesetzgebungsmaterie des Bundes. Selbstständige Bundesoberbehörden sind den Bundesministerien nachgeordnete Bundesbehörden ohne eigenen Verwaltungsunterbau mit Zuständigkeit für das gesamte Bundesgebiet (BVerfGE 14, 197, 211), die organisatorisch aus den Ministerien ausgegliedert und in bestimmtem – allerdings unterschiedlichem – Maß weisungsfrei gestellt sind. Das Umweltbundesamt ist als selbstständige Bundesoberbehörde organisiert.

Nach dem Wortlaut des Art. 87 Abs. 3 S. 1 GG muss die Angelegenheit einer neu errichteten Behörde übertragen werden. Das Umweltbundesamt besteht schon länger, ist somit nicht neu errichtet worden. Fraglich ist, ob abweichend vom Wortlaut des Art. 87 Abs. 3 S. 1 GG Verwaltungskompetenzen auch auf bestehende Bundesoberbehörden oder sogar auf oberste Bundesbehörden übertragen werden dürfen. Oberste Behörden sind – anders als Oberbehörden – solche, die in der jeweiligen Verbandsverfassung genannt werden, auf Bundesebene also im Grundgesetz.

Gegen eine Übertragung auf bereits bestehende Behörden ist anzuführen, dass dadurch die Länderkompetenzen massiv beeinträchtigt werden könnten. Im Grundgesetz wurde den Ländern gemäß Art. 83 GG grundsätzlich die Verwaltung von Bundesgesetzen übertragen, um mittels dieser Gewaltenverzahnung eine horizontale Gewaltenteilung im föderalistischen zweigliedrigen Bundesstaat, in dem Bund und Länder zumindest verfassungsrechtlich Staatsqualität haben, zu gewährleisten. Allerdings soll durch die dem Bund in Art. 87 Abs. 3 S. 1 GG eingeräumte Möglichkeit, Aufgaben durch Bundesbehörden zu verwalten, eine effektive und rechtsstaatliche Verwaltung sichergestellt werden. Wenngleich die Verwaltungskompetenzen der Länder durch eine Übertragung auf Bundesbehörden beeinträchtigt werden, erscheint es zu formalistisch, in Konstellationen des Art. 87 Abs. 3 S. 1 GG stets neue Behörden errichten zu müssen. Das ergibt sich auch unter Berücksichtigung der in praktischer Konkordanz maßgeblichen Verfassungsprinzipien wie dem in der Verfassung unter anderem in Art. 20 Abs. 3 GG verankerten Rechtsstaats- sowie dem in Art. 20 Abs. 1 GG enthaltenen Bundesstaatsprinzip.

Entscheidend ist vielmehr, dass nicht die Gefahr besteht, dass der Bund übermäßig umfangreich Verwaltungsaufgaben über Art. 87 Abs. 3 S. 1 GG übernimmt. Zu einer effektiven Verwaltung bedarf es nämlich eines Verwaltungsmittel- bzw. Verwaltungsunterbaus. Eine Erweiterung desselben ist nur eingeschränkt und unter erhöhten Anforderungen möglich. Erwachsen auf Gebieten, für die dem Bund die Gesetzgebung zusteht, neue Aufgaben, können gemäß Art. 87 Abs. 3 S. 2 GG nur bei dringendem Bedarf bundeseigene Mittel- und Unterbehörden mit Zustimmung des Bundesrates und der Mehrheit der Mitglieder des Bundestages i.S.d. Art. 121 GG errichtet werden. Zwar ist der Bundesrat ein Bundesorgan, jedoch ist dieses zumindest mit Vertretern der Länder besetzt, sodass bei der Errichtung eines Mittel- und Unterbaus für die Verwaltung i.S.d. Art. 87 Abs. 3 S. 2 GG die Länder zumindest mittelbar mitwirken können und somit geschützt bleiben. Zudem entstehen dem Bund im Rahmen der bundeseigenen Verwaltung gemäß Art. 104a Abs. 1 GG zusätzliche Kosten, weshalb Aufgaben nicht in großem Umfang unnötig den Ländern entzogen werden dürften.

Nach alledem darf gemäß Art. 87 Abs. 3 S. 1 GG auch auf bereits bestehende Behörden übertragen werden. Das gilt allerdings nur für Bundesoberbehörden, nicht für oberste Behörden wie zum Beispiel die Bundesminister, weil sich dies einerseits aus dem Wortlaut des Art. 87 Abs. 3 S. 1 GG ergibt, andererseits die Gefahr des Machtmissbrauches durch Entziehung der Verwaltungskompetenzen bei den Ländern in Bundesmaterien anders als bei Oberbehörden zu groß wäre.

Die Übertragung verwaltungsrechtlicher Aufgaben auf das Umweltbundesamt gemäß § 1 NIG ist verfassungsgemäß.

II. Vereinbarkeit des § 2 NIG mit den Artt. 80, 83 ff., 70 ff. GG

Die Ermächtigung des Bundesumweltministers zum Erlass einer Verordnung gemäß § 2 NIG kann mit den Artt. 80, 83 ff., 70 ff. GG unvereinbar sein.

Eine Verordnungsermächtigung eines Bundesministers ist unter den Voraussetzungen des Art. 80 Abs. 1 S. 1 GG möglich. Inhalt, Zweck und Ausmaß i.S.d. Art. 80 Abs. 1 S. 2 GG sind in § 2 NIG hinreichend bestimmt worden. Eine Unvereinbarkeit des § 2 NIG mit Art. 80 Abs. 1 GG ist also nicht ersichtlich.

§ 2 NIG kann mit Art. 87 Abs. 3 S. 1 GG unvereinbar sein, weil mit dem Bundesumweltminister einer bereits bestehenden, obersten Behörde die Verordnungskompetenz übertragen worden ist, da die Bundesministerien in den Artt. 62 ff. GG benannt und mit Rechten ausgestattet worden sind. Fraglich ist, ob der Erlass von Verordnungen als Verwaltungsaufgabe i.S.d. Art. 87 Abs. 3 S. 1 GG zu werten ist. Zwar ist eine Verordnung formal ein Rechtssetzungsakt der Exekutive und damit Verwaltungshandeln, jedoch handelt es sich materiell um delegierte Gesetzgebungsgewalt und damit um Gesetzgebungskompetenzen i.S.d. Artt. 70 ff. GG, sodass Art. 87 Abs. 3 S. 1 GG möglicherweise nicht maßgeblich wäre, zumal Art. 80 GG systematisch in dem gesetzlichen Abschnitt für die Gesetzgebung und nicht bei den Verwaltungskompetenzen steht. Letztlich kommt es auf die Zuordnung einer Verordnung zu den Verwaltungs- oder Gesetzgebungskompetenzen nicht an, weil es in Art. 80 Abs. 2 GG ausdrücklich vorgesehen ist, einen Bundesminister zu ermächtigen, eine Verordnung in Gesetzgebungsbereichen des Bundes zu erlassen, die von den Ländern als eigene Angelegenheit oder im Auftrag des Bundes ausgeführt werden, soweit der Bundesrat als Bundesorgan mit Vertretern der Länder zustimmt. Die Verordnungsermächtigung in § 2 NIG enthält – wie in Art. 80 Abs. 2 GG vorgegeben – den Vorbehalt, dass der Bundesrat der Verordnung zustimmt. § 2 NIG ist verfassungsgemäß.

III. Vereinbarkeit des § 3 NIG mit Art. 87 GG und unzulässige Mischverwaltung

Die Einführung und Verteilung einer neuen „Abgabe" durch die neu errichtete Anstalt des öffentlichen Rechts, die BIF, gemäß § 3 NIG kann mit dem Grundgesetz unvereinbar sein.

§ 3 NI ist mit dem Grundgesetz unvereinbar, wenn der Vollzug des Gesetzes durch Landesbehörden in Kombination mit der Steuerung der Ausgaben der Gelder durch die neu errichtete Anstalt des öffentlichen Rechts, die BIF, eine unzulässige Mischverwaltung und einen Verstoß gegen Art. 87 Abs. 3 S. 1 GG darstellen würde.

Ein Verstoß gegen Art. 87 Abs. 3 S. 1 GG ist bezüglich der Errichtung der BIF nicht ersichtlich, da es sich beim Bundesimmissionsschutzrecht gemäß Art. 74 Abs. 1 Nr. 24 GG um konkurrierende Gesetzgebung ohne Erforderlichkeitsklausel i.S.d. Art. 72 Abs. 2 GG handelt, sodass der Bund im Rahmen der Vorranggesetzgebung die Gesetzgebungskompetenz hat. Insoweit durfte die BIF als neue

Anstalt des öffentlichen Rechts auf Bundesebene errichtet und mit Verwaltungsaufgaben betraut werden.

Es kann sich bei dem Vollzug des Gesetzes durch Landesbehörden in Kombination mit der Steuerung der Ausgaben der Gelder durch die BIF aber um eine im Grundgesetz grundsätzlich verbotene Mischverwaltung handeln. Eine aus rechtsstaatlichen, demokratischen und bundesstaatlichen Gründen grundsätzlich unzulässige Mischverwaltung ist anzunehmen, wenn der in den Artt. 30, 83ff. GG enthaltene Grundsatz der eigenverantwortlichen Aufgabenwahrnehmung dadurch durchbrochen wird, dass dem Bund oder einem Land Mitentscheidungsrechte bezüglich einer in der Kompetenz des anderen liegenden Frage eingeräumt werden. Eine Mischverwaltung kann als Durchbrechung des Grundsatzes des Verbotes der Mischverwaltung im Grundgesetz – so zum Beispiel Art. 87 Abs. 1 S. 2 GG – allerdings auch ausdrücklich vorgesehen sein (BVerfGE 108, 169, 182; 119, 331, 365).

Bezüglich der Verwaltung des § 3 NIG geht es um unterschiedliche Bereiche. Während die Landesbehörden die Ausführung des § 3 NIG bezüglich der Einhaltung der Abgabenlast, also das „Ob" sicherstellen, ist die Anstalt BIF lediglich für die zweckgebundene Verwendung der Gelder verantwortlich. Es wird also nicht ein Aufgabenbereich durch Bundes- und Landesbehörden wahrgenommen, sondern es geht um unterschiedliche Verwaltungsaufgaben. Es handelt sich somit um keinen Verstoß gegen den sich aus der Kompetenzordnung des Grundgesetzes gemäß den Artt. 30, 83ff., 108 GG ergebenden Grundsatz der unzulässigen Mischverwaltung.

Auch § 3 NIG ist verfassungsgemäß.

C. Ergebnis

Das Naturimmissionsschutzgesetz ist formell und materiell verfassungsgemäß.

Stichwortverzeichnis

https://doi.org.10.1515/9783110624410-010

Onlinematerial

Fall 1: Schaubilder

Fall 2: Schaubilder

Fall 3: Schaubilder

Fall 4: Schaubilder

https://doi.org.10.1515/9783110624410-011

Fall 5: Schaubilder

Fall 6: Schaubilder

Fall 7: Schaubilder

Fall 8: Schaubilder

Fall 9: Schaubilder

Grundrechte – Fall 1:
„Ein vorbildlicher Lehrer"

Schwerpunkte: *Rechtssatzverfassungsbeschwerde, allgemeine Handlungsfreiheit (Art. 2 Abs. 1 GG), staatlicher Erziehungsauftrag, Grundrechte als Schutzpflichten, Rauchverbot*

K ist Lehrer im Beamtenverhältnis an einer Grundschule im Bundesland N und zugleich notorischer Raucher. Als solcher wird er seit Jahren nicht daran gehindert, sein Verlangen nach Zigaretten auch auf dem Schulgelände zu befriedigen.

Im Zuge der Debatte über den Nichtraucherschutz sieht sich jedoch nunmehr auch der Landesgesetzgeber gehalten, fortan die Initiativmodelle für „rauchfreie Schulen" auf alle Schulen zu erweitern und die Einführung eines generellen Rauchverbotes verbindlich zu regeln.

Zu diesem Zweck wird § 52 des Schulgesetzes des Landes, der in der veränderten Form am 1.5. in Kraft treten soll, um folgenden Absatz ergänzt:

§ 52 SchulG
[...]
(4) Im Schulgebäude und auf dem Schulgelände darf nicht geraucht werden.

In der Gesetzesbegründung steht, dass die bisherige Praxis, in Schulen auf Aufklärung und freiwilligen Nikotinverzicht zu setzen, nicht zum gewünschten Erfolg geführt habe. Rauchen gelte als cool und werde als Freiheit begriffen. Wenn Jugendliche rauchen, sei dies oft auf einen massiven Gruppendruck zurückzuführen. Zudem sei in einer breit angelegten Studie in N ermittelt worden, dass 27% aller Schülerinnen und Schüler ihre Lehrerinnen und Lehrer täglich beim Rauchen beobachten. Solange Lehrerinnen und Lehrer in der Schule ihrer Nikotinsucht frönen könnten, seien sie negative Vorbilder. Sie dienten Schülerinnen und Schülern als Alibi für deren Zigarettenkonsum. Die Bemühungen der Lehrkräfte, über die schädlichen Folgen des Rauchens aufzuklären, seien nicht glaubhaft, solange zumindest einige von ihnen selbst in der Schule als Rauchende wahrgenommen würden. Selbst, wenn rauchende Lehrerinnen und Lehrer durch die Lehrerzimmertür vor den Augen der Schülerinnen und Schüler verborgen seien, sei der Zigarettenqualm deutlich in den Gängen des Schulgebäudes zu riechen. Nach überwiegender Auffassung in der medizinischen Forschung könne bereits durch das kurzzeitige Passivrauchen das Blutgefäßsystem geschädigt und durch häufiges Passivrauchen die Gefahr für chronische Krankheiten sowie Krebs massiv erhöht werden. Deshalb müsse auf dem gesamten

https://doi.org.10.1515/9783110624410-012

Schulgelände, auf dem Pausenhof und auch in den Lehrerzimmern ein generelles Rauchverbot erlassen werden.

K hingegen ist über die neue Gesetzeslage keineswegs erfreut. Zwar ist auch er der Auffassung, dass Lehrer Verantwortung für die gesundheitliche Entwicklung der Schüler tragen. Lehrer müssten aber kein Vorbild sein und sich das Rauchen abgewöhnen. Im Übrigen sei der generelle Ausschluss einer Rauchmöglichkeit nicht durch die Konzeption des Nichtraucherschutzgesetzes gedeckt, da in diesem in § 4 Abs. 1 im Gegensatz zum Schulgesetz des Landes Ausnahmeregelungen enthalten sind.

K beabsichtigt daher, eine Verfassungsbeschwerde beim Bundesverfassungsgericht zu erheben und beauftragt den – bisher stets zuverlässigen – Rechtsanwalt R mit der Wahrnehmung seiner rechtlichen Interessen. Immerhin sei er, K, nicht nur in seinen Freiheitsrechten, sondern auch in seinem Anspruch auf Gleichbehandlung verletzt.

Der zwanzigseitige Schriftsatz des R wird erst am letzten Tag der Frist kurz vor Mitternacht fertig gestellt. Um 23:54 Uhr versucht R, diesen mittels Telefax an das Bundesverfassungsgericht zu senden. Dies gelingt ihm bis 00:00 Uhr jedoch nicht, da das Faxgerät des Bundesverfassungsgerichts durch eine andere Sendung belegt ist, wobei es grundsätzlich funktionsfähig ist und eine hinreichende Zahl von Empfangsgeräten einsatzbereit ist.

Hat die Verfassungsbeschwerde des K Erfolg?

§ 4 des Nichtraucherschutzgesetzes des Landes – Ausnahmeregelungen
(1) Das Rauchverbot gilt nicht, [...]

Bearbeitungsvermerk
Nehmen Sie zu allen im Sachverhalt aufgeworfenen Fragen gutachtlich Stellung und prüfen Sie, ob die Verfassungsbeschwerde Erfolg hat. Sollten Sie dabei bereits die Unzulässigkeit der Verfassungsbeschwerde annehmen, ist ein Hilfsgutachten anzufertigen.

Abwandlung
Der Landesgesetzgeber möchte nunmehr auch der vor allem während der Nachtzeit zu verzeichnenden Zunahme alkoholbedingter Straftaten und Ordnungswidrigkeiten sowie Gesundheitsgefahren begegnen und ändert daher in einem formell ordnungsgemäßen Gesetzgebungsfahren die bisherigen Regelungen zum Verkauf alkoholischer Getränke:

§ 3a des Gesetzes über die Ladenöffnung (LadÖG) tritt mit folgendem Inhalt in Kraft:

(1) In Verkaufsstellen dürfen alkoholische Getränke in der Zeit von 22 Uhr bis 5 Uhr nicht verkauft werden. Hofläden sowie Verkaufsstellen von landwirtschaftlichen Genossenschaften, von landwirtschaftlichen Betrieben und auf Verkehrsflughäfen innerhalb der Terminals dürfen alkoholische Getränke abweichend von Satz 1 verkaufen.

(2) [...]

(3) Auf Antrag der Gemeinden können [...] örtlich und zeitlich beschränkte Ausnahmen vom Verbot nach Absatz 1 zugelassen werden, wenn dabei die mit dem Gesetz verfolgten öffentlichen Belange gewahrt bleiben. Das Nähere wird durch Verwaltungsvorschriften der Landesregierung bestimmt.

Auch diesbezüglich ist K mit der getroffenen Regelung nicht einverstanden. Er trägt zutreffend vor, dass er oft bis spät in die Abendstunden arbeite und daher regelmäßig an Tankstellen zu später Stunde alkoholische Getränke kaufe. Nunmehr jedoch sei er daran gehindert, in der Zeit von 22:00 Uhr bis 05:00 Uhr alkoholhaltige Getränke käuflich zu erwerben. Eine derartige Regelung sei mit seinen Freiheitsrechten nicht vereinbar. K bittet Sie daher, zu prüfen, wie das Bundesverfassungsgericht über seine zulässige Verfassungsbeschwerde, die vom Bundesverfassungsgericht auch zur Entscheidung angenommen werden wird, entscheiden wird. Gehen Sie bei der gutachtlichen Prüfung von der formellen Verfassungsmäßigkeit des Gesetzes über die Ladenöffnung (LadÖG) aus und unterstellen Sie, dass eine Unvereinbarkeit des Gesetzes allenfalls bezüglich des Art. 2 Abs. 1 GG in Betracht kommt.

§ 2: Begriffsbestimmungen

(1) Verkaufsstellen im Sinne dieses Gesetzes sind

1. Ladengeschäfte aller Art, Apotheken, Tankstellen und Verkaufsstellen in Bahnhöfen, auf Flugplätzen, von Genossenschaften, von landwirtschaftlichen Betrieben sowie Hofläden,

2. sonstige Verkaufsstände und -buden, Kioske, Basare und ähnliche Einrichtungen, falls in ihnen ebenfalls von einer festen Stelle aus ständig Waren zum Verkauf an jedermann feilgehalten werden. Dem Feilhalten steht das Zeigen von Mustern, Proben und Ähnlichem gleich, wenn Warenbestellungen in der Einrichtung entgegengenommen werden. [...]

Vertiefung

Zum gesetzlichen Rauchverbot: BVerfG, Urteil vom 30.7.2008 – 1 BvR 3262/07, 1 BvR 402/08, 1 BvR 906/08 (BVerfGE 121, 317); VG Berlin, Urteil vom 16.6.2010 – 26 A 205/08); BVerfG, Beschluss vom 24.1.2012 – 1 BvL 21/11 (BVerfGE 130, 131)

Zum betrieblichen Rauchverbot: BAG, Urteil vom 19.1.01999 – 1 AZR 499/98 (BAG, NZA 1999, 546)

Zum Rauchverbot in Schulen: VerfGH Rheinland-Pfalz, Urteil vom 30.9.2008 – VGH B 21/08, VGH B 29/09, juris; VG Schleswig, Beschluss vom 13.10.2004 – 11 B 42/04, juris

Zum staatlichen Erziehungsauftrag: BVerfG, Urteil vom 6.12.1972 – 1 BvR 230/70, 95/71 (BVerfGE 34, 165)

Zum Beamtenrecht: BVerfG, Beschluss vom 13.11.1990 – 2 BvF 3/88 (BVerfGE 83, 89), BVerwG, Urteil vom 25.2.2010 – 2 C 81.08 (NVwZ 2010, 708)

Zur Telefaxform bei Verfassungsbeschwerden: BVerfG, Beschluss vom 19.11.1999 – 2 BvR 565/98 (NJW 2000, 574)

Zur Subsidiarität der Verfassungsbeschwerde: BVerfG, Beschluss vom 25.2.1986 – 1 BvR 1384/85, 1 BvR 30/86 (BVerfGE 72, 39, 44 f.); BVerfG, Beschluss vom 5.5.1987 – 1 BvR 724/81, 1 BvR 1000/81, 1 BvR 1015/81, 1 BvL 16/82, 1 BvL 5/84 (BVerfGE 75, 246, 263 f.); BVerfG, Urteil vom 16.2.2000 – 1 BvR 420/97 (BVerfGE 102, 26, 32 f.); BVerfG, Beschluss vom 9.11.2004 – 1 BvR 684/98 (BVerfGE 112, 50, 60); BVerfG, Urteil vom 27.9.2005 – 2 BvR 1387/02 (BVerfGE 114, 258, 279 f.); BVerfG, Urteil vom 17.1.2006 – 1 BvR 541/02, 1 BvR 542/02 (BVerfGE 115, 81, 92 ff.)

Zur allgemeinen Handlungsfreiheit: BVerfG, Urteil vom 16.1.1957 – 1 BvR 253/56 (BVerfGE 6, 32, 36); BVerfG, Beschluss vom 6.6.1989 – 1 BvR 921/85 (BVerfGE 80, 137, 152 f.); BVerfG, Beschluss vom 10.4.1997 – 2 BvL 45/92 (BVerfGE 96, 10, 21); BVerfG, Urteil vom 7.6.2005 – 1 BvR 1508/96 (BVerfGE 113, 88, 103)

Zur Verhältnismäßigkeit: BVerfG, Beschluss vom 9.3.1994 – 2 BvL 43, 51, 63, 64, 70, 80/92, 2 BvR 2031/92 (BVerfGE 90, 145); BVerfG, Beschluss vom 10.4.1997 – 2 BvL 45/92 (BVerfGE 96, 10, 23)

Zum Gesetz über die Ladenöffnung in Baden-Württemberg: BVerfG, Beschluss vom 11.6.2010 – 1 BvR 915/10

Gliederung

1. Komplex: Grundkonstellation
- A. Zulässigkeit (–)
  - I. Zuständigkeit des Bundesverfassungsgerichts (+)
  - II. Verfahrensabhängige Zulässigkeitsvoraussetzungen (–)
    1. Beschwerdefähigkeit (+)
    2. Beschwerdegegenstand (+)
    3. Beschwerdebefugnis (+)
       - a) Selbstbetroffenheit (+)
       - b) Gegenwärtige Betroffenheit (+)
       - c) Unmittelbare Betroffenheit (+)
    4. Besonderes Rechtsschutzbedürfnis (+)
       - a) Rechtswegerschöpfung (+)
       - b) Keine Subsidiarität (+)
    5. Form, Antrag und Frist (–)
  - III. Zwischenergebnis (–)
- B. Hilfsgutachten Begründetheit (–)
  - I. Verstoß gegen Art. 2 Abs. 1 GG (–)
    1. Schutzbereich (+)
    2. Eingriff (+)
    3. Verfassungsrechtliche Rechtfertigung (+)
       - a) Gesetzesvorbehalt (+)
       - b) Verfassungsmäßigkeit des Schulgesetzes (+)
         - aa) Formelle Verfassungsmäßigkeit (+)
         - bb) Materielle Verfassungsmäßigkeit (+)
           - (1) Verhältnismäßigkeit des Gesetzes bezüglich Art. 2 Abs. 1 GG (+)
             - (a) Verfassungsrechtlich legitimer Zweck (+)
             - (b) Eignung (+/–)
             - (c) Erforderlichkeit (+/–)
             - (d) Verhältnismäßigkeit im engen Sinne (Disproportionalität) (+)
             - (e) Ergebnis zur Verhältnismäßigkeit bezüglich des Art. 2 Abs. 1 GG (+)
           - (2) Verfassungsmäßigkeit des Gesetzes im Übrigen: Art. 3 Abs. 1 GG (+)
           - (3) Verfassungsmäßigkeit des Gesetzes im Übrigen: Art. 33 Abs. 5 GG (+)
           - (4) Zwischenergebnis (+)
    4. Ergebnis zur Rechtfertigung des Eingriffs in Art. 2 Abs. 1 GG (+)
  - II. Verstoß gegen Art. 3 Abs. 1 GG und Art. 33 Abs. 5 GG (–)
  - III. Ergebnis zur Begründetheit der Verfassungsbeschwerde (–)
- C. Annahme zur Entscheidung (–)
- D. Gesamtergebnis (–)

2. Komplex: Abwandlung
- A. Zulässigkeit (+)
- B. Begründetheit
  - I. Verstoß gegen Art. 2 Abs. 1 GG (–)
    1. Schutzbereich (+)
    2. Eingriff (+)
    3. Verfassungsrechtliche Rechtfertigung (+)
       - a) Gesetzesvorbehalt (+)
       - b) Verfassungsmäßigkeit des § 3a Abs. 1 LadÖG i.V.m. § 2 Abs. 1 LadÖG
         - aa) Verhältnismäßigkeit des Gesetzes bezüglich Art. 2 Abs. 1 GG (+)
           - (1) Verfassungsrechtlich legitimer Zweck (+)
           - (2) Eignung (+)
           - (3) Erforderlichkeit (+)
           - (4) Verhältnismäßigkeit im engen Sinne (Disproportionalität) (+)
           - (5) Ergebnis zur Verhältnismäßigkeit bezüglich des Art. 2 Abs. 1 GG (+)
         - bb) Verfassungsmäßigkeit des Gesetzes im Übrigen (+)
       - c) Zwischenergebnis (+)
    4. Ergebnis zur Rechtfertigung des Eingriffs in Art. 2 Abs. 1 GG (+)
  - II. Ergebnis zur Begründetheit der Verfassungsbeschwerde (–)
- C. Annahme zur Entscheidung (–)
- D. Gesamtergebnis (–)

Lösungsvorschlag

Die folgende Lösung ist als Lösungsvorschlag zu verstehen und ausführlicher, als es in der Klausurbearbeitung verlangt werden kann. Aufgrund der wissenschaftlichen Freiheit können andere Lösungswege vertreten werden, soweit sie dogmatisch begründbar sind. Die Nachweise aus Rechtsprechung und Literatur sowie die das Verständnis fördernden Randbemerkungen sind in der Examensklausur auszusparen. Die Abkürzung „Alt." steht für Alternativfall, nicht für Alternative.

1. Komplex: Grundkonstellation

Die Verfassungsbeschwerde des K hat Erfolg, soweit sie zulässig und begründet sind.

Schema 41: Verfassungsbeschwerde

Verfassungsbeschwerde

A. Zulässigkeit

    I. Zuständigkeit BVerfG

        (Art. 93 I Nr. 4a GG iVm § 13 Nr. 8a BVerfGG)

    II. Verfahrensabhängige Voraussetzungen

        1. Beschwerdeführer

           • gem. § 90 I BVerfGG: „Jedermann"

           • natürliche Pers./jur. Pers. (Art. 19 III GG)

        2. Beschwerdegegenstand

           • § 90 I BVerfGG: jede Maßnahme öff. Gewalt

           • Gesetze/Exekutivakte/Judikativakte

        3. Beschwerdebefugnis (§ 90 I BVerfGG)

           • Möglichkeit spezif. Grundrechtsverletzung

           • selbst, gegenwärtig, unmittelbar

        4. Besonderes Rechtsschutzbedürfnis

           • Rechtswegerschöpfung (§ 90 II BVerfGG)

           • Subsidiarität

        5. Form und Frist

           • Begründung mit Antrag (§§ 92, 23 BVerfGG)

           • Fristen (§ 93 BVerfGG)

B. Begründetheit

Verfassungsbeschwerde begründet, wenn Beschwerdeführer in GR verletzt (H.M.)

C. Annahme (§ 93a BVerfGG)

A. Zulässigkeit

Die Verfassungsbeschwerde könnte zulässig sein.

Anders als im Verwaltungsrecht muss nicht der Terminus „Sachurteils- bzw. Sachentscheidungsvoraussetzungen" verwendet werden, weil das Bundesverfassungsgericht nur bei enumerativ zugewiesenen Verfahren zuständig und keine § 65 Abs. 2 VwGO oder § 17a Abs. 2 GVG vergleichbare Norm ersichtlich ist. § 17a Abs. 2 GVG ist in verfassungsrechtlichen Verfahren nicht anwendbar, weil es sich bei der enumerativen Zuweisung zum Bundesverfassungsgericht nicht um einen Rechtsweg oder eine klassische Zuständigkeitsregelung handelt und es im Bundesverfassungsgerichtsgesetz Spezialregelungen gibt.

I. Zuständigkeit des Bundesverfassungsgerichts

Das Bundesverfassungsgericht muss für die Verfassungsbeschwerde zuständig sein. Das Bundesverfassungsgericht ist für ein Verfahren zuständig, wenn eine ausdrückliche Zuweisung besteht. Verfassungsbeschwerden sind dem Bundesverfassungsgericht gemäß Art. 93 Abs. 1 Nr. 4a GG i.V.m. § 13 Nr. 8a BVerfGG zugewiesen. Das Bundesverfassungsgericht ist für die Verfassungsbeschwerde des K zuständig.

II. Verfahrensabhängige Zulässigkeitsvoraussetzungen

Die verfahrensabhängigen Zulässigkeitsvoraussetzungen der dem Bundesverfassungsgericht enumerativ zugewiesenen Verfassungsbeschwerde müssen erfüllt sein. Diese ergeben sich aus §§ 13 Nr. 8a, 90 ff. BVerfGG i.V.m. Art. 94 Abs. 2 GG.

Es ist sinnvoll, auf der ersten Gliederungsebene eine Überschrift „verfahrensabhängige Zulässigkeitsvoraussetzungen" zu bilden, um herauszustellen, dass jedes dem Bundesverfassungsgericht enumerativ zugewiesene Verfahren von eigenständigen Voraussetzungen abhängig ist. Zudem erfolgt eine Angleichung an verwaltungsrechtliche Verfahren, in denen auch besondere Sachurteils- oder Sachentscheidungsvoraussetzungen zu prüfen sind.

---

1. Beschwerdefähigkeit

K muss beschwerdefähig sein. Beschwerdefähig ist, wer geeignet ist, an dem Verfahren der Verfassungsbeschwerde beteiligt zu sein. Dies ist gemäß § 90 Abs. 1 BVerfGG „jedermann". Jedermann sind alle Personen, die Träger der Grundrechte sind, also auch K als natürliche Person, der Träger insbesondere der Rechte nach Artt. 2 Abs. 1, 3 Abs. 1 und 33 Abs. 5 GG sein kann. K ist beschwerdefähig.

Ungeschickt wäre es, die Überschrift „Parteifähigkeit" anstelle der „Beschwerdefähigkeit" zu wählen, weil der Begriff „Partei" häufig mit einem Zwei-Parteien-Prozess assoziiert wird. Die Verfassungsbeschwerde ist jedoch kein kontradiktorisches Verfahren.

---

2. Beschwerdegegenstand

Beschwerdegegenstand i.S.d. § 90 Abs. 1 BVerfGG kann jede Maßnahme der öffentlichen Gewalt sein. Dass alle Maßnahmen der öffentlichen Gewalt erfasst sind, ergibt sich unter anderem aus den §§ 93 Abs. 3, 95 Abs. 1 S. 1 BVerfGG. Gegenstand der Verfassungsbeschwerde des K ist § 52 Abs. 4 SchulG als Akt der Legislative.

3. Beschwerdebefugnis

K muss gemäß § 90 Abs. 1 BVerfGG beschwerdebefugt sein. Beschwerdebefugt i.S.d. § 90 Abs. 1 BVerfGG ist, wer behaupten kann, in seinen Grundrechten verletzt zu sein.

Da das Bundesverfassungsgericht jedoch in einem Kooperationsverhältnis zu den Fachgerichten steht, nur Verfassungsrecht als Prüfungsmaßstab hat und im rechtsstaatlichen Gefüge nicht unnötig mit Verfahren behelligt werden darf, genügt die Behauptung der Grundrechtsverletzung nicht. Vielmehr muss der Beschwerdeführer hinreichend substantiiert die Möglichkeit darlegen, selbst, gegenwärtig und unmittelbar in Grundrechten betroffen zu sein.

a) Selbstbetroffenheit

Der Beschwerdeführer muss in eigenen Grundrechten betroffen sein. Das ist möglicherweise jedenfalls hinsichtlich des Art. 2 Abs. 1 GG oder anderer Freiheitsrechte gegeben, wenn der Beschwerdeführer Adressat des beanstandeten staatlichen Aktes ist. Aus der Änderung des Schulgesetzes ergibt sich, dass das Rauchen auf dem Schulgelände für alle – somit auch für K –, untersagt ist. K ist als Mitadressat des Gesetzes selbst betroffen.

b) Gegenwärtige Betroffenheit

Die Regelung im Schulgesetz entfaltet nicht erst in der Zukunft Wirkungen, sondern bereits aktuell, sodass K als Beschwerdeführer auch gegenwärtig betroffen ist.

c) Unmittelbare Betroffenheit

Letztlich ist Voraussetzung der Beschwerdebefugnis die unmittelbare Betroffenheit. Bei Gesetzen ist eine unmittelbare Betroffenheit anzunehmen, wenn es keines Vollzugsaktes der Behörde zum Beispiel in Form eines Verwaltungsaktes bedarf, um für die Betroffenen spürbare Rechtsfolgen zu entfalten. Das Schulgesetz bedarf keiner gesonderten Umsetzung seitens der Verwaltungsbehörde, etwa durch einen Verwaltungsakt. Vielmehr ist K bereits jetzt das Rauchen im Schulgebäude und auf dem Schulgelände untersagt. Damit stellt die Regelung eine für ihn erhebliche und spürbare Beeinträchtigung dar, sodass er unmittelbar betroffen ist.

Das Merkmal der unmittelbaren Betroffenheit ist vom Bundesverfassungsgericht für die Rechtssatzverfassungsbeschwerde entwickelt worden, da dieses Merkmal bei abstrakt-generellen Regelungen anders als bei Urteilen problematisch sein kann. Dennoch sollte die – bei Urteilen selbstverständlich gegebene – Unmittelbarkeit auch bei Urteilsverfassungsbeschwerden in einem Nebensatz kurz angesprochen werden, da dies in einigen amtlichen Lösungshinweisen – wenngleich in der Sache überflüssig – vorgesehen ist.

4. Besonderes Rechtsschutzbedürfnis

K muss besonders rechtsschutzbedürftig sein.

a) Rechtswegerschöpfung

K muss den Rechtsweg i.S.d. § 90 Abs. 2 S. 1 BVerfGG erschöpft haben. Der Rechtsweg ist erschöpft, wenn es für den Beschwerdeführer keine Möglichkeit (mehr) gibt, gegen den Beschwerdegegenstand unmittelbar rechtlich vorzugehen. Der Beschwerdegegenstand ist das Schulgesetz. Gegen ein formelles nachkonstitutionelles Gesetz ist der Rechtsweg gemäß § 93 Abs. 3 BVerfGG nicht eröffnet, denn auch die Möglichkeit eines Verfahrens beim Landesverfassungsgericht ist – das ergibt sich aus § 90 Abs. 3 BVerfGG – kein Rechtsweg. Formelle Gesetze sind auch bei einer prinzipalen Normenkontrolle i.S.d. § 47 VwGO nicht Verfahrensgegenstand. Eine Rechtswegerschöpfung ist gegeben.

b) Keine Subsidiarität

Die Verfassungsbeschwerde darf nicht subsidiär sein. Zwar ist das Merkmal der Subsidiarität nicht ausdrücklich geregelt, jedoch ist § 90 Abs. 2 S. 1 BVerfGG verfassungskonform im Sinne des sich unter anderem aus Art. 20 Abs. 3 GG ergebenden Rechtsstaatsprinzips dahingehend auszulegen, dass das Bundesverfassungsgericht als Hüter der Verfassung nur angerufen werden soll, wenn es auch über die Rechtswegerschöpfung hinaus nicht möglich ist, das Beschwerdeziel mittels indirekten Rechtsschutzes zum Gegenstand eines Verfahrens zu machen und gegebenenfalls zumindest mit Wirkung zwischen zwei Parteien verwerfen zu lassen, vorausgesetzt, die Betreibung indirekten Rechtsschutzes ist dem Beschwerdeführer rechtsstaatlich zumutbar. Der Beschwerdeführer muss zunächst alle nach Lage der Sache zur Verfügung stehenden prozessualen Möglichkeiten ergreifen, um die geltend gemachte Grundrechtsverletzung in dem unmittelbar mit ihr zusammenhängenden sachnächsten Verfahren zu verhindern oder zu beseitigen (BVerfGE 112, 50, 60 m.w.N.).

Der Grundsatz der Subsidiarität gilt grundsätzlich auch, wenn zwar ein Rechtsweg prinzipiell nicht eingeräumt ist, wie bei formellen Gesetzen, wenn aber Rechtsschutz auf andere Weise erreicht werden kann, insbesondere durch zulässige inzidente Normenkontrolle in einem fachgerichtlichen Verfahren (BVerfGE 75, 246, 263) oder durch eine Feststellungsklage (BVerfGE 115, 81, 92ff.).

Indirekter Rechtsschutz bei Gesetzen wäre möglich, wenn es denkbar wäre, einen auf dem Gesetz beruhenden Vollzugsakt – zum Beispiel einen Verwaltungsakt oder eine Verordnung – abzuwarten, um gegen den Vollzugsakt zum Beispiel mittels einer Anfechtungsklage gemäß § 42 Abs. 1 Alt. 1 VwGO oder einer prinzipalen Normenkontrolle gemäß § 47 Abs. 1 Nr. 2 VwGO i.V.m. einem Ausführungsgesetz vorzugehen. Vollzugsakte sind bezüglich des Schulgesetzes aber nicht ersichtlich und auch nicht erforderlich. Zudem wäre es K unzumutbar, durch rechtswidriges Handeln zunächst einen Verwaltungsakt oder dienstrechtliche Konsequenzen provozieren zu müssen, um vor Erhebung einer Verfassungsbeschwerde gegen die Vollzugsmaßnahme vorzugehen.

Ein indirekter Rechtsschutz des K ist aber insoweit möglich, als eine allgemeine Feststellungsklage nach § 43 Abs. 1 VwGO mit dem Antrag erhoben werden kann, dass sich für K aus dem Schulgesetz kein konkretes Rechtsverhältnis zum Bundesland ergibt, wobei das konkrete Rechtsverhältnis wiederum von der Verfassungsmäßigkeit des Schulgesetzes abhängig ist. Da das Verwaltungsgericht bezüglich eines nachkonstitutionellen Gesetzes, also auch des Schulgesetzes, jedoch lediglich die Prüfungs-, nicht aber die Verwerfungskompetenz hat, muss das Verwaltungsgericht, soweit es bei der Prüfung eines Gesetzes dieses für verfassungswidrig hält und das Gesetz entscheidungserheblich ist, das Gesetz dem Bundesverfassungsgericht gemäß Art. 100 GG im Wege der konkreten Normenkontrolle vorlegen. Insoweit müsste das Bundesverfassungsgericht das Gesetz ohnehin prüfen und Ressourcen aufwenden, sodass es Beschwerdeführern unzumutbar ist, zunächst den Verwaltungsrechtsweg zu beschreiten. Dem könnte entgegenstehen, dass zum Beispiel ein Verwaltungsgericht zu dem Ergebnis gelangen kann, dass das Gesetz nach erfolgter Prüfung des Verwaltungsgerichts offensichtlich verfassungsmäßig zu sein scheint mit der Folge, dass beim Bundesverfassungsgericht letztlich doch Ressourcen eingespart würden, weil nach dem Prüfungsergebnis des Instanzgerichtes nicht vorgelegt werden müsste. Letztlich ist eine offensichtliche Verfassungsmäßigkeit des Gesetzes jedoch nicht ersichtlich. Deshalb bleibt es bei der Möglichkeit der Vorlage des Gesetzes nach Art. 100 GG, sodass es prozessunökonomisch und für K unzumutbar wäre, die Verfassungsbeschwerde wegen der Subsidiarität nicht zuzulassen. Nach alledem ist es K nicht zumutbar, gemäß § 43 Abs. 1 VwGO zunächst eine allgemeine Feststellungsklage beim Verwaltungsgericht zu erheben.

Im Hinblick auf die Subsidiarität der Verfassungsbeschwerde wegen der Möglichkeit der allgemeinen Feststellungsklage gemäß § 43 Abs. 1 VwGO mit dem Antrag, festzustellen, dass sich aus der Regelung kein Rechtsverhältnis ergibt, ist es entsprechend der Praxis des Bun-

desverfassungsgerichts vertretbar, die Unzulässigkeit der Verfassungsbeschwerde anzunehmen. Klausurtaktisch ist dies im 1. Examen weder zu empfehlen noch üblich, zumal das unterinstanzliche Gericht bei Anhaltspunkten für die Verfassungswidrigkeit nach eigener Prüfung
ohnehin dem Bundesverfassungsgericht nach Art. 100 GG vorlegen müsste, so dass die Justiz
unnötig doppelt belastet werden würde.

Die Verfassungsbeschwerde des K ist nicht subsidiär.

Anders ist die Subsidiarität zu beurteilen, wenn es nicht um Gesetze, sondern zum Beispiel um
Verordnungen geht. Bei Verordnungen hat das Verwaltungsgericht innerhalb einer allgemeinen Feststellungsklage i.S.d. § 43 Abs. 1 VwGO (Nichtbestehen eines konkreten Rechtsverhältnisses) die Prüfungskompetenz und die Verwerfungskompetenz *inter partes*. Auch im Rahmen
einer prinzipalen Normenkontrolle i.S.d. § 47 VwGO hat das Oberverwaltungsgericht die Prüfungskompetenz sowie gemäß § 47 Abs. 5 S. 2 VwGO die Verwerfungskompetenz *inter omnes*.
In beiden Konstellationen bedarf es anders als bei einem Gesetz keiner Vorlage i.S.d. Art. 100
GG mit der Folge, dass die Verfassungsbeschwerde insoweit subsidiär (bezüglich der allgemeinen Feststellungsklage) ist, während im Hinblick auf eine prinzipale Normenkontrolle i.S.d.
§ 47 VwGO der Rechtsweg nicht erschöpft wäre.

5. Form, Antrag und Frist

Die Verfassungsbeschwerde des K ist i.S.d. § 92 BVerfGG begründet worden. Ein
schriftlicher Antrag i.S.d. § 23 BVerfGG wurde gestellt.

Die allgemeinen Voraussetzungen zum Antrag gemäß § 23 Abs. 1 BVerfGG können entweder
gesondert oder konnex zu den verfahrensspezifischen Voraussetzungen zu Antrag, Form und
Frist nach §§ 92, 93 BVerfGG geprüft werden.

Die Jahresfrist von einem Jahr seit Inkrafttreten des Gesetzes am 1. Mai gemäß
§ 93 Abs. 3 BVerfGG muss eingehalten worden sein. R war es nicht möglich, den
Schriftsatz bis 24 Uhr des für die Jahresfrist maßgeblichen Tages mittels Telefax
an das Bundesverfassungsgericht zu senden. Somit könnte die Verfassungsbeschwerde des K bereits unzulässig sein.

Allerdings ist im Verfassungsbeschwerdeverfahren gemäß § 93 Abs. 2 S. 1
BVerfGG auf Antrag die Wiedereinsetzung in den vorigen Stand zu gewähren,
wenn ein Beschwerdeführer ohne Verschulden verhindert ist, die Beschwerde-
frist einzuhalten. Dafür müsste § 93 Abs. 2 BVerfGG zunächst aber überhaupt
anwendbar sein.

Dem Wortlaut nach ist in § 93 Abs. 2 BVerfGG keine Einschränkung für Rechtssatzverfassungsbeschwerden enthalten, sodass eine Wiedereinsetzung in den
vorigen Stand möglich wäre, wenngleich die Jahresfrist sehr lang ist. Es könnte
zum Wesen jeder Frist gehören, dass sie bis zu ihrem Ende ausgenutzt werden darf,

sodass auch der Beschwerdeführer einer Rechtssatzverfassungsbeschwerde kurz vor Ablauf einer Frist unverschuldet verhindert sein könnte, die Frist einzuhalten (*Lechner/Zuck* in: Lechner/Zuck, Kommentar zum BVerfGG, 8. Aufl., 2019, § 93, Rn. 45 m.w.N.).

Der Antrag auf Wiedereinsetzung in den vorigen Stand wäre vorliegend jedoch trotzdem abzulehnen, denn Rechtsanwalt R, dessen Verschulden als Prozessvertreter i.S.d. § 22 BVerfGG sich K zurechnen lassen müsste, war nicht ohne Verschulden verhindert, die Frist einzuhalten. Da es ein allgemein bekanntes Phänomen ist, dass Faxgeräte der Gerichte in den Abend- und Nachtstunden stark in Anspruch genommen werden, hätte R bei rechtsstaatsgetreuer Durchführung des Verfahrens einen zeitlichen Sicherheitszuschlag planen müssen (BVerfG, NJW 2000, 574). Er handelte somit jedenfalls schuldhaft.

Unabhängig vom Gesetzeswortlaut kann § 93 Abs. 2 BVerfGG bei der Rechtssatzverfassungsbeschwerde aber aus systematischen Gründen unanwendbar sein. § 93 Abs. 2 BVerfGG wäre unanwendbar, wenn dieses Institut im Verfassungsbeschwerdeverfahren unmittelbar gegen ein Gesetz nicht vorgesehen ist. Das ergibt sich schon aus der systematischen Stellung des § 93 Abs. 2 BVerfGG. In § 93 Abs. 1 BVerfGG sind Form- und Fristerfordernisse für die Urteilsverfassungsbeschwerde geregelt. In § 93 Abs. 2 BVerfGG kann daher nur auf § 93 Abs. 1 BVerfGG Bezug genommen worden sein, in dessen Satz 1 nur die Monatsfrist genannt ist, die für Verfassungsbeschwerden außerhalb des § 93 Abs. 3 BVerfGG gilt, also für solche, bezüglich deren Beschwerdegegenstand ein Rechtsweg zu beschreiten war. Somit ist eine Wiedereinsetzung in den vorigen Stand bei einer Rechtssatzverfassungsbeschwerde nicht möglich (*Lechner/Zuck* in: Lechner/Zuck, Kommentar zum BVerfGG, 8. Aufl., 2019, § 93, Rn. 45).

Die Verfassungsbeschwerde des K ist verfristet und eine Wiedereinsetzung in den vorigen Stand nicht möglich.

III. Zwischenergebnis

Die Verfassungsbeschwerde des K ist unzulässig.

B. Hilfsgutachten Begründetheit

Der Aufbau der Rechtssatzverfassungsbeschwerde ist umstritten. In Anlehnung an die Nichtigkeit des Gesetzes i.S.d. § 95 Abs. 3 S. 1 BVerfGG ist ein objektiver Prüfungsmaßstab trotz des Erfordernisses der Beschwerdebefugnis in der Zulässigkeit (subjektives Beanstandungsverfahren) vertretbar. Nach h.M. ist die gesamte Verfassungsbeschwerde subjektiv ausgestaltet mit der Folge, dass es auch in der Begründetheit zunächst eines subjektiven Einstieges bedarf. Lediglich das Gesetz muss im Rahmen der Rechtfertigung ggf. objektiv geprüft werden, weil durch ein objektiv verfassungswidriges und damit nichtiges Gesetz kein Grundrechtseingriff gerechtfertigt werden kann. Daran ändert auch die Praxis des Bundesverfassungsgerichts nichts, nach der dem Gesetzgeber unter anderem anstelle der Nichtigkeitsfeststellung bezüglich eines Gesetzes in der Regel Fristen zur Änderung des Gesetzes vorgegeben werden. Manchmal prüft das Bundesverfassungsgericht Gesetze inzident und undogmatisch lediglich subjektiv anstatt anhand eines objektiven Prüfungsmaßstabes, wobei das Bundesverfassungsgericht auch nicht wissenschaftlich, sondern praktisch arbeitet.

Die Verfassungsbeschwerde des K ist begründet, soweit der Beschwerdeführer gemäß § 90 Abs. 1 BVerfGG in seinen Grundrechten verletzt ist. Das Bundesverfassungsgericht ist keine Superrevisionsinstanz, sondern Hüter der Verfassung. Es kann bei Verfassungsbeschwerden gegen nachkonstitutionelle Gesetze wie dem Schulgesetz nicht die Verletzung einfachen Rechts, sondern nur spezifische Verletzungen des Grundgesetzes feststellen.

Das Bundesverfassungsgericht ist keine Superrevisionsinstanz und prüft grundsätzlich kein einfaches Recht, sondern nur so genanntes spezifisches Verfassungsrecht. Da ein Rechtsweg gegen nachkonstitutionelle Gesetze nicht eröffnet ist, kann das Bundesverfassungsgericht insoweit aber nicht als Superrevisionsinstanz fungieren. Deshalb ist diese Problematik bei Rechtssatzverfassungsbeschwerden gegen nachkonstitutionelle Gesetze nicht zu erörtern. Das Erfordernis der spezifischen Grundrechtsverletzung ist vielmehr für Urteilsverfassungsbeschwerden entwickelt und diesbezüglich gesetzlich abgeleitet worden. Allerdings wäre es auch bei nicht formellen oder vorkonstitutionellen Gesetzen denkbar, die abstrakt-generelle Regelung anhand einfachen Rechts zu prüfen. Deshalb gilt auch insoweit, dass das Bundesverfassungsgericht keine Superrevisionsinstanz ist.

Die spezifische Grundrechtsverletzung muss ggf. als Prüfungsmaßstab des Bundesverfassungsgerichts eingangs der Begründetheit erörtert werden. Da sie in den amtlichen Lösungshinweisen zum Teil aber schon in der Zulässigkeit angesprochen wird, ist dort klarstellend die Darstellung der Möglichkeit einer spezifischen Grundrechtsverletzung zusätzlich zur Erörterung in der Begründetheit empfehlenswert, soweit es auf eine spezifische Grundrechtsverletzung ankommt. Die Verletzung spezifischen Verfassungsrechts sollte also bei der Möglichkeit der spezifischen Grundrechtsverletzung in der Zulässigkeit, anfangs der Begründetheit als Prüfungsmaßstab und an der jeweils relevanten Stelle in der Prüfung der Begründetheit erwähnt werden.

Gemäß § 95 Abs. 3 S. 1, Abs. 1 S. 1 BVerfGG wird das Bundesverfassungsgericht gegebenenfalls feststellen, dass das Schulgesetz als Beschwerdegegenstand nichtig ist. Eine solche Entscheidung des Bundesverfassungsgerichts hätte gemäß § 31 Abs. 2 S. 2 BVerfGG i.V.m. Art. 94 Abs. 2 S. 1 GG Gesetzeskraft.

Zwar ist die Verfassungsbeschwerde ein subjektives Beanstandungsverfahren, jedoch gilt für nationale abstrakt-generelle Regelungen aus rechtsstaatlichen Gründen ein Normennichtigkeitsdogma, sodass sie bei objektiver Rechts- bzw. Verfassungswidrigkeit auch unwirksam sind und durch sie somit kein Grundrechtseingriff gerechtfertigt werden kann. Das Gesetz muss dogmatisch daher objektiv (auch bezüglich Grundrechte anderer) überprüft werden.

In der Praxis stellt das Bundesverfassungsgericht häufig nicht die Nichtigkeit eines Gesetzes fest, sondern lässt dem Gesetzgeber aus rechtsstaatlichen Gründen zur Vermeidung einer Regelungslücke einen zeitlichen Spielraum, um das verfassungswidrige Gesetz zu ändern.

I. Verstoß gegen Art. 2 Abs. 1 GG

Durch § 52 Abs. 4 SchulG kann ungerechtfertigt in das Grundrecht des K aus Art. 2 Abs. 1 GG eingegriffen worden sein.

1. Schutzbereich

Zunächst muss der Schutzbereich des Art. 2 Abs. 1 GG eröffnet sein. Persönlich ist der Schutzbereich des Art. 2 Abs. 1 GG auf „Jedermann" bezogen, sodass K als natürliche Person vom persönlichen Schutzbereich erfasst ist. Auch der sachliche Schutzbereich muss aber eröffnet sein.

Der Schutzbereich des Art. 2 Abs. 1 GG könnte entsprechend des Wortlautes lediglich auf die Persönlichkeit bezogen sein, sodass nur ein Persönlichkeitskern vom sachlichen Schutzbereich des Art. 2 Abs. 1 GG erfasst wäre. In Anlehnung an die Persönlichkeit könnte vom sachlichen Schutzbereich auch nur eine solche Rechtsposition erfasst sein, die an ein anderes spezielles Freiheitsrecht, zum Beispiel Artt. 4, 5, 8 GG, angeknüpft ist. Art. 2 Abs. 1 GG wäre dann als ein unbenanntes Freiheitsrecht zu verstehen. Sowohl die Einengung des sachlichen Schutzbereiches auf den Persönlichkeitskern als auch auf ein unbenanntes Freiheitsrecht würden zu einer klaren Definierbarkeit des Schutzbereiches führen und eine Ausuferung des Grundrechtsschutzes vermeiden. Dennoch sind derart einengende Schutzbereichsdefinitionen bei Art. 2 Abs. 1 GG nicht sinnvoll und mit der grundgesetzlichen Konstruktion sowie Zuordnung der Grundrechte nicht vereinbar.

Einerseits sind der Persönlichkeitskern und ein unbenanntes Freiheits-recht nicht hinreichend bestimmbar und wären deshalb im Hinblick auf eine praktische Konkordanz mit dem sich unter anderem aus Art. 20 Abs. 3 GG ergebenden Rechtsstaatprinzip problematisch. Andererseits würden Schutzbereichslücken entstehen, da Konstellationen denkbar wären, in denen trotz belastenden staatlichen Handelns kein Schutzbereich eines Grundrechtes eröffnet wäre. Da Grundrechte aber klassische Abwehrrechte gegen den Staat sind, muss ein umfassender Schutz durch die Grundrechte ohne Schutzbereichslücken gewährleistet werden. Eine verfassungswidrige Ausuferung der Grundrechte erfolgt dadurch nicht, weil eine Gegensteuerung über die Rechtfertigungsebene erfolgen kann.

Somit wird mittels Art. 2 Abs. 1 GG nicht nur ein begrenzter Bereich der Persönlichkeitsentfaltung, sondern die allgemeine Handlungsfreiheit im umfassenden Sinne geschützt (BVerfGE 6, 32, 36; 113, 88, 103) – ohne Rücksicht darauf, welches Gewicht der Betätigung für die Persönlichkeitsentfaltung zukommt (BVerfGE 80, 137, 152f.).

Ein Raucher kann sich auf die in Art. 2 Abs. 1 GG geschützte Verhaltensfreiheit berufen (BVerfGE 121, 317, 387), weil das Rauchen eine Betätigungsform menschlichen Handelns im Sinne der allgemeinen Handlungsfreiheit nach Art. 2 Abs. 1 GG darstellt (VG Berlin, Urteil vom 16.6.2010 – 26 A 205/08)

Das Rauchen ist somit vom Schutzbereich des Art. 2 Abs. 1 GG erfasst. Der Schutzbereich für K ist eröffnet.

2. Eingriff

Mittels § 52 Abs. 4 SchulG muss ein Eingriff in das Grundrecht aus Art. 2 Abs. 1 GG erfolgen. Ein Eingriff ist jedes zurechenbare staatliche Handeln, durch das dem Einzelnen sein grundrechtlich geschütztes Verhalten erschwert bzw. unmöglich gemacht bzw. sanktioniert wird oder durch das der grundrechtlich geschützte Zustand verändert bzw. dieser sanktioniert wird. Da gemäß § 52 Abs. 4 SchulG auf dem Schulgelände und im Schulgebäude nicht mehr geraucht werden darf, wird das Rauchen als grundrechtlich geschütztes Verhalten aufgrund des Gesetzes unmöglich. Insoweit ist auch K erfasst. Eine Ausnahme ist in der Norm nach ihrem klaren und eindeutigen Wortlaut nicht enthalten. Somit wird durch § 52 Abs. 4 SchulG unmittelbar in die allgemeine Handlungsfreiheit des K aus Art. 2 Abs. 1 GG eingegriffen.

Schema 42: Prüfung Grundrecht I

<u>Prüfung Grundrecht I</u>

I. **Schutzbereich**
- **persönlicher** Schutzbereich
  → Person Träger dieses Grundrechts?
- **sachlicher** Schutzbereich
  → Verhalten, das u.U. beeinträchtigt wird, vom Schutzbereich des Grundrechts umfasst?

II. **Eingriff**
- klassischer Eingriff:
  >**final:** nicht unbeabsichtigte Folge staatl. Handelns
  >**unmittelbar**
  >**Rechtsakt**, nicht faktische Beeinträchtigung
  >**durchsetzbar** mit Befehl/Zwang
- moderner Eingriffsbegriff
  >jede Beeinträchtigung vom Schutzbereich umfasster Tätigkeit
- mittelbare/faktische Eingriffe (Umfeldeingriffe)

3. Verfassungsrechtliche Rechtfertigung

Der Eingriff in die allgemeine Handlungsfreiheit kann gerechtfertigt sein. Dies ist anzunehmen, wenn für das Grundrecht eine Schrankensystematik geregelt ist, deren verfassungsrechtliche Voraussetzungen erfüllt sind.

Schema 43: Prüfung Grundrecht II

Prüfung Grundrecht II

III. Verfassungsrechtl. Eingriffsrechtfertigung
- GR mit Gesetzesvorbehalt
1. **Gesetzliche RGl**
2. **formelle Verfassungsmäßigkeit** /Gesetz
   - Gesetzgebungskompetenzen
   - Gesetzgebungsverfahren
   - Zitiergebot gem. Art. 19 I 2 GG
3. **materielle Verfassungsmäßigkeit** /Gesetz
   - Gesetzesvorbehalt (diverse Variationen)
   - Verhältnismäßigkeit
   - Wesensgehaltsgarantie (Art. 19 II GG)
   - Kein Einzelfallgesetz (Art. 19 I 1 GG)
   - Bestimmtheitsgebot
   - Sonstiges Verfassungsrecht

- GR ohne expliziten Gesetzesvorbehalt
   1. **kollidierendes VerfR** (immanente Schranke)
      >Kollisionslage → kollidierende Güter
      >Gesetzliche RGL (Gesetzesvorbehalt erst Recht für vorbehaltslos gewährleistete GR>
      Wesentlichkeitsgrundsatz)
   2. **formelle Verfassungsmäßi gkeit** /Gesetz
   3. **materielle Verfassungsmäßigkeit** /Gesetz
      - Verhältnismäßigkeit (praktische Konkordanz)
      - Im Übrigen: s.o.

---

a) Gesetzesvorbehalt

Die Rechtfertigung eines Eingriffes in Art. 2 Abs. 1 GG ist dem Gesetzeswortlaut entsprechend im Rahmen der in Art. 2 Abs. 1 GG genannten Schrankentrias durch die verfassungsmäßige Ordnung, die Rechte anderer oder die Sittengesetze möglich.

Der Begriff der verfassungsmäßigen Ordnung ist, anders als in anderen Regelungen des Grundgesetzes – etwa Artt. 9 Abs. 2, 18 S. 2, 21 Abs. 2 GG –, entsprechend seiner Entstehungsgeschichte als verfassungsmäßige Rechtsordnung zu verstehen, um dem Grundrecht mit weitem Schutzbereich durch eine hinreichend bestimmte Schrankenregelung klare Konturen zu geben. Zur verfassungsmäßigen Ordnung gehören jedenfalls alle formell und materiell objektiv verfassungsmäßigen Gesetze (st. Rspr. seit BVerfGE 6, 32, 3. Leitsatz).

Eine Eingriffsrechtfertigung durch die Rechte anderer und Sittengesetze behält daneben zumindest keine eigenständige Bedeutung. Einerseits sind Rechte anderer und Sittengesetze hinsichtlich einer praktischen Konkordanz mit dem sich unter anderem aus Art. 20 Abs. 3 GG ergebenden Rechtsstaatsprinzip unvereinbar. Andererseits werden beide Aspekte durch die extensive Interpretation der verfassungsmäßigen Ordnung abgedeckt, sodass der Vorbehalt der Rechte anderer und das Sittengesetz keine eigenständige Bedeutung mehr haben (Jarass/Pieroth, 16. Aufl. 2020, Art. 2 GG, Rn. 14f.). Letztlich handelt es sich bei Art. 2 Abs. 1 GG um einen einfachen Gesetzesvorbehalt ohne besondere Anforderungen an das Gesetz, sodass das Grundrecht grundsätzlich durch oder aufgrund eines formellen oder materiellen Gesetzes eingeschränkt werden darf. Bei § 52 Abs. 4 SchulG handelt es sich um ein formelles Gesetz, das diesem Gesetzesvorbehalt entspricht.

Schema 44: Schrankensystematik, siehe auch Schema 30

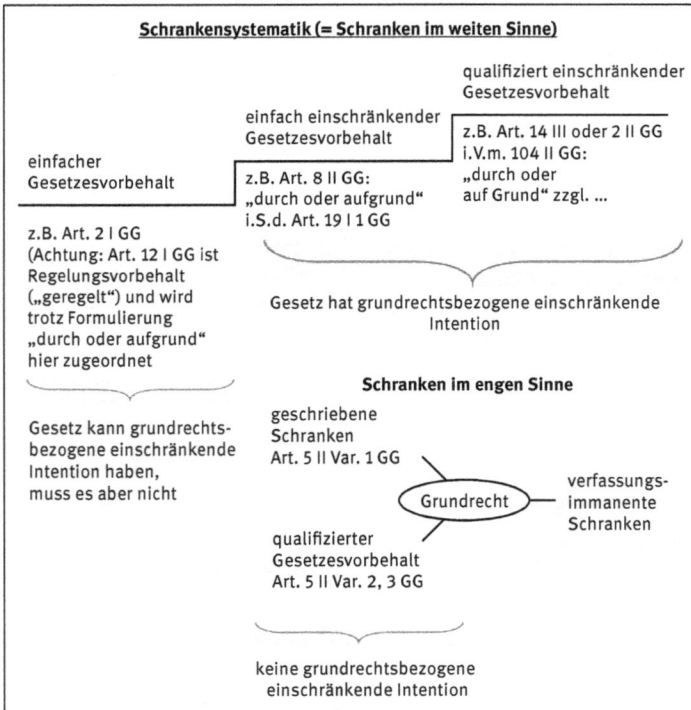

Schrankensystematik (= Schranken im weiten Sinne)

einfacher Gesetzesvorbehalt

z.B. Art. 2 I GG (Achtung: Art. 12 I GG ist Regelungsvorbehalt („geregelt") und wird trotz Formulierung „durch oder aufgrund" hier zugeordnet

Gesetz kann grundrechtsbezogene einschränkende Intention haben, muss es aber nicht

einfach einschränkender Gesetzesvorbehalt

z.B. Art. 8 II GG: „durch oder aufgrund" i.S.d. Art. 19 I 1 GG

qualifiziert einschränkender Gesetzesvorbehalt

z.B. Art. 14 III oder 2 II GG i.V.m. 104 II GG: „durch oder auf Grund" zzgl. ...

Gesetz hat grundrechtsbezogene einschränkende Intention

Schranken im engen Sinne

geschriebene Schranken Art. 5 II Var. 1 GG

Grundrecht

verfassungsimmanente Schranken

qualifizierter Gesetzesvorbehalt Art. 5 II Var. 2, 3 GG

keine grundrechtsbezogene einschränkende Intention

Der Oberbegriff ist „Schrankensystematik", die auch als „Schranken im weiten Sinne" bezeichnet werden darf. Diese gliedert sich in „grundlegende Gesetzesvorbehalte" und „Schranken im engen Sinne".

Bei grundlegenden Gesetzesvorbehalten ist zwischen dem einfachen, dem einfach einschränkenden sowie dem qualifiziert einschränkenden Gesetzesvorbehalt zu unterscheiden. Diese grundlegenden Gesetzesvorbehalte sind im Rahmen der Schrankensystematik von den „Schranken im engen Sinne" zu unterscheiden, die wiederum in geschriebene Schranken (Art. 5 Abs. 2 Var. 1 GG), den qualifizierten Gesetzesvorbehalt (Art. 5 Abs. 2 Var. 2, 3 GG) und verfassungsimmanente Schranken untergliedert werden können. Wie bei grundlegenden Gesetzesvorbehalten bedarf es bei „Schranken im engen Sinne" stets eines Gesetzes – bei verfassungsimmanenten Schranken eines Gesetzes, das Ausdruck gegenläufiger Verfassungsrechte bzw. -rechtsgüter ist.

Bei einfachen Gesetzesvorbehalten (zum Beispiel Art. 2 Abs. 1 GG) werden an das Gesetz keine besonderen Anforderungen gestellt. Es bedarf lediglich eines Gesetzes, das eine grundrechtsbezogene einschränkende Intention haben kann, diese jedoch nicht haben muss, während Gesetze bei einfach einschränkenden und qualifiziert einschränkenden Gesetzesvorbehalten eine grundrechtsbezogene einschränkende Intention haben und deshalb den zusätzlichen Anforderungen des Art. 19 Abs. 1 GG genügen müssen (zum Beispiel dem Zitiergebot aus Art. 19 Abs. 1 S. 2 GG). Einfach und qualifiziert einschränkende Gesetzesvorbehalte enthalten – neben der Formulierung „durch oder aufgrund eines Gesetzes" oder „aufgrund eines Gesetzes" – eine auf die grundrechtsbezogene einschränkende Intention hinweisende Formulierung wie „eingeschränkt" bzw. „beschränkt". Bei qualifiziert einschränkenden Gesetzesvorbehalten werden – über Art. 19 Abs. 1 GG hinausgehende – Gesetzesinhalte vorgegeben (zum Beispiel eine Entschädigungsregelung in Art. 14 Abs. 3 GG). Der Regelungsvorbehalt in Art. 12 Abs. 1 S. 2 GG ist als einfacher Gesetzesvorbehalt einzustufen. Zwar steht in Art. 12 Abs. 1 S. 2 GG die Formulierung „durch Gesetz oder aufgrund eines Gesetzes", so dass die Annahme eines einfach einschränkenden Gesetzesvorbehaltes naheliegt, jedoch ist in Art. 12 Abs. 1 S. 2 GG die Formulierung „geregelt" anstatt der in Art. 19 Abs. 1 S. 1 GG gewählten Formulierung „eingeschränkt" verwendet worden.

Bei „Schranken im engen Sinne" darf durch das Gesetz – anders als bei einschränkenden Gesetzesvorbehalten – hingegen nur eine zufällige Kollision mit dem betroffenen Grundrecht erfolgen, so dass das Gesetz keine grundrechtsbezogene einschränkende Intention haben darf. Bei geschriebenen Schranken werden an das Gesetz keine weiteren Anforderungen gestellt („allgemeine Gesetze" i.S.d. Art. 5 Abs. 2 Var. 1 GG). Der einfache Gesetzesvorbehalt unterscheidet sich von den geschriebenen Schranken dadurch, dass er eine Zwitterstellung hat – er kann grundrechtsbezogen zielgerichtet sein (dann wie einschränkende Vorbehalte ohne Zitiergebot), muss es aber nicht (dann wie eine geschriebene Schranke).

Beim qualifizierten Gesetzesvorbehalt muss es sich um ein Gesetz handeln, das trotz zufälliger Kollision mit dem betroffenen Grundrecht einem bestimmten Zweck (dem Schutz der Jugend bzw. persönliche Ehre i.S.d. Art. 5 Abs. 2 Var. 2, 3 GG) dient, dem aber – anders als beim qualifiziert einschränkenden Gesetzesvorbehalt – die grundrechtsbezogene einschränkende Intention fehlt. Der qualifizierte Gesetzesvorbehalt hat mittlerweile kaum noch eine eigene Bedeutung, weil die Gesetze zum Schutze der Jugend und der persönlichen Ehre (Art. 5 Abs. 2 Var. 2, 3 GG) in den allgemeinen Gesetzen (Art. 5 Abs. 2 Var. 1 GG) enthalten sind. Bei verfassungsimmanenten Schranken bedarf es grundsätzlich einer zufälligen Kollision und eines Gesetzes, das Ausdruck der gegenläufigen Verfassungsgüter bzw. -rechte ist.

Bei oberflächlicher Herangehensweise wird nur zwischen einem einfachen und einem qualifizierten Gesetzesvorbehalt differenziert. Selbst bei dieser – leider verbreiteten – undifferenzierten Betrachtung sind die Anforderungen an die eingangs aufgezeigten Kategorien in der Sache jedenfalls dennoch verfassungsrechtlich vorgegeben und zu prüfen, so dass es sinnvoll erscheint, in der Terminologie ebenfalls ein dogmatisch differenziertes System zu verwenden.

b) Verfassungsmäßigkeit des Schulgesetzes

§ 52 Abs. 4 SchulG muss objektiv verfassungsgemäß sein.

Nochmals: Das Gesetz muss objektiv verfassungsgemäß sein, nicht nur subjektiv bezogen auf die Grundrechte des Beschwerdeführers und dessen Person, weil nur ein objektiv verfassungsmäßiges Gesetz wirksam und somit zur Rechtfertigung eines Grundrechtseingriffes geeignet ist. Das bedeutet, dass im Rahmen der Verfassungsmäßigkeit im Übrigen Grundrechte Dritter, Rückwirkungsverbote etc. zu prüfen sind.

aa) Formelle Verfassungsmäßigkeit

Zuständigkeit, Verfahren und Form müssen formell eingehalten worden sein. Für Fehler bei der Organkompetenz, Verfahrens- und Formfehler gibt es keine Anhaltspunkte. Maßgeblich ist somit lediglich die Verbandskompetenz. Grundsätzlich haben die Länder in der Bundesrepublik Deutschland als zweigliedrigem Bundesstaat gemäß Art. 70 Abs. 1 GG als Spezialregelung zu Art. 30 GG die Verbandskompetenz zum Erlass der Gesetze. Es besteht ein Regel-Ausnahme-Verhältnis, in dem grundsätzlich die Länder und nur ausnahmsweise der Bund zur Gesetzgebung zuständig sind. Mangels ausdrücklicher Regelung im Grundgesetz sind die Länder sowohl zum Erlass von Rauchverboten zum Schutz der Bevölkerung insgesamt (Bsp.: Nichtraucherschutzgesetz, vgl. BVerfGE 121, 317, 347 ff.) als auch zum Erlass von Regelungen im Bereich des Schulrechts – einschließlich des Privatschulrechts – zuständig (BVerfGE 75, 40, 62; 98, 218, 248; 106, 62, 132; BVerwGE 104, 1, 6). Das Bundesland N hat die Kompetenz zur Änderung des Schulgesetzes.

bb) Materielle Verfassungsmäßigkeit

§ 52 Abs. 4 SchulG muss auch in materieller Hinsicht objektiv verfassungsgemäß sein, da nur durch ein objektiv verfassungsgemäßes Gesetz ein Grundrechtseingriff gerechtfertigt sein kann. Verstößt das Gesetz gegen eine Norm des Grundgesetzes, ist es nichtig. Maßgeblich für die materielle Verfassungsmäßigkeit des Gesetzes sind einerseits die allgemeinen und besonderen Anforderungen des Art. 2 Abs. 1 GG, andererseits sonstige Artikel des Grundgesetzes im Rahmen der Verfassungsmäßigkeit des Gesetzes im Übrigen.

Der subjektive Einstieg in der Begründetheit führt zu Komplikationen im Aufbau der materiellen Verfassungsmäßigkeit. Entweder erfolgt zunächst eine Verhältnismäßigkeitsprüfung nur bezüglich des die Begründetheit eröffnenden Grundrechtes – wegen des nunmehr objektiven Prüfungsmaßstabes allerdings bezogen auf alle Adressaten – oder es wird im Anschluss an den Wesentlichkeitsgrundsatz zunächst die Verfassungsmäßigkeit des Gesetzes im Übrigen geprüft (einschließlich der Schutzbereichseingriffe und Rechtfertigungsebenen bezüglich der Grundrechte Dritter), um anschließend eine Verhältnismäßigkeitsprüfung bezüglich aller betroffenen Rechte vorzunehmen.

(1) Verhältnismäßigkeit des Gesetzes bezüglich Art. 2 Abs. 1 GG

§ 52 Abs. 4 SchulG muss bezogen auf Art. 2 Abs. 1 GG verhältnismäßig sein. Der Grundsatz der Verhältnismäßigkeit ergibt sich als Schranken-Schranke im Rahmen der Wechselwirkung zu den Grundrechten und den übrigen zu schützenden Verfassungsrechten und Verfassungsgütern. Nach diesem Grundsatz muss ein grundrechtsverkürzendes Gesetz geeignet, erforderlich und angemessen sein, um einen verfassungsrechtlich legitimen Zweck zu erreichen.

„Ein Gesetz ist geeignet, wenn mit seiner Hilfe der erstrebte Erfolg gefördert werden kann; es ist erforderlich, wenn der Gesetzgeber nicht ein anderes gleich wirksames, aber das Grundrecht nicht oder weniger stark einschränkendes Mittel hätte wählen können. Bei der Beurteilung der Eignung und Erforderlichkeit des gewählten Mittels zur Erreichung der erstrebten Ziele sowie bei der in diesem Zusammenhang vorzunehmenden Einschätzung und Prognose der dem Einzelnen oder der Allgemeinheit drohenden Gefahren steht dem Gesetzgeber ein Beurteilungsspielraum zu, welcher je nach der Eigenart des maßgeblichen Sachbereichs, den Möglichkeiten, sich ein hinreichend sicheres Urteil zu bilden, und der auf dem Spiel stehenden Rechtsgüter nur in begrenztem Umfang gerichtlich überprüft werden kann. Ferner muss bei einer Gesamtabwägung im Rahmen der Angemessenheit (Verhältnismäßigkeit im engen Sinne) zwischen der Schwere des Eingriffs und dem Gewicht sowie der Dringlichkeit der ihn rechtfertigenden Gründe die Grenze der Zumutbarkeit für die Adressaten des Verbots gewahrt sein. Durch die Maßnahme dürfen die Adressaten nicht übermäßig belastet werden" (BVerfGE 90, 145, 172f.).

(a) Verfassungsrechtlich legitimer Zweck

Es muss mit § 52 Abs. 4 SchulG ein verfassungsrechtlich legitimer Zweck verfolgt werden, wobei ein solcher Zweck wegen der weiten Einschätzungsprärogative des Gesetzgebers lediglich nicht willkürlich sein darf.

Mit dem generellen Rauchverbot im Schulgebäude und auf dem Schulgelände soll primär verhindert werden, dass rauchende Lehrer auf dem Schulge-

lände als negatives Vorbild in Erscheinung treten, um Prävention vor Tabakkonsum zu betreiben. Daneben soll das Rauchverbot an Schulen – wie in anderen Bereichen auch – dem Schutz vor den schädlichen Wirkungen des Passivrauchens und damit ebenfalls der Gesundheit i.S.d. Art. 2 Abs. 2 S. 1 GG
dienen. Der damit angestrebte Schutz der Bevölkerung vor Gesundheitsgefahren zählt zu den überragend wichtigen Gemeinschaftsgütern (vgl. BVerfGE 121,
317, 349). Diese Einschätzung gilt erst recht im Hinblick auf den mit § 52 Abs. 4
SchulG beabsichtigten Schutz der Schülerinnen und Schüler vor den Auswirkungen des Passivrauchens und hinsichtlich des Erziehungsziels, sie zum Verzicht auf das Rauchen zu motivieren (vgl. VerfGH Rheinland-Pfalz, Urteil vom
30.9.2008 – VGH B 21/08, VGH B 29/09 –, juris, Rn. 26). Es handelt sich somit
um einen legitimen Zweck.

(b) Eignung
§ 52 Abs. 4 SchulG muss im Hinblick auf den verfolgten Zweck geeignet sein. Der
gewünschte Erfolg muss also gefördert werden (BVerfGE 67, 157, 173; 90, 145,
172; 96, 10, 23). Dabei genügt es auf Gesetzesebene, wenn die abstrakte Möglichkeit der Zweckerreichung besteht (BVerfGE 100, 313, 373). Zur Prävention
vor Tabakkonsum ist ein gesetzliches Rauchverbot in Schulen geeignet, da die
Schülerinnen und Schüler dadurch mit dem Rauchen und seinem sozialen Kontext weniger konfrontiert werden. So hat das Deutsche Krebsforschungszentrum
darauf aufmerksam gemacht, dass die Schaffung einer rauchfreien Umwelt an
Schulen eine der Grundvoraussetzungen für eine wirkungsvolle Tabakpräven-
tion im Kindes- und Jugendalter sei. Das Gestatten des Rauchens an der Schule
vermittele den Eindruck, es handele sich um eine „Erwachsenensache", und
stelle eine effektive Botschaft dar, um Kinder und Jugendliche dazu zu bewegen, mit dem Rauchen zu beginnen. Suchtverhalten werde auf diese Weise geradezu gefördert, da Kinder und Jugendliche in der Phase ihrer Identitätsbil-
dung für Signale und Symbole des Erwachsenseins besonders empfänglich
seien (Deutsches Krebsforschungszentrum, Passivrauchen – ein unterschätztes
Gesundheitsrisiko, 2. Aufl. 2006, S. 44 f.).

Zur Vermeidung des Passivrauchens scheint ein gesetzliches Rauchverbot
allerdings nur in Schulgebäuden, nicht jedoch auf dem Freigelände geeignet.
Denn beim Rauchen im Freien werden Nichtraucher nicht nennenswert beeinträchtigt (vgl. BAG, NZA 1999, 546, 549). Das schulgeländeübergreifende
Rauchverbot aus § 52 Abs. 4 SchulG ist somit nur hinsichtlich des Ziels,
Tabakkonsum der Schülerinnen und Schüler zu vermeiden, umfassend geeignet.

(c) Erforderlichkeit

Es darf zur Erreichung des Zwecks kein gleich geeignetes milderes Mittel ersichtlich sein.

Hinsichtlich des Ziels, die Gesundheit der Nichtraucher zu schützen, ist dies jedenfalls insoweit problematisch, als es gegenüber einem ausnahmslosen Rauchverbot im Freien die ebenso geeignete Möglichkeit beschränkter, die Nichtraucher nicht tangierender Ausnahmen gibt (vgl. BAG, NZA 1999, 546). Insofern ist das Rauchverbot – wenn es nicht bereits als ungeeignet angesehen wird – jedenfalls nicht erforderlich.

Hinsichtlich des Zieles, Schülerinnen und Schüler zum Verzicht auf das Rauchen zu motivieren, hätte der Gesetzgeber unter Berücksichtigung seiner Einschätzungsprärogative aber kein anderes gleich wirksames, aber das Grundrecht nicht oder weniger stark einschränkendes Mittel wählen können. Dass es für die erzieherische Wirkung entscheidend darauf ankommt, ob die Schülerinnen und Schüler den bequemen Aufenthalt im Raucherzimmer als „cool" oder das erzwungene Verlassen des Schulgeländes als „uncool" wahrnehmen, erscheint nicht beurteilungsfehlerhaft. Insoweit ist das Rauchverbot erforderlich.

Im Rahmen der Prüfung der Erforderlichkeit ist eine andere Auffassung mit entsprechender Argumentation hinsichtlich des Rauchverbotes auf dem Schulgelände vertretbar.

(d) Verhältnismäßigkeit im engen Sinne (Disproportionalität)

Die gesetzliche Regelung darf nicht unverhältnismäßig im engen Sinne, also nicht disproportional zum angestrebten Zweck sein und somit nicht in einem erheblichen Missverhältnis dazu stehen. Voraussetzung für die Verhältnismäßigkeit im engen Sinne ist es, dass der Eingriff in angemessenem Verhältnis zu dem Gewicht und der Bedeutung des Grundrechts steht (BVerfGE 67, 157, 173). Der mit der Einführung eines ausnahmslosen Rauchverbots in Schulen verbundenen Verkürzung des Grundrechts aus Art. 2 Abs. 1 GG könnte der Gesundheitsschutz als überragend wichtiges Gemeinwohlbelang, insbesondere in der Dimension und Kombination als staatliche Schutzpflicht, entgegenstehen.

Schema 45: Wichtige Funktionen der Grundrechte (vgl. Art. 1 Abs. 3 GG)

Wichtige Funktionen GRte (vgl. Art. 1 III GG)

Abwehr-rechte gegen den Staat	Ausstrahlung auf alle Rechtsgebiete	Schutz-pflichten	Leistungs-rechte	GRschutz durch Organisation /Verfahren
	>Verwaltung / Gerichte müssen bei Anwendung/ Auslegung einfachen Rechts GR beachten Zivilrecht: mittelbare Drittwirkung	Staat muss Übergriffe Privater in GR Dritter verhindern	*originäre:* Anspruch auf Schaffung neuer Ressourcen (sehr selten)	*derivative:* >Teilhabe an vorhandenen Ressourcen >AGL: GR iVm Art. 3 I GG >subj. Ermessen: GR iVm Art. 3 I GG reduziert!

Der mit dem Eingriff in Art. 2 Abs. 1 GG angestrebte Schutz der Schülerinnen und Schüler vor Gesundheitsgefahren zählt zu den überragend wichtigen Gemeinschaftsgütern. Der Zweck gewinnt darüber hinaus an Bedeutung, da dem Staat hinsichtlich des Gesundheitsschutzes der Schülerinnen und Schüler eine Schutzpflicht zukommt. Zwar sind Grundrechte in ihrer klassischen Funktion Abwehrrechte gegen den Staat, jedoch stellen sie gemäß Art. 1 Abs. 3 GG auch eine objektive Werteordnung dar, sodass durch sie staatliche Schutzpflichten begründet werden können. Dies ist dann anzunehmen, wenn im Rahmen eines verfassungsrechtlich gewährten subjektiven Rechts eine eingriffsadäquate bedeutsame Grundrechtsbeeinträchtigung bei hinreichender Schadenswahrscheinlichkeit und Schutzbedürftigkeit des Betroffenen zu befürchten ist.

„Aus Art. 2 Abs. 2 S. 1 GG kann sich eine Schutzpflicht des Staates ergeben, die eine Risikovorsorge gegen Gesundheitsgefährdungen umfasst. Angesichts der Zahl der Todesfälle, die sich nach wissenschaftlichen Erkenntnissen auf Erkrankungen durch Passivrauchen zurückführen lassen, ist zudem auch der Schutz des menschlichen Lebens betroffen. Durch die Verfassung wird auch insoweit eine Schutzpflicht des Staates begründet, aus der sich das Gebot ergibt, das Leben jedes Einzelnen zu schützen und zu fördern. Die Annahme einer beträchtlichen Gefährdung dieser Rechtsgüter ist verfassungsrechtlich unbedenklich, weil sich der Landesgesetzgeber insoweit der in der Wissenschaft weit verbreiteten Einschätzung anschließen kann, dass Tabakrauch auch bereits in geringsten Mengen wegen der enthaltenen gentoxischen Kanzerogene gesundheitsgefährdend sei" (BVerfGE 121, 317, 356). „Bereits kleinste Belastungen mit diesen krebserzeugenden Stoffen könnten zur Entstehung von Tumoren beitragen" (BVerfGE 121, 317, 340). „Wer mit einem Raucher zusammenlebe oder bei der Arbeit Tabakrauch ausgesetzt sei, habe ein um 20 bis 30 Prozent erhöhtes Risiko, an Lungenkrebs, und ein um 25 bis 30 Prozent erhöhtes Risiko, an koronaren Herzkrankheiten zu erkranken" (BVerfGE 121, 317, 341).

Somit sind subjektive Rechte der Gesetzesadressaten – auch des K – betroffen. Wäre das Rauchen staatlich veranlasst, wäre es für die Passivraucher eingriffsadäquat, uneingeschränktes Rauchen zu erlauben. Ein Schadenseintritt bei den Passivrauchern – auch Schülerinnen und Schülern, deren Vorbild Lehrerinnen und Lehrer sein können – ist wahrscheinlich. Sie sind schutzbedürftig. Eine Schutzpflicht des Staates aus Art. 2 Abs. 2 S. 1 GG besteht.

Darüber hinaus kann sich eine Schutzpflicht des Staates auch aus dem staatlichen Erziehungsauftrag gemäß Art. 7 Abs. 1 GG ergeben. An der Gesundheitsförderung mitzuwirken, gehört nämlich auch zum Erziehungs- und Bildungsauftrag der Schulen. „Der staatliche Erziehungsauftrag beschränkt sich nicht auf die Wissensvermittlung. Umfasst ist auch die Aufgabe, Kinder bei der Entwicklung zu einer eigenverantwortlichen Persönlichkeit innerhalb der Gemeinschaft zu fördern und zu unterstützen" (VG Berlin, Urteil vom 16.6.2010 – 26 A 205/08). Dies umfasst auch den angemessenen Umgang mit den Gefahren des Rauchens.

Demgegenüber stellt das ausnahmslose Rauchverbot auf dem gesamten Schulgelände zwar unter allen möglichen Beschränkungen des Rauchens den stärksten Eingriff dar. Gleichwohl bleibt die Möglichkeit, das Schulgelände zum Rauchen vorübergehend zu verlassen. Hinzu kommt, dass dem Gesetzgeber im Bereich der staatlichen Schutzpflicht ein gewisser Einschätzungsspielraum zusteht: „Es ist Sache des Gesetzgebers, in Bezug auf den jeweiligen Lebensbereich darüber zu entscheiden, ob, mit welchem Schutzniveau und auf welche Weise Situationen entgegengewirkt werden soll, die nach seiner Einschätzung zu Schäden führen können. Zu beachten ist dabei der Einschätzungs-, Wertungs- und Gestaltungsspielraum des Gesetzgebers. Dies ermöglicht es dem Gesetzgeber, bei seiner Wahl für ein Schutzkonzept auch Interessen zu berücksichtigen, die gegenläufig zu dem von ihm verfolgten Gemeinwohlziel sind, und so eine Lösung durch Zuordnung und Abwägung kollidierender Rechtsgüter zu entwickeln. Soweit sich nicht in seltenen Ausnahmefällen der Verfassung eine konkrete Schutzpflicht entnehmen lässt, die zu einem bestimmten Tätigwerden zwingt, bleibt die Aufstellung und normative Umsetzung eines Schutzkonzepts dem Parlament als dem dafür zuständigen staatlichen Organ überlassen" (BVerfGE 121, 317, 356 f.).

„Auf der Grundlage der ihm zuzubilligenden Spielräume war der Gesetzgeber nicht gehindert, dem Erziehungsauftrag der Schule und dem Gesundheitsschutz wegen der herausragenden Bedeutung dieser Ziele gegenüber der damit beeinträchtigten Verhaltensfreiheit der Raucher den Vorrang einzuräumen und ein striktes Rauchverbot in Schulen zu verhängen" (VG Berlin, Urteil vom 16.6.2010 – 26 A 205/08).

Die Beeinträchtigung der Verhaltensfreiheit der Raucher – und damit auch des K als einem der Adressaten des objektiv zu prüfenden Gesetzes – erscheint in Anbetracht der Gewichtung des entgegenstehenden Gesundheitsschutzes und der Ausweichmöglichkeit außerhalb des Schulgeländes daher nicht unangemessen. Danach ist eine Disproportionalität von Zweck und Mittel nicht ersichtlich, sodass § 52 Abs. 4 SchulG verhältnismäßig im engen Sinne ist.

(e) Ergebnis zur Verhältnismäßigkeit bezüglich des Art. 2 Abs. 1 GG

Das Rauchverbot ist bezüglich des Eingriffes in Art. 2 Abs. 1 GG verhältnismäßig. Die seitens K angegriffene Vorschrift steht in einem angemessenen Verhältnis zu dem dadurch erreichbaren Rechtsgüterschutz.

(2) Verfassungsmäßigkeit des Gesetzes im Übrigen: Art. 3 Abs. 1 GG

Das Gesetz muss auch im Übrigen verfassungsgemäß sein, da nur durch ein objektiv verfassungsmäßiges Gesetz ein Grundrechteingriff gerechtfertigt werden kann. Durch Art. 3 Abs. 1 GG wird der Gesetzgeber verpflichtet, wesentlich Gleiches gleich und wesentlich Ungleiches ungleich zu behandeln. „Damit ist dem Gesetzgeber allerdings nicht jede Differenzierung verwehrt. Aus dem allgemeinen Gleichheitssatz ergeben sich vielmehr je nach Regelungsgegenstand und Differenzierungsmerkmalen unterschiedliche Grenzen, die vom bloßen Willkürverbot bis zu einer strengen Bindung an Verhältnismäßigkeitserfordernisse reichen" (BVerfGE 121, 317, 369).

Es besteht ein fließender Übergang von der sogenannten Willkürformel zur sogenannten „neuen Formel", bei welcher die Verhältnismäßigkeit zu prüfen ist.

„Da durch den Grundsatz, dass alle Menschen vor dem Gesetz gleich sind, primär eine ungerechtfertigte Verschiedenbehandlung von Personen verhindert werden soll, unterliegt der Gesetzgeber bei einer Ungleichbehandlung von Personengruppen regelmäßig einer strengeren Bindung als bei einer Ungleichbehandlung von Sachverhalten. Daher ist das Gleichheitsgrundrecht verletzt, wenn der Gesetzgeber bei Regelungen, die Personengruppen betreffen, eine Gruppe von Normadressaten im Vergleich zu einer anderen Gruppe anders behandelt, obwohl zwischen beiden Gruppen keine Unterschiede von solcher Art und solchem Gewicht bestehen, dass sie die ungleiche Behandlung rechtfertigen könnten. Diese Grundsätze gelten aber auch dann, wenn eine Ungleichbehandlung von Sachverhalten mittelbar eine Ungleichbehandlung von Personengruppen bewirkt. Deshalb sind dem Gestaltungsspielraum des Gesetzgebers umso engere Grenzen gesetzt, je belastender sich die Ungleichbehandlung auf die Ausübung grundrechtlich geschützter Freiheiten nachteilig auswirken kann. Der allgemeine Gleichheitssatz bei ungleichen Belastungen ist bei ungleichen Begünstigungen anwendbar. Verboten ist auch ein gleichheitswidriger Begünstigungsausschluss, bei dem eine Begünstigung einem Personenkreis gewährt, einem anderen Personenkreis aber vorenthalten wird" (BVerfGE 121, 317, 369 f.)

Soweit in einem Gesetz als Ausnahme vom gesetzlichen Rauchverbot in Gaststätten abgeschlossene Raucherräume für Schankwirtschaften zugelassen sind, für Speisewirtschaften jedoch untersagt werden, ist dies als gleichheitswidriger Begünstigungsausschluss einzustufen (BVerfGE 130, 131).

Vergleichsobergruppe sind alle Raucher, während als Untergruppen einerseits Raucher an Schulen und andererseits alle sonstigen Raucher in Betracht kommen. Eine Differenzierung besteht insofern, als nach dem Nichtraucherschutzgesetz in § 4 Abs. 1 Ausnahmeregelungen bestehen, die nach dem abgeänderten Schulgesetz an Schulen nicht gelten. Insofern ist es denkbar, dass das Nichtraucherschutzgesetz seiner Konzeption nach darauf angelegt ist, in allen Fällen eines Rauchverbots – auch im Schulbereich – Ausnahmemöglichkeiten zu gewähren. Zweck des Nichtrauchergesetzes ist es, insbesondere Kinder und Jugendliche in den entsprechenden Einrichtungen der Kinder- und Jugendhilfe und des Bildungsbereiches durch eine tabakrauchfreie Umgebung vor den Gesundheitsgefahren des Passivrauchens zu schützen sind.

Bei einer derartigen Betrachtung und der damit verbundenen Aufstellung eines Vergleichspaares bliebe jedoch unberücksichtigt, dass das Rauchverbot in Schulen nicht nur dem Schutz vor den Gefahren des Passivrauchens, sondern auch der Suchtprävention dient. Aufgrund dieser unterschiedlichen Wirkungsbereiche und Schutzkonzepte des Schulgesetzes und des Nichtraucherschutzgesetzes sind beide Gesetze nicht vergleichbar. Es fehlt schon an einem geeigneten Vergleichspaar i.S.d. Art. 3 Abs. 1 GG. Durch das generelle Rauchverbot an Schulen wird der allgemeine Gleichheitssatz gemäß Art. 3 Abs. 1 GG nicht verletzt.

(3) Verfassungsmäßigkeit des Gesetzes im Übrigen: Art. 33 Abs. 5 GG

Das Schulgesetz kann mit Art. 33 Abs. 5 GG unvereinbar sein. Nach dieser Norm ist das Recht des öffentlichen Dienstes unter Berücksichtigung der hergebrachten Grundsätze des Berufsbeamtentums zu regeln und fortzuentwickeln. Das in § 52 Abs. 4 SchulG angeordnete absolute Rauchverbot trifft unter anderem diejenigen Beamten, die zur Dienstleistung in der Schule verpflichtet sind, insbesondere Lehrer im Beamtenverhältnis. Insoweit hat das Land den Grundsatz der Fürsorgepflicht des Dienstherrn gegenüber den Beamten zu beachten, der zu den hergebrachten Grundsätzen des Berufsbeamtentums i.S.d. Art. 33 Abs. 5 GG gehört. Dieser Grundsatz ist das Korrelat zum hergebrachten Grundsatz der Treuepflicht des Beamten.

„Es ist primär die Sache des Dienstherrn, für einzelne Regelungsbereiche die ihm aus der Fürsorgepflicht den Beamten gegenüber obliegenden Verpflichtungen durch Gesetze, Verordnungen oder Verwaltungsvorschriften zu konkretisieren. Bei der Ausfüllung des ihm insoweit zustehenden weiten Gestaltungsspielraums ist er lediglich insoweit gebunden, als die beabsichtigte Regelung dem wohlverstandenen Interesse des Beamten gerecht werden muss. Die insoweit bestehende Schuld des Dienstherrn gegenüber den Beamten im Einzelnen lässt sich nur im Hinblick auf den jeweils zu regelnden Sachbereich bestimmen" (BVerfGE 83, 89, 100). Ein gesteigertes, über die Verhaltensfreiheit gemäß Art. 2 Abs. 1 GG hinausgehendes Recht zum Rauchen ist mit dem Beamtenstatus nicht verbunden. Dem Dienstherrn bleibt es daher unbenommen, die Möglichkeit des Rauchens in räumlicher Hinsicht einzuschränken (vgl. VerfGH Rheinland-Pfalz, Urteil vom 30.9.2008 – VGH B 21/08, VGH B 29/09, juris, Rn 47; VG Schleswig, Beschluss vom 13.10.2004 – 11 B 42/04, juris, Rn. 9). Macht er – wie in § 52 Abs. 4 SchulG – davon Gebrauch, hat er aufgrund seiner Fürsorgepflicht darauf hinzuwirken, dass dadurch sonstige schutzwürdige Interessen der Beamten nicht in unangemessener Weise beeinträchtigt werden.

Insofern wäre es möglich, es als unangemessene Beeinträchtigung einzustufen, dass Beamte im Sinne der Vorschrift nunmehr gezwungen werden, das Schulgelände zum Zweck des Rauchens zu verlassen, welches mit dem Verlust eines Versicherungsschutzes im Dienstverhältnis und damit zusammenhängenden Dienstunfällen verbunden sein kann. Dies könnte eine unzumutbare Belastung, einhergehend mit erheblichen Risiken für die Beamten, darstellen.

Eine solche Einstufung ist jedoch nicht überzeugend. Gemäß § 31 Abs. 1 S. 1 BeamtVG ist ein Ereignis nur ein Dienstunfall, wenn es „in Ausübung oder infolge des Dienstes eingetreten ist". Insoweit wird eine besonders enge ursächliche Verknüpfung des Ereignisses mit dem Dienst vorausgesetzt. „Maßgebend hierfür sind der Sinn und Zweck der beamtenrechtlichen Dienstunfallfürsorge. Insofern geht es um einen über die allgemeine Fürsorge hinausgehenden besonderen Schutz des Beamten bei Unfällen, die außerhalb seiner privaten (eigenwirtschaftlichen) Sphäre im Bereich der in der dienstlichen Sphäre liegenden Risiken eintreten, also in dem Gefahrenbereich, in dem der Beamte aufgrund der Anforderungen des Dienstes tätig wird" (BVerwG, NVwZ 2010, 708, 709). Verlässt ein Beamter für das Rauchen während der Dienstzeit vorübergehend das Dienstgelände, ist zu klären, inwieweit dieses Verhalten noch dienstbezogen und damit von den Vorschriften der Dienstunfallfürsorge umfasst ist. Insoweit ist in § 31 Abs. 1 S. 1 BeamtVG ein Interpretationsspielraum belassen worden, durch den es ermöglicht wird, den Anforderungen der Verfassung im Einzelfall Rechnung zu tragen (vgl. VG Berlin, VG Berlin, Urteil vom 16.6.2010 – 26 A 205/08).

Ein Verstoß gegen Art. 33 Abs. 5 GG durch die Änderung des Schulgesetzes ist somit auch im Hinblick auf einen möglicherweise entfallenden Versicherungsschutz nicht erkennbar, weil § 31 Abs. 1 S. 1 BeamtVG gegebenenfalls verfassungskonform ausgelegt werden kann. Daraus ergibt sich in Konsequenz, dass das Verlassen des Schulgebäudes nicht zwingend mit einem Verlust des Versicherungsschutzes verbunden ist, sodass eine unangemessene Beeinträchtigung durch § 52 Abs. 4 SchulG nicht angenommen werden kann.

(4) Zwischenergebnis
§ 52 Abs. 4 SchulG des Landes ist materiell verfassungsgemäß.

4. Ergebnis zur Rechtfertigung des Eingriffs in Art. 2 Abs. 1 GG
Durch § 52 Abs. 4 SchulG wird nicht ungerechtfertigt in die durch Art. 2 Abs. 1 GG geschützte allgemeine Handlungsfreiheit des K eingegriffen. Der Eingriff ist verfassungsrechtlich gerechtfertigt.

II. Verstoß gegen Art. 3 Abs. 1 GG und Art. 33 Abs. 5 GG
Da das Gesetz bezogen auf alle Gesetzesadressaten verfassungsgemäß und ein Vollzugsakt nicht erlassen worden ist, kann auch K bei subjektiver Betrachtung jedenfalls nicht in Rechten aus Art. 3 Abs. 1 GG und Art. 33 Abs. 5 GG verletzt sein.

III. Ergebnis zur Begründetheit der Verfassungsbeschwerde
Die Verfassungsbeschwerde des K ist nach alledem unbegründet.

C. Annahme zur Entscheidung
Das Bundesverfassungsgericht nimmt die Verfassungsbeschwerde des K wegen deren Unzulässigkeit nicht i.S.d. § 93a BVerfGG an.

D. Gesamtergebnis
Die Verfassungsbeschwerde ist unzulässig und zugleich unbegründet. Sie wird daher keinen Erfolg haben.

2. Komplex: Abwandlung

A. Zulässigkeit
Die Verfassungsbeschwerde ist zulässig.

B. Begründetheit
Die Verfassungsbeschwerde des K ist begründet, soweit der Beschwerdeführer gemäß § 90 Abs. 1 BVerfGG in seinen Grundrechten verletzt ist. Da das Bundesverfassungsgericht, das keine Superrevisionsinstanz, sondern Hüter der Verfassung ist, bei Verfassungsbeschwerden gegen nachkonstitutionelle Gesetze wie dem Gesetz über die Ladenöffnung nur spezifische Grundrechtsverletzungen feststellen kann, wird es gemäß § 95 Abs. 3 S. 1 BVerfGG gegebenenfalls feststellen, dass das Gesetz über die Ladenöffnung als Beschwerdegegenstand nichtig ist. Eine solche Entscheidung des Bundesverfassungsgerichts hätte gemäß § 31 Abs. 2 S. 2 BVerfGG i.V.m. Art. 94 Abs. 2 GG Gesetzeskraft.

I. Verstoß gegen Art. 2 Abs. 1 GG
Durch § 3a Abs. 1 LadÖG i.V.m. § 2 LadÖG kann ungerechtfertigt in das Grundrecht des K aus Art. 2 Abs. 1 GG eingegriffen worden sein.

1. Schutzbereich
Zunächst muss der Schutzbereich des Art. 2 Abs. 1 GG eröffnet sein. Persönlich ist der Schutzbereich des Art. 2 Abs. 1 GG auf „Jedermann" bezogen, so-

dass K als natürliche Person vom persönlichen Schutzbereich des Art. 2 Abs. 1 GG erfasst ist. Auch der sachliche Schutzbereich muss aber eröffnet sein.

Durch Art. 2 Abs. 1 GG wird die allgemeine Handlungsfreiheit im umfassenden Sinne geschützt (BVerfGE 6, 32, 36; 113, 88, 103; 114, 371, 383f.) – ohne Rücksicht darauf, welches Gewicht der Betätigung für die Persönlichkeitsentfaltung zukommt (BVerfGE 80, 137, 152f.). Davon ist grundsätzlich auch die Freiheit erfasst, zu später Stunde bzw. nachts alkoholische Getränke käuflich zu erwerben (BVerfG, Beschluss vom 11.6.2010 – 1 BvR 915/10). Der Schutzbereich für K ist eröffnet.

2. Eingriff

In das Grundrecht des Art. 2 Abs. 1 GG wird durch jede generelle oder individuelle Regelung eines Grundrechtsverpflichteten eingegriffen, durch die das geschützte Verhalten beeinträchtigt wird. Eine derartige gesetzliche Regelung stellt § 3a Abs. 1 LadÖG i.V.m. § 2 LadÖG dar. Danach ist es K verwehrt, zu den streitgegenständlichen Zeiten alkoholische Getränke käuflich zu erwerben. Durch die Regelung im Gesetz über die Ladenöffnung wird unmittelbar in die allgemeine Handlungsfreiheit des K aus Art. 2 Abs. 1 GG eingegriffen.

3. Verfassungsrechtliche Rechtfertigung

Der Eingriff in die allgemeine Handlungsfreiheit kann gerechtfertigt sein. Dies ist anzunehmen, wenn für das Grundrecht eine Schrankensystematik geregelt ist, deren verfassungsrechtliche Voraussetzungen erfüllt sind.

a) Gesetzesvorbehalt

Bei Art. 2 Abs. 1 GG handelt es sich um einen einfachen Gesetzesvorbehalt ohne besondere Anforderungen an das Gesetz, sodass das Grundrecht grundsätzlich durch oder aufgrund eines formellen oder materiellen Gesetzes eingeschränkt werden darf. Bei § 3a Abs. 1 LadÖG und § 2 LadÖG handelt es sich um ein formelles Gesetz, das diesem Gesetzesvorbehalt entspricht.

b) Verfassungsmäßigkeit des § 3a Abs. 1 LadÖG i.V.m. 2 Abs. 1 LadÖG

§ 3a Abs. 1 LadÖG und § 2 LadÖG müssen objektiv verfassungsgemäß sein, da nur durch ein objektiv verfassungsgemäßes Gesetz ein Grundrechtseingriff gerechtfertigt sein kann. Verstößt das Gesetz gegen eine Norm des Grundgesetzes, ist es nichtig.

Fraglich ist lediglich die materielle Verfassungsmäßigkeit. Maßgeblich für die materielle Verfassungsmäßigkeit des Gesetzes sind einerseits die allgemeinen und besonderen Anforderungen des Art. 2 Abs. 1 GG, andererseits sonstige Artikel des Grundgesetzes im Rahmen der Verfassungsmäßigkeit des Gesetzes im Übrigen.

aa) Verhältnismäßigkeit des Gesetzes bezüglich Art. 2 Abs. 1 GG

Das Gesetz über die Ladenöffnung muss bezogen auf Art. 2 Abs. 1 GG lediglich verhältnismäßig sein, da es bei einem einfachen Gesetzesvorbehalt keine besonderen Anforderungen an das Gesetz gibt. Der Grundsatz der Verhältnismäßigkeit ergibt sich als Schranken-Schranke im Rahmen der Wechselwirkung zur Rechtfertigung und den übrigen zu schützenden Verfassungsgütern. Nach diesem Grundsatz muss ein grundrechtsverkürzendes Gesetz geeignet, erforderlich und angemessen sein, um einen verfassungsrechtlich legitimen Zweck zu erreichen.

„Ein Gesetz ist geeignet, wenn mit seiner Hilfe der erstrebte Erfolg gefördert werden kann; es ist erforderlich, wenn der Gesetzgeber nicht ein anderes gleich wirksames, aber das Grundrecht nicht oder weniger stark einschränkendes Mittel hätte wählen können. Bei der Beurteilung der Eignung und Erforderlichkeit des gewählten Mittels zur Erreichung der erstrebten Ziele sowie bei der in diesem Zusammenhang vorzunehmenden Einschätzung und Prognose der dem Einzelnen oder der Allgemeinheit drohenden Gefahren steht dem Gesetzgeber ein Beurteilungsspielraum zu, welcher je nach der Eigenart des maßgeblichen Sachbereichs, den Möglichkeiten, sich ein hinreichend sicheres Urteil zu bilden, und der auf dem Spiel stehenden Rechte und Rechtsgüter nur in begrenztem Umfang gerichtlich überprüft werden kann. Ferner muss bei einer Gesamtabwägung im Rahmen der Verhältnismäßigkeit im engen Sinne zwischen der Schwere des Eingriffs und dem Gewicht sowie der Dringlichkeit der ihn rechtfertigenden Gründe die Grenze der Zumutbarkeit für die Adressaten des Verbots gewahrt sein. Durch die Maßnahme dürfen die Adressaten nicht übermäßig belastet werden" (BVerfGE 90, 145, 172f., Leitsatz 2.b).

(1) Verfassungsrechtlich legitimer Zweck

Es muss mit § 3a Abs. 1 LadÖG und § 2 LadÖG ein verfassungsrechtlich legitimer Zweck verfolgt werden, wobei ein solcher Zweck wegen der weiten Einschätzungsprärogative des Gesetzgebers lediglich nicht willkürlich sein darf.

Mit dem Alkoholverkaufsverbot soll seitens des Landesgesetzgebers erreicht werden, einer vor allem während der Nachtzeit zu verzeichnenden Zunahme alkoholbedingter Straftaten und Ordnungsstörungen sowie Gesundheitsgefahren zu begegnen (vgl. BVerfG, Beschluss vom 11.6.2010 – 1 BvR 915/10). Insoweit handelt es sich um wichtige Gemeinwohlbelange, die verfassungsrechtlich nicht zu beanstanden sind. Ein legitimer Zweck wird durch § 3a Abs. 1 LadÖG und § 2 LadÖG verfolgt.

(2) Eignung

§ 3a Abs. 1 LadÖG i.V.m. § 2 LadÖG muss im Hinblick auf den verfolgten Zweck geeignet sein. Es muss also der gewünschte Erfolg gefördert werden (BVerfGE 67, 157, 173; 90, 145, 172; 96, 10, 23). Dabei genügt es auf Gesetzesebene, wenn die abstrakte Möglichkeit der Zweckerreichung besteht (BVerfGE 100, 313, 373). Insofern könnte angenommen werden, dass durch § 3a Abs. 1 LadÖG i.V.m. § 2 Abs. 1 LadÖG der verfassungsrechtlich verfolgte Zweck nicht gefördert wird, da durch die Normen nicht jeglicher Alkoholkonsum verhindert wird, denn dieser kann auch aufgrund einer vor 22 Uhr erfolgten Bevorratung erfolgen.

Durch eine derartige Sichtweise würde jedoch außer Acht gelassen, dass dies nicht dazu führt, dass die Regelung nicht zur Förderung der verfolgten Ziele beitragen würde. Auch aus der Einschätzungsprärogative bezüglich der Zwecksetzungskompetenz des Landesgesetzgebers ergibt sich, dass er davon ausgehen durfte, dass die Einschränkung der Alkoholverkaufszeiten zu einer Eindämmung übermäßigen Alkoholkonsums führt. Der Zweck des Gesetzes in Form der Deeskalation des Alkoholkonsums zur Nachtzeit im Hinblick auf Ordnungswidrigkeiten und Straftaten wird durch das veränderte Gesetz über die Ladenöffnung jedenfalls gefördert, sodass die Gesetzesänderung zur Zweckförderung geeignet ist (vgl. BVerfG, Beschluss vom 11.6.2010 – 1 BvR 915/10).

(3) Erforderlichkeit

Die getroffene Regelung darf nicht über das zur Verfolgung ihres Zweckes notwendige Maß hinaus-, also nicht weitergehen, als der mit ihr intendierte Schutzzweck reicht. Es darf zur Erreichung des Zwecks kein gleich geeignetes milderes Mittel ersichtlich sein.

Ein relativ milderes Mittel könnte darin bestehen, dass temporäre Verkaufs- oder Konsumverbote durch Einzelverfügung der Ortspolizeibehörden verordnet würden. Durch ein solches relativ milderes Mittel wird aber nicht die Annahme gerechtfertigt, die getroffene Regelung sei bereits nicht erforderlich gewesen. Die Maßnahmen der Polizeibehörden müssten nämlich insbesondere ebenso wirksam sein. Dem Gesetzgeber, dem auch im Hinblick auf die Erforderlichkeit einer Regelung eine Einschätzungsprärogative zukommt, ist es im Rahmen dieser Einschätzungsprärogative verfassungsrechtlich nicht verwehrt, davon auszugehen, dass derartige polizeirechtliche Maßnahmen bereits aufgrund ihrer örtlichen Begrenztheit nicht gleichermaßen wirksam wären und lediglich eine Problemverlagerung bewirken würden. Die Regelungen des Gesetzes über die Ladenöffnung sind somit erforderlich (vgl. BVerfG, Beschluss vom 11.6.2010 – 1 BvR 915/10).

(4) Verhältnismäßigkeit im engen Sinne (Disproportionalität)

Das Verbot darf nicht unverhältnismäßig im engen Sinne, also nicht disproportional zum angestrebten Zweck sein und somit nicht in einem erheblichen Missverhältnis dazu stehen. Voraussetzung für die Verhältnismäßigkeit im engen Sinne ist es, dass der Eingriff in angemessenem Verhältnis zu dem Gewicht und der Bedeutung des Grundrechts steht (BVerfGE 67, 157, 173).

Es ist nicht ersichtlich, dass die angegriffene Regelung zu unzumutbaren Beeinträchtigungen führen würde. Die Normadressaten sind künftig in der Zeit von 22 Uhr bis 5 Uhr am Erwerb von alkoholischen Getränken in Verkaufsstellen gehindert. Dieser Einschränkung der Handlungsfreiheit stehen aber andererseits die Schutzgüter der Gesundheit i.S.d. Art. 2 Abs. 2 S. 1 GG der den Alkohol Konsumierenden im Rahmen staatlicher Schutzpflichten, jedenfalls aber die der von Gewalttätigkeiten im Alkoholrausch Betroffenen gegenüber. Auch die öffentliche Sicherheit und Ordnung soll in diesem Zusammenhang gewährleistet werden. „Insbesondere vor dem Hintergrund, dass auch während der Verkaufsverbotszeiten ein Konsum vorab erworbener alkoholischer Getränke ebenso wenig verwehrt ist wie der Genuss dieser Getränke in Gaststätten und sonstigen privilegierten Verkaufsstellen, ist die angegriffene Regelung des Gesetzes über die Ladenöffnung auch im engeren Sinne verhältnismäßig" (vgl. BVerfG, Beschluss vom 11.6.2010 – 1 BvR 915/10).

(5) Ergebnis zur Verhältnismäßigkeit bezüglich des Art. 2 Abs. 1 GG

Das Alkoholverkaufsverbot ist bezüglich des Eingriffes in Art. 2 Abs. 1 GG verhältnismäßig. Die seitens K angegriffene Vorschrift steht in einem angemessenen und vernünftigen Verhältnis zu dem dadurch erreichbaren Rechtsgüterschutz.

bb) Verfassungsmäßigkeit des Gesetzes im Übrigen

Eine materielle Verfassungswidrigkeit des Gesetzes über die Ladenöffnung im Übrigen, also bezüglich anderer verfassungsrechtlicher Normen, ist nicht ersichtlich.

c) Zwischenergebnis

Das Gesetz über die Ladenöffnung ist verfassungsgemäß.

4. Ergebnis zur Rechtfertigung des Eingriffs in Art. 2 Abs. 1 GG

Durch das Gesetz über die Ladenöffnung wird nicht ungerechtfertigt in die durch Art. 2 Abs. 1 GG geschützte allgemeine Handlungsfreiheit des K eingegriffen. Der Eingriff ist verfassungsrechtlich gerechtfertigt.

II. Verstoß gegen andere Grundrechte des K

Da das Gesetz bezogen auf alle Gesetzesadressaten verfassungsgemäß und ein Vollzugsakt nicht erlassen worden ist, kann auch K bei subjektiver Betrachtung jedenfalls nicht in anderen Grundrechten verletzt sein.

III. Ergebnis zur Begründetheit der Verfassungsbeschwerde

Die Verfassungsbeschwerde des K ist nach alledem unbegründet.

C. Annahme zur Entscheidung

Das Bundesverfassungsgericht nimmt die Verfassungsbeschwerde des K wegen deren Unbegründetheit nicht i.S.d. § 93a BVerfGG an.

D. Gesamtergebnis

Die Verfassungsbeschwerde ist zulässig, jedoch unbegründet.

Grundrechte – Fall 2:
„Die Spelunke"

Schwerpunkte: Rechtssatzverfassungsbeschwerde, Berufsfreiheit (Art. 12 GG), Grundrechtsschutz für EU-Ausländer, unmittelbarer und mittelbarer Eingriff, Rauchverbot, allgemeines Gleichbehandlungsgebot (Art. 3 Abs. 1 GG)

Durch das Landesnichtraucherschutzgesetz (NRSG) wird das Rauchen in vielen öffentlichen Einrichtungen – auch in Gaststätten – im Bundesland N verboten. Auszugsweise ist das Gesetz wie folgt formuliert:

§ 7: Rauchfreiheit in Gaststätten

(1) In Gaststätten ist das Rauchen untersagt. Gaststätten im Sinne dieses Gesetzes sind Betriebe, die Getränke oder zubereitete Speisen zum Verzehr an Ort und Stelle verabreichen, wenn der Betrieb jedermann oder bestimmten Personen zugänglich ist und den Vorschriften des Gaststättengesetzes in der Fassung vom [...] unterliegt. Satz 1 gilt nicht für Bier-, Wein- und Festzelte sowie Außengastronomie und die im Reisegewerbe betriebenen Gaststätten.
(2) Abweichend von Absatz 1 ist das Rauchen in vollständig abgetrennten Nebenräumen zulässig, wenn und soweit diese Räume in deutlich erkennbarer Weise als Raucherräume gekennzeichnet sind und die Belange des Nichtraucherschutzes dadurch nicht beeinträchtigt werden. Satz 1 gilt nicht für Diskotheken.
(3) Arbeitsschutzrechtliche Bestimmungen bleiben unberührt.

§ 8: Verstöße gegen das Rauchverbot

(1) Gaststättenbetreiber sind für die Einhaltung des Rauchverbotes in ihrer Gaststätte verantwortlich. Die Betreiber von Gaststätten haben bei einem Verstoß gegen das Rauchverbot die notwendigen Maßnahmen zu ergreifen, um den Verstoß zu unterbinden und weitere Verstöße zu verhindern.
(2) Ordnungswidrig handelt, wer vorsätzlich oder fahrlässig entgegen des § 7 Absatz 1 Satz 1 raucht oder als Betreiber einer Gaststätte entgegen § 8 Absatz 1 nicht die notwendigen Maßnahmen ergreift, um einen Verstoß gegen das Rauchverbot zu unterbinden bzw. weitere Verstöße zu verhindern.

Aus der amtlichen Gesetzesbegründung ergibt sich, dass durch das Gesetz Nichtraucher vor den Gefahren des Passivrauchens – insbesondere in Gaststätten und

https://doi.org.10.1515/9783110624410-013

Diskotheken – geschützt werden sollen. Nach überwiegender Auffassung in der medizinischen Forschung könne bereits durch das kurzzeitige Passivrauchen das Blutgefäßsystem geschädigt und durch häufiges Passivrauchen die Gefahr für chronische Krankheiten sowie Krebs massiv erhöht werden. Die Interessen der Raucher würden dadurch hinreichend berücksichtigt, dass in abgetrennten Räumen i.S.d. § 7 Abs. 2 NRSG geraucht werden dürfe. Nichtraucher können diese Räume betreten, müssen es jedoch nicht. Andere Möglichkeiten zum effektiven Nichtraucherschutz seien nicht ersichtlich, weil zum Beispiel ein nur an die Gaststättenbetreiber gerichtetes Verbot nicht hinreichend wäre. Es könnte mittels des zivilrechtlichen Hausrechts i.S.d. § 1004 BGB oder speziellerer privatrechtlicher Regelungen von den Gastwirten nicht effizient umgesetzt werden.

B hat die italienische Staatsbürgerschaft und ist leidenschaftlicher Gastwirt im Zentrum der Stadt H. Dort betreibt er die in der Grunge-Szene beliebte Kneipe „Spelunke". Wer dort eintritt, wird schon unmittelbar an der Eingangstür mit dem Lieblingssong des B „Smells Like Teen Spirit" von der Lieblingsband des B – Nirvana – beschallt. Neben massivem Alkoholkonsum gehört der gemeinsame Tabakkonsum zum Highlight der Abende in der „Spelunke". Es wird getrunken und geraucht, bis die Bude rockt.

Seit dem Inkrafttreten des Landesnichtraucherschutzgesetzes besteht in der „Spelunke" Rauchverbot. Die Abende in der Einraum-Kneipe sind weitgehend langweilig geworden. Es mag keine Stimmung mehr aufkommen. Viele Besucher bleiben aus, weil sie nun lieber in solche Gaststätten gehen, in denen ihnen wenigstens ein abgetrennter Raucherraum geboten wird. Die verbliebenen Gäste des B konsumieren deutlich weniger Alkohol, da ihnen der Genuss von Tabak und Alkohol in Kombination nicht mehr möglich ist. Die Umsätze des B sind um die Hälfte eingebrochen. Bleibt es mittel- bis langfristig bei den reduzierten Umsätzen, wird B Insolvenz anmelden müssen.

B erhebt daher – anwaltlich vertreten – eine Verfassungsbeschwerde beim Bundesverfassungsgericht. Er trägt vor, er sei in seinen Grundrechten verletzt – insbesondere in denen aus den Artt. 12, 14 GG. Gegenüber anderen Gaststätten würden Gaststätten wie die „Spelunke" verfassungswidrig ungleich behandelt. Gaststätten wie seine – bestehend aus einem Raum – seien durch das Rauchverbot existenzgefährdet. Für derartige Lokalitäten, in denen Nichtraucher ohnehin selten gesehene Gäste seien, müsse es zumindest eine Ausnahmeregelung geben. Gaststätten mit mehr Räumen würden durch das Landesnichtraucherschutzgesetz wettbewerbswidrig staatlich gefördert. Außerdem sei das Land für die Gesetzgebung nicht zuständig, da es ein Bundesgesetz zum Arbeitsschutz und eine darauf beruhende rechtmäßige Bundesverordnung gibt (Arbeitsstättenverordnung), in deren § 5 bereits Regelungen über betriebliche Rauchverbote zum Schutz nicht rauchender Beschäftigter enthalten sind.

Mit gleichen Argumenten erhebt auch die französische societé à responsabilité limitée (S.A.R.L.) G, die in der Bundesrepublik Deutschland in der Stadt H einen Sitz in Form einer Zweigstelle hat, eine Verfassungsbeschwerde. Die Gesellschaftsanteile der G halten in Höhe von 80 Prozent französische Staatsbürger. G ist eine Konkurrentin des B und betreibt in großem Stil Grunge-Rock-Kneipen im gesamten Bundesland. Die Grunge-Rock-Kneipen sind identisch aufgebaut und konzipiert wie die „Spelunke", welche G als Vorbild diente. Von den Vertretern der G wird zudem vorgetragen, durch das Gesetz würden Diskotheken gegenüber anderen Gaststätten benachteiligt. Die Begründung des Gesetzgebers, dass in Diskotheken eine besonders hohe Schadstoffkonzentration gemessen worden sei, träfe zwar zu, sei aber irrelevant. Der Schutz Jugendlicher vor Gefahren des Passivrauchens und vor Nachahm- und Nachfolgeeffekten rechtfertige keine Differenzierung zwischen Diskotheken und anderen Gaststätten.

Beide Verfassungsbeschwerden werden ordnungsgemäß begründet, der Antrag wird jeweils innerhalb von zwei Monaten nach dem Inkrafttreten des Landesnichtraucherschutzgesetzes gestellt und das Bundesverfassungsgericht nimmt sie zur Entscheidung an. B und G haben in ihren Gaststätten bisher auch Tabak angeboten. Nach überwiegender Auffassung der Medizinwissenschaft ist Passivrauchen schon in geringen Mengen gesundheitsschädigend und kann dauerhaft in größerem Umfang sogar zum Tod führen.

Haben die Verfassungsbeschwerden des B und der G Erfolg?

Vertiefung
BVerfG, Urteil vom 30.7.2008 – 1 BvR 3262/07, 1 BvR 402/08, 1 BvR 906/08 (BVerfGE 121, 317)

Zur Erstreckung der Grundrechtsberechtigung auf juristische Personen: BVerfG, Beschluss vom 27.6.2018 – 2 BvR 1287/17, 2 BvR 1583/17 (NJW 2008, 2392); BVerfG, Beschluss vom 19.7.2011 – 1 BvR 1916/09 (BVerfGE 129, 78)

Zum gesetzlichen Rauchverbot: BVerfG, Urteil vom 30.7.2008 – 1 BvR 3262/07, 1 BvR 402/08, 1 BvR 906/08 (BVerfGE 121, 317); VG Berlin, Urteil vom 16.6.2010 – 26 A 205/08); BVerfG, Beschluss vom 24.1.2012 – 1 BvL 21/11 (BVerfGE 130, 131)

Gliederung

(cc) Erforderlichkeit (+)
(dd) Verhältnismäßigkeit im engen Sinne
(Disproportionalität) (−)
IV. Zwischenergebnis (+)
C. Ergebnis (+)

Lösungsvorschlag

Die folgende Lösung ist als Lösungsvorschlag zu verstehen und ausführlicher, als es in der Klausurbearbeitung verlangt werden kann. Aufgrund der wissenschaftlichen Freiheit können andere Lösungswege vertreten werden, soweit sie dogmatisch begründbar sind. Die Nachweise aus Rechtsprechung und Literatur sowie die das Verständnis fördernden Randbemerkungen sind in der Examensklausur auszusparen. Die Abkürzung „Alt." steht für Alternativfall, nicht für Alternative.

Die Verfassungsbeschwerden der G und des B haben Erfolg, soweit sie zulässig und begründet sind.

Es bietet sich an, die Verfassungsbeschwerden gemeinsam zu prüfen, um Wiederholungen zu vermeiden und nur bei den entscheidenden Stellen differenzieren zu müssen.

A. Zulässigkeit
Die Verfassungsbeschwerden können zulässig sein.

Anders als im Verwaltungsrecht muss nicht der Terminus „Sachurteils- bzw. Sachentscheidungsvoraussetzungen" verwendet werden, weil das Bundesverfassungsgericht nur bei enumerativ zugewiesenen Verfahren zuständig und keine § 65 Abs. 2 VwGO oder § 17a Abs. 2 GVG vergleichbare Norm ersichtlich ist. § 17a Abs. 2 GVG ist in verfassungsrechtlichen Verfahren nicht anwendbar, weil es sich bei der enumerativen Zuweisung zum Bundesverfassungsgericht nicht um einen Rechtsweg oder eine klassische Zuständigkeitsregelung handelt und es im Bundesverfassungsgerichtsgesetz Spezialregelungen gibt.

I. Zuständigkeit des Bundesverfassungsgerichts
Das Bundesverfassungsgericht muss für die Verfassungsbeschwerden zuständig sein. Das Bundesverfassungsgericht ist für ein Verfahren zuständig, wenn eine ausdrückliche Zuweisung besteht. Verfassungsbeschwerden sind dem Bundesverfassungsgericht gemäß Art. 93 Abs. 1 Nr. 4a GG i.V.m. §§ 13 Nr. 8a, 90 ff.

BVerfGG zugewiesen. Das Bundesverfassungsgericht ist für die Verfassungsbeschwerden des B und der G zuständig.

II. Verfahrensabhängige Zulässigkeitsvoraussetzungen

Die verfahrensabhängigen Zulässigkeitsvoraussetzungen der Verfassungsbeschwerde müssen erfüllt sein. Diese ergeben sich aus den §§ 13 Nr. 8a, 90 ff. BVerfGG i.V.m. Art. 94 Abs. 2 GG.

Es ist sinnvoll, auf der ersten Gliederungsebene eine Überschrift „Verfahrensabhängige Zulässigkeitsvoraussetzungen" zu bilden, um herauszustellen, dass jedes dem Bundesverfassungsgericht enumerativ zugewiesene Verfahren von eigenständigen Voraussetzungen abhängig ist. Zudem erfolgt eine Angleichung an verwaltungsrechtliche Verfahren, in denen auch besondere Sachurteils- oder Sachentscheidungsvoraussetzungen zu prüfen sind.

---

1. Beschwerdefähigkeit

B und G müssen beschwerdefähig sein. Beschwerdefähig ist, wer geeignet ist, an einem Verfassungsbeschwerdeverfahren beteiligt zu sein. Dies ist gemäß § 90 Abs. 1 BVerfGG „jedermann". Jedermann sind alle Personen, die Träger von Grundrechten sind, also auch B als natürliche Person. B ist beschwerdefähig.

Ungeschickt wäre es, die Überschrift „Parteifähigkeit" anstelle der „Beschwerdefähigkeit" zu wählen, weil der Begriff „Partei" häufig mit einem Zwei-Parteien-Prozess assoziiert wird. Die Verfassungsbeschwerde ist kein kontradiktorisches Verfahren.

Auch G muss aber beschwerdefähig sein. Während die Beschwerdefähigkeit juristischer Personen des öffentlichen Rechts problematisch ist, sind juristische Personen des Privatrechts gemäß Art. 19 Abs. 3 GG Träger von Grundrechten und damit „jedermann", wenn sie inländisch (dazu: BVerfGE 129, 78) sind und soweit Grundrechte ihrem Wesen nach auf sie anwendbar sind.

„Inländisch" ist nicht gleichzusetzen mit „deutsch" im Sinne der Deutschengrundrechte. Letzteres ist im Rahmen der Beschwerdebefugnis zu prüfen.

Kommt es für die Beschwerdefähigkeit auf die konkrete Möglichkeit der Anwendbarkeit der Grundrechte für die juristische Person noch nicht an, muss sie aber zumindest inländisch sein. Dies ist fraglich, da G als S.A.R.L. eine juristische Person des französischen Privatrechts ist.

Schema 46: Juristische Personen (und Personengesellschaften), siehe auch Schema 60

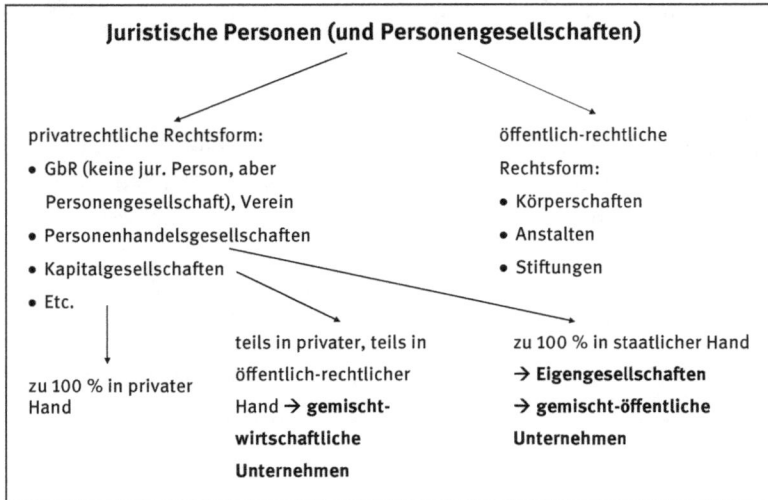

Juristische Personen (und Personengesellschaften)

privatrechtliche Rechtsform:

- GbR (keine jur. Person, aber Personengesellschaft), Verein
- Personenhandelsgesellschaften
- Kapitalgesellschaften
- Etc.

zu 100 % in privater Hand

öffentlich-rechtliche Rechtsform:

- Körperschaften
- Anstalten
- Stiftungen

teils in privater, teils in öffentlich-rechtlicher Hand → **gemischt-wirtschaftliche Unternehmen**

zu 100 % in staatlicher Hand
→ **Eigengesellschaften**
→ **gemischt-öffentliche Unternehmen**

Ob die Grundrechte ihrem Wesen nach auf G anwendbar sind, ist beim subjektiven Recht im Rahmen der Beschwerdebefugnis zu prüfen, da es insoweit um die Möglichkeit der Grundrechtsbetroffenheit geht. Für die Beschwerdefähigkeit ist nur maßgeblich, dass es sich um eine inländische juristische Person handelt, und dass die Grundrechte gemäß Art. 19 Abs. 3 GG überhaupt auf juristische Personen anwendbar sein können. Es ist auch vertretbar, die wesensgemäße Anwendbarkeit der Grundrechte bei der Beschwerdefähigkeit nicht anzusprechen, nicht einmal bezüglich der offensichtlichen wesensgemäßen Unanwendbarkeit der Grundrechte auf juristische Personen. Dann ist diese Problematik vollständig im Rahmen der Beschwerdebefugnis zu prüfen. Eine solche Zuordnung ist dogmatisch zwar ebenso überzeugend, jedoch wird Art. 19 Abs. 3 GG in einigen amtlichen Lösungshinweisen sogar vollständig bei der Beschwerdefähigkeit erörtert. Daher ist es ratsam, Art. 19 Abs. 3 GG – dogmatisch überzeugend – bei der Beschwerdefähigkeit und bei der Beschwerdebefugnis zu prüfen, sich im Rahmen der Beschwerdefähigkeit aber nur auf eine offensichtliche wesensgemäße Unanwendbarkeitsprüfung (oberflächlicher als bei der Beschwerdebefugnis) zu beschränken.

Maßgeblich für das Tatbestandsmerkmal „inländisch" könnten Vorgaben des Unionsrechts sein, das aufgrund des sich aus dem jeweiligen Zustimmungsgesetz zur Übertragung von Hoheitsgewalt i.S.d. Art. 23 Abs. 1 S. 2 GG auf die EU Anwendungsvorrang entfaltet.

a) Unionsrecht

In Art. 18 AEUV ist geregelt, dass „jede Diskriminierung aus Gründen der Staatsangehörigkeit" im Anwendungsbereich der Verträge verboten ist. Eine besondere diesbezügliche Ausprägung stellt die Niederlassungsfreiheit aus

Art. 49 AEUV dar. Im Rahmen der unionsrechtlichen Niederlassungsfreiheit aus Art. 49 AEUV ist hinsichtlich der Beurteilung der Anerkennung einer ausländischen juristischen Person in der Bundesrepublik Deutschland und des entsprechend anwendbaren Rechts zwischen dem Gründungssitz und dem Verwaltungssitz zu differenzieren. Nach dem Gründungsgedanken kommt es für die wirksame Entstehung einer juristischen Person darauf an, ob eine juristische Person in dem Mitgliedstaat anerkannt ist, in dem sie gegründet worden ist, wobei bezüglich der Gründung dessen Recht anzuwenden ist. Bei Zugrundelegung des Verwaltungssitzes ist für die Anerkennung einer juristischen Person in einem Mitgliedstaat maßgeblich, dass sie in dem Mitgliedstaat, in dem sie ihren tatsächlichen Verwaltungssitz hat, anerkannt ist. Sie muss bei Zugrundelegung des Verwaltungssitzgedankens im Mitgliedstaat des Verwaltungssitzes folglich neu gegründet werden.

Zu differenzieren ist auf Unionsebene zudem zwischen der primären und der sekundären Niederlassungsfreiheit. Die primäre Niederlassungsfreiheit ist das Recht, unter Wahrung der Rechtsfähigkeit seinen Sitz vollständig von einem Mitgliedstaat in einen anderen zu verlagern. Von der sekundären Niederlassungsfreiheit ist die Gründung von Zweigniederlassungen bzw. Tochtergesellschaften in einem anderen Mitgliedstaat erfasst. Diese Differenzierung ergibt sich aus dem Wortlaut des Art. 49 AEUV mit der Folge, dass die Mitgliedstaaten im Bereich der primären Niederlassungsfreiheit bei ihrer Rechtsgestaltung frei sind, an die Gründung oder den Verwaltungssitz anzuknüpfen, da diese nicht von Art. 49 AEUV erfasst ist. Bezüglich der sekundären Niederlassungsfreiheit ist hingegen aufgrund der Vorgaben des Art. 49 AEUV der Gründungsgedanke maßgeblich, sodass eine juristische Person insoweit in jedem Gastmitgliedstaat anzuerkennen ist, als sie im Mitgliedstaat ihres Gründungssitzes bereits anerkannt ist.

G unterhält in der Bundesrepublik lediglich eine Zweigstelle, sodass es um die sekundäre Niederlassungsfreiheit geht. Da G in Frankreich wirksam gegründet wurde, ist sie im Rahmen der unionsrechtlichen Niederlassungsfreiheit auch in der Bundesrepublik Deutschland als inländisch anzuerkennen.

Im nationalen Gesellschaftsrecht wird in Anlehnung an die Rechtsprechung des Europäischen Gerichtshofes und zur Stärkung der Wirtschaft anders als in der Vergangenheit der Gründungssitz als maßgeblich erachtet.

---

b) Verfassungsrecht

Würde für die Beschwerdefähigkeit aufgrund des Anwendungsvorranges des Unionsrechts auf den Gründungsgedanken abgestellt, würde das Grundgesetz –

Art. 19 Abs. 3 GG – unionsrechtskonform ausgelegt werden. Eine unionsrechtskonforme Auslegung des Grundgesetzes ist problematisch, weil die EU eine supranationale Einrichtung ist, auf die nur im Rahmen der begrenzten Einzelermächtigung i.S.d. Art. 23 Abs. 1 S. 2 GG Hoheitsgewalt übertragen wird. Die EU ist hingegen kein europäischer Bundesstaat, weil es keine europäische Verfassung gibt, durch die das Grundgesetz i.S.d. Art. 146 GG ersetzt wird, und weil keine originäre Verfassungsgewalt auf die EU übertragen worden ist, sondern vielmehr nur im Rahmen der begrenzten Einzelermächtigung Randbereiche des Grundgesetzes vom Unionsrecht tangiert werden. Insoweit besteht bezüglich jeder Übertragung von Hoheitsgewalt auf die EU im Rahmen der begrenzten Einzelermächtigung i.S.d. Art. 23 Abs. 1 S. 2 GG der Vorbehalt des Art. 23 Abs. 1 S. 3 GG i.V.m. Art. 79 Abs. 2, 3 GG. Eine unionsrechtskonforme Auslegung des Grundgesetzes ist daher zu vermeiden, weshalb zum Beispiel auch das aktive und passive Wahlrecht für EU-Ausländer in Art. 28 Abs. 1 S. 3 GG explizit in das Grundgesetz aufgenommen worden ist.

Die Problematik der unionsrechtskonformen Auslegung wird auch bei der Anwendbarkeit der Deutschengrundrechte auf EU-Ausländer relevant. Da eine unionsrechtskonforme Auslegung des Grundgesetzes dogmatisch nicht möglich ist, wird nach h.M. auf Art. 2 Abs. 1 GG abgestellt, in der Sache jedoch das spezielle Grundrecht geprüft.

Eine unionsrechtskonforme Auslegung des Art. 19 Abs. 3 GG erfolgt somit nicht.

Die vom Bundesverfassungsgericht gewählte Bezeichnung für die Erstreckung der Grundrechtsberechtigung auf juristische Personen aus Mitgliedstaaten der Europäischen Union als eine „vertraglich veranlasste Anwendungserweiterung des deutschen Grundrechtsschutzes" (BVerfGE 129, 78, 1. Leitsatz) ist sehr missverständlich. Eine solche Auslegung wäre bezüglich der übrigen Rechtsprechung des Bundesverfassungsgerichts (zum Beispiel zum Verhältnis nationaler Grundrechte zur EU-GR-Charta) inkonsequent. Die Auslegung des Art. 19 Abs. 3 GG durch das Bundesverfassungsgericht könnte auch als unionsrechtskonforme Auslegung des Grundgesetzes verstanden werden, wobei die in der Falllösung vorgeschlagene Auslegung dogmatisch vorzugswürdig ist. Das Bundesverfassungsgericht agiert dogmatisch leider oft unpräzise.

Tatsächlich hat das Bundesverfassungsgericht in seiner jüngsten Rechtsprechung die Auslegung des Art. 19 Abs. 3 GG als „offen" bezeichnet (BVerfGE 143, 246, 317).

Möglicherweise kommt es auf eine unionsrechtskonforme Auslegung des Grundgesetzes aber insofern nicht an, als im Grundgesetz ein weiter Begriff der inländischen juristischen Person enthalten ist. Es könnte verfassungsrechtlich für den Schutz juristischer Personen also an deren weit zu verstehenden, „verfassungsrechtlichen" Sitz anzuknüpfen sein.

Das Grundgesetz ist in der Bundesrepublik Deutschland von höchstem Rang. Durch das Grundgesetz soll schon aus historischen Gründen ein umfassender Rechts- und Verfassungsschutz bezüglich der Grundrechtswahrung auf dem Staatsgebiet der Bundesrepublik Deutschland gewährleistet sein. Deshalb ist Art. 19 Abs. 3 GG insoweit weit auszulegen, als es für die Beschwerdefähigkeit juristischer Personen – jedenfalls deutscher juristischer Personen und solcher aus anderen Mitgliedstaaten der EU – genügt, dass eine juristische Person auf dem deutschen Staatsgebiet mit einem faktischen Sitz tätig ist. Dabei kann es aufgrund des verfassungsgerichtlich umfangreich gebotenen Schutzes natürlicher bzw. juristischer Personen auf deutschem Staatsgebiet nicht darauf ankommen, ob sich die Hauptverwaltung in Deutschland befindet. Eine aktive Zweigstelle genügt und ist ebenso schutzwürdig wie andere Gesellschaften auf deutschem Staatsgebiet.

Die Formulierung des Bundesverfassungsgerichts in BVerfG, NJW 2008, 2392, 2393 lautet: „Der Sitz einer juristischen Person bestimmt sich nach dem tatsächlichen Mittelpunkt ihrer Tätigkeit. Wird sie an mehreren Standorten tätig und erstreckt sich ihr Aktionsbereich gegebenenfalls sogar auf mehrere Länder, bestimmt sich ihr Sitz nach dem Ort der tatsächlichen Hauptverwaltung" Sie ist aufgrund der Einengung des Grundrechtsschutzes verfassungsrechtlich bedenklich.

G hat einen „verfassungsrechtlichen" Sitz in der Stadt H. Ein offensichtlicher Ausschluss der wesensgemäßen Anwendbarkeit der Grundrechte für G ist nicht ersichtlich. G ist somit beschwerdefähig.

2. Beschwerdegegenstand

Beschwerdegegenstand i.S.d. § 90 Abs. 1 BVerfGG kann jede Maßnahme der öffentlichen Gewalt sein. Dass alle Maßnahmen der öffentlichen Gewalt erfasst sind, ergibt sich unter anderem aus den §§ 93 Abs. 3, 95 Abs. 1 S. 1 BVerfGG. Gegenstand der Verfassungsbeschwerden des B und der G ist das Nichtraucherschutzgesetz als Rechtssetzungsakt der Legislative.

3. Beschwerdebefugnis

B und G müssen gemäß § 90 Abs. 1 BVerfGG beschwerdebefugt sein. Beschwerdebefugt i.S.d. § 90 Abs. 1 BVerfGG ist, wer behaupten kann, in seinen Grundrechten verletzt zu sein, wer also möglicherweise selbst gegenwärtig und unmittelbar in seinen Grundrechten verletzt ist.

Das Merkmal der unmittelbaren Betroffenheit ist vom Bundesverfassungsgericht für die Rechtssatzverfassungsbeschwerde entwickelt worden, da dieses Merkmal bei abstrakt-generellen Regelungen anders als bei Urteilen problematisch sein kann. Dennoch sollte die – bei Urteilen selbstverständlich gegebene – Unmittelbarkeit auch bei Urteilsverfassungsbeschwerden in einem Nebensatz kurz angesprochen werden, da dies in einigen amtlichen Lösungshinweisen – wenngleich in der Sache überflüssig – vorgesehen ist.

---

a) Beschwerdebefugnis B

B muss beschwerdebefugt sein.

aa) Art. 12 GG

Die Möglichkeit einer Grundrechtsverletzung für B kann hinsichtlich seiner Berufsfreiheit aus Art. 12 Abs. 1 GG bestehen, denn B wird durch das Landes-nichtraucherschutzgesetz mittel- bis langfristig in die Insolvenz getrieben. Ein Beruf i.S.d. Art. 12 Abs. 1 GG ist jede auf Dauer angelegte Tätigkeit, die in ideeller wie in materieller Hinsicht der Schaffung bzw. Erhaltung einer Lebensgrundlage dient. Die Berufsfreiheit aus Art. 12 Abs. 1 GG ist allerdings ein „Deutschengrundrecht". Deutscher im Sinne des Grundgesetzes ist nach Art. 116 Abs. 1 GG, wer die deutsche Staatsangehörigkeit besitzt. B ist hingegen Italiener und damit EU-Ausländer, also kein Deutscher im Sinne des Art. 116 Abs. 1 GG. Insofern könnte Art. 12 Abs. 1 GG im Sinne des Diskriminierungsverbotes des Art. 18 Abs. 1 AEUV unionsrechtskonform dahingehend weit auszulegen sein, dass auch EU-Ausländer Deutsche im Sinne des Grundgesetzes sind. Da eine unionsrechtskonforme Auslegung des Grundgesetzes mangels Übertragung der Verfassungsgewalt auf die EU aber nicht erfolgt, scheidet ein solches Verständnis jedoch aus.

Hinzu kommt, dass eine Auslegung methodisch durch den Wortlaut begrenzt ist. Eine Auslegung des eindeutigen Terminus des „Deutschen" dahingehend, dass dieser als „Unionsbürger" gelesen werden kann, ist jedoch nicht möglich, sodass sich aus dem Anwendungsvorrang des Unionsrechts – unabhängig davon, ob dieser aus Art. 4 Abs. 3 EUV im Sinne des *effet utile* oder aus dem Zustimmungsgesetz mit dem jeweiligen Akt zur Übertragung der Hoheitsgewalt in Verbindung mit Art. 23 Abs. 1 GG abgeleitet wird – nur die Möglichkeit der Nichtanwendung des nationalen Rechts ergeben kann. Der Wortlaut bildet die Grenze der Auslegung. Eine Änderung des Grundgesetzes fällt in die ausschließliche Kompetenz des nationalen Verfassungsgesetzgebers und kann mangels diesbezüglicher Kompetenz der EU nicht aufgrund des Anwendungsvorrangs des Unionsrechts erfolgen.

Es besteht daher nicht die Möglichkeit, dass B in Art. 12 Abs. 1 GG verletzt ist.

bb) Art. 2 Abs. 1 GG

Als Auffanggrundrecht mit einem weiten Schutzbereich ist jedoch Art. 2 Abs. 1 GG für B als Unionsbürger mit dem gleichen Prüfungsmaßstab wie Art. 12 Abs. 1 GG anwendbar. Es muss diesbezüglich die Möglichkeit bestehen, dass B selbst, gegenwärtig und unmittelbar in seiner Berufsfreiheit verletzt ist. B ist Betreiber der „Spelunke" und wird durch das Landesnichtraucherschutzgesetz selbst, gegenwärtig und unmittelbar betroffen: das Gesetz richtet sich auch an ihn als Gastwirt, es ist in Kraft getreten und es bedarf keiner weiteren Umsetzungsakte zum Beispiel durch Verwaltungsakte oder Verordnungen, damit seine Pflichten i.S.d. § 8 NRSG zur Durchsetzung des Rauchverbotes ihm gegenüber gelten.

Unabhängig davon, ob durch Art. 2 Abs. 1 GG die allgemeine Handlungsfreiheit, ein unbenanntes Freiheitsrecht oder der Persönlichkeitskern geschützt wird, ist der Beruf des B jedenfalls auch vom gegenüber der allgemeinen Handlungsfreiheit engeren Maßstab eines erweiterten Persönlichkeitskerns sowie vom Schutzbereich des Art. 12 Abs. 1 GG als besonderes Freiheitsrecht erfasst, der durch Art. 2 Abs. 1 GG ersetzt wird. Auf eine genaue Bestimmung des Schutzbereiches des Art. 2 Abs. 1 GG kommt es daher nicht an. Wenngleich das Bundesverfassungsgericht keine Superrevisionsinstanz ist und es daher bei Verfassungsbeschwerden gegen Rechtsakte der Judikative und der Exekutive sowie gegen vorkonstitutionelle Gesetze einer spezifischen Grundrechtsverletzung bedarf, die im Kern materielles Verfassungsrecht betrifft, besteht bei einem nachkonstitutionellen Gesetz wie dem Landesnichtraucherschutzgesetz infolge der Feststellung der Möglichkeit einer Grundrechtsverletzung des Beschwerdeführers ohnehin die Möglichkeit der spezifischen Grundrechtsverletzung desselben, also auch bezüglich des B. Im Ergebnis besteht daher zumindest die Möglichkeit, dass B in seinem Grundrecht aus Art. 2 Abs. 1 GG, modifiziert durch die Berufsfreiheit, selbst gegenwärtig und unmittelbar verletzt ist.

b) Beschwerdebefugnis G

Auch für G als juristische Person des Privatrechts muss die Möglichkeit bestehen, dass sie selbst, gegenwärtig und unmittelbar in ihren Grundrechten verletzt ist.

aa) Art. 12 GG

G beruft sich primär auf die Berufsfreiheit gemäß Art. 12 Abs. 1 GG. Fraglich ist, ob sich G als S.A.R.L. auf dieses Deutschengrundrecht berufen kann (vgl. BVerfGE 129, 78: offengelassen).

Die Anwendbarkeit des Art. 12 Abs. 1 GG könnte sich bereits aus der „Inländer-Qualität" der G aufgrund ihres „verfassungsrechtlichen Sitzes" i.S.d. Art. 19 Abs. 3 GG ergeben. Insoweit würde aber verkannt werden, dass im Grundgesetz für juristische Personen ausdrücklich der Terminus „inländisch" und nicht „deutsch" gewählt worden ist, sodass die Termini eine unterschiedliche Bedeutung haben. Zudem käme es diesbezüglich zu einer nicht nachvollziehbaren und aus rechtsstaatlichen Gründen nicht haltbaren Differenzierung des Grundrechtsschutzes zwischen natürlichen und juristischen Personen. Während eine „inländische" juristische Person aus dem EU-Ausland sich auf die spezifischen Deutschengrundrechte berufen könnte, wäre für einen EU-Ausländer als natürliche Person mangels der Möglichkeit der unionsrechtskonformen Auslegung des Grundgesetzes nur Art. 2 Abs. 1 GG als Auffanggrundrecht anwendbar – wenngleich mit dem gleichen Prüfungsmaßstab des Deutschengrundrechts. G ist hinsichtlich des Art. 12 Abs. 1 GG nicht schon deshalb beschwerdebefugt, weil sie „inländisch" ist, weil es bei der Beschwerdefähigkeit lediglich um die prozessuale Stellung geht.

Vielmehr kommt es – wie bei deutschen juristischen Personen auch – darauf an, ob ein Grundrecht wie Art. 12 Abs. 1 GG gemäß Art. 19 Abs. 3 GG dem Wesen nach auf eine juristische Person wie G anwendbar ist. Sollte das Grundrecht seinem Wesen nach auf G anwendbar sein, müsste G über die Inländereigenschaft zusätzlich als deutsch im Sinne des Deutschengrundrechts einzustufen sein. Für die Beschwerdebefugnis kommt es für die Möglichkeit der Grundrechtsverletzung auf den persönlichen und den sachlichen Schutzbereich der Berufsfreiheit an.

(1) Personales Substrat

Der Anknüpfungspunkt für die wesensgemäße Anwendung von Grundrechten auf juristische Personen könnte das sogenannte personale Substrat sein. Insoweit würde auf den mittelbar hinter dem Grundrechtsschutz stehenden Individualrechtsschutz und somit auf die hinter der juristischen Person stehenden natürlichen Personen abgestellt werden, die einen Durchgriff auf ihre Grundrechte zu fürchten haben. Für die Maßgeblichkeit des personalen Substrats spricht, dass juristische Personen ein theoretisches Konstrukt sind, die nur aufgrund der durch sie agierenden natürlichen Personen schützenswert sind. Gegen die Anknüpfung an das personale Substrat spricht, dass wirtschaftliche Konzernstrukturen so kompliziert sein können, dass die dahinter stehenden natürlichen Personen nur schwer ermittelbar sind und sich diese Personen aufgrund der Schnelllebigkeit des Wirtschaftsverkehrs zudem stetig verändern. Hinzu kommt, dass die natürlichen Personen unterschiedliche Nationalitäten haben können, sodass eine klare Zuordnung der Deutschengrundrechte für die juristische Person erschwert wäre.

(2) Grundrechtstypische Gefährdungslage

Sinnvoller erscheint es hingegen, für die wesensgemäße Anwendbarkeit der Grundrechte auf juristische Personen auf eine grundrechtstypische Gefährdungslage abzustellen. Danach ist maßgeblich, ob sich die juristische Person um ihrer selbst Willen auf Grundrechte berufen kann. Nach diesem Verständnis ist eine juristische Person nicht eine Art Treuhänderin der Grundrechte der dahinter agierenden natürlichen Personen, sondern ein eigenständiges Gebilde, dessen Gründungsmöglichkeit durch natürliche Personen wiederum selbst Ausdruck der Freiheitsrechte natürlicher Personen ist. Zudem wäre der Grundrechtsschutz bei Abstellen auf mittelbar betroffene natürliche Personen wegen der zum Teil komplexen Wirtschaftsstruktur und der damit verbundenen schwierigen Ermittelbarkeit der natürlichen Personen aus rechtsstaatlichen Gründen zu unbestimmt.

Schema 47: Anwendbarkeit von Grundrechten auf juristische Personen (Art. 19 Abs. 3 GG)

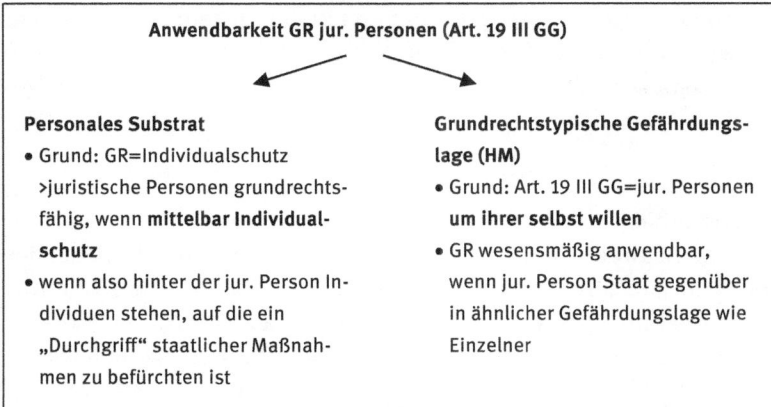

Anwendbarkeit GR jur. Personen (Art. 19 III GG)	
Personales Substrat	**Grundrechtstypische Gefährdungslage (HM)**
• Grund: GR=Individualschutz >juristische Personen grundrechtsfähig, wenn **mittelbar Individualschutz**	• Grund: Art. 19 III GG=jur. Personen **um ihrer selbst willen**
• wenn also hinter der jur. Person Individuen stehen, auf die ein „Durchgriff" staatlicher Maßnahmen zu befürchten ist	• GR wesensmäßig anwendbar, wenn jur. Person Staat gegenüber in ähnlicher Gefährdungslage wie Einzelner

(3) Subsumtion

Unabhängig davon, ob auf das personale Substrat oder auf eine grundrechtstypische Gefährdungslage abzustellen ist, kann Art. 12 Abs. 1 GG für G nicht angewandt werden, da einerseits 80 Prozent der Anteile an G von Franzosen gehalten werden, G andererseits als S.A.R.L. keine deutsche Gesellschaft ist. Ob das Grundrecht dem Wesen nach auf G anwendbar ist, ist mangels der Deutscheneigenschaft irrelevant. Art. 12 Abs. 1 GG kommt für G nicht in Betracht.

bb) Art. 2 Abs. 1 GG

Als Auffanggrundrecht mit einem weiten Schutzbereich ist jedoch auch für G Art. 2 Abs. 1 GG für G mit dem gleichen Prüfungsmaßstab wie Art. 12 Abs. 1 GG für EU-Ausländer anwendbar. Es muss die Möglichkeit bestehen, dass G selbst, gegenwärtig und unmittelbar in ihrem Grundrecht aus Art. 2 Abs. 1 GG verletzt ist. Da das Landesnichtraucherschutzgesetz auch an Gastwirte in Form juristischer Personen gerichtet ist, stellt sich die Betroffenheit ebenso dar wie bei B. Es besteht somit die Möglichkeit, dass G in ihrem Grundrecht aus Art. 2 Abs. 1 GG – modifiziert durch die Berufsfreiheit – selbst, gegenwärtig und unmittelbar verletzt ist.

4. Besonderes Rechtsschutzbedürfnis

B und G müssen ein besonderes Rechtsschutzbedürfnis haben.

a) Rechtswegerschöpfung

B und G müssen den Rechtsweg i.S.d. § 90 Abs. 2 S. 1 BVerfGG erschöpft haben. Der Rechtsweg ist erschöpft, wenn es für den Beschwerdeführer keine Möglichkeit gibt, gegen den Beschwerdegegenstand unmittelbar rechtlich vorzugehen. Beschwerdegegenstand ist das Landesnichtraucherschutzgesetz. Gegen ein Gesetz ist ein Rechtsweg nicht eröffnet, sodass eine Rechtswegerschöpfung gegeben ist.

b) Keine Subsidiarität

Die Verfassungsbeschwerde darf nicht subsidiär sein. Zwar ist das Merkmal der Subsidiarität nicht ausdrücklich geregelt, jedoch ist § 90 Abs. 2 S. 1 BVerfGG verfassungskonform im Sinne des sich unter anderem aus Art. 20 Abs. 3 GG ergebenden Rechtsstaatsprinzips dahingehend auszulegen, dass das Bundesverfassungsgericht als Hüter der Verfassung nur angerufen werden soll, wenn es über die Rechtswegerschöpfung auch nicht möglich ist, den Beschwerdegegenstand indirekt auf dem Rechtsweg prüfen und gegebenenfalls zumindest mit Wirkung zwischen zwei Parteien (*inter partes*) verwerfen zu lassen, vorausgesetzt, die Betreibung indirekten Rechtsschutzes ist für den Beschwerdeführer rechtsstaatlich zumutbar. Indirekter Rechtsschutz bei Gesetzen wäre möglich, wenn es denkbar wäre, einen auf dem Gesetz beruhenden Vollzugsakt – zum Beispiel einen Verwaltungsakt oder eine Verordnung – abzuwarten, um gegen den Vollzugsakt zum Beispiel mittels einer Anfechtungsklage gemäß § 42 Abs. 1 Alt. 1 VwGO oder einer prinzipalen Normenkontrolle gemäß § 47 Abs. 1 Nr. 2

VwGO in Verbindung mit einem Ausführungsgesetz vorzugehen. Vollzugsakte sind bezüglich des Landesnichtraucherschutzgesetzes aber nicht ersichtlich und auch nicht erforderlich.

Ein indirekter Rechtsschutz der G und des B ist aber insoweit möglich, als eine allgemeine Feststellungsklage nach § 43 Abs. 1 VwGO mit dem Antrag erhoben werden kann, dass sich für G bzw. B aus dem Landesnichtraucherschutzgesetz kein konkretes Rechtsverhältnis zum Bundesland N ergibt, wobei das konkrete Rechtsverhältnis wiederum von der Verfassungsmäßigkeit des Landesnichtraucherschutzgesetzes abhängt. Da das Verwaltungsgericht bezüglich eines nachkonstitutionellen Gesetzes, also auch des Landesnichtraucherschutzgesetzes, jedoch lediglich die Prüfungs-, nicht aber die Verwerfungskompetenz hat, muss das Verwaltungsgericht, soweit es bei der Prüfung eines Gesetzes dieses für verfassungswidrig hält und das Gesetz entscheidungserheblich ist, das Gesetz dem Bundesverfassungsgericht gemäß Art. 100 GG im Wege der konkreten Normenkontrolle vorlegen. Insoweit müsste das Bundesverfassungsgericht das Gesetz ohnehin prüfen und Ressourcen aufwenden, sodass es Beschwerdeführern unzumutbar ist, zunächst den Verwaltungsrechtsweg zu beschreiten, dabei zunächst die Verwaltungsgerichtsbarkeit kostenaufwendig in Anspruch zu nehmen, um anschließend im Vorlageverfahren letztlich doch beim Bundesverfassungsgericht vortragen zu müssen. Dem könnte entgegenstehen, dass zum Beispiel ein Verwaltungsgericht zu dem Ergebnis gelangen kann, dass das Gesetz zum Beispiel aus unionsrechtlichen Gründen nicht entscheidungserheblich ist mit der Folge, dass beim Bundesverfassungsgericht doch Ressourcen eingespart würden. Letztlich ist es jedoch offen, ob das Gesetz von der Verwaltungsgerichtsbarkeit als entscheidungserheblich angesehen werden würde. Deshalb bleibt es bei der Möglichkeit der Vorlage des Gesetzes nach Art. 100 GG, sodass es prozessunökonomisch wäre, die Verfassungsbeschwerde wegen der Subsidiarität nicht zuzulassen. Nach alledem ist es G und B nicht zumutbar, gemäß § 43 Abs. 1 VwGO zunächst eine allgemeine Feststellungsklage beim Verwaltungsgericht zu erheben. Die Verfassungsbeschwerden der G und des B sind nicht subsidiär.

Anders ist die Subsidiarität zu beurteilen, wenn es nicht um Gesetze, sondern zum Beispiel um Verordnungen geht. Bei Verordnungen hat das Verwaltungsgericht innerhalb einer allgemeinen Feststellungsklage i.S.d. § 43 Abs. 1 VwGO (Nichtbestehen eines konkreten Rechtsverhältnisses) die Prüfungskompetenz und die Verwerfungskompetenz *inter partes*. Auch im Rahmen einer prinzipalen Normenkontrolle i.S.d. § 47 VwGO hat das Oberverwaltungsgericht die Prüfungskompetenz sowie gemäß § 47 Abs. 5 S. 2 VwGO die Verwerfungskompetenz *inter omnes*. In beiden Konstellationen bedarf es anders als bei einem Gesetz keiner Vorlage i.S.d. Art. 100 GG mit der Folge, dass die Verfassungsbeschwerde insoweit subsidiär (bezüglich der allgemeinen Feststellungsklage) ist, während im Hinblick auf eine prinzipale Normenkontrolle i.S.d. § 47 VwGO der Rechtsweg nicht erschöpft wäre.

5. Form, Antrag und Frist

Die Verfassungsbeschwerden der G und des B sind i.S.d. § 92 BVerfGG begründet worden. Die Jahresfrist von einem Jahr seit Inkrafttreten des Gesetzes gemäß § 93 Abs. 3 BVerfGG ist durch die Erhebung der Verfassungsbeschwerden der G und des B innerhalb von zwei Monaten seit Inkrafttreten des Landesnichtraucherschutzgesetzes eingehalten worden. Ein schriftlicher Antrag i.S.d. § 23 Abs. 1 BVerfGG ist von G und B gestellt worden.

Die allgemeinen Voraussetzungen zum Antrag nach § 23 Abs. 1 BVerfGG können entweder gesondert oder konnex zu den verfahrensspezifischen Voraussetzungen zu Antrag, Form und Frist nach §§ 92, 93 BVerfGG geprüft werden.

III. Zwischenergebnis

Die Verfassungsbeschwerden der G und des B sind zulässig.

B. Begründetheit

Der Aufbau der Rechtssatzverfassungsbeschwerde ist umstritten. In Anlehnung an die Nichtigkeit des Gesetzes i.S.d. § 95 Abs. 3 S. 1 BVerfGG ist ein objektiver Prüfungsmaßstab trotz des Erfordernisses der Beschwerdebefugnis in der Zulässigkeit (subjektives Beanstandungsverfahren) vertretbar. Nach h.M. ist die gesamte Verfassungsbeschwerde subjektiv ausgestaltet mit der Folge, dass es auch in der Begründetheit zunächst eines subjektiven Einstieges bedarf. Lediglich das Gesetz muss im Rahmen der Rechtfertigung ggf. objektiv geprüft werden, weil durch ein objektiv verfassungswidriges und damit nichtiges Gesetz kein Grundrechtseingriff gerechtfertigt werden kann. Daran ändert auch die Praxis des Bundesverfassungsgerichts nichts, nach der dem Gesetzgeber unter anderem anstelle der Nichtigkeitsfeststellung bezüglich eines Gesetzes in der Regel Fristen zur Änderung des Gesetzes vorgegeben werden. Manchmal prüft das Bundesverfassungsgericht Gesetze inzident und undogmatisch lediglich subjektiv anstatt anhand eines objektiven Prüfungsmaßstabes, wobei das Bundesverfassungsgericht auch nicht wissenschaftlich, sondern praktisch arbeitet.

Die Verfassungsbeschwerden der G und des B sind begründet, soweit die Beschwerdeführerin bzw. der Beschwerdeführer gemäß § 90 Abs. 1 BVerfGG in ihren Grundrechten verletzt sind. Das Bundesverfassungsgericht ist keine Superrevisionsinstanz, sondern Hüter der Verfassung. Es kann bei Verfassungsbeschwerden gegen nachkonstitutionelle Gesetze wie dem Landesnichtraucherschutzgesetz nicht die Verletzung einfachen Rechts, sondern nur spezifische Verletzungen des Grundgesetzes feststellen.

Das Bundesverfassungsgericht ist keine Superrevisionsinstanz und prüft grundsätzlich nicht einfaches Recht, sondern nur sogenanntes spezifisches Verfassungsrecht. Da ein Rechtsweg gegen nachkonstitutionelle Gesetze nicht eröffnet ist, kann das Bundesverfassungsgericht insoweit aber gar nicht als Superrevisionsinstanz fungieren. Deshalb ist diese Problematik bei Rechtssatzverfassungsbeschwerden gegen nachkonstitutionelle Gesetze nicht zu erörtern. Das Erfordernis der spezifischen Grundrechtsverletzung ist vielmehr für Urteilsverfassungsbeschwerden entwickelt und diesbezüglich gesetzlich abgeleitet worden. Allerdings wäre es auch bei nicht formellen oder vorkonstitutionellen Gesetzen denkbar, die abstrakt-generelle Regelung anhand einfachen Rechts zu prüfen. Deshalb gilt auch insoweit, dass das Bundesverfassungsgericht keine Superrevisionsinstanz ist.

Die spezifische Grundrechtsverletzung muss ggf. als Prüfungsmaßstab des Bundesverfassungsgerichts eingangs der Begründetheit erörtert werden. Da sie in den amtlichen Lösungshinweisen zum Teil aber schon in der Zulässigkeit angesprochen wird, ist dort klarstellend die Darstellung der Möglichkeit einer spezifischen Grundrechtsverletzung zusätzlich zur Erörterung in der Begründetheit empfehlenswert, soweit es auf eine spezifische Grundrechtsverletzung ankommt. Die Verletzung spezifischen Verfassungsrechts sollte also bei der Möglichkeit der spezifischen Grundrechtsverletzung in der Zulässigkeit, anfangs der Begründetheit als Prüfungsmaßstab und an der jeweils relevanten Stelle in der Prüfung der Begründetheit erwähnt werden.

Gemäß § 95 Abs. 3 S. 1, Abs. 1 S. 1 BVerfGG wird das Bundesverfassungsgericht gegebenenfalls feststellen, dass das Landesnichtraucherschutzgesetz als Beschwerdegegenstand nichtig ist. Eine solche Entscheidung des Bundesverfassungsgerichts hätte gemäß § 31 Abs. 2 S. 2 BVerfGG i.V.m. Art. 94 Abs. 2 S. 1 GG Gesetzeskraft.

Zwar ist die Verfassungsbeschwerde ein subjektives Beanstandungsverfahren, jedoch gilt für nationale abstrakt-generelle Regelungen aus rechtsstaatlichen Gründen (Art. 20 Abs. 3 GG) und aufgrund der Grundrechte ein Normennichtigkeitsdogma, sodass sie bei objektiver Rechts- bzw. Verfassungswidrigkeit auch unwirksam sind und durch sie somit kein Grundrechtseingriff gerechtfertigt werden kann. Das Gesetz muss daher objektiv (auch bezüglich der Grundrechte anderer) überprüft werden.

In der Praxis stellt das Bundesverfassungsgericht häufig nicht die Nichtigkeit eines Gesetzes fest, sondern lässt dem Gesetzgeber aus rechtsstaatlichen Gründen zur Vermeidung einer Regelungslücke einen zeitlichen Spielraum, um das Gesetz zu ändern.

I. Schutzbereich

Der Schutzbereich des Art. 2 Abs. 1 GG muss eröffnet sein. Der Schutz des Art. 2 Abs. 1 GG umfasst entweder ein unbenanntes Freiheitsrecht – gegebenenfalls unter Berücksichtigung eines Persönlichkeitskerns – oder die allgemeine Handlungsfreiheit. Da Art. 2 Abs. 1 GG für B und G jedoch nur als Auffanggrundrecht anwendbar ist, weil EU-Ausländer und juristische Personen aus dem EU-Ausland durch Art. 12 Abs. 1 GG nicht geschützt werden, kommt es für den Schutzbereich des Art. 2 Abs. 1 GG auf die Berufsfreiheit an. Durch die Berufsfreiheit werden die Berufsausübung und die Berufswahl geschützt.

Eine dezidierte Zuordnung der betroffenen Tätigkeit zur Berufsausübung oder zur Berufswahl ist im Schutzbereich nicht erforderlich.

Ein Beruf ist jede auf Dauer angelegte Tätigkeit, die in ideeller wie in materieller Hinsicht der Schaffung bzw. Erhaltung einer Lebensgrundlage dient, soweit sie ihrem Wesen nach nicht sozial- bzw. gemeinschaftsschädlich ist. B und G betreiben zur Bestreitung ihres Lebensunterhaltes bzw. zur Förderung des Gesellschaftszweckes Gaststätten, in denen bisher massiv Tabak konsumiert und angeboten wurde. Das Betreiben der Gaststätten stellt eine berufliche Tätigkeit dar. Von der Berufsfreiheit aus Art. 12 GG sind dabei auch das Recht eines Gastwirtes, die Qualität und die Art am Markt angebotener Leistungen und Waren zu bestimmen, umfasst. Zwar ist die Ermöglichung des Konsums von Tabak nach den §§ 7, 8 NRSG verboten und sanktioniert, jedoch ist das Anbieten von Tabak bzw. die Tolerierung des Tabakkonsums nicht schon dem Wesen nach verboten, sozial- bzw. gemeinschaftsschädlich. Ein einfachgesetzliches Verbot kann zwar Ausdruck einer Sozial- bzw. Gemeinschaftsschädlichkeit sein, jedoch kann der Schutzbereich des Grundrechtes selbst aber aus normhierarchischen Gründen dadurch nicht verengt werden. Der modifizierte Schutzbereich des Art. 2 Abs. 1 GG in Form der Berufsfreiheit ist somit eröffnet.

Schema 48: Berufsfreiheit

I. Schutzbereich
- Sachlicher SB: Art. 12 I GG>Wahl/Ausübung
- HM: **einheitlicher Schutzbereich** Berufsfreiheit
- Beruf: jede auf Dauer angelegte Tätigkeit, die der Schaffung/Erhaltung einer Lebensgrundlage dient und nicht schlechthin gemeinschaftsschädlich
- Persönlicher SB: Deutsche

II. Eingriff
- Unmittelbare Eingriffe
- Mittelbare Eingriffe> **berufsregelnde Tendenz: subjektiv**
  (Intention)/**objektiv** (schwer/unerträglich)
- unmittelbare Beeinträchtigung Umfeld (BVerfG: berufsregelnde Tendenz wie oben nötig)

III. Rechtfertigung
- Art. 12 I 2 GG: **Regelungsvorbehalt** (Berufsausüb)
- HM: **einheitlicher einfacher Gesetzesvorbehalt**
- **Drei-Stufen-Ansatz:** Verhältnismäßigkeit
- Legitimer Zweck
  >Berufsausübung **(1. Stufe):** vernünftige Erwägungen des Gemeinwohls
  >Berufswahl **(2./3. Stufe):** zum Schutz besonders wichtiger Gemeinschaftsgüter zwingend
- Geeignetheit, Erforderlichkeit (niedrige Stufe)
- Verhältnismäßigkeit ieS
  >**2. Stufe** (subj.): disproportional>**3. Stufe** (obj.): schwere Gef. (überragend wichtige Gemschaftsgü)
  >**„4. Stufe":** Stufen 2/3 inzident auf Untergruppe

II. Eingriff

Das Landesnichtraucherschutzgesetz muss einen Eingriff in den Schutzbereich der Berufsfreiheit darstellen. Staatliches Handeln stellt grundsätzlich einen Grundrechtseingriff dar, soweit dadurch grundrechtliche Schutzpositionen verkürzt werden. Um diesen weiten Eingriffsbegriff der Grundrechte mittels praktischer Konkordanz mit dem Rechtsstaatsprinzip und dem darin verankerten Bestimmtheitsgrundsatz in Einklang zu bringen, ist bezüglich der Anforderungen an einen Eingriff auf dessen Art abzustellen. Somit ist grundsätzlich zwischen finalen, unmittelbaren Eingriffen – „klassisch" durch Rechtssetzungsakte oder durch schlichtes Verwaltungshandeln, also unmittelbare Eingriffe im Übrigen – und mittelbaren Eingriffen zu differenzieren. Dabei sind jedoch solche unmittelbaren Eingriffe gesondert zu behandeln, durch die lediglich das Umfeld des Kernschutzbereiches betroffen wird. Ist ein Eingriff bei Finalität und Unmittelbarkeit – sei es, dass er durch einen Rechtssatzungsakt als klassischer Eingriff erfolgt oder durch schlichtes Verwaltungshandeln – regelmäßig offensichtlich, ist ein mittelbarer Grundrechtseingriff nur bei Intention bzw. besonderer Intensität anzunehmen, wobei im Rahmen der Berufsfreiheit insofern die Termini der subjektiv berufsregelnden Tendenz bei Intention bzw. der objektiv berufsregelnden Tendenz bei Intensität gelten. Dies gilt auch bei unmittelbaren Eingriffen, die lediglich das Umfeld des Kernschutzbereiches betreffen, anwendbar.

Häufig wird auch bei finalen, unmittelbaren Eingriffen das Erfordernis der „berufsregelnden Tendenz" geprüft. Das ist überflüssig, weil ein zielgerichteter Eingriff in die Berufsfreiheit zwingend eine berufsregelnde Tendenz hat. Durch das Erfordernis der berufsregelnden Tendenz werden bei mittelbaren Eingriffen die Intention (subjektiv berufsregelnde Tendenz) bzw. Intensität (objektiv berufsregelnde Tendenz) ersetzt. Erweitert werden diese Merkmale auf unmittelbare Eingriffe, die lediglich das Umfeld des Kernschutzbereiches betreffen, angewandt (zum Beispiel bei einem Erdrosselungssteuerbescheid für Glücksspielautomaten, der eigentlich dazu dienen soll, eine Glücksspielhalle in die Insolvenz zu treiben, ohne unmittelbar das Gewerbe zu verbieten; es gibt also einen Steuerbescheid, der nur das Umfeld der Berufsfreiheit – also der Berufsausübung Gewerbeaktivität – betrifft).

Durch das Landesnichtraucherschutzgesetz können ein unmittelbarer oder ein mittelbarer Eingriff gegeben sein.

Das Rauchverbot aus § 7 Abs. 1 S. 1 NRSG ist unmittelbar an die Gäste gerichtet. Es kann für B bzw. G somit nur einen Eingriff mit objektiv berufsregelnder Tendenz darstellen, da sie nur mittelbar betroffen sind.

Dies ist jedoch irrelevant, wenn darüber hinaus auch ein finaler, unmittelbarer Eingriff in die Berufsfreiheit des B bzw. der G besteht. Ein solcher kann durch § 8 NRSG erfolgt sein. Nach § 8 NRSG sind Gaststättenbetreiber für die Einhaltung des Rauchverbotes in ihrer Gaststätte verantwortlich. Sie werden also gesondert und unmittelbar in die Pflicht genommen, in ihren Gaststätten Rauchfreiheit zu gewährleisten. Insoweit handelt es sich nicht um eine bloße Betroffenheit des Umfeldes der Gastwirte. Vielmehr wird ihre tägliche Arbeitsweise durch die im Landesnichtraucherschutzgesetz geregelten Pflichten verändert. Ein finaler, unmittelbarer Eingriff gegenüber B und G ist gegeben.

III. Verfassungsrechtliche Rechtfertigung

Es ist bei der Rechtfertigung der Grundrechtseingriffe zu trennen: einfacher Gesetzesvorbehalt, einfach einschränkender oder qualifiziert einschränkender Gesetzesvorbehalt, qualifizierter Gesetzesvorbehalt, geschriebene oder verfassungsimmanente Schranke.

Der Eingriff in die Grundrechte des B und der G kann gerechtfertigt sein. Dies ist anzunehmen, wenn für das Grundrecht eine Schrankensystematik geregelt ist, deren verfassungsrechtliche Voraussetzungen erfüllt sind.

Für die Rechtfertigung eines Grundrechtseingriffes in Art. 2 Abs. 1 GG gilt grundsätzlich ein einfacher Gesetzesvorbehalt, weil von den Schrankentrias des Art. 2 Abs. 1 GG aufgrund einer praktischen Konkordanz mit dem Rechtsstaatsprinzip und dem damit verbundenen Bestimmtheitsgrundsatz lediglich noch die verfassungsmäßige Ordnung zur Anwendung gelangt. Da Art. 2 Abs. 1 GG bezüglich der Berufsfreiheit aber lediglich als Auffanggrundrecht fungiert, ist die Rechtfertigungssystematik des Art. 12 Abs. 1 S. 2 GG auf Art. 2 Abs. 1 GG zu übertragen.

Gemäß Art. 12 Abs. 1 S. 2 GG kann die Berufs*ausübung* aufgrund eines Gesetzes geregelt werden, wobei dieser Gesetzesvorbehalt wegen der Einheitlichkeit des Schutzbereiches auch für die Berufs*wahl* gilt. Zwar ist die Formulierung „aufgrund" eines Gesetzes typisch für einen einschränkenden Gesetzesvorbehalt, jedoch enthält Art. 12 Abs. 1 S. 2 GG den Terminus „geregelt". Das bedeutet, dass es anders als bei den Formulierungen „eingeschränkt" bzw. „beschränkt" – wie beispielsweise in Art. 8 Abs. 2 oder Art. 11 Abs. 2 GG – an der grundrechtseinschränkenden Zielrichtung der Maßnahme fehlt, sodass der Regelungsvorbehalt wie ein einfacher Gesetzesvorbehalt zu behandeln ist. Dies hat zur Folge, dass die Voraussetzungen des Art. 19 Abs. 1 GG oder zusätzliche Qualifizierungen zur Rechtfertigung eines Eingriffes in Art. 12 Abs. 1 GG wie zum Beispiel eine Entschädigungsregelung, in Art. 14 Abs. 3 S. 2 GG als Junktim vorgesehen ist, nicht erfüllt sein müssen. Somit gilt parallel zum einheitlichen Schutzbereich der Berufsfreiheit des Art. 12 Abs. 1 S. 1 GG die für die Berufswahl wie Berufsausübung einheitliche Rechtfertigungssystematik des Regelungsvorbehaltes als einfacher Gesetzesvorbehalt, so dass ein gerechtfertigter Eingriff durch Auslegung der Berufsfreiheit als einheitliches Grundrecht erleichtert wird. Diese Einheitlichkeit der Berufsfreiheit wird auf Art. 2 Abs. 1 GG übertragen, bei dem ohnehin ein einfacher Gesetzesvorbehalt gilt.

Ein Eingriff in die Berufsfreiheit des B bzw. der G kann durch das Landesnichtraucherschutzgesetz gerechtfertigt sein. Dazu muss das Landesnichtraucherschutzgesetz objektiv verfassungsgemäß sein.

> Zwar ist die Verfassungsbeschwerde ein subjektives Beanstandungsverfahren, jedoch gilt für nationale abstrakt-generelle Regelungen aus rechtsstaatlichen Gründen ein Normennichtigkeitsdogma, sodass sie bei objektiver Rechtswidrigkeit auch unwirksam sind und durch sie somit kein Grundrechtseingriff gerechtfertigt werden kann. Das Gesetz muss daher objektiv (auch bezüglich der Grundrechte anderer als der Beschwerdeführer) überprüft werden.

1. Formelle Verfassungsmäßigkeit

Anhaltspunkte für formelle Fehler gibt es lediglich bezüglich der Zuständigkeit des Landesgesetzgebers. Die Kompetenzverteilung zwischen Bund und Ländern ergibt sich grundsätzlich aus Art. 30 GG. Danach sind die Länder zuständig, soweit sich nicht aus Spezialregelungen – wie zum Beispiel den Artt. 70 ff. GG – etwas anderes ergibt. Für den Bereich der Gesetzgebungskompetenzen ist Art. 70 Abs. 1 GG gegenüber Art. 30 GG spezieller, wobei auch insoweit die Länder zur Gesetzgebung zuständig sind, als sich aus dem Grundgesetz nichts anderes ergibt.

Die Gesetzgebungskompetenz der Länder könnte gemäß Art. 72 Abs. 1 GG gesperrt sein, weil der Bund für die Gesetzgebung im Arbeitsschutz gemäß Art. 74 Abs. 1 Nr. 12 GG zuständig ist und davon auch in Form betrieblicher Rauchverbote Gebrauch gemacht hat. Eine Sperrwirkung kann sich aus Art. 72 Abs. 1 GG jedoch allenfalls partiell ergeben, weil die bundesrechtlichen Regelungen lediglich dem Schutz der betrieblich Beschäftigten dienen, während das Landesnichtraucherschutzgesetz dem Schutz der Bevölkerung insgesamt dient, also einen weiteren Anwendungsbereich hat. Eine partielle Sperrwirkung kann sich für die Landesgesetzgebung nur insoweit ergeben, als sich das Landesnichtraucherschutzgesetz bezüglich der betrieblichen Arbeitnehmer einer Gaststätte von den bundesgesetzlichen Regelungen unterscheidet. Maßgeblich für die Verteilung der Gesetzgebungskompetenzen zwischen Bund und Ländern ist der Regelungsgegenstand eines jeweiligen Gesetzes, nicht aber das anvisierte Gemeinwohlziel, sodass die Gesetzgebungskompetenz für die Gefahrenabwehr des Passivrauchens nicht dadurch beeinträchtigt wird, dass im Arbeitsschutzbereich eine faktische Überschneidung stattfindet, selbst wenn die landesrechtliche Regelung im Überschneidungsbereich weitreichender ist als die bundesrechtliche Regelung, soweit es bei Überschneidungen in Einzelbereichen bleibt und keine Umgehung des Art. 72 Abs. 1 GG ersichtlich ist. Da das Landesnichtraucherschutzgesetz allgemein vor den Gefahren im Zusammenhang mit dem Passivrauchen schützen soll, hingegen nicht der Arbeitsschutz Gegenstand des Gesetzes ist, bleibt es mangels diesbezüglicher Sperrwirkung des Art. 72 Abs. 1 GG bei der Zuständigkeit der Länder für den Nichtraucherschutz gemäß Art. 70 Abs. 1 GG. Verfahrens- und Formfehler sind nicht ersichtlich.

2. Materielle Verfassungsmäßigkeit

Der subjektive Einstieg in der Begründetheit führt zu Komplikationen im Aufbau der materiellen Verfassungsmäßigkeit. Entweder erfolgt zunächst eine Verhältnismäßigkeitsprüfung nur bezüglich des die Begründetheit eröffnenden Grundrechtes – wegen des nunmehr objektiven Prüfungsmaßstabes allerdings bezogen auf alle Adressaten – oder es wird im Anschluss an den Wesentlichkeitsgrundsatz zunächst die Verfassungsmäßigkeit des Gesetzes im Übrigen geprüft (einschließlich der Schutzbereichseingriffe und Rechtfertigungsebenen bezüglich der Grundrechte Dritter), um anschließend eine Verhältnismäßigkeitsprüfung bezüglich aller betroffenen Rechte vorzunehmen.

Das Landesnichtraucherschutzgesetz kann auch materiell verfassungsgemäß sein. Ergeben sich aus der Rechtfertigungssystematik der Grundrechte keine besonderen Anforderungen an das Gesetz, ist es materiell verfassungsgemäß, wenn das Wesentliche im Gesetz bestimmt ist, im Rahmen der Wechselwirkung von Schutzbereich und Rechtfertigung das Gesetz mit dem Grundsatz der Verhältnismäßigkeit als Schranken-Schranke bezüglich des die Sachstation eröffnenden Grundrechtes vereinbar und das Gesetz zum Beispiel hinsichtlich der Grundrechte Dritter im Übrigen verfassungsgemäß und auch insoweit verhältnismäßig ist.

Nochmals: Das Gesetz muss objektiv verfassungsgemäß sein, nicht nur subjektiv bezogen auf die Grundrechte des Beschwerdeführers, weil nur ein objektiv verfassungsmäßiges Gesetz wirksam ist und einen Grundrechtseingriff rechtfertigen kann. Das bedeutet, dass im Rahmen der Verfassungsmäßigkeit im Übrigen Grundrechte Dritter, Rückwirkungsverbote etc. zu prüfen sind.

a) Wesentlichkeitsgrundsatz
Aus dem sich aus einer praktischen Konkordanz zwischen Demokratie- und Rechtsstaatsprinzip ableitenden Wesentlichkeitsgrundsatz ergibt sich, dass wesentliche Bereiche durch den Gesetzgeber geregelt werden müssen. Das Landesnichtraucherschutzgesetz enthält klare Verbotsregelungen mit klaren Folgen. Anhaltspunkte für einen Verstoß gegen den Wesentlichkeitsgrundsatz sind nicht ersichtlich.

b) Verhältnismäßigkeit bezüglich der Berufsfreiheit
Das Gesetz kann bezüglich der Berufsfreiheit i.S.d. Art. 12 GG bzw. des Art. 2 Abs. 1 GG als Auffanggrundrecht verhältnismäßig sein.

Die sogenannte Dreistufentheorie ist lediglich eine gefestigte Rechtsprechung im Rahmen der Verhältnismäßigkeitsprüfung. Die Verwendung des Terminus „Theorie" wirkt allerdings auswendig gelernt und unprofessionell. Sie sollte vermieden werden.

Die erste Differenzierung zwischen Berufsausübung und Berufswahl muss eingangs der Verhältnismäßigkeit beim Zweck erfolgen. Diese Trennung zwischen Berufsausübung und Berufswahl beim Zweck und die Einschränkung desselben stellt im Rahmen der Schranken-Schranke das Pendant zur Erleichterung des Eingriffs im Rahmen der Rechtfertigung mittels einfachen Gesetzesvorbehaltes als Regelungsvorbehalt auch bei der Berufswahl (trotz der Formulierung „aufgrund" bei der Berufsausübung, die nach „einfach einschränkend" klingt, einfacher Gesetzesvorbehalt unter Einbeziehung der Berufswahl in den einfachen Gesetzesvorbehalt, obwohl für die Berufswahl nach dem Wortlaut des Gesetzes eigentlich nur verfassungsimmanente Schranken gelten würden) dar. Wird der Eingriff mittels Auslegung des Gesetzes im Rahmen der Rechtfertigung wegen der Einheitlichkeit des Grundrechts massiv erweitert, ist es ausnahmsweise zulässig, die Einschätzungsprärogative beim Gesetzeszweck durch die Stufenregelung angemessen zu begrenzen, ohne die Legislative in ihrer Einschätzungsprärogative unangemessen zu beschneiden.

Die zweite Differenzierung zwischen subjektiver und objektiver Berufswahl erfolgt im Rahmen der Verhältnismäßigkeit im engen Sinne. Je wesentlicher der Grundrechtseingriff ist, desto höher sind die Anforderungen im Rahmen der Disproportionalität. Subjektive Berufswahlregelungen knüpfen an Bedingungen an, die in der Person des Einzelnen liegen, und können leichter gerechtfertigt werden als objektive Berufswahlregelungen, die außerhalb des individuellen Einflussbereiches liegen.

---

aa) Zweck

Durch Gesetz muss ein legitimer Zweck verfolgt werden. Wegen der weiten Einschätzungsprärogative des Gesetzgebers als Repräsentant des Volkes ist der Zweck grundsätzlich nur insoweit überprüfbar, als er nicht willkürlich bzw. offensichtlich verfassungswidrig sein darf. Im Rahmen der Berufsfreiheit genügt hinsichtlich eines Eingriffes in die Berufsausübung als Zweck jeglicher Gemeinwohlbelang. Ist allerdings die Berufswahl betroffen, muss die Regelung zum Schutz eines besonders wichtigen Gemeinschaftsgutes zwingend sein. Eine Erweiterung der Überprüfbarkeit des Gesetzeszweckes zulasten der Einschätzungsprärogative des Gesetzgebers bei der Berufswahl ist bezüglich des Demokratieprinzips nicht verfassungswidrig. Denn durch die weite Auslegung des Regelungsvorbehaltes dahingehend, dass er nicht nur – wie im Wortlaut geregelt – für die Berufsausübung, sondern für sämtliche Eingriffe in den Schutzbereich des Art. 12 Abs. 1 S. 1 GG gilt, wurde der Spielraum des Gesetzgebers zunächst erweitert. Er darf hinsichtlich der Anforderung an das zu verfolgende Ziel somit auch entsprechend wieder verkürzt werden. Insoweit sind Eingriffe in die Berufswahl durch den Gesetzgeber nur mittels verfassungsimmanenter Schranken zu rechtfertigen. Das ist auch auf Art. 2 Abs. 1 GG zu übertragen.

Unabhängig davon, ob durch das Landesnichtraucherschutzgesetz die Berufsausübung oder die Berufswahl betroffen ist, sollen gemäß der amtlichen Gesetzesbegründung dadurch jedenfalls die Gesundheit und das Leben i.S.d. Art. 2 Abs. 2 S. 1 GG der Nichtraucher, die durch die Raucher zu Passivrauchern gemacht werden, geschützt werden. Die Volksgesundheit ist ein besonders wichtiges Gemeinschaftsgut, zu dessen Erhaltung es zwingend ist, Leib und Leben der Nichtraucher effektiv zu schützen. Ein hinreichender Gesetzeszweck ist gegeben.

bb) Eignung

Eine Maßnahme ist geeignet, wenn durch sie der Zweck gefördert wird (BVerfGE 67, 157, 173; 90, 145, 172; 96, 10, 23), wobei auch insoweit die Einschätzungsprärogative des Gesetzgebers zu berücksichtigen ist. Dabei genügt es auf Gesetzesebene, wenn die abstrakte Möglichkeit der Zweckerreichung besteht (BVerfGE 100, 313, 373). Durch das Landesnichtraucherschutzgesetz wird das Rauchen in der Öffentlichkeit weitgehend verboten, sodass die Anzahl der Passivraucher minimiert und damit die Volksgesundheit gefördert wird. Das Landesnichtraucherschutzgesetz ist zur Förderung des Zwecks geeignet.

cc) Erforderlichkeit

Das Landesnichtraucherschutzgesetz muss auch erforderlich sein. Eine Regelung ist erforderlich, wenn kein gleich geeignetes milderes Mittel denkbar ist, wobei wiederum die Einschätzungsprärogative des Gesetzgebers zu berücksichtigen ist. Ein mittels des Hausrechtes der Gastwirte durchzusetzendes Hausverbot würde für die Gastwirte nicht effektiv durchsetzbar sein, da insoweit gegebenenfalls der Zivilrechtsweg verfolgt bzw. die Polizei gerufen werden müsste. Zudem würde der Ausspruch eines Hausverbotes die Ausnahme bleiben, zumal Gastwirte im Gästeumgang eher zurückhaltend wären. Der Gesetzgeber hat in § 7 Abs. 1 S. 2 NRSG bereits Ausnahmen für Bier-, Wein- und Festzelte sowie für die Außengastronomie und die im Reisegewerbe betriebenen Gaststätten geregelt sowie in § 7 Abs. 2 NRSG die Möglichkeit geschaffen, das Rauchverbot in einem vollständig abgetrennten Nebenraum weiterhin zuzulassen. Eine weitere Ausnahme für Einraum-Gaststätten zu schaffen – wie von B gefordert – wäre zwar milder, durch die Belastung der Nichtraucher aber nicht gleich geeignet. Ein milderes gleich geeignetes Mittel ist gegenüber dem Landesnichtraucherschutzgesetz nicht ersichtlich.

dd) Verhältnismäßigkeit im engen Sinne bezüglich der Berufsfreiheit (Disproportionalität)

Das Landesnichtraucherschutzgesetz kann verhältnismäßig im engen Sinne sein. Das setzt voraus, dass zwischen Mittel und Zweck keine Disproportionalität besteht. Ist nicht nur die subjektive Berufswahl, die auf subjektive Kriterien des Einzelnen abzielt, betroffen, sondern die objektive Berufswahl, welche an vom Einzelnen nicht beeinflussbare Kriterien anknüpft, bedarf es für die Verhältnismäßigkeit der Regelung im engen Sinne einer schweren Gefahr für ein überragend wichtiges Gemeinschaftsgut, die mittels der Regelung abgewehrt werden soll.

Nunmehr wird zwischen der subjektiven Berufswahl und der objektiven Berufswahl differenziert. Da ein Eingriff in die objektive Berufswahl besonders wesentlich ist, sind insoweit höheren Anforderungen zu stellen.

Denkbar ist, dass durch das Rauchverbot, welches einzelne Gastwirte nicht beeinflussen können, die Berufsfreiheit derart betroffen ist, dass Gaststätten wie die „Spelunke" nicht mehr existieren können, falls durch das Rauchverbot die Gäste vollständig abgeschreckt werden. Insoweit kann durch das Landesnichtraucherschutzgesetz die objektive Berufswahl betroffen sein, obwohl nach dem Wortlaut des Landesnichtraucherschutzgesetzes der Gastronomiebetrieb bestehen bleiben kann und lediglich die Berufsausübung betroffen ist. Jedenfalls ist das Landesnichtraucherschutzgesetz verhältnismäßig im engen Sinne, wenn mit dem Gesetz überragend wichtige Gemeinschaftsbelange verfolgt werden und zwischen Gesetz und überragend wichtigem Gemeinschaftsbelang keine Disproportionalität besteht.

Durch das Gesetz soll die Volksgesundheit geschützt werden. Die Volksgesundheit ist ein überragend wichtiges Gemeinschaftsgut, für das staatliche Schutzpflichten bestehen. Passivrauchen kann nach wissenschaftlichen Erkenntnissen der Medizin zum Tod führen. Sofern es in der Wissenschaft Gegenstimmen geben mag, besteht eine Einschätzungsprärogative des Gesetzgebers, sich der überwiegenden Auffassung in der Wissenschaft anzuschließen, wonach Passivrauchen zum Tod führen kann und schon in geringen Mengen gesundheitsschädlich ist. Die Gewichtigkeit dieses Schutzgutes kann grundsätzlich auch drastische Eingriffe in die Berufsfreiheit rechtfertigen – so zum Beispiel bei Einraum-Gaststätten, in denen eine Raumteilung nicht denkbar ist. Es geht um überragend wichtige Gemeinschaftsgüter, wenngleich es jedem freisteht, eine Einraum-Gaststätte zu nutzen. Der Verzicht auf den Besuch einer Einraum-Gaststätte wiegt viel schwerer als das Gebot, zum Rauchen ins Freie zu gehen.

Das Gesetz ist jedoch unverhältnismäßig im engen Sinne, soweit das bei Erlass des Gesetzes zugrunde gelegte Schutzkonzept nicht folgerichtig bzw. konsequent umgesetzt worden ist. Insoweit kann das Gesetz mit Art. 12 Abs. 1 GG i.V.m. Art. 3 Abs. 1 GG, für EU-Ausländer und juristische Personen aus dem EU-Ausland ersetzt durch Art. 2 Abs. 1 GG i.V.m. Art. 3 Abs. 1 GG, unvereinbar sein, sodass erweiterte Ausnahmetatbestände erforderlich wären.

Das Bundesverfassungsgericht bezieht eine Ungleichbehandlung innerhalb der Regelungsadressaten verstärkend in die Prüfung der Berufsfreiheit aus Art. 12 Abs. 1 GG mit ein. Art. 3 Abs. 1 GG ist mit Freiheitsrechten zu verknüpfen, weil es regelmäßig um Vergleichsgruppen geht, in denen Freiheitsrechte unterschiedlich ausgelegt werden.

Dazu müssten manche Adressaten des Gesetzes in typischen Fallkonstellationen grundlos stärker belastet werden als andere. Eine ungerechtfertigte Ungleichbehandlung bezüglich der Berufsfreiheit könnte gegeben sein, weil der Nichtraucherschutz durch das Landesnichtraucherschutzgesetz einerseits nicht lückenlos gewährt wird, andererseits keine hinreichenden Ausnahmetatbestände für Einraum-Gaststätten enthält. Für eine unverhältnismäßige Ungleichbehandlung der Einraum-Kneipenbetreiber und der Großraum-Gaststättenbetreiber spricht, dass mit dem Gesetz ein Interessensausgleich der Raucher, Nichtraucher und der Gastwirte herbeigeführt werden sollte, der in zumindest geringerem Maß erfolgt, wenn Ausnahmen für die überwiegend von Rauchern besuchten Einraum-Gaststätten nicht vorgesehen sind.

Für die Folgerichtigkeit und konsequente Umsetzung der gesetzlichen Regelung spricht allerdings, dass sich eine grundlose Ungleichbehandlung i.S.d. Art. 2 Abs. 1 GG i.V.m. Art. 3 Abs. 1 GG nicht schon daraus ergibt, dass Wettbewerbsbedingungen oder Wettbewerbschancen sich verändern. Unterschiedliche Auswirkungen des Landesnichtraucherschutzgesetzes auf Gaststätten, je nachdem, ob sie ihrer Kapazität nach Nichtraucherräume einrichten können, sind aufgrund mittlerweile erhöhter Anforderungen an den Gesundheitsschutz Ausdruck wirtschaftlicher Leistungs- und Wettbewerbsfähigkeit. Ebenso wie zum Beispiel im Umweltrecht können Schutzanforderungen, die für alle in gleicher Weise gelten, nur aufgrund unterschiedlicher wirtschaftlicher Auswirkungen beim Nichtraucherschutz keine grundlose und damit ungerechtfertigte Ungleichbehandlung begründen. Eine generelle Ausnahme für Einraum-Gaststätten ist mit dem Gesundheitsschutz für Nichtraucher ebenfalls nicht vereinbar, weil auch in Einraum-Gaststätten wenigstens vereinzelt Nichtraucher auftauchen können. Ausnahmen soll es nach § 7 Abs. 2 NRSG nur geben, soweit der Nichtraucherschutz nicht beeinträchtigt wird, sodass der Nichtraucherschutz in den vorgesehenen Ausnahmekonstellationen im Verhältnis zu gegenläufigen

Interessen nicht verkürzt wird, sondern nur Konstellationen betroffen sind, in denen der Nichtraucherschutz in seinem Umfang und seiner Effizienz nicht tangiert wird.

Nach alledem ist der Nichtraucherschutz trotz des Rauchverbotes und der Betreiberpflichten auch in Einraum-Gaststätten folgerichtig und konsequent umgesetzt und damit hinsichtlich der Berufsfreiheit verhältnismäßig im engen Sinne

c) Verfassungsgemäßheit im Übrigen

Das Gesetz kann verfassungswidrig im Übrigen sein.

Das Gesetz muss objektiv überprüft werden und daher auch im Übrigen verfassungsgemäß sein. Da es sich bei der Verfassungsbeschwerde um ein subjektives Beanstandungsverfahren handelt, ist der Einstieg subjektiv bezogen auf den Beschwerdeführer zu prüfen. Inzident kommt es bei der objektiven Prüfung des Gesetzes jedoch auch auf Grundrechte Dritter an.

---

aa) Art. 14 Abs. 1 GG

Durch das Landesnichtraucherschutzgesetz kann in die Eigentumsfreiheit der Gastwirte – auch der Beschwerdeführer – und damit in Art. 14 Abs. 1 GG ungerechtfertigt eingegriffen worden sein. Dazu muss der Schutzbereich des Art. 14 Abs. 1 GG eröffnet sein. Das Eigentum ist gemäß Art. 14 Abs. 1 S. 2 GG bereichsspezifisch in Gesetzen definiert. Zumindest das Hausrecht der Gastwirte i.S.d. § 1004 BGB ist im Zivilrecht zugunsten der Bürger definiert. Insoweit ist der Schutzbereich des Art. 14 Abs. 1 GG betroffen, ohne dass es darauf ankommt, ob der eingerichtete und ausgeübte Gewerbebetrieb von Art. 14 abs. 1 GG umfasst ist oder nicht. Art. 14 Abs. 1 GG kann aber im Rahmen der Grundrechtskonkurrenz durch die Berufsfreiheit, die sich für EU-Ausländer und juristische Personen aus dem EU-Ausland wie die Beschwerdeführer aus Art. 2 Abs. 1 GG und im Übrigen aus Art. 12 Abs. 1 GG ergibt, verdrängt sein.

Da nunmehr das Gesetz im Übrigen geprüft wird, kommt es zusätzlich auf die Berufsfreiheit Dritter an, die zum Teil über Art. 12 Abs. 1 GG, zum Teil auch über Art. 2 Abs. 1 GG geschützt wird.

Grundsätzlich tritt Art. 2 Abs. 1 GG als Auffanggrundrecht mit dem Schutzbereich der allgemeinen Handlungsfreiheit hinter Art. 14 Abs. 1 GG als spezielles Freiheitsrecht zurück. Da von Art. 2 Abs. 1 GG aber ausnahmsweise die Berufsfreiheit für EU-Ausländer und juristische Personen aus dem EU-Ausland erfasst wird, ist auch Art. 2 Abs. 1 GG wie ein besonderes Freiheitsrecht zu behandeln und daher nicht subsidiär. Zwar sind Grundrechte im Zweifel in Idealkonkurrenz nebeneinander anwendbar, jedoch tritt ein Grundrecht in Subsidiarität hinter einem anderen Grundrecht zurück, wenn das andere Grundrecht schwerpunktmäßig betroffen ist. Das Hausrecht der Gastwirte ist nur sekundär vom Landesnichtraucherschutzgesetz erfasst. Schwerpunktmäßig betrifft das Gesetz die Berufsfreiheit, sodass Art. 14 Abs. 1 GG aus Gründen der Subsidiarität hinter Art. 12 Abs. 1 GG – soweit es sich um deutsche Dritte handelt – bzw. Art. 2 Abs. 1 GG zurücktritt.

bb) Art. 3 Abs. 1 GG

Durch den allgemeinen Gleichheitsgrundsatz aus Art. 3 Abs. 1 GG soll gewährleistet werden, dass Gleiches nicht willkürlich bzw. unverhältnismäßig ungleich, Ungleiches hingegen nicht willkürlich bzw. unverhältnismäßig gleich behandelt wird.

(1) Vergleichspaar

Zunächst muss es ein Vergleichspaar i.S.d. Art. 3 Abs. 1 GG geben. Ein Vergleichspaar i.S.d. Art. 3 Abs. 1 GG besteht, wenn zwei Personengruppen einer gemeinsamen Obergruppe zugeordnet, jedoch in Untergruppen unterteilt werden können. Die gemeinsame vom Landesnichtraucherschutzgesetz erfasste Obergruppe besteht aus Gaststättenbetreibern. Vom Landesnichtraucherschutzgesetz erfasste Untergruppen sind die Diskothekenbetreiber und die sonstigen Gaststättenbetreiber.

(2) Ungleichbehandlung

Die Betreiber der besonderen Betriebsart Diskothek werden gegenüber sonstigen Gaststättenbetreibern insofern benachteiligt, als ihnen nach § 7 Abs. 2 S. 2 NRSG nicht gestattet ist, das Rauchen in vollständig abgetrennten Nebenräumen zuzulassen.

Soweit in einem Gesetz als Ausnahme vom gesetzlichen Rauchverbot in Gaststätten abgeschlossene Raucherräume für Schankwirtschaften zugelassen, für Speisewirtschaften jedoch untersagt werden, ist dies als gleichheitswidriger Begünstigungsausschluss einzustufen (BVerfGE 130, 131).

(3) Rechtfertigung

Die Ungleichbehandlung kann gerechtfertigt sein. Eine Ungleichbehandlung ist jedenfalls ungerechtfertigt, wenn sie willkürlich erfolgt. Je mehr der Anknüpfungspunkt der Ungleichbehandlung personenbezogen ist, sich im weitesten Sinne also auf die Ausübung von Freiheitsrechten auswirkt und somit nicht nur sach- bzw. verhaltensbezogen ist, desto eher ist im Rahmen einer neuen Formel die Verhältnismäßigkeit der Ungleichbehandlung maßgeblich. Je intensiver die Personenbezogenheit und der Bezug zu den Freiheitsrechten sind, desto eher erfolgt eine Verhältnismäßigkeitsprüfung.

Es besteht ein fließender Übergang von der sogenannten Willkürformel zur sogenannten „neuen Formel", bei welcher die Verhältnismäßigkeit zu prüfen ist.

Schema 49: Art. 3 Abs. 1 GG – Ungleichbehandlung

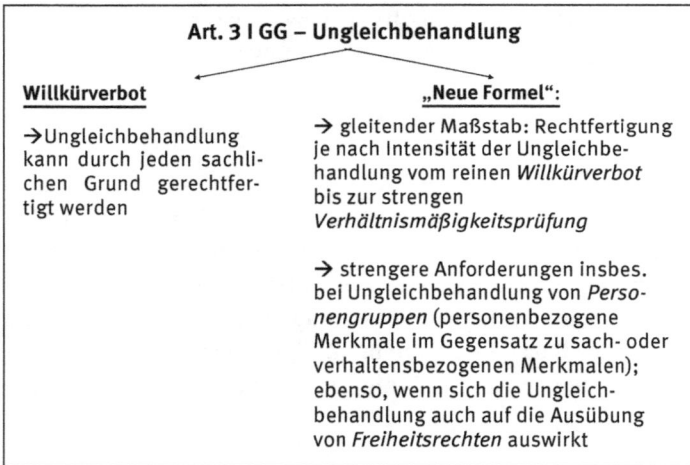

Art. 3 I GG – Ungleichbehandlung	
Willkürverbot	**„Neue Formel":**
→Ungleichbehandlung kann durch jeden sachlichen Grund gerechtfertigt werden	→ gleitender Maßstab: Rechtfertigung je nach Intensität der Ungleichbehandlung vom reinen *Willkürverbot* bis zur strengen *Verhältnismäßigkeitsprüfung* → strengere Anforderungen insbes. bei Ungleichbehandlung von *Personengruppen* (personenbezogene Merkmale im Gegensatz zu sach- oder verhaltensbezogenen Merkmalen); ebenso, wenn sich die Ungleichbehandlung auch auf die Ausübung von *Freiheitsrechten* auswirkt

Die Ungleichbehandlung zwischen Diskotheken und anderen Gaststätten beruht zwar nicht auf personenbezogenen, sondern auf sachbezogenen Merkmalen, wirkt sich allerdings massiv auf die Berufsfreiheit von Diskothekenbetreibern aus. Die Ungleichbehandlung muss also verhältnismäßig sein.

Die exakte Prüfung der Verhältnismäßigkeit einer Ungleichbehandlung bereitet im Examen oft Schwierigkeiten. Das geeignete Mittel ist regelmäßig die jeweilige Ungleichbehandlung des wesentlich Gleichen bzw. die Gleichbehandlung des wesentlich Ungleichen. Der Zweck ist – wie bei der Prüfung der Freiheitsrechte – in dem mit dem Mittel abstrakt verfolgten Ziel zu sehen. Die durch eine Ungleichbehandlung beispielsweise vorgenommene Begünstigung einer Gruppe kann regelmäßig nicht der Zweck sein. Andernfalls wären Mittel und Zweck dasselbe, sodass eine Relation nicht erfolgen könnte.

(aa) Zweck

Der Zweck der Differenzierung zwischen Diskotheken und sonstigen Gaststätten besteht im Schutz Jugendlicher, der durch die gegenüber sonstigen Gaststätten verschärfte Regelung im Landesnichtraucherschutzgesetz erreicht werden soll. Denn Diskotheken werden vermehrt von Jugendlichen und jungen Erwachsenen besucht. Durch diesen Zweck wird an die sich aus Art. 2 Abs. 2 S. 1 GG ergebende Schutzpflicht des Staates für das Leben und die Gesundheit angeknüpft, sodass er nicht willkürlich gewählt ist. Im Übrigen besteht eine Einschätzungsprärogative des Gesetzgebers.

(bb) Eignung

Der Ausschluss der Ausnahmeregelung in § 7 Abs. 2 S. 2 NRSG für Diskothekenbetreiber fördert den Zweck des Jugendschutzes, da diese zur Mehrheit der Diskothekenbesucher zählen und dort dem Rauchen weniger ausgesetzt werden. Hierdurch werden die Gefahr des Passivrauchens und der Nachahmeffekt reduziert. Die Ungleichbehandlung ist ein geeigneter Zweck.

(cc) Erforderlichkeit

Die Differenzierung zwischen Diskotheken und sonstigen Gaststätten durch § 7 Abs. 2 S. 2 NRSG muss zur Zweckerreichung erforderlich sein. Es darf also kein milderes gleich geeignetes Mittel geben. Milder wäre es, wenn die Ausnahmeregelung des § 7 Abs. 2 S. 1 NRSG auch für Diskotheken gelten würde – ergänzt um die Maßgabe, dass Raucherräume in Diskotheken erst ab der Volljährigkeit betreten werden dürften. In diesem Fall würde die Ungleichbehandlung geringer ausfallen. Dann könnten sich Jugendliche aber dennoch Rauchgewohnheiten der Volljährigen abschauen. Die mildere Regelung wäre gegenüber der vom Gesetzgeber gewählten Fassung des Gesetzes somit nicht gleich geeignet.

(dd) Verhältnismäßigkeit im engen Sinne (Disproportionalität)

Die Differenzierung muss verhältnismäßig im engen Sinne sein. Die Ungleichbehandlung von Diskothekenbetreibern und sonstigen Gastwirten darf also nicht disproportional zum Zweck, muss also angemessen sein. Der verfolgte Zweck des Jugendschutzes beinhaltet nicht zwingend einen generellen Ausschluss des Rauchens in Diskotheken. Trotz der Einschätzungsprärogative des Gesetzgebers bezüglich der Gefahren führt eine strikte Trennung der Raucherräume und der sonstigen Räume zu einem ebenfalls effektiven Schutz der Jugend, insbesondere, wenn eingerichtete Raucherräume erst mit der Volljährigkeit zugänglich wären. Die Gruppenbildung und die Nachahmeffekte bestehen in gleicher Weise bei sonstigen Gaststätten, weil auch insoweit ermöglicht wird, dass Nichtraucher sich in Raucherräumen aufhalten. Damit sind Nachahmeffekte zumindest bei Erwachsenen akzeptiert worden, die nicht in gleichheitswidriger Weise nur bei Diskotheken, nicht aber in sonstigen Gaststätten unterbunden werden dürfen. Gesteigerte Nachahmeffekte können vielmehr zum Beispiel dadurch verhindert werden, dass die Attraktivität von Raucherräumen massiv verringert wird, indem sie etwa nicht eingerichtet werden dürfen. Nach alledem ist die Ungleichbehandlung von Diskotheken und sonstigen Gaststätten unverhältnismäßig und somit ungerechtfertigt.

IV. Zwischenergebnis
Durch das Landesnichtraucherschutzgesetz wird ungerechtfertigt in Grundrechte eingegriffen.

C. Ergebnis
Das Bundesverfassungsgericht wird feststellen, dass das Landesnichtraucherschutzgesetz verfassungswidrig und somit nichtig ist. Ersatzweise wird das Bundesverfassungsgericht dem Gesetzgeber praxisgerecht eine angemessene Frist setzen, um das Gesetz zu ändern bzw. eine Neuregelung zu schaffen.

Grundrechte – Fall 3:
„Das Wohnbordell"

Schwerpunkte: *Urteilsverfassungsbeschwerde, Unverletzlichkeit der Wohnung (Art. 13 Abs. 1 GG), Freizügigkeit (Art. 11 GG), Europäische Menschenrechtskonvention (EMRK), Fristberechnung*

Aufgrund verschiedener Umstände hegt die zuständige Behörde (B) den Verdacht, dass in einem Haus in N nicht nur in den im Erdgeschoss gelegenen Gewerberäumen, sondern auch in den beiden Wohnungen im ersten und zweiten Obergeschoss der gewerblichen Prostitution nachgegangen wird und die Wohnungen somit ohne Genehmigung nicht zu Wohnzwecken genutzt werden.

Nachdem die für B handelnden Behördenmitarbeiter bei einer zuvor angekündigten Besichtigung im September des vorletzten Jahres den Eindruck gewonnen hatten, dass die Wohnungen für diesen Zweck besonders hergerichtet sind und nachdem ihnen im Januar des letzten Jahres eine angekündigte Besichtigung der Wohnung im ersten Obergeschoss durch die Mieterin der Wohnung im ersten Obergeschoss K verweigert worden war, beschlossen sie, im Rahmen ihrer Behördentätigkeit kurzfristig eine unangekündigte Besichtigung durchzuführen. Hierfür wurde am 25. Januar des Vorjahres eine an K gerichtete schriftliche Verfügung gegenüber K vorbereitet, mittels derer K unter Anordnung der sofortigen Vollziehung gemäß § 13 Abs. 2 WoSchG auferlegt wurde, die sofortige Besichtigung der Wohnung durch beauftragte Mitarbeiter der B zu dulden und ihnen Zutritt zu der Wohnung zu ermöglichen. Bei Widerstand würden sich die Behördenmitarbeiter den Zugang zwangsweise verschaffen.

Unter Überreichung dieser vorbereiteten Verfügung begehrten die Mitarbeiter der B am 28. Januar des Vorjahres um 14:00 Uhr den Zutritt zu der von K gemieteten Wohnung, den diese nur widerstrebend gewährte.

Die Mitarbeiter der B stellten fest, dass ebenso wie im Erdgeschoss und zweiten Obergeschoss auch im ersten Obergeschoss zwei der drei Zimmer der Wohnung jeweils mit einem französischen Doppelbett sowie einem Telefon ausgestattet waren, in diesen Zimmern unverhältnismäßig viel Reizwäsche lag, Kleenextücher und Kondomgroßverpackungen vorhanden waren und sich in einem der Zimmer in einer mit schwarzen Tüchern verhüllten Ecke diverse Folterinstrumente befanden.

K ist der Auffassung, dass die Besichtigung der Wohnung rechtswidrig war und klagt daher vor dem zuständigen Verwaltungsgericht auf Feststellung der Rechtswidrigkeit der Besichtigung der Wohnung am 28. Januar des Vorjahres.

https://doi.org.10.1515/9783110624410-014

Da sie in den von ihr gemieteten Räumen nur gelegentlich ihrem Business nachgeht, dort aber primär wohnt, hält sie die behördliche Vorgehensweise für rechtswidrig.

Nach erfolgloser Erschöpfung des Rechtsweges erhebt K – nachdem sie mit dem Feiertagsgeschäft am Tag zuvor die anfallenden Anwaltskosten verdient hatte – am 2. Mai dieses Jahres, einem Werktag, formgerecht und ordnungsgemäß eine Verfassungsbeschwerde beim Bundesverfassungsgericht gegen das letztinstanzliche Urteil, das ihr am 1. April dieses Jahres bekannt gegeben wurde.

Wird die Verfassungsbeschwerde Erfolg haben?

Gesetz über den Schutz und die Erhaltung von Wohnraum des Landes N (WoSchG)
§ 13: Mitwirkungs- und Duldungspflicht
(1) Verfügungsberechtigte, Nutzungsberechtigte und Bewohner sind verpflichtet, den Beauftragten der zuständigen Behörde das Betreten des Wohnraumes zu gestatten, wenn dies für die Entscheidung über eine Maßnahme nach diesem Gesetz erforderlich ist, insbesondere die Einholung von Auskünften nicht ausreicht. Das Betreten ist vorher anzukündigen; es darf nur zu angemessenen Tageszeiten erfolgen. [...]
(2) Besteht begründeter Verdacht, dass Wohnraum [...] oder ohne Genehmigung nach § 9 nicht zu Wohnzwecken genutzt wird, sind die Beauftragten der zuständigen Behörde auch ohne Ankündigung jederzeit zum Betreten berechtigt. [...]

§ 9: Verbot der Zweckentfremdung von Wohnraum
(1) [...]
(2) Eine Zweckentfremdung im Sinne dieses Gesetzes liegt vor, wenn Wohnraum zu anderen als Wohnzwecken verwendet wird. Ohne Genehmigung verboten ist jedes Handeln oder Unterlassen Verfügungsberechtigter oder Nutzungsberechtigter, durch das Wohnraum seiner eigentlichen Zweckbestimmung entzogen wird. Als Zweckentfremdung gelten insbesondere
1. die Verwendung von Wohnraum für ausschließlich gewerbliche oder freiberufliche Zwecke,
2. die Überlassung von Wohnraum an wechselnde Nutzer zum Zwecke des nicht auf Dauer angelegten Gebrauchs und eine entsprechende Nutzung,
3. der Abbruch von Wohnraum,
4. das Unbrauchbarmachen durch Zerstören von Wohnraum,

5. das Leerstehenlassen von Wohnraum über einen Zeitraum von länger als sechs Monaten.

[...]

(3) Verfügungsberechtigte haben die Verpflichtung, Zweckentfremdungen im Sinne dieses Gesetzes abzuwenden.

§ 16: Einschränkung eines Grundrechts

Durch dieses Gesetz wird das Grundrecht der Unverletzlichkeit der Wohnung (Artikel 13 des Grundgesetzes) eingeschränkt.

Europäische Menschenrechtskonvention
Artikel 8: Recht auf Achtung des Privat- und Familienlebens

(1) Jedermann hat Anspruch auf Achtung seines Privat- und Familienlebens, seiner Wohnung und seines Briefverkehrs.

(2) Der Eingriff einer öffentlichen Behörde in die Ausübung dieses Rechts ist nur statthaft, insoweit dieser Eingriff gesetzlich vorgesehen ist und eine Maßnahme darstellt, die in einer demokratischen Gesellschaft für die nationale Sicherheit, die öffentliche Ruhe und Ordnung, das wirtschaftliche Wohl des Landes, die Verteidigung der Ordnung und zur Verhinderung von strafbaren Handlungen, zum Schutz der Gesundheit und der Moral oder zum Schutz der Rechte und Freiheiten anderer notwendig ist.

In der Folgezeit geriet auch H, ein Bekannter der K, der als einer der führenden Köpfe der rechtsextremistischen Szene im Land gilt, in den Beobachtungsfokus der Behörden.

Nachdem in der Vergangenheit zahlreiche Ermittlungsverfahren gegen ihn eingeleitet worden waren, wurde H im Hinblick auf die bevorstehenden Länderspiele der deutschen Nationalmannschaft mit Datum vom 20. April dieses Jahres die von ihm beabsichtigte Teilnahme an sogenannten „Public-Viewing-Veranstaltungen" untersagt. Es bestehe der Verdacht, dass H derartige Veranstaltungen dazu nutze, gewichtige Straftaten zu begehen oder andere Personen zu Straftaten zu verleiten. Allein die Zugehörigkeit zu der rechten Szene reiche aus, um die Gefahr der Begehung künftiger Straftaten annehmen zu können, da aufgrund dieser Zugehörigkeit die Gewaltbereitschaft dieser Personen gefördert und deren Gewaltanwendung psychologisch unterstützt werde. Zwar treffe es zu, dass die seitens des H verübten Delikte bereits länger als vier Jahre zurückliegen und nicht im Zusammenhang mit Public-Viewing-Veranstaltungen bei Fußballspielen standen, jedoch weise H ein „typisches Verhaltensmuster" auf, das dadurch gekennzeichnet sei, jegliche Gelegenheit zur Begehung von Gewaltdelikten – insbesondere gegenüber Ausländern – zu nutzen.

Ist H durch den Bescheid der Behörde aus der Sicht des Bundesverfassungsgerichts materiell in seinen Freiheitsrechten verletzt worden?

Ordnungsbehördengesetz des Landes N
§ 10: Einschränkung von Grundrechten

Aufgrund dieses Gesetzes können die Grundrechte auf
- Leben und körperliche Unversehrtheit (Artikel 2 Abs. 2 Satz 1 des Grundgesetzes),
- Freiheit der Person (Artikel 2 Abs. 2 Satz 2 des Grundgesetzes),
- Versammlungsfreiheit (Artikel 8 Abs. 1 des Grundgesetzes),
- Wahrung des Fernmeldegeheimnisses (Artikel 10 Abs. 1 des Grundgesetzes),
- Freizügigkeit (Artikel 11 Abs. 1 des Grundgesetzes) und
- Unverletzlichkeit der Wohnung (Artikel 13 des Grundgesetzes)

eingeschränkt werden.

§ 17: Platzverweisung, Aufenthaltsverbot

(1) Die Verwaltungsbehörden und die Polizei können zur Abwehr einer Gefahr jede Person vorübergehend von einem Ort verweisen oder ihr vorübergehend das Betreten eines Ortes verbieten. Die Platzverweisung kann gegen eine Person angeordnet werden, die den Einsatz der Feuerwehr oder von Hilfs- und Rettungsdiensten behindert.

(2) Betrifft eine Maßnahme nach Absatz 1 eine Wohnung, so ist sie gegen den erkennbaren oder mutmaßlichen Willen der berechtigten Person nur zur Abwehr einer gegenwärtigen erheblichen Gefahr zulässig. Die Polizei kann eine Person aus ihrer Wohnung verweisen und ihr das Betreten der Wohnung und deren unmittelbarer Umgebung für die Dauer von höchstens 14 Tagen verbieten, wenn dies erforderlich ist, um eine von dieser Person ausgehende gegenwärtige Gefahr für Leib, Leben, Freiheit oder die sexuelle Selbstbestimmung von in derselben Wohnung wohnenden Personen abzuwehren. Der von einer Maßnahme nach Satz 2 betroffenen Person ist Gelegenheit zu geben, dringend benötigte Gegenstände des persönlichen Bedarfs mitzunehmen. Die Polizei unterrichtet die gefährdete Person unverzüglich über die Dauer der Maßnahme nach Satz 2.

(3) Stellt die gefährdete Person einen Antrag auf Erlass einer einstweiligen Anordnung von Schutzmaßnahmen nach dem Gewaltschutzgesetz, so wird eine

Anordnung nach Absatz 2 Satz 2 mit dem Zeitpunkt der gerichtlichen Entscheidung unwirksam. Das Gericht hat die Polizei über die in Verfahren nach dem Gewaltschutzgesetz ergangenen Entscheidungen unverzüglich in Kenntnis zu setzen.

(4) Rechtfertigen Tatsachen die Annahme, dass eine Person in einem bestimmten örtlichen Bereich eine Straftat begehen wird, so kann ihr für eine bestimmte Zeit verboten werden, diesen Bereich zu betreten oder sich dort aufzuhalten, es sei denn, sie hat dort ihre Wohnung. Örtlicher Bereich i.S.d. Satzes 1 ist ein Ort oder ein Gebiet innerhalb einer Gemeinde oder auch ein gesamtes Gemeindegebiet. Die Platzverweisung nach Satz 1 ist zeitlich und örtlich auf den zur Verhütung der Straftat erforderlichen Umfang zu beschränken. Die Vorschriften des Versammlungsrechts bleiben unberührt.

Vertiefung

Zur Unverletzlichkeit der Wohnung: BVerfG, Beschluss vom 13.10.1971 – 1 BvR 280/66 (BVerfGE 32, 54); BVerfG, Beschluss vom 26.5.1976 – 2 BvR 294/76 (BVerfGE 42, 212); BVerfG, Beschluss vom 16.7.1969 – 1 BvL 19/63 (BVerfGE 51, 97); BVerfG, Beschluss vom 5.5.1987 – 1 BvR 1113/85 (BVerfGE 75, 318); BGH, Urteil vom 24.7.1998 – 3 StR 78-98 (NJW 1998, 3284); OVG Hamburg, Beschluss vom 23.10.1996 – OVG Bf V 21/96 (NJW 1997, 2193)

Zur Freizügigkeit: BVerfG, Beschluss vom 6.6.1989 – 1 BvR 921/85 (BVerfGE 80, 137); OVG Magdeburg, Beschluss vom 27.6.2006 – 2 M 224/06; OVG Lüneburg, Beschluss vom 14.6.2006 – 11 ME 172/06

Gliederung

1. Komplex: Verfassungsbeschwerde der K
- A. Zulässigkeit (+)
  - I. Zuständigkeit des Bundesverfassungsgerichts (+)
  - II. Verfahrensabhängige Zulässigkeitsvoraussetzungen (+)
    1. Beschwerdefähigkeit (+)
    2. Beschwerdegegenstand (+)
    3. Beschwerdebefugnis (+)
    4. Besonderes Rechtsschutzbedürfnis (+)
       - a) Rechtswegerschöpfung (+)
       - b) Keine Subsidiarität (+)
    5. Form, Antrag und Frist (+)
  - III. Zwischenergebnis (+)
- B. Begründetheit (–)
  - I. Verstoß gegen Art. 13 Abs. 1 GG (–)

1. Schutzbereich (+)
   a) Persönlicher Schutzbereich (+)
   b) Sachlicher Schutzbereich (+)
2. Eingriff (+)
3. Verfassungsrechtliche Rechtfertigung (+)
   a) Gesetzesvorbehalt (+)
   b) Verfassungsmäßigkeit des WoSchG des Landes N (+)
      aa) Formelle Verfassungsmäßigkeit (+)
      bb) Materielle Verfasungsmäßigkeit (+)
         (1) Verhältnismäßigkeit des Gesetzes bezüglich
             des Art. 13 Abs. 7 GG (+)
             (a) Verfassungsrechtlich legitimer Zweck (+)
             (b) Eignung (+)
             (c) Erforderlichkeit (+)
             (d) Verhältnismäßigkeit im engen Sinne
                 (Disproportionalität) (+)
             (e) Ergebnis zur Verhältnismäßigkeit bezüglich
                 des Art. 13 Abs. 7 GG (+)
         (2) Verfassungsmäßigkeit des Gesetzes im Übrigen (+)
             (a) Art. 2 Abs. 1 GG i.V.m. Art. 1 Abs. 1 GG (+)
             (b) Art. 14 Abs. 1 GG (+)
             (c) Art. 19 GG (+)
             (d) Art. 20 Abs. 3 GG i.V.m. Art. 8 EMRK (−)
         (3) Zwischenergebnis (+)
   c) Verfassungsmäßigkeit des Gesetzesvollzuges (+)
   d) Ergebnis zur Rechtfertigung des Eingriffs in Art. 13 Abs. 1 GG (+)
   II. Verstoß gegen Art. 2 Abs. 1 GG i.V.m. Art. 1 Abs. 1 GG (−)
   III. Verstoß gegen Art. 14 Abs. 1 GG (−)
   IV. Verstoß gegen Art. 101 Abs. 1 S. 2 GG (−)
   V. Verstoß gegen Art. 8 EMRK (−)
   VI. Zwischenergebnis (−)
C. Annahme zur Entscheidung (−)
D. Gesamtergebnis (−)

2. Komplex: Verletzung der Rechte des H
A. Verletzung der Freiheitsrechte (−)
   I. Verstoß gegen Art. 11 GG (+)
      1. Schutzbereich (+)
      2. Eingriff (+)
      3. Verfassungsrechtliche Rechtfertigung (−)
         a) Gesetzesvorbehalt (+)
         b) Verfassungsmäßigkeit des Gesetzes (+)
            aa) Formelle Verfassungsmäßigkeit (+)
            bb) Materielle Verfassungsmäßigkeit (+)
         c) Verfassungsmäßigkeit des Einzelaktes (−)
      4. Ergebnis zur Rechtfertigung des Eingriffs in Art. 11 Abs. 1 GG (−)
   II. Verstoß gegen andere Grundrechte des H (−)
B. Gesamtergebnis (+)

Lösungsvorschlag

Die folgende Lösung ist als Lösungsvorschlag zu verstehen und ausführlicher, als es in der Klausurbearbeitung verlangt werden kann. Aufgrund der wissenschaftlichen Freiheit können andere Lösungswege vertreten werden, soweit sie dogmatisch begründbar sind. Die Nachweise aus Rechtsprechung und Literatur sowie die das Verständnis fördernden Randbemerkungen sind in der Examensklausur auszusparen. Die Abkürzung „Alt." steht für Alternativfall, nicht für Alternative.

1. Komplex: Verfassungsbeschwerde der K

Die Verfassungsbeschwerde der K wird Erfolg haben, soweit sie zulässig und begründet ist.

A. Zulässigkeit

Die Verfassungsbeschwerde kann zulässig sein.

Anders als im Verwaltungsrecht muss nicht der Terminus „Sachurteils- bzw. Sachentscheidungsvoraussetzungen" verwendet werden, weil das Bundesverfassungsgericht nur bei enumerativ zugewiesenen Verfahren zuständig und keine § 65 Abs. 2 VwGO oder § 17a Abs. 2 GVG vergleichbare Norm ersichtlich ist. § 17a Abs. 2 GVG ist in verfassungsrechtlichen Verfahren nicht anwendbar, weil es sich bei der enumerativen Zuweisung zum Bundesverfassungsgericht nicht um einen Rechtsweg oder eine klassische Zuständigkeitsregelung handelt und es im Bundesverfassungsgerichtsgesetz Spezialregelungen gibt.

I. Zuständigkeit des Bundesverfassungsgerichts

Das Bundesverfassungsgericht muss für die Verfassungsbeschwerde zuständig sein. Das Bundesverfassungsgericht ist für ein Verfahren zuständig, wenn eine ausdrückliche Zuweisung besteht. Verfassungsbeschwerden sind dem Bundesverfassungsgericht gemäß Art. 93 Abs. 1 Nr. 4a GG i.V.m. § 13 Nr. 8a BVerfGG zugewiesen. Das Bundesverfassungsgericht ist für die Verfassungsbeschwerde der K zuständig.

II. Verfahrensabhängige Zulässigkeitsvoraussetzungen

Die verfahrensabhängigen Zulässigkeitsvoraussetzungen der Verfassungsbeschwerde müssen erfüllt sein. Diese ergeben sich aus §§ 13 Nr. 8a, 90 ff. BVerfGG i.V.m. Art. 94 Abs. 2 GG.

Es ist sinnvoll, auf der ersten Gliederungsebene eine Überschrift „Verfahrensabhängige Zulässigkeitsvoraussetzungen" zu bilden, um herauszustellen, dass jedes dem Bundesverfassungsgericht enumerativ zugewiesene Verfahren von eigenständigen Voraussetzungen abhängig ist. Zudem erfolgt eine Angleichung an verwaltungsrechtliche Verfahren, in denen auch besondere Sachurteils- oder Sachentscheidungsvoraussetzungen zu prüfen sind.

---

1. Beschwerdefähigkeit

K muss beschwerdefähig sein. Beschwerdefähig ist, wer geeignet ist, an dem Verfahren der Verfassungsbeschwerde beteiligt zu sein. Dies ist gemäß § 90 Abs. 1 BVerfGG „jedermann". Jedermann sind alle Personen, die Träger von Grundrechten sind, also auch K als natürliche Person, die Trägerin insbesondere der Artt. 13, 2 Abs. 1 GG sein kann. K ist beschwerdefähig.

Ungeschickt wäre es, die Überschrift „Parteifähigkeit" anstelle von „Beschwerdefähigkeit" zu wählen, weil der Begriff „Partei" häufig mit einem Zwei-Parteien-Prozess assoziiert wird. Die Verfassungsbeschwerde ist jedoch kein kontradiktorisches Verfahren.

---

2. Beschwerdegegenstand

Beschwerdegegenstand i.S.d. § 90 Abs. 1 BVerfGG kann jede Maßnahme der öffentlichen Gewalt sein. Dass alle Maßnahmen der öffentlichen Gewalt erfasst sind, ergibt sich unter anderem aus den §§ 93 Abs. 3, 95 Abs. 1 S. 1 BVerfGG. K wendet sich gegen das letztinstanzliche Urteil als Judikativakt und damit gegen einen Akt der öffentlichen Gewalt. Ob Gegenstand der Verfassungsbeschwerde nur das letztinstanzliche Urteil sein kann oder ob auch vorinstanzliche Vollzugsakte mit gleichem Tenor gleichzeitig explizit als Gegenstand der Verfassungsbeschwerde benannt werden können, ist irrelevant, weil K sich explizit lediglich auf das letztinstanzliche Urteil bezieht. Jedenfalls ist es überflüssig, weitere Vollzugsakte mit gleichem Tenor – zum Beispiel ein unterinstanzliches Urteil – zum Gegenstand der Verfassungsbeschwerde zu machen, weil dies einerseits zu keiner gesonderten Verfassungsbeschwerde gegen unterinstanzliche Entscheidungen führen würde, andererseits alle vorausgegangenen Vollzugsakte mit gleichem Tenor ohnehin konkludent erfasst sind, wenn das letztinstanzliche Urteil angegriffen wird. Bei einem Erfolg der Verfassungsbeschwerde wird ein Vollzugsakt mit gleichem Tenor grundsätzlich jedenfalls nicht als letztinstanzlicher Entscheidungsakt bestehen bleiben können.

3. Beschwerdebefugnis

K muss gemäß § 90 Abs. 1 BVerfGG beschwerdebefugt sein. Beschwerdebefugt i.S.d. § 90 Abs. 1 BVerfGG ist, wer behaupten kann, in seinen Grundrechten verletzt zu sein.

Da zwischen dem Bundesverfassungsgericht und den Fachgerichten jedoch ein Kooperationsverhältnis besteht und für das Bundesverfassungsgericht somit nur Verfassungsrecht als Prüfungsmaßstab maßgeblich ist, damit es im rechtsstaatlichen Gefüge nicht unnötig mit Verfahren behelligt wird, genügt die bloße Behauptung der Grundrechtsverletzung nicht. Vielmehr muss der Beschwerdeführer hinreichend substantiiert die Möglichkeit darlegen, selbst, gegenwärtig und unmittelbar in Grundrechten betroffen zu sein.

Das Bundesverfassungsgericht ist keine Superrevisionsinstanz, sodass nur spezifische Grundrechtsverletzungen von Bedeutung sind. Während es bei Rechtssatzverfassungsbeschwerden problematisch sein kann, ob ein Beschwerdeführer selbst, gegenwärtig und unmittelbar in seinen Grundrechten verletzt sein kann, ist dies bei Verfassungsbeschwerden gegen Gerichtsentscheidungen – insbesondere gegen rechtskräftige Urteile i.S.d. § 121 VwGO – jedenfalls anzunehmen, weil eine Gerichtsentscheidung an den jeweiligen Adressaten gerichtet ist.

Das Bundesverfassungsgericht ist keine Superrevisionsinstanz und prüft grundsätzlich nicht einfaches Recht, sondern nur sogenanntes spezifisches Verfassungsrecht. Da ein Rechtsweg gegen nachkonstitutionelle Gesetze nicht eröffnet ist, kann das Bundesverfassungsgericht insoweit aber gar nicht als Superrevisionsinstanz fungieren. Deshalb ist diese Problematik bei Rechtssatzverfassungsbeschwerden gegen nachkonstitutionelle Gesetze nicht zu erörtern. Das Erfordernis der spezifischen Grundrechtsverletzung ist vielmehr für Urteilsverfassungsbeschwerden entwickelt und diesbezüglich gesetzlich abgeleitet worden. Allerdings wäre es auch bei nicht formellen oder vorkonstitutionellen Gesetzen denkbar, die abstrakt-generelle Regelung anhand einfachen Rechts zu prüfen. Deshalb gilt auch insoweit, dass das Bundesverfassungsgericht keine Superrevisionsinstanz ist.

Die spezifische Grundrechtsverletzung muss ggf. als Prüfungsmaßstab des Bundesverfassungsgerichts eingangs der Begründetheit erörtert werden. Da sie in den amtlichen Lösungshinweisen zum Teil aber schon in der Zulässigkeit angesprochen wird, ist dort klarstellend die Darstellung der Möglichkeit einer spezifischen Grundrechtsverletzung zusätzlich zur Erörterung in der Begründetheit empfehlenswert, soweit es auf eine spezifische Grundrechtsverletzung ankommt. Die Verletzung spezifischen Verfassungsrechts sollte also bei der Möglichkeit der spezifischen Grundrechtsverletzung in der Zulässigkeit, anfangs der Begründetheit als Prüfungsmaßstab und an der jeweils relevanten Stelle in der Prüfung der Begründetheit erwähnt werden.

K kann durch die Besichtigung ihrer Wohnung durch die Behörden in ihrem Grundrecht der Unverletzlichkeit der Wohnung i.S.d. Art. 13 Abs. 1 GG verletzt worden sein. Diese Besichtigung ist Inhalt des letztinstanzlichen Urteils als Beschwerdegegenstand der Verfassungsbeschwerde. Zumindest besteht jedoch die Möglichkeit, dass K durch das Urteil in Art. 2 Abs. 1 GG als Auffanggrundrecht, durch welches die allgemeine Handlungsfreiheit geschützt wird, verletzt worden ist. Bezüglich der möglichen Grundrechtsverletzungen handelt es sich um solche, die spezifisch auf Verfassungsrecht bezogen sind, denn es geht K nicht darum, sich einen weiteren Instanzenzug zu erschließen und einfachgesetzliche Rechtsverletzungen zu rügen, sondern die Vereinbarkeit des Urteils mit den Grundrechten unabhängig von etwaigen fehlerhaften Subsumtionen der Fachgerichte prüfen zu lassen. Somit besteht die Möglichkeit, dass K selbst, gegenwärtig und unmittelbar spezifisch in seinen Grundrechten verletzt ist.

Das Merkmal der unmittelbaren Betroffenheit ist vom Bundesverfassungsgericht für die Rechtssatzverfassungsbeschwerde entwickelt worden, da dieses Merkmal bei abstrakt-generellen Regelungen anders als bei Urteilen problematisch sein kann. Dennoch sollte die – bei Urteilen selbstverständlich gegebene – Unmittelbarkeit auch bei Urteilsverfassungsbeschwerden in einem Nebensatz kurz angesprochen werden, da dies in einigen amtlichen Lösungshinweisen – wenngleich in der Sache überflüssig – vorgesehen ist.

---

4. Besonderes Rechtsschutzbedürfnis
K muss besonders rechtsschutzbedürftig sein.

a) Rechtswegerschöpfung
K hat den fachgerichtlichen Rechtsweg i.S.d. § 90 Abs. 2 S. 1 BVerfGG erschöpft, da die beim letztinstanzlichen Gericht erforderliche Erschöpfung des Rechtswegs bedeutet, dass der Beschwerdeführer die prozessualen Möglichkeiten nicht versäumt haben darf. Durch die letztinstanzliche Entscheidung hat K den Rechtsweg des Hauptsacheverfahrens erschöpft.

b) Keine Subsidiarität
Die Verfassungsbeschwerde darf nicht subsidiär sein. Zwar ist das Merkmal der Subsidiarität nicht ausdrücklich geregelt, jedoch ist § 90 Abs. 2 S. 1 BVerfGG verfassungskonform im Sinne des sich unter anderem aus Art. 20 Abs. 3 GG ergebenden Rechtsstaatsprinzips dahingehend auszulegen, dass das Bundesverfassungsgericht als Hüter der Verfassung nur angerufen werden soll, wenn es auch über die Rechtswegerschöpfung hinaus nicht möglich ist,

das Beschwerdeziel mittels indirekten Rechtsschutzes zum Gegenstand eines Verfahrens zu machen und gegebenenfalls zumindest mit Wirkung zwischen zwei Parteien verwerfen zu lassen, vorausgesetzt, die Betreibung indirekten Rechtsschutzes ist dem Beschwerdeführer rechtsstaatlich zumutbar. Der Beschwerdeführer muss zunächst alle nach Lage der Sache zur Verfügung stehenden prozessualen Möglichkeiten ergreifen, um die geltend gemachte Grundrechtsverletzung in dem unmittelbar mit ihr zusammenhängenden sachnächsten Verfahren zu verhindern oder zu beseitigen (BVerfGE 112, 50, 60 m.w.N.).

Der Grundsatz der Subsidiarität gilt grundsätzlich auch, wenn zwar ein Rechtsweg wie bei formellen Gesetzen prinzipiell nicht besteht, wenn aber Rechtsschutz auf andere Weise erreicht werden kann, insbesondere durch eine zulässige inzidente Normenkontrolle in einem fachgerichtlichen Verfahren (BVerfGE 75, 246, 263) oder durch eine Feststellungsklage (BVerfGE 115, 81, 92ff.).

Da das Verwaltungsgericht bezüglich eines nachkonstitutionellen Gesetzes jedoch lediglich die Prüfungs-, nicht aber die Verwerfungskompetenz hat, muss das Fachgericht, soweit es bei der Prüfung eines Gesetzes dieses für verfassungswidrig hält und das Gesetz entscheidungserheblich ist, das Gesetz dem Bundesverfassungsgericht gemäß Art. 100 GG im Wege der konkreten Normenkontrolle vorlegen. Insoweit müsste das Bundesverfassungsgericht das Gesetz ohnehin prüfen und Ressourcen aufwenden, sodass es Beschwerdeführern unzumutbar wäre, zunächst den Instanzenrechtsweg zu beschreiten. Eine Subsidiarität kann zwar sogar bei der Erschöpfung des Rechtsweges anzunehmen sein, etwa wenn Eilrechtsschutz bei einem anderen Gericht möglich ist (BVerfGE, 95, 163, 171f.). K hat jedenfalls alle ihr zumutbaren und ersichtlichen Rechtsbehelfe bzw. Rechtsmittel eingelegt, sodass die Verfassungsbeschwerde nicht subsidiär ist.

Anders ist die Subsidiarität zu beurteilen, wenn es nicht um Gesetze, sondern zum Beispiel um Verordnungen geht. Bei Verordnungen hat das Verwaltungsgericht innerhalb einer allgemeinen Feststellungsklage i.S.d. § 43 Abs. 1 VwGO (Nichtbestehen eines konkreten Rechtsverhältnisses) die Prüfungskompetenz und die Verwerfungskompetenz *inter partes*. Auch im Rahmen einer prinzipalen Normenkontrolle i.S.d. § 47 VwGO hat das Oberverwaltungsgericht die Prüfungskompetenz sowie gemäß § 47 Abs. 5 S. 2 VwGO die Verwerfungskompetenz *inter omnes*. In beiden Konstellationen bedarf es anders als bei einem Gesetz keiner Vorlage i.S.d. Art. 100 GG mit der Folge, dass die Verfassungsbeschwerde insoweit subsidiär (bezüglich der allgemeinen Feststellungsklage) ist, während im Hinblick auf eine prinzipale Normenkontrolle i.S.d. § 47 VwGO der Rechtsweg nicht erschöpft wäre.

5. Form, Antrag und Frist

Die Verfassungsbeschwerde der K ist mittels schriftlichen Antrages i.S.d. § 23 BVerfGG erhoben und ordnungsgemäß i.S.d. § 92 BVerfGG begründet worden.

Ein Antrag i.S.d. § 23 BVerfGG ist eigentlich eine allgemeine Verfahrensvoraussetzung, jedoch kann sie im Zusammenhang mit der Begründung gemäß § 92 BVerfGG auch als verfahrensabhängige Voraussetzung mit erwähnt werden.

Die Monatsfrist gemäß § 93 Abs. 1 S. 1 BVerfGG muss eingehalten worden sein. Die Frist beginnt bei Entscheidungen gemäß § 93 Abs. 1 S. 2 BVerfGG mit der Zustellung oder formlosen Mitteilung der in vollständiger Form abgefassten Entscheidung, wenn diese nach den maßgebenden verfahrensrechtlichen Vorschriften von Amts wegen vorzunehmen ist. In anderen Fällen beginnt die Frist gemäß § 93 Abs. 1 S. 3 BVerfGG mit der Verkündung der Entscheidung oder, wenn diese nicht zu verkünden ist, mit ihrer sonstigen Bekanntgabe an den Beschwerdeführer. Mangels spezieller Regelung im Bundesverfassungsgerichtsgesetz richtet sich die Berechnung aus rechtsstaatlichen Gründen i.S.d. Art. 20 Abs. 3 GG nach den im Zivilrecht hinreichend bestimmten Regelungen der §§ 187 ff. BGB (BVerfGE 102, 254, 295).

Ist für den Anfang einer Frist ein Ereignis – die Bekanntgabe der Entscheidung gegenüber K – maßgeblich, wird gemäß § 187 Abs. 1 BGB der Tag nicht mitgerechnet, in den das Ereignis fällt. Das Urteil ist K am 1. April dieses Jahres bekannt gegeben worden, sodass die Monatsfrist nach § 187 Abs. 1 BGB am 2. April dieses Jahres begann. Als nach Monaten berechnete Frist endete sie gemäß § 188 Abs. 2 BGB als solche Frist, deren Beginn ein Ereignis gemäß § 187 Abs. 1 BGB zugrunde liegt, mit dem Ablauf desjenigen Tages, welcher durch seine Benennung oder Zahl dem Tage entspricht, in welchen das Ereignis fällt. Das Ereignis war die Bekanntgabe des Urteils, sodass die Frist am 1. Mai um 24:00 Uhr endete. Die Verfassungsbeschwerde der K, die diese am 2. Mai dieses Jahres erhoben hat, könnte wegen einer Verfristung daher bereits unzulässig sein.

Allerdings war der 1. Mai ein gesetzlicher Feiertag. Ist an einem bestimmten Tage oder innerhalb einer Frist eine Willenserklärung abzugeben und fällt der bestimmte Tag oder der letzte Tag der Frist auf einen Sonntag, einen am Erklärungs- oder Leistungsort staatlich anerkannten allgemeinen Feiertag oder einen Sonnabend, tritt an die Stelle eines solchen Tages gemäß § 193 BGB der nächste Werktag. Der nächste Werktag war der 2. Mai, der anders als der 1. Mai kein gesetzlicher Feiertag war, sodass dieser Tag für das Fristende maßgeblich war, an welchem K die Verfassungsbeschwerde auch erhoben hatte. Die Verfassungsbeschwerde der K ist somit nicht verfristet.

III. Zwischenergebnis

Die Verfassungsbeschwerde der K ist zulässig.

B. Begründetheit

Die Verfassungsbeschwerde der K ist begründet, soweit die Beschwerdeführerin gemäß § 90 Abs. 1 BVerfGG in ihren Grundrechten verletzt ist. Da das Bundesverfassungsgericht keine Superrevisionsinstanz, sondern Hüter der Verfassung ist, ist Prüfungsmaßstab bei gerichtlichen Entscheidungen nur Verfassungsrecht. Eine falsche Rechtsanwendung durch den Richter stellt nur dann eine Grundrechtsverletzung dar, wenn der Einfluss der Grundrechte ganz oder doch grundsätzlich verkannt wird, die Rechtsanwendung grob oder offensichtlich willkürlich ist oder die Grenzen der richterlichen Rechtsfortbildung überschritten werden. Sollte das Bundesverfassungsgericht der Verfassungsbeschwerde gegen die Entscheidung stattgeben, wird es gemäß § 95 Abs. 2 BVerfGG die Entscheidung aufheben und an das zuständige Gericht zurückverweisen. „Ist ein Beschwerdeführer sowohl durch einen Verwaltungsakt als auch durch die Entscheidungen im anschließenden gerichtlichen Verfahren in einem Recht i.S.d. § 90 Abs. 1 BVerfGG verletzt worden, sind grundsätzlich alle Entscheidungen einschließlich des Verwaltungsakts aufzuheben, wenn sie sämtlich mit der Verfassungsbeschwerde angegriffen worden sind" (BVerfGE 84, 1, 3f). Gegebenenfalls wird das Bundesverfassungsgericht auch das dem Eingriff zugrunde liegende Gesetz gemäß § 95 Abs. 3 S. 2 i.V.m. S. 1 i.V.m. Abs. 1 S. 1 BVerfGG mit Gesetzeskraft gemäß § 31 Abs. 2 S. 2 BVerfGG i.V.m. Art. 94 Abs. 2 S. 1 GG für nichtig erklären.

Anders als bei der Rechtssatzverfassungsbeschwerde muss der Einstieg subjektiv erfolgen, weil es um individuell adressierte Rechtssetzungsakte geht. Abstrakt-generelle Regelungen wie Gesetze sind wegen des Nichtigkeitsdogmas inzident aber objektiv zu prüfen, weil nur objektiv verfassungsgemäße Gesetze wirksam sind und zur Rechtfertigung eines Grundrechtseingriffes führen können.

I. Verstoß gegen Art. 13 Abs. 1 GG

Durch die letztinstanzliche gerichtliche Entscheidung kann das Grundrecht der K aus Art. 13 Abs. 1 GG verletzt worden sein.

Schema 50: Unverletzlichkeit der Wohnung (Art. 13 GG)

Unverletzlichkeit der Wohnung (Art. 13 GG)

Schutzbereich (funktional):
- Wohnung ieS
- P: Betriebs- und Geschäftsräume
    > in Wohnung integriert, somit öffentlichem
    Zutritt entzogen (+)
    > Räume getrennt, aber unkontrolliertem
    öffentlichem Zutritt entzogen (+)
    > Öffentlichkeit umfassend/unkontrolliert
    zugänglich (-), z.B. Betreten eines Geschäfts
    während Öffnungszeiten (anders: Durchsuchung)

Eingriff:
- *Durchsuchungen*
- *Lauschangriffe*
- *sonstige Eingriffe und Beschränkungen* Str.:
    Betretungs-/Besichtigungsbefugnisse

Rechtfertigung:
- quali./qualif. einschränkende GesVorbehalt
- *Abs. 2: Durchsuchungen* (grds. Richter)
- *Abs. 3-6: Lauschangriffe*
- *Abs. 7: Sonstige Eingriffe / Beschränkungen*

---

1. Schutzbereich

Zunächst muss der Schutzbereich des Art. 13 Abs. 1 GG eröffnet sein.

a) Persönlicher Schutzbereich

In persönlicher Hinsicht wird durch das Grundrecht des Art. 13 Abs. 1 GG unabhängig von den Eigentumsverhältnissen jeder unmittelbare Besitzer und damit Inhaber der tatsächlichen Sachherrschaft einer Wohnung geschützt – insbesondere der Mieter. Die Rechtmäßigkeit des Besitzes ist dabei entsprechend dem Wortlaut des Art. 13 Abs. 1 GG, der auf die Wohnung und nicht die Person ausgerichtet ist, in der Regel irrelevant, sodass grundsätzlich jeder Inhaber der gegenwärtigen tatsächlichen Sachherrschaft vom persönlichen Schutzbereich der Norm erfasst ist. K ist als Mieterin der Wohnung im ersten Obergeschoss Inhaberin der tatsächlichen Gewalt und daher vom persönlichen Schutzbereich des Art. 13 Abs. 1 GG erfasst.

b) Sachlicher Schutzbereich

Auch der sachliche Schutzbereich muss betroffen sein. In Art. 13 Abs. 1 GG wird die Unverletzlichkeit der Wohnung geschützt. Es muss sich bei den von K gemieteten Räumlichkeiten um eine Wohnung in diesem Sinne handeln. Um eine Wohnung i.S.d. Art. 13 Abs. 1 GG handelt es sich jedenfalls bei Räumlichkeiten, die ausschließlich dem Wohnen von natürlichen Personen dienen. Dies ist im Hinblick auf die beschwerdegegenständlichen Räumlichkeiten der K problematisch, weil sie dort offenbar auch der Prostitution nachgegangen ist und die Räume somit als Geschäftsräume genutzt hat. Allerdings kann die enge Auslegung des Wortlautes des Art. 13 Abs. 1 GG im Hinblick auf die Effektivität des Grundrechtsschutzes nicht entscheidend sein. „Die sprachliche Einkleidung dieses Grundrechts hat seit jeher die juristische Präzision zugunsten des feierlichen Pathos einer einprägsamen Kurzformel zurücktreten lassen" (BVerfGE 32, 54, 72). Somit könnten auch Geschäftsräume vom sachlichen Schutzbereich des Art. 13 Abs. 1 GG erfasst sein.

Um Grundrechte, die i.S.d. Art. 1 Abs. 3 GG eine objektive Werteordnung darstellen, effektiv im rechtsstaatlichen Sinne als klassische Abwehrrechte gegen den Staat zu gewähren, sind sie gegebenenfalls nach ihrem Sinn und Zweck mittels eines funktionalen Schutzbereiches – also einer eingriffsbezogenen Schutzbereichsdefinition – zu definieren. Sinn und Zweck der Garantie der Unverletzlichkeit der Wohnung in Art. 13 Abs. 1 GG ist die Abschirmung der Privatsphäre im räumlichen Lebensbereich. Damit wird dem Einzelnen zur freien Entfaltung der Persönlichkeit ein elementarer Lebensraum gewährleistet. In seinen Wohnräumen hat er das Recht, in Ruhe gelassen zu werden (BVerfGE 51, 97, 107). Ein derartiges Schutzbedürfnis kann auch in Geschäftsräumen bestehen. Gerade in der globalisierten Arbeitswelt, in welcher ein stetig steigendes Arbeitspensum zumindest im Bereich der Selbstständigkeit besteht, kann ein Geschäftsraum sogar zum Lebensmittelpunkt werden. Auch dort gibt es Räumlichkeiten, in denen höchstpersönliche Dinge aufbewahrt werden und in denen private Aspekte schützenswert sind. Bei eingriffsbezogener Betrachtung sind dabei zwei Arten von Eingriffen zu berücksichtigen, nämlich Durchsuchungen i.S.d. Art. 13 Abs. 2 GG und Eingriffe im Übrigen – zu dem insbesondere das Betreten von Räumen zählt – i.S.d. Art. 13 Abs. 7 GG. Bei der Ermittlung des funktionalen Schutzbereiches des Art. 13 Abs. 1 GG ist zu berücksichtigen, inwieweit die räumliche Persönlichkeitssphäre schützenswert ist. Das ist insoweit anzunehmen, als die Räumlichkeiten der Öffentlichkeit aus persönlichen Gründen nicht zugänglich sein sollen.

Neben der Durchsuchung und dem Betreten von Wohnungen im engen Sinne ist dies zumindest bei der Durchsuchung von Geschäftsräumen anzunehmen. Durchsuchungen erfolgen nämlich zielgerichtet und es werden dabei Hindernisse wie zum Beispiel Türen und Schubladenschlösser überwunden. Weder in einer Wohnung im engen Sinne noch in einem Geschäftsraum wünscht jemand eine Durchsuchung. Das gilt innerhalb und außerhalb der Öffnungszeiten. Anders ist dies beim Betreten. Während das Betreten bei Wohnungen schon dem Wortlaut des Art. 13 Abs. 1 GG entsprechend einen Eingriff darstellt, ist bei Geschäftsräumen zu differenzieren. Soweit es sich um Arbeits-, Betriebs- bzw. Geschäftsräume handelt, die der Öffentlichkeit zum Beispiel zu den Geschäftszeiten zugänglich gemacht werden, ist die räumliche Persönlichkeitssphäre nicht schützenswert mit der Folge, dass nicht der Schutzbereich des Art. 13 Abs. 1 GG, sondern der des Art. 2 Abs. 1 GG als Auffanggrundrecht betroffen ist (BVerfGE 32, 54, 68 ff.; 42, 212, 219). Sind die Arbeits-, Betriebs- bzw. Geschäftsräume jedoch der allgemeinen Zugänglichkeit – unabhängig von etwaigen Öffnungszeiten – zum Beispiel durch verschlossene Türen von Hinterzimmern entzogen bzw. wie zum Beispiel bei an die Geschäftsräume angebauten Kleinwohnungen zur Stätte privaten Lebens und Wirtschaftens geworden, sind sie wiederum vom funktionalen Schutzbereich des Art. 13 Abs. 1 GG erfasst (BGH, NJW 1998, 3284, 3285).

K ist Mieterin der Wohnung im ersten Obergeschoss. Unabhängig davon, dass sie in der Wohnung gelegentlich dem im Sinne des Prostitutionsgesetzes anerkannten Business nachgeht, nutzt sie die Räumlichkeiten jedenfalls schwerpunktmäßig zum Wohnen. Insoweit handelt es sich dabei um eine Wohnung im engen Sinne, die vom Schutzbereich des Art. 13 Abs. 1 GG erfasst ist, selbst wenn es sich bei der Besichtigung nicht um eine Durchsuchung, sondern um ein Betreten gehandelt haben sollte.

2. Eingriff

In das Grundrecht des Art. 13 Abs. 1 GG wird dem Schutzzweck entsprechend durch jede Verletzung des privaten Bereiches der Wohnung durch einen Grundrechtsverpflichteten eingegriffen. Durch die Besichtigung der Räume der K, die zumindest einen Eingriff im Übrigen in Form des Betretens i.S.d. Art. 13 Abs. 7 GG darstellt, wurde in das Grundrecht der K aus Art. 13 Abs. 1 GG eingegriffen. Dieser Eingriff wurde durch das letztinstanzliche Urteil bestätigt, sodass dieses selbst als Eingriff einzustufen ist. Da K Adressatin des Urteils ist, wurde durch den Urteilsspruch mit dem entsprechenden Urteilstenor unmittelbar in das Grundrecht der K aus Art. 13 Abs. 1 GG eingegriffen.

3. Verfassungsrechtliche Rechtfertigung

Der Eingriff in die Unverletzlichkeit der Wohnung i.S.d. Art. 13 Abs. 1 GG durch die letztinstanzliche Entscheidung kann gerechtfertigt sein. Dies ist anzunehmen, wenn für das Grundrecht eine Schrankensystematik geregelt ist, deren verfassungsrechtliche Voraussetzungen erfüllt sind.

a) Gesetzesvorbehalt

Art. 13 GG enthält weder eine einheitliche noch eine klassische Gesetzesvorbehaltsregelung. Da Wesentliches durch den Gesetzgeber zu regeln ist, bedarf es zur Rechtfertigung des Eingriffes in Art. 13 Abs. 1 GG bei K aber jedenfalls eines Gesetzes. Welche Anforderungen das Gesetz erfüllen muss, ist von der Art des Eingriffes i.S.d. Abs. 2–5, 7 des Art. 13 GG abhängig.

Der Oberbegriff ist „Schrankensystematik", die auch als „Schranken im weiten Sinne" bezeichnet werden darf. Diese gliedert sich in „grundlegende Gesetzesvorbehalte" und „Schranken im engen Sinne".

Bei grundlegenden Gesetzesvorbehalten ist zwischen dem einfachen, dem einfach einschränkenden sowie dem qualifiziert einschränkenden Gesetzesvorbehalt zu unterscheiden. Diese grundlegenden Gesetzesvorbehalte sind im Rahmen der Schrankensystematik von den „Schranken im engen Sinne" zu unterscheiden, die wiederum in geschriebene Schranken (Art. 5 Abs. 2 Var. 1 GG), den qualifizierten Gesetzesvorbehalt (Art. 5 Abs. 2 Var. 2, 3 GG) und verfassungsimmanente Schranken untergliedert werden können. Wie bei grundlegenden Gesetzesvorbehalten bedarf es bei „Schranken im engen Sinne" stets eines Gesetzes – bei verfassungsimmanenten Schranken eines Gesetzes, das Ausdruck gegenläufiger Verfassungsrechte bzw. -rechtsgüter ist.

Bei einfachen Gesetzesvorbehalten (zum Beispiel Art. 2 Abs. 1 GG) werden an das Gesetz keine besonderen Anforderungen gestellt. Es bedarf lediglich eines Gesetzes, das eine grundrechtsbezogene einschränkende Intention haben kann, diese jedoch nicht haben muss, während Gesetze bei einfach einschränkenden und qualifiziert einschränkenden Gesetzesvorbehalten eine grundrechtsbezogene einschränkende Intention haben und deshalb den zusätzlichen Anforderungen des Art. 19 Abs. 1 GG genügen müssen (zum Beispiel dem Zitiergebot aus Art. 19 Abs. 1 S. 2 GG). Einfach und qualifiziert einschränkende Gesetzesvorbehalte enthalten – neben der Formulierung „durch oder aufgrund eines Gesetzes" oder „aufgrund eines Gesetzes" – eine auf die grundrechtsbezogene einschränkende Intention hinweisende Formulierung wie „eingeschränkt" bzw. „beschränkt". Bei qualifiziert einschränkenden Gesetzesvorbehalten werden – über Art. 19 Abs. 1 GG hinausgehende – Gesetzesinhalte vorgegeben (zum Beispiel eine Entschädigungsregelung in Art. 14 Abs. 3 GG). Der Regelungsvorbehalt in Art. 12 Abs. 1 S. 2 GG ist als einfacher Gesetzesvorbehalt einzustufen. Zwar steht in Art. 12 Abs. 1 S. 2 GG die Formulierung „durch Gesetz oder aufgrund eines Gesetzes", so dass die Annahme eines einfach einschränkenden Gesetzesvorbehaltes naheliegt, jedoch ist in Art. 12 Abs. 1 S. 2 GG die Formulierung „geregelt" anstatt der in Art. 19 Abs. 1 S. 1 GG gewählten Formulierung „eingeschränkt" verwendet worden.

Bei „Schranken im engen Sinne" darf durch das Gesetz – anders als bei einschränkenden Gesetzesvorbehalten – hingegen nur eine zufällige Kollision mit dem betroffenen Grundrecht erfolgen, so dass das Gesetz keine grundrechtsbezogene einschränkende Intention haben darf. Bei geschriebenen Schranken werden an das Gesetz keine weiteren Anforderungen gestellt („allgemeine Gesetze" i.S.d. Art. 5 Abs. 2 Var. 1 GG). Der einfache Gesetzesvorbehalt unterscheidet sich von den geschriebenen Schranken dadurch, dass er eine Zwitterstellung hat – er kann grundrechtsbezogen zielgerichtet sein (dann wie einschränkende Vorbehalte ohne Zitiergebot), muss es aber nicht (dann wie eine geschriebene Schranke).

Beim qualifizierten Gesetzesvorbehalt muss es sich um ein Gesetz handeln, das trotz zufälliger Kollision mit dem betroffenen Grundrecht einem bestimmten Zweck (dem Schutz der Jugend bzw. persönliche Ehre i.S.d. Art. 5 Abs. 2 Var. 2, 3 GG) dient, dem aber – anders als beim qualifiziert einschränkenden Gesetzesvorbehalt – die grundrechtsbezogene einschränkende Intention fehlt. Der qualifizierte Gesetzesvorbehalt hat mittlerweile kaum noch eine eigene Bedeutung, weil die Gesetze zum Schutze der Jugend und der persönlichen Ehre (Art. 5 Abs. 2 Var. 2, 3 GG) in den allgemeinen Gesetzen (Art. 5 Abs. 2 Var. 1 GG) enthalten sind. Bei verfassungsimmanenten Schranken bedarf es grundsätzlich einer zufälligen Kollision und eines Gesetzes, das Ausdruck der gegenläufigen Verfassungsgüter bzw. -rechte ist.

Bei oberflächlicher Herangehensweise wird nur zwischen einem einfachen und einem qualifizierten Gesetzesvorbehalt differenziert. Selbst bei dieser – leider verbreiteten – undifferenzierten Betrachtung sind die Anforderungen an die eingangs aufgezeigten Kategorien in der Sache jedenfalls dennoch verfassungsrechtlich vorgegeben und zu prüfen, so dass es sinnvoll erscheint, in der Terminologie ebenfalls ein dogmatisch differenziertes System zu verwenden.

Die strengsten Voraussetzungen gelten für eine Durchsuchung gemäß Art. 13 Abs. 2 GG. Sie darf, außer bei Gefahr im Verzuge, nur durch den Richter angeordnet werden. Dieser qualifiziert einschränkende Gesetzesvorbehalt – obwohl die Formulierung „durch" oder „aufgrund" eines Gesetzes nicht enthalten ist, muss das Gesetz dem Wortlaut sowie dem Sinn und Zweck des Art. 13 Abs. 1 GG entsprechend eine einschränkende Intention enthalten und das Zitiergebot i.S.d. Art. 19 Abs. 1 GG muss beachtet werden – gilt in gleicher Weise für die Durchsuchung von Wohnungen im engeren Sinne als aufgrund des funktionalen Schutzbereiches des Art. 13 Abs. 1 GG auch für die Durchsuchung von Arbeits-, Betriebs- und Geschäftsräumen.

Bei sonstigen Eingriffen und Beschränkungen des Grundrechts aus Art. 13 Abs. 1 GG, die nicht zugleich Durchsuchungen sind und auch keine technische Wohnungsüberwachung i.S.d. Art. 13 Abs. 3–5 GG darstellen, gelten die geringeren Einschränkungen des Art. 13 Abs. 7 GG. Selbst diese sind aufgrund praktischer Konkordanz des Art. 13 GG mit anderen jeweils in Betracht kommenden verfassungsrechtlichen Normen aber wiederum restriktiv anzuwenden, soweit nur Geschäfts- oder Betriebsräume betroffen sind. Dem stärkeren Bedürfnis nach der Fernhaltung von Störungen des privaten Lebens und der räumlichen Sphäre, in der die Persönlichkeitsentfaltung erfolgt, entspricht es, dass die Anforderungen an Eingriffe, soweit sie sich auf die Wohnung im engeren Sinn beziehen, eng ausgelegt werden. Das gilt auch, soweit in diesen Räumen zugleich eine berufliche oder gewerbliche Tätigkeit ausgeübt wird. Bei reinen Geschäfts- und Betriebsräumen wird dieses Schutzbedürfnis durch den Zweck, den sie nach dem Willen des Inhabers erfüllen sollen, gemindert (OVG Hamburg, NJW 1997, 2193, 2193f.).

Dafür, ob eine richterliche Anordnung i.S.d. Art. 13 Abs. 2 GG erforderlich ist, kommt es sowohl bei Wohnungen als auch bei Betriebs- und Geschäftsräumen nur darauf an, ob es sich um eine Durchsuchung handelt. Eine Durchsuchung ist das ziel- und zweckgerichtete Suchen staatlicher Organe nach Personen oder Sachen oder zur Ermittlung eines Sachverhalts, um etwas aufzuspüren, das der Inhaber der Wohnung von sich aus nicht offenlegen oder herausgeben will (BVerfGE 51, 97, 106f.; 75, 318, 327; 76, 83, 89). Es handelt sich dabei um die Suche nach Personen bzw. Sachen, die sich in der Wohnung befinden, um dem Augenschein oder Zugriff entzogen zu sein. Eine Durchsuchung ist somit nicht immer schon dann anzunehmen, wenn bei der Besichtigung einer Wohnung Gegenstände wahrgenommen werden, die offen in den Wohnräumen liegen, die der Wohnungsinhaber aber lieber dem Einblick der Behörden entzogen hätte. Eine derartige Interpretation würde nämlich dem Wortsinn des „Suchens" und des „Aufspürens" nicht gerecht werden. Diese beinhalten vielmehr, dass in der Wohnung Handlungen vorgenommen werden, beispielsweise Schränke oder Schubladen geöffnet werden, um Verborgenes zutage zu fördern. Nach alledem ist eine Durchsuchung nur anzunehmen, wenn der Eingriff in die Unverletzlichkeit der Wohnung über ein Betreten und das Besichtigen offenliegender Gegenstände hinausgeht (BVerfGE 75, 318, 327; OVG Hamburg, NJW 1997, 2193, 2193f.).

Bezüglich der Wohnung der K ist nicht ersichtlich, dass über ein körperliches Betreten und eine Besichtigung der Wohnung hinaus ziel- und zweckgerichtet nach Personen oder Sachen gesucht wurde. Vielmehr wurde die Wohnung nur besichtigt, um feststellen zu können, inwieweit die Wohnung zu anderen als zu Wohnzwecken verwendet wird und daher eine Zweckentfremdung i.S.d. § 9 Abs. 2 WoSchG gegeben ist. Bezüglich der Besichtigung der Wohnung der K und damit des beschwerdegegenständlichen Urteils gelten somit nur die Einschränkungen des Art. 13 Abs. 7 GG.

Für Einschränkungen nach Art. 13 Abs. 7 GG sind zwei Rechtfertigungsmöglichkeiten geregelt: sie können entweder „zur Abwehr einer gemeinen Gefahr oder einer Lebensgefahr für einzelne Personen" gemäß Art. 13 Abs. 7 Alt. 1 GG oder „auf Grund eines Gesetzes auch zur Verhütung dringender Gefahren für die öffentliche Sicherheit und Ordnung" gemäß Art. 13 Abs. 7 Alt. 2 GG erfolgen.

Zur Abwehr einer gemeinen Gefahr oder Lebensgefahr sind gemäß Art. 13 Abs. 7 Alt. 1 GG Beeinträchtigungen ohne eine spezialgesetzliche, ausreichend bestimmte und das Zitiergebot beachtende Ermächtigung möglich, da die Formulierung „auf Grund" nicht auf Art. 13 Abs. 7 Alt. 1 GG bezogen ist (vgl. Jarass/

Pieroth, 16. Aufl. 2020, Art. 13 GG, Rn. 35). Dennoch bedarf es aufgrund des sich unter anderem aus Art. 20 Abs. 3 GG ergebenden Rechtsstaatsprinzips – Wesentliches ist durch den Gesetzgeber zu regeln – einer gesetzlichen Grundlage, wenngleich diese keine besonderen Voraussetzungen erfüllen muss (Jarass/ Pieroth, 16. Aufl. 2020, Art. 13 GG, Rn. 35).

Bei Art. 13 Abs. 7 Alt. 2 GG handelt es sich hingegen um einen qualifiziert einschränkenden Gesetzesvorbehalt, sodass Eingriffe und Beschränkungen nur aufgrund eines Gesetzes zur Verhütung dringender Gefahren für die öffentliche Sicherheit und Ordnung, insbesondere zur Behebung von Raumnot, erfolgen dürfen. Dem lässt sich entnehmen, dass die Raumnot bereits vom Verfassungsgeber als dringende Gefahr für die öffentliche Sicherheit und Ordnung eingestuft wird, durch die es gerechtfertigt sein kann, aufgrund eines Gesetzes Eingriffe und Beschränkungen bezüglich der Unverletzlichkeit der Wohnung vorzunehmen. Das Gesetz über den Schutz und die Erhaltung des Wohnraumes des Landes N dient dem Schutz der öffentlichen Sicherheit oder Ordnung und ist daher ein Gesetz i.S.d. Art. 13 Abs. 7 Alt. 2 GG. Um den Eingriff rechtfertigen zu können, muss es verfassungsgemäß sein.

b) Verfassungsmäßigkeit des WoSchG des Landes N
§ 13 Abs. 2 WoSchG muss objektiv verfassungsgemäß sein, weil ein Gesetz nur bei objektiver Verfassungsmäßigkeit aufgrund des bei Normen grundsätzlich geltenden Nichtigkeitsdogmas wirksam ist und die Rechtfertigung eines Grundrechtseingriffes zur Folge haben kann.

aa) Formelle Verfassungsmäßigkeit
Zuständigkeit, Verfahren und Form müssen formell eingehalten worden sein. Für Fehler bei der Organkompetenz, Verfahrens- und Formfehler bestehen keine Anhaltspunkte. Maßgeblich ist somit lediglich die Verbandskompetenz. Grundsätzlich haben die Länder in der Bundesrepublik Deutschland als zweigliedrigem Bundesstaat gemäß Art. 70 Abs. 1 GG als Spezialregelung zu Art. 30 GG die Verbandskompetenz zum Erlass der Gesetze. Es besteht ein Regel-Ausnahme-Verhältnis, in dem grundsätzlich die Länder zur Gesetzgebung zuständig sind. Seit der Föderalismusreform im Jahr 2006 (Gesetz vom 28.8.2006 – BGBl. I S. 2034) ist den Ländern die ausschließliche Gesetzgebungskompetenz für das Wohnungswesen zugewiesen, soweit es um die Gewährleistung gesunder Wohnverhältnisse oder die Sicherung des Wohnfriedens geht. Im Zuge dieser Reform ist Art. 74 Abs. 1 Nr. 18 GG neu gefasst worden und die bis dahin gegebene konkurrierende Gesetzgebungskompetenz für das Wohnungswesen

entfallen. Somit hat das Bundesland N die Kompetenz zum Erlass des Gesetzes über den Schutz und die Erhaltung von Wohnraum.

bb) Materielle Verfassungsmäßigkeit

§ 13 Abs. 2 WoSchG muss objektiv verfassungsgemäß sein, da nur auf Grund eines objektiv verfassungsgemäßen Gesetzes ein Grundrechtseingriff gerechtfertigt sein kann. Verstößt das Gesetz ungerechtfertigt gegen eine Norm des Grundgesetzes, ist es nichtig, wenngleich das Bundesverfassungsgericht in der Praxis aus rechtsstaatlichen Gründen häufig Übergangszeiträume ermöglicht, um gesetzliche Lücken bis zur Verabschiedung eines verfassungsgemäßen Gesetzes zu vermeiden. Maßgeblich für die Verfassungsmäßigkeit des Gesetzes sind einerseits die allgemeinen und besonderen Anforderungen des Art. 13 Abs. 7 GG, andererseits sonstige Artikel des Grundgesetzes im Rahmen der Verfassungsmäßigkeit des Gesetzes im Übrigen. Eine Verdrängung bestimmter Grundrechte im Rahmen der Spezialität bzw. Subsidiarität kann gegeben sein, wobei im Zweifel eine Idealkonkurrenz der Grundrechte anzunehmen ist.

(1) Verhältnismäßigkeit des Gesetzes bezüglich des Art. 13 Abs. 7 GG

Zunächst kann die Verhältnismäßigkeit des Gesetzes nur bezüglich des bereits eröffneten Schutzbereiches geprüft werden, während sonstige Grundrechte bei der Verfassungsmäßigkeit des Gesetzes im Übrigen zu erörtern sind. Zwar ist der Schutzbereich des Art. 13 Abs. 1 GG bezüglich des Einzelfalles geprüft worden, jedoch ist er damit auch bereits objektiv eröffnet, weil dazu schon die Betroffenheit einer Person genügt. Vertretbar ist es, vor der Prüfung der Verhältnismäßigkeit weitere objektive Schutzbereichseingriffe durch das Gesetz zu prüfen, um dann nur eine Verhältnismäßigkeitsprüfung bezüglich aller betroffenen Grundrechte durchzuführen. Letzterer Aufbau ist sinnvoll, wenn inzident die Prüfung der Schrankensystematik eines im Rahmen der Grundrechtskonkurrenzen zurücktretenden Grundrechtes relevant wird.

§ 13 Abs. 2 WoSchG muss bezüglich des Art. 13 Abs. 7 GG verhältnismäßig sein. Der Grundsatz der Verhältnismäßigkeit ergibt sich als Schranken-Schranke im Rahmen der Wechselwirkung zu den Grundrechten und den übrigen zu schützenden Verfassungsrechten und Verfassungsgütern. Nach diesem Grundsatz muss ein grundrechtsverkürzendes Gesetz geeignet, erforderlich und angemessen sein, um einen verfassungsrechtlich legitimen Zweck zu erreichen.

„Ein Gesetz ist geeignet, wenn mit seiner Hilfe der erstrebte Erfolg gefördert werden kann; es ist erforderlich, wenn der Gesetzgeber nicht ein anderes, gleich wirksames, aber das Grundrecht nicht oder weniger stark einschränkendes Mittel hätte wählen können. Bei der Beurteilung der Eignung und Erforderlichkeit des gewählten Mittels zur Erreichung der erstrebten Ziele sowie bei der in diesem Zusammenhang vorzunehmenden Einschätzung und Prognose der dem Einzelnen oder der Allgemeinheit drohenden Gefahren steht dem Gesetzgeber ein Beurteilungsspielraum zu, welcher je nach der Eigenart des maßgeblichen Sachbereichs, den Möglichkeiten, sich ein hinreichend sicheres Urteil zu bilden, und der auf dem Spiel stehenden Rechtsgüter nur in begrenztem Umfang gerichtlich überprüft werden kann. Ferner muss bei einer Gesamtabwägung im Rahmen der Verhältnismäßigkeit im engen Sinne zwischen der Schwere des Eingriffs und dem Gewicht sowie der Dringlichkeit der ihn rechtfertigenden Gründe die Grenze der Zumutbarkeit für die Adressaten des Verbots gewahrt sein. Durch die Maßnahme dürfen die Adressaten nicht übermäßig belastet werden" (BVerfGE 90, 145, 172f., Leitsatz 2.b).

(a) Verfassungsrechtlich legitimer Zweck

Es muss mit dem Gesetz über den Schutz und die Erhaltung von Wohnraum ein verfassungsrechtlich legitimer Zweck verfolgt werden, wobei ein solcher Zweck wegen der weiten Einschätzungsprärogative des Gesetzgebers lediglich nicht willkürlich sein darf. Das in § 13 Abs. 2 WoSchG normierte Betretungsrecht dient dazu, eine Zweckentfremdung des Wohnraums zu verhindern und damit einhergehend Wohnungsnot zu bekämpfen. Zugleich ist es der Sinn des Betretungsrechts, die Entscheidung über eine Maßnahme nach dem Gesetz über den Schutz und die Erhaltung des Wohnraums vorzubereiten – insbesondere, wenn die Einholung von Auskünften nicht ausreicht, bzw. nicht festzustellen ist, ob sich der begründete Verdacht, dass Wohnräume nicht zu Wohnzwecken genutzt werden, bestätigt. Dies ist – wie sich aus Art. 13 Abs. 7 Alt. 2 mit der Formulierung „insbesondere zur Behebung von Raumnot" ergibt – als verfassungsrechtlich legitimer Zweck einzustufen.

(b) Eignung

§ 13 Abs. 2 WoSchG muss im Hinblick auf den verfolgten Zweck geeignet sein. Es muss also der gewünschte Erfolg gefördert werden (BVerfGE 67, 157, 173; 90, 145, 172; 96, 10, 23). Dabei genügt es auf Gesetzesebene, wenn die abstrakte Möglichkeit der Zweckerreichung besteht (BVerfGE 100, 313, 373). Da es zumindest möglich erscheint, dass ein Betretungsrecht der Behörden bei sachgerechter Durchführung zur Bekämpfung von Raumnot und einer Zweckentfremdung beitragen kann, ist die Eignung der Regelung gegeben.

(c) Erforderlichkeit

Die getroffene Regelung darf nicht über das zur Verfolgung ihres Zweckes notwendige Maß hinaus-, also nicht weitergehen, als der mit ihr intendierte Schutzzweck reicht. Es darf zur Erreichung des Zwecks kein gleich geeignetes milderes Mittel ersichtlich sein.

Im Hinblick auf die Prognose des Gesetzgebers beim Erlass des Gesetzes über den Schutz und die Erhaltung von Wohnraum ist ein Betretungsrecht verfassungsrechtlich nicht beanstandungsfähig, weil nach den dem Gesetzgeber bekannten Tatsachen und im Hinblick auf die bisher gemachten Erfahrungen nicht feststellbar ist, dass andere Beschränkungen gleich wirksam, aber für die Betroffenen weniger belastend sind.

(d) Verhältnismäßigkeit im engen Sinne (Disproportionalität)

Das Verbot darf nicht unverhältnismäßig im engen Sinne, also nicht disproportional zum angestrebten Zweck sein und somit nicht in einem erheblichen Missverhältnis dazu stehen. Voraussetzung für die Verhältnismäßigkeit im engen Sinne ist es, dass der Eingriff in angemessenem Verhältnis zu dem Gewicht und der Bedeutung des Grundrechts steht (BVerfGE 67, 157, 173).

Der Gesetzgeber verfolgt mit dem Ziel des Schutzes vor Wohnraumnot einen überragend wichtigen Gemeinwohlbelang. Wie sich aus Art. 13 Abs. 7 GG ergibt, stellt die Behebung der Raumnot einen Aspekt der öffentlichen Sicherheit und Ordnung dar. Auf der anderen Seite ist der Schutz des „elementaren Lebensraumes" durch Art. 13 GG eng mit der Menschenwürde (vgl. BVerfGE 42, 212, 219) verknüpft und somit grundsätzlich entsprechend zu gewichten. Allerdings erfolgt durch das bloße Betretungsrecht kein schwerwiegender Nachteil für die Grundrechtsträger, zumal in § 13 Abs. 2 WoSchG den Behörden kein Durchsuchungsrecht zugebilligt wird.

Somit ist eine Disproportionalität von Zweck und Mittel nicht ersichtlich, sodass § 13 Abs. 2 WoSchG verhältnismäßig im engen Sinne ist.

(e) Ergebnis zur Verhältnismäßigkeit bezüglich des Art. 13 Abs. 7 GG

Das Betretungsrecht ist bezüglich des Eingriffes in Art. 13 Abs. 7 GG verhältnismäßig.

(2) Verfassungsmäßigkeit des Gesetzes im Übrigen

Das Gesetz muss auch im Übrigen verfassungsgemäß sein, da nur durch ein objektiv verfassungsmäßiges Gesetz ein Grundrechtseingriff gerechtfertigt werden kann. Insoweit kommen grundsätzlich sämtliche Normen des Grundgesetzes in Betracht, wobei bezüglich des Gesetzes über den Schutz und die Erhaltung von Wohnraum andere Grundrechte und Art. 19 Abs. 1 GG maßgeblich sind.

(a) Art. 2 Abs. 1 GG i.V.m. Art. 1 Abs. 1 GG

In Betracht kommt ein Verstoß des Gesetzes gegen das aus Art. 2 Abs. 1 GG i.V.m. Art. 1 Abs. 1 GG abgeleitete allgemeine Persönlichkeitsrecht. Allerdings sind insoweit die Grundrechtskonkurrenzen der Spezialität bzw. Subsidiarität zu beachten, während im Zweifel eine Idealkonkurrenz anzunehmen ist.

Bei Grundrechtskonkurrenzen kommen Spezialität, Subsidiarität und Idealkonkurrenz in Betracht.

Schema 51: Grundrechtskonkurrenzen, siehe auch Schema 54

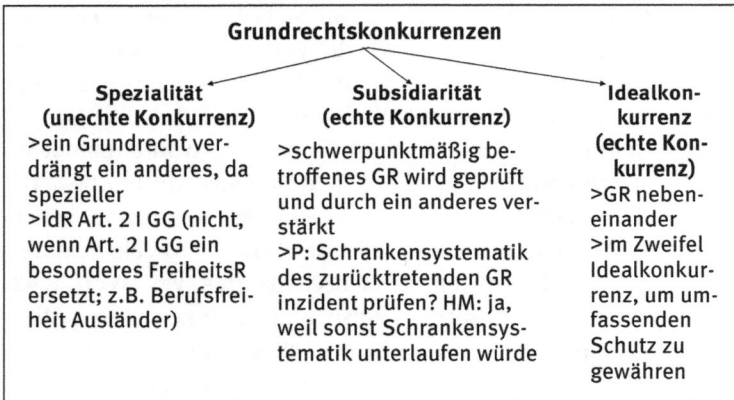

Grundrechtskonkurrenzen		
Spezialität (unechte Konkurrenz)	**Subsidiarität (echte Konkurrenz)**	**Idealkonkurrenz (echte Konkurrenz)**
>ein Grundrecht verdrängt ein anderes, da spezieller >idR Art. 2 I GG (nicht, wenn Art. 2 I GG ein besonderes FreiheitsR ersetzt; z.B. Berufsfreiheit Ausländer)	>schwerpunktmäßig betroffenes GR wird geprüft und durch ein anderes verstärkt >P: Schrankensystematik des zurücktretenden GR inzident prüfen? HM: ja, weil sonst Schrankensystematik unterlaufen würde	>GR nebeneinander >im Zweifel Idealkonkurrenz, um umfassenden Schutz zu gewähren

Da in Art. 13 GG das räumliche Persönlichkeitsrecht geschützt wird, ist dieses Grundrecht gegenüber dem allgemeinen Persönlichkeitsrecht des Art. 2 Abs. 1 GG i.V.m. Art. 1 Abs. 1 GG spezieller, sodass letzteres verdrängt ist (BVerfGE 51, 97, 105)

(b) Art. 14 Abs. 1 GG

Das Recht auf Eigentum i.S.d. Art. 14 Abs. 1 GG der grundsätzlich verfügungsbefugten Personen kann verletzt sein. Sowohl für Mieter als auch für Wohnungseigentümer könnte eine Schutzbereichsbeeinträchtigung anzunehmen sein. Allerdings kann dahinstehen, ob Mieter und die ihre Eigentumswohnung selbst bewohnenden Eigentümer einen in das gemäß Art. 14 Abs. 1 S. 2 GG bereichsspezifisch definierte Eigentum durch das Gesetz rügen können, weil der Schwerpunkt des Gesetzes nicht auf der Eigentumssubstanz zum Beispiel i.S.d. Art. 14 Abs. 1 S. 2 GG i.V.m. § 903 BGB liegt, sondern auf der räumlichen Persönlichkeitssphäre. Insoweit geht Art. 13 Abs. 1 GG dem Schutz des Eigentums durch Art. 14 GG vor (Jarass/Pieroth, 16. Aufl. 2020, Art. 13 GG, Rn. 2). Selbst bei Annahme einer Idealkonkurrenz wäre ein Eingriff in Art. 14 GG aber verhältnismäßig und somit gerechtfertigt. Eine Eigentumsverletzung jener Wohnungseigentümer, welche ihr Eigentum vermieten und somit die Nutzungsmöglichkeit im Sinne der zivilrechtlichen Vorschriften auf die Mieter übertragen, ist jedenfalls verhältnismäßig und daher gerechtfertigt.

(c) Art. 19 GG

Gemäß Art. 19 Abs. 1 S. 2 GG muss in einem förmlichen Gesetz, durch das ein Grundrecht eingeschränkt oder zu einem Eingriff in Art. 13 Abs. 7 GG ermächtigt wird, ausdrücklich darauf hingewiesen werden, dass das betreffende Grundrecht eingeschränkt wird. Geschieht dies nicht, verletzt das Gesetz das eingeschränkte Grundrecht i.V.m. Art. 19 Abs. 1 S. 2 GG und ist nichtig. Gleiches gilt, wenn es sich bei dem Gesetz um ein Einzelfallgesetz handelt. Das Zitiergebot hat den Zweck, sicherzustellen, dass nur seitens des Gesetzgebers wirklich gewollte Eingriffe erfolgen und sich der Gesetzgeber über die Auswirkungen seiner Regelungen für die betroffenen Grundrechte Rechenschaft ablegt (BVerfGE 64, 72, 79; 85, 386, 403 f.; 113, 348, 366; 120, 274, 343). § 13 Abs. 2 WoSchG unterliegt dem qualifiziert einschränkenden Gesetzesvorbehalt des Art. 13 Abs. 7 Alt. 2 GG, sodass diesbezüglich auch das Zitiergebot zu beachten ist. Das Zitiergebot i.S.d. Art. 19 Abs. 1 S. 2 GG ist mittels des § 16 WoSchG eingehalten worden und es handelt sich bei dem Gesetz über den Schutz und die Erhaltung des Wohnraums nicht wider Art. 19 Abs. 1 S. 1 GG um ein Einzelfallgesetz.

(d) Art. 20 Abs. 3 GG i.V.m. Art. 8 EMRK

§ 13 Abs. 2 WoSchG kann aufgrund eines Verstoßes gegen Art. 8 Abs. 1 EMRK, in dem der Schutz der Wohnung als räumliche Persönlichkeitssphäre geregelt ist, verfassungswidrig sein. Dazu muss die Europäische Menschenrechtskonvention Bestandteil des Grundgesetzes oder bei verfassungsrechtlichen Prüfungen zumindest zu berücksichtigen sein. Möglicherweise sind aber auch lediglich der Europäische Gerichtshof für Menschenrechte (EGMR) oder der Europäische Gerichtshof (EuGH) für Verstöße gegen die Europäische Menschenrechtskonvention zuständig, sodass das Bundesverfassungsgericht sie unberücksichtigt lassen muss.

Die Zuordnung der Europäischen Menschenrechtskonvention ist für ein Gutachten auf hohem Niveau wichtig.

Die Vorschriften der Europäischen Menschenrechtskonvention gehören zunächst nicht zu den Grundrechten und grundrechtsgleichen Rechten, die nach § 90 Abs. 1 BVerfGG Maßstab einer Verfassungsbeschwerde sein können (BVerfGE 41, 88, 105 f.; 64, 135, 157).

Die Europäische Menschenrechtskonvention ist auf einen völkerrechtlichen Vertrag zurückzuführen, der – anders als das allgemeine Völkerrecht, welches gemäß Art. 25 S. 1 GG unmittelbar gilt – keine unmittelbare Wirkung in der Bundesrepublik Deutschland entfaltet, sondern transformiert werden musste. Durch die Transformation hat die Europäische Menschenrechtskonvention als besonderes Völkerrecht den Rang einfachen Rechts und steht nicht wie das allgemeine Völkerrecht zwischen dem einfachen Recht und dem Verfassungsrecht. Über die Auslegung der Europäischen Menschenrechtskonvention entscheidet grundsätzlich der EGMR, nachdem gemäß Art. 35 Abs. 1 EMRK der nationale Rechtsweg erschöpft ist, zu dem auch die Anrufung des Bundesverfassungsgerichtes gehört. Der EGMR, der ebenfalls nur aufgrund dieser völkerrechtlichen Basis agiert, gehört wiederum nicht zur supranationalen Einrichtung der Europäischen Union. Es ist zwar korrekt, dass in Art. 6 Abs. 3 EUV auf die Europäische Menschenrechtskonvention ebenso wie auf die EU-Grundrechte-Charta in Art. 6 Abs. 1 EUV Bezug genommen wird, jedoch fehlt eine Bezugnahme auf Entscheidungen des EGMR, sodass diese Urteile weder primäres noch sekundäres Unionsrecht darstellen. Selbst wenn die Europäische Menschenrechtskonvention aufgrund der Bezugnahme in Art. 6 Abs. 1 EUV als Bestandteil des primären Unionsrechts einzustufen sein sollte, sind Entscheidungen des EGMR vom Unionsrecht im Sinne des Prüfungskataloges nicht mehr erfasst, da der Prüfungskatalog diesen prozessualen Aspekt – anders als sonstige prozessuale Anforderungen zum Beispiel im Verfassungs- oder Verwaltungsrecht – nicht in der Aufzählung enthält.

Möglicherweise wird aber der EuGH auf Entscheidungen des EGMR insoweit Bezug nehmen, als sie zur Auslegung der Europäischen Menschenrechtskonvention beitragen, welche der EuGH möglicherweise als Primärrecht über Art. 6 Abs. 1 EUV gleichrangig neben der EU-Grundrechte-Charta, jedenfalls aber als Primärrecht subsidiär gegenüber der EU-Grundrechte-Charta in ihren grundlegenden Rechtsinhalten prüfen wird. Jedenfalls ist nicht der EuGH ausschließlich für die Europäische Menschenrechtskonvention zuständig mit der Folge, dass eine Sperrwirkung für das Bundesverfassungsgericht nicht besteht.

Beim Bundesverfassungsgericht kann die Europäische Menschenrechtskonvention als einfaches nationales Recht nur über das unter anderem in

Art. 20 Abs. 3 GG verankerte Rechtsstaatsprinzip oder über die Verhältnismäßigkeit im Rahmen der Grundrechte einfließen, so dass aufgrund der völkerrechtsfreundlichen Auslegung des Grundgesetzes ausnahmsweise höherrangiges Verfassungsrecht unter Zugrundelegung einfachen Rechts ausgelegt wird. Das Rechtsstaatsprinzip ist bei verfassungsrechtlichen Prüfungen zu berücksichtigen und kann mittelbar durch einfaches Recht – die Europäische Menschenrechtskonvention ist national transformiert worden – beeinflusst werden. Somit können die Normen der Europäischen Menschenrechtskonvention und somit ebenso die Entscheidungen des EGMR, welche auf die Europäische Menschenrechtskonvention bezogen sind, als Indiz für rechtsstaatliche Grundsätze bei der verfassungsrechtlichen Prüfung des Art. 20 Abs. 3 GG, aus dem sich jedoch kein subjektives Recht des Einzelnen ergibt, sowie über die Grundrechte einfließen.

Aus dem Rechtsstaatsprinzip aus Art. 20 Abs. 3 ergibt sich – anders als aus den Grundrechten – kein subjektives Recht. Dennoch ist es bei der objektiven Prüfung eines Gesetzes zu erörtern.

Ein Verstoß bezüglich der mittelbar zu berücksichtigenden Europäischen Menschenrechtskonvention ist jedenfalls nicht gegeben, weil die Eingriffsrechtfertigung durch ein Gesetz gemäß Art. 8 Abs. 2 EMRK möglich ist.

(3) Zwischenergebnis
§ 13 Abs. 2 WoSchG des Landes ist materiell verfassungsgemäß.

c) Verfassungsmäßigkeit des Gesetzesvollzuges
Auch die Anwendung des Gesetzes muss verfassungsgemäß sein, wobei diesbezüglich dem Grundsatz der Verhältnismäßigkeit eine überragend wichtige Funktion zukommt. Da zwischen dem Bundesverfassungsgericht und den Fachgerichten ein Kooperationsverhältnis besteht und für das Bundesverfassungsgericht nur Verfassungsrecht als Prüfungsmaßstab maßgeblich ist, damit es im rechtsstaatlichen Gefüge nicht unnötig mit Verfahren behelligt wird, sind nur spezifische Grundrechtsverletzungen relevant. Das Bundesverfassungsgericht ist keine Superrevisionsinstanz. Je schwerwiegender Grundrechtseingriffe und je wesentlicher die betroffenen Grundrechte für die Demokratie sind und je geringer die Rechtsschutzmöglichkeiten i.S.d. Art. 19 Abs. 4 GG waren, desto eher sind ausnahmsweise teilweise materiell-rechtliche Erwägungen im Rahmen der Verhältnismäßigkeit des Vollzuges von Bedeutung.

Durch das Urteil sind die behördlichen Maßnahmen vom 25. Oktober bestätigt worden, bezüglich derer jedoch nicht ersichtlich ist, dass sie verfassungsrechtlich hinsichtlich des Art. 13 Abs. 1, 7 GG unverhältnismäßig waren. Einzig klärungsbedürftig kann der Aspekt sein, dass die Beauftragten der zuständigen Behörden dem Wortlaut des § 13 Abs. 2 WoSchG entsprechend lediglich zum „Betreten" der Wohnung berechtigt waren, die Wohnung der K aber zugleich besichtigt wurde. Allerdings kann der Gesetzeszweck der Vorschrift nicht darin erschöpft sein, Beauftragten der Behörde das Betreten einer Wohnung zu gestatten. Sinn dieses Betretungsrechts ist es, die Entscheidung über eine Maßnahme nach dem Gesetz über den Schutz und die Erhaltung des Wohnraums vorzubereiten, insbesondere wenn die Einholung von Auskünften nicht ausreicht, bzw. festzustellen, ob sich der begründete Verdacht, dass Wohnräume nicht zu Wohnzwecken genutzt werden, bestätigt. Das Betreten der Wohnung dient also dazu, durch Inaugenscheinnahme festzustellen, ob Mängel bestehen, durch die der Gebrauch zu Wohnzwecken erheblich beeinträchtigt wird, oder etwaige Mindestanforderungen nicht erfüllt sind und deswegen gesundheitliche Schäden für die Bewohner zu befürchten sind. Zudem soll die Behörde durch die Inaugenscheinnahme die Größe der Wohnung und, soweit ersichtlich, die Zahl ihrer Bewohner feststellen können. In den Fällen der Zweckentfremdung besteht der Sinn des Betretens der Wohnung schließlich darin, durch Inaugenscheinnahme festzustellen, ob sie Wohn- oder anderen Zwecken dient.

Insofern wäre ein Betretungsrecht ohne Nutzen, wenn es nicht dazu verwandt werden dürfte, die Räumlichkeiten auch zu besichtigen (OVG Hamburg, NJW 1997, 2193, 2193), sodass die Besichtigung vom Betreten erfasst ist.

Im Hinblick auf Art. 13 Abs. 1, 7 GG ist die Rechtsanwendung in Gestalt des letztinstanzlichen Urteils, etwaiger gleich tenorierter Urteile sowie der behördlichen Handlungen somit mit dem Verfassungsrecht vereinbar.

Im Rahmen der Prüfung, ob ein Verstoß gegen Art. 13 Abs. 1 GG gegeben ist, ist das letztinstanzliche Urteil auch bezüglich dessen Verhältnismäßigkeit zu prüfen. Ein Verstoß gegen andere Grundrechte durch das Urteil ist – im Gegensatz zur Prüfung der Verfassungsmäßigkeit des zugrundeliegenden Gesetzes – nicht im Rahmen der Grundrechtsprüfung des Art. 13 Abs. 1 GG, sondern im Folgenden gesondert zu erörtern.

---

d) Ergebnis zur Rechtfertigung des Eingriffs in Art. 13 Abs. 1 GG

Durch § 13 Abs. 2 WoSchG wird nicht ungerechtfertigt in die durch Art. 13 Abs. 1 GG geschützte Unverletzlichkeit der Wohnung der K eingegriffen. Der Eingriff ist verfassungsrechtlich gerechtfertigt.

II. Verstoß gegen Art. 2 Abs. 1 GG i.V.m. Art. 1 Abs. 1 GG

Auch bezüglich des Gesetzesvollzuges ist das allgemeine Persönlichkeitsrecht des Art. 2 Abs. 1 GG i.V.m. Art. 1 Abs. 1 GG (BVerfGE 51, 97, 105) als gegenüber Art. 13 Abs. 1 GG subsidiär einzustufen, sodass eine Unverhältnismäßigkeit wegen des gerechtfertigten Eingriffes in Art. 13 Abs. 1 GG nicht ersichtlich ist.

III. Verstoß gegen Art. 14 Abs. 1 GG

Eine Unverhältnismäßigkeit des Gesetzesvollzuges trotz Rechtfertigung des Eingriffes in Art. 13 Abs. 1 GG ist aufgrund der auch auf Gesetzesvollzugsebene geltenden Subsidiarität des Art. 14 GG gegenüber Art. 13 Abs. 1 GG nicht anzunehmen.

IV. Verstoß gegen Art. 101 Abs. 1 S. 2 GG

Ein Verstoß gegen Art. 101 Abs. 1 S. 2 GG, nach dem niemand seinem gesetzlichen Richter entzogen werden darf, ist insofern denkbar, als die Fachgerichte der für sie in Art. 100 Abs. 1 GG begründeten Vorlagepflicht beim Bundesverfassungsgericht – soweit eine Verfassungswidrigkeit des entscheidungserheblichen Gesetzes in Betracht kommt – nicht nachgekommen sein könnten. Sollte diese Vorlagepflicht verletzt worden sein, wäre K der gesetzliche Richter in der Gestalt des Bundesverfassungsgerichts entzogen worden. Allerdings ist zu berücksichtigen, dass lediglich bei Entscheidungserheblichkeit das Gesetz vorgelegt werden muss, also nur, wenn die Fachgerichte im Rahmen ihrer Prüfungskompetenz bei nachkonstitutionellen Gesetzen zu Zweifeln an der Verfassungsmäßigkeit des Gesetzes gelangt sind. Nur dann ist das Bundesverfassungsgericht, welches bei nachkonstitutionellen Gesetzen zusätzlich zur Prüfungskompetenz die alleinige Verwerfungskompetenz innehat, vom Fachgericht anzurufen.

Die Verwaltungsgerichte haben bezüglich des Gesetzes über den Schutz und die Erhaltung des Wohnraums von ihrer Prüfungskompetenz in verfassungsmäßiger Weise Gebrauch gemacht, da ihnen gegenteiliges rechtsstaatswidriges Verhalten nicht unterstellt werden kann. Sie sind zu Recht von der Verfassungsmäßigkeit des § 13 Abs. 2 WoSchG ausgegangen. Es bestand somit keine Vorlagepflicht nach Art. 100 Abs. 1 GG, sodass auch kein Verstoß gegen Art. 101 Abs. 1 S. 2 GG gegeben ist.

Schema 52: Art. 101 Abs. 1 S. 2 GG

<u>**Art. 101 I 2 GG**</u>

Verletzung in folgenden Fällen:

- Vorlagepflicht grundsätzlich verkannt
- bewusste Abweichung von der Rechtsprechung
  des EuGH ohne Vorlagebereitschaft
- eindeutige Unvollständigkeit der Rechtsprechung des EuGH

Schema 53: Justizgrundrecht und sonstige justizielle Rechte, siehe auch Schema 64

Art. 19 IV GG	Art. 101 I 2 GG	Art. 103 I GG
(Justizgrundrecht)	(grundrechtsgleiche, justizielle Rechte)	
Garantiert nur im Verwaltungsrechtsverhältnis Rechtsschutz für die gerichtliche Durchsetzung der Rechte	Garantiert, dass der Kläger entsprechend den vorher festgelegten Zuständigkeitsregeln ein unabhängiges Gericht anrufen kann	Garantiert Möglichkeit der Äußerung vor Entscheidung zur Sache
Voraussetzung: Möglichkeit einer Rechtsverletzung durch die Verwaltung Schutzaussage: • Rechtsweg = Garantie des Rechtsschutzes durch staatl. Fachgerichte • Verfahrensgestaltung durch den Gesetzgeber muss effektiven Rechtsschutz sicherstellen • Vorwirkung im Verwaltungsverfahrensrecht vertretbar, aber str.: Präklusion, Heilungen etc.	BVerfG prüft nur, ob diese Regeln willkürlich unrichtig angewendet wurden (da Zuständigkeit einfachgesetzlich geregelt und BVerfG keine Superrevisionsinstanz)	Eingriffsrechtfertigung: kollidierendes Verfassungsrecht (z.B. Rechtssicherheit, Funktionsfähigkeit)
Eingriffsrechtfertigung grds. ausgeschlossen		

V. Verstoß gegen Art. 8 EMRK

Durch das Betreten der Wohnung kann in das Recht auf die Wohnung als räumliche Persönlichkeitssphäre i.S.d. Art. 8 Abs. 1 EMRK der K nicht verfassungsrechtlich ungerechtfertigt eingegriffen worden sein, weil die Europäische Menschenrechtskonvention über die Verhältnismäßigkeit im Sinne der Grundrechte sowie das Rechtsstaatsprinzip einerseits nur mittelbar wirkt und andererseits das Rechtsstaatsprinzip seitens der K nicht subjektiviert ist. Soweit auch die Grundrechte, durch welche K gestützt wird, durch die Europäische Menschenrechtskonvention verstärkt werden, ist der Eingriff in Form des Urteils, durch welches das Betreten der Wohnung der K bestätigt wird, auf das Gesetz über den Schutz und die Erhaltung des Wohnraums als mit Art. 8 Abs. 2 EMRK vereinbare nationale gesetzliche Regelung zurückzuführen und somit jedenfalls gerechtfertigt.

VI. Zwischenergebnis

Die Verfassungsbeschwerde des K ist unbegründet.

C. Annahme zur Entscheidung

Das Bundesverfassungsgericht nimmt die Verfassungsbeschwerde der K nicht zur Entscheidung i.S.d. § 93a BVerfGG an, da sie unbegründet ist und ihr keine grundsätzliche verfassungsrechtliche Bedeutung zukommt.

D. Gesamtergebnis

Die Verfassungsbeschwerde ist zulässig, jedoch unbegründet. Sie wird daher keinen Erfolg haben.

2. Komplex: Verletzung der Rechte des H

A. Verletzung der Freiheitsrechte

H ist in seinen Freiheitsrechten verletzt, soweit durch den Bescheid ungerechtfertigt in seine Grundrechte eingegriffen worden ist.

I. Verstoß gegen Art. 11 GG

Durch den Bescheid kann in das Recht des H auf Freizügigkeit aus Art. 11 GG ungerechtfertigt eingegriffen worden sein.

1. Schutzbereich

Zunächst muss der Schutzbereich des Art. 11 Abs. 1 GG persönlich und sachlich eröffnet sein.

Persönlich ist Träger des Grundrechts jeder Deutsche Im Sinne des Grundgesetzes in Anlehnung an Art. 116 GG, wobei die Freizügigkeit der Nicht-Deutschen durch Art. 2 Abs. 1 GG geschützt ist. H ist deutscher Staatsangehöriger und damit tauglicher Träger des Grundrechts aus Art. 11 Abs. 1 GG.

In sachlicher Hinsicht wird durch Art. 11 Abs. 1 GG das Recht auf Freizügigkeit geschützt. Freizügigkeit bedeutet die Möglichkeit, sich an jedem Ort innerhalb des Bundesgebiets Aufenthalt und Wohnsitz zu nehmen (BVerfGE 43, 203, 211; 80, 137, 150). Eine Wohnsitznahme ist, vergleichbar § 7 Abs. 1 BGB, die ständige Niederlassung an einem Ort. Fraglich ist hingegen, wann von einer Aufenthaltsnahme gesprochen werden kann. Es könnte jedes Verweilen erfasst sein. Das wäre allerdings widersprüchlich zu dem Umstand, dass die körperliche Bewegungsfreiheit, soweit nicht die Sonderregelung des Art. 2 Abs. 2 S. 2 GG maßgeblich ist, der allgemeinen Handlungsfreiheit i.S.d. Art. 2 Abs. 1 GG als Auffanggrundrecht zuzuweisen ist. Deshalb bedarf es einer je nach Eingriffsintensität mehr oder minder weitreichenden, überörtlichen Bedeutung des Aufenthalts, insbesondere einer gewissen Aufenthaltsdauer. Aus welchen Gründen der Ortswechsel erfolgt, ist unerheblich (Jarass/Pieroth, 16. Auflage 2020, Art. 11, Rn. 2), sodass auch die Teilnahme an sogenannten Public-Viewing-Veranstaltungen vom Schutzbereich des Art. 11 Abs. 1 GG erfasst ist (OVG Magdeburg, Beschluss vom 27.6.2006 – 2 M 224/06).

Der Schutzbereich der Freizügigkeit des Art. 11 Abs. 1 GG ist für das Verhalten des H eröffnet, da das ihm gegenüber ausgesprochene Verbot seine Aufenthaltsgewohnheiten bezüglich mehrerer Stunden beim Schauen von Fußballspielen betrifft.

2. Eingriff

In das Grundrecht des Art. 11 GG wird durch jede direkte imperative Einwirkung eines Grundrechtsverpflichteten eingegriffen. Das gegenüber H ausgesprochene Aufenthaltsverbot ist bei objektiver Betrachtung auf eine Einschränkung seiner Aufenthaltsgewohnheiten für mehrere Stunden beim Schauen von Fußballspielen ausgerichtet.

3. Verfassungsrechtliche Rechtfertigung

Der Eingriff in das Grundrecht auf Freizügigkeit kann gerechtfertigt sein. Dies ist anzunehmen, wenn für das Grundrecht eine Schrankensystematik geregelt ist, deren verfassungsrechtliche Voraussetzungen erfüllt sind.

a) Gesetzesvorbehalt

Ein Eingriff in das Grundrecht aus Art. 11 Abs. 1 GG ist nach Maßgabe des Art. 11 Abs. 2 GG zulässig, wenn er durch oder aufgrund eines objektiv verfassungsgemäßen und formellen Gesetzes erfolgt, das die zusätzlichen Anforderungen des qualifiziert einschränkenden Gesetzesvorbehaltes erfüllt. Das maßgebliche Gesetz ist § 17 OBG des Landes N. Dem qualifiziert einschränkenden Gesetzesvorbehalt ist durch die in § 17 OBG – als Norm zur Gefahrenabwehr einschließlich der Verhinderung einer Straftat – genannten Voraussetzungen, die im Kern denen des Art. 11 Abs. 2 GG entsprechen und im Übrigen verfassungskonform auszulegen sind, verfassungsrechtlich hinreichend Rechnung getragen worden.

b) Verfassungsmäßigkeit des Gesetzes

Die Regelung über den Platzverweis in § 17 OBG muss verfassungsgemäß sein.

aa) Formelle Verfassungsmäßigkeit

Da den Ländern die Verbandskompetenz im Bereich des Polizei- und Ordnungsrechts nach Artt. 70 Abs. 1, 30 GG zusteht und Anhaltspunkte für eine mangelnde Organkompetenz sowie Verfahrens- oder Formfehler nicht ersichtlich sind, ist § 17 OBG formell verfassungsgemäß.

bb) Materielle Verfassungsmäßigkeit

Die Regelungen zum Ausspruch eines Platzverweises in § 17 OBG sind hinreichend bestimmt und im Hinblick auf gegenläufige Verfassungsgüter verhältnismäßig. Das Zitiergebot i.S.d. Art. 19 Abs. 1 S. 2 GG ist durch § 10 OBG eingehalten worden und es handelt sich bei § 17 OBG nicht um ein Einzelfallgesetz i.S.d. Art. 19 Abs. 1 S. 1 GG. Das Gesetz ist verfassungsgemäß.

Jede fehlerhafte Rechtsanwendung ist rechtlich als ungerechtfertigter Grundrechtseingriff einzustufen, der vom Bundesverfassungsgericht allerdings grundsätzlich nicht geprüft wird, da das Bundesverfassungsgericht keine Superrevisionsinstanz ist. Je wesentlicher Grundrechtseingriffe jedoch sind, desto eher darf das Bundesverfassungsgericht im Rahmen der Verhältnismäßigkeit im engen Sinne einfaches Recht prüfen und somit den grundsätzlich engen Maßstab der spezifischen Grundrechtsverletzung ausdehnen.

c) Verfassungsmäßigkeit des Einzelaktes

Zugleich muss jedoch der Vollzug des Gesetzes verfassungsgemäß sein. Gemäß Art. 11 Abs. 2 GG darf das Recht der Freizügigkeit nur in den dort ausdrücklich aufgeführten Fällen eingeschränkt werden. Hierzu zählt die Vorbeugung strafbarer Handlungen. Da das Bundesverfassungsgericht keine Superrevisionsinstanz ist und bezüglich des Vollzuges lediglich spezifische Grundrechtsverletzungen erörtert, ist grundsätzlich nur die Verhältnismäßigkeit des Vollzugsaktes maßgeblich. Je wesentlicher ein Eingriff ist, desto eher prüft das Bundesverfassungsgericht im Rahmen der Verhältnismäßigkeit ausnahmsweise einfaches Recht. Zwecksetzungen des gegenüber H ausgesprochenen Verbotes waren der Schutz der Gesundheit anderer i.S.d. Art. 2 Abs. 2 S. 1 GG und gleichzeitig die Verhinderung einer Straftat, die durch das Verbot gefördert wurden, welches somit geeignet war. Zwar mag es andere Mittel gegeben haben, jedoch ist unter Berücksichtigung der Einschätzungsprärogative der Verwaltung jedenfalls kein gleich geeignetes, milderes Mittel ersichtlich, sodass die Erforderlichkeit anzunehmen ist. Das Verbot muss auch verhältnismäßig im engen Sinne sein. Zweck und Mittel dürfen somit nicht disproportional zueinander sein.

Maßgeblich ist im Hinblick auf die Verhältnismäßigkeit im engen Sinne, ob die Begehung entsprechend gewichtiger Straftaten mit hinreichender Wahrscheinlichkeit zu erwarten ist und ob eine Einschränkung der Freizügigkeit im Hinblick auf die erhöhten Anforderungen bei der Angemessenheit notwendig ist, um die Begehung zu verhindern. Bei Anlegung dieses Maßstabs kann der Bescheid nicht verfassungsgemäß sein, denn es liegen keine hinreichenden Anhaltspunkte dafür vor, dass H bei den gegenständlichen „Public-Viewing-Veranstaltungen", entsprechend gewichtige Straftaten begehen oder andere Personen dazu bewegen wird. H gehört nicht der sogenannten „Hooligan-Szene" an, die bekanntermaßen durch gewalttätige Auseinandersetzungen bei oder im Umfeld von Fußballspielen in Erscheinung tritt. Zwar waren gegen H, der als eine der führenden Personen der rechtsextremistischen Szene im Land gilt, in der Vergangenheit zahlreiche Ermittlungsverfahren eingeleitet worden. Durch diese Feststellungen werden jedoch keine hinreichend konkreten Anhaltspunkte dafür begründet, dass H bei den Veranstaltungen mit hinreichender oder gar hoher Wahrscheinlichkeit anlassbezogene Straftaten begehen wird.

Die Befürchtung, H könne diese von vielen Menschen besuchten Veranstaltungen als Forum für gewalttätige Handlungen nutzen, lässt sich nicht auf die in der Vergangenheit gegen ihn eingeleiteten Delikte stützen und wird der verfassungsrechtlichen Vorgabe des Art. 11 Abs. 1 GG nicht gerecht, da vergangene Handlungen des H in anderem Kontext ausgeführt worden waren.

Gewaltdelikte rechtsextremistisch motivierter Täter wie H, insbesondere auch gegenüber Ausländern, finden zudem zumeist an Orten statt, an denen mit Hilfe Dritter nicht zu rechnen ist. Dies ist bei sogenannten „Public-Viewing-Veranstaltungen", bei denen regelmäßig mit einem erheblichen Einsatz von Polizeikräften zu rechnen ist, nicht anzunehmen (OVG Magdeburg, Beschluss vom 27.6.2006 – 2 M 224/06). Nach alledem erfolgte die Einschränkung der Freizügigkeit des H mit erheblichem, verfassungsrechtlich nicht mehr zu rechtfertigendem, also unverhältnismäßigem Gewicht. Der Vollzug in Form des gegenüber H ausgesprochenen Verbotes war unverhältnismäßig.

4. Ergebnis zur Rechtfertigung des Eingriffs in Art. 11 Abs. 1 GG

H wird durch den Bescheid in seinem durch Art. 11 Abs. 1 GG geschützten Recht auf Freizügigkeit verletzt.

II. Verstoß gegen andere Grundrechte des H

Ein Verstoß gegen Grundrechte im Übrigen ist nicht ersichtlich. Insbesondere wird Art. 2 Abs. 1 GG durch Art. 11 GG aufgrund dessen Spezialität verdrängt.

B. Gesamtergebnis

Durch den Bescheid ist H in seinem Freiheitsrecht auf Freizügigkeit aus Art. 11 Abs. 1 GG verletzt worden.

Grundrechte – Fall 4:
„Wenn der Muezzin ruft ...“

Schwerpunkte: Verwaltungsgerichtsbarkeit, Beiladung, Streitgenossenschaft, Klagefrist, Rechtsbehelfsbelehrung, positive und negative Religionsfreiheit (Art. 4 Abs. 1 GG), Recht auf körperliche Unversehrtheit (Art. 2 Abs. 2 S. 1 GG), verfassungskonforme Auslegung, konkrete Normenkontrolle aus Sicht des BVerfG (Art. 100 GG, §§ 13 Nr. 11, 80 ff. BVerfGG)

P ist mit ihrem Traummann S verheiratet und lebt mit ihm in Gütergemeinschaft seit einigen Jahren in der kreisfreien Stadt B im Bundesland N in unmittelbarer Nähe zur 2015 gegründeten muslimischen Gemeinde M e.V. – ein rechtsfähiger Verein. Als Zentrum gemeinschaftlicher Glaubensbetätigung wird 2020 mit einer Baugenehmigung der zuständigen Behörden eine Moschee als Gebetsstätte für Muslime errichtet.

Seither sammeln sich dort fünfmal täglich zu verschiedenen Tageszeiten (in der Morgendämmerung vor 6 Uhr, mittags, nachmittags, bei Sonnenuntergang und nachts nach 22 Uhr) Muslime zum gemeinsamen Gebet und folgen somit dem sogenannten Gebetsruf des Muezzin.

In den muslimischen Glaubensregeln sind Gebetsrufe in dieser Häufigkeit und zeitlichen Abfolge vorgesehen. Damit der Ruf im Lärm der Stadt nicht verhallt, wird er zugleich durch ein Megaphon verstärkt. Durch den Ruf wird dabei tagsüber über mehrere Minuten eine Lautstärke von 77 db(A) an den Fenstern der von P und S gemeinsam bewohnten Eigentumswohnung erreicht.

Seit dem Beginn der Muezzin-Rufe leiden P und S zunehmend unter gesundheitlichen Problemen. Der Gebetsruf reißt sie nicht nur nachts aus dem Schlaf, sondern sie leiden allmählich auch an nervösen Störungen. Zudem fühlen sich P und S durch die Rufe des Muezzins in ihrer grundrechtlich geschützten negativen Bekenntnisfreiheit verletzt. Schließlich werden sie zu einer systematischen stetigen Kenntnisnahme eines akustischen religiösen Zeichens gezwungen. Letztlich sei zu bedenken, dass sich ihre Wohnung in einem im Bebauungsplan als allgemeines Wohngebiet ausgewiesenen Bereich befindet, sodass infolge der Beschallung auch der Immobilienwert ihrer Eigentumswohnung – Wohnungseigentum im Sinne des Wohnungseigentumsgesetzes – sinke.

Nachdem P und S den M e.V. vergeblich um die Einstellung der Gebetsrufe ersucht haben, wenden sie sich mit dem Antrag an die grundsätzlich für immissionsrechtliche Angelegenheiten zuständige Gewerbeaufsicht des Landes N, dem M e.V. die Fortführung der Muezzin-Rufe – zumindest aber die Benutzung des Megaphons – zu untersagen. Die Gewerbeaufsicht erklärt, sie sei unzuständig, weil die Störung in der Stadt B erfolgt, sodass die Störung durch den M e.V.

https://doi.org.10.1515/9783110624410-015

der Stadt zuzurechnen sei mit der Folge, dass die Stadt faktisch selber störe. Somit störe ein Hoheitsträger, der selbst für die Störungsbeseitigung verantwortlich sei.

Nachdem P und S erfolglos das Widerspruchsverfahren durchgeführt hatten, wurde ihnen mit Bescheid vom 9. Mai dieses Jahres seitens der Gewerbeaufsicht mitgeteilt, dass nichts unternommen werden könne, da die Gewerbeaufsicht einerseits unzuständig sei, es sich bei dem Gebetsruf andererseits um einen religiösen Brauch handele, der grundrechtlich geschützt sei. Zudem seien die in § 4 Abs. 2 BImSchG-ErgänzungsG enthaltenen Grenzwerte noch nicht überschritten.

P und S werden darauf hingewiesen, dass „gegen diesen Bescheid innerhalb eines Monats nach Zustellung des Widerspruchsbescheids schriftlich Klage bei dem zuständigen Gericht erhoben werden kann". Weitergehende Hinweise sind im Bescheid nicht enthalten.

Mit Datum vom 23. Juni dieses Jahres erheben P und S Klage beim zuständigen Verwaltungsgericht mit dem Antrag, die Gewerbeaufsicht des Landes zum Einschreiten gegen den M e.V. zu verpflichten.

In einem Rechtsgutachten sind die Erfolgsaussichten der Klagen umfassend zu prüfen. Von der formellen Verfassungsmäßigkeit des § 4 BImSchG-ErgänzungsG ist auszugehen.

§ 4 BImSchG-ErgänzungsG (fiktiv)

Um Religionsgemeinschaften ein religiöses Leben in der deutschen Gesellschaft zu ermöglichen, ist abweichend von 6.1 der Technischen Anleitung zum Schutz gegen Lärm während des Gebetsrufs und sonstiger Glaubensbetätigungen in allgemeinen Wohngebieten ein Immissionsrichtwert von tags 80 db(A) und nachts 60 db (A) anzusetzen.

Auszug aus der Technischen Anleitung zum Schutz gegen Lärm (TA-Lärm)
3. Allgemeine Grundsätze für genehmigungsbedürftige Anlagen
3.2.2 Ergänzende Prüfung im Sonderfall

Liegen im Einzelfall besondere Umstände vor, die bei der Regelfallprüfung keine Berücksichtigung finden, nach Art und Gewicht jedoch wesentlichen Einfluss auf die Beurteilung haben können, ob die Anlage zum Entstehen schädlicher Umwelteinwirkungen relevant beiträgt, so ist ergänzend zu prüfen, ob sich unter Berücksichtigung dieser Umstände des Einzelfalls eine vom Ergebnis der Regelfallprüfung abweichende Beurteilung ergibt. Als Umstände, die eine Sonderfallprüfung erforderlich machen können, kommen insbesondere in Betracht

a) Umstände, z.B. besondere unterschiedliche Geräuschcharakteristiken verschiedener gemeinsam einwirkender Anlagen, die eine Summenpegelbildung zur Ermittlung der Gesamtbelastung nicht sinnvoll erscheinen lassen,

b) Umstände, z.B. besondere betriebstechnische Erfordernisse, Einschränkungen der zeitlichen Nutzung oder eine besondere Standortbindung der zu beurteilenden Anlage, die sich auf die Akzeptanz einer Geräuschimmission auswirken können,

c) sicher absehbare Verbesserungen der Emissions- oder Immissionssituation durch andere als die in Nummer 3.2.1 Abs. 4 genannten Maßnahmen,

d) besondere Gesichtspunkte der Herkömmlichkeit und der sozialen Adäquanz der Geräuschimmission.

6. Immissionsrichtwerte

6.1 Immissionsrichtwerte für Immissionsorte außerhalb von Gebäuden

Die Immissionsrichtwerte für den Beurteilungspegel betragen für Immissionsorte außerhalb von Gebäuden [...]

d) in allgemeinen Wohngebieten und Kleinsiedlungsgebieten
     tags 55 dB(A)
     nachts 40 dB(A).

6.4 Beurteilungszeiten

Die Immissionsrichtwerte nach den Nummern 6.1 bis 6.3 beziehen sich auf folgende Zeiten

1. tags 06.00–22.00 Uhr
2. nachts 22.00–06.00 Uhr

[...]

§ 2 des Ausführungsgesetzes zur Verwaltungsgerichtsordnung des Landes N

(1) Vor Erhebung der Anfechtungsklage bedarf es abweichend von § 68 Abs. 1 Satz 1 der Verwaltungsgerichtsordnung keiner Nachprüfung in einem Vorverfahren.

(2) Für die Verpflichtungsklage gilt Absatz 1 entsprechend.

(3) Die Absätze 1 und 2 gelten nicht für Verwaltungsakte, [...] die nach den Vorschriften des Bundes-Immissionsschutzgesetzes erlassen werden.

Abwandlung

P und S richten ihre Klage direkt gegen den M e.V. Welcher Rechtsweg ist eröffnet und woraus kann sich materiell der Anspruch gegen den M e.V. ergeben? Was würde sich beim direkten Vorgehen bezüglich des Rechtsweges und der Anspruchsgrundlage bei der Abwandlung ändern, wenn M eine Körperschaft des öffentlichen Rechts wäre?

Bearbeitungsvermerk

Gehen Sie davon aus, dass Behörden in dem Bundesland N weder beteiligungsfähig noch besonders prozessführungsbefugt sind. Sollte es auf allgemeine Verwaltungsverfahrensgesetze ankommen, verwenden Sie bitte das Verwaltungsverfahrensgesetz (VwVfG) des Bundes. Das Ergänzungsgesetz zum Bundesimmissionsschutzgesetz (BImSchG-ErgänzungsG) ist ein nachkonstitutionelles Gesetz. Die Rechtsprüfung soll umfassend erfolgen – auch bezüglich etwaiger verfassungsprozessualer Aspekte. Abgedruckte Gesetze sind anzuwenden.

Vertiefung

BVerwG, Urteil vom 7.10.1983 – 7 C 44/81 (BVerwGE 68, 62; NJW 1984, 989); BVerwG, Urteil vom 29.4.1988 – BVerwG 7 C 33.87 (NJW 1988, 2396); OVG Münster, Urteil vom 23.1.1991, 10 A 2111/87 (NJW 1991, 3299); BVerwG, Urteil vom 30.4.1992 – 7 C 25/91 (NJW 1992, 2779); BVerwG, Beschluss vom 28.1.1994 – 7 B 198/93 (NJW 1994, 956); BVerwG vom 2.9.1996 – 4 B 152/96 (NVwZ 1997, 390); VG Oldenburg, Beschluss vom 16.7.2010 – 7 B 1698/10 (VG Oldenburg, NJOZ 2010, 2724); VG Stuttgart, Urteil vom 11.1.2011 – 11 K 1705/10 – juris

Zur Religionsfreiheit: BVerfG, Beschluss vom 16.10.1968 – 1 BvR 241/66 (BVerfGE 24, 236), BVerfG, Urteil vom 24.9.2003 – 2 BvR 1436/02 (BVerfGE 108, 282)

Zur Rechtsbehelfsbelehrung: BVerwG, Urteil vom 13.12.1978 – 6 C 77//8 (NJW 1979, 1670)

Hillgruber, Christian, „Der deutsche Kulturstaat und der muslimische Kulturimport", JZ 1999, 538; Sarcevic, Edin, „Religionsfreiheit und der Streit um den Ruf des Muezzins", DVBl 2000, S. 519; Huber, Philipp Tobias, „100 Jahre Nachbarschutz contra Glockengeläut", JA 2005, S. 119

Gliederung

Lösungsvorschlag

Die folgende Lösung ist als Lösungsvorschlag zu verstehen und ausführlicher, als es in der Klausurbearbeitung verlangt werden kann. Aufgrund der wissenschaftlichen Freiheit können andere Lösungswege vertreten werden, soweit sie dogmatisch begründbar sind. Die Nachweise aus Rechtsprechung und Literatur sowie die das Verständnis fördernden Randbemerkungen sind in der Examensklausur auszusparen. Die Abkürzung „Alt." steht für Alternativfall, nicht für Alternative.

1. Komplex: Ausgangskonstellation

Die Klagen der P und des S haben Erfolg, soweit die Sachurteilsvoraussetzungen erfüllt und die Klage zulässig und begründet sind.

A. Sachurteilsvoraussetzungen

Die Sachurteilsvoraussetzungen müssen erfüllt sein.

Zum Aufbau der Prozessstation: Heinze/Starke, „Prüfungsaufbau und ausgewählte Probleme im Verwaltungsprozessrecht", JURA 2012, 175 ff. Der Terminus „Sachentscheidungsvoraussetzungen" ist weiter als der Begriff „Sachurteilsvoraussetzungen", welcher wiederum weiter als der Terminus „Zulässigkeit" ist.

I. Rechtsweg

Der Verwaltungsrechtsweg kann mangels aufdrängender Sonderzuweisung gemäß § 40 Abs. 1 S. 1 VwGO eröffnet sein. Im Übrigen kommt ein Verweisungsbeschluss i.S.d. §§ 173 VwGO, 17a Abs. 2 GVG in Betracht. Der Verwaltungsrechtsweg ist eröffnet, wenn die streitentscheidende öffentlich-rechtliche Norm einen Hoheitsträger einseitig berechtigt oder verpflichtet bzw. wenn aufgrund typisch hoheitlichen Handelns zwischen den Beteiligten ein Subordinationsverhältnis besteht. P und S erstreben ein ordnungsbehördliches Einschreiten i.S.d. § 24 BImSchG oder i.S.d. § 17 BImSchG, durch welche dem Rechtsträger hoheitliche Befugnisse zum ordnungsbehördlichen Einschreiten verliehen werden. Der Rechtsträger der Gewerbeaufsicht wird durch diese Normen somit einseitig berechtigt oder verpflichtet. Da die Streitigkeit mangels doppelter Verfassungsunmittelbarkeit nicht verfassungsrechtlicher Art und eine abdrängende Sonderzuweisung nicht ersichtlich ist, bleibt es bei der Eröffnung des Verwaltungsrechtsweges. Der Verwaltungsrechtsweg ist gemäß § 40 Abs. 1 S. 1 VwGO eröffnet.

Vergleiche zum öffentlich-rechtlichen Charakter liturgischen Glockenläutens das Urteil des BVerwG vom 7.10.1983 – 7 C 44/81 (BVerwGE 68, 62); demgegenüber zum privatrechtlichen Charakter des bloßen Zeitschlagens den Beschluss des BVerwG vom 28.1.1994 – 7 B 198/93 (BVerwG, NJW 1994, 956).

II. Zuständigkeit

Das Verwaltungsgericht ist gemäß § 45 VwGO als Eingangsinstanz für das Begehren der P und des S auf ordnungsbehördliches Einschreiten sachlich zuständig, da Anhaltspunkte für abweichende Regelungen wie zum Beispiel § 50 VwGO nicht ersichtlich sind, sodass kein Verweisungsbeschluss gemäß §§ 17a Abs. 2 GVG, 83 VwGO gefasst werden wird. Von der örtlichen Zuständigkeit des angerufenen Verwaltungsgerichts ist auszugehen.

III. Beteiligte

Es muss Verfahrensbeteiligte in einem Verfahren geben.

1. Beteiligungsfähigkeit und Prozessfähigkeit

P und S als natürliche Personen sowie das Land N als Körperschaft öffentlichen Rechts können Beteiligte des Verfahrens sein. Beteiligte sind nach § 63 Nr. 1, 2 VwGO unter anderem der Kläger und der Beklagte, beteiligungsfähig nach § 61

Nr. 1 VwGO natürliche und juristische Personen. Behörden sind nicht gemäß § 61 Nr. 3 VwGO i.V.m. dem Landesrecht beteiligungsfähig. Als Kläger sind P und S gemäß § 61 Nr. 1 Alt. 1 VwGO beteiligungsfähig und gemäß § 62 Abs. 1 Nr. 1 VwGO prozessfähig.

Inwieweit die eheliche Gemeinschaft im Hinblick auf Art. 6 GG als „Vereinigung" i.S.d. § 61 Nr. 2 VwGO angesehen werden kann, ist irrelevant, da jedenfalls die Voraussetzungen des § 61 Nr. 1 Alt. 1 VwGO erfüllt sind.

Als Beklagte ist nicht die Stadt B die maßgebliche Rechtsträgerin, so dass auch der Bürgermeister als deren Behörde irrelevant ist. Die Verwaltung des Bundesimmissionsschutzgesetzes erfolgt durch die Gewerbeaufsicht. Die Gewerbeaufsicht des Landes ist gemäß den §§ 63 Nr. 2, 61 Nr. 3 VwGO i.V.m. dem Landesrecht nicht beteiligungsfähig, sodass das Bundesland N als Rechtsträger beteiligungs- und mangels Anhaltspunkten bezüglich des für die Behörde und ihr zurechenbar handelnden Organwalters gemäß § 62 Abs. 3, 1 Nr. 1 VwGO prozessfähig ist.

Da die Entscheidung des Verwaltungsgerichts auch gegenüber dem drittbetroffenen M e.V. nur einheitlich ergehen kann, ist er gemäß § 63 Nr. 3 VwGO als Beteiligter gemäß § 65 Abs. 2 VwGO notwendig beizuladen.

---

§ 65 Abs. 2 VwGO ist keine Zulässigkeitsvoraussetzung und darf nur in der Prozessstation erörtert werden, wenn die Überschriften „Sachurteilsvoraussetzungen" oder „Sachentscheidungsvoraussetzungen" gewählt werden. Bei Nichtbeiladung eines notwendig Beizuladenden bleibt die Klage zulässig – das Urteil entfaltet gegenüber dieser Person lediglich keine materielle Rechtskraft.

Er ist als eigenständige rechtsfähige juristische Person des Privatrechts gemäß § 61 Nr. 1 Alt. 2 VwGO beteiligungs- und mangels Anhaltspunkten bezüglich des für den Verein zurechenbar handelnden Organwalters gemäß § 62 Abs. 3, 1 Nr. 1 VwGO prozessfähig.

2. Subjektive Klagehäufung

P und S können die Klagen im Rahmen einer subjektiven Klagehäufung möglicherweise als Streitgenossen i.S.d. § 64 VwGO i.V.m. § 59 ZPO erheben. Andernfalls wären sie als zwei separate Klagen zu behandeln.

Aufgrund der systematischen Stellung des § 64 VwGO ist die Norm bei den Beteiligten zu erörtern. Vertretbar ist es auch, die Streitgenossenschaft erst bei der statthaften Klageart zu prüfen. Bei der problematischen Verwendung der Überschrift „Zulässigkeit" müsste § 64 VwGO mit der „Zulässigkeit" auf eine Gliederungsebene gesetzt werden, da das Fehlen der Voraussetzungen einer subjektiven Klagehäufung nicht zur Unzulässigkeit der Klage(n) führt. Die Streitgenossenschaft wird als subjektive Klagehäufung bezeichnet, ist jedoch von der objektiven Klagehäufung zu unterscheiden, die in ihrer Grundform in § 44 VwGO geregelt ist.

Eine Streitgenossenschaft besteht, wenn in einem Verfahren mehrere Personen auf der Kläger- oder Beklagtenseite auftreten. Es handelt sich um mehrere Prozessrechtsverhältnisse, die in einem Verfahren zu gemeinsamer Verhandlung, Beweisaufnahme und Entscheidung verbunden werden (Schenke, in Kopp/Schenke, 27. Auflage, 2021, § 64, Rn. 1). Eine Streitgenossenschaft ist zulässig, wenn gemäß § 59 Alt. 1 ZPO mehrere Kläger oder Beklagte hinsichtlich des Streitgegenstandes in Rechtsgemeinschaft stehen, oder wenn sie gemäß § 59 Alt. 2 ZPO aus dem demselben tatsächlichen oder rechtlichen Grund berechtigt oder verpflichtet sind.

P und S sind verheiratet und leben in Güter- und damit zugleich in einer Rechtsgemeinschaft i.S.d. § 64 VwGO i.V.m. § 59 Alt. 1 ZPO (vgl. zur Gütergemeinschaft als Rechtsgemeinschaft: Schenke, in Kopp/Schenke, 27. Auflage, 2021, § 64, Rn. 4). Zudem ergibt sich die einfache Streitgenossenschaft infolge der Gleichartigkeit der von P und S geltend gemachten Ansprüche auch aus § 64 VwGO i.V.m. § 60 ZPO. Die geltend gemachten Ansprüche beruhen auf einem gleichartigen tatsächlichen Grund.

Es handelt sich um eine zulässige Streitgenossenschaft. Die Verfahren werden daher von Amts wegen verbunden.

Es handelt sich um eine **einfache** Streitgenossenschaft, wenn sich auf der einen oder anderen Seite mehrere Personen beteiligen, ohne dass dies für die Entscheidung der Sache erforderlich wäre. Es handelt sich um eine **notwendige** Streitgenossenschaft, wenn die Beteiligung dieser Mehrheit an Personen in der in § 62 ZPO näher bestimmten Weise aus Gründen des materiellen Rechts vorausgesetzt wird. Die notwendige Streitgenossenschaft ist im Gegensatz zur einfachen Streitgenossenschaft eine echte Zulässigkeitsvoraussetzung.

IV. Statthafte Klageart

Die statthafte Klageart richtet sich gemäß § 88 VwGO nach dem klägerischen Begehren unter Berücksichtigung des Anwendungsvorrangs maßnahmespezifischer Rechtsschutzformen und des rechtsstaatlichen Grundsatzes der Effektivität des Rechtsschutzes.

Dem klägerischen Begehren entspricht in der Regel die effektivste Klageart, also nach Möglichkeit die Anfechtungsklage gemäß § 42 Abs. 1 Alt. 1 VwGO als Gestaltungsklage der Verwaltungsgerichtsordnung. Voraussetzung der Anfechtungsklage ist, dass es dem Kläger um die Aufhebung eines Verwaltungsaktes i.S.d. § 35 VwVfG geht. Ein Verwaltungsakt ist gemäß § 35 S. 1 VwVfG jede Verfügung, Entscheidung oder andere hoheitliche Maßnahme, die eine Behörde zur Regelung eines Einzelfalls auf dem Gebiet des öffentlichen Rechts trifft und die auf unmittelbare Rechtswirkung nach außen gerichtet ist. P und S beantragen, die Gewerbeaufsicht des Landes zum Einschreiten gegen den M e.V. zu verpflichten. Sie erstreben somit den Erlass einer Ordnungsverfügung gegenüber dem M e.V. und damit eine Leistung in Form eines Rechtssetzungsaktes im Einzelfall, also einen Verwaltungsakt. Statthafte Klageart ist somit die Verpflichtungsklage gemäß § 42 Abs. 1 Alt. 2 VwGO in Form der Versagungsgegenklage.

Die Versagungsgegenklage ist ebenso wie die Untätigkeitsklage nicht als eigenständige Klageart, sondern als Unterfall der Verpflichtungsklage einzustufen.

V. Besondere Sachurteilsvoraussetzungen
Die besonderen Sachurteilsvoraussetzungen können erfüllt sein.

1. Besondere Prozessführungsbefugnis
Besonders prozessführungsbefugt ist gemäß § 78 Abs. 1 Nr. 1 VwGO das Land N als Körperschaft öffentlichen Rechts und Rechtsträger der zuständigen Gewerbeaufsicht, da im Landesrecht keine Ausführungsvorschrift i.S.d. § 78 Abs. 1 Nr. 2 VwGO i.V.m. § 8 Abs. 2 AG VwGO zugunsten der Behörden enthalten ist, soweit es um Behörden geht, die nicht Landesbehörden sind.

2. Klagebefugnis
P und S müssen klagebefugt sein. Voraussetzung für die Klagebefugnis nach § 42 Abs. 2 VwGO ist die Möglichkeit der Verletzung eines subjektiven Rechts. Subjektive Rechte werden aus Sonderrechtsbeziehungen, einfachen Gesetzen, subsidiär aus Grundrechten oder auch aus unmittelbar geltendem Unionsrecht abgeleitet, wobei jedenfalls aufgrund des weiten Schutzbereiches des Art. 2 Abs. 1 GG bei unmittelbaren Grundrechtseingriffen für das subjektive Recht direkt auf Grundrechte abgestellt werden kann. Voraussetzung für ein einfachgesetzliches subjektives Recht ist, dass neben der Allgemeinheit auch der Einzelne geschützt wird. Wird das subjektive Recht aus einfachen Gesetzen abgeleitet, muss in dieser subjektivierten Norm zumindest auch der Schutz der Individualinteressen erfasst sein, sodass der Träger dieser Individualinteressen die Befol-

gung dieser Rechtsnorm für sich beanspruchen kann. Die Schutzwirkung muss vom Gesetzgeber intendiert und darf nicht auf eine bloße Rechtsreflexwirkung rückführbar sein. Anderenfalls würde ein Gesetzesvollziehungsanspruch entstehen und Popularklagen würden ermöglicht werden.

Da P und S eine Leistung verlangen, kann sich ihr subjektives Recht nicht primär, sondern allenfalls subsidiär aus Grundrechten ergeben. Grundrechte sind primär Abwehrrechte und können nur ausnahmsweise Leistungsrechte begründen.

P und S wohnen in unmittelbarer Nähe zur Gemeinde M e.V. Eine Sonderrechtsbeziehung im Verhältnis der P und des S zum Land N, aus dem sich eine Verpflichtung der Gewerbeaufsicht zum Einschreiten ergibt, ist nicht ersichtlich. Es erscheint jedoch möglich, dass P und S in ihren einfach gesetzlichen Rechten aus den §§ 24 S. 1, 22 Abs. 1 S. 1, 3 Abs. 1 BImSchG verletzt sind, da sie entsprechend dem in § 3 Abs. 1 BImSchG enthaltenen weiten Nachbarbegriff des Bundes-Immissionsschutzgesetzes – anders als im Baurecht, welches i.S.d. Art. 74 Abs. 1 Nr. 18 GG Bodenrecht ist und insoweit einen engeren Nachbarbegriff enthält, ist der Nachbarbegriff im Bundes-Immissionsschutzgesetz nicht auf das Eigentum beschränkt – als in unmittelbarer Nähe zum M e.V. wohnende Nachbarn im Rahmen der schädlichen Umwelteinwirkungen erfasst sind und durch den Ruf des Muezzins gestört werden.

Für den Rechtsschutz des Nachbarn ist es wichtig, dass die (auf Gefahrenabwehr ausgerichteten) Pflichten des § 22 Abs. 1 S. 1 Nr. 1 BImSchG und § 22 Abs. 1 S. 1 Nr. 2 BImSchG seinem Schutz dienen („schädliche Umwelteinwirkungen", vgl. § 3 Abs. 1 BImSchG „Nachbarschaft"). Daher können Nachbarn Baugenehmigungen etc. wegen Verstoßes gegen § 22 Abs. 1 S. 1 Nr. 1, 2 BImSchG angreifen, soweit es nach dem Prüfungsmaßstab der Genehmigung auf die Einhaltung des § 22 BImSchG ankommt. Zudem können sie eine Anordnung der Korrektur solcher Verstöße verlangen (OVG Nordrhein-Westfalen, NJW 1991, 3299 (Ls.). Die Anordnung steht allerdings meist im Ermessen der Behörde. Die Vorschrift des § 22 Abs. 1 S. 1 Nr. 3 BImSchG besteht dagegen allein im öffentlichen Interesse und ist somit nicht drittschützend (Jarass, 13. Auflage 2020, Kommentar zum BImSchG, § 22, Rn. 75).

Die Möglichkeit der Verletzung eines einfachgesetzlichen subjektiven Rechts aus § 17 BImSchG besteht nicht, weil es sich nicht um eine genehmigungsbedürftige Anlage i.S.d. § 4 Abs. 1 S. 1, 3 BImSchG i.V.m. §§ 1 Abs. 1 S. 1, 2 Abs. 1 4. BImSchVO i.V.m. dem Anhang zur 4. BImSchVO handelt. Eine Verletzung der Artt. 2 Abs. 1 und 2 S. 1 und 4 Abs. 1 und 2, 13 Abs. 1, 7 und 14 GG ist nur subsidiär denkbar.

P und S sind klagebefugt, da die Möglichkeit besteht, dass sie in ihren einfach gesetzlichen Rechten aus den §§ 24 S. 1, 22 Abs. 1 S. 1, 3 Abs. 1 BImSchG verletzt sind.

3. Vorverfahren

Ein Vorverfahren gemäß den §§ 68 ff. VwGO ist im Bundesland N gemäß § 68 Abs. 1 S. 2, Abs. 2 VwGO i.V.m. § 2 Abs. 1, 2 AG VwGO grundsätzlich entbehrlich. Eine Rückausnahme ist jedoch in § 2 Abs. 3 AG VwGO für Verfügungen nach dem Bundesimmissionsschutzgesetz enthalten. Da P und S den Erlass einer bundesimmissionsschutzrechtlichen Ordnungsverfügung durch die Gewerbeaufsicht an den M e.V. erstreben, ist das seitens der P und des S ordnungsgemäß durchgeführte Vorverfahren erforderlich gewesen.

4. Klagefrist

P und S müssen die Klage innerhalb der Frist des § 74 VwGO erhoben haben. Nach § 74 Abs. 1 S. 1 VwGO, der gemäß § 74 Abs. 2 VwGO bei der Verpflichtungsklage anwendbar ist, muss die Verpflichtungsklage innerhalb eines Monats nach Zustellung des Widerspruchsbescheides erhoben werden. Die Berechnung der Frist bemisst sich gemäß § 57 Abs. 2 VwGO i.V.m. § 222 Abs. 1 ZPO nach den §§ 187 Abs. 1, 188 Abs. 2 BGB.

Die Klagefrist i.S.d. § 74 VwGO ist unstrittig nach den §§ 57 Abs. 2 VwGO, 222 Abs. 1 ZPO, 187 Abs. 1, 188 Abs. 2 BGB zu berechnen. Lediglich bei der Fristberechnung im Widerspruchsverfahren ist es strittig, ob die Fristberechnung i.S.d. § 70 VwGO gemäß § 57 Abs. 2 VwGO i.V.m. den § 222 ZPO, §§ 187 ff. BGB oder nach den §§ 79, 31 VwVfG i.V.m. den §§ 187 ff. BGB erfolgt. Letztlich ist dies ohne praktische Relevanz, da jedenfalls die §§ 187 ff. BGB anwendbar sind.

Die Frist beginnt gemäß § 57 Abs. 1 VwGO mit der Zustellung. Die exakte Berechnung der Frist erfolgt gemäß § 57 Abs. 2 VwGO und § 222 Abs. 1 ZPO nach § 187 Abs. 1 BGB, wonach der Tag der Zustellung bei der Fristberechnung nicht mitgerechnet wird, wenn es sich – wie bei der Maßgeblichkeit des Ereignisses der Zustellung – um eine Ereignisfrist handelt. Maßgeblich ist als erster Tag der Frist der Tag nach der Zustellung, wobei gleichgültig ist, ob dieser Tag ein Samstag, ein Sonntag oder ein Feiertag ist (Sodan/Ziekow, VwGO, 5. Auflage 2018, § 74, Rn. 27).

Der Widerspruchsbescheid, der P und S zugestellt wurde, ist auf den 9. Mai datiert. Unabhängig vom tatsächlichen Zugang des Bescheides war die Monatsfrist i.S.d. § 74 Abs. 1 S. 1, Abs. 2 VwGO zum Zeitpunkt der Klageerhebung am 23. Juni verstrichen, sodass die Klage bei Zugrundelegung des § 74 VwGO unzulässig wäre.

Allerdings gilt gemäß § 58 Abs. 2 VwGO eine Jahresfrist, sofern die Rechtsbehelfs- bzw. Rechtsmittelbelehrung fehlerhaft war. Ist eine Rechtsbehelfsbelehrung unterblieben oder falsch erteilt worden, gilt nicht die regelmäßige

Rechtsbehelfsfrist, sondern die einjährige Frist des § 58 Abs. 2 VwGO. In dem Bescheid wurde P und S eröffnet, dass „innerhalb eines Monats nach Zustellung des Widerspruchsbescheids schriftlich Klage bei dem zuständigen Gericht" erhoben werden kann. Gemäß § 81 Abs. 1 S. 2 VwGO kann die Klage beim Verwaltungsgericht allerdings auch zur Niederschrift des Urkundsbeamten der Geschäftsstelle erhoben werden. Diese Angabe war in dem gegenüber P und S erlassenen Bescheid nicht enthalten.

Die fehlende Belehrung über die Möglichkeit die Klage zur Niederschrift des Urkundsbeamten der Geschäftsstelle zu erheben, ist irreführend, da durch diese Unterlassung die Erhebung der Klage nennenswert erschwert werden oder sogar zur Folge haben kann, dass die Klage gar nicht erhoben wird. Die Belehrung ist somit fehlerhaft, wenn nicht darauf hingewiesen wird, dass eine Klage auch zur Niederschrift des Urkundsbeamten erhoben werden kann (BVerwG, NJW 1979, 1670, 1670).

Somit gilt für die Klage der P und des S die Jahresfrist des § 58 Abs. 2 VwGO mit der Folge, dass P und S die Klage am 23. Juni fristgerecht erhoben haben.

VI. Allgemeines Rechtsschutzbedürfnis
Mangels Anhaltspunkten für ein fehlendes Rechtsschutzbedürfnis ist P und S dieses nicht abzusprechen.

V. Zwischenergebnis
Die Sachurteilsvoraussetzungen sind erfüllt und die Klage ist zulässig.

B. Begründetheit
Die Klage ist gemäß § 113 Abs. 5 S. 1, 2 VwGO begründet, soweit die Ablehnung des Erlasses der Ordnungsverfügung durch die Gewerbeaufsicht rechtswidrig, die Kläger dadurch in ihren Rechten verletzt sind und die Sache spruchreif ist bzw. soweit die Unterlassung der diesbezüglichen Bescheidung rechtswidrig oder die erfolgte Bescheidung fehlerhaft ist und die Kläger dadurch in ihren Rechten verletzt sind. Somit ist die Klage begründet, soweit die Kläger einen Anspruch auf eine zumindest fehlerfreie Bescheidung der Behörde haben.

Sollten ein den Anspruch hinderndes Tatbestandsmerkmal der Anspruchsgrundlage oder ein im Tatbestand der maßgeblichen Anspruchsgrundlage zu berücksichtigendes Gesetz verfassungswidrig sein, wird das Verwaltungsgericht das Verfahren aussetzen und das Gesetz – soweit es sich um ein formelles nachkonstitutionelles Gesetz handelt – beim Bundesverfassungsgericht gemäß

Art. 100 Abs. 1 GG vorlegen, welches insoweit die alleinige Verwerfungskompetenz hat, wobei das Verwaltungsgericht im Rahmen seiner Prüfungskompetenz mittels einer Gesetzesanwendung die Entscheidungserheblichkeit festzustellen hätte.

Vertretbar ist es, erst beim maßgeblichen Merkmal bzw. Gesetz Art. 100 Abs. 1 GG zu nennen, jedoch erscheint es klausurtaktisch geschickter, den Prüfer schon frühzeitig auf die Gesetzesanwendung (Wortlautlösung) im Rahmen des Art. 100 Abs. 1 GG hinzuweisen. Es wäre im prozessualen Aufbau übrigens falsch, die Verfassungsmäßigkeit der Norm vor ihrer Gesetzesanwendung im Rahmen der Anspruchsgrundlage zu prüfen. Bei einer Fallfrage nach einer lediglich materiellen Rechtsprüfung wäre das vertretbar. In einem prozessualen Gutachten, ist die Entscheidungserheblichkeit im höherrangigen Art. 100 GG auch für Gutachten vorgegeben, so dass es zunächst zwingend einer Gesetzesanwendung bedarf – unabhängig davon, dass in der Praxis kein Gericht die Verfassungsmäßigkeit einer Norm prüfen würde, wenn diese nicht entscheidungserheblich ist. Leider wird auch in vielen Büchern fehlerhaft aufgebaut.

Bezüglich der Obersätze sollte zunächst die im Gesetz verwendete negative Formulierung zitiert werden, um dann in die positive Formulierung überzuleiten, damit anstatt „Rechtsgrundlage“ die Formulierung „Anspruchsgrundlage“ verwendet werden kann. Ein negativer Aufbau anhand des Gesetzeswortlautes des § 113 Abs. 5 VwGO ist aber vertretbar.

I. Anspruchsgrundlage

P und S muss ein Anspruch auf das beantragte und im Antrag nicht näher konkretisierte Einschreiten der Gewerbeaufsicht des Landes gegen den M e.V. zustehen. Denkbar ist die Verpflichtung des M e.V. zur Absenkung des Geräuschpegels oder, falls dies nicht in Betracht kommt, zum gänzlichen oder auf bestimmte Zeiten beschränkten Einstellen des Gebetsrufes.

Im Hinblick auf liturgisches Glockenläuten wurde teilweise die Auffassung vertreten, dass ein Abwehranspruch per se ausgeschlossen sei. Anders hat das Bundesverwaltungsgericht entschieden (BVerwGE 68, 62). Für die Möglichkeit des Bestehens eines Anspruches ist es zunächst irrelevant, wozu der liturgische Klang dient. Jedenfalls muss sich auch eine Religionsgemeinschaft grundsätzlich an die allgemein gültigen Gesetze und somit auch an das Immissionsschutzrecht halten. Eine denkbare Privilegierung liturgischen Läutens ist erst bei einer eventuell verstärkten Duldungspflicht relevant.

---

§ 17 BImSchG kommt als Anspruchsgrundlage mangels Genehmigungsbedürftigkeit einer Moschee mit Megaphon i.S.d. §§ 4, 6 BImSchG nicht in Betracht.

Denkbar ist, dass sich der Anspruch aus dem allgemeinen Polizei- und Ordnungsrecht ergibt. P und S behaupten das Bestehen einer Gefahr für ihre Gesundheit durch den von der Gebetsstätte ausgehenden Lärm, also Geräuschimmissionen. Insofern ist durch Auslegung zu ermitteln, ob und in welchem

Umfang die Generalklausel des allgemeinen Gefahrenabwehrrechts ergänzend zu den einschlägigen Spezialregelungen des Immissionsschutzrechts Anwendung finden kann.

Der Bund hat mit dem Erlass des Bundesimmissionsschutzgesetzes von seiner umfassenden konkurrierenden Gesetzgebungskompetenz im Bereich des Immissionsschutzes gemäß Art. 74 Nr. 24 GG – insbesondere der Lärmbekämpfung – Gebrauch gemacht. Mit dem Bundesimmissionsschutzgesetz wurde die umfassende Regelung des materiellen Immissionsschutzrechts angestrebt. Gemäß § 24 S. 1 BImSchG kann die zuständige Behörde im Einzelfall die zur Durchführung des § 22 BImSchG und der auf dieses Gesetz gestützten Rechtsverordnungen erforderlichen Anordnungen treffen. Damit existiert eine Eingriffsermächtigung für Behörden zur Durchsetzung immissionsrechtlicher Bestimmungen, die gegenüber dem allgemeinen Polizei- und Ordnungsrechts spezieller ist.

Eine Anwendung der Generalklausel neben § 24 S. 1 BImSchG kommt allenfalls in Betracht, wenn immissionsrechtliche Bestimmungen durchgesetzt werden sollen, die nicht unter den Tatbestand des § 24 S. 1 BImSchG zu subsumieren sind, ohne dass hierdurch die speziellen Regelungen des Bundesimmissionsschutzgesetzes umgangen würden (VG Oldenburg, NJOZ 2010, 2724, 2725). Dies ist nicht ersichtlich.

Die Anspruchsgrundlage ist somit § 24 S. 1 BImSchG i.V.m. § 22 Abs. 1 S. 1 Nr. 1 BImSchG.

II. Voraussetzungen
Die Anspruchsvoraussetzungen müssen erfüllt sein.

1. Formelle Voraussetzungen
Da mit dem M e.V. eine zivilrechtliche juristische Person handelt, die der Stadt nicht zuzurechnen ist, ist die Gewerbeaufsicht zur immissionsschutzrechtlichen Gefahrenabwehr gegenüber dem M e.V. zuständig.

Problematisch kann dies sein, wenn ein Hoheitsträger, zum Beispiel eine Gemeinde, selbst stört. Insoweit könnte wegen der Eigenständigkeit des Hoheitsträgers im Hinblick auf das sich unter anderem aus Art. 20 Abs. 3 GG ergebende Rechtsstaatsprinzip eine Annexkompetenz des störenden Hoheitsträgers zur Aufhebung der von ihm verursachten Störung begründet sein. Eine solche Annexkompetenz könnte mittels einer verfassungskonformen Reduktion der gesetzlichen Zuständigkeitsregeln konstruiert werden. Eine insoweit erforderliche planwidrige Regelungslücke ist jedoch nicht ersichtlich. Primäres Ziel zur Durchsetzung bereichsspezifischer Gefahrenabwehrgesetze ist die effektive Gefahrenabwehr im Rechtsstaat. Eine rechtsstaatlich ordnungsgemäße Gefahrenabwehr darf nicht willkürlich und muss effektiv sein. Somit bleibt es bei der gesetzlich vorgesehenen Zuständigkeit der dafür spezifisch ausgebildeten Behörde – selbst wenn ein Hoheitsträger stört, es sei denn, es ist eine Ausnahme ausdrücklich geregelt oder verfassungsrechtlich zwingend erforderlich – etwa bei der Bundeswehr.

2. Materielle Voraussetzungen

Die materiellen Voraussetzungen müssen erfüllt sein.

a) Anwendbarkeit

§ 24 S. 1 BImSchG ist nur anwendbar, wenn es sich bei dem Megaphon bzw. bei der Moschee um eine immissionsschutzrechtlich nicht genehmigungsbedürftige Anlage handelt. Die Genehmigungsbedürftigkeit einer Anlage ergibt sich aus § 4 Abs. 1 S. 1, 3 BImSchG i.V.m. §§ 1 Abs. 1 S. 1, 2 Abs. 1 4. BImSchVO i.V.m. dem Anhang zur 4. BImSchVO. Bei einem Megaphon handelt es sich um ein Tonwiedergabegerät, das als ortsveränderliche technische Einrichtung zwar eine Anlage i.S.d. § 3 Abs. 5 Nr. 2 BImSchG darstellt, jedoch nicht in der insoweit maßgeblichen 4. BImSchV genannt und somit nicht genehmigungsbedürftig ist. Auch die Moschee stellt als ortsfeste Einrichtung zwar eine Anlage i.S.d. § 3 Abs. 5 Nr. 1 BImSchG dar, ist aber ebenso wenig in der 4. BImSchV genannt. Zudem ist die Moschee als solche keine Emittentin. Somit ist § 24 S. 1 BImSchG als Norm über nicht genehmigungsbedürftige Anlagen anwendbar.

Die Bundesländer haben teilweise Ausführungsvorschriften erlassen, in denen Megaphone explizit als nicht genehmigungsbedürftige Anlagen klassifiziert werden (vgl. etwa Nr. 5 zu § 5 Abs. 1 der Ausführungsvorschrift zum Landes-Immissionsschutzgesetz des Landes Berlin).

b) Tatbestandsvoraussetzungen

Die Tatbestandsvoraussetzungen des § 24 S. 1 BImSchG müssen erfüllt sein. Dazu müssen seitens des M e.V. durch den Betrieb des Megaphons Betreiberpflichten i.S.d. § 22 BImSchG verletzt werden, die für P und S einen Anspruch auf behördliches Einschreiten begründen.

Zu den Pflichten des Betreibers einer nicht genehmigungsbedürftigen Anlage gehört gemäß § 22 Abs. 1 Nr. 1 BImSchG die Verhinderung schädlicher Umwelteinwirkungen, die nach dem Stand der Technik vermeidbar sind. Nach dem Stand der Technik unvermeidbare schädliche Umwelteinwirkungen sind gemäß § 22 Abs. 1 Nr. 2 BImSchG zumindest auf das Mindestmaß zu beschränken. Schädliche Umwelteinwirkungen sind nach § 3 Abs. 1 BImSchG Immissionen, die nach Art, Ausmaß oder Dauer geeignet sind, Gefahren, erhebliche Nachteile oder Belästigungen für die Allgemeinheit oder Nachbarschaft herbeizuführen. Immissionen sind nach § 3 Abs. 2 BImSchG wiederum unter anderem die auf Menschen einwirkenden Geräusche. Fraglich ist, ab wann eine Umwelteinwirkung als schädlich zu bewerten ist.

„Wann Geräusche die Schwelle schädlicher Umwelteinwirkungen überschreiten, also die Allgemeinheit oder die Nachbarschaft i.S.d. § 3 Abs. 1 BImSchG erheblich belästigen, unterliegt weitgehend tatrichterlicher Wertung und ist damit eine Frage der Einzelbeurteilung. Diese richtet sich insbesondere nach der durch die Gebietsart und die tatsächlichen Verhältnisse bestimmten Schutzwürdigkeit und Schutzbedürftigkeit, wobei wertende Elemente wie die Herkömmlichkeit, die soziale Adäquanz und die allgemeine Akzeptanz mitbestimmend sind" (BVerwG, NJW 1992, 2779, 2779).

Maßgeblich für die Ermittlung der Schädlichkeit von Umwelteinwirkungen sind die Grenzwerte der TA-Luft und TA-Lärm.

aa) Verwaltungsvorschriften
Die TA-Luft und TA-Lärm stellen Verwaltungsvorschriften dar, die auf § 48 BImSchG zurückzuführen sind und die unter gesteigerter Mitwirkung betroffener Organe – nach Anhörung der beteiligten Kreise und mit Zustimmung des Bundesrates – zustande gekommen sind. Obwohl Verwaltungsvorschriften grundsätzlich keine Außenwirkung entfalten und lediglich Binnenrecht der Verwaltung darstellen – ähnlich einer dienstlichen Weisung im Einzelfall – kann deren Inhalt als für die Gerichte bindend zugrunde zu legen sein, sodass der tatrichterliche Wertungsspielraum insoweit eingeschränkt ist. Das wäre jedenfalls anzunehmen, wenn ein vom Gericht nicht überprüfbarer Beurteilungsspielraum der Verwaltung bestünde.

(1) Beurteilungsspielraum
Es könnte für die Bewertung der schädlichen Umwelteinwirkungen ein gerichtlich nicht überprüfbarer Beurteilungsspielraum der Verwaltung bestehen.

Grundsätzlich darf ein Gericht in einem Rechtsstaat im Rahmen der Gewaltenteilung die von der Verwaltung aufgrund unbestimmter Rechtsbegriffe auf Tatbestandsseite vorgenommene Bewertung vollumfänglich prüfen. Das gilt allerdings nicht, wenn der Gesetzgeber für die Exekutive auf Tatbestandsebene sogenannte Beurteilungsspielräume geschaffen hat.

Beurteilungsspielräume für die Exekutive gibt es nur begrenzt, nämlich in Bereichen, in denen wegen der Komplexität bzw. der Dynamik der Materie die Funk-

tionsgrenzen der Rechtsprechung erreicht sind und deshalb kein Entzug des gerichtlichen Rechtsschutzes droht bzw. die Rechtsprechung die Materie nicht
sachkundig überprüfen kann. Dies betrifft das Prüfungs- und Beamtenbeurtei-
lungsrecht, Gremienentscheidungen wertender Art, Prognoseentscheidungen
und Risikobewertungen sowie bestimmte verwaltungspolitische Entscheidungen. Ein Gericht darf insoweit nur prüfen, ob das Handeln der Verwaltung beurteilungsfehlerhaft war, ob also eine Unvollständigkeit oder Fehleinschätzung bezüglich der behördlichen Entscheidung gegeben sind bzw. sachfremde
Erwägungen zugrunde liegen. Bei Bestehen eines Beurteilungsspielraumes kann
die Judikative also nur Beurteilungsfehler in Form der Unvollständigkeit, Fehleinschätzung bzw. der sachfremden Erwägungen prüfen.

Bei der Beurteilung schädlicher Umwelteinwirkungen könnte es sich um Ri-
siko- und Prognoseentscheidungen bzw. Gremienentscheidungen handeln, weil
die für Lärm anwendbare TA-Lärm weitgehend auf den Erkenntnissen wissenschaftlicher Gremien beruht. Beurteilungsfehler im klassischen Sinne können
jedoch grundsätzlich nur bestehen, wenn die maßgebliche Vorschrift Außenwirkung hat. Bei der Auslegung der TA-Lärm als Verwaltungsvorschrift besteht
kein klassischer Beurteilungsspielraum, da sie keine typische Außenwirkung
hat.

Allerdings ist § 3 Abs. 1 BImSchG, auf dessen unbestimmten Rechtsbegriff
der „schädlichen Umwelteinwirkungen" es ankommt, eine Norm mit Außenwirkung. Dennoch besteht insoweit kein Beurteilungsspielraum der Verwaltung. Beurteilungsspielräume sind grundsätzlich restriktiv anzunehmen, da ein
effektiver Rechtsschutz i.S.d. Art. 19 Abs. 4 GG gerichtlich möglich sein muss.
Würde bei der Prüfung des § 3 Abs. 1 BImSchG stets ein Beurteilungsspielraum
bestehen, würden sämtliche schädlichen Umwelteinwirkungen – auch in Konstellationen, in denen es keine normenkonkretisierenden Verwaltungsvorschriften wie die TA-Lärm gibt – der gerichtlichen Prüfung entzogen sein. Solange
Gerichte mittels externer wissenschaftlicher Expertise zu einer objektivierten
Entscheidung gelangen können, gibt es keinen Bedarf für die Erweiterung der
Spielräume der Exekutive.

(2) Bindung an die TA-Lärm

Eine Außenwirkung der TA-Lärm mit faktischer Verbindlichkeit für die Gerichte könnte jedoch auch ohne gesetzgeberisch vorgesehenen Beurteilungsspielraum der Verwaltung anzunehmen sein. Zwar stellt die TA-Lärm als Verwaltungsvorschrift lediglich Verwaltungsbinnenrecht dar, jedoch ist sie aufgrund
der besonderen Mitwirkungspflichten zum Beispiel des Bundesrates gemäß
§ 48 Abs. 1 BImSchG i.V.m. Art. 84 Abs. 2 GG und aufgrund besonderer wissen-

schaftlicher Erkenntnisse und Fachexpertise zustande gekommen, sodass eine ähnliche Konstellation wie bei Beurteilungsspielräumen besteht. Somit wäre die TA-Lärm als bloßes Binnenrecht zwar theoretisch seitens der Gerichte ignorierbar, jedoch ist sie faktisch aufgrund ihrer sorgfältigen Ausgestaltung und der Komplexität der Materie sowie aufgrund ihrer hohen Legitimation seitens der Gerichte zugrunde zu legen, soweit keine verfassungswidrigen und somit rechtsstaatswidrigen Konsequenzen ersichtlich sind. Systematisch steht § 48 Abs. 1 BImSchG als Grundlage für die TA-Lärm im Siebenten Teil der Gemeinsamen Vorschriften, sodass die TA-Lärm grundsätzlich auch für nicht genehmigungsbedürftige Anlagen gilt. Soweit darin ausdrücklich auf genehmigungsbedürftige Anlagen Bezug genommen wird, sind die Werte dennoch als Indiz für nicht genehmigungsbedürftige Anlagen im Rahmen des auslegungsbedürftigen Terminus der schädlichen Umwelteinwirkungen maßgeblich.

bb) Voraussetzungen der TA-Lärm

Fraglich ist also, ob durch den Ruf des Muezzins die Grenzwerte der TA-Lärm überschritten werden, sodass von schädlichen Umwelteinwirkungen und der Verletzung der Betreiberpflichten des M e.V. ausgegangen werden kann. Nach dem maßgeblichen Bebauungsplan liegt sowohl die Moschee als auch die Eigentumswohnung der P und des S in einem allgemeinen Wohngebiet. Der Immissionsrichtwert für den Beurteilungspegel beträgt gemäß Nr. 6.1 d) TA-Lärm tags 55 db(A) und gemäß Nr. 6.4 TA-Lärm nachts, also zwischen 22 und 6 Uhr, 40 db(A). Die Gebetsrufe des Muezzins erreichen Geräuschspitzenwerte von 77 db(A) und liegen tagsüber 22 db(A) und nachts 37 db(A) über dem maßgeblichen Wert der TA-Lärm. Auf dieser Grundlage stellt der Gebetsruf sowohl tagsüber als auch nachts eine schädliche Umwelteinwirkung dar.

cc) BImSchG-ErgänzungsG als höherrangige Norm

Allerdings besteht mit § 4 BImSchG-ErgänzungsG als formelles Gesetz eine gegenüber der TA-Lärm höherrangige Norm, in der abweichende Grenzwerte für Glaubensbetätigungen von Religionsgemeinschaften in allgemeinen Wohngebieten von tags 80 db(A) und nachts 60 db(A) enthalten sind. Die Anwendung des § 4 BImSchG-ErgänzungsG hätte zur Folge, dass die durch die Gebetsrufe des Muezzins erreichten Werte nicht als schädliche Umwelteinwirkungen einzustufen wären.

Aufgrund dieser großen und nur für Religionsgemeinschaften geltenden Abweichungen von 25 bzw. 20 db(A) und den damit verbundenen Auswirkungen auf die Allgemeinheit oder die Nachbarschaft ist jedoch fraglich, ob die Norm verfassungsgemäß ist. Sollte das BImSchG-ErgänzungsG verfassungswidrig und entscheidungserheblich sein, wird das Verwaltungsgericht das Verfahren aussetzen und das Gesetz – da es sich beim BImSchG-ErgänzungsG um ein formelles nachkonstitutionelles Gesetz handelt – gemäß Art. 100 Abs. 1 GG beim Bundesverfassungsgericht vorlegen, welches insoweit die alleinige Verwerfungskompetenz hat. Das BImSchG-ErgänzungsG muss dazu allerdings gemäß Art. 100 Abs. 1 S. 1 GG entscheidungserheblich sein. Dazu dürfte nach einer Gesetzesanwendung des § 4 BImSchG-ErgänzungsG i.V.m. §§ 3, 24 S. 1, 22 Abs. 1 S. 1 Nr. 1 BImSchG – also einer Wortlautsubsumtion – das anhand des § 4 BImSchG-ErgänzungsG zu bestimmende Merkmal des § 3 BImSchG der schädlichen Umwelteinwirkungen mangels Überschreitung der Grenzwerte nicht erfüllt sein.

Noch einmal: Im prozessualen Aufbau ist in Art. 100 Abs. 1 S. 1 GG vorgegeben, dass es zunächst einer Gesetzesanwendung (Wortlautsubsumtion) bedarf, bevor die Verfassungsgemäßheit der Norm geprüft wird, weil die Entscheidungserheblichkeit festzustellen ist. Lediglich bei einem materiellen Aufbau kann die Verfassungsmäßigkeit des Gesetzes vor der Subsumtion unter den Wortlaut der Norm schon bei der Rechtsgrundlage oder den materiellen Voraussetzungen geprüft werden. Ein milderes Mittel gegenüber der Verwerfung (Feststellung der Nichtigkeit) ist jeweils die verfassungskonforme Auslegung der entscheidungserheblichen Norm.

---

(1) Entscheidungserheblichkeit

Nach § 4 BImSchG-ErgänzungsG ist ein Immissionsrichtwert von 80 db(A) tagsüber anzusetzen. Gemessen daran würde durch die Gebetsrufe der Grenzwert für schädliche Umwelteinwirkungen – im Gegensatz zu den Richtwerten der TA-Lärm – nicht überschritten sein. Somit scheint § 4 BImSchG-ErgänzungsG entscheidungserheblich, sodass es auf die Verfassungsmäßigkeit der Norm ankommt und das Gericht von seiner Prüfungskompetenz Gebrauch macht, um dann eventuell beim Bundesverfassungsgericht gemäß Art. 100 Abs. 1 S. 1 GG vorzulegen.

Möglicherweise ist das Gesetz aber nicht entscheidungserheblich, weil sich die identischen Richtwerte nach verfassungskonformer Auslegung ebenso aus der TA-Lärm als Verwaltungsvorschrift ergeben könnten mit der Folge, dass als milderes Mittel gegenüber einer Vorlage des Gesetzes die ohnehin problematische Anwendbarkeit der TA-Lärm als Verwaltungsvorschrift verfassungskonform dahingehend ausgelegt werden muss, dass aufgrund der Einstrahlung der Grundrechte die Werte heraufzusetzen sind.

Grundsätzlich ist es klausurtaktisch empfehlenswert, nach der Gesetzesanwendung die Verfassungsgemäßheit des Gesetzes zu prüfen und anschließend mildere Mittel gegenüber einer Vorlage i.S.d. Art. 100 Abs. 1 S. 1 GG zu erwägen. Da die bei Nichtigkeit des Gesetzes maßgebliche TA-Lärm aber nur eine Verwaltungsvorschrift ist, die bei verfassungskonformer Betrachtung zur Entscheidungsunerheblichkeit des Gesetzes führen könnte, ist es sinnvoll, diesen Aspekt zuerst zu prüfen.

---

(2) Verfassungskonforme Auslegung der TA-Lärm i.S.d. Art. 4 Abs. 1 und Art. 2 Abs. 1 GG

Das Verwaltungsgericht wird seine Prüfungskompetenz nur wahrnehmen, wenn es auf die Gültigkeit des § 4 BImSchG-ErgänzungsG im konkreten Fall ankommt, dieses also entscheidungserheblich ist. „Solange die Möglichkeit besteht, dass das vorlegende Gericht den Rechtsstreit entscheiden kann, ohne die – gegebenenfalls für verfassungswidrig gehaltene – Norm anzuwenden, fehlt es an der Entscheidungserheblichkeit der Norm" (BVerfGE 64, 251, 254).

Somit kann sich die Duldungspflicht der P bzw. des S aus einer verfassungskonformen Auslegung bzw. Reduktion der TA-Lärm aufgrund der Religionsfreiheit gemäß Art. 4 Abs. 1 GG des M e.V. ergeben, ohne dass es einer Vorlage bedürfte. Bei Gebetsrufen ist insoweit eine Einzelprüfung vorzunehmen, bei welcher die örtlichen Gegebenheiten und die Bedeutung des Gebetsrufes mit einbezogen werden. Rechtliche Grundlage für eine Abweichung von den allgemeinen Immissionsrichtwerten ist Nr. 3.2.2. der TA-Lärm, wonach im Einzelfall bei besonderen Umständen – verfassungskonform – eine Abweichung geboten ist. Als derartige Umstände sind in der TA-Lärm unter anderem die besonderen Aspekte der Herkömmlichkeit und der sozialen Adäquanz der Geräuschimmission genannt. Die Regelung der TA-Lärm gilt unmittelbar zwar nur für genehmigungsbedürftige Anlagen, ist aber im Rahmen einer verfassungskonformen Auslegung bzw. Reduktion bezüglich des Terminus der schädlichen Umwelteinwirkungen auch bei nicht genehmigungsbedürftigen Anlagen zumindest als Regelung mit Indizwirkung anzuwenden, weil sich daraus die grundsätzliche Möglichkeit zur Abweichung von den Regelwerten der TA-Lärm ergibt. Durch Nr. 3.2.2. TA-Lärm wird eine Einzelfallprüfung ermöglicht, welche durch die Gebietsart und die mittels der tatsächlichen Verhältnisse bestimmten Schutzwürdigkeit und Schutzbedürftigkeit geprägt ist, wobei wertende Elemente wie die Herkömmlichkeit, die soziale Adäquanz und die allgemeine Akzeptanz mitbestimmend sind (BVerwG, NJW 1988, 2396, 2397). Alle diese Umstände müssen im Sinne einer Güterabwägung im Rahmen einer praktischen Konkordanz des Art. 4 Abs. 1 GG i.V.m. Art. 2 Abs. 2 S. 1 GG in eine wertende

Gesamtbetrachtung einfließen, bei der auch die besondere Stellung des Islams in Deutschland sowie deren gesellschaftliche und kulturhistorische Bedeutung zu würdigen ist.

Eine verfassungskonforme Auslegung bzw. Reduktion der TA-Lärm und somit mittelbar der einfachgesetzlichen Anspruchsgrundlage aufgrund der Religionsfreiheit gemäß Art. 4 Abs. 1 GG des M e.V. ist dann vorzunehmen, wenn eine wortgetreue Anwendung der TA-Lärm zu einer Verletzung der Religionsfreiheit des M e.V. führt.

(a) Schutzbereichsbeeinträchtigung des Art. 4 Abs. 1, 2 GG

Der Schutzbereich des Art. 4 Abs. 1, 2 GG muss eröffnet sein. Die Glaubensfreiheit schützt neben der inneren Freiheit, religiöse und weltanschauliche Überzeugungen zu bilden und zu haben, die äußere Freiheit, diese Überzeugung zu bekennen und zu verbreiten (BVerfGE 24, 236, 245). Geschützt ist gemäß Art. 4 Abs. 2 GG auch die Religionsausübung, also insbesondere kultische Handlungen sowie religiöse oder weltanschauliche Feiern und Gebräuche. Über diese glaubensbezogenen Handlungen im engeren Sinne hinaus wird durch Art. 4 Abs. 1 GG das Recht des Einzelnen, sein gesamtes Verhalten an den Lehren seines Glaubens auszurichten und dieser Überzeugung gemäß zu handeln, geschützt (BVerfGE 108, 282, 297 m.w.N.).

Im Grundgesetz ist keine Differenzierung zwischen christlichen und anderen Religionen enthalten. Dem Begriff Glaube kann folglich nicht nur das theologische Verständnis des Christentums zugrunde gelegt werden. Auch die islamische Religion als eine weltweit anerkannte monotheistische Religion ist vom Schutzbereich des Art. 4 Abs. 1, 2 GG erfasst.

Geschützt sind insoweit sowohl jede Kundgabe der religiösen Überzeugung als auch die ungestörte Religionsausübung. Wenn der Muezzin zum Gebet ruft, bekennt und manifestiert er den eigenen Glauben und den Glauben der Muslime der jeweiligen islamischen Gemeinde. Der Ruf hat folglich bekenntnishaften Charakter und ist deshalb vom Schutzbereich der Bekenntnisfreiheit aus Art. 4 Abs. 1 GG erfasst (Hillgruber, JZ 1999, 538, 541). Der Gebetsruf des Muezzins stellt einen Teil der kultischen Handlung dar und ist dadurch vom Schutzbereich der Religionsausübungsfreiheit erfasst.

Der M e.V. kann sich auf Art. 4 Abs. 1, 2 GG berufen – unabhängig davon, ob sie deutsche Staatsbürger oder Ausländer sind, weil Art. 4 GG in vollem Umfang ein jedermann zukommendes Menschenrecht darstellt. Träger der Religionsausübungsfreiheit sind sowohl die natürlichen als auch die juristischen Personen sowie unterschiedliche Vereinigungen zur Pflege oder Förderung eines religiösen oder weltanschaulichen Bekenntnisses.

Nach alledem ist der Schutzbereich des Art. 4 Abs. 1 GG eröffnet und es besteht insoweit ein Eingriff, als eine wortlautgemäße Anwendung der TA-Lärm aufgrund der niedrigen Grenzwerte zur Verkürzung der Religionsfreiheit führt.

(b) Verfassungsrechtliche Rechtfertigung

Dieser Eingriff könnte aber gerechtfertigt sein. Dies wäre anzunehmen, wenn für das Grundrecht eine Schrankensystematik geregelt ist, deren verfassungsrechtliche Voraussetzungen erfüllt wären. Fraglich ist die Schrankensystematik des Art. 4 GG. In Betracht kommen allgemeine Gesetze bzw. verfassungsimmanente Schranken.

(aa) Allgemeine Gesetze

Es könnte bei der Religionsfreiheit eine Schranke der allgemeinen Gesetze vorgesehen sein. Insoweit könnten die Artt. 136 Abs. 1, 137 Abs. 5 WRV i.V.m. Art. 140 GG als Bestandteil des Grundgesetzes maßgeblich sein. Gemäß Art. 136 Abs. 1 WRV werden die bürgerlichen und staatsbürgerlichen Rechte und Pflichten durch die Religionsfreiheit weder bedingt noch beschränkt. Da derartige Rechte und Pflichten in allgemeinen Gesetzen stehen, könnten die allgemeinen Gesetze die Schranke der Religionsfreiheit darstellen. Gemäß Art. 137 Abs. 3 S. 1 WRV ordnet und verwaltet jede Religionsgemeinschaft ihre Angelegenheiten selbständig und innerhalb des für alle geltenden Gesetzes. Auch daraus könnte sich die Schranke des allgemeinen Gesetzes ergeben.

(bb) Verfassungsimmanente Schranken

Bei verfassungsimmanenten Schranken bedarf es grundsätzlich eines Gesetzes, durch das die kollidierenden Verfassungsgüter geschützt werden. Allenfalls bei evidenten, die freiheitlich-demokratische Grundordnung gefährdenden Eingriffen wäre eine Rechtfertigung unmittelbar über gegenläufiges Verfassungsrecht möglich.

Bei systematischer und teleologischer Betrachtung des Grundgesetzes ist die Schranke allgemeiner Gesetze bei der Religionsfreiheit nicht ersichtlich. In Art. 4 GG ist kein ausdrücklicher Schrankenvorbehalt geregelt. Zwar könnte auf Art. 2 Abs. 2 S. 3 GG i.V.m. Art. 104 GG verwiesen werden, da auch insoweit die Schrankensystematik nicht vollständig bei den Freiheitsrechten am Anfang des Grundgesetzes geregelt ist, sondern in einem hinteren Abschnitt des Grundgesetzes. Die Freiheit der Person i.S.d. Art. 2 Abs. 2 S. 1 GG i.V.m. Art. 104 GG ist allerdings letztlich nicht mit der Religionsfreiheit aus Art. 4 Abs. 1 GG vergleichbar, weil der qualifiziert einschränkende Gesetzesvorbehalt bei der Freiheit der Person mit der einfachen Einschränkung schon in Art. 2 Abs. 2 S. 3 GG angelegt ist, während in Art. 4 GG jegliche Regelung fehlt. Hinzu kommt, dass es sich bei der Religionsfreiheit i.S.d. Art. 4 GG schon historisch um ein für die Demokratie bedeutsames Grundrecht handelt, zumal der auf die Religionsfreiheit bezogene Gesetzesvorbehalt aus Art. 135 WRV in Art. 140 GG nicht aufgenommen worden ist. Wäre eine Schranke im engen Sinne in Form der allgemeinen Gesetze bei der Fassung des Grundgesetzes seitens des parlamentarischen Rates gewollt gewesen, wäre diese wie bei Art. 5 Abs. 2 GG in das Grundgesetz aufgenommen worden. Gerade bei für die Demokratie besonders wichtigen Freiheitsrechten, die systematisch nahe der Menschenwürde stehen, sind Schranken nicht anzunehmen, wenn sie nicht ausdrücklich im Grundrecht enthalten, also grundrechtsimmanent sind. Nach alledem gelten für Art. 4 GG lediglich verfassungsimmanente Schranken. Es gilt also kollidierendes Verfassungsrecht, wobei es insoweit eines Gesetzes bedarf, das Ausdruck gegenläufiger Verfassungsgüter ist, da Wesentliches in der repräsentativen Demokratie auf den unmittelbar vom Volk legitimierten Gesetzgeber rückführbar sein muss.

Beim muslimischen Gebetsruf kollidieren die Grundrechte der jeweiligen Nachbarn. Als mit der Glaubensfreiheit kollidierende Grundrechte kommen das nachbarliche Eigentumsgrundrecht aus Art. 14 Abs. 1 und 2 GG, das Grundrecht auf körperliche Unversehrtheit der Nachbarn aus Art. 2 Abs. 2 S. 1 GG, die Unverletzlichkeit ihrer Wohnung aus Art. 13 Abs. 1 GG sowie deren negative Glaubensfreiheit aus Art. 4 Abs. 1 GG in Betracht. Zwar hat die TA-Lärm nicht den Rang eines Gesetzes, jedoch ist sie durch § 48 Abs. 1 BImSchG gesetzlich legitimiert, durch welchen unter anderem Grundrechte wie die körperliche Unversehrtheit und Gesundheit i.S.d. Art. 2 Abs. 2 S. 1 GG geschützt werden sollen.

Wenngleich eine Privilegierung des Gebetsrufes durch Art. 4 Abs. 1 GG grundsätzlich erfolgen könnte und eine Überschreitung des Immissionsrichtwerts für Beurteilungspegel in allgemeinen Wohngebieten zu dulden sein könnte, kann es für P und S unzumutbar sein, den Lärm zu dulden.

Entscheidendes Kriterium für die Zumutbarkeit ist, dass sich der Gebetsruf nach Zeit, Dauer und Intensität im Rahmen des Herkömmlichen hält.

Vgl. beim öffentlich-rechtlichen Abwehr- und Unterlassungsanspruch zur Zumutbarkeit VG Stuttgart, Urteil vom 11.1.2011 – Az.: 11 K 1705/10 – juris. Allerdings ist auch diesbezüglich der Ruf des Muezzins an den Vorschriften des Immissionsschutzrechtes zu messen. Der schlichte Abwehr- und Unterlassungsanspruch ist nämlich ausgeschlossen, soweit der Eigentümer zur

Duldung verpflichtet ist – also dann, wenn die Geräuschimmissionen nicht als „schädlichen Umwelteinwirkungen" i.S.d. § 3 Abs. 1 BImSchG angesehen werden können. Konkret kommt es aber im Rahmen der verfassungsimmanenten Schranken darauf an, dass im Hinblick auf die Unzumutbarkeit eine Schwelle erreicht wird, die Ausdruck gegenläufiger Verfassungsgüter bzw. -rechte ist. Es ist also ein höherer gegenläufiger Maßstab anzulegen als bei nicht grundrechtlich geschützten Geräuschimmissionen.

Eine solche sich im Rahmen des Herkömmlichen haltende islamische Lebensäußerung ist vom verfassungsrechtlich garantierten Selbstbestimmungsrecht der Muslime gedeckt und stellt einen vom Schutz des Art. 4 Abs. 2 GG erfassten Akt freier Religionsausübung dar. Durch sie werden die Grenzen des Angemessenen grundsätzlich nicht überschritten und sie muss daher von sich gestört fühlenden Einzelpersonen – auch unter dem Gebot gegenseitiger Toleranz – als sozial adäquat ertragen werden. Dies ist hinsichtlich der Immissionsrichtwerte für den Beurteilungspegel auch deshalb gerechtfertigt, weil diese ungeachtet der prinzipiellen Eignung der TA-Lärm für die Beurteilung der Zumutbarkeit von Gebetsrufen für die Nachbarschaft (BVerwG, NJW 1992, 2779) lediglich die Funktion einer Richtungsweisung erfüllen (BVerwG, NVwZ 1997, 390).

Die Beeinträchtigungen in der Wohnung der P und des S sind aber nicht mit Kategorien wie Herkömmlichkeit, Angemessenheit und gegenseitiger Toleranz als zumutbar zu rechtfertigen.

Durch die Maximalwerte des Gebetsrufes werden die allgemeinen Immissionsrichtwerte um 22 db(A) überschritten. Sie stellen damit eine nicht mehr hinnehmbare und zumutbare Beeinträchtigung dar. Insofern muss nämlich bedacht werden, dass die Belange der P bzw. des S vom Schutzbereich des Grundrechts auf Leben und körperliche Unversehrtheit i.S.d. Art. 2 Abs. 2 S. 1 GG erfasst, als gegenläufiges Verfassungsrecht im Rahmen der verfassungsimmanenten Schranken der Religionsfreiheit maßgeblich und mit der Religionsfreiheit i.S.d. Art. 4 Abs. 1 GG gleichrangig sind.

Eine Überschreitung der Grenzwerte etwa um 5 db(A) wird in der Rechtsprechung als zumutbar erachtet. Allerdings müssen auch diesbezüglich die konkreten Umstände des Einzelfalles bedacht werden.

(c) Zwischenergebnis

Nach alledem führt eine verfassungskonforme Auslegung der TA-Lärm i.S.d. Art. 4 Abs. 1, 2 GG aufgrund des inzident im Rahmen der verfassungsimmanenten Schranken maßgeblichen Gesetzes, welches Ausdruck des Art. 2 Abs. 2 S. 1 GG ist, nicht dazu, dass deren Werte heraufzusetzen sind. Daher wäre bei Verfassungswidrigkeit des § 4 BImSchG-ErgänzungsG der Klage der P und des S stattzugeben, bei Verfassungsmäßigkeit des Gesetzes aufgrund der erhöhten, in § 4 BImSchG-ErgänzungsG enthaltenen Grenzwerte hingegen nicht. Das Gesetz ist i.S.d. Art. 100 Abs. 1 S. 1 GG entscheidungserheblich.

(3) Verfassungsgemäßheit des BImSchG-ErgänzungsG

§ 4 BImSchG-ErgänzungsG kann verfassungswidrig sein. Da es sich bei dem BImSchG-ErgänzungsG um ein formelles nachkonstitutionelles Gesetz handelt, ist maßgeblich, ob es objektiv mit dem Grundgesetz vereinbar ist.

Würde es sich beim BImSchG-ErgänzungsG um ein vorkonstitutionelles Gesetz handeln, dürfte das Gericht es auch am Maßstab einfachen Rechts überprüfen.

Zwar ist das verwaltungsgerichtliche Verfahren subjektiviert, jedoch kann ein auf ein Gesetz rückführbarer Grundrechtseingriff – einen solchen stellt die Erhöhung der Lärmwerte für die Anwohner dar – nur gerechtfertigt sein, wenn das Gesetz objektiv verfassungsgemäß ist, da es anderenfalls nichtig ist und somit nicht für eine Eingriffsrechtfertigung maßgeblich sein kann.

Das Verwaltungsgericht muss von der Verfassungswidrigkeit des Gesetzes überzeugt sein, wobei die Überzeugung über bloße Zweifel an der Vereinbarkeit des Gesetzes mit grundgesetzlichen Vorschriften hinausgeht. Anderenfalls wird es § 4 BImSchG-ErgänzungsG anwenden und die Nichterfüllung des Tatbestandsmerkmales „schädliche Umwelteinwirkungen" i.S.d. § 3 Abs. 1 BImSchG annehmen.

Da § 4 BImSchG-ErgänzungsG formell verfassungsgemäß ist, ist allein fraglich, ob das Gericht auch von der materiellen Verfassungsmäßigkeit des Gesetzes überzeugt ist. Durch den Erlass des Gesetzes kann gegen die Artt. 2 Abs. 2 S. 1 GG, 4 Abs. 1 GG, 13 Abs. 1, 7 GG und 14 Abs. 1, 2 GG verstoßen worden sein, wobei Artt. 13 Abs. 1, 7 GG und Art. 14 Abs. 1, 2 GG in Subsidiarität verdrängt sein können.

Grundrechtskonkurrenzen:
- Spezialität
- Subsidiarität
- Idealkonkurrenz

Schema 54: Grundrechtskonkurrenzen, siehe auch Schema 51

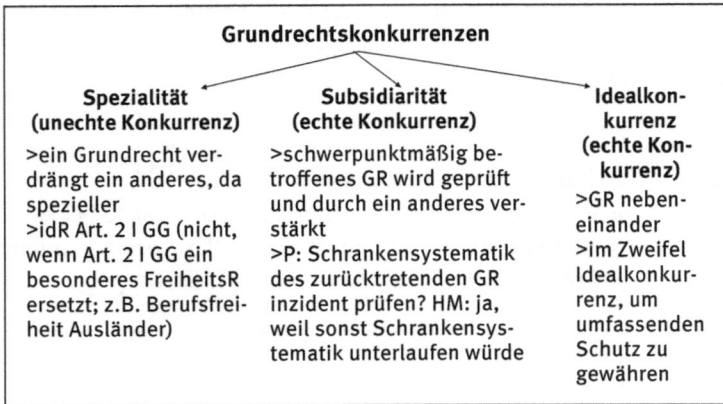

Grundrechtskonkurrenzen		
Spezialität (unechte Konkurrenz)	**Subsidiarität (echte Konkurrenz)**	**Idealkonkurrenz (echte Konkurrenz)**
>ein Grundrecht verdrängt ein anderes, da spezieller >idR Art. 2 I GG (nicht, wenn Art. 2 I GG ein besonderes FreiheitsR ersetzt; z.B. Berufsfreiheit Ausländer)	>schwerpunktmäßig betroffenes GR wird geprüft und durch ein anderes verstärkt >P: Schrankensystematik des zurücktretenden GR inzident prüfen? HM: ja, weil sonst Schrankensystematik unterlaufen würde	>GR nebeneinander >im Zweifel Idealkonkurrenz, um umfassenden Schutz zu gewähren

Während bei der Spezialität ein allgemeines Grundrecht durch ein spezielleres verdrängt wird und bei der Idealkonkurrenz die Grundrechte nebeneinander angewandt werden, ist bei einer Subsidiarität das schwerpunktmäßig betroffene Grundrecht primär anwendbar, während im Rahmen der Schrankensystematik die Maßstäbe des subsidiären Grundrechts zusätzlich anwendbar sein können. Schwerpunktmäßig sind allenfalls die Artt. 2 Abs. 2 S. 1 GG, 4 Abs. 1 GG betroffen, während die Artt. 13 Abs. 1 GG, 14 Abs. 1 GG subsidiär sein können, zumal es bezüglich deren Schutzbereichsbetroffenheit durch das Gesetz keine Anhaltspunkte gibt.

Es ist vertretbar, die Grundrechte in Idealkonkurrenz zu prüfen.

(a) Negative Glaubensfreiheit i.S.d. Art. 4 Abs. 1 GG

Der Ruf des Muezzins ist bezüglich der negativen Religionsfreiheit nicht mit dem Kruzifix in öffentlich-rechtlichen Schulen vergleichbar, da der maßgebliche Rechtsträger (Kirche) insoweit anders organisiert ist – nämlich im Gegensatz zum privatrechtlichen M e.V. als juristische Person des öffentlichen Rechts.

Aus Art. 136 Abs. 3 S. 1, Abs. 4 WRV und Art. 141 WRV i.V.m. Art. 140 GG als Auslegungshilfe ergibt sich, dass durch Art. 4 Abs. 1 GG auch die negative Glaubensfreiheit, also die Freiheit, kultischen Handlungen eines nicht geteilten Glaubens fern zu bleiben (BVerfGE 108, 282, 301), gleichermaßen wie die positive Glaubensfreiheit geschützt wird. „In Art. 4 GG wird es dem Einzelnen überlassen, zu entscheiden, welche religiösen Symbole er anerkennt und verehrt und welche er ablehnt. Zwar hat er in einer Gesellschaft, in der unterschiedlichen Glaubensüberzeugungen Raum gegeben wird, kein Recht darauf, von fremden Glaubensbekundungen, kultischen Handlungen und religiösen Symbolen verschont zu bleiben. Davon zu unterscheiden ist aber eine vom Staat geschaffene Lage, in welcher der Einzelne ohne Ausweichmöglichkeit dem Einfluss eines bestimmten Glaubens, den Handlungen, in denen dieser sich manifestiert, und den Symbolen, in denen er sich darstellt, ausgesetzt ist" (BVerfGE 108, 282, 302).

Fraglich ist, ob die von § 4 BImSchG-ErgänzunsG umfassten Gebetsrufe und sonstigen Glaubensbetätigungen eine derartige vom Staat geschaffene Lage darstellen, denen die Nachbarn in allgemeinen Wohngebieten nicht ausweichen können, sodass ein Eingriff in deren negative Glaubensfreiheit anzunehmen ist.

Bei den Nachbarschaftsverhältnissen in allgemeinen Wohngebieten handelt es sich um keine vom Staat geschaffene Lage; vielmehr ist dies das Ergebnis selbstbestimmter Entscheidungen Privater. Die freiheitssichernde Wirkung des Art. 4 GG wird aber „gerade in Lebensbereichen, die nicht der gesellschaftlichen Selbstorganisation überlassen, sondern vom Staat in Vorsorge genommen worden sind" (BVerfGE 108, 282, 302), entfaltet.

Würde der Schutzbereich des Art. 4 GG auch jenseits solcher vom Staat geschaffenen Lagen als janusköpfig und somit der negative Schutzbereich als Gegenteil des positiven Schutzbereiches eingestuft werden, wäre vom negativen Schutzbereich in seiner Spiegelfunktion jedoch lediglich die Freiheit des Einzelnen erfasst, sich selbst nicht äußern zu müssen, nicht aber die Äußerungen anderer durch die negative Freiheit beschränken zu können. Vorzugswürdig ist es schon aufgrund der praktischen Konkordanz des Art. 4 GG zu anderen Grundrechten, die Norm als Abwehrrecht des Einzelnen gegenüber dem Staat nicht konturenlos durch die grundsätzliche Erfassung der Handlungen Dritter, die dem Staat nicht zuzurechnen sind, ausufern zu lassen. Art. 4 GG ist daher dahingehend auszulegen, dass es für die Eröffnung des Schutzbereiches nicht genügt, mittelbar durch Handlungen dritter Privater deren Gebetsruf ausgesetzt zu sein. Dies kann nur bei besonderer Schwere im Hinblick auf staatliche Schutzpflichten bezüglich der Glaubensfreiheit angenommen werden. Eine derartige Beeinträchtigung der negativen Religionsfreiheit durch das BImSchG-ErgänzungsG ist nicht ersichtlich. Somit fehlt es an einem Schutzbereichseingriff in Art. 4 Abs. 1, 2 GG – und zwar bezüglich aller Gesetzesadressaten.

Achtung! Das Gesetz ist objektiv bezüglich aller Adressaten zu prüfen.

(b) Körperliche Unversehrtheit i.S.d. Art. 2 Abs. 2 S. 1 GG

Durch den Erlass des BImSchG-ErgänzungsG kann Art. 2 Abs. 2 S. 1 GG bezüglich sämtlicher vom Gesetz betroffenen Anwohner verletzt worden sein.

Die körperliche Unversehrtheit ist die menschliche Gesundheit im biologisch-physiologischen Sinne (BVerfGE 56, 54, 73). Unterhalb dieser Schwelle wird das psychische Wohlbefinden geschützt, soweit es um Wirkungen geht, die mit körperlichen Schmerzen vergleichbar sind. Schließlich wird die körperliche Integrität als solche geschützt – auch wenn der Eingriff zu keinen Schmerzen führt.

In Betracht kommt zunächst ein mittelbarer Eingriff durch das Gesetz in Form der Intensität, weil durch das BImSchG-ErgänzungsG schwere und unerträgliche Handlungen Dritter erlaubt worden sein könnten. Ein solcher Eingriff ist jedenfalls anzunehmen, falls der Staat durch das Gesetz seine grundrechtlichen Schutzpflichten verletzt hat.

Aus Art. 2 Abs. 2 S. 1 GG in Verbindung mit dem staatlichen Gewaltmonopol im Rechtsstaat ergibt sich für den Staat die Pflicht, das Leben und die körperliche Unversehrtheit des Einzelnen auch vor rechtswidrigen Eingriffen durch andere zu schützen zu bewahren (BVerfGE 115, 320, 346). Zwar sind Grundrechte in ihrer klassischen Funktion Abwehrrechte gegen den Staat, jedoch stellen sie gemäß Art. 1 Abs. 3 GG auch eine objektive Werteordnung dar, sodass durch sie auch Schutzpflichten begründet werden können. Das ist anzunehmen, wenn im Rahmen eines verfassungsrechtlich gewährten subjektiven Rechts eine eingriffsadäquate bedeutsame Grundrechtsbeeinträchtigung bei hinreichender Schadenswahrscheinlichkeit und Schutzbedürftigkeit des Betroffenen zu befürchten ist.

Körper und Gesundheit i.S.d. Art. 2 Abs. 2 S. 1 GG sind subjektivierte Schutzgüter, die bei den im BImSchG-ErgänzungsG vorgesehenen Lärmbelästigungen stetig beeinträchtigt sein können. Diese Beeinträchtigungen sind eingriffsadäquat, da sie, würden sie von staatlicher Seite anstelle Dritter erfolgen, einen unmittelbaren Grundrechtseingriff darstellen. Gesundheitsschädigungen in Form zum Beispiel gravierender Schlafstörungen Betroffener durch das Lärmen Dritter können eintreten. Die betroffene Nachbarschaft, für die das BImSchG-ErgänzungsG anwendbar ist, ist schutzwürdig, da das Gewaltmonopol des Staates besteht.

Der Schutz durch den Staat muss angemessen und wirksam erfolgen. Gemessen daran hat der Gesetzgeber bei Erlass des § 4 BImSchG-ErgänzungsG die besondere Bedeutung und Tragweite der Grundrechte betroffener Nachbarn nicht hinreichend gewürdigt.

In § 4 BImSchG-ErgänzungsG sind Grenzwerte von tags 80 db(A) und nachts 60 db (A) geregelt. Diese liegen deutlich über den Grenzwerten der TA-Lärm für vergleichbare Gebiete von tags 55 dB(A) und nachts 40 dB(A).

Die Immissionsrichtwerte der TA-Lärm sind an der Schutzbedürftigkeit des Gebiets ausgerichtet, das durch den Immissionswert betroffen ist, und es wird der Schutzwürdigkeit und der Schutzbedürftigkeit einzelner Gebietsarten jeweils hinreichend Rechnung getragen. Der Ausgleich widerstreitender Interessen wird zugleich dadurch gewährleistet, dass der gegenwärtige Stand der Technik bei der Festlegung der Grenzwerte stets berücksichtigt wird. Wenngleich die TA-Lärm lediglich als Richtwert herangezogen werden kann und keine allgemein verbindlichen Aussagen enthält, ist es auch im Hinblick auf die Glaubensfreiheit aus Art. 4 Abs. 1, 2 GG nicht geboten, den zulässigen Grenzwert um 25 db(A) bzw. 20 db(A) anzuheben. Ein geordnetes Zusammenleben in allgemeinen Wohngebieten wäre deutlich erschwert und mit erheblichen gesundheitlichen Folgeproblemen verbunden, würde zugleich eine derartige Geräuschimmission durch § 4 BImSchG-ErgänzungsG erlaubt sein.

Das Grundrecht auf körperliche Unversehrtheit aus Art. 2 Abs. 2 S. 1 GG hat einen verfassungsrechtlichen Rang, der gegenüber der Glaubensfreiheit nicht zu vernachlässigen ist. Vielmehr obliegt es dem Gesetzgeber, rechtsstaatlich fundierte Regelungen zu schaffen und widerstreitende Interessen angemessen auszugleichen.

Durch § 4 BImSchG-ErgänzungsG sind gesundheitsgefährdende Werte festgesetzt, sodass Art. 2 Abs. 2 S. 1 GG durch die Norm ungerechtfertigt beeinträchtigt und die Norm folglich materiell verfassungswidrig ist.

(c) Art. 14 GG und Art. 13 Abs. 1 GG
Für eine Schutzbereichsbetroffenheit bezüglich der Artt. 14 Abs. 1, 13 Abs. 1 GG – dem bereichsspezifisch i.S.d. Art. 14 Abs. 1 S. 2 GG definierten Eigentum und der Unverletzlichkeit der Wohnung – bestehen für die abstrakt generelle Regelung des § 4 BImSchG-ErgänzungsG keine hinreichenden Anhaltspunkte, da sogar für den Einzelfall bezüglich P und S, der auch vom Gesetz erfasst ist, keine substantiierten Erkenntnisse gegeben sind. Zudem ist schwerpunktmäßig Art. 2 Abs. 2 S. 1 GG betroffen, sodass die Artt. 14 Abs. 1, 13 Abs. 1 GG subsidiär sind. Darüber hinaus ist bezüglich des Art. 13 Abs. 2, 7 GG das Zitiergebot i.S.d. Art. 19 Abs. 1 S. 2 GG in § 4 BImSchG-ErgänzungsG nicht beachtet worden und es ergibt sich jedenfalls deshalb eine Verfassungswidrigkeit.

c) Ergebnis zur Entscheidungserheblichkeit
Das Verwaltungsgericht ist im Rahmen seiner Prüfungskompetenz von der Verfassungswidrigkeit des Gesetzes überzeugt. Es hält § 4 BImSchG-ErgänzungsG für verfassungswidrig, weil die Norm nach der Überzeugung des Gerichts mit

dem Grundrecht auf körperliche Unversehrtheit i.S.d. Art. 2 Abs. 2 S. 1 GG der jeweils betroffenen Nachbarschaft unvereinbar ist.

III. Verfahrensaussetzung

Das Verwaltungsgericht wird daher das Verfahren aussetzen und eine Entscheidung des Bundesverfassungsgerichts mittels einer Vorlage i.S.d. Art. 100 Abs. 1 GG herbeiführen.

Zweck der konkreten Normenkontrolle ist die allgemein verbindliche Klärung verfassungsrechtlicher Fragen bei divergierenden Entscheidungen der Gerichte. Zudem sollen Rechtsunsicherheit und Rechtszersplitterung vermieden werden. Außerdem soll eine verfassungsmäßige Entscheidung in einem konkreten Rechtsstreit gewährleistet werden (BVerfGE 67, 26, 33; 42, 42, 49).

Durch einen Verstoß gegen die Vorlagepflicht, die allerdings nur bei Entscheidungserheblichkeit besteht, wird Art. 101 Abs. 1 S. 2 GG verletzt. Diese Verletzung kann zum Beispiel mit einer Verfassungsbeschwerde i.S.d. Art. 93 Abs. 1 Nr. 4a GG gerügt werden.

C. Verfassungsrechtliches Hilfsgutachten

Die auf die Vorlage des Verwaltungsgerichts erfolgte konkrete Normenkontrolle i.S.d. Art. 100 Abs. 1 GG hat Erfolg, soweit sie zulässig und begründet ist.

I. Zulässigkeit

Die konkrete Normenkontrolle beim Bundesverfassungsgericht muss zulässig sein.

1. Zuständigkeit des Bundesverfassungsgerichts

Das Bundesverfassungsgericht ist nur zuständig, wenn ihm ein Verfahren ausdrücklich enumerativ zugewiesen ist. Dem Bundesverfassungsgericht ist das konkrete Normenkontrollverfahren gemäß den Artt. 93 Abs. 1 Nr. 5, 100 Abs. 1 GG i.V.m. § 13 Nr. 11 BVerfGG zugewiesen, bei dem es um die Prüfung bzw. Verwerfung eines von einem Fachgericht vorgelegten nachkonstitutionellen Gesetzes geht.

2. Verfahrensabhängige Zulässigkeitsvoraussetzungen

Jedem dem Bundesverfassungsgericht enumerativ zugewiesenen Verfahren sind verfahrensabhängige Zulässigkeitsvoraussetzungen zugeordnet, die erfüllt sein müssen. Für das konkrete Normenkontrollverfahren ergeben sie sich aus den §§ 13 Nr. 11, 80 ff. BVerfGG.

a) Vorlageberechtigtes Gericht

Zunächst muss das dem Bundesverfassungsgericht vorlegende Gericht vorlageberechtigt i.S.d. § 80 Abs. 1 BVerfGG i.V.m. Art. 100 Abs. 1 GG sein. Vorlageberechtigte Gerichte i.S.d. § 80 Abs. 1 BVerfGG sind alle sachlich unabhängigen Spruchkörper, die in einem formellen Gesetz als Gericht bezeichnet oder denen gerichtliche Aufgaben überantwortet worden sind (BVerfGE 6, 55, 63). Das gilt jedenfalls für Verwaltungsgerichte i.S.d. § 40 Abs. 1 S. 1 VwGO, also auch für das vorlegende Verwaltungsgericht. Das Verwaltungsgericht ist vorlageberechtigt.

b) Vorlagegegenstand

Beim Vorlagegegenstand geht es um eine ähnliche Prüfung wie beim besonderen Rechtsschutzbedürfnis bei der Verfassungsbeschwerde (Rechtswegerschöpfung und Subsidiarität).

Es muss sich bei § 4 BImSchG-ErgänzungsG um einen vorlagefähigen Vorlagegegenstand i.S.d. § 80 Abs. 1 BVerfGG i.V.m. Art. 100 Abs. 1 GG, also um ein vorlagefähiges Gesetz handeln, bezüglich dessen das Bundesverfassungsgericht i.S.d. § 81 BVerfGG Rechtsfragen prüft. Vorlagefähige Gesetze sind grundsätzlich formelle und nachkonstitutionelle abstrakt-generelle Regelungen.

Dazu würden allerdings zum Beispiel auch Verordnungen gehören, die mittels delegierter Legislativgewalt von der Exekutive erlassen worden sind und bezüglich derer die Fachgerichte nicht nur die Prüfungs-, sondern auch die Verwerfungskompetenz zumindest zwischen den Beteiligten in Verfahren indirekten Rechtsschutzes haben. Im direkten Rechtsschutzverfahren gegen eine Verordnung könnte ein Oberverwaltungsgericht – soweit eine prinzipale Normenkontrolle i.S.d. § 47 Abs. 1 VwGO vorgesehen ist – diese sogar allgemein verbindlich i.S.d. § 47 Abs. 5 S. 2 VwGO verwerfen. Insoweit ist § 81 BVerfGG verfassungskonform im Sinne des sich unter anderem aus Art. 20 Abs. 3 GG ergebenden Rechtsstaatsprinzips dahingehend auszulegen, dass das Bundesverfassungsgericht als Hüter der Verfassung möglichst geringfügig mit Verfahren behelligt werden soll, sodass Gesetze i.S.d. Art. 100 Abs. 1 GG – welcher in praktischer Konkordanz mit Art. 20 Abs. 3 GG anzuwenden ist – restriktiv anzunehmen sind.

Gesetze sind insoweit jedenfalls geltende, formelle und nachkonstitutionelle Bundes- oder Landesgesetze, für welche bei den Instanzgerichten zwar eine Prüfungskompetenz, jedoch keine Verwerfungskompetenz besteht, weil diese ausschließlich dem Bundesverfassungsgericht zugewiesen ist. Ein Gesetz ist im Sinne dieser Normen jedenfalls gültig, wenn es gemäß Art. 82 GG durch die Verkündung im Bundesgesetzblatt in Kraft getreten ist. Es ist formell und nachkonstitutionell, wenn es durch den Rechtssetzungsakt eines Legislativorgans nach 1949 in Kraft getreten ist. Nur insoweit bedarf es durch die alleinige Zuweisung der Verwerfungskompetenz zum Bundesverfassungsgericht dem erhöhten Schutz des parlamentarischen Gesetzgebers, während vorkonstitutionelle Gesetze grundsätzlich auch durch die Instanzgerichte zumindest zwischen Verfahrensbeteiligten verworfen werden können.

§ 4 BImSchG-ErgänzungsG stellt als formelles Bundesgesetz einen ordnungsgemäßen Vorlagegegenstand dar. Ob ausnahmsweise auch Verordnungen bzw. vorkonstitutionelle Gesetze Gegenstand der Vorlage sein können, ist nicht maßgeblich und kann somit dahinstehen.

c) Überzeugung bezüglich der Verfassungswidrigkeit

Das vorlegende Gericht muss von der Verfassungswidrigkeit des Gesetzes überzeugt sein, wobei eine Überzeugung über bloße Zweifel der Vereinbarkeit des Gesetzes mit grundgesetzlichen Vorschriften hinausgeht. Die Darlegung ist gemäß § 80 Abs. 2 S. 1 BVerfGG insoweit dem vorlegenden Gericht zugewiesen.

Das vorlegende Verwaltungsgericht hält § 4 BImSchG-ErgänzungsG wegen dessen Unvereinbarkeit mit Art. 2 Abs. 2 S. 1 GG für verfassungswidrig und ist somit von der Verfassungswidrigkeit des Gesetzes überzeugt.

d) Entscheidungserheblichkeit

Es ist eine Voraussetzung für eine Vorlage im konkreten Normenkontrollverfahren i.S.d. Art. 100 Abs. 1 S. 1 GG beim Bundesverfassungsgericht, dass es auf dessen Gültigkeit bei der Entscheidung ankommt. Das BImSchG-ErgänzungsG ist entscheidungserheblich, da der Erfolg der Klage der P und des S von dessen Wirksamkeit abhängig ist.

e) Ordnungsgemäßer Antrag

Der Antrag ist schriftlich begründet i.S.d. § 80 Abs. 2 BVerfGG i.V.m. § 23 Abs. 1 BVerfGG und damit ordnungsgemäß gestellt worden.

Zwar ist der Antrag i.S.d. § 23 BVerfGG eine allgemeine Verfahrensvoraussetzung, jedoch in Verknüpfung mit § 80 Abs. 2 BVerfGG bei den besonderen Voraussetzungen zu erörtern.

3. Zwischenergebnis

Der Antrag des Verwaltungsgerichts beim Bundesverfassungsgericht ist zulässig.

II. Begründetheit

Der Antrag des Verwaltungsgerichts ist begründet, soweit § 4 BImSchG-ErgänzungsG mit dem Grundgesetz unvereinbar ist. Dann wird das Bundesverfassungsgericht den verfahrensgegenständlichen § 4 BImSchG-ErgänzungsG gemäß § 78 S. 1 BVerfGG i.V.m. § 82 Abs. 1 BVerfGG mit Gesetzeskraft i.S.d. § 31 Abs. 2 S. 1 BVerfGG i.V.m. § 78 BVerfGG für nichtig erklären. Das konkrete Normenkontrollverfahren ist ein objektives Beanstandungsverfahren, sodass eine objektive Verfassungswidrigkeit des Gesetzes entsprechend dem in Art. 100 Abs. 1 GG enthaltenen Prüfungsmaßstab des Grundgesetzes maßgeblich ist. Das Bundesverfassungsgericht wird § 4 BImSchG-ErgänzungsG mit gleicher Begründung wie das Verwaltungsgericht als verfassungswidrig einstufen, dessen Nichtigkeit feststellen und an das Verwaltungsgericht zurückverweisen.

D. Wiederaufnahme des Verfahrens beim Verwaltungsgericht

Das Verwaltungsgericht wird das Verfahren der P und des S wieder aufnehmen und die materielle Prüfung der Anspruchsgrundlage § 24 S. 1 BImSchG fortsetzen.

I. Materielle Voraussetzungen

Aufgrund der Nichtigkeit des BImSchG-ErgänzungsG sind die materiellen Voraussetzungen des § 24 S. 1 BImSchG bezüglich der Klage der P und des S auch erfüllt, weil die somit maßgeblichen Grenzwerte der TA-Lärm für die Anordnung nach § 24 S. 1 BImSchG überschritten sind.

II. Rechtsfolge

Rechtsfolge des § 24 S. 1 BImSchG ist Ermessen. Aufgrund der durch die Gebetsrufe des Muezzins erreichten hohen Grenzwerte, durch welche die Gesundheitsschädlichkeitsgrenze überschritten ist, ist das Ermessen mittels des höherrangigen zu beachtenden Grundrechtes der körperlichen Unversehrtheit aus Art. 2 Abs. 2 S. 1 GG auf Null reduziert, sodass aus der Ermessensentscheidung eine gebundene Entscheidung zugunsten der Kläger auf Verpflichtung des M e.V. zur Einhaltung der Grenzwerte geworden ist.

E. Ergebnis

Das Verwaltungsgericht verurteilt das Land N als Rechtsträger der Gewerbeaufsicht, die von den Klägern eingeklagte Ordnungsverfügung an den M e.V. zu erlassen – mit dem Inhalt des Gebotes, die Grenzwerte der TA-Lärm einzuhalten.

2. Komplex: Abwandlung

A. Rechtsweg und Anspruch gegen den M e.V.

Religionsgemeinschaften, die bereits vor Einführung der Weimarer Reichsverfassung Körperschaften des öffentlichen Rechts waren, behalten diesen Status gemäß Art. 140 GG i.V.m. Art. 137 Abs. 5 WRV. Islamische Gruppierungen in Deutschland gehören jedoch nicht dazu und sind deshalb religiöse Vereine des Privatrechts. Für alle Religionsgemeinschaften, die keine Körperschaften des öffentlichen Rechts i.S.d. Art. 140 GG i.V.m. Art. 137 Abs. 5 WRV sind, ist der ordentliche Rechtsweg i.S.d. § 13 GVG eröffnet. Rechtsgrundlage eines möglicherweise bestehenden nachbarrechtlichen Abwehranspruchs sind die §§ 906, 1004 BGB.

B. M als Körperschaft öffentlichen Rechts

Wäre M eine Körperschaft des öffentlichen Rechts, wäre gegen M wegen des Sachzusammenhanges zum öffentlichen Recht – mangels aufdrängender Sonderzuweisung, streitentscheidender Norm und Subordinationsverhältnis – der Verwaltungsrechtsweg gemäß § 40 Abs. 1 S. 1 VwGO eröffnet.

Anspruchsgrundlage wäre der schlichte Abwehr- und Unterlassungsanspruch, der aus einer Vorwirkung der Grundrechte bzw. analog § 1004 Abs. 1 S. 1 BGB entwickelt worden und mittlerweile als Gewohnheitsrecht einzustufen ist.

Grundrechte – Fall 5:
„Der große Aktienschwindel"

Schwerpunkte: Urteilsverfassungsbeschwerde, Eigentum (Art. 14 GG), Recht auf rechtliches Gehör (Art. 103 Abs. 1 GG)

B und S sind Minderheitsaktionäre der mittelständischen, börsennotierten Tölpel-AG. Die Mehrheit der Aktien hielten US-amerikanische Fonds und die Vorstandsmitglieder der AG. Die Vorstandsmitglieder der Tölpel-AG gründeten gemeinsam mit den Fonds eine Beteiligungsgesellschaft und übertrugen ihre Anteile an der AG auf die Beteiligungsgesellschaft. Zuletzt hielt die Beteiligungsgesellschaft insgesamt 98,36 vom Hundert des Grundkapitals.

Auf Antrag der Beteiligungsgesellschaft wurde in der ordnungsgemäß einberufenen Hauptversammlung der Aktiengesellschaft gemäß § 327a Abs. 1 S. 1 AktG beschlossen, der Beteiligungsgesellschaft auch die Aktien der verbleibenden Minderheitsaktionäre zu übertragen („Squeeze-out"). B und S erhoben gegen diesen Beschluss eine Anfechtungsklage gemäß der §§ 241 Nr. 5, 243 AktG.

Der Vorstand der Aktiengesellschaft beantragte daraufhin beim zuständigen Oberlandesgericht die Bewilligung der vorzeitigen Eintragung des Übertragungsbeschlusses in das Handelsregister. Dies war notwendig, weil eine Freigabe der Aktien erst mit Eintragung im Handelsregister erfolgen kann, welche wiederum eine Erklärung des Vorstandes darüber voraussetzt, dass keine Anfechtungsklage mehr anhängig ist. Alternativ zu dieser Erklärung kann das Gericht gemäß § 327e Abs. 2 AktG i.V.m. § 319 Abs. 5 S. 1 und Abs. 6 AktG durch einen unanfechtbaren Beschluss feststellen, dass die Erhebung der Klage der Eintragung nicht entgegensteht.

Das Oberlandesgericht beschloss daraufhin ohne mündliche Verhandlung, dass die Anfechtungsklage offensichtlich unbegründet sei. Insofern bewilligte es die vorzeitige Eintragung. Die gesetzlichen Regelungen des „Squeeze-out" – die §§ 327a ff. AktG – seien zudem verfassungsgemäß. Eine offensichtliche Unbegründetheit der Anfechtungsklage i.S.d. § 319 Abs. 6 S. 2 AktG sei nicht nur anzunehmen, wenn die Unbegründetheit der Klage auf der Grundlage des unstreitigen oder bewiesenen Vortrags zweifelsfrei festgestellt werden könne, ohne dass streitige Rechtsfragen geklärt werden müssten. Vielmehr könne sich die offensichtliche Unbegründetheit auch aus einer umfassenden rechtlichen Würdigung ergeben. Beim Oberlandesgericht waren die Richter nach umfassender rechtlicher Würdigung der Auffassung, dass die Einwände des B und des S gegen die Rechtmäßigkeit des Übertragungsbeschlusses unbegründet seien.

https://doi.org.10.1515/9783110624410-016

B und S erheben gegen den unanfechtbaren Beschluss des Oberlandesgerichts nun jeweils eine Verfassungsbeschwerde. Durch den Beschluss des Oberlandesgerichts seien sie in ihren Grundrechten verletzt, weil er auf den verfassungswidrigen Vorschriften der §§ 327a ff. AktG beruhe. Der pauschale, auf § 319 Abs. 5 und 6 AktG in diesen Normen enthaltene Verweis sei sachfremd, weil die von einer Eingliederung betroffenen Aktionäre nach § 320b Abs. 1 S. 2 AktG wiederum Aktien erhielten, ausgeschlossene Minderheitsaktionäre aber lediglich finanziell abgefunden würden. Im Übrigen werde mittels des in § 319 Abs. 6 AktG i.V.m. § 327e Abs. 2 AktG enthaltenen „Eilverfahrens" kein hinreichend effektiver Rechtsschutz gegen den Entzug des Eigentums gewährt, da jedenfalls keine ausreichende Vorgabe für die Prüfung der Voraussetzungen des „Squeeze-out" geregelt sei.

Zudem sei der nicht mehr mit Rechtsmitteln angreifbare Beschluss des Oberlandesgerichts mit Verfahrensrechten unvereinbar. Das Gericht habe entgegen dem Antrag des B und des S – dies ist zutreffend – ohne die Durchführung einer mündlichen Verhandlung entschieden. Außerdem habe das Gericht ihr Vorbringen nicht ausreichend berücksichtigt. Es sei nicht auf die zahlreichen Indizien eingegangen, mittels derer hätte bewiesen werden können, dass der Beteiligungsgesellschaft tatsächlich nicht 95 vom Hundert des Grundkapitals i.S.d. § 327a Abs. 1 S. 1 AktG „gehört" hätten. Zutreffend sei zwar, dass das Oberlandesgericht bezüglich der Aktienanteile der Beteiligungsgesellschaft weitere Umstände, insbesondere die Depotauszüge berücksichtigt habe, sodass seitens des Oberlandesgerichts insofern die formale Eigentümerstellung zugrunde gelegt worden sei. Allerdings hätten dennoch die seitens des B und des S dargelegten Indizien berücksichtigt werden müssen.

Sind die Anträge beim Bundesverfassungsgericht erfolgreich?

Bearbeitungsvermerk

Erörtern Sie die rechtlichen Aspekte gegebenenfalls hilfsgutachtlich. Gehen Sie dabei davon aus, dass sämtliche Normen formell – abgesehen von der Zuständigkeit –verfassungsgemäß sind. Soweit Sie die Verfassungsmäßigkeit des Aktiengesetzes prüfen, ist die Prüfung auf das Freiheitsrecht Eigentum zu beschränken. Die Zahl der Anfechtungsklagen nach dem Aktiengesetz ist seit 1980 signifikant angestiegen. Ein Verstoß gegen Art. 101 Abs. 1 S. 2 GG ist nicht zu erörtern.

Aktiengesetz (AktG)

§ 327a: Übertragung von Aktien gegen Barabfindung

(1) Die Hauptversammlung einer Aktiengesellschaft oder einer Kommanditgesellschaft auf Aktien kann auf Verlangen eines Aktionärs, dem Aktien der Gesellschaft in Höhe von 95 vom Hundert des Grundkapitals gehören (Hauptaktionär), die Übertragung der Aktien der übrigen Aktionäre (Minderheitsaktionäre) auf den Hauptaktionär gegen Gewährung einer angemessenen Barabfindung beschließen. § 285 Abs. 2 Satz 1 findet keine Anwendung.

(2) Für die Feststellung, ob dem Hauptaktionär 95 vom Hundert der Aktien gehören, gilt § 16 Abs. 2 und 4.

§ 327b: Barabfindung

(1) Der Hauptaktionär legt die Höhe der Barabfindung fest; sie muss die Verhältnisse der Gesellschaft im Zeitpunkt der Beschlussfassung ihrer Hauptversammlung berücksichtigen. Der Vorstand hat dem Hauptaktionär alle dafür notwendigen Unterlagen zur Verfügung zu stellen und Auskünfte zu erteilen.

(2) Die Barabfindung ist von der Bekanntmachung der Eintragung des Übertragungsbeschlusses in das Handelsregister an mit jährlich 5 Prozentpunkten über dem jeweiligen Basiszinssatz nach § 247 des Bürgerlichen Gesetzbuchs zu verzinsen; die Geltendmachung eines weiteren Schadens ist nicht ausgeschlossen.

(3) Vor Einberufung der Hauptversammlung hat der Hauptaktionär dem Vorstand die Erklärung eines im Geltungsbereich dieses Gesetzes zum Geschäftsbetrieb befugten Kreditinstituts zu übermitteln, durch die das Kreditinstitut die Gewährleistung für die Erfüllung der Verpflichtung des Hauptaktionärs übernimmt, den Minderheitsaktionären nach Eintragung des Übertragungsbeschlusses unverzüglich die festgelegte Barabfindung für die übergegangenen Aktien zu zahlen.

§ 327c: Vorbereitung der Hauptversammlung

(1) Die Bekanntmachung der Übertragung als Gegenstand der Tagesordnung hat folgende Angaben zu enthalten:

1. Firma und Sitz des Hauptaktionärs, bei natürlichen Personen Name und Adresse;
2. die vom Hauptaktionär festgelegte Barabfindung.

(2) Der Hauptaktionär hat der Hauptversammlung einen schriftlichen Bericht zu erstatten, in dem die Voraussetzungen für die Übertragung dargelegt und die

Angemessenheit der Barabfindung erläutert und begründet werden. Die Angemessenheit der Barabfindung ist durch einen oder mehrere sachverständige Prüfer zu prüfen. Diese werden auf Antrag des Hauptaktionärs vom Gericht ausgewählt und bestellt. § 293a Abs. 2 und 3, § 293c Abs. 1 Satz 3 bis 5, Abs. 2 sowie die §§ 293d und 293e sind sinngemäß anzuwenden.

(3) Von der Einberufung der Hauptversammlung an sind in dem Geschäftsraum der Gesellschaft zur Einsicht der Aktionäre auszulegen

1. der Entwurf des Übertragungsbeschlusses;
2. die Jahresabschlüsse und Lageberichte für die letzten drei Geschäftsjahre;
3. der nach Absatz 2 Satz 1 erstattete Bericht des Hauptaktionärs;
4. der nach Absatz 2 Satz 2 bis 4 erstattete Prüfungsbericht.

(4) Auf Verlangen ist jedem Aktionär unverzüglich und kostenlos eine Abschrift der in Absatz 3 bezeichneten Unterlagen zu erteilen.

(5) Die Verpflichtungen nach den Absätzen 3 und 4 entfallen, wenn die in Absatz 3 bezeichneten Unterlagen für denselben Zeitraum über die Internetseite der Gesellschaft zugänglich sind.

§ 327e: Eintragung des Übertragungsbeschlusses

(1) Der Vorstand hat den Übertragungsbeschluss zur Eintragung in das Handelsregister anzumelden. Der Anmeldung sind die Niederschrift des Übertragungsbeschlusses und seine Anlagen in Ausfertigung oder öffentlich beglaubigter Abschrift beizufügen.

(2) § 319 Abs. 5 und 6 gilt sinngemäß.

(3) Mit der Eintragung des Übertragungsbeschlusses in das Handelsregister gehen alle Aktien der Minderheitsaktionäre auf den Hauptaktionär über. Sind über diese Aktien Aktienurkunden ausgegeben, so verbriefen sie bis zu ihrer Aushändigung an den Hauptaktionär nur den Anspruch auf Barabfindung.

§ 327f: Gerichtliche Nachprüfung der Abfindung

Die Anfechtung des Übertragungsbeschlusses kann nicht auf § 243 Abs. 2 oder darauf gestützt werden, dass die durch den Hauptaktionär festgelegte Barabfindung nicht angemessen ist. Ist die Barabfindung nicht angemessen, so hat das in § 306 AktG bestimmte Gericht auf Antrag die angemessene Barabfindung zu bestimmen. Das Gleiche gilt, wenn der Hauptaktionär eine Barabfindung nicht oder nicht ordnungsgemäß angeboten hat und eine hierauf gestützte Anfechtungsklage innerhalb der Anfechtungsfrist nicht erhoben, zurückgenommen oder rechtskräftig abgewiesen worden ist.

§ 319: Eingliederung

[...]

(4) Der Vorstand der einzugliedernden Gesellschaft hat die Eingliederung und die Firma der Hauptgesellschaft zur Eintragung in das Handelsregister anzumelden. Der Anmeldung sind die Niederschriften der Hauptversammlungsbeschlüsse und ihre Anlagen in Ausfertigung oder öffentlich beglaubigter Abschrift beizufügen.

(5) Bei der Anmeldung nach Absatz 4 hat der Vorstand zu erklären, dass eine Klage gegen die Wirksamkeit eines Hauptversammlungsbeschlusses nicht oder nicht fristgemäß erhoben oder eine solche Klage rechtskräftig abgewiesen oder zurückgenommen worden ist; hierüber hat der Vorstand dem Registergericht auch nach der Anmeldung Mitteilung zu machen. Liegt die Erklärung nicht vor, so darf die Eingliederung nicht eingetragen werden, es sei denn, dass die klageberechtigten Aktionäre durch notariell beurkundete Verzichtserklärung auf die Klage gegen die Wirksamkeit des Hauptversammlungsbeschlusses verzichten.

(6) Der Erklärung nach Absatz 5 Satz 1 steht es gleich, wenn nach Erhebung einer Klage gegen die Wirksamkeit eines Hauptversammlungsbeschlusses das Gericht auf Antrag der Gesellschaft, gegen deren Hauptversammlungsbeschluss sich die Klage richtet, durch Beschluss festgestellt hat, dass die Erhebung der Klage der Eintragung nicht entgegensteht. Auf das Verfahren sind § 247, die §§ 82, 83 Abs. 1 und § 84 der Zivilprozessordnung sowie die im ersten Rechtszug für das Verfahren vor den Landgerichten geltenden Vorschriften der Zivilprozessordnung entsprechend anzuwenden, soweit nichts Abweichendes bestimmt ist. Ein Beschluss nach Satz 1 ergeht, wenn

1. die Klage unzulässig oder offensichtlich unbegründet ist,
2. der Kläger nicht binnen einer Woche nach Zustellung des Antrags durch Urkunden nachgewiesen hat, dass er seit Bekanntmachung der Einberufung einen anteiligen Betrag von mindestens 1.000 Euro hält oder
3. das alsbaldige Wirksamwerden des Hauptversammlungsbeschlusses vorrangig erscheint, weil die vom Antragsteller dargelegten wesentlichen Nachteile für die Gesellschaft und ihre Aktionäre nach freier Überzeugung des Gerichts die Nachteile für den Antragsgegner überwiegen, es sei denn, es liegt eine besondere Schwere des Rechtsverstoßes vor.

Der Beschluss kann in dringenden Fällen ohne mündliche Verhandlung ergehen. Der Beschluss soll spätestens drei Monate nach Antragstellung ergehen; Verzögerungen der Entscheidung sind durch unanfechtbaren Beschluss zu begründen. Die vorgebrachten Tatsachen, aufgrund derer der Beschluss nach Satz 3 ergehen kann, sind glaubhaft zu machen. Über den Antrag entscheidet ein Senat des Oberlandesgerichts, in dessen Bezirk die Gesellschaft ihren Sitz hat. Eine Übertragung auf den Einzelrichter ist ausgeschlossen; einer Güteverhandlung bedarf es nicht. Der Beschluss ist unanfechtbar. Erweist sich die Klage als begründet, so ist die Gesellschaft, die den Beschluss erwirkt hat, verpflichtet, dem Antragsgegner den Schaden zu ersetzen, der ihm aus einer auf dem Beschluss beruhenden Eintragung der Eingliederung entstanden ist. Nach der Eintragung lassen Mängel des Beschlusses seine Durchführung unberührt; die Beseitigung dieser Wirkung der Eintragung kann auch nicht als Schadenersatz verlangt werden.

§ 241: Nichtigkeitsgründe
[...]
5. auf Anfechtungsklage durch Urteil rechtskräftig für nichtig erklärt worden ist, [...]

§ 243: Anfechtungsgründe
[...]
(2) Die Anfechtung kann auch darauf gestützt werden, dass ein Aktionär mit der Ausübung des Stimmrechts für sich oder einen Dritten Sondervorteile zum Schaden der Gesellschaft oder der anderen Aktionäre zu erlangen suchte und der Beschluss geeignet ist, diesem Zweck zu dienen. Dies gilt nicht, wenn der Beschluss den anderen Aktionären einen angemessenen Ausgleich für ihren Schaden gewährt.

Vertiefung
BVerfG, Beschluss vom 30.5.2007 – 1 BvR 390/04 (NJW 2007, 3268)
Zur Eigentumsfreiheit (in Bezug auf Aktiengesellschaften): BVerfG, Urteil vom 7.8.1962 – 1 BvL 16/60 (BVerfGE 14, 263); BVerfG, Urteil vom 18.12.1968 – 1 BvR 638, 673/64, 200, 238, 249/65 (BVerfGE 24, 367); BVerfG, Urteil 7.5.1969 – 2 BvL 15/67 (BVerfGE 25, 371, 406); BVerfG, Urteil vom 1.3.1979 – 1 BvR 532, 533/77, 419/78, 1 BvL 21/78 (BVerfGE 50, 290); BVerfG, Beschluss vom 12.6.1979 – 1 BvL 19/76 (BVerfGE 52, 1); BVerfG, Beschluss vom 27.4.1999 – 1 BvR 1613/94 (BVerfGE 100, 289)

Gliederung

Lösungsvorschlag

Die folgende Lösung ist als Lösungsvorschlag zu verstehen und ausführlicher, als es in der Klausurbearbeitung verlangt werden kann. Aufgrund der wissenschaftlichen Freiheit können andere Lösungswege vertreten werden, soweit sie dogmatisch begründbar sind. Die Nachweise aus Rechtsprechung und Literatur sowie die das Verständnis fördernden Randbemerkungen sind in der Examensklausur auszusparen. Die Abkürzung „Alt." steht für Alternativfall, nicht für Alternative.

Die Anträge des B und des S sind erfolgreich, soweit sie zulässig und begründet sind.

A. Zulässigkeit
Die Verfassungsbeschwerden können zulässig sein.

Anders als im Verwaltungsrecht muss nicht der Terminus „Sachurteils- bzw. Sachentscheidungsvoraussetzungen" verwendet werden, weil das Bundesverfassungsgericht nur bei enumerativ zugewiesenen Verfahren zuständig und keine § 65 Abs. 2 VwGO oder § 17a Abs. 2 GVG vergleichbare Norm ersichtlich ist. § 17a Abs. 2 GVG ist in verfassungsrechtlichen Verfahren nicht anwendbar.

I. Zuständigkeit des Bundesverfassungsgerichts
Das Bundesverfassungsgericht muss für Verfassungsbeschwerden zuständig sein. Das Bundesverfassungsgericht ist für ein Verfahren zuständig, wenn eine ausdrückliche Zuweisung besteht. Verfassungsbeschwerden sind dem Bundesverfassungsgericht gemäß Art. 93 Abs. 1 Nr. 4a GG i.V.m. § 13 Nr. 8a BVerfGG zugewiesen. Das Bundesverfassungsgericht ist zuständig.

II. Verfahrensabhängige Zulässigkeitsvoraussetzungen

Die verfahrensabhängigen Zulässigkeitsvoraussetzungen der Verfassungsbeschwerde müssen erfüllt sein. Diese ergeben sich aus den §§ 13 Nr. 8a, 90 ff. BVerfGG i.V.m. Art. 94 Abs. 2 GG.

Es ist sinnvoll, auf der ersten Gliederungsebene eine Überschrift „Verfahrensabhängige Zulässigkeitsvoraussetzungen" zu bilden, um herauszustellen, dass jedes dem Bundesverfassungsgericht enumerativ zugewiesene Verfahren von eigenständigen Voraussetzungen abhängig ist. Zudem erfolgt eine Angleichung an verwaltungsrechtliche Verfahren, in denen auch besondere Sachurteils- oder Sachentscheidungsvoraussetzungen zu prüfen sind.

---

1. Beschwerdefähigkeit

Ungeschickt wäre es, die Überschrift „Parteifähigkeit" anstelle der „Beschwerdefähigkeit" zu wählen, weil der Begriff „Partei" häufig mit einem Zwei-Parteien-Prozess assoziiert wird. Die Verfassungsbeschwerde ist jedoch kein kontradiktorisches Verfahren.

B und S müssen beschwerdefähig sein. Beschwerdefähig ist, wer geeignet ist, an dem Verfahren der Verfassungsbeschwerde beteiligt zu sein. Dies ist gemäß § 90 Abs. 1 BVerfGG „jedermann". Jedermann sind alle Personen, die Träger von Grundrechten sind. B und S sind natürliche Personen, die grundsätzlich Träger zum Beispiel der Grundrechte auf Eigentum i.S.d. Art. 14 GG, der allgemeinen Handlungsfreiheit i.S.d. Art. 2 Abs. 1 GG sowie des grundrechtsähnlichen Rechts auf rechtliches Gehör i.S.d. Art. 103 Abs. 1 GG sind.

Eine Verbindung im Sinne einer subjektiven Verfahrenshäufung ist zwar verfassungsgerichtsrechtlich nicht vorgesehen, jedoch ist das Verfassungsprozessrecht wegen des sich unter anderem aus Art. 20 Abs. 3 GG ergebenden Rechtsstaatsprinzips verfassungskonform dahingehend auszulegen, dass die Effizienz des Bundesverfassungsgerichts zu gewährleisten ist, sodass die rechtsstaatliche verfassungsgerichtliche Praxis der subjektiven Verfahrenshäufung zulässig ist.

B und S sind beschwerdefähig.

Zwar gibt es keine ausdrückliche Regelung über die subjektive Beschwerdehäufung, jedoch verbindet das Bundesverfassungsgericht die Verfahren aus Effektivitätsgründen in der verfassungsgerichtlichen Praxis trotzdem. Ähnlich wie bei der subjektiven Klagehäufung im Rahmen der Beteiligtenfähigkeit sollte der Aspekt der Verbindung bei der Beschwerdefähigkeit erörtert werden.

---

2. Beschwerdegegenstand

Beschwerdegegenstand i.S.d. § 90 Abs. 1 BVerfGG kann jede Maßnahme der öffentlichen Gewalt sein. Dass alle Maßnahmen der öffentlichen Gewalt erfasst sind, ergibt sich unter anderem aus den §§ 93, 95 Abs. 1 S. 2 BVerfGG. Anders als im Rahmen des grundrechtsähnlichen Rechts bzw. prozessualen Grundrechts aus Art. 19 Abs. 4 GG auf effektiven Rechtsschutz gegen Exekutivhandeln, handelt es sich im Verfassungsprozessrecht nach dem Wortlaut der §§ 93, 95 Abs. 1 S. 2 BVerfGG sowie bei rechtsstaatlicher verfassungskonformer Auslegung um Handlungen jeglicher Gewalt – auch der Judikative. B und S wenden sich gegen den unanfechtbaren Beschluss des Oberlandesgerichts als Judikativakt und damit gegen einen Akt der öffentlichen Gewalt. Ob Gegenstand der Verfassungsbeschwerde nur ein letztinstanzlicher Beschluss sein kann, oder ob auch vorinstanzliche Vollzugsakte mit gleichem Tenor gleichzeitig explizit als Gegenstand der Verfassungsbeschwerde benannt werden können, ist irrelevant, weil dem Beschluss des Oberlandesgerichts keine weitergehenden vorinstanzlichen Vollzugsakte zugrunde liegen. Der Beschluss des Oberlandesgerichts stellt einen zulässigen Beschwerdegegenstand dar.

3. Beschwerdebefugnis

B und S müssen gemäß § 90 Abs. 1 BVerfGG beschwerdebefugt sein. Beschwerdebefugt i.S.d. § 90 Abs. 1 BVerfGG ist, wer behaupten kann, in seinen Grundrechten verletzt zu sein.

Da zwischen dem Bundesverfassungsgericht und den Fachgerichten jedoch ein Kooperationsverhältnis besteht und für das Bundesverfassungsgericht somit nur Verfassungsrecht als Prüfungsmaßstab maßgeblich ist, damit es im rechtsstaatlichen Gefüge nicht unnötig mit Verfahren behelligt wird, genügt die bloße Behauptung der Grundrechtsverletzung nicht. Vielmehr muss der Beschwerdeführer hinreichend substantiiert die Möglichkeit darlegen, selbst, gegenwärtig und unmittelbar spezifisch in Grundrechten betroffen zu sein.

Das Bundesverfassungsgericht ist nicht als Superrevisionsinstanz einzuordnen, sodass nur spezifische Grundrechtsverletzungen von Bedeutung sind. Während es bei Rechtssatzverfassungsbeschwerden problematisch sein kann, ob ein Beschwerdeführer selbst, gegenwärtig und unmittelbar in seinen Grundrechten verletzt sein kann, ist dies bei Verfassungsbeschwerden gegen Gerichtsentscheidungen – insbesondere gegen rechtskräftige Urteile – jedenfalls anzunehmen, weil eine Gerichtsentscheidung an den jeweiligen Adressaten gerichtet ist.

Das Bundesverfassungsgericht ist keine Superrevisionsinstanz und prüft grundsätzlich nicht einfaches Recht, sondern nur sogenanntes spezifisches Verfassungsrecht. Da ein Rechtsweg gegen nachkonstitutionelle Gesetze nicht eröffnet ist, kann das Bundesverfassungsgericht insoweit aber gar nicht als Superrevisionsinstanz fungieren. Deshalb ist diese Problematik bei Rechtssatzverfassungsbeschwerden gegen nachkonstitutionelle Gesetze nicht zu erörtern. Das Erfordernis der spezifischen Grundrechtsverletzung ist vielmehr für Urteilsverfassungsbeschwerden entwickelt und diesbezüglich gesetzlich abgeleitet worden. Allerdings wäre es auch bei nicht formellen oder vorkonstitutionellen Gesetzen denkbar, die abstrakt-generelle Regelung anhand einfachen Rechts zu prüfen. Deshalb gilt auch insoweit, dass das Bundesverfassungsgericht keine Superrevisionsinstanz ist.

Die spezifische Grundrechtsverletzung muss ggf. als Prüfungsmaßstab des Bundesverfassungsgerichts eingangs der Begründetheit erörtert werden. Da sie in den amtlichen Lösungshinweisen zum Teil aber schon in der Zulässigkeit angesprochen wird, ist dort klarstellend die Darstellung der Möglichkeit einer spezifischen Grundrechtsverletzung zusätzlich zur Erörterung in der Begründetheit empfehlenswert, soweit es auf eine spezifische Grundrechtsverletzung ankommt. Die Verletzung spezifischen Verfassungsrechts sollte also bei der Möglichkeit der spezifischen Grundrechtsverletzung in der Zulässigkeit, anfangs der Begründetheit als Prüfungsmaßstab und an der jeweils relevanten Stelle in der Prüfung der Begründetheit erwähnt werden.

a) Selbstbetroffenheit

Die Beschwerdeführer B und S müssen in für sie geltenden Grundrechten selbst betroffen sein können.

aa) Art. 14 Abs. 1 GG

Es kann die Möglichkeit bestehen, dass B und S in dem ihnen als natürliche Personen im Rahmen der Bestandsgarantie zugewiesenen Eigentum i.S.d. Art. 14 Abs. 1 S. 1, 2 GG verletzt sind. Gemäß Art. 14 Abs. 1 S. 1 GG werden das Eigentum und das Erbrecht gewährleistet, wobei das Eigentum i.S.d. Art. 14 Abs. 1 S. 2 GG bereichsspezifisch und grundsätzlich nicht im Grundgesetz definiert ist. Bezüglich der Beschwerdeführer B und S erscheint es zumindest möglich, dass sie in dem zivilrechtlich unter anderem in § 903 BGB bzw. in dem im Aktiengesetz definierten Eigentum betroffen sind, soweit sie in der Handhabung ihrer Aktienpakete beeinträchtigt werden, die durch den Beschluss des Oberlandesgerichts bestätigt worden ist. Es besteht die Möglichkeit, dass B und S durch den Beschluss des Oberlandesgerichts spezifisch in ihrem Grundrecht auf Eigentum i.S.d. Art. 14 Abs. 1 S. 1, 2 GG verletzt worden sind.

bb) Art. 103 Abs. 1 GG

Seitens des B und des S wird zudem vorgetragen, dass das Oberlandesgericht entgegen dem Antrag der Beschwerdeführer ohne Durchführung einer mündlichen Verhandlung entschieden hat, sodass eine Verletzung des dem B und dem S zustehenden grundrechtsgleichen Rechts auf rechtliches Gehör gemäß Art. 103 Abs. 1 GG in Betracht kommt.

Insoweit ist fraglich, inwieweit die Möglichkeit der Verletzung des Rechts auf rechtliches Gehör i.S.d. Art. 103 Abs. 1 GG auch für Beschlüsse gilt. Dabei ist Art. 103 Abs. 1 GG in praktischer Konkordanz zu dem sich unter anderem aus Art. 20 Abs. 3 GG ergebenden Rechtsstaatsprinzip auszulegen, sodass die Effizienz der Rechtsprechung zu berücksichtigen ist.

„Durch eine Gerichtsentscheidung wird nur dann der Anspruch auf rechtliches Gehör i.S.d. Art. 103 Abs. 1 GG verletzt, wenn sie auf dem angeblichen Verstoß beruht. Dieses Beruhen muss ein Beschwerdeführer schlüssig darlegen. Er muss daher vortragen, was er bei einer weiteren Gewährung rechtlichen Gehörs vorgebracht hätte" (BVerfG, NJW 2007, 3268, 3269).

Weder B noch S haben vorgetragen, welches konkrete Vorbringen ihnen durch die Verfahrensgestaltung des Oberlandesgerichts unmöglich gemacht worden ist. Ebenso wenig haben sie dargelegt, welchen Einfluss dieses Vorbringen auf den Ausgang des Verfahrens gehabt hätte. Insoweit sind die Begründungserfordernisse für die Verfassungsbeschwerde grundsätzlich nicht erfüllt.

Das Bundesverfassungsgericht ordnet die nicht hinreichende Begründung nicht den Formalia wie Form, Frist und Antrag, sondern der Notwendigkeit der substantiierten Darlegung der Beschwerdebefugnis zu.

Etwas anderes könnte sich daraus ergeben, dass B und S zugleich rügen, dass das Oberlandesgericht sich in seiner Entscheidung nicht ausreichend mit den vorgebrachten Indizien beschäftigt hat, weil der Beteiligungsgesellschaft danach nicht 95% der Aktien i.S.d. § 327a Abs. 1 S. 1 AktG „gehört" hätten. Auch ein derartiges Vorbringen, in dem insbesondere eine fehlerhafte Rechtsanwendung gerügt wird, stellt keine substantiierte Begründung der Verletzung des rechtlichen Gehörs i.S.d. Art. 103 Abs. 1 GG dar, weil das Bundesverfassungsgericht jedenfalls nicht als Superrevisionsinstanz einzustufen ist und die Sachlage nicht erneut vollständig prüft, so dass der verfassungsspezifische Aspekt der Verkennung entscheidender Aspekte verfassungsrechtlich substantiiert hätte dargelegt werden müssen.

Nur bei einer evidenten Überschreitung rechtsstaatlicher Grenzen wäre der oberflächliche Vortrag des B und des S verfassungsrechtlich relevant. Das Oberlandesgericht hat seine Überzeugung zu den Anteilen bei der Aktienverteilung aus konkreten Umständen, insbesondere den Depotauszügen gewonnen und damit seinem Beschluss die formale Eigentümerstellung zugrunde gelegt. Der von B und S angebotene Tatsachenvortrag zum Fehlen eines 95%-igen Aktienbesitzes bei der Beteiligungsgesellschaft war also nicht offensichtlich entscheidungserheblich, sodass der Beschluss insoweit nicht evident rechtsstaatlich fehlerhaft ist. Eine mögliche Verletzung des rechtlichen Gehörs ist somit nicht ausreichend dargelegt worden.

Bezüglich des rechtlichen Gehörs i.S.d. Art. 103 Abs. 1 GG besteht keine Möglichkeit der Verletzung des B und des S. Sie sind insoweit nicht beschwerdebefugt.

b) Gegenwärtige und unmittelbare Betroffenheit

Der Beschluss des Oberlandesgerichts wirkt aktuell, sodass B und S als Beschwerdeführer gegenwärtig betroffen sind. Da der Beschluss des Oberlandesgerichts auch nicht mehr mit Rechtsmitteln angreifbar und direkt an B und S gerichtet ist, stellt er für sie eine erhebliche und spürbare Beeinträchtigung dar, sodass B und S auch unmittelbar betroffen sind.

Das Merkmal der unmittelbaren Betroffenheit ist vom Bundesverfassungsgericht für die Rechtssatzverfassungsbeschwerde entwickelt worden, da dieses Merkmal bei abstrakt-generellen Regelungen anders als bei Urteilen problematisch sein kann. Dennoch sollte die – bei Urteilen selbstverständlich gegebene – Unmittelbarkeit auch bei Urteilsverfassungsbeschwerden in einem Nebensatz kurz angesprochen werden, da dies in einigen amtlichen Lösungshinweisen – wenngleich in der Sache überflüssig – vorgesehen ist.

---

4. Besonderes Rechtsschutzbedürfnis

B und S müssen besonders rechtsschutzbedürftig sein.

a) Rechtswegerschöpfung

B und S sind nur besonders rechtsschutzbedürftig, soweit sie den fachgerichtlichen Rechtsweg i.S.d. § 90 Abs. 2 S. 1 BVerfGG erschöpft haben. Die Erschöpfung des Rechtswegs bedeutet, dass die Beschwerdeführer die prozessualen Möglichkeiten nicht versäumt haben dürfen.

Die Erschöpfung des Rechtsweges ist insoweit problematisch, als B und S darauf verwiesen werden könnten, ihre verfassungsrechtlichen Bedenken gegen die §§ 327 a ff. AktG im Rahmen ihrer anhängigen Anfechtungsklage oder in einem noch anzuhängenden Schadensersatzprozess i.S.d. § 319 Abs. 6 S. 6 AktG geltend zu machen, soweit dies einen Rechtsweg i.S.d. § 90 Abs. 2 S. 1 BVerfGG darstellt. Allerdings betreffen die verfassungsrechtlichen Einwände vor allem das Freigabeverfahren unmittelbar (vgl. BVerfG, NJW 2007, 3268, 3269). Dieses hängt zwar mit dem Anfechtungsverfahren bezüglich des Beschlusses zusammen, findet jedoch letztlich im Vorfeld des auf nachträgliche Änderung bezogenen Anfechtungsverfahrens statt. Eine Verweisung auf den Anfechtungsprozess ist daher nicht möglich, da diesbezüglich eine andere Zielrichtung besteht und es sich dabei weder um einen direkten Rechtsweg gegen die §§ 327a ff. AktG noch gegen den Beschluss des Oberlandesgerichts handelt. Eine Möglichkeit, gegen den Beschluss des Oberlandesgerichts i.S.d. § 327e Abs. 2 AktG i.V.m. § 319 Abs. 5 S. 1 und Abs. 6 AktG fachgerichtlich direkt vorzugehen, ist nicht ersichtlich. Der Rechtsweg wurde von B und S erschöpft.

b) Keine Subsidiarität

Die Verfassungsbeschwerde darf nicht subsidiär sein. Zwar ist das Merkmal der Subsidiarität nicht ausdrücklich geregelt, jedoch ist § 90 Abs. 2 S. 1 BVerfGG verfassungskonform im Sinne des sich unter anderem aus Art. 20 Abs. 3 GG ergebenden Rechtsstaatsprinzips dahingehend auszulegen, dass das Bundesverfassungsgericht als Hüter der Verfassung nur angerufen werden soll, wenn es auch über die Rechtswegerschöpfung hinaus nicht möglich ist, das Beschwerdeziel mittels indirekten Rechtsschutzes zum Gegenstand eines Verfahrens zu machen und gegebenenfalls zumindest mit Wirkung zwischen zwei Parteien verwerfen zu lassen, vorausgesetzt, die Betreibung indirekten Rechtsschutzes ist einem Beschwerdeführer rechtsstaatlich zumutbar. Ein Beschwerdeführer muss zunächst alle nach Lage der Sache zur Verfügung stehenden prozessualen Möglichkeiten ergreifen, um die geltend gemachte Grundrechtsverletzung in dem unmittelbar mit ihr zusammenhängenden sachnächsten Verfahren zu verhindern oder zu beseitigen (BVerfGE 112, 50, 60 m.w.N.).

Der Grundsatz der Subsidiarität gilt grundsätzlich auch, wenn zwar ein Rechtsweg wie bei formellen Gesetzen prinzipiell nicht besteht, wenn aber Rechtsschutz auf andere Weise erreicht werden kann, insbesondere durch eine zulässige inzidente Normenkontrolle in einem fachgerichtlichen Verfahren (BVerfGE 75, 246, 263) oder durch eine Feststellungsklage (BVerfGE 115, 81, 92ff.).

Da ein Fachgericht bezüglich eines nachkonstitutionellen Gesetzes jedoch lediglich die Prüfungs-, nicht aber die Verwerfungskompetenz hat, muss das Fachgericht, soweit es bei der Prüfung eines Gesetzes dieses für verfassungswidrig hält und das Gesetz entscheidungserheblich ist, das Gesetz dem Bundesverfassungsgericht gemäß Art. 100 GG im Wege der konkreten Normenkontrolle vorlegen. Insoweit müsste das Bundesverfassungsgericht das Gesetz ohnehin prüfen und Ressourcen aufwenden, sodass es Beschwerdeführern unzumutbar wäre, zunächst den Instanzenrechtsweg zu beschreiten. Eine Subsidiarität kann sogar bei der Erschöpfung des Rechtsweges anzunehmen sein, etwa wenn Eilrechtsschutz bei einem anderen Gericht möglich ist (BVerfGE, 95, 163, 171f.).

Auch bezüglich der Subsidiarität könnte die Verfassungsbeschwerde des B und des S die Anfechtungsklage nach dem Aktiengesetz in der Hauptsache entgegenstehen. Allerdings würde ein Erfolg mit der Anfechtungsklage nicht dazu führen, dass die Freigabe der Aktien aufgrund des Beschlusses des Oberlandesgerichts zunächst unmöglich wäre. Mit der Anfechtungsklage gegen den „Squeeze-out"-Beschluss der Hauptversammlung wird das von B und S mit der Verfassungsbeschwerde verfolgte Ziel – auf das Freigabeverfahren vor dem Oberlandesgericht Einfluss zu nehmen – weder unmittelbar noch mittelbar erreicht. Somit ist die Verfassungsbeschwerde des B und des S nicht subsidiär.

5. Form, Antrag und Frist

Es ist davon auszugehen, dass die Verfassungsbeschwerde des B und des S i.S.d. § 92 BVerfGG in dem i.S.d. § 23 BVerfGG gestellten Antrag – abgesehen von Art. 103 Abs. 1 GG – hinreichend begründet worden ist. Ein schriftlicher Antrag i.S.d. § 23 BVerfGG wurde gestellt. Die Monatsfrist gemäß § 93 Abs. 1 S. 1 BVerfGG ist mangels anderer Anhaltspunkte eingehalten worden, da seit der Beschlussfassung durch das Oberlandesgericht kein Monat vergangen ist.

Die allgemeinen Voraussetzungen zum Antrag nach § 23 Abs. 1 BVerfGG können entweder gesondert oder konnex zu den verfahrensspezifischen Voraussetzungen zu Antrag, Form und Frist nach §§ 92, 93 BVerfGG geprüft werden.

III. Zwischenergebnis

Die Verfassungsbeschwerde des B und des S ist zulässig.

B. Begründetheit

Die Verfassungsbeschwerde des B und des S ist begründet, soweit die Beschwerdeführer gemäß § 90 Abs. 1 BVerfGG in ihren Grundrechten verletzt sind. Für das Bundesverfassungsgericht, das keine Superrevisionsinstanz, sondern Hüter der Verfassung ist, ist Prüfungsmaßstab bei gerichtlichen Entscheidungen nur Verfassungsrecht aus dem Grundgesetz. Eine falsche Rechtsanwendung durch den Richter ist nur als Grundrechtsverletzung einzustufen, wenn der Einfluss der Grundrechte vollständig oder grundsätzlich verkannt wird, die Rechtsanwendung grob oder offensichtlich willkürlich ist oder die Grenzen der richterlichen Rechtsfortbildung überschritten werden. Sollte das Bundesverfassungsgericht der Verfassungsbeschwerde gegen die Entscheidung stattgeben, wird es gemäß § 95 Abs. 2 BVerfGG die Entscheidung – den Beschluss des Oberlandesgerichts – aufheben und an das zuständige Gericht zurückverweisen. „Ist ein Beschwerdeführer sowohl durch einen Verwaltungsakt als auch durch die Entscheidungen im anschließenden gerichtlichen Verfahren in einem Recht i.S.d. § 90 Abs. 1 BVerfGG verletzt worden, sind grundsätzlich alle Entscheidungen einschließlich des Verwaltungsakts aufzuheben, wenn sie sämtlich mit der Verfassungsbeschwerde angegriffen worden ist" (BVerfGE 84, 1, 3f). Gegebenenfalls wird das Bundesverfassungsgericht auch das dem Eingriff zugrunde liegende Gesetz gemäß § 95 Abs. 3 S. 2 i.V.m. S. 1 i.V.m. Abs. 1 S. 1 BVerfGG mit Gesetzeskraft gemäß § 31 Abs. 2 S. 2 BVerfGG i.V.m. Art. 94 Abs. 2 S. 1 GG für nichtig erklären.

Der Beschluss des Oberlandesgerichts kann ungerechtfertigt in das Grundrecht des S und des B aus Art. 14 Abs. 1 GG eingegriffen haben.

Anders als bei der Rechtssatzverfassungsbeschwerde muss der Einstieg subjektiv erfolgen, weil es um individuell adressierte Rechtssetzungsakte geht. Abstrakt-generelle Regelungen wie Gesetze sind wegen des Nichtigkeitsdogmas inzident aber objektiv zu prüfen, weil nur objektiv verfassungsgemäße Gesetze wirksam sind und zur Rechtfertigung eines Grundrechtseingriffes führen können.

Fraglich ist, ob die Grundrechte im Kontext eines zivilrechtlichen Urteils anwendbar sind. Im Zivilrecht ist grundsätzlich lediglich eine mittelbare Drittwirkung der Grundrechte denkbar, sodass diese allenfalls über Generalklauseln einstrahlen könnten. Das würde aber voraussetzen, dass es primär auf die Subsumtion zivilrechtlicher Normen ankäme. Bezüglich der Verfassungsbeschwerde des B und des S geht es jedoch primär um die Verfassungsmäßigkeit der §§ 327a ff. AktG. Der Gerichtsbeschluss stellt lediglich den Anlass im Einzelfall dar mit der Folge, dass es um hoheitliches Handeln des Gesetzgebers gegenüber den Bürgern geht und um Judikativhandeln lediglich soweit, als der Entscheidung des Oberlandesgerichts gegebenenfalls ein verfassungswidriges Gesetz zugrundeliegt. Verfassungsbeschwerden gegen Gerichtsentscheidungen sind stattzugeben, wenn sie im Sinne des § 95 Abs. 3 S. 2 BVerfGG auf einem verfassungswidrigen Gesetz beruhen. Somit sind die Grundrechte in ihrer grundlegenden Funktion als Abwehrrechte gegen den Staat maßgeblich.

I. Schutzbereich

Der Schutzbereich des Art. 14 Abs. 1 GG kann eröffnet sein.

1. Persönlicher Schutzbereich

Persönlich können sich auf das Grundrecht der Eigentumsfreiheit aus Art. 14 Abs. 1 GG seinem Wesen nach nicht nur natürliche Personen, sondern gemäß Art. 19 Abs. 3 GG auch inländische juristische Personen des Privatrechts und andere Personenvereinigungen berufen. B und S sind als natürliche Personen vom personellen Schutzbereich des Art. 14 Abs. 1 GG erfasst.

2. Sachlicher Schutzbereich

Auch der sachliche Schutzbereich muss eröffnet sein.

Der Schutz des Eigentums besteht aus zwei Säulen: der Institutsgarantie (gleichzusetzen mit der institutionellen Garantie und der Einrichtungsgarantie) sowie der Individualgarantie (gleichzusetzen mit der Bestandsgarantie). Eigentum ist gemäß Art. 14 Abs. 1 S. 2 GG bereichsspezifisch definiert.

Schema 55: Art. 14 GG – Übersicht

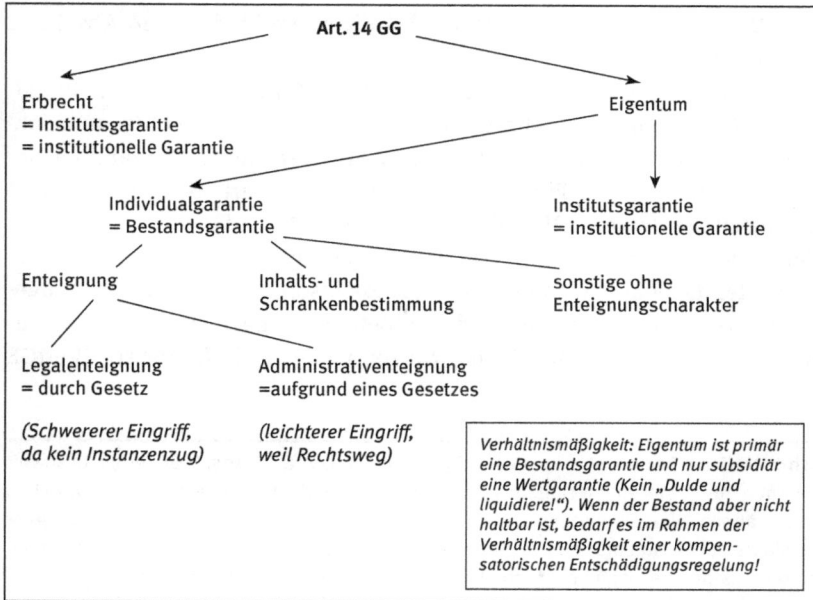

a) Institutsgarantie

Durch Art. 14 Abs. 1 S. 1 GG werden das Eigentum und das Erbrecht unter anderem als Institut, also als Einrichtung gewährleistet. Der in Art. 14 Abs. 1 S. 1 GG geregelten Garantie des Eigentums kommt dabei eine doppelte Bedeutung zu. Einerseits wird das Eigentum als Institut geschützt, sodass eine Institutsgarantie – gleichbedeutend mit der institutionellen Garantie und der Einrichtungsgarantie – besteht. Andererseits wird der Bestand des Eigentums in Form konkreter Eigentumspositionen geschützt, die gemäß Art. 14 Abs. 1 S. 2 GG einfachgesetzlich definiert sind.

„Durch die Institutsgarantie wird ein Grundbestand an Normen gesichert, die als Eigentum im Sinne dieser Grundrechtsbestimmung bezeichnet werden. Inhalt und Funktion des Eigentums sind dabei der Anpassung an die gesellschaftlichen und wirtschaftlichen Verhältnisse fähig und bedürftig. Es ist gemäß Art. 14 Abs. 1 S. 2 GG Aufgabe des Gesetzgebers, Inhalt und Schranken des Eigentums unter Beachtung der grundlegenden verfassungsrechtlichen Wertentscheidung zu bestimmen. Mittels der Institutsgarantie wird jedoch verboten, dass derartige Sachbereiche der Privatrechtsordnung entzogen werden, die zum elementaren Bestand grundrechtlich geschützter Betätigung im vermögensrechtlichen Bereich gehören, und damit der durch das Grundrecht geschützte Freiheitsbereich aufgehoben oder wesentlich geschmälert wird" (BVerfGE 24, 367, 389). Der Staat ist also verpflichtet, das Eigentum i.S.d. Art. 14 Abs. 1 S. 2 GG normativ zu schützen.

Als Rechtsinstitut ist das Privateigentum im Wesentlichen durch die Privatnützigkeit und die grundsätzliche Verfügungsbefugnis über das Eigentumsobjekt gekennzeichnet (BVerfGE 24, 367, 390). Ein elementarer Bestandteil der Verfügungsbefugnis ist die Freiheit, das Eigentum zu veräußern oder Dritten zur Nutzung zu überlassen (BVerfGE 79, 283, 290; 98, 17, 35 f.).

Damit sind vom Schutz des Art. 14 Abs. 1 GG grundsätzlich alle vermögenswerten Rechte, die dem Berechtigten von der Rechtsordnung in der Weise zugeordnet sind, dass er die damit verbundenen Befugnisse nach eigenverantwortlicher Entscheidung zu seinem privaten Nutzen ausüben darf, erfasst (BVerfGE 24, 367, 389).

Öffentlich-rechtliche Rechte sind nur vom Eigentum i.S.d. Art. 14 Abs. 1 GG erfasst, soweit ihrem Inhaber durch sie eine Rechtsposition verschafft wird, die der eines zivilrechtlichen Eigentümers ähnelt. Von Bedeutung ist, ob das Recht dem Einzelnen „nach Art eines Ausschließlichkeitsrechts zugeordnet ist". Deshalb werden Versicherungsrenten und Rentenanwartschaften aus den gesetzlichen Rentenversicherungen sowie Ansprüche und Anwartschaften auf Arbeitslosengeld seitens des Bundesverfassungsgerichts und Kinderzuschüsse seitens des Bundessozialgerichts dem Schutz des Art. 14 GG unterstellt. Geschützt ist auch der Anspruch auf Erstattung zu viel gezahlter Steuern.

b) Individualgarantie

Daneben wird der Bestand des Eigentums gewährleistet, sodass dem Einzelnen konkrete Eigentumspositionen zugewiesen sein können, die im Rahmen einer Individualgarantie – gleichbedeutend mit der Bestandsgarantie – geschützt sind. „Dadurch wird dem Träger des Grundrechts ein Freiheitsraum im vermögensrechtlichen Bereich in Form eines Rechts auf Nichtbeeinträchtigung zugesichert, um ihm dadurch eine eigenverantwortliche Gestaltung seines Lebens zu ermöglichen" (BVerfGE 50, 290, 339). „Mittels des Grundrechts wird vor allem die Befugnis gewährt, jede ungerechtfertigte Einwirkung auf den Bestand der geschützten Güter abzuwehren" (BVerfGE 24, 367, 400).

Durch das Eigentum als individuelles Recht wird die Berechtigung des einzelnen Grundrechtsträgers an den ihm durch die Rechtsordnung normativ zugeordneten Eigentumsgegenständen geschützt. Im Gegensatz zur Verhaltensfreiheit ist dem Menschen sein Eigentum nicht schon von Natur aus gegeben, sondern wird erst durch die Rechtsordnung hervorgebracht. Dieser Einsicht entspricht die Formulierung des Verfassungstextes, wonach der Inhalt des Eigentums durch die Gesetze bestimmt wird. Das in Art. 14 GG geschützte Eigentum ist jede durch das einfache Recht gewährte, konkrete vermögenswerte Rechtsposition.

c) Aktien

Die Aktienpakete des B und des S können als Eigentum i.S.d. Art. 14 Abs. 1 GG einzustufen sein.

„Die Aktie ist sowohl Vermögensrecht als auch Mitgliedschaftsrecht" (BVerfGE 25, 371, 407). In diesem mitgliedschaftsrechtlichen und vermögensrechtlichen Element stellt die Aktie als Anteilseigentum „gesellschaftsrechtlich vermitteltes Eigentum" i.S.d. Art. 14 Abs. 1 GG dar (BVerfGE 14, 263, 276) dar. Mittels des Gesellschaftsrechts wird das Vermögensrecht insofern vermittelt, als der Anteilseigner „sein Eigentum regelmäßig nicht unmittelbar nutzen und die mit ihm verbundenen Verfügungsbefugnisse wahrnehmen kann, sondern er hinsichtlich der Nutzung auf den Vermögenswert beschränkt ist, während ihm Verfügungsbefugnisse – abgesehen von der Veräußerung oder Belastung – nur mittelbar über die Organe der Gesellschaft zustehen. Anders als beim Sacheigentum, bei dem die Freiheit zum Eigentumsgebrauch, die Entscheidung über diesen und die Zurechnung der Wirkungen des Gebrauchs in der Person des Eigentümers zusammenfallen, ist diese Konnexität beim Anteilseigentum also weitgehend gelöst" (BVerfGE 50, 290, 342).

Durch Art. 14 Abs. 1 GG wird also das in der Aktie verkörperte Anteilseigentum, das im Rahmen seiner gesellschaftsrechtlichen Ausgestaltung durch

Privatnützigkeit und Verfügungsbefugnis gekennzeichnet ist, gewährleistet (BVerfGE 50, 290, 339). „Der Schutz aus Art. 14 GG erstreckt sich auf die mitgliedschaftliche Stellung in einer Aktiengesellschaft erstreckt, die das Aktieneigentum. Aus dieser mitgliedschaftlichen Stellung erwachsen dem Aktionär im Rahmen der gesetzlichen Vorschriften und der Gesellschaftssatzung sowohl Leistungsbefugnisse als auch vermögensrechtliche Ansprüche" (BVerfGE 100, 289, 301 f.).

Aktien sind somit von dem im Aktiengesetz und im Bürgerlichen Gesetzbuch i.S.d. Art. 14 Abs. 1 S. 2 GG definierten Eigentum erfasst. Der sachliche Schutzbereich des Art. 14 Abs. 1 GG ist bezüglich der Aktien des B und des S eröffnet.

Schema 56: Art. 14 GG – Schutzbereich

- _Kein_ im GG festgelegter Eigentumsbegriff
- _Bereichsspezifische_ Eigentumsdefinition:
  Art. 14 I 2 GG (z.B. im BGB, im BauGB)

Beispiele für Inhaltsbestimmungen:
- **Privateigentum** im Sinne des § 903 BGB
- Sonstige vermögenswerte **privatrechtliche** Rechte:
  z.B. Forderungen, Besitzrecht des Mieters
- umstritten: **Recht am eingerichteten und ausgeübten Gewerbebetrieb**
  (Mehrwert gegenüber Summe einzelner Gegenstände);
  Bsp.: Kundenstamm, Marktstellung
- vermögenswerte **subjektiv-öffentliche** Rechte:
  wenn ausschließlich/privatnützig zugeordnet, auf nicht
  unerheblicher Eigenleistung des Inhabers beruhen und der Sicherung
  seiner Existenz dienen; Bsp.: Rentenansprüche; Arbeitslosengeld;
  nicht: Sozialhilfe, Kindergeld
- <u>nicht</u>: bloße Erwerbschancen (>Art. 12 GG)

II. Eingriff

In die durch Art. 14 GG geschützte Eigentumsposition des B und des S in Form ihrer Aktien kann durch den Beschluss des Oberlandesgerichts zur Freigabe der Aktien eingegriffen worden sein.

Drei Eingriffsarten bei Art. 14 GG:
- Enteignung (Legalenteignung und Administrativenteignung) als finaler Zugriff
- Inhalts- und Schrankenbestimmung i.S.d. Art. 14 Abs. 1 S. 2 GG
- Sonstiger Eingriff ohne Enteignungscharakter

Für die Annahme eines **Eingriffs** ist es unerheblich, ob es um eine Inhalts- und Schrankenbestimmung, um einen sonstigen Eingriff ohne Enteignungscharakter oder um eine Enteignung geht; diese Frage wird erst im Rahmen der **Rechtfertigung** bzw. der **Schrankensystematik** bedeutsam.

Der Eigentumseingriff – der Entzug einer geschützten Position oder die Beschränkung der geschützten Nutzung, Verfügung oder Verwertung durch einen Grundrechtsverpflichteten – kann direkt durch eine Norm oder eine Einzelfallentscheidung bewirkt werden.

Es ist strittig, ob und inwieweit öffentlich-rechtliche Geldleistungspflichten (Abgaben) eine Beeinträchtigung des Art. 14 GG darstellen; die Rechtsprechung des Bundesverfassungsgerichts ist insoweit uneinheitlich:

Da durch Art. 14 GG nur einzelne (konkrete) Rechtspositionen und nicht das Vermögen als solches geschützt werden, wird Art. 14 GG durch die Auferlegung von Abgaben nach vertretbarer Auffassung grundsätzlich nicht beeinträchtigt (BVerfGE 75, 108, 154; 78, 249, 277; 91, 207, 220). Gegenteiliges wird nur bei übermäßigen Belastungen und grundlegenden Beeinträchtigungen der Vermögensverhältnisse, d.h. bei erdrosselnden Abgaben, angenommen (BVerfGE 63, 312, 327; 78, 232, 243; 81, 108, 122; 82, 159, 190; 95, 267, 301).

Ebenfalls vertretbar wird hingegen offengelassen, ob Abgaben generell als Eigentumsbeeinträchtigungen einzustufen sind (BVerfGE 105, 17, 32; 115, 97, 112). Stattdessen wird insoweit eine Beeinträchtigung angenommen, soweit eine Abgabe an das Innehaben einer bestimmten Eigentumsposition angeknüpft wird. Dies gelte auch für die Einkommens- und Körperschaftssteuer (BVerfGE 115, 97, 111). Zahlungspflichten gegenüber Privaten seien regelmäßig nicht eigentumsrelevant i.S.d. Art. 14 GG (BVerfGE 123, 186/259). Vgl. zum Ganzen: Wersmann, „Die Steuer als Eigentumsbeeinträchtigung?", NJW 2006, 1169 ff.

Ein Eingriff ist als Enteignung in Form der Legalenteignung – durch ein Gesetz – und in Form der Administrativenteignung – aufgrund eines Gesetzes – sowie durch eine Inhalts- und Schrankenbestimmung i.S.d. Art. 14 Abs. 1 S. 2 GG und eine Einzelfallregelung ohne Enteignungscharakter möglich. Welche Art des Eingriffes im Einzelfall erfolgt, ist für das Erfordernis eines Eingriffes als solches irrelevant.

Das Oberlandesgericht hat die vorzeitige Eintragung des Übertragungsbeschlusses in das Handelsregister bewilligt. Der Übertragungsbeschluss der Hauptversammlung wurde damit wirksam. Mit der Eintragung des Übertragungsbeschlusses in das Handelsregister gingen die Aktien der Minderheitsaktionäre B und S auf die Hauptaktionäre gemäß § 327e Abs. 3 S. 1 AktG über. Die gerichtliche Entscheidung führte somit zu einem Inhaberwechsel der Aktien, so dass dadurch die Eigentümerrechte des B und S beeinträchtigt wurden. Durch den Beschluss des Oberlandesgerichts ist somit in Art. 14 Abs. 1 GG eingegriffen wurden.

Schema 57: Art. 14 GG – Eingriffe

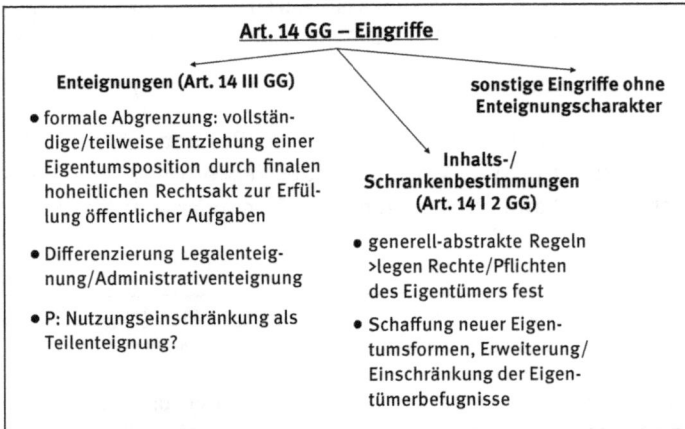

Art. 14 GG – Eingriffe

Enteignungen (Art. 14 III GG)

- formale Abgrenzung: vollständige/teilweise Entziehung einer Eigentumsposition durch finalen hoheitlichen Rechtsakt zur Erfüllung öffentlicher Aufgaben

- Differenzierung Legalenteignung/Administrativenteignung

- P: Nutzungseinschränkung als Teilenteignung?

sonstige Eingriffe ohne Enteignungscharakter

Inhalts-/Schrankenbestimmungen (Art. 14 I 2 GG)

- generell-abstrakte Regeln >legen Rechte/Pflichten des Eigentümers fest

- Schaffung neuer Eigentumsformen, Erweiterung/Einschränkung der Eigentümerbefugnisse

---

III. Verfassungsrechtliche Rechtfertigung

Der Eingriff kann verfassungsrechtlich gerechtfertigt sein. Dies ist anzunehmen, wenn für das Grundrecht eine Schrankensystematik geregelt ist, deren verfassungsrechtliche Voraussetzungen erfüllt sind. Welche Schrankensystematik bezüglich eines Eingriffes in das durch Art. 14 Abs. 1 GG geschützte Eigentum gilt, ist von der Art des Eingriffes abhängig.

Der Oberbegriff ist „Schrankensystematik", die auch als „Schranken im weiten Sinne" bezeichnet werden darf. Diese gliedert sich in „grundlegende Gesetzesvorbehalte" und „Schranken im engen Sinne".

Bei grundlegenden Gesetzesvorbehalten ist zwischen dem einfachen, dem einfach einschränkenden sowie dem qualifiziert einschränkenden Gesetzesvorbehalt zu unterscheiden. Diese grundlegenden Gesetzesvorbehalte sind im Rahmen der Schrankensystematik von den „Schranken im engen Sinne" zu unterscheiden, die wiederum in geschriebene Schranken (Art. 5 Abs. 2 Var. 1 GG), den qualifizierten Gesetzesvorbehalt (Art. 5 Abs. 2 Var. 2, 3 GG) und verfassungsimmanente Schranken untergliedert werden können. Wie bei grundlegenden Gesetzesvorbehalten bedarf es bei „Schranken im engen Sinne" stets eines Gesetzes – bei verfassungsimmanenten Schranken eines Gesetzes, das Ausdruck gegenläufiger Verfassungsrechte bzw. -rechtsgüter ist.

Bei einfachen Gesetzesvorbehalten (zum Beispiel Art. 2 Abs. 1 GG) werden an das Gesetz keine besonderen Anforderungen gestellt. Es bedarf lediglich eines Gesetzes, das eine grundrechtsbezogene einschränkende Intention haben kann, diese jedoch nicht haben muss, während Gesetze bei einfach einschränkenden und qualifiziert einschränkenden Gesetzesvorbehalten eine grundrechtsbezogene einschränkende Intention haben und deshalb den zusätzlichen Anforderungen des Art. 19 Abs. 1 GG genügen müssen (zum Beispiel dem Zitiergebot aus Art. 19 Abs. 1 S. 2 GG). Einfach und qualifiziert einschränkende Gesetzesvorbehalte enthalten – neben der Formulierung „durch oder aufgrund eines Gesetzes" oder „aufgrund eines Gesetzes" – eine auf die grundrechtsbezogene einschränkende Intention hinweisende Formulierung wie „eingeschränkt" bzw. „beschränkt". Bei qualifiziert einschränkenden Gesetzesvorbehalten werden – über Art. 19 Abs. 1 GG hinausgehende – Gesetzesinhalte vorgegeben (zum Beispiel eine Entschädigungsregelung in Art. 14 Abs. 3 GG). Der Regelungsvorbehalt in Art. 12 Abs. 1 S. 2 GG ist als einfacher Gesetzesvorbehalt einzustufen. Zwar steht in Art. 12 Abs. 1 S. 2 GG die Formulierung „durch Gesetz oder aufgrund eines Gesetzes", so dass die Annahme eines einfach einschränkenden Gesetzesvorbehaltes naheliegt, jedoch ist in Art. 12 Abs. 1 S. 2 GG die Formulierung „geregelt" anstatt der in Art. 19 Abs. 1 S. 1 GG gewählten Formulierung „eingeschränkt" verwendet worden.

Bei „Schranken im engen Sinne" darf durch das Gesetz – anders als bei einschränkenden Gesetzesvorbehalten – hingegen nur eine zufällige Kollision mit dem betroffenen Grundrecht erfolgen, so dass das Gesetz keine grundrechtsbezogene einschränkende Intention haben darf. Bei geschriebenen Schranken werden an das Gesetz keine weiteren Anforderungen gestellt („allgemeine Gesetze" i.S.d. Art. 5 Abs. 2 Var. 1 GG). Der einfache Gesetzesvorbehalt unterscheidet sich von den geschriebenen Schranken dadurch, dass er eine Zwitterstellung hat – er kann grundrechtsbezogen zielgerichtet sein (dann wie einschränkende Vorbehalte ohne Zitiergebot), muss es aber nicht (dann wie eine geschriebene Schranke).

Beim qualifizierten Gesetzesvorbehalt muss es sich um ein Gesetz handeln, das trotz zufälliger Kollision mit dem betroffenen Grundrecht einem bestimmten Zweck (dem Schutz der Jugend bzw. persönliche Ehre i.S.d. Art. 5 Abs. 2 Var. 2, 3 GG) dient, dem aber – anders als beim qualifiziert einschränkenden Gesetzesvorbehalt – die grundrechtsbezogene einschränkende Intention fehlt. Der qualifizierte Gesetzesvorbehalt hat mittlerweile kaum noch eine eigene Bedeutung, weil die Gesetze zum Schutze der Jugend und der persönlichen Ehre (Art. 5 Abs. 2 Var. 2, 3 GG) in den allgemeinen Gesetzen (Art. 5 Abs. 2 Var. 1 GG) enthalten sind. Bei verfassungsimmanenten Schranken bedarf es grundsätzlich einer zufälligen Kollision und eines Gesetzes, das Ausdruck der gegenläufigen Verfassungsgüter bzw. -rechte ist.

Bei oberflächlicher Herangehensweise wird nur zwischen einem einfachen und einem qualifizierten Gesetzesvorbehalt differenziert. Selbst bei dieser – leider verbreiteten – undifferenzierten Betrachtung sind die Anforderungen an die eingangs aufgezeigten Kategorien in der Sache jedenfalls dennoch verfassungsrechtlich vorgegeben und zu prüfen, so dass es sinnvoll erscheint, in der Terminologie ebenfalls ein dogmatisch differenziertes System zu verwenden.

1. Eingriffsarten

Die Rechtfertigung einer Eigentumsbeeinträchtigung ist davon abhängig, ob eine Inhalts- und Schrankenbestimmung bzw. ein sonstiger Eingriff ohne Enteignungscharakter einerseits oder eine Enteignung andererseits erfolgt ist.

Während für eine Enteignung gemäß Art. 14 Abs. 3 S. 1, 2 GG ein qualifiziert einschränkender Gesetzesvorbehalt – Junktim ist, dass Art und Ausmaß der Entschädigung im Gesetz geregelt sind – normiert ist, können eine Inhalts- und Schrankenbestimmung i.S.d. Art. 14 Abs. 1 S. 2 GG sowie sonstige Eingriffe ohne Enteignungscharakter durch ein Gesetz ohne besondere Anforderungen unter Berücksichtigung des Art. 14 Abs. 2 GG geregelt werden.

Art. 14 Abs. 3 S. 2 GG wird als Junktimklausel bezeichnet.

Aus dem Umstand, dass ein Entschädigungs- oder Übernahmeanspruch vorgesehen ist, ergibt sich kein Indiz gegen eine Inhalts- und Schrankenbestimmung. Hingegen ist eine Enteignung nicht erfolgt, weil ein Ausgleichsanspruch geboten oder ein Entschädigungs- bzw. Übernahmeanspruch gesetzlich vorgesehen ist (BVerfGE 24, 367, 395; 100, 226, 245f.; BGHZ 121, 328, 331; BVerwGE 94, 1, 5f.; Jarass/Pieroth, 16. Auflage 2020, Art. 14, Rn. 79).

a) Inhalts- und Schrankenbestimmung

Eine Inhalts- und Schrankenbestimmung besteht in der generellen und abstrakten Festlegung von Rechten und Pflichten durch den Gesetzgeber hinsichtlich solcher Rechte, die als Eigentum zu verstehen sind. Sie ist auf die Normierung objektiv-rechtlicher Vorschriften gerichtet, durch die der Inhalt des Eigentums vom Inkrafttreten des Gesetzes an für die Zukunft in allgemeiner Form bestimmt wird (BVerfGE 52, 1, 27). Letztlich kann die Inhalts- und Schrankenbestimmung durch beliebige Rechtsvorschriften erfolgen, kann zulässig oder unzulässig sein, ohne dass ihr Charakter als Inhalts- und Schrankenbestimmung geändert bzw. aus ihr eine Enteignung wird.

b) Sonstige Eingriffe ohne Enteignungscharakter

Neben der Inhalts- und Schrankenbestimmung gibt es Eingriffe, die auch keine Enteignung darstellen und daher ebenfalls an Art. 14 Abs. 1 S. 1 und Abs. 2 GG zu messen sind. Da sie nicht durch Rechtsvorschriften erfolgen, sind sie auch nicht als direkte Inhalts- und Schrankenbestimmungen einzustufen. Den sonstigen Eingriffen ist gemeinsam, dass der Erwerb, die Nutzung, die Verfügung oder die Verwertung geschützter Eigentumspositionen durch zum Beispiel einen Verwaltungsakt rechtlichen Beschränkungen unterworfen oder – in erheblichem Umfang – faktisch unmittelbar oder mittelbar begründet ist.

Sonstige Eingriffe ohne Enteignungscharakter: Einzelfallregelungen ohne Enteignungscharakter sowie faktische und mittelbare Eingriffe der Exekutive (vgl. Jarass/Pieroth, 16. Auflage 2020, Art. 14 GG, Rn. 30ff.).

c) Enteignung

Die Enteignung ist auf die vollständige Entziehung oder die Teilentziehung konkreter subjektiver Eigentumspositionen i.S.d. Art. 14 Abs. 1 S. 1 GG zur Erfüllung bestimmter öffentlicher Aufgaben gerichtet (BVerfGE 52, 1, 27). Es handelt sich bei der Enteignung um einen finalen Zugriff des Staates auf das Eigentum. Die Enteignung unmittelbar durch förmliches Gesetz – die Legalenteignung – ist trotz der Regelung des Art. 14 Abs. 3 S. 2 GG nur ausnahmsweise zulässig, weil durch sie der Rechtsschutz des Betroffenen erheblich verkürzt wird, da in der Regel nur die Rechtssatzverfassungsbeschwerde möglich ist (vgl. BVerfGE 45, 297, 324 ff.). Sie ist nur möglich, wenn mit einer Administrativenteignung der jeweils verfolgte Zweck erheblich weniger gut erreicht werden kann oder wenn die Administrativenteignung mit erheblichen Nachteilen für das Gemeinwohl verbunden wäre. Jedenfalls bei Planungsentscheidungen steht dem Gesetzgeber insoweit jedoch eine erhebliche Gestaltungs- und Bewertungsbefugnis zu.

2. Beschluss des Oberlandesgerichts und §§ 327a ff. AktG

Gemessen an den Eingriffsarten ist der Beschluss des Gerichts als maßgeblicher Beschwerdegegenstand zwar als sonstiger Eingriff ohne Enteignungscharakter einzustufen, jedoch ist im Schwerpunkt das dem Beschluss zugrunde liegende Gesetz maßgeblich. Aber auch die §§ 327a ff. AktG stellen keine Enteignungsregelung i.S.d. Art. 14 Abs. 3 GG, sondern eine Inhalts- und Schrankenbestimmung i.S.d. Art. 14 Abs. 1 S. 2 GG dar (vgl. BGH, Beschluss vom 25.7.2005 – II ZR 327/03 –, BB 2005, S. 2651f.). Die Regelungen der §§ 327a ff. AktG sind nicht auf die vollständige Entziehung oder Teilentziehung konkreter subjektiver Eigentumspositionen zur Erfüllung bestimmter öffentlicher Aufgaben gerichtet. Entscheidend für die Einordnung als Inhalts- und Schrankenbestimmung ist letztlich, dass eine Enteignung voraussetzt, dass diese originär und initiativ vom Staat ausgeht. Der Beschluss des Oberlandesgerichts ist zwar staatlicher Natur, jedoch erfolgte die Initiative originär seitens Privater, nicht seitens des Staates.

Da dem maßgeblichen Beschluss die §§ 327a ff. AktG zugrunde liegen, ist die Verfassungsmäßigkeit der Normen für die Rechtfertigung des Eingriffes entscheidend. Ein Grundrechtseingriff kann nur durch bzw. aufgrund einer objektiv verfassungsgemäßen Norm gerechtfertigt werden – grundsätzlich gilt rechtsstaatlich gemäß Art. 20 Abs. 2 S. 2 und Abs. 3 GG das Nichtigkeitsdogma bei Normen. Somit ist maßgeblich, ob die §§ 327a ff. AktG objektiv verfassungsgemäß sind.

3. Verfassungsmäßigkeit der §§ 327a ff. AktG

Das Aktiengesetz – insbesondere die §§ 327a ff. AktG– kann verfassungsgemäß sein.

Nur mittels eines objektiv verfassungsmäßigen Gesetzes kann ein Grundrechtseingriff gerechtfertigt werden.

a) Formelle Verfassungsmäßigkeit des Gesetzes

§§ 327a ff. AktG können formell verfassungsgemäß sein. Da Verfahrens- und Formfehler nicht ersichtlich sind, kommt es nur darauf an, ob die Zuständigkeitsvorgaben zur Gesetzgebung eingehalten worden sind. Insoweit sind die Verbands- und die Organkompetenz maßgeblich. Für die Verbandskompetenz des Bundes ist es relevant, ob der Bund als Rechtsträger öffentlichen Rechts in Form einer Körperschaft zum Erlass der §§ 327a ff. AktG zuständig ist.

aa) Grundsatz

Grundsätzlich haben gemäß Art. 70 Abs. 1 GG die Länder das Recht zur Gesetzgebung, soweit im Grundgesetz nichts anderes bestimmt ist.

Gesetzgebungskompetenzen:
- Art. 70 Abs. 1 GG
- ausschließliche gemäß den Artt. 71, 73 GG
- konkurrierende gemäß den Artt. 72, 74 GG
- Spezialregelungen in Einzelbereichen wie zum Beispiel Verwaltungsverfahrensrecht zu obigen in Artt. 84 ff. GG (str.) und Art. 105 GG
- ungeschrieben: kraft Natur der Sache, Annex und kraft Sachzusammenhanges

---

bb) Ausschließliche und konkurrierende Gesetzgebung

Im Bereich der ausschließlichen Gesetzgebung des Bundes gemäß Art. 71 GG haben die Länder die Befugnis zur Gesetzgebung nur, wenn und soweit sie hierzu in einem Bundesgesetz ausdrücklich ermächtigt werden. Die Kompetenztitel zur ausschließlichen Gesetzgebung des Bundes sind in Art. 73 GG geregelt.

Im Bereich der konkurrierenden Gesetzgebung haben gemäß Art. 72 Abs. 1 GG die Länder die Befugnis zur Gesetzgebung, solange und soweit der Bund von seiner Gesetzgebungskompetenz nicht durch ein Gesetz Gebrauch gemacht hat. Die konkurrierende Gesetzgebungskompetenz stellt somit eine Vorrangkompetenz dar. Die Kompetenztitel sind diesbezüglich in Art. 74 Abs. 1 GG geregelt.

Soweit der Bund im Rahmen der konkurrierenden Gesetzgebungskompetenztitel von der ihm grundsätzlich zugewiesenen Gesetzgebungskompetenz Gebrauch macht, bedarf es gemäß Art. 72 Abs. 2 GG bezüglich der Titel Art. 74 Abs. 1 Nr. 4, 7, 11, 13, 15, 19a, 20, 22, 25, 26 GG allerdings einer besonderen Erforderlichkeit in Form der Herstellung gleichwertiger Lebensverhältnisse im Bundesgebiet oder der Rechts- oder Wirtschaftseinheit.

Bezüglich der in Art. 72 Abs. 3 S. 1 Nr. 1–6 GG geregelten Titel können die Länder davon abweichende Regelungen treffen, die seitens des Bundes wieder mittels eines neuen Gesetzes überlagert werden können, wobei ein Bundesgesetz insoweit gemäß Art. 72 Abs. 3 S. 2 GG erst sechs Monate nach seiner Verkündung in Kraft tritt, soweit nicht mit Zustimmung des Bundesrates anderes bestimmt ist. Ein späteres Gesetz ist gemäß Art. 72 Abs. 3 S. 3 GG stets vorrangig.

cc) Kompetenztitel

Da ein Kompetenztitel der ausschließlichen Gesetzgebungskompetenz nicht ersichtlich ist, kann der Bund im Rahmen der konkurrierenden Gesetzgebungskompetenz für die Gesetzgebung bei der Aktiengesetzgebung zuständig sein.

Das Aktiengesetz ist dem „Recht der Wirtschaft" i.S.d. Artt. 72, 74 Abs. 1 Nr. 11 GG zuzuordnen und gehört damit zur konkurrierenden Gesetzgebung. Zu diesem Kompetenztitel zählen grundsätzlich alle Normen, die das wirtschaftliche Leben und die wirtschaftliche Betätigung betreffen, also wirtschaftsregulierend oder wirtschaftslenkend wirken. Durch das Aktiengesetz – auch durch § 327a Abs. 1 S. 1 AktG – wird der Kapitalmarkt reguliert, sodass es um das Recht der Wirtschaft geht.

Die Wahrnehmung dieses Kompetenztitels durch den Bund muss gemäß Art. 72 Abs. 2 GG der Herstellung gleichwertiger Lebensverhältnisse im Bundesgebiet oder der Rechts- oder Wirtschaftseinheit dienen. Dies ist anzunehmen, soweit es zur Vermeidung der Zersplitterung des Rechts- und Wirtschaftsstandortes Deutschland erforderlich ist. Eine Erforderlichkeit zur Wahrung der Rechtseinheit im gesamtstaatlichen Interesse ist anzunehmen, soweit eine Gesetzesvielfalt auf Länderebene eine Rechtszersplitterung mit problematischen Folgen darstellt, die im Interesse sowohl des Bundes als auch der Länder nicht hingenommen werden kann (BVerfGE 106, 62, 145). Durch die Wahrung der Wirtschaftseinheit im gesamtstaatlichen Interesse wird demgegenüber auf die Erhaltung der Funktionsfähigkeit des Wirtschaftsraumes durch bundeseinheitliche Rechtssetzung abgezielt (BVerfGE 112, 226, 248 f.).

Eine bundesgesetzliche Regelung ist zur Wahrung der Rechts- und Wirtschaftseinheit im Aktienrecht also insoweit erforderlich i.S.d. Art. 72 Abs. 2 GG, als die Kapitalmärkte die Aktiengesellschaft bundesweit als standardisierte und gleichmäßig ausgestaltete Gesellschaftsform erwarten, weil anderenfalls die Bundesrepublik Deutschland auf dem globalisierten und einheitlich organisierten internationalen Aktienmarkt durch eine bundesinterne Zersplitterung keine effizient agierende Börse mehr einrichten und somit nicht mehr als Bundesstaat international agieren könnte.

Wegen der Gefahr der Rechtszersplitterung hat der Bund die Kompetenz zum Erlass des Aktiengesetzes aus Art. 72 Abs. 1 und 2 GG i.V.m. Art. 74 Abs. 1 Nr. 11 GG und somit auch zum Erlass der Vorschriften der §§ 327a ff. AktG.

b) Materielle Verfassungsmäßigkeit

Die Vorschriften des AktG – insbesondere die §§ 327a ff. AktG – müssen auch materiell verfassungsgemäß sein, da nur auf Grund eines objektiv formell wie materiell verfassungsgemäßen Gesetzes ein Grundrechtseingriff gerechtfertigt sein kann.

Das Gesetz wird objektiv geprüft, da nur ein objektiv verfassungsgemäßes Gesetz zur Rechtfertigung eines Grundrechtseingriffes führen kann. Es sind somit materiell die in Betracht kommenden Grundrechte bezüglich aller Adressaten des Gesetzes zu erörtern.

Als materieller Prüfungsmaßstab kommt nur das Freiheitsrecht auf Eigentum gemäß Art. 14 Abs. 1 GG in Betracht.

Materiell ist aufgrund der Aufgabenstellung lediglich das Eigentum i.S.d. Art. 14 GG zu prüfen. Ohne diese Vorgabe wären alle bezüglich des Gesetzes in Betracht kommenden Grundrechte zu prüfen.

---

aa) Schutzbereichseingriff

Da durch die §§ 327a ff. AktG das Eigentum i.S.d. Art. 14 Abs. 1 S. 2 GG definiert wird, stellen die Normen wegen der Veränderung der bestehenden Eigentumsdefinition einen Eingriff in das Eigentum dar. Zur Rechtfertigung eines Eingriffes in das Eigentum i.S.d. Art. 14 Abs. 1 S. 2 GG bedarf es einer abstraktgenerellen Regelung des Gesetzgebers – eines Gesetzes im formellen Sinn. Diese Anforderungen müssen die §§ 327a ff. AktG also erfüllen.

bb) Rechtfertigung

Der Schutzbereichseingriff kann gerechtfertigt sein. Insoweit gilt ein Gesetzesvorbehalt.

(1) Gesetzesvorbehalt

Die §§ 327a ff. AktG sind vom Parlament formell ordnungsgemäß erlassen worden und entsprechen als formelles Gesetz grundsätzlich der Schrankensystematik des Art. 14 Abs. 1 S. 2 GG.

Der Gesetzgeber muss bei der Bestimmung von Inhalt und Schranken des Eigentums i.S.d. Art. 14 Abs. 1 S. 2 GG grundsätzlich die schutzwürdigen Interessen des Eigentümers und die Belange des Gemeinwohls in einen gerechten Ausgleich und ein ausgewogenes Verhältnis bringen, wobei er insbesondere an den sich primär aus dem Grundrecht ergebenden verfassungsrechtlichen Grundsatz der Verhältnismäßigkeit gebunden ist. Mit der Inhalts- und Schrankenbestimmung muss gemäß Art. 14 Abs. 2 S. 1, 2 GG zudem ein Gemeinwohlziel verfolgt werden, das nicht nur den Grund, sondern auch die Grenze für die dem Eigentümer aufzuerlegenden Beschränkungen darstellt.

Wichtige Anforderungen an das Gesetz im Rahmen des Art. 14 GG
1. Enteignung (Art. 14 Abs. 3 GG):
- Gesetz
- Enteignungstatbestand und Bestimmtheit
- im Allgemeininteresse
- Entschädigung

2. Inhalts- und Schrankenbestimmung bzw. sonstige Eingriffe (Art. 14 Abs. 1 S. 2 GG):
- Gesetz und Bestimmtheit
- Lastengleichheit
- Wesensgehalt
- Verhältnismäßigkeit

---

(2) Verhältnismäßigkeit des Gesetzes

Die §§ 327a ff. AktG müssen bezüglich des Art. 14 Abs. 1 S. 2 GG verhältnismäßig sein.

Der Grundsatz der Verhältnismäßigkeit ergibt sich als Schranken-Schranke im Rahmen der Wechselwirkung zum Gesetzesvorbehalt aus dem Grundrecht, wobei das Eigentum primär als Individualgarantie und lediglich sekundär als Wertgarantie einzustufen ist, sodass es unverhältnismäßig wäre, ohne Weiteres in das Eigentum einzugreifen und Wertersatz zu leisten.

Das Eigentum stellt primär eine Individualgarantie und nur sekundär eine Wertgarantie dar. Primär ist also der Bestand des Eigentums im Rahmen der Zuweisung als Ausschließlichkeitsrecht zu erhalten und nur als *ultima ratio* auf Wertersatz zu verweisen.

Nach diesem Grundsatz muss ein grundrechtsverkürzendes Gesetz geeignet, erforderlich und angemessen sein, um einen verfassungsrechtlich legitimen Zweck zu erreichen.

„Ein Gesetz ist geeignet, soweit dadurch der erstrebte Erfolg gefördert werden kann. Es ist erforderlich, soweit der Gesetzgeber nicht ein anderes, gleich wirksames, aber das Grundrecht nicht oder weniger stark einschränkendes Mittel hätte wählen können. Bei der Beurteilung der Eignung und Erforderlichkeit des gewählten Mittels zur Erreichung der erstrebten Ziele sowie bei der in diesem Zusammenhang vorzunehmenden Einschätzung und Prognose der dem

Einzelnen oder der Allgemeinheit drohenden Gefahren steht dem Gesetzgeber ein Beurteilungsspielraum zu, welcher je nach der Eigenart des maßgeblichen Sachbereichs, den Möglichkeiten, sich ein hinreichend sicheres Urteil zu bilden, und der zu berücksichtigenden Rechte bzw. Rechtsgüter nur in begrenztem Umfang gerichtlich überprüft werden kann. Zudem muss bei einer Gesamtabwägung im Rahmen der Verhältnismäßigkeit im engen Sinne zwischen der Schwere des Eingriffs und dem Gewicht sowie der Dringlichkeit der für die Rechtfertigung maßgeblichen Gründe die Grenze der Zumutbarkeit für die Adressaten des Verbots gewahrt sein. Durch die Maßnahme dürfen die Adressaten nicht übermäßig belastet werden" (BVerfGE 90, 145, 172f., Leitsatz 2.b).

„Der Gesetzgeber steht bei der Erfüllung des ihm in Art. 14 Abs. 1 S. 2 GG erteilten Auftrages, Inhalt und Schranken des Eigentums zu bestimmen, vor der Aufgabe, das Sozialmodell zu verwirklichen, dessen normative Elemente sich einerseits aus der grundgesetzlichen Anerkennung des Privateigentums durch Art. 14 Abs. 1 S. 1 GG und andererseits aus dem Sozialgebot des Art. 14 Abs. 2 GG ergeben: Der Gebrauch des Eigentums soll zugleich dem Wohle der Allgemeinheit dienen. Der Gesetzgeber muss bei Regelungen i.S.d. Art. 14 Abs. 1 S. 2 GG beiden Elementen des im Grundgesetz angelegten Verhältnisses von verfassungsrechtlich garantierter Rechtsstellung und dem Gebot einer sozialgerechten Eigentumsordnung in gleicher Weise Rechnung tragen; er muss die schutzwürdigen Interessen der Beteiligten in einen gerechten Ausgleich und ein ausgewogenes Verhältnis bringen. Eine einseitige Bevorzugung oder Benachteiligung steht mit den verfassungsrechtlichen Vorstellungen eines sozialgebundenen Privateigentums nicht in Einklang. Dem entspricht die Bindung des Gesetzgebers an den verfassungsrechtlichen Grundsatz der Verhältnismäßigkeit" (BVerfGE 52, 1, 29)."

„Auch bei der Ausgestaltung des Aktienrechts muss der Gesetzgeber die Interessen der Beteiligten gerecht ausgleichen und in ein ausgewogenes Verhältnis bringen. Er muss zu allen Aktionären die gleiche Distanz wahren. Diese Anforderung steht einer gesetzlichen Regelung, durch die der Ausschluss einzelner oder mehrerer Aktionäre ermöglicht wird, nicht entgegen. Der Gesetzgeber muss allerdings einen legitimen Zweck mit dem Ausschluss der Minderheitsaktionäre verfolgen und zudem sicherstellen, dass die Minderheitsaktionäre vollen Wertersatz für den Verlust der Aktien erhalten und schließlich effektiven Rechtsschutz gegen den Ausschluss gewährleisten" (BVerfG, NJW 2007, 3268, 3269f.).

(a) Zweck

Dem Gesetz muss ein legitimer Zweck zugrunde liegen. Wegen der weiten Einschätzungsprärogative des Gesetzgebers als Repräsentant des Volkes ist der

Zweck grundsätzlich nur insoweit überprüfbar, als er nicht willkürlich bzw. offensichtlich verfassungswidrig sein darf.

„Minderheitsaktionäre können die Durchsetzung unternehmerischer Entscheidungen gegen die Stimmenmehrheit des Hauptaktionärs zwar im Regelfall nicht verhindern. Bereits ihre Existenz bringt für den Hauptaktionär aber erheblichen Aufwand mit sich, der sich aus der Beachtung zwingender minderheitsschützender Normen ergibt. Unter Umständen sind Minderheitsaktionäre in der Lage, die vom Hauptaktionär als sinnvoll erachteten unternehmerischen Entscheidungen und Maßnahmen zu verzögern" (BVerfG, NJW 2007, 3268, 3270).

„Zu berücksichtigen ist in diesem Zusammenhang, dass die Zahl der Anfechtungsklagen gegen Hauptversammlungsbeschlüsse seit Anfang der 1980er Jahre signifikant angestiegen und die Mehrzahl der Klagen von privaten Anlegern mit Kleinstbesitz erhoben worden ist. Angesichts dessen liegt die Einschätzung des Gesetzgebers nicht fern, dass Minderheitsaktionäre verschiedentlich Kleinstbeteiligungen ausnutzen, um den Hauptaktionär bei der Unternehmensführung zu behindern und ihn zu finanziellen Zugeständnissen zu veranlassen" (BVerfG, NJW 2007, 3268, 3270).

Mit dem Schutz der Aktiengesellschaften vor der Blockade der unternehmerischen Entscheidungen durch die Minderheitsaktionäre wird mit den Regelungen des Aktiengesetzes – auch den §§ 327 a ff. AktG – somit ein legitimer Zweck verfolgt.

(b) Eignung

Eine Maßnahme ist geeignet, wenn durch sie der Zweck gefördert wird, wobei auch insoweit die Einschätzungsprärogative des Gesetzgebers zu berücksichtigen ist. Durch die Regelungen des Aktiengesetzes bezüglich des Squeeze-out wird der Schutz der Aktiengesellschaften vor Minderheitsaktionären gefördert, sodass das Aktiengesetz als Mittel zur Zweckerreichung geeignet ist.

(c) Erforderlichkeit

Die Regelung muss auch erforderlich sein. Eine Regelung ist erforderlich, wenn kein gleich geeignetes milderes Mittel denkbar ist, wobei wiederum die Einschätzungsprärogative des Gesetzgebers zu berücksichtigen ist. Jegliche Abschwächung der bestehenden Regelungen des Aktiengesetzes wären bezüglich der Zweckerreichung – dem Schutz des Unternehmens vor Minderheitsaktionären – jedenfalls nicht gleich geeignet.

(d) Verhältnismäßigkeit im engen Sinne (Disproportionalität)

Das Aktiengesetz kann verhältnismäßig im engen Sinne sein. Das setzt voraus, dass zwischen Mittel und Zweck eine Proportionalität besteht.

(aa) Grundsatz

Den mit dem Gesetz verfolgten Interessen des Hauptaktionärs steht „das Interesse der Minderheitsaktionäre an der Beibehaltung ihrer mitgliedschaftlichen Stellung und der vermögensrechtlichen Ansprüche entgegen, durch die ihnen das Aktieneigentum vermittelt wird. Das Mitgliedschaftsinteresse eines Aktionärs kann der Gesetzgeber in der Regel jedoch umso niedriger bewerten, je geringer dessen Anteil an der Gesellschaft ausfällt. Relevanten Einfluss auf die Unternehmenspolitik können Minderheitsaktionäre in der Regel nicht ausüben. Für sie stellt die Aktie typischerweise eher eine Kapitalanlage als eine unternehmerische Beteiligung dar. Angesichts dessen ist es dem Gesetzgeber grundsätzlich nicht verwehrt, die Schutzvorkehrungen zugunsten des Minderheitsaktionärs auf die vermögensrechtliche Komponente der Anlage zu konzentrieren, soweit er – wie beim „Squeeze-out" – einen Ausschluss der Minderheitsaktionäre an ein Quorum von 95 vom Hundert Aktienbesitz beim Hauptaktionär knüpft. Damit ist sichergestellt, dass nur Aktionäre ausgeschlossen werden, deren Anlageinteresse sich angesichts des Fehlens realer Einwirkungsmöglichkeiten auf die Unternehmensführung auf die vermögensrechtliche Komponente konzentriert. Ob etwas anderes gilt, wenn ein Aktionär im Einzelfall ein weitergehendes, anerkennenswertes Interesse an der Beteiligung an einem Unternehmen hat, wie es etwa bei Aktionären aus dem Familienkreis bei Familienunternehmen denkbar ist, ist irrelevant, da für ein derartiges besonderes Interesse keine Anhaltspunkte bestehen" BVerfG, NJW 2007, 3268, 3270).

„Der Gesetzgeber war auch nicht gehalten, neben oder an Stelle des Quorums ein qualitatives Kriterium für ein „Squeeze-out" vorzusehen. Insbesondere musste er die Ausschlussmöglichkeit nicht mit bestimmten Strukturmaßnahmen oder einem vorherigen öffentlichen Übernahmeangebot verknüpfen, wie es zum Teil in anderen Ländern vorgesehen ist. Angesichts der Vielgestaltigkeit der denkbaren Konstellationen, die einen Ausschluss von Minderheitsaktionären gerechtfertigt erscheinen lassen, hat der Gesetzgeber seinen weiten Spielraum bei der Gestaltung privatrechtlicher Beziehungen jedenfalls nicht dadurch überschritten, dass er das „Squeeze-out" allein an ein quantitatives Kriterium geknüpft hat" (BVerfG, NJW 2007, 3268, 3270).

(bb) Gewährleistung eines angemessenen Wertersatzes

Zudem ist relevant, dass in § 327a Abs. 1 S. 1 AktG und § 327b AktG eine angemessene Barabfindung vorgesehen ist. „Dass insoweit voller Wertersatz geleistet wird, hat der Gesetzgeber in verfassungsrechtlich nicht zu beanstandender Weise dadurch sichergestellt, dass die Angemessenheit der Abfindung bereits vorab gemäß § 327c Abs. 2 S. 2, 3 AktG durch einen gerichtlich ausgewählten und bestellten Sachverständigen überprüft wird. Unabhängig davon wird durch das Spruchverfahren gewährleistet, dass etwaige Fehleinschätzungen des Gutachters nachträglich korrigiert werden können" (BVerfG, NJW 2007, 3268, 3270).

„Zwar wird die Durchsetzung des Anspruchs auf eine angemessene Abfindung durch eine Bankgarantie i.S.d. § 327b Abs. 3 AktG lediglich in der Höhe gesichert, wie sie der Hauptaktionär gemäß § 327b Abs. 1 S. 1 AktG festgelegt hat. Die hieraus resultierende Gefahr, dass im Nachhinein im Spruchverfahren gemäß § 327f S. 2 AktG eine höhere Abfindung für angemessen erachtet wird und der Minderheitsaktionär insoweit dem Risiko der zwischenzeitlichen Insolvenz des Hauptaktionärs ausgesetzt ist, ist verfassungsrechtlich jedoch hinnehmbar. Die Höhe der Abfindung wird nicht vom Hauptaktionär, sondern von einem unabhängigen und vom Gericht bestellten Gutachter ermittelt. Der Gesetzgeber hat damit weitgehend dafür Sorge getragen, dass bereits frühzeitig eine objektive Feststellung des Wertes der Beteiligung an der Gesellschaft erfolgt. Damit ist zwar nicht ausgeschlossen, dass im Einzelfall Fehleinschätzungen erfolgen, die im nachfolgenden Spruchverfahren korrigiert werden müssen. Im Regelfall dürfte die Gefahr, dass die vom Sachverständigen ermittelte Abfindung signifikant hinter dem Wert der gehaltenen Beteiligung an der Gesellschaft zurückbleibt, dennoch eher gering sein. Der Gesetzgeber ist in der sozialen Marktwirtschaft auch nicht gehalten, Vorkehrungen gegen jedes denkbare Risiko des Wirtschaftslebens zu treffen" (BVerfG, NJW 2007, 3268, 3270).

„Auch die Verzinsungsregel in § 327b Abs. 2 AktG entspricht den verfassungsrechtlichen Vorgaben. Dass der Zins aufgrund der Bezugnahme in § 327b Abs. 2 AktG auf den jeweiligen Basiszinssatz nach § 247 BGB in Niedrigzinsphasen unter dem gesetzlichen Zins liegen kann, ist hinnehmbar, weil die – durch die Bankgarantie abgesicherte – Entschädigung nach § 327b Abs. 3 AktG „unverzüglich" nach der Eintragung des Übertragungsbeschlusses in das Handelsregister zu leisten ist. Verfassungsrechtliche Bedenken bestehen auch nicht im Hinblick darauf, dass die Zinsen für eine aus einem etwaigen Spruchverfahren resultierende zusätzliche Abfindung durch die Bankgarantie nicht gesichert werden. Da die Erstreckung der Garantie auf diese zusätzliche Abfindung verfassungsrechtlich nicht geboten ist, kann für die diesbezüglichen Zinsen nichts anderes gelten" (BVerfG, NJW 2007, 3268, 3271).

(cc) Gewährleistung eines effektiven Rechtsschutzes gegen einen Ausschluss
„Es ist auch nicht bedenklich, dass die Klage gemäß § 327f S. 1 AktG nicht darauf gestützt werden kann, dass der Hauptaktionär einen Sondervorteil zum Schaden der Gesellschaft oder der anderen Aktionäre i.S.d. § 243 Abs. 2 AktG suche. Da das „Squeeze-out" gerade darauf angelegt ist, die Minderheitsaktionäre aus der Gesellschaft auszuschließen, würde eine solche Anfechtungsmöglichkeit dem Gesetzeszweck zuwiderlaufen. Verfassungsrechtlich nicht zu beanstanden ist es auch, dass der Gesetzgeber eine Anfechtung ausgeschlossen hat, die auf der fehlenden Angemessenheit der Abfindung beruht. Der Gesetzgeber war verfassungsrechtlich lediglich gehalten, eine Überprüfungsmöglichkeit für die Angemessenheit der Abfindung zu schaffen. Die Entscheidung, welches Verfahren er hierfür wählt, steht ihm frei. Die von ihm gewählte Überprüfung der Angemessenheit im Spruchverfahren i.S.d. § 327f S. 2 AktG ist nicht zu beanstanden" (BVerfG, NJW 2007, 3268, 3271).

„Auch das Freigabeverfahren nach § 327e AktG i.V.m. § 319 Abs. 6 AktG wird den Anforderungen des Art. 14 Abs. 1 GG an die Verfahrensgestaltung gerecht. Zweck des Freigabeverfahrens ist es, die Registersperre zu überwinden, die mit der Erhebung einer Anfechtungsklage i.S.d. § 327e Abs. 2 AktG i.V.m. § 319 Abs. 5 S. 2 AktG entsteht. Mit dem Freigabeverfahren wird damit an das gesetzgeberische Ziel der „Squeeze-out"-Regelung angeknüpft, die Verzögerung als sinnvoll erachteter unternehmerischer Entscheidungen zu verhindern. Aufgrund dessen und aufgrund der üblichen Länge eines Anfechtungsprozesses ist es konsequent, verfahrensrechtliche Regelungen zu treffen, durch welche die Eintragung des Hauptversammlungsbeschlusses und damit die Wirksamkeit des „Squeeze-out" nicht vom rechtskräftigen Abschluss des Anfechtungsverfahrens abhängig gemacht wird. Ohne derartige verfahrensrechtliche Regelungen bestünde die Gefahr, dass das „Squeeze-out" weitgehend wirkungslos würde. Minderheitsaktionäre wären nach wie vor in der Lage, die Umsetzung unternehmerischer Entscheidungen durch die Erhebung von Anfechtungsklagen für geraume Zeit zu verhindern" (BVerfG, NJW 2007, 3268, 3271).

„Durch das Gesetz wird auch effektiver Rechtsschutz gegen Freigabebeschlüsse gewährt. Minderheitsaktionäre können gemäß § 327e Abs. 2 AktG i.V.m. § 319 Abs. 6 S. 5 AktG sofortige Beschwerde gegen den Freigabebeschluss erheben. Dies führt zur aufschiebenden Wirkung, weil gemäß § 319 Abs. 5 S. 1, Abs. 6 S. 1 AktG nur durch einen rechtskräftigen Freigabebeschluss die Registersperre überwunden wird. Dabei ist es irrelevant, ob gegen die Entscheidung des Beschwerdegerichts die Rechtsbeschwerde statthaft ist, sofern sie durch das Beschwerdegericht in seinem Beschluss i.S.d. § 574 Abs. 1 Nr. 2 ZPO zugelassen wird. Im Grundgesetz ist für Freigabeverfahren weder eine mündliche Verhandlung noch ein Instanzenzug vorgeschrieben" (BVerfG, NJW 2007, 3268, 3271).

„Auch bezüglich der materiellen Anforderungen an den Freigabebeschluss bestehen keine verfassungsrechtlichen Bedenken. Dies gilt insbesondere, soweit die Gerichte die Unbegründetheit der noch anhängigen Anfechtungsklage i.S.d. § 319 Abs. 6 S. 2 AktG in rechtlicher Hinsicht vollständig und nicht nur summarisch prüfen. Nicht maßgeblich ist es insoweit, dass die tatsächlichen Voraussetzungen der Freigabe gemäß § 319 Abs. 6 S. 4 AktG i.V.m. § 294 ZPO lediglich glaubhaft zu machen, aber nicht zu beweisen sind. Verfassungsrechtlich ist es nicht geboten, auf eine bloße Glaubhaftmachung nur vorläufig wirkende Gerichtsentscheidungen zu stützen. Dabei ist insbesondere zu berücksichtigen, dass auch das Beweismaß für die betroffenen Minderheitsaktionäre entsprechend herabgesetzt ist" (BVerfG, NJW 2007, 3268, 3271).

„Auch die rechtlichen Absicherungen in § 319 Abs. 6 S. 6 AktG .V.m. § 327f S. 2 AktG für Konstellationen, in denen der Anfechtungsprozess später anders als das Freigabeverfahren endet, ist verfassungsgemäß. Es bestehen für den Gesetzgeber keine Vorgaben, für derartige Konstellationen ein Verfahren bereitzustellen, durch das dem „zu Unrecht" ausgeschlossenen Minderheitsaktionär die Wiedererlangung seiner Aktionärsstellung garantiert wird. Es ist verfassungsrechtlich nicht zu beanstanden, dass der Gesetzgeber bei der Normierung der Voraussetzungen des „Squeeze-out" die Schutzvorkehrungen zugunsten der Minderheitsaktionäre auf die vermögensrechtliche Komponente der Aktie als Kapitalanlage konzentriert hat. Gleiches gilt bezüglich der Regelung der Rechtsfolgenlage für Konstellationen eines erfolgreichen Anfechtungsverfahrens im Anschluss an das Ergehen eines Freigabebeschlusses" (BVerfG, NJW 2007, 3268, 3271).

„Es kommt nicht darauf an, ob das Gericht die Registersperre nach § 319 Abs. 6 S. 2 Var. 3 AktG wegen überwiegender Interessen des Unternehmens oder des Hauptaktionärs auch aufheben darf, wenn es die Anfechtungsklage für begründet hält" (BVerfG, NJW 2007, 3268, 3271).

c) Zwischenergebnis

Die Regelungen des Aktiengesetzes sind bezüglich Art. 14 Abs. 1 S. 2 GG verhältnismäßig und letztlich verfassungsgemäß.

4. Verfassungsmäßigkeit des Einzelaktes

Auch die Anwendung des Gesetzes muss verfassungsgemäß sein, wobei diesbezüglich dem Grundsatz der Verhältnismäßigkeit eine überragend wichtige Funktion zukommt. Da zwischen dem Bundesverfassungsgericht und den Fachgerichten jedoch ein Kooperationsverhältnis besteht und für das Bundesverfassungsgericht nur Verfassungsrecht als Prüfungsmaßstab maßgeblich ist, damit es im rechtsstaatlichen Gefüge nicht unnötig mit Verfahren behelligt wird, sind nur spezifische Grundrechtsverletzungen der Fachgerichte relevant. Das Bundesverfassungsgericht ist keine Superrevisionsinstanz. Je schwerwiegender Grundrechtseingriffe sind und je wesentlicher die betroffenen Grundrechte für die Demokratie sind und je geringer die Rechtsschutzmöglichkeiten i.S.d. Art. 19 Abs. 4 GG waren, desto eher sind ausnahmsweise teilweise materiell-rechtliche Erwägungen im Rahmen der Verhältnismäßigkeit des Vollzuges von Bedeutung.

Insbesondere ist es bezüglich der Auslegung des Terminus der offensichtlichen Unbegründetheit i.S.d. § 319 Abs. 6 S. 2 Var. 2 AktG auch bei anderen summarischen Verfahren möglich, dass eine vollständige Rechtsprüfung erlaubt und gegebenenfalls geboten ist (BVerfG, NJW 2007, 3268, 3271). Insoweit ist die Auslegung des Oberlandesgerichts jedenfalls nicht willkürlich, sodass die Grenze des sich unter anderem aus Art. 20 Abs. 2 S. 2 und Abs. 3 GG ergebenden rechtsstaatlichen Kernbereiches der Judikative nicht überschritten ist. Ebenso wenig sind die Anwendung der Rechtsmissbrauchsklausel und die Auslegung des Terminus „gehören" in § 327a Abs. 1 AktG durch das Oberlandesgericht verfassungsrechtlich zu beanstanden.

Nach alledem sind die dem Freigabebeschluss des Oberlandesgerichts zugrunde liegenden Erwägungen verhältnismäßig und insbesondere mit Art. 3 Abs. 1 GG und Art. 20 Abs. 3 GG – insoweit wird Art. 14 Abs. 1 GG mittels praktischer Konkordanz durch ein Willkürverbot verstärkt – vereinbar.

5. Ergebnis zur Rechtfertigung des Eingriffs

Der Eingriff in das Eigentum des B und des S durch den Beschluss des Oberlandesgerichts ist verfassungsrechtlich gerechtfertigt.

IV. Ergebnis zur Begründetheit der Verfassungsbeschwerde

Die Verfassungsbeschwerde des B und S ist unbegründet.

C. Annahme zur Entscheidung

Das Bundesverfassungsgericht nimmt die Verfassungsbeschwerde des B und S zur Entscheidung i.S.d. § 93a BVerfGG nicht an.

D. Gesamtergebnis

Die Verfassungsbeschwerde des B und des S ist zulässig, jedoch unbegründet. Sie wird keinen Erfolg haben.

Grundrechte – Fall 6:
„Neidisch auf den engagierten Professor"

Schwerpunkte: Grundrechte als originäre und derivative Leistungsrechte, Versammlungs-
freiheit (Art. 8 GG), Wissenschaftsfreiheit (Art. 5 Abs. 3 GG), Grundrechtsbindung gemischt-
wirtschaftlicher Unternehmen, Meinungsfreiheit (Art. 5 Abs. 1 GG)

1. Komplex: Ausgangskonstellation

Der engagierte Professor P ist Hochschullehrer der rechtswissenschaftlichen
Fakultät an der staatlichen Universität M im Bundesland L und Beamter im statusrechtlichen Sinne. Obwohl ihm die Forschung und die Lehre große Freude
bereiten, gibt es einige Aspekte, die ihn in seinem beruflichen Umfeld stören.
Neben den überfüllten Vorlesungen sowie dem nach seiner Auffassung viel zu
geringen Grundgehalt ist P der festen Überzeugung, dass die seinem Lehrstuhl
seitens der Universität gewährten Mittel nicht hinreichend seien, um seine auf-
wendigen Forschungen zu finanzieren.

Da er seine Studien als Aushängeschild der Universität einstuft, hat er bei der
zuständigen Stelle bereits wiederholt erhöhte finanzielle Mittel für seinen Lehrstuhl verlangt – bisher ohne Erfolg. Nach der letzten Gesprächsrunde mit der zuständigen Stelle kam es zu verbalen Auseinandersetzungen und wüsten Be-
schimpfungen. Insbesondere hat P sich über die für die Vergabe der Mittel
zuständigen Beamten geärgert. Die für die Versagung weiterer Mittel treibende
Kraft ist nämlich ein alter – sehr ehrgeiziger – Studienkollege S des P, der seine Dis-
sertation abgebrochen und selbst noch keine nennenswerte Veröffentlichung vor-
zuweisen hat, jedoch der Auffassung ist, P sitze mit seinen abstrakten Ableitungen
in einem Elfenbeinturm. P ist der Ansicht, S neide ihm seine wissenschaftlichen
Erfolge und ärgere sich insgeheim darüber, dass er die anspruchsvollen Texte des
P nicht versteht.

Diese Neidkampagne will P sich nicht gefallen lassen und klagt gegen die
Universität – eine Personalkörperschaft des öffentlichen Rechts – vor dem zuständigen Verwaltungsgericht auf die Gewährung weiterer Mittel. Dabei argumentiert
er dahingehend, dass er als Hochschullehrer einen grundrechtlichen Anspruch
auf weitere Mittel habe, zumal sein Kollege X vor einiger Zeit ebenfalls weitere
Zahlungen bewilligt bekommen hat. Die Vermutung des P, dass die Versagung
der Mittel keine sachlichen, sondern persönliche Gründe hat, ist nicht belegbar.

Wird P mit seiner beim Verwaltungsgericht erhobenen Klage erfolgreich
sein?

https://doi.org.10.1515/9783110624410-017

Landeshochschulgesetz (HochschulG)

§ 3

(1) Das Land und die Hochschulen haben sicherzustellen, dass die Mitglieder der Hochschule die durch Art. 5 Abs. 3 S. 1 GG verbürgten Grundrechte wahrnehmen können.

2. Komplex: Abwandlung

Neben seiner Tätigkeit als Hochschullehrer setzt sich P auch für die Menschenrechte ein. Daher fährt er mit einigen Gleichgesinnten zum Großflughafen F im Bundesland H, um dort im frei zugänglichen Flughafenbereich einschließlich der Abflughallen gegen die Abschiebung einiger „Illegaler" in deren Heimatland zu demonstrieren. Dort erwartet sie nach der Auffassung des P mitunter die Todesstrafe. Während ihres Aufenthaltes im Flughafenbereich halten P und seine zehn Kameraden Plakate hoch und verteilen Flugblätter.

Bereits nach kurzer Zeit wird ihnen durch einen Mitarbeiter der Flughafenbetreibergesellschaft F-AG ein Verbot erteilt, Flugblätter zu verteilen und „Demonstrationen auf dem Flughafengelände abzuhalten", da hierdurch die Sicherheit des Reiseverkehrs beeinträchtigt würde. Die Anteile an der F-AG halten zu 60% das Bundesland H sowie zu 40% Private.

P meint, in seinen Grundrechten verletzt zu sein, und bittet Sie als seinen Lehrstuhlassistenten, gutachtlich zu prüfen, ob es durch das Verbot der F-AG zu Grundrechtsverletzungen gekommen ist.

Bearbeitungsvermerk

Gehen Sie davon aus, dass es im Bundesland L keine Ausführungsvorschriften zu den §§ 61, 78 VwGO gibt. Ein Vorverfahren ist nicht gemäß § 68 Abs. 1 S. 2 VwGO entbehrlich, jedoch – soweit erforderlich – ordnungsgemäß durchgeführt. Etwaige Klagefristen sind eingehalten. Eine einfachgesetzliche Anspruchsgrundlage auf die Zurverfügungstellung weiterer Forschungsmittel besteht – unabhängig von § 3 Abs. 1 HochschulG – nicht.

Vertiefung

BVerfG, Urteil vom 22.2.2011 – 1 BvR 699/06 (BVerfGE 128, 226)

BVerwG, Urteil vom 22.4.1977 – VII C 49/74 (BVerwGE 52, 339; NJW 1978, 842)

Zur Wissenschaftsfreiheit: BVerfG, Urteil vom 29.5.1973 – 1 BvR 424/71, 325/72 (BVerfGE 35, 79)

BVerfG, Urteil vom 22.2.2011 – 1 BvR 699/06 (BVerfGE 128, 226; „Fraport-Entscheidung")

Gliederung

Lösungsvorschlag

Die folgende Lösung ist als Lösungsvorschlag zu verstehen und ausführlicher, als es in der Klausurbearbeitung verlangt werden kann. Aufgrund der wissenschaftlichen Freiheit können andere Lösungswege vertreten werden, soweit sie dogmatisch begründbar sind. Die Nachweise aus Rechtsprechung und Literatur sowie die das Verständnis fördernden Randbemerkungen sind in der Examensklausur auszusparen. Die Abkürzung „Alt." steht für Alternativfall, nicht für Alternative.

1. Komplex: Ausgangskonstellation

Die Klage des P hat Erfolg, soweit die Sachurteilsvoraussetzungen erfüllt sind und die Klage begründet ist.

A. Sachurteilsvoraussetzungen

Die Sachurteilsvoraussetzungen müssen erfüllt sein.

Zum Aufbau der Prozessstation: Heinze/Starke, „Prüfungsaufbau und ausgewählte Probleme im Verwaltungsprozessrecht", JURA 2012, 175 ff.

I. Rechtsweg

Der Verwaltungsrechtsweg kann eröffnet sein. Anderenfalls kommt ein Verweisungsbeschluss i.S.d. § 17a Abs. 2 GVG i.V.m. § 173 VwGO in Betracht. Unabhängig von der Generalklausel des § 40 Abs. 1 S. 1 VwGO als Auffangregelung – bezüglich dieser ist bei Ansprüchen aus Grundrechten regelmäßig auf den Sachzusammenhang zum öffentlichen Recht abzustellen – und einer etwaigen abdrängenden Sonderzuweisung kommt primär eine aufdrängende Sonderzuweisung in Betracht.

Besonderheiten bei ungeschriebenen bzw. grundrechtlichen Ansprüchen:
– Verwaltungsrechtsweg (Sachzusammenhang)
– Klageart (im Zweifel Verwaltungsakt, falls Spielraum der Behörde bzw. Festsetzung aus anderen Gründen erforderlich)
– Klagebefugnis (Grundrechte als originäre/derivative Leistungsrechte)
– Anspruchsgrundlage (Grundrechte als originäre/derivative Leistungsrechte)

Während für alle Klagen der Beamtinnen, Beamten, Ruhestandsbeamtinnen, Ruhestandsbeamten, früheren Beamtinnen, früheren Beamten und der Hinterbliebenen aus dem Beamtenverhältnis sowie für Klagen des Dienstherrn auf Bundesebene in § 126 Abs. 1 BBG eine zum Verwaltungsgericht aufdrängende Sonderzuweisung enthalten ist, ergibt sich eine solche für Landesbeamte aus § 54 Abs. 1 BeamtStG. P ist Beamter des Landes L. Der Verwaltungsrechtsweg ist gemäß § 54 Abs. 1 BeamtStG eröffnet, wobei etwaige abdrängende Sonderzuweisungen i.S.d. § 40 Abs. 2 S. 1 VwGO im Rahmen beamtenrechtlicher Streitigkeiten gemäß § 40 Abs. 2 S. 2 VwGO nicht anwendbar sind.

Bestünde keine aufdrängende Sonderzuweisung, wäre auf den Sachzusammenhang abzustellen, da durch § 3 Abs. 1 HochschulG kein Anspruch begründet wird und eine Subordination nicht eindeutig ersichtlich ist.

II. Zuständigkeit

Das Verwaltungsgericht ist gemäß § 45 VwGO als Eingangsinstanz für das Begehren des P sachlich zuständig, da Anhaltspunkte für abweichende Regelungen wie zum Beispiel § 50 VwGO nicht ersichtlich sind, sodass kein Verweisungsbeschluss gemäß den §§ 17a Abs. 2 GVG, 83 VwGO gefasst werden wird. Von der örtlichen Zuständigkeit des angerufenen Verwaltungsgerichts ist gemäß § 52 Nr. 4 VwGO für P als Beamten auszugehen.

III. Beteiligte

P und die Hochschule als Körperschaft öffentlichen Rechts können Beteiligte des Verfahrens sein. Beteiligte sind nach § 63 Nr. 1, 2 VwGO unter anderem der Kläger und der Beklagte, beteiligungsfähig nach § 61 Nr. 1 VwGO natürliche und juristische Personen. Behörden sind gemäß § 61 Nr. 3 VwGO nicht beteiligungsfähig, da es im Bundesland L keine Ausführungsvorschriften zu § 61 VwGO gibt.

Als Kläger ist P gemäß § 61 Nr. 1 Alt. 1 VwGO beteiligungsfähig und gemäß § 62 Abs. 1 Nr. 1 VwGO prozessfähig.

Als Beklagte ist die Rechtsträgerin der Behörde maßgeblich. Die Verwaltung erfolgte durch die zuständige Behörde, welche zur Hochschule gehört. Die Hochschule als Personalkörperschaft des öffentlichen Rechts ist gemäß den §§ 63 Nr. 2, 61 Nr. 1 VwGO beteiligungs- und mangels Anhaltspunkten bezüglich des für die Behörde handelnden Organwalters gemäß § 62 Abs. 1, 3 VwGO prozessfähig.

IV. Statthafte Klageart

Die statthafte Klageart richtet sich gemäß § 88 VwGO nach dem klägerischen Begehren unter Berücksichtigung des Anwendungsvorrangs maßnahmespezifischer Rechtsschutzformen und des rechtsstaatlichen Grundsatzes der Effektivität des Rechtsschutzes.

Dem klägerischen Begehren entspricht grundsätzlich die effektivste Klageart, also nach Möglichkeit die Anfechtungsklage gemäß § 42 Abs. 1 Alt. 1 VwGO als Gestaltungsklage der Verwaltungsgerichtsordnung. Voraussetzung der Anfechtungsklage ist, dass es dem Kläger um die Aufhebung eines Verwaltungsaktes i.S.d. § 35 VwVfG geht. Da P keinen Verwaltungsakt anfechten kann, kommt eine allgemeine Leistungsklage, welche in der Verwaltungsgerichtsordnung zwar nicht ausdrücklich normiert, jedoch zum Beispiel in den §§ 43, 111, 113 Verwaltungsgerichtsordnung mehrfach erwähnt ist, in Betracht – mit dem Inhalt der Verurteilung der Hochschule, P weitere Forschungsgelder zur Verfügung zu stellen. Sollte P hingegen eine verbindliche Festsetzung mittels eines Verwaltungsakts begehren, wäre die Verpflichtungsklage nach § 42 Abs. 1 Alt. 2 VwGO statthaft. Gegebenenfalls kann es gesetzlich vorgegeben sein, dass dem Anspruch auf Leistung eine Festsetzung vorausgeht, aus der sich dann als Sonderrechtsbeziehung der Leistungsanspruch ergibt. Besteht keine gesetzliche Vorgabe, jedoch ein Leistungsermessen der Behörde und möglicherweise auch eine begrenzte Kapazität, ist in der Regel auf der ersten Stufe ein Verwaltungsakt erforderlich, durch den der Leistungsanspruch dann begründet wird. Ist die Leistung hingegen bereits präzise und ohne Spielräume bestimmt und besteht ein zumindest ungeschriebener Anspruch, ist dies ein Indiz dafür, dass unmittelbar Leistung mittels einer allgemeinen Leistungsklage verlangt werden kann. Demnach wäre aufgrund der möglicherweise verbindlich festzusetzenden Leistung der Forschungsmittel die Verpflichtungsklage statthaft, zumal begrenzte Mittel und somit Kapazitätsgrenzen bestehen.

Allerdings ist P Beamter im statusrechtlichen Sinne, sodass fraglich ist, ob die Festsetzung der Forschungsmittel einen Verwaltungsakt i.S.d. § 35 S. 1 VwVfG darstellt. Ein Verwaltungsakt ist gemäß § 35 S. 1 VwVfG jede Verfügung, Entscheidung oder andere hoheitliche Maßnahme, die eine Behörde zur Regelung eines Einzelfalls auf dem Gebiet des öffentlichen Rechts trifft und die auf unmittelbare Rechtswirkung nach außen gerichtet ist.

Im Beamtenrecht ist bezüglich der Außenwirkung des Verwaltungshandelns zwischen der Abordnung – gegebenenfalls in Form einer Versetzung –, der Umsetzung sowie der Ernennung und Entlassung zu unterscheiden. Dabei ist die Differenzierung zwischen dem Grund- und dem Dienstverhältnis maßgeblich. Das Grundverhältnis betrifft den Status des Beamten gegenüber dem öffentlich-rechtlichen Rechtsträger und somit das Außenverhältnis, während das Dienstverhältnis, welches auch als Betriebsverhältnis bezeichnet werden kann, verwaltungsinterne Angelegenheiten betrifft, somit den Status des Beamten nicht berührt und deshalb grundsätzlich keine Verwaltungsakte zur Folge haben kann.

Die **Abordnung** ist die vorübergehende vollständige Zuweisung oder partielle Zuweisung eines Dienstpostens bei einer anderen Dienststelle und wirkt sich zumindest im weiten Sinne auf den Status des Beamten aus; die Tätigkeiten an den Dienststellen müssen einander dabei nicht entsprechen. Eine **Versetzung** ist eine dauerhafte Übertragung eines Dienstpostens bei einer anderen Behörde. Abordnung und Versetzung betreffen im weiten Sinne das Grundverhältnis und stellen Verwaltungsakte dar.

Eine **Umsetzung** ist hingegen die beamtenrechtliche Zuweisung eines anderen Dienstpostens innerhalb derselben Behörde, also Dienststelle. Sie betrifft das Dienstverhältnis, sodass es an der Außenwirkung und damit der Verwaltungsaktqualität fehlt.

Die **Ernennung** und die **Entlassung** eines Beamten betreffen das Statusverhältnis, also das Grundverhältnis und stellen Verwaltungsakte dar.

P erstrebt die Erweiterung der Forschungsmittel für seinen Lehrstuhl. Hätte er seine Berufung zum Professor und damit zum Beamten von der Zuweisung erweiterter Mittel für seinen Lehrstuhl abhängig gemacht, wäre eine Zuordnung der Mittelzuweisung zum Grundverhältnis möglich, wenngleich es auch insoweit letztlich um die Möglichkeiten für die Ausübungen des Dienstes ginge. Als P sich um die Erweiterung der Mittel bemühte, war er allerdings bereits verbeamtet, sodass er keinen Bezug der Forschungsmittel zu seinem

Statusverhältnis hergestellt hat. Somit besteht der Bezug eher zur Ausübung des Dienstes in Gestalt der Forschung, sodass es sich um eine Angelegenheit im Dienstverhältnis ohne Verwaltungsaktqualität und damit um eine allgemeine Leistungsklage handeln könnte, zumal es zusätzlich darauf ankommt, inwieweit Spielräume der Verwaltung bestehen oder nicht. Derartige Spielräume wären regelmäßig durch eine Festsetzung mittels Hoheitsakt auszufüllen.

Zwar werden die Forschungsmittel der Höhe nach zugeteilt, welche zunächst nicht beziffert werden kann, jedoch könnte es sich bei der Zuteilung um eine körperschaftsinterne Zuteilung handeln, bezüglich derer es an der Außenwirkung fehlt. Ein Antrag auf Zuweisung erweiterter Mittel könnte insoweit zunächst unbeziffert bleiben und gemäß § 287 Abs. 2 und Abs. 1 ZPO i.V.m. § 173 VwGO im richterlichen Ermessen stehen.

Letztlich stellt die Zuweisung der Forschungsmittel auch keine eindeutige Weisung im innerdienstlichen Verhältnis dar, sondern es wird durch diese lediglich die Grundlage für die Ausübung des Dienstes geschaffen. Somit besteht weder ein eindeutiger Bezug zum Grundverhältnis noch zum Dienstverhältnis.

Fehlt ein eindeutiger Bezug zum Grund- oder Dienstverhältnis, ist maßgeblich, ob die Behörde bei ihrer Entscheidung eine Ermessensausübung vornimmt. Ermessensentscheidungen erfolgen im Zweifelsfall durch hoheitliche Handlungsformen. P erstrebt die Zuteilung von Forschungsmitteln durch eine Festsetzung und somit durch einen Verwaltungsakt, sodass die Verpflichtungsklage gemäß § 42 Abs. 1 Alt. 2 VwGO statthaft ist.

Mit guter Argumentation sind die Ablehnung der Außenwirkung und die Annahme einer allgemeinen Leistungsklage vertretbar. In der Rechtsprechung wird eine Verpflichtungsklage angenommen (vgl. BVerwG, NJW 1978, 842 = BVerwGE 52, 339).

V. Besondere Sachurteilsvoraussetzungen
Die besonderen Sachurteilsvoraussetzungen müssen erfüllt sein.

1. Besondere Prozessführungsbefugnis
Besonders prozessführungsbefugt ist gemäß § 78 Abs. 1 Nr. 1 VwGO die Hochschule als Personalkörperschaft öffentlichen Rechts und Rechtsträgerin der zuständigen Behörde, da im Landesrecht keine Ausführungsvorschrift i.S.d. § 78 Abs. 1 Nr. 2 VwGO zugunsten der Behörden enthalten ist.

2. Klagebefugnis

P muss klagebefugt sein. Voraussetzung für die Klagebefugnis nach § 42 Abs. 2 VwGO ist die Möglichkeit der Verletzung eines subjektiven Rechts. Subjektive Rechte ergeben sich aus Sonderrechtsbeziehungen, einfachen Gesetzen, subsidiär aus Grundrechten, wobei jedenfalls aufgrund des weiten Schutzbereiches des Art. 2 Abs. 1 GG bei unmittelbaren Grundrechtseingriffen für das subjektive Recht direkt auf Grundrechte abgestellt werden kann. Voraussetzung für ein einfachgesetzliches subjektives Recht ist, dass neben der Allgemeinheit auch der Einzelne geschützt wird. Wird das subjektive Recht aus einfachen Gesetzen abgeleitet, muss diese subjektivierte Norm zumindest auch den Schutz der Individualinteressen umfassen, sodass der Träger dieser Individualinteressen die Befolgung dieser Rechtsnorm für sich beanspruchen kann. Die Schutzwirkung muss vom Gesetzgeber intendiert und darf nicht auf eine bloße Rechtsreflexwirkung rückführbar sein. Anderenfalls würden ein Gesetzesvollziehungsanspruch entstehen und Popularklagen ermöglicht werden.

Ein subjektives Recht des P aus einer Sonderbeziehung – etwa direkt aus seinem Beamtenstatusverhältnis – oder aus einer einfachgesetzlichen Norm ist nicht ersichtlich, da in § 3 Abs. 1 HochschulG kein konkreter Anspruch auf bestimmte Mittel geregelt ist.

Es kann aber die Möglichkeit bestehen, dass P einen Anspruch auf Teilhabe – derivativ – aus Art. 5 Abs. 3 S. 1 GG i.V.m. Art. 3 Abs. 1 GG oder originär aus Art. 5 Abs. 3 S. 1 GG hat. Zwar sind Grundrechte in ihrer klassischen Funktion als Abwehrrechte gegen den Staat einzustufen, jedoch können sie als objektive Werteordnung i.S.d. Art. 1 Abs. 3 GG auch originäre und derivative Leistungsrechte hinsichtlich Leistungen darstellen, für die eine staatliche Monopolstellung besteht. Bezüglich der Forschungsmittel im Dienstverhältnis besteht ein Monopol der Hochschule, da die Hochschule als Personalkörperschaft für die Forschungsmittel im Rahmen des ihr zugewiesenen haushaltsrechtlich vorgesehenen Rahmens zuständig ist. P ist gemäß § 42 Abs. 2 VwGO klagebefugt, da zumindest die Möglichkeit eines grundrechtlichen Leistungsanspruches besteht.

Während Grundrechte als originäre Leistungsrechte nur in atypischen Konstellationen in Betracht kommen und daher selten zu prüfen sind, können derivative Leistungsrechte häufiger Gegenstand einer Klausur sein.

---

3. Vorverfahren

Ein Vorverfahren, welches gemäß § 54 Abs. 2 S. 1–3 BeamtStG i.V.m. § 1 BeamtStG – eine Rückausnahme i.S.d. § 54 Abs. 2 S. 3 BeamtStG besteht im

Bundesland L nicht – erforderlich ist, ist gemäß den §§ 68 ff. VwGO ordnungsgemäß durchgeführt worden.

4. Klagefrist

Die Klagefrist von einem Monat seit der Bekanntgabe gemäß § 74 Abs. 1 S. 1 und Abs. 2 VwGO VwGO ist eingehalten worden.

VI. Allgemeines Rechtsschutzbedürfnis

Mangels Anhaltspunkten für ein fehlendes Rechtsschutzbedürfnis ist P dieses nicht abzusprechen.

VII. Zwischenergebnis

Die Klage des P gegen die Hochschule als Personalkörperschaft des öffentlichen Rechts auf die Zuteilung erweiterter Forschungsmittel ist zulässig.

B. Begründetheit

Die Klage des P ist gemäß § 113 Abs. 5 S. 1, 2 VwGO begründet, soweit die Ablehnung der Zuteilung erweiterter Forschungsmittel rechtswidrig, der Kläger dadurch in seinen Rechten verletzt und die Sache spruchreif bzw. soweit die Unterlassung der diesbezüglichen Bescheidung rechtswidrig oder die erfolgte Bescheidung fehlerhaft und der Kläger dadurch in seinen Rechten verletzt ist. Somit ist die Klage begründet, soweit der Kläger einen Anspruch auf eine zumindest fehlerfreie Bescheidung der Behörde hat.

I. Anspruchsgrundlage

§ 3 Abs. 1 HochschulG ist als Anspruchsgrundlage nicht maßgeblich, weil insoweit lediglich geregelt ist, dass unter anderem die Wissenschaftsfreiheit aus Art. 5 Abs. 3 S. 1 Alternative 1 Alt. 2 GG im Hochschulbereich gewährleistet sein muss.

Zur Zitierweise: Bei mehr als zwei Möglichkeiten sollte der Terminus „Variante" verwendet werden. Bei lediglich zwei Möglichkeiten bilden zwei Alternativfälle zusammen eine Alternative, wobei Alternative und Alternativfall regelmäßig mit „Alt." Abgekürzt werden. Im Rahmen des Art. 5 Abs. 3 S. 1 GG lässt sich eine Unterteilung in zwei Alternativen mit jeweils zwei Alternativfällen vornehmen. Vertretbar wäre es auch, trotz der zweifachen Verbindung mit einem „und" und der Trennung durch ein Komma von vier Varianten auszugehen.

Ein einfachgesetzlicher Anspruch auf die Zuteilung von Forschungsmitteln ist nicht ersichtlich. Somit kommt letztlich nur ein Anspruch aus Grundrechten als Leistungsrechten in Betracht.

Es ist vertretbar, nicht mit der „Anwendbarkeit der Anspruchsgrundlage" zu beginnen und nicht dort alle in Betracht kommenden Anspruchsgrundlagen zu prüfen. Dogmatisch wäre es ebenso möglich, die einfachgesetzlich in Betracht kommende Norm bis zu den Voraussetzungen zu prüfen, um dann bei deren Voraussetzungen gegebenenfalls abzubrechen und mit der nächsten Anspruchsgrundlage (Anspruch aus dem Grundrecht) neu zu beginnen. Dies würde aber zu einem eher unübersichtlichen Aufbau führen.

---

1. Originäres Leistungsrecht i.S.d. Art. 5 Abs. 3 S. 1 Alternative 1 Alt. 2 GG

Voraussetzungen eines Grundrechtes als originäres Leistungsrecht:
- bedeutsames Grundrecht
- atypische Konstellation bei staatlichem Monopol

Schema 58: Grundrechte als (subsidiäre) Leistungsrechte

derivative Leistungsrechte	originäre Leistungsrechte
= Teilhabe an vorhandenen Ressourcen	= Absoluter Anspruch
Ansprüche aus Freiheitsrecht i.V.m. Art. 3 Abs. 1 GG	Ansprüche direkt aus Freiheitsrechten

Prüfung:
1. Anspruchsgrundlage: Freiheitsrecht i.V.m. Art. 3 Abs. 1 GG
2. Voraussetzungen
  a) formell: Antrag
  b) materiell:
    • staatliches Monopol
    • Begünstigung anderer
    • keine Unmöglichkeit
3. Rechtsfolge
  gebunden oder Ermessen (bei Kapazitätsgrenzen z.B. Ermessen)
	Prüfung:
	1. Anspruchsgrundlage
	2. Voraussetzungen
	  a) formell: Antrag
	  b) materiell
	  Voraussetzungen aus dem Grundrecht i.V.m. staatlichem Monopol (soweit keine einfachgesetzliche Regelung vorhanden und vom Gesetzgeber nicht im Rahmen seiner Einschätzungsprärogative ausgeschlossen)
	3. Rechtsfolge
	  gebunden oder Ermessen

Ein Anspruch des P kann sich aus einem Grundrecht als originärem Leistungsrecht ergeben. Grundrechte stellen in ihrer klassischen Funktion zwar Abwehrrechte gegen den Staat dar, können aber als objektive Werteordnung i.S.d. Art. 1 Abs. 3 GG auch Leistungsrechte begründen. Originär wird durch sie allerdings nur ein Leistungsrecht begründet, soweit es sich um eine atypische Konstellation handelt, die vom Gesetzgeber, der Wesentliches selbst zu regeln hat, typischerweise nicht geregelt werden konnte.

Durch das in Art. 5 Abs. 3 GG enthaltene Freiheitsrecht als Abwehrrecht wird die wissenschaftliche Betätigung gegen staatliche Eingriffe geschützt. Ebenso wie andere Grundrechte gehört auch Art. 5 Abs. 3 GG zur objektiven Werteordnung, in der eine „prinzipielle Verstärkung der Geltungskraft der Grund-rechte" zum Ausdruck gebracht wird. Somit stellt Art. 5 Abs. 3 S. 1 GG zugleich eine „das Verhältnis von Wissenschaft zum Staat regelnde wertentscheidende Grundnorm" dar (BVerfGE 35, 79, 114 und Leitsatz 2).

Art. 5 Abs. 3 Alternative 1 enthält zwei Grundrechte:
- die Kunstfreiheit (Art. 5 Abs. 3 S. 1 Alternative 1 Alt. 1 GG) und
- die Wissenschaftsfreiheit (Art. 5 Abs. 3 S. 1 Alternative 1 Alt. 2 GG)

Die Wissenschaftsfreiheit umfasst dabei die beiden spezielleren Grundrechte:
- die Forschungsfreiheit (Art. 5 Abs. 3 S. 1Alternative 2 Alt. 1 GG)
- und die Lehrfreiheit (Art. 5 Abs. 3 S. 1 Alternative 2 Alt. 2 GG)

Der gemeinsame Oberbegriff „Wissenschaft" bringt dabei den engen Bezug von Forschung und Lehre zum Ausdruck (BVerfGE 35, 79, 113).

Die Wissenschaftsfreiheit i.S.d. Art. 5 Abs. 3 S. 1 Alternative 1 Alt. 2 GG kann seitens des P betroffen sein. Wissenschaft ist der planmäßige Versuch zur Erforschung der Wahrheit (BVerfGE 35, 79, 113). Dazu gehört auch die Wahrheitsforschung – unabhängig davon, wie Wahrheit letztlich zu definieren ist – im Rahmen der Forschung durch einen Professor.

Fraglich ist allerdings, inwieweit im Rahmen des universitären Betriebes auch eine originäre Leistung aus dem Grundrecht der Wissenschaftsfreiheit verlangt werden kann.

Dabei ist zunächst zu berücksichtigen, dass „ohne entsprechende finanzielle staatliche Mittel heute in weiten Bereichen der Wissenschaften, insbesondere der Naturwissenschaften, keine unabhängige Forschung und wissenschaftliche Lehre mehr betrieben werden kann" (BVerfGE 35, 79, 115). Denn die private Förderung führt in der Regel nicht zu einer unabhängigen Forschung. „Der Staat hat die Pflege der freien Wissenschaft und ihre Vermittlung an die nachfolgende Generation deshalb durch Bereitstellung personeller, finanzieller und organisatorischer Mittel zu ermöglichen und zu fördern" (BVerfGE 35, 79, 114 f.).

Nur der Umstand, dass die Forschung und die Lehre aufwendiger und damit teurer geworden sind, ist für die Zubilligung eines Leistungsanspruches aus Art. 5 Abs. 3 S. 1 Alternative 1 Alt. 2 GG jedoch ebenso wenig hinreichend wie eine Veränderung der Situation bezüglich anderer grundrechtsrelevanter Bereiche.

Aus dem Grundgesetz lässt sich jedoch kein originärer Anspruch auf eine der Grundrechtsverwirklichung dienende Grundausstattung nach Art und Umfang ableiten. Verhältnisse zu schaffen, die eine Verwirklichung der Grundrechte überhaupt erst ermöglichen, ist primär Aufgabe des Gesetzgebers. Sie ergibt sich verfassungsrechtlich aus dem in Art. 20 Abs. 1 GG geregelten Sozialstaatsprinzip sowie den Grundrechten als objektive Werteordnung i.S.d. Art. 1 Abs. 3 S. 1 GG.

Auch wenn die Bereitstellung der Mittel für Forschung und Lehre nicht nur eine allgemeine Aufgabe des Gesetzgebers wäre, sondern hierzu ein Verfassungsauftrag bestünde und sich aus diesem Verfassungsauftrag unter besonderen Voraussetzungen ein einklagbarer Individualanspruch des Professors auf Bereitstellung solcher Mittel – vergleichbar einem möglichen Anspruch auf Schaffung von Studienplätzen (vgl. BVerfGE 33, 303, 333) – ableiten ließe, ergäben sich daraus keine Konsequenzen. Denn eine evidente Verletzung des Verfassungsauftrages bestünde nicht, soweit es lediglich um den Umfang der Forschungsmittel geht.

Es handelt sich bei der Bereitstellung der Forschungsmittel nicht um eine atypische Konstellation, die seitens des Gesetzgebers in der Haushaltsplanung typischerweise nicht hätte geregelt werden können und deren partielle Nichtausübung zu einer hinreichend wesentlichen Beeinträchtigung der Wissenschaftsfreiheit i.S.d. Art. 5 Abs. 3 S. 1 Alternative 1 Alt. 2 GG führt. Grundrechte als originäre Leistungsrechte sind eine Ausnahme für evidente und wesentliche Konstellationen, da die Einschätzungsprärogative des Gesetzgebers nicht unverhältnismäßig verkürzt werden darf.

Ein originärer Anspruch des P aus Art. 5 Abs. 3 S. 1 Alternative 1 Alt. 2 GG besteht nicht.

Es erscheint übersichtlich, einen originären Leistungsanspruch des P bereits im Rahmen der Anspruchsgrundlage abzulehnen, zumal die Grenze zwischen der bloßen Benennung des Grundrechtes als Anspruchsgrundlage und den Voraussetzungen eines originären grundrechtlichen Leistungsrechts fließend ist. Die Voraussetzungen sind nämlich nicht ausdrücklich geregelt und im Rahmen der Anspruchsgrundlage zu entwickeln. Dogmatisch ist es ebenso vertretbar, zunächst das Grundrecht als originäres Leistungsrecht zu benennen und den Anspruch erst im Rahmen der Voraussetzungen abzulehnen. Das würde aber zu jeweils neuem Ansetzen bezüglich mehrerer Anspruchsgrundlagen einschließlich ihrer Voraussetzungen und somit zu weniger übersichtlichen Untergliederungen führen.

Die Anwendbarkeit sollte allerdings nur bei ungeschriebenen Ansprüchen geprüft werden (Grundrechte als Leistungsrechte, schlichter Abwehr- und Unterlassungsanspruch, Folgenbeseitigungsanspruch und vorbeugender Unterlassungsanspruch, soweit diese Ansprüche nicht einfachgesetzlich spezifiziert wurden). Bei geregelten Anspruchsgrundlagen wäre die Prüfung der Anwendbarkeit aufgrund der geregelten Tatbestandsmerkmale unsystematisch, so dass die Anspruchsgrundlage genannt und deren Voraussetzungen geprüft werden müssen, um bei Nichterfüllung eines Tatbestandsmerkmals auszusteigen, um mit einer neuen Anspruchsgrundlage neu anzusetzen.

2. Derivatives Leistungsrecht i.S.d. Art. 5 Abs. 3 S. 1 Alternative 1 Alt. 2 GG i.V.m. Art. 3 Abs. 1 GG

Ein Anspruch des P auf Zuweisung weiterer Forschungsmittel kann sich aus der Wissenschaftsfreiheit als Teilhaberecht – derivatives Leistungsrecht – gemäß Art. 5 Abs. 3 S. 1 Alternative 1 Alt. 2 GG i.V.m. Art. 3 Abs. 1 GG ergeben.

Art. 5 Abs. 3 S. 1 Alternative 1 Alt. 2 GG i.V.m. Art. 3 Abs. 1 GG kann als Anspruchsgrundlage maßgeblich sein. Als objektive Werteordnung i.S.d. Art. 1 Abs. 3 GG können sich aus den Grundrechten nicht nur originäre, sondern auch derivative Leistungsrechte ergeben. Aus Art. 5 Abs. 3 S. 1 Alternative 1 Alt. 2 GG i.V.m. Art. 3 Abs. 1 GG kann verfassungsrechtlich hergeleitet werden, „dass die Hochschullehrer möglichst gleichmäßig – unter Berücksichtigung der besonderen Situation ihres Aufgabenbereichs bzw. ihres Fachs und angemessen im Vergleich zu den jeweils anderen Hochschullehrern – bei der Verteilung der zur Verfügung stehenden Mittel zu berücksichtigen sind" (BVerwG, NJW 1978, 842, 844). Insoweit ist Art. 5 Abs. 3 S. 1 Alternative 1 Alt. 2 GG i.V.m. Art. 3 Abs. 1 GG als ein Recht auf verhältnismäßige und am allgemeinen Gleichheitssatz orientierte Teilhabe an Leistungen und Einrichtungen, die vom Staat bereitgestellt sind, einzustufen.

Art. 5 Abs. 3 S. 1 Alternative 1 Alt. 2 GG i.V.m. Art. 3 Abs. 1 GG ist als Anspruchsgrundlage maßgeblich.

II. Anspruchsvoraussetzungen

P hat einen Antrag bei der zuständigen Behörde gestellt, sodass die formellen Voraussetzungen eingehalten sind.

Die Voraussetzungen für ein Grundrecht als derivatives Leistungsrecht sind eine staatliche Monopolstellung und die ungerechtfertigte, da willkürliche Begünstigung anderer in einer Vergleichsuntergruppe. Zudem darf die Erfüllung des Anspruches nicht unmöglich sein.

Voraussetzungen eines Grundrechtes als derivatives Leistungsrecht:
- staatliche Monopolstellung im Bereich eines Grundrechts
- Begünstigung anderer in einer grundrechtlichen Vergleichsgruppe
- keine Unmöglichkeit der Leistung

Der Staat besitzt hinsichtlich des Wissenschaftsbetriebes ein faktisches Monopol. „Wenn der Staat Wissenschaftseinrichtungen wie die Hochschulen geschaffen hat, ergeben sich für die in Wissenschaft, Forschung und Lehre an der Hochschule Tätigen Ansprüche auf Teilhabe, da heute in weiten Bereichen der Wissenschaften ohne eine geeignete Organisation und ohne entsprechende finanzielle Mittel, über die im Wesentlichen nur noch der Staat verfügt, keine unabhängige Forschung und wissenschaftliche Lehre mehr betrieben werden" (BVerwG, NJW 1978, 842, 844).

Durch die Zuweisung erweiterter Mittel an X ist ein anderer Professor derselben Vergleichsobergruppe – Hochschullehrer mit Forschungsauftrag und Lehrstuhl – begünstigt worden.

Eine Unmöglichkeit der Bereitstellung weiterer Forschungsmittel ist nicht ersichtlich, sodass die Anspruchsvoraussetzungen erfüllt sind.

III. Anspruchsinhalt

Anspruchsinhalt ist grundsätzlich eine Ermessensentscheidung auf Gleichbehandlung von Gleichem im Rahmen bestehender Kapazitätsgrenzen. Es kann verfassungsrechtlich nur ein Anspruch auf ermessensfehlerfreie Bescheidung bestehen, es sei denn, das Ermessen ist aufgrund der gewichtigen Grundrechte des Anspruchstellers auf Null reduziert.

Eine Ermessensreduktion auf Null zugunsten des P ist nicht ersichtlich, weil es bezüglich zuzuweisender Forschungsmittel zumindest insoweit eine Kapazitätsgrenze gibt, als Posten im Haushalt vorhanden sein müssen, sodass unter Beachtung des in § 6 Abs. 1 Haushaltsgrundsätzegesetz enthaltenen Grundsatzes der Wirtschaftlichkeit und Sparsamkeit Mittel zugewiesen werden können. Eine Zuweisung kann nur im Rahmen ordnungsgemäßer Ermessensausübung erfolgen.

Während hinsichtlich des Zutritts zu einer vom Staat geschaffenen Einrichtung aus dem Teilhaberecht ein – freilich gesetzlich beschränkbares – Recht auf Zugang besteht, „kann durch die Teilhabeberechtigung des Hochschullehrers an den vom Staat für die Wissenschaft jeweils zur Verfügung gestellten Mitteln nur ein Anspruch auf eine willkürfreie Verteilung begründet werden. Dies ergibt sich aus den Unterschieden zwischen einem Teilhaberecht, das auf Zutritt zu einer vom Staat geschaffenen Einrichtung gerichtet ist, und der Teilhabe an Mitteln, worin der Normalfall staatlicher Teilhabegewährung zu sehen ist. Der Anspruch auf Zutritt kann im Einzelfall nur ganz oder gar nicht erfüllt werden; wegen des vollständigen Ausschlusses Einzelner bedarf er einer gesetzlichen Regelung. Bei einer Teilhabegewährung an zur Verfügung gestellten staatlichen Mitteln ist hingegen eine prinzipiell gleiche Beteiligung aller Betroffenen möglich; sie bedarf wie auch sonst in den Fällen, in denen ein Anspruch nur auf eine willkürfreie Verteilung gerichtet ist – z.B. bei den Subventionen –, keiner gesetzlichen Regelung" (BVerwG, NJW 1978, 842, 844).

„Teilhaberechte aufgrund vorangegangener teilhabegewährender Tätigkeit des Staates – bisweilen nur durch einen entsprechenden Haushaltsansatz – sind am allgemeinen Gleichheitssatz i.S.d. Art. 3 Abs. 1 GG zu messen. Der Anspruch auf ermessensfehlerfreie – regelmäßig willkürfreie Verteilung – ist von Bedeutung, wenn staatliche Mittel eingesetzt werden, ein Anspruch auf die Leistung selbst aber nicht zuerkannt wird" (BVerwG, NJW 1978, 842, 844).

„Zu berücksichtigen ist aber, dass eine Forschungsplanung durch den verfassungsrechtlichen Teilhabeanspruch nicht ausgeschlossen wird und nur eine willkürliche Verteilung, die eine willkürliche Benachteiligung des einzelnen Hochschullehrers zur Folge hat, verhindert. Dies bedeutet auch, dass sich aus dem Teilhaberecht keine ausschließliche Orientierung am Bedarf des einzelnen Hochschullehrers ergibt" (BVerwG, NJW 1978, 842, 844).

Wäre eine Zuteilung weiterer Forschungsmittel an P lediglich aufgrund persönlicher Hintergründe nicht erfolgt, wäre die derzeitige Verteilung ermessensfehlerhaft erfolgt. Da dies von P jedoch lediglich behauptet wird, jedoch nicht im Sinne des Amtsermittlungsgrundsatzes gemäß § 86 VwGO ermittelbar ist, sind Ermessensfehler nicht ersichtlich, sodass der Anspruch des P auf Teilhabe aus Art. 5 Abs. 3 S. 1 Alternative 1 Alt. 2 GG i.V.m. Art. 3 Abs. 1 GG durch die erfolgte Verteilung erloschen ist.

Ist eine Ungleichbehandlung personenbezogen oder freiheitsrechtsbezogen, ist neben eines Willkürverbotes eine Verhältnismäßigkeitsprüfung vorzunehmen.

IV. Zwischenergebnis

Mangels eines nicht mehr bestehenden Anspruches des P ist seine Klage unbegründet.

C. Ergebnis

P wird mit seiner Klage nicht erfolgreich sein.

2. Komplex: Abwandlung

P kann durch das Verbot, auf dem Flughafengelände Flugblätter zu verteilen und zu demonstrieren, in seinen Grundrechten verletzt worden sein. Dazu muss die F-AG zunächst an Grundrechte gebunden sein.

A. Grundrechtsbindung der F-AG

Grundrechte stellen in ihrer klassischen Funktion Abwehrrechte gegen den Staat dar. Die F-AG ist als juristische Person des Privatrechts im Sinne des Aktiengesetzes organisiert. Maßgeblich ist also, ob Grundrechte auch im Privatrecht – unmittelbar oder nur mittelbar – gelten.

Schema 59: Grundrechtsbindung

Staatliche Stellen		Private
(+), soweit sie öffentlich-rechtlich tätig sind		unmittelbare Drittwirkung
		h.M.: (-), Arg.: Art. 1 III GG, sonst nur vereinzelt geregelt (z.B. Art. 9 III 2 GG)
		a.A.: (+), Arg.:
		• Sozialer Rechtsstaat
		• Art. 1 II GG
(P) privatrechtliches Handeln?		• Machtungleichgewicht zw. Privaten möglich
(+) bei Verwaltungs- privatrecht (Daseins- vorsorge)	(-) bei Fiskal- verwaltung (Bedarfs- deckung) (+) Art. 3 I GG als Willkürverbot	mittelbare Drittwirkung

(+), Arg.: Grundrechte = objektive Werteordnung
➜ zivilrechtliche Normen müssen verfassungskonform ausgelegt werden (z.B. §§ 138, 242, 826, 1004 BGB) |

I. Unmittelbare Grundrechtsbindung

An die Grundrechte sind gemäß Art. 1 Abs. 3 GG unmittelbar die Gesetzgebung, die vollziehende Gewalt und die Rechtsprechung gebunden. Im Bürgerlichen Recht streiten sich jedoch zwei Personen des Privatrechts. Bezüglich des Privatrechts ist eine unmittelbare Anwendbarkeit der Grundrechte lediglich in Art. 9 Abs. 3 S. 2 GG für die Vereinigungsfreiheit vorgesehen, weil Abreden, durch die das Recht aus Art. 9 Abs. 3 S. 1 GG, zur Wahrung und Förderung der Arbeits- und Wirtschaftsbedingungen Vereinigungen zu bilden, verletzt wird, verfassungswidrig sind. Aus einem Umkehrschluss aus Art. 9 Abs. 3 S. 2 GG sowie aus Art. 1 Abs. 3 GG ergibt sich somit zunächst, dass Grundrechte im Privatrecht grundsätzlich nicht unmittelbar gelten, sondern nur in der Ausnahmekonstellation der Vereinigungsfreiheit i.S.d. Art. 9 Abs. 3 S. 2 GG. Im Übrigen können sie aber mittelbar wirken.

Die Annahme einer unmittelbaren Drittwirkung der Grundrechte im Zivilrecht über die Ausnahmekonstellationen hinaus ist mit guter Argumentation wider die Rechtsprechung vertretbar.

II. Mittelbare Drittwirkung der Grundrechte

Die Grundrechte stellen gemäß Art. 1 Abs. 3 GG jedoch letztlich auch eine objektive Werteordnung dar. Auch gesetzliche Regelungen des Privatrechts sind als Hoheitsakte im demokratischen Rechtsstaat i.S.d. Art. 20 Abs. 2, 3 GG einzustufen. Somit ist der Gesetzgeber beim Erlass der Gesetze an die Grundrechte gebunden, sodass die Gesetze verfassungskonform auszulegen sind, soweit unbestimmte Rechtsbegriffe maßgeblich sind. Die Grundrechte sind zwischen Privatrechtsträgern somit mittels einer verfassungskonformen Auslegung im Rahmen unbestimmter Rechtsbegriffe mittelbar zu berücksichtigen. Die Grundrechte wirken im Privatrecht – ausgenommen der in Art. 9 Abs. 3 S. 2 GG ausdrücklich vorgesehenen unmittelbaren Drittwirkung –grundsätzlich nur mittelbar.

Eine über die ausdrückliche Regelung des Art. 9 Abs. 3 S. 2 GG hinausgehende unmittelbare Drittwirkung der Grundrechte im Privatrecht kann sich im Rahmen der Privatisierung staatlicher Aufgaben ergeben.

III. Unmittelbare Drittwirkung bei Privatisierung

Staatliche Tätigkeiten im Privatrecht bestehen bei einer Beleihung, im Verwaltungsprivatrecht, im Fiskalbereich sowie beim Einsatz von Verwaltungshelfern – wobei letztere dem Staat im Rahmen seiner hoheitlichen Tätigkeit als privatrechtlich organisiertes weisungsgebundenes Werkzeug ohne eigene Befugnisse dienen, sodass es dabei letztlich um hoheitliche staatliche Handlungen geht.

1. Beleihung

Eine juristische Person des Privatrechts kann beliehen werden. Zwar sind öffentliche Aufgaben gemäß Art. 33 Abs. 4 GG in der Regel von Angehörigen des öffentlichen Dienstes auszuführen, jedoch wird die Regel durch Ausnahmen bestätigt, sodass eine Beleihung durch ein Gesetz bei hinreichender Bestimmtheit zulässig ist, wobei genuin staatliche Aufgaben nicht auf Private übertragen werden dürfen, weil dies mit dem Rechtsstaats- und Demokratieprinzip nicht vereinbar wäre.

Eine Ausnahme ist denkbar, wenn im Rahmen des Verwaltungsprivatrechts – der Organisationsprivatisierung – in Grenzbereichen eine gesetzliche Beleihung erfolgt, bezüglich derer zudem dezidierte Aufsichtsrechte eingeräumt werden (vgl. BVerfG, 130, 76 – zur Privatisierung einer Justizvollzugsanstalt).

Da ein Beliehener hoheitliche Aufgaben wahrnimmt, ist er unmittelbar an die Grundrechte gebunden.

2. Fiskalisches Handeln

Im Fiskalbereich handelt der Staat wie ein Bürger in Form der Bedarfsdeckung, Bestandsverwaltung und der wirtschaftlichen Tätigkeit soweit erlaubt, sodass Zivilrecht zuzüglich eines sich unter anderem aus Art. 20 Abs. 3 GG rechtsstaatlich ergebenden Willkürverbotes gilt, welches bei einem bestimmten Geschäftsvolumen durch vergaberechtliche Vorschriften spezifiziert wird. Eine Grundrechtsbindung besteht im Fiskalbereich somit grundsätzlich nicht.

3. Verwaltungsprivatrecht

Im Verwaltungsprivatrecht, also bei einer Organisationsprivatisierung, wird eine juristische Person des Privatrechts mit öffentlichen Aufgaben betraut, wobei sie durch einen Beherrschungsvertrag oder durch Mehrheiten staatlich beherrscht wird, sodass zumindest ein gemischt-wirtschaftliches Unternehmen oder sogar eine staatliche Eigengesellschaft entsteht. Für die juristische Person des Privatrechts gilt Zivilrecht. Da der Staat sich seiner Grundrechtsbindung jedoch nicht durch eine Flucht in das Privatrecht entziehen können soll, sind die Grundrechte aufgrund des sich unter anderem aus Art. 20 Abs. 3 GG ergebenden Rechtsstaatsprinzips neben den privatrechtlichen Vorschriften unmittelbar anwendbar.

Schema 60: Juristische Personen (und Personengesellschaften), siehe auch Schema 46

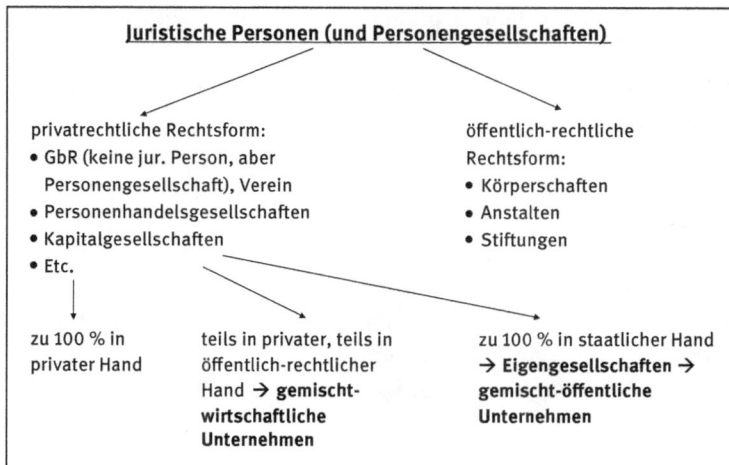

Juristische Personen (und Personengesellschaften)

privatrechtliche Rechtsform:
- GbR (keine jur. Person, aber Personengesellschaft), Verein
- Personenhandelsgesellschaften
- Kapitalgesellschaften
- Etc.

öffentlich-rechtliche Rechtsform:
- Körperschaften
- Anstalten
- Stiftungen

zu 100 % in privater Hand

teils in privater, teils in öffentlich-rechtlicher Hand → gemischt-wirtschaftliche Unternehmen

zu 100 % in staatlicher Hand → Eigengesellschaften → gemischt-öffentliche Unternehmen

4. Organisation der F-AG

Die F-AG ist keine fiskalisch handelnde juristische Person des öffentlichen Rechts und sie wird auch nicht weisungsgebunden als Helferin eines öffentlichen Rechtsträgers eingesetzt. Ebenso wenig ist sie als mit Hoheitsgewalt beliehene juristische Person des Zivilrechts einzustufen. Vielmehr hat das Bundesland H seine Aufgabe der Daseinsvorsorge – einen Flughafen zu schaffen – privatrechtlich organisiert. Es handelt sich um ein gemischtwirtschaftliches Unternehmen im Rahmen des Verwaltungsprivatrechts.

„Ein gemischtwirtschaftliches Unternehmen unterliegt der unmittelbaren Grundrechtsbindung, wenn es von den öffentlichen Anteilseignern beherrscht wird. Dies ist regelmäßig anzunehmen, wenn mehr als die Hälfte der Anteile im Eigentum der öffentlichen Hand stehen" (BVerfGE 128, 226, 246 f.).

„Das Kriterium der Beherrschung mit seiner Anknüpfung an die eigentumsrechtlichen Mehrheitsverhältnisse stellt danach nicht auf konkrete Einwirkungsbefugnisse hinsichtlich der Geschäftsführung, sondern auf die Gesamtverantwortung für das jeweilige Unternehmen. Anders als in Konstellationen, in denen die öffentliche Hand nur einen untergeordneten Anteil an einem privaten Unternehmen hält, handelt es sich jedenfalls bei Mehrheitsbeteiligungen des Staates grundsätzlich nicht um private Aktivitäten unter Beteiligung des Staates, sondern um staatliche Aktivitäten unter Beteiligung Privater. Für sie gelten unabhängig von ihrem Zweck oder Inhalt die allgemeinen Bindungen staatlicher Aufgabenwahrnehmung. Bei der Entfaltung dieser Aktivitäten sind die öffentlich beherrschten Unternehmen unmittelbar durch die Grundrechte gebunden und können sich umgekehrt gegenüber Bürgern grundsätzlich nicht auf eigene Grundrechte stützen" (BVerfGE 128, 226, 247).

Die F-AG ist im Rahmen ihrer verwaltungsprivatrechtlichen Ausgestaltung unmittelbar an die Grundrechte gebunden.

B. Schutzbereichseingriff

Durch das seitens der F-AG ausgesprochene Verbot kann in den persönlichen und den sachlichen Schutzbereich der Versammlungsfreiheit gemäß Art. 8 Abs. 1 GG eingegriffen worden sein. Ebenso kommt ein Eingriff in die Meinungsfreiheit gemäß Art. 5 Abs. 1 S. 1 Alt. 1 GG in Betracht.

Welche Grundrechte maßgeblich sind, ist von den Grundrechtskonkurrenzen abhängig.

Grundrechtskonkurrenzen:
- Spezialität
- Subsidiarität
- Idealkonkurrenz

Kommen Schutzbereiche verschiedener Grundrechte in Betracht, können sie in Spezialität, Idealkonkurrenz oder Subsidiarität zueinander stehen.

Stehen Grundrechte in Spezialität zueinander, sind spezieller ausgestaltete Grundrechte den allgemeineren gegenüber vorrangig, wie zum Beispiel die speziellen Freiheitsrechte gegenüber der allgemeinen Handlungsfreiheit aus Art. 2 Abs. 1 GG, soweit der Schutzbereich des Art. 2 Abs. 1 GG als Auffanggrundrecht und nicht als unbenanntes Freiheitsrecht zugeordnet wird.

Während bei der Idealkonkurrenz die Grundrechte nebeneinander geprüft werden, hat die Subsidiarität zur Folge, dass dasjenige Grundrecht maßgeblich ist, zu dem der stärkere Bezug besteht. In Konstellationen der Subsidiarität kann angenommen werden, dass neben der Schrankensystematik des maßgeblichen Grundrechts zusätzlich die des subsidiären Grundrechts zu berücksichtigen ist, damit die Rechtfertigungsvorgaben des subsidiären, jedoch nach dessen Schutzbereich eigentlich eröffneten Grundrechts, nicht unterlaufen werden.

Da es sich bei Art. 5 Abs. 1 S. 1 Alt. 1 GG und Art. 8 Abs. 1 GG jeweils um spezielle Freiheitsrechte handelt, ist eine Spezialität nicht ersichtlich. Während im Zweifel eine Idealkonkurrenz anzunehmen ist, kann bezüglich der benannten Grundrechte hinsichtlich des Verbotes eine Subsidiarität anzunehmen sein. Dann muss zu einem Grundrecht ein besonders starker Bezug bestehen.

In Art. 5 Abs. 1 S. 1 Alt. 1 GG wird die Meinungsfreiheit geschützt. Meinungen sind Werturteile, die unabhängig davon geschützt werden, ob sie einen Wertgehalt haben, unbegründet, irrational oder gefährlich sind. Der Schutzbereich der Meinungsfreiheit aus Art. 5 Abs. 1 S. 1 Alt. 1 GG ist betroffen, weil P sich für Menschenrechte einsetzen und dies kundtun möchte. Diesbezüglich kann aber auch der Schutzbereich der Versammlungsfreiheit aus Art. 8 Abs. 1 S. 1 GG erfasst sein. Durch Art. 8 Abs. 1 S. 1 GG werden friedliche Versammlungen geschützt.

Soweit es sich bei der Kundgabe durch P mit anderen – einschließlich der Verteilung der Flugblätter – um eine Versammlung i.S.d. Art. 8 Abs. 1 GG handelt, ist im Schwerpunkt die Versammlungsfreiheit betroffen, nicht jedoch die Meinungsfreiheit, da sich die Meinungskundgabe aus der Art der Kundgabe auf dem Flughafengelände ergibt. Insbesondere durch die Art des Auftretens und der Kundgabe erfolgt die Kritik an Menschenrechtsverletzungen. Somit ist die Meinungsfreiheit gegenüber der Versammlungsfreiheit subsidiär und im Rahmen der Versammlungsfreiheit lediglich verstärkend zu berücksichtigen.

Bezüglich der Grundrechtskonkurrenz ist auch die Annahme einer Idealkonkurrenz vertretbar (vgl. BVerfGE 128, 226). Insoweit wären dann beide Grundrechte vollständig einschließlich der Rechtfertigung zu prüfen (a.A. vertretbar, sodass kein Schutzbereichseingriff erfolgt, falls nicht der Inhalt der Meinungsäußerung betroffen ist, wobei Art. 5 GG für die Demokratie schlechthin konstituierend ist, sodass der Schutzbereichseingriff eher weit zu verstehen ist).

Somit ist maßgeblich, ob der Schutzbereich der Versammlungsfreiheit i.S.d. Art. 8 Abs. 1 GG betroffen ist.

I. Persönlicher Schutzbereich

Der persönliche Schutzbereich der Versammlungsfreiheit ist gemäß Art. 8 Abs. 1 GG auf Deutsche bezogen. P ist Deutscher, sodass der persönliche Schutzbereich eröffnet ist.

II. Sachlicher Schutzbereich

Der sachliche Schutzbereich des Art. 8 Abs. 1 GG kann eröffnet sein. In sachlicher Hinsicht sind Versammlungen geschützt, die friedlich und ohne Waffen erfolgen.

1. Versammlung

Eine Versammlung ist eine ortsfeste oder sich – zum Beispiel als ein Aufzug – fortbewegende Zusammenkunft mindestens zweier Personen zur gemeinschaftlichen, auf Teilhabe an der Meinungsbildung gerichteten Erörterung oder Kundgebung (BVerfGE 104, 92, 2. Leitsatz). Da die Versammlungsfreiheit i.S.d. Art. 8 Abs. 1 GG für die Demokratie schlechthin konstituierend ist, sind weder drei noch – an das privatrechtliche Vereinsrecht angelehnt – sieben Personen erforderlich, zumal in den bereits bestehenden Landesversammlungsgesetzen ebenfalls zwei Personen benannt sind, soweit die Versammlung definiert wird. Maßgeblich ist zudem die Reichweite des sachlichen Schutzbereiches.

2. Reichweite des Schutzbereiches

Geschützt sind unter anderem die Veranstaltung einer Versammlung, die Teilnahme auch im Rahmen einer kritischen Einstellung zur Versammlung, die Anreise zum sowie die Abreise vom Versammlungsort und das Selbstbestimmungsrecht bezüglich der Art, des Ortes und der Zeit der Versammlung. Dieser Schutz gilt jedenfalls im Bereich der öffentlichen Straßen und Wege. Fraglich ist jedoch, ob das Flughafengelände einschließlich der allgemein zugänglichen Flughafenhallen als privates Gelände vom Schutzbereich erfasst ist.

„Wenn heute die Kommunikationsfunktion der öffentlichen Straßen, Wege und Plätze zunehmend durch weitere Foren wie Einkaufszentren, Ladenpassagen oder sonstige Begegnungsstätten ergänzt wird, kann die Versammlungsfreiheit für die Verkehrsflächen solcher Einrichtungen nicht ausgenommen werden, soweit eine unmittelbare Grundrechtsbindung besteht oder Private im Wege der mittelbaren Drittwirkung in Anspruch genommen werden können. Dies gilt unabhängig davon, ob die Flächen sich in eigenen Anlagen befinden oder in Verbindung mit Infrastruktureinrichtungen stehen, überdacht oder im Freien angesiedelt sind. Grundrechtlich ist es auch unerheblich, ob ein solcher Kommunikationsraum mit den Mitteln des öffentlichen Straßen- und Wegerechts oder des Zivilrechts geschaffen wird. Ein Verbot einer Versammlung kann nicht als Minus zu der Nichtöffnung des Geländes und damit als bloße Versagung einer freiwilligen Leistung eingestuft werden. Vielmehr besteht zwischen der Eröffnung eines Verkehrs zur öffentlichen Kommunikation und der Versammlungsfreiheit ein unaufhebbarer Zusammenhang: werden öffentliche Kommunikationsräume eröffnet, kann der unmittelbar grundrechtsverpflichtete Staat nicht unter Rückgriff auf frei gesetzte Zweckbestimmungen oder Widmungsentscheidungen den Gebrauch der Kommunikationsfreiheiten aus den zulässigen Nutzungen ausnehmen, da er sich damit in Widerspruch zu der eigenen Öffnungsentscheidung setzen würde" (BVerfGE 128, 226, 252).

Da das frei zugängliche Flughafengelände einschließlich der frei zugänglichen Flughafenhalle der allgemeinen Kommunikation dient, ist der sachliche Schutzbereich der Versammlungsfreiheit eröffnet.

III. Eingriff
Durch das gegenüber P ausgesprochene Verbot ist in dessen Versammlungsfreiheit eingegriffen worden. Ein Schutzbereichseingriff ist erfolgt.

C. Verfassungsrechtliche Rechtfertigung
Der Eingriff kann verfassungsrechtlich gerechtfertigt sein. Dies ist anzunehmen, wenn für das Grundrecht eine Schrankensystematik geregelt ist, deren verfassungsrechtliche Voraussetzungen erfüllt sind.

I. Schrankensystematik
Fraglich ist, welche Schrankensystematik für das beeinträchtigte Grundrecht aus Art. 8 GG gilt.

Der Oberbegriff ist „Schrankensystematik", die auch als „Schranken im weiten Sinne" bezeichnet werden darf. Diese gliedert sich in „grundlegende Gesetzesvorbehalte" und „Schranken im engen Sinne".

Bei grundlegenden Gesetzesvorbehalten ist zwischen dem einfachen, dem einfach einschränkenden sowie dem qualifiziert einschränkenden Gesetzesvorbehalt zu unterscheiden. Diese grundlegenden Gesetzesvorbehalte sind im Rahmen der Schrankensystematik von den „Schranken im engen Sinne" zu unterscheiden, die wiederum in geschriebene Schranken (Art. 5 Abs. 2 Var. 1 GG), den qualifizierten Gesetzesvorbehalt (Art. 5 Abs. 2 Var. 2, 3 GG) und verfassungsimmanente Schranken untergliedert werden können. Wie bei grundlegenden Gesetzesvorbehalten bedarf es bei „Schranken im engen Sinne" stets eines Gesetzes – bei verfassungsimmanenten Schranken eines Gesetzes, das Ausdruck gegenläufiger Verfassungsrechte bzw. -rechtsgüter ist.

Bei einfachen Gesetzesvorbehalten (zum Beispiel Art. 2 Abs. 1 GG) werden an das Gesetz keine besonderen Anforderungen gestellt. Es bedarf lediglich eines Gesetzes, das eine grundrechtsbezogene einschränkende Intention haben kann, diese jedoch nicht haben muss, während Gesetze bei einfach einschränkenden und qualifiziert einschränkenden Gesetzesvorbehalten eine grundrechtsbezogene einschränkende Intention haben und deshalb den zusätzlichen Anforderungen des Art. 19 Abs. 1 GG genügen müssen (zum Beispiel dem Zitiergebot aus Art. 19 Abs. 1 S. 2 GG). Einfach und qualifiziert einschränkende Gesetzesvorbehalte enthalten – neben der Formulierung „durch oder aufgrund eines Gesetzes" oder „aufgrund eines Gesetzes" – eine auf die grundrechtsbezogene einschränkende Intention hinweisende Formulierung wie „eingeschränkt" bzw. „beschränkt". Bei qualifiziert einschränkenden Gesetzesvorbehalten werden – über Art. 19 Abs. 1 GG hinausgehende – Gesetzesinhalte vorgegeben (zum Beispiel eine Entschädigungsregelung in Art. 14 Abs. 3 GG). Der Regelungsvorbehalt in Art. 12 Abs. 1 S. 2 GG ist als einfacher Gesetzesvorbehalt einzustufen. Zwar steht in Art. 12 Abs. 1 S. 2 GG die Formulierung „durch Gesetz oder aufgrund eines Gesetzes", so dass die Annahme eines einfach einschränkenden Gesetzesvorbehaltes naheliegt, jedoch ist in Art. 12 Abs. 1 S. 2 GG die Formulierung „geregelt" anstatt der in Art. 19 Abs. 1 S. 1 GG gewählten Formulierung „eingeschränkt" verwendet worden.

Bei „Schranken im engen Sinne" darf durch das Gesetz – anders als bei einschränkenden Gesetzesvorbehalten – hingegen nur eine zufällige Kollision mit dem betroffenen Grundrecht erfolgen, so dass das Gesetz keine grundrechtsbezogene einschränkende Intention haben darf. Bei geschriebenen Schranken werden an das Gesetz keine weiteren Anforderungen gestellt („allgemeine Gesetze" i.S.d. Art. 5 Abs. 2 Var. 1 GG). Der einfache Gesetzesvorbehalt unterscheidet sich von den geschriebenen Schranken dadurch, dass er eine Zwitterstellung hat – er kann grundrechtsbezogen zielgerichtet sein (dann wie einschränkende Vorbehalte ohne Zitiergebot), muss es aber nicht (dann wie eine geschriebene Schranke).

Beim qualifizierten Gesetzesvorbehalt muss es sich um ein Gesetz handeln, das trotz zufälliger Kollision mit dem betroffenen Grundrecht einem bestimmten Zweck (dem Schutz der Jugend bzw. persönliche Ehre i.S.d. Art. 5 Abs. 2 Var. 2, 3 GG) dient, dem aber – anders als beim qualifiziert einschränkenden Gesetzesvorbehalt – die grundrechtsbezogene einschränkende Intention fehlt. Der qualifizierte Gesetzesvorbehalt hat mittlerweile kaum noch eine eigene Bedeutung, weil die Gesetze zum Schutze der Jugend und der persönlichen Ehre (Art. 5 Abs. 2 Var. 2, 3 GG) in den allgemeinen Gesetzen (Art. 5 Abs. 2 Var. 1 GG) enthalten sind. Bei verfassungsimmanenten Schranken bedarf es grundsätzlich einer zufälligen Kollision und eines Gesetzes, das Ausdruck der gegenläufigen Verfassungsgüter bzw. -rechte ist. -rechte ist.

Bei oberflächlicher Herangehensweise wird nur zwischen einem einfachen und einem qualifizierten Gesetzesvorbehalt differenziert. Selbst bei dieser – leider verbreiteten – undifferenzierten Betrachtung sind die Anforderungen an die eingangs aufgezeigten Kategorien in der Sache jedenfalls dennoch verfassungsrechtlich vorgegeben und zu prüfen, so dass es sinnvoll erscheint, in der Terminologie ebenfalls ein dogmatisch differenziertes System zu verwenden.

1. Einfach einschränkender Gesetzesvorbehalt

Gemäß Art. 8 Abs. 2 GG kann die Versammlungsfreiheit für Versammlungen unter freiem Himmel durch oder aufgrund eines Gesetzes beschränkt werden, sodass insoweit ein einfach einschränkender Gesetzesvorbehalt besteht, bezüglich dessen die Voraussetzungen des Art. 19 Abs. 1 GG erfüllt sein müssen.

2. Verfassungsimmanente Schranken

Im Übrigen ist bezüglich der Versammlungsfreiheit i.S.d. Art. 8 Abs. 1 GG kein Gesetzesvorbehalt geregelt, sodass insoweit nur verfassungsimmanente Schranken gelten. Fraglich ist, ob auch für Versammlungen unter freiem Himmel i.S.d. Art. 8 Abs. 2 GG neben dem einfach einschränkenden Gesetzesvorbehalt verfassungsimmanente Schranken gelten. Dies könnte ausgeschlossen sein, weil anderenfalls spezifisch geregelte Gesetzesvorbehalte überflüssig sein könnten.

Allerdings wird durch spezifisch geregelte Gesetzesvorbehalte den Besonderheiten eines Grundrechts Rechnung getragen, wobei die Anforderungen auch geringer als bei verfassungsimmanenten Schranken sein können, sodass spezifische Regelungen nicht überflüssig werden, soweit verfassungsimmanente Schranken neben den ausdrücklich geregelten Gesetzesvorbehalten und Schranken im engen Sinne gelten, insbesondere, soweit verfassungsimmanente Schranken neben ausdrücklich geregelten Gesetzesvorbehalten und Schranken im engen Sinne nur restriktiv angewendet werden, um Besonderheiten der geregelten Vorgaben nicht zu umgehen.

Entscheidend ist letztlich, dass Verfassungsnormen im Rahmen einer praktischen Konkordanz in Einklang zu bringen sind mit der Folge, dass zur Gewährleistung einer funktionsfähigen Verfassung verfassungsimmanente Schranken neben den ausdrücklich geregelten Gesetzesvorbehalten und Schranken im engen Sinne gelten.

Maßgeblich ist für die Schrankensystematik des Art. 8 GG, ob es sich bei der Versammlung auf dem Flughafengelände um eine Versammlung unter freiem Himmel handelt.

3. Versammlung unter freiem Himmel

Ob eine Versammlung unter freiem Himmel ist, hängt nicht davon ab, ob sie überdacht ist, weil die Differenzierung bezüglich der Schrankensystematik bei teleologischer Betrachtung im Hinblick auf die Unüberschaubarkeit einer Versammlung und damit deren Unkontrollierbarkeit erfolgt ist, die von einer Überdachung unabhängig ist. Insoweit ist die seitliche Begrenzung einer Versammlung maßgeblich, weil seitlich offen zugängliche Versammlungen ohne feste Begrenzung aufgrund der ständig unkontrollierbaren Erweiterungsmöglichkeit dezidierter Gefahrenabwehrregelungen bedürfen.

„Versammlungen an Orten des allgemeinen kommunikativen Verkehrs sind somit als Versammlungen unter freiem Himmel i.S.d. Art. 8 Abs. 2 GG einzustufen. Dies gilt unabhängig davon, ob die der Allgemeinheit geöffneten Orte als solche in der freien Natur oder in geschlossenen Gebäuden liegen. Maßgeblich ist, dass Versammlungen an solchen Orten ihrerseits in einem öffentlichen Raum, also inmitten eines allgemeinen Publikumsverkehrs stattfinden und von diesem nicht räumlich getrennt sind. Der Terminus der „Versammlung unter freiem Himmel" i.S.d. Art. 8 Abs. 2 GG darf nicht in einem engen Sinne als Verweis auf einen nicht überdachten Veranstaltungsort verstanden werden, sondern nur im Zusammenhang mit den ihm unterliegenden versammlungsrechtlichen Leitbildern. Während „Versammlungen unter freiem Himmel" idealtypisch solche auf öffentlichen Straßen und Plätzen sind, ist als Gegenbild die Versammlung in von der Öffentlichkeit abgeschiedenen Räumen wie etwa in Hinterzimmern von Gaststätten einzustufen. Dort bleiben die Versammlungsteilnehmer unter sich und sind von der Allgemeinheit abgeschirmt, sodass Konflikte, die eine Regelung erforderten, weniger vorgezeichnet sind. Demgegenüber finden Versammlungen „unter freiem Himmel" in der unmittelbaren Auseinandersetzung mit einer unbeteiligten Öffentlichkeit statt. Insoweit besteht im Aufeinandertreffen der Versammlungsteilnehmer mit Dritten ein höheres und weniger beherrschbares Gefahrenpotential. Emotionalisierungen der durch eine Versammlung herausgeforderten Auseinandersetzung können sich gegenüber einem allgemeinen Publikum schneller zuspitzen und eventuell Gegenreaktionen provozieren. Es kann leichter Zulauf zu der Versammlung gefunden werden, da sie als Kollektiv im öffentlichen Raum erfolgt (BVerfGE 128, 226, 255f.).

Bei der Versammlung auf dem Flughafengelände handelt es sich um eine Versammlung unter freiem Himmel. Sie findet inmitten eines allgemeinen Flughafenpublikumsverkehrs statt und ist von diesem räumlich nicht getrennt (vgl. BVerfGE 128, 226, 256).

Gemäß Art. 8 Abs. 2 GG kann die Versammlungsfreiheit somit durch oder aufgrund eines Gesetzes beschränkt werden.

4. Rechtliche Grundlage

Als rechtliche Grundlage im Rahmen des Art. 8 Abs. 2 GG kommen grundsätzlich die Versammlungsgesetze sowie die Polizei- und Ordnungsgesetze in Betracht. Soweit das Zitiergebot in diesen Gesetzen nicht eingehalten ist – dies gilt für viele Polizei- und Ordnungsgesetze der Bundesländer –, können diese Gesetze keine rechtliche Grundlage für Einschränkungen in die Versammlungsfreiheit bilden und nur eingeschränkt als Ausdruck der neben dem einfach einschränkenden Gesetzesvorbehalt geltenden verfassungsimmanenten Schranken angewendet werden. Selbst wenn das Zitiergebot im jeweiligen Polizei- und Ordnungsgesetz geregelt sein sollte, kann es maßgeblich sein, ob das Zitiergebot im allgemeinen Teil des Gesetzes oder in einem bereichsspezifischen Abschnitt geregelt wurde. Je wesentlicher Eingriffe sind, desto höher sind die Anforderungen an den Gesetzgeber, eine bereichsspezifische Regelung zu schaffen, um der Warnfunktion des verfassungsrechtlich geregelten Zitiergebotes gerecht zu werden und somit deren Sinn und Zweck zu wahren. Polizei- und Ordnungsgesetze dienen indes der Gefahrenabwehr als genuin staatliche Aufgabe, zu der die F-AG als juristische Person des Privatrechts nicht befugt ist. Somit kann sie sich weder auf ein Versammlungsgesetz noch auf das allgemeine Polizei- und Ordnungsrecht des Landes stützen.

a) Bürgerliches Gesetzbuch

Möglicherweise kann sich die F-AG bei der Beschränkung der Versammlungsfreiheit des P aber auf ihr Hausrecht und somit auf Vorschriften des Bürgerlichen Gesetzbuches – § 1004 BGB i.V.m. § 903 S. 1 BGB – stützen. Fraglich ist, ob die zivilrechtlichen Normen gegebenenfalls lediglich als verfassungsimmanente Schranken anwendbar sind oder ob die Anwendbarkeit des Zitiergebotes ausnahmsweise reduziert werden kann.

„Es handelt sich beim Bürgerlichen Gesetzbuch nicht um versammlungsbezogene Vorschriften, sodass deren Reichweite für Versammlungen durch den Gesetzgeber inhaltlich nicht näher präzisiert ist. Da die öffentliche Hand nunmehr wie jeder Private auf die allgemeinen Vorschriften des Zivilrechts zurückgreift, ihr also keine spezifisch hoheitlichen Befugnisse eingeräumt werden und sie ihre Entscheidungen grundsätzlich auch nicht einseitig durchsetzen kann, könnten die sonst an Eingriffsgesetze zu stellenden Anforderungen nicht anwendbar sein. Das Zitiergebot i.S.d. Art. 19 Abs. 1 S. 2 GG kann gegenüber solchen unspezifischen Bestimmungen seine Warnfunktion nicht erfüllen und somit unanwendbar sein" (BVerfGE 128, 226, 258).

b) Entbehrlichkeit des Zitiergebotes

Eine Einhaltung des Zitiergebotes kann bei restriktiver Auslegung des Zitiergebotes ausnahmsweise entbehrlich sein, wobei diesbezüglich eine praktische Konkordanz mit anderen verfassungsrechtlichen Normen sowie der Sinn und der Zweck des Zitiergebotes im rechtsstaatlichen Gefüge zu berücksichtigen sind. Sinn und Zweck des formellen Erfordernisses des Zitiergebotes ist die Warnung des Gesetzgebers vor leichtfertiger oder unbeabsichtigter Einschränkung der Grundrechte. Es handelt sich dabei um eine Formvorschrift, die in praktischer Konkordanz mit dem sich unter anderem aus Art. 20 Abs. 3 GG ergebenden Rechtsstaatsprinzip aus Gründen der effektiven Tätigkeit der Legislative gegebenenfalls einer engen Auslegung bedarf, damit sie nicht zu einer leeren Förmlichkeit erstarrt und der die verfassungsmäßige Ordnung konkretisierende Gesetzgeber in seiner Arbeit nicht unnötig behindert wird. „Durch das Zitiergebot soll lediglich ausgeschlossen werden, dass neue, dem bisherigen Recht fremde Möglichkeiten des Eingriffs in Grundrechte geschaffen werden, ohne dass der Gesetzgeber darüber Rechenschaft ablegt und dies ausdrücklich zu erkennen gibt" (BVerfGE 35, 185, 188f.).

Außerdem kann das Zitiergebot nur bezüglich solcher Gesetze anwendbar sein, die nach dem Grundgesetz am 23.5.1949 in Kraft getreten und somit sogenannte vorkonstitutionelle Gesetze sind, um auch insoweit Rechtssicherheit zu schaffen (st. Rspr. seit BVerfGE 2, 121, 122f.). Das Bürgerliche Gesetzbuch ist in seiner ursprünglichen Fassung jedoch bereits am 1.1.1900 in Kraft getreten und somit ein vorkonstitutionelles Gesetz. Zwar könnte das Bürgerliche Gesetzbuch durch diverse Änderungen mittlerweile nachkonstitutionelles Recht geworden sein. Sollte das Bürgerliche Gesetzbuch zumindest bezüglich des § 1004 BGB i.V.m. § 903 S. 1 BGB wegen der späteren Änderung bei dieser strengen Betrachtungsweise als nachkonstitutionelles Recht eingestuft werden, wäre das Gesetz insoweit mangels der Einhaltung des Zitiergebotes nicht Ausdruck des einfach einschränkenden Gesetzesvorbehaltes und könnte allenfalls noch als Ausdruck verfassungsimmanenter Schranken anwendbar sein. Allerdings ist § 1004 BGB i.V.m. § 903 S. 1 BGB nicht neuartig, sondern seinerseits vor dem Inkrafttreten des Grundgesetzes in Kraft getreten, sodass das Bürgerliche Gesetzbuch jedenfalls insoweit als vorkonstitutionell einzustufen ist.

Das Zitiergebot ist somit nicht anwendbar. § 1004 BGB i.V.m. § 903 S. 1 BGB kommen somit als rechtliche Grundlage in Betracht.

Das Bundesverfassungsgericht hat die Entbehrlichkeit des Zitiergebotes damit begründet, dass es im privatrechtlichen Bereich nicht sinnvoll anwendbar sei. Mittels des Zitiergebotes könne gegenüber Bestimmungen des Privatrechts, in denen keine spezifisch hoheitlichen Befugnisse enthalten sind, keine Warnfunktion erfüllen.

Das ist widersprüchlich zur sonstigen Rechtsprechung beim Verwaltungsprivatrecht, weil eine Flucht des Staates in das Privatrecht gerade nicht möglich sein soll, weshalb die Grundrechte insoweit unmittelbar neben dem Privatrecht gelten. Das muss aber auch für die Schrankensystematik gelten, soweit es sich – wie beim Flughafen – um Daseinsvorsorge in privatrechtlich organisierter Form handelt.

---

5. Zusätzliche Schranken des Art. 5 Abs. 1 S. 1 Alt. 1 GG

Soweit zusätzlich die Schrankensystematik der gegenüber der Versammlungsfreiheit subsidiären Meinungsfreiheit i.S.d. Art. 5 Abs. 1 S. 1 Alt. 1 GG maßgeblich ist, kann es sich bei § 1004 BGB i.V.m. § 903 BGB um ein allgemeines Gesetz gemäß Art. 5 Abs. 2 Alt. 1 GG handeln. Fraglich ist, welche Gesetze als allgemein i.S.d. Art. 5 Abs. 2 Alt. 1 GG gelten.

a) Sonderrecht

Für den Terminus „allgemein" könnte es darauf ankommen, dass ein Gesetz kein Sonderrecht enthält, also nicht gegen einen Inhalt bzw. eine geistige Zielrichtung oder gegen die Meinungsfreiheit nach Art. 5 Abs. 1 S. 1 GG als solches gerichtet ist. Danach ist § 1004 BGB i.V.m. § 903 BGB ein allgemeines Gesetz, da mittels des zivilrechtlichen Hausrechts i.S.d. § 1004 BGB i.V.m. § 903 BGB keine Meinungen zielgerichtet verboten werden.

b) Abwägung

Ebenso könnte es für den Terminus „allgemein" darauf ankommen, dass im Rahmen einer praktischen Konkordanz Art. 5 Abs. 1 S. 1 Alt. 1 GG einem entgegenstehenden durch ein Gesetz geschützten Recht bzw. Rechtsgut weichen muss. Art. 5 Abs. 1 S. 1 Alt. 1 GG wäre dann mit dem durch § 1004 BGB i.V.m. § 903 BGB geschützten Hausrecht bzw. Eigentum i.S.d. Art. 14 GG abzuwägen.

c) Kombination

Bei einer Kombination der bereits erörterten Ansätze ist ein Gesetz allgemein, das nicht gegen die Meinungsfreiheit als Institut oder die Äußerung einer bestimmten Meinung gerichtet ist, jedoch unabhängig von Einzelmeinungen dem Schutz eines gegenüber der Meinungsfreiheit aus Art. 5 Abs. 1 S. 1 Alt. 1 GG vorrangigen Rechtes oder Rechtsgutes dient.

Gegen die Kombination und für die enge Auslegung des Terminus „allgemein" als Sonderrecht kann als Argument benannt werden, dass bei weiter Auslegung die Gesetze zum Schutz der Jugend und die persönliche Ehre ihren eigenständigen Anwendungsbereich verlieren würden. Außerdem ist die Meinungsfreiheit aus Art. 5 Abs. 1 S. 1 Alt. 1 GG für die Demokratie schlechthin konstituierend mit der Folge, dass Schranken möglichst eng gefasst werden sollten. Dennoch dienen die Schranken im engen Sinne dazu, unterschiedliche verfassungsrechtliche Interessen im Rahmen praktischer Konkordanz in Einklang zu bringen. Dies ist mit einer eng auszulegenden Schranke im engen Sinne im Hinblick auf andere zu schützende Rechte und Rechtsgüter schwer möglich. Bei weiter Auslegung der Schranke im engen Sinne kann der für die Demokratie schlechthin konstituierenden Meinungsfreiheit aus Art. 5 Abs. 1 S. 1 GG durch eine Wechselwirkung im Rahmen der Schranken-Schranke Rechnung getragen werden. Um die verschiedenen verfassungsrechtlichen Interessen in Einklang zu bringen, bedarf es einer weiten Auslegung des Terminus „allgemein". Die Auslegung darf allerdings auch nicht zu weit sein, weil anderenfalls die Meinungsfreiheit zu sehr verkürzt würde. Daher kann auch die Auslegung, nach der eine Abwägung vorzunehmen ist, ohne einschränkende Ergänzung nicht maßgeblich sein. Käme es nämlich nur auf die Abwägung verfassungsrechtlicher Rechte bzw. Rechtsgüter an, wäre ein Gesetz, das zielgerichtet wäre und durch das gegenüber der Meinungsfreiheit aus Art. 5 Abs. 1 S. 1 Alt. 1 GG vorrangige Rechte bzw. Rechtsgüter geschützt werden sollen, möglicherweise allgemein. Dann würde aber aus der Schranke der allgemeinen Gesetze entgegen dem Wortlaut des Grundgesetzes und systemwidrig vereinzelt faktisch ein einfach einschränkendes Gesetz als „allgemein" bezeichnet. Deshalb ist für die Allgemeinheit des Gesetzes letztlich die Kombination aus Sonderrecht und Abwägung maßgeblich. Ist ein Gesetz schon Sonderrecht, ist es nicht mehr allgemein.

Durch § 1004 BGB i.V.m. § 903 BGB wird die Meinungsfreiheit nur zufällig und in geringem Maß tangiert, sodass es sich dabei weder um Sonderrecht noch um eine Norm handelt, die bei Abwägung entgegenstehender verfassungsrechtlicher Aspekte wie dem Eigentum aus Art. 14 GG als nicht allgemein einzustufen ist. Somit entspricht § 1004 BGB i.V.m. § 903 BGB der Schrankensystematik des Art. 8 Abs. 1 GG und des Art. 5 Abs. 1 S. 1 Alt. 1 GG.

Schema 61: Allgemeine Gesetze i.S.d. Art. 5 Abs. 2 GG

Sonderrechtslehre	Abwägungslehre	Kombinationsformel
Gesetze, die nicht gegen den Inhalt bzw. die geistige Zielrichtung oder Art. 5 I GG als solches gerichtet sind	Gesetze, durch die ein Recht/Rechtsgut geschützt wird, das wegen seiner Bedeutung für den Einzelnen oder die Allgemeinheit gegenüber Art. 5 I GG vorrangig	Gesetze, die nicht gegen Art. 5 I GG gerichtet sind, und dem Schutz eines Rechtsguts/Rechts dienen, das gegenüber der Meinungsfreiheit vorrangig ist

HM: Kombinationsformel, da allgemeine Gesetze iSd Art. 5 II GG nicht zielgerichtet das GrundR betreffen können (bei Abwägungslehre dogmatisch möglich), denn sonst wie einfach einschränkender Gesetzesvorbehalt, der gerade nicht geregelt; zudem jedes Gesetz zweckgerichtet (Rechts-/-güterschutz)! Abwägung = Verhältnismäßigkeit

II. Verfassungsmäßigkeit der §§ 1004, 903 BGB

Die §§ 1004, 903 BGB sind verfassungsgemäß, da für deren Verfassungswidrigkeit keine Anhaltspunkte bestehen.

III. Verhältnismäßigkeit des Einzelaktes

Das ausgesprochene Verbot kann unverhältnismäßig sein.

1. Zweck

Dem Verbot muss ein legitimer Zweck zugrunde liegen. Wegen der Einschätzungsprärogative seitens des mittels der F-AG handelnden Staates ist der Zweck grundsätzlich nur insoweit überprüfbar, als er nicht willkürlich bzw. offensichtlich verfassungswidrig sein darf. Zulässiger Zweck des ausgesprochenen Verbotes ist die Gewährleistung des ordnungsgemäßen Ablaufes der Vorgänge am Flughafen. Ein legitimer Zweck ist gegeben.

2. Eignung

Eine Maßnahme ist geeignet, wenn durch sie der Zweck gefördert wird, wobei auch insoweit die Einschätzungsprärogative der öffentlichen Hand zu berücksichtigen ist. Durch das ausgesprochene Verbot, auf dem Flughafengelände zu demonstrieren und Flugblätter zu verteilen, werden unveränderte Abläufe am Flughafen gewährleistet. Das Verbot ist zur Erreichung des Zweckes geeignet.

3. Erforderlichkeit

Die Maßnahme muss auch erforderlich sein. Eine Regelung ist erforderlich, wenn kein gleich geeignetes milderes Mittel denkbar ist, wobei wiederum die Einschätzungsprärogative der öffentlichen Hand zu berücksichtigen ist. Denkbar wäre zum Beispiel eine Kontrolle der Demonstranten durch Zuweisung einer bestimmten Demonstrationsfläche, jedoch wäre jegliches mildere Mittel nicht gleich geeignet, da es weniger effizient wäre. Die Demonstration erhielte nämlich dennoch Aufmerksamkeit und es würden sich möglicherweise Menschengruppen stauen, ansammeln und die Versammlung würde möglicherweise spontan erweitert und nicht mehr kontrollierbar. Ein milderes, gleich geeignetes Mittel ist gegenüber den ausgesprochenen Verboten nicht ersichtlich.

4. Verhältnismäßigkeit im engen Sinne (Disproportionalität)

Das ausgesprochene Verbot kann verhältnismäßig im engen Sinne sein. Das setzt voraus, dass zwischen Mittel und Zweck keine Disproportionalität besteht. Insoweit sind die gegenläufigen verfassungsrechtlich maßgeblichen Interessen abzuwägen, wobei zu berücksichtigen ist, dass Versammlungsfreiheit und die gleichsam tangierte Meinungsfreiheit für die Demokratie schlechthin konstituierend sind. Das Verbot der Versammlung stellt insoweit den intensivsten Eingriff und somit das letzte zu wählende Mittel dar.

Durch das seitens der F-AG ausgesprochene Flughafenverbot wird P die Durchführung jeglicher Versammlungen in allen Bereichen des Flughafens untersagt, sofern diese nicht vorher nach Maßgabe einer grundsätzlich freien Entscheidung von der F-AG erlaubt werden. „Das Verbot ist somit nicht auf die Abwehr konkret drohender Gefahren für mit der Versammlungsfreiheit gleichwertige, elementare Rechtsgüter beschränkt, sondern als generelles Demonstrationsverbot" gegenüber P und anderen zu verstehen (BVerfGE 128, 226, 263 f.) P muss danach für künftige Versammlungen in allen Bereichen des Flughafens eine Erlaubnis erlangen.

P kann nicht darauf verwiesen werden, die Versammlung an einem anderen Ort abzuhalten. Die Versammlungsfreiheit aus Art. 8 Abs. 1 GG umfasst auch die Freiheit, einen bestimmten Ort einer Versammlung zu wählen. Der Zweck der Versammlung, gegen die Abschiebung einiger „Illegaler" in deren Heimatland zu demonstrieren, kann außerhalb des Flughafengeländes zwar verfolgt werden, hat aber eine gänzlich andere Wirkung.

Demgegenüber ist nicht ersichtlich, dass der Betriebsablauf des Flughafens durch die von P und seinen zehn Kameraden durchgeführte Demonstration erheblich beeinträchtigt worden wäre oder eine erhebliche Beeinträchtigung durch von P in der Zukunft geleitete Versammlungen zu befürchten ist. Die Versammlungsteilnehmer haben durch das Hochhalten der Plakate und das Verteilen der Flugblätter eine Kundgabeform gewählt, durch welche es den Flughafenbesuchern ermöglicht wird, ihren Angelegenheiten weiterhin weitgehend ungestört nachzugehen. Es wurden weder Lautsprecher oder Megaphons eingesetzt, noch Abläufe des Flughafenbetriebs gezielt behindert.

Das generelle Demonstrationsverbot gegenüber P ist disproportional und unverhältnismäßig im Hinblick auf die für die Demokratie schlechthin konstituierende Versammlungsfreiheit i.S.d. Art. 8 Abs. 1 GG.

D. Ergebnis

P wird durch das seitens der F-AG bezüglich der Flugblätter und der Versammlung ausgesprochene Verbot ungerechtfertigt in seinem Grundrecht auf Versammlungsfreiheit beeinträchtigt.

Grundrechte – Fall 7:
„Eine Geschichte vom ‚Schnüffelstaat'
und Grundrechten"

Schwerpunkte: *Rechtssatzverfassungsbeschwerde, Anwendbarkeit der Unionsgrundrechte, Berufsfreiheit (Art. 12 GG), Fernmeldegeheimnis (Art. 10 GG), Verfassungsbeschwerde bei gesetzgeberischem Unterlassen, konkrete Normenkontrolle aus Sicht des BVerfG (Art. 100 GG, §§ 13 Nr. 11, 80 ff. BVerfGG), allgemeines Persönlichkeitsrecht (Art. 2 Abs. 1 GG i.V.m. Art. 1 Abs. 1 GG)*

1. Komplex

Mit der Zustimmung des Bundesrates hat der Deutsche Bundestag das Gesetz zur Neuregelung der Telekommunikationsüberwachung und anderer verdeckter Ermittlungsmaßnahmen sowie zur Umsetzung der Richtlinie 2006/24/EG vom 15.3.2006 beschlossen, durch welches die §§ 113a, 113b TKG in das Telekommunikationsgesetz neu eingefügt werden.

A und B sind der Auffassung, sie seien durch die neuen Regelungen in den ihnen verfassungsrechtlich zugewiesenen Rechten verletzt und erheben beim Bundesverfassungsgericht daher eine Beschwerde gegen die Gesetzesänderung, die sie für verfassungswidrig halten.

A nutzt privat und geschäftlich verschiedene Telekommunikationsdienste wie Festnetzanschlüsse, Mobiltelefone, Internetzugangsdienste und E-Mail-Postfächer. Sie trägt vor, es sei ihr nicht zumutbar, zunächst vor den Fachgerichten gegen die Telekommunikationsunternehmen zu klagen.

B entwickelt und vertreibt eine Software für einen kommerziellen Internet-Anonymisierungsdienst. Der Dienst wird im Zusammenwirken mit anderen unabhängigen Betreibern erbracht, auf deren Servern ihre Software genutzt wird. Dabei betreibt die Beschwerdeführerin auch selbst einen öffentlich zugänglichen Anonymisierungsserver. Der Anonymisierungsdienst sei infolge der angegriffenen Normen nicht mehr wirtschaftlich zu erbringen. Auch drohe ihr der Verlust ihrer Kunden, weil diese wegen der Vorratsdatenspeicherung nicht mehr darauf vertrauen könnten, anonym zu bleiben. Faktisch komme die Speicherungspflicht einem Berufsverbot gleich. Die Speicherungspflicht betreffe sie selbst, gegenwärtig und unmittelbar, da ihr nicht zugemutet werden könne, durch deren Nichtbeachtung das Risiko eines Bußgeld- oder Strafverfahrens einzugehen.

A und B argumentieren, es stehe der Zulässigkeit der Verfassungsbeschwerden nicht entgegen, dass die angegriffenen Regelungen der Umsetzung

https://doi.org.10.1515/9783110624410-018

der Richtlinie 2006/24/EG dienten. Der Bundesgesetzgeber gehe über die Richtlinie 2006/24/EG hinaus, soweit die nach § 113a TKG gespeicherten Daten nicht nur bei schweren Straftaten, sondern auch zur Gefahrenabwehr und zur Erfüllung nachrichtendienstlicher Aufgaben verwendet werden dürften.

Es handele sich um eine Speicherung von Daten auf Vorrat, die verfassungswidrig sei. Es werde erstmals möglich, sämtliche Kommunikationspartner einer Person aus den letzten sechs Monaten festzustellen. Durch die Speicherung der Funkzellen, in deren Bereich telefoniert werde, wird die Erstellung nahezu lückenloser Bewegungsprofile ermöglicht. Durch die Speicherung der IP-Adresse werde es künftig gestattet, das Internetnutzungsverhalten der vergangenen sechs Monate nachzuvollziehen. Demgegenüber sei es nicht ersichtlich, dass sich die Speicherung messbar auf die Aufklärungsquote oder Kriminalitätsrate auswirke. Die Schwere des Grundrechtseingriffs ergebe sich daraus, dass alle Personen betroffen seien, die Telekommunikationsdienste für die Öffentlichkeit in Anspruch nähmen. Die Speicherung erfolge verdachtsunabhängig. Durch die bloße Möglichkeit, dass Daten zu Zwecken der Strafverfolgung oder zur Gefahrenabwehr benötigt werden könnten, werde der Eingriff nicht gerechtfertigt. Die Vorratsdatenspeicherung ermögliche die Erstellung von Telekommunikations- und Bewegungsprofilen bei einer weiten Streubreite. Dies sei umso gewichtiger, als Telekommunikation in der Erwartung uneingeschränkter Vertraulichkeit stattfinde. Eine globale und pauschale Überwachung in Form einer flächendeckenden Erfassung der Telekommunikationsverbindungen, wie sie die Vorratsdatenspeicherung darstelle, sei selbst zur Abwehr größter Gefahren verfassungswidrig, da dadurch Art. 10 GG in seinem Wesensgehalt verletzt werde.

B behauptet, die angegriffenen Vorschriften verstießen auch gegen Art. 12 Abs. 1 GG. Durch die §§ 113a und 113b TKG werde unverhältnismäßig in die Berufsausübungsfreiheit der kommerziellen Anbieter von Telekommunikationsdienstleistungen und in die Berufsfreiheit der Angehörigen der Vertrauensberufe eingegriffen. So berühre es das Vertrauensverhältnis zwischen Rechtsanwalt und Mandant, wenn durch die Auswertung von Telekommunikationsverkehrsdaten das Mandatsverhältnis aufgedeckt werden könne.

Dass die Speicherung selbst durch Private erfolge, stehe der Zulässigkeit der Verfassungsbeschwerden nicht entgegen. Denn sie werde unmittelbar durch die gesetzliche Regelung der §§ 113a und 113b TKG angeordnet.

Ausgangskonstellation

Wie wird das Bundesverfassungsgericht entscheiden, wenn bezüglich der Vereinbarkeit mit dem Grundgesetz lediglich die Artt. 10, 12 GG maßgeblich sind?

Soweit die Voraussetzungen des Art. 19 Abs. 1 GG maßgeblich sind, ist deren Erfüllung zu unterstellen. Unterstellen Sie, dass die EU-Richtlinie mit dem primären Unionsrecht vereinbar ist, sodass das Bundesverfassungsgericht zumindest aus diesem Grund dem EuGH nicht vorlegen wird.

Ergänzungsfrage

Unterstellen Sie, B wäre durch die Nichtumsetzung der EU-Richtlinie in ihren verfassungsmäßigen Rechten verletzt, weil ihr trotz der für sie belastenden Wirkung der Richtlinie die Rechtssicherheit zur Abschätzung der gesetzlich geregelten Grenzen der Grundrechte fehlt. Könnte sie den Bundesgesetzgeber durch das Bundesverfassungsgericht zur Umsetzung der Richtlinie in nationales Recht verurteilen lassen, wenn die Richtlinie nach Ablauf der Umsetzungsfrist nicht unmittelbar gilt, weil sie bedingt bzw. dazu nicht hinreichend bestimmt ist? Welches Verfahren ist möglich und bezüglich welcher Zulässigkeitsvoraussetzungen bestehen gegebenenfalls Besonderheiten?

TKG, Fassung bis 18.12.2015:

§ 113a: Speicherungspflichten für Daten

(1) Wer öffentlich zugängliche Telekommunikationsdienste für Endnutzer erbringt, ist verpflichtet, von ihm bei der Nutzung seines Dienstes erzeugte oder verarbeitete Verkehrsdaten nach Maßgabe der Absätze 2 bis 5 sechs Monate im Inland oder in einem anderen Mitgliedstaat der Europäischen Union zu speichern. Wer öffentlich zugängliche Telekommunikationsdienste für Endnutzer erbringt, ohne selbst Verkehrsdaten zu erzeugen oder zu verarbeiten, hat sicherzustellen, dass die Daten gemäß Satz 1 gespeichert werden, und der Bundesnetzagentur auf deren Verlangen mitzuteilen, wer diese Daten speichert.

(2) Die Anbieter von öffentlich zugänglichen Telefondiensten speichern:

1. die Rufnummer oder andere Kennung des anrufenden und des angerufenen Anschlusses sowie im Falle von Um- oder Weiterschaltungen jedes weiteren beteiligten Anschlusses,

2. den Beginn und das Ende der Verbindung nach Datum und Uhrzeit unter Angabe der zugrunde liegenden Zeitzone,

3. in Fällen, in denen im Rahmen des Telefondienstes unterschiedliche Dienste genutzt werden können, Angaben zu dem genutzten Dienst,

4. im Fall mobiler Telefondienste ferner:

    a) die internationale Kennung für mobile Teilnehmer für den anrufenden und den angerufenen Anschluss,

b) die internationale Kennung des anrufenden und des angerufenen Endgerätes,

c) die Bezeichnung der durch den anrufenden und den angerufenen Anschluss bei Beginn der Verbindung genutzten Funkzellen,

d) im Falle im Voraus bezahlter anonymer Dienste auch die erste Aktivie-rung des Dienstes nach Datum, Uhrzeit und Bezeichnung der Funkzelle,

e) im Falle von Internet-Telefondiensten auch die Internetprotokoll-Adresse des anrufenden und des angerufenen Anschlusses.

Satz 1 gilt entsprechend bei der Übermittlung einer Kurz-, Multimedia- oder ähnlichen Nachricht; hierbei sind anstelle der Angaben nach Satz 1 Nr. 2 die Zeitpunkte der Versendung und des Empfangs der Nachricht zu speichern.

(3) Die Anbieter von Diensten der elektronischen Post speichern

1. bei Versendung einer Nachricht die Kennung des elektronischen Postfachs und die Internetprotokoll-Adresse des Absenders sowie die Kennung des elektronischen Postfachs jedes Empfängers der Nachricht,

2. bei Eingang einer Nachricht in einem elektronischen Postfach die Kennung des elektronischen Postfachs des Absenders und des Empfängers der Nachricht sowie die Internetprotokoll-Adresse der absendenden Telekommunikationsanlage,

3. bei Zugriff auf das elektronische Postfach dessen Kennung und die Internetprotokoll-Adresse des Abrufenden,

4. die Zeitpunkte der in den Nummern 1 bis 3 genannten Nutzungen des Dienstes nach Datum und Uhrzeit unter Angabe der zugrunde liegenden Zeitzone.

(4) Die Anbieter von Internetzugangsdiensten speichern

1. die dem Teilnehmer für eine Internetnutzung zugewiesene Internetprotokoll-Adresse,

2. eine eindeutige Kennung des Anschlusses, über den die Internetnutzung erfolgt,

3. den Beginn und das Ende der Internetnutzung unter der zugewiesenen Internetprotokoll-Adresse nach Datum und Uhrzeit unter Angabe der zugrunde liegenden Zeitzone.

(5) Soweit Anbieter von Telefondiensten die in dieser Vorschrift genannten Verkehrsdaten für die in § 96 Abs. 2 genannten Zwecke auch dann speichern oder protokollieren, wenn der Anruf unbeantwortet bleibt oder wegen eines Eingriffs des Netzwerkmanagements erfolglos ist, sind die Verkehrsdaten auch nach Maßgabe dieser Vorschrift zu speichern.

(6) Wer Telekommunikationsdienste erbringt und hierbei die nach Maßgabe dieser Vorschrift zu speichernden Angaben verändert, ist zur Speicherung der

ursprünglichen und der neuen Angabe sowie des Zeitpunktes der Umschreibung dieser Angaben nach Datum und Uhrzeit unter Angabe der zugrunde liegenden Zeitzone verpflichtet.

(7) Wer ein Mobilfunknetz für die Öffentlichkeit betreibt, ist verpflichtet, zu den nach Maßgabe dieser Vorschrift gespeicherten Bezeichnungen der Funkzellen auch Daten vorzuhalten, aus denen sich die geografischen Lagen der die jeweilige Funkzelle versorgenden Funkantennen sowie deren Hauptstrahlrichtungen ergeben.

(8) Der Inhalt der Kommunikation und Daten über aufgerufene Internetseiten dürfen auf Grund dieser Vorschrift nicht gespeichert werden.

(9) Die Speicherung der Daten nach den Absätzen 1 bis 7 hat so zu erfolgen, dass Auskunftsersuchen der berechtigten Stellen unverzüglich beantwortet werden können.

(10) Der nach dieser Vorschrift Verpflichtete hat betreffend die Qualität und den Schutz der gespeicherten Verkehrsdaten die im Bereich der Telekommunikation erforderliche Sorgfalt zu beachten. Im Rahmen dessen hat er durch technische und organisatorische Maßnahmen sicherzustellen, dass der Zugang zu den gespeicherten Daten ausschließlich hierzu von ihm besonders ermächtigten Personen möglich ist.

(11) Der nach dieser Vorschrift Verpflichtete hat die allein auf Grund dieser Vorschrift gespeicherten Daten innerhalb eines Monats nach Ablauf der in Absatz 1 genannten Frist zu löschen oder die Löschung sicherzustellen.

§ 113b: Verwendung der nach § 113a gespeicherten Daten

Der nach § 113a Verpflichtete darf die allein auf Grund der Speicherungsverpflichtung nach § 113a gespeicherten Daten

1. zur Verfolgung von Straftaten,
2. zur Abwehr von erheblichen Gefahren für die öffentliche Sicherheit oder
3. zur Erfüllung der gesetzlichen Aufgaben der Verfassungsschutzbehörden des Bundes und der Länder, des Bundesnachrichtendienstes und des Militärischen Abschirmdienstes

an die zuständigen Stellen auf deren Verlangen übermitteln, soweit dies in den jeweiligen gesetzlichen Bestimmungen unter Bezugnahme auf § 113a vorgesehen und die Übermittlung im Einzelfall angeordnet ist; für andere Zwecke mit Ausnahme einer Auskunftserteilung nach § 113 darf er die Daten nicht verwenden. § 113 Abs. 1 Satz 4 gilt entsprechend.

Richtlinie 2006/24/EG des Europäischen Parlaments und des Rates vom 15.3.2006

über die Vorratsspeicherung von Daten, die bei der Bereitstellung öffentlich zugänglicher elektronischer Kommunikationsdienste oder öffentlicher Kommunikationsnetze erzeugt oder verarbeitet werden

Artikel 1: Gegenstand und Anwendungsbereich

(1) Mit dieser Richtlinie sollen die Vorschriften der Mitgliedstaaten über die Pflichten von Anbietern öffentlich zugänglicher elektronischer Kommunikationsdienste oder Betreibern eines öffentlichen Kommunikationsnetzes im Zusammenhang mit der Vorratsspeicherung bestimmter Daten, die von ihnen erzeugt oder verarbeitet werden, harmonisiert werden, um sicherzustellen, dass die Daten zum Zwecke der Ermittlung, Feststellung und Verfolgung von schweren Straftaten, wie sie von jedem Mitgliedstaat in seinem nationalen Recht bestimmt werden, zur Verfügung stehen.

(2) Diese Richtlinie gilt für Verkehrs- und Standortdaten sowohl von juristischen als auch von natürlichen Personen sowie für alle damit in Zusammenhang stehenden Daten, die zur Feststellung des Teilnehmers oder registrierten Benutzers erforderlich sind. Sie gilt nicht für den Inhalt elektronischer Nachrichtenübermittlungen einschließlich solcher Informationen, die mit Hilfe eines elektronischen Kommunikationsnetzes abgerufen werden.

Artikel 3: Vorratsspeicherungspflicht

(1) [Die Mitgliedstaaten tragen] durch entsprechende Maßnahmen dafür Sorge, dass die in Artikel 5 der vorliegenden Richtlinie genannten Daten, soweit sie im Rahmen ihrer Zuständigkeit im Zuge der Bereitstellung der betreffenden Kommunikationsdienste von Anbietern öffentlich zugänglicher elektronischer Kommunikationsdienste oder Betreibern eines öffentlichen Kommunikationsnetzes erzeugt oder verarbeitet werden, gemäß den Bestimmungen der vorliegenden Richtlinie auf Vorrat gespeichert werden.

(2) [...]

Artikel 5: Kategorien von auf Vorrat zu speichernden Daten

(1) Die Mitgliedstaaten stellen sicher, dass gemäß dieser Richtlinie die folgenden Datenkategorien auf Vorrat gespeichert werden:

a) zur Rückverfolgung und Identifizierung der Quelle einer Nachricht benötigte Daten:

1. betreffend Telefonfestnetz und Mobilfunk:
   i) die Rufnummer des anrufenden Anschlusses,
   ii) der Name und die Anschrift des Teilnehmers oder registrierten Benutzers;
2. betreffend Internetzugang, Internet-E-Mail und Internet-Telefonie:
   i) die zugewiesene(n) Benutzerkennung(en),
   ii) die Benutzerkennung und die Rufnummer, die jeder Nachricht im öffentlichen Telefonnetz zugewiesen werden,
   iii) der Name und die Anschrift des Teilnehmers bzw. registrierten Benutzers, dem eine Internetprotokoll-Adresse (IP-Adresse), Benutzerkennung oder Rufnummer zum Zeitpunkt der Nachricht zugewiesen war;
b) zur Identifizierung des Adressaten einer Nachricht benötigte Daten:
   1. betreffend Telefonfestnetz und Mobilfunk:
      i) die angewählte(n) Nummer(n) (die Rufnummer(n) des angerufenen Anschlusses) und bei Zusatzdiensten wie Rufweiterleitung oder Rufumleitung die Nummer(n), an die der Anruf geleitet wird,
      ii) die Namen und Anschriften der Teilnehmer oder registrierten Benutzer; [...]

Artikel 6: Speicherungsfristen
Die Mitgliedstaaten sorgen dafür, dass die in Artikel 5 angegebenen Daten-ka-tegorien für einen Zeitraum von mindestens sechs Monaten und höchstens zwei Jahren ab dem Zeitpunkt der Kommunikation auf Vorrat gespeichert werden.

2. Komplex
Durch die erste Verfassungsbeschwerde ihres Lebens ermutigt, will sich A nun, wie sie sogleich in ihrer Web-Community verbreitet, erneut gegen „die übertriebene Datenschnüffelei des Staates" erwehren und klagt auf Feststellung, dass es ihren Telekommunikationsanbietern nicht gestattet sei, Daten über sie nach § 113 Abs. 1 S. 2 TKG an den Staat herauszugeben. Denn als Nutzerin einer Mobilfunk-Prepaid-Karte sowie verschiedener Internetzugangsdienste fühlt sie sich auch durch die in dieser Vorschrift enthaltenen Regelungen in ihren Grundrechten beeinträchtigt.

Hierzu führt sie vor dem zuständigen Gericht aus, dass durch das in § 113 Abs. 1 S. 2 TKG geregelte „manuelle Verfahren für Auskünfte aus den nach § 111 TKG gespeicherten Daten" im Gegensatz zu dem automatisierten Auskunftsverfahren eine Verpflichtung zur Auskunftserteilung durch die Telekommunikationsunternehmen selbst vorgesehen sei. Ebenso wie im automatisierten Auskunftsverfahren ist über die Auskunftserteilung gegenüber den Datenbetroffenen nach § 113 Abs. 1 S. 4 TKG Stillschweigen zu wahren.

Auskunftsverpflichtet sind hierbei nicht nur die Anbieter, die Telekommunikationsdienste für die Öffentlichkeit anbieten, sondern i.S.d. § 113 Abs. 1 TKG i.V.m. § 3 Nr. 10 TKG alle, die geschäftsmäßig Telekommunikationsdienste erbringen oder daran mitwirken. Es sind solche Anbieter erfasst, die in Behörden oder Unternehmen, zum Beispiel in Krankenhäusern und Hotels, sogenannte Corporate Networks oder WLAN-Netze bereitstellen. Auf der Grundlage der in der Gesetzesbegründung zu § 112 TKG genannten Zahlen (BT-Drucksache 15/2316, S. 95) sei davon auszugehen, dass von der Regelung des § 113 TKG bis zu 400.000 Anbieter betroffen sein können.

In § 113 Abs. 1 S. 1 TKG ist für allgemeine Auskünfte keine enumerative Aufzählung der auskunftsberechtigten Behörden enthalten, sondern es ist die Auskunftsberechtigung abstrakt aufgabenbezogen und damit uneingeschränkt für alle Behörden beschrieben worden: Auskünfte sollen allgemein zulässig sein, soweit dies im Einzelfall für die Verfolgung von Straftaten und Ordnungswidrigkeiten, die Gefahrenabwehr und die Erfüllung nachrichtendienstlicher Aufgaben erforderlich ist.

Neben der allgemeinen Auskunftsverpflichtung des § 113 Abs. 1 S. 1 TKG ist in § 113 Abs. 1 S. 2 TKG eine spezielle Auskunftspflicht hinsichtlich solcher Daten geregelt, die dem Schutz vor unbefugtem Zugriff auf Endgeräte oder Speichereinrichtungen dienen wie insbesondere Persönliche Identifikationsnummern (PIN) und als Personal Unblocking Key (PUK) bezeichnete Nummern. Auskunftsberechtigt sind insoweit die Strafverfolgungs- und Sicherheitsbehörden sowie die Nachrichtendienste nach Maßgabe von bestimmten, in § 113 Abs. 1 S. 2 TKG aufgeführten Rechtsgrundlagen, in welchen allgemeine Ermächtigungen zur Datenerhebung enthalten sind. Die Nutzung dieser Auskünfte für einen Zugriff auf Daten, die dem Fernmeldegeheimnis unterliegen, ist – dies ergibt sich aus § 113 Abs. 1 S. 3 TKG – nur unter den Voraussetzungen der hierfür einschlägigen gesetzlichen Vorschriften zulässig.

Beeindruckt von den Ausführungen der A hält das Gericht § 113 Abs. 1 S. 2 TKG daraufhin für verfassungswidrig und erkennt zutreffend, dass die Gültigkeit der Norm für den Verfahrensausgang entscheidungserheblich ist.

Wie wird das Bundesverfassungsgericht entscheiden, wenn das Gericht das Gesetz „in Karlsruhe vorlegt"?

TKG, Fassung bis 18.12.2015:

§ 113: Manuelles Auskunftsverfahren

(1) Wer geschäftsmäßig Telekommunikationsdienste erbringt oder daran mitwirkt, hat im Einzelfall den zuständigen Stellen auf deren Verlangen unverzüglich Auskünfte über die nach den §§ 95 und 111 erhobenen Daten zu erteilen, soweit dies für die Verfolgung von Straftaten oder Ordnungswidrigkeiten, zur Abwehr von Gefahren für die öffentliche Sicherheit oder Ordnung oder für die Erfüllung der gesetzlichen Aufgaben der Verfassungsschutzbehörden des Bundes und der Länder, des Bundesnachrichtendienstes oder des Militärischen Abschirmdienstes erforderlich ist. Auskünfte über Daten, mittels derer der Zugriff auf Endgeräte oder in diesen oder im Netz eingesetzte Speichereinrichtungen geschützt wird, insbesondere PIN oder PUK, hat der nach Satz 1 Verpflichtete auf Grund eines Auskunftsersuchens nach §§ 116 Abs. 1 Satz 1, 163 Abs. 1 der Strafprozessordnung, der Datenerhebungsvorschriften der Polizeigesetze des Bundes oder der Länder zur Abwehr von Gefahren für die öffentliche Sicherheit oder Ordnung, § 8 Abs. 1 des Bundesverfassungsschutzgesetzes, der entsprechenden Bestimmungen der Landesverfassungsschutzgesetze, § 2 Abs. 1 des BND-Gesetzes oder § 4 Abs. 1 des MAD-Gesetzes zu erteilen; an andere öffentliche oder nicht öffentliche Stellen dürfen diese Daten nicht übermittelt werden. Ein Zugriff auf Daten, die dem Fernmeldegeheimnis unterliegen, ist nur unter den Voraussetzungen der hierfür einschlägigen gesetzlichen Vorschriften zulässig. [4]Über die Auskunftserteilung hat der Verpflichtete gegenüber seinen Kundinnen und Kunden sowie Dritten gegenüber Stillschweigen zu wahren.

(2) [...]

§ 111: Daten für Auskunftsersuchen der Sicherheitsbehörden

(1) Wer geschäftsmäßig Telekommunikationsdienste erbringt oder daran mitwirkt und dabei Rufnummern oder andere Anschlusskennungen vergibt oder Telekommunikationsanschlüsse für von anderen vergebene Rufnummern oder andere Anschlusskennungen bereitstellt, hat für die Auskunftsverfahren nach den §§ 112 und 113

1. die Rufnummern und anderen Anschlusskennungen,
2. den Namen und die Anschrift des Anschlussinhabers,
3. bei natürlichen Personen deren Geburtsdatum,
4. bei Festnetzanschlüssen auch die Anschrift des Anschlusses,
5. in Fällen, in denen neben einem Mobilfunkanschluss auch ein Mobilfunkendgerät überlassen wird, die Gerätenummer dieses Gerätes sowie
6. das Datum des Vertragsbeginns

vor der Freischaltung zu erheben und unverzüglich zu speichern, auch soweit diese Daten für betriebliche Zwecke nicht erforderlich sind; das Datum des Vertragsendes ist bei Bekanntwerden ebenfalls zu speichern. Satz 1 gilt auch, soweit die Daten nicht in Teilnehmerverzeichnisse (§ 104) eingetragen werden. Die Verpflichtung zur unverzüglichen Speicherung nach Satz 1 gilt hinsichtlich der Daten nach Satz 1 Nr. 1 und 2 entsprechend für denjenigen, der geschäftsmäßig einen öffentlich zugänglichen Dienst der elektronischen Post erbringt und dabei Daten nach Satz 1 Nr. 1 und 2 erhebt, wobei an die Stelle der Daten nach Satz 1 Nr. 1 die Kennungen der elektronischen Postfächer und an die Stelle des Anschlussinhabers nach Satz 1 Nr. 2 der Inhaber des elektronischen Postfachs tritt. Wird dem Verpflichteten nach Satz 1 oder Satz 3 eine Änderung bekannt, hat er die Daten unverzüglich zu berichtigen; in diesem Zusammenhang hat der nach Satz 1 Verpflichtete bisher noch nicht erhobene Daten zu erheben und zu speichern, sofern ihm eine Erhebung der Daten ohne besonderen Aufwand möglich ist. Für das Auskunftsverfahren nach § 113 ist die Form der Datenspeicherung freigestellt.

(2) Bedient sich der Diensteanbieter nach Absatz 1 Satz 1 oder Satz 3 eines Vertriebspartners, hat der Vertriebspartner die Daten nach Absatz 1 Satz 1 und 3 unter den dort genannten Voraussetzungen zu erheben und diese sowie die nach § 95 erhobenen Daten unverzüglich dem Diensteanbieter zu übermitteln; Absatz 1 Satz 2 gilt entsprechend. Satz 1 gilt auch für Daten über Änderungen, soweit sie dem Vertriebspartner im Rahmen der üblichen Geschäftsabwicklung zur Kenntnis gelangen.

(3) [...]

(4) Die Daten sind mit Ablauf des auf die Beendigung des Vertragsverhältnisses folgenden Kalenderjahres zu löschen.

Bearbeitungsvermerk

Unterstellen Sie durchgehend, dass die Richtlinie 2006/24/EG als sekundäres Unionsrecht abweichend von der Rechtsprechung mit dem primären Unionsrecht vereinbar ist.

Vertiefung

Dem Ausgangsfall liegt die grundlegende Entscheidung BVerfG, Urteil vom 2.3.2010 – 1 BvR 256/08, 263/08, 586/08 (BVerfGE 125, 260) zugrunde.

Zur Vorratsdatenspeicherung bzw. Datenschutzrecht: BVerfG, Urteil vom 27.2.2008 – 1 BvR 370, 595/07 (BVerfGE 120, 274); BVerfG, Beschluss vom 24.1.2012 – 1 BvR 1299/05 (BVerfGE 130, 151); BVerfG, Urteil vom 24.4.2013 – 1 BvR 1215/07 (BVerfGE 133, 277).

EuGH, Urteil vom 8.4.2014 – C-293/12 und C-594/12 (NJW 2014, 2169); EuGH, Urteil vom 21.12.2016 – C-203/15, C-698/15 (NJW 2017, 717); EuGH, Urteil vom 6.10.2020 – C-511/18, C-512/18, C-520/18 (NJW 2021, 531)

Zum Verhältnis von nationalem zu Unionsrecht und dem Prüfungsmaßstab des Bundesverfassungsgerichts bzw. des EuGH: BVerfG, Beschluss vom 29.5.1974 – 2 BvL 52/71 (BVerfGE 37, 271 – „Solange I"); BVerfG, Beschluss vom 22.10.1986 – 2 BvR 197/83 (BVerfGE 73, 339 – „Solange II"); BVerfG, Beschluss vom 7.6.2000 – 2 BvL 1/97 (BVerfGE 102, 147); BVerfG, Beschluss vom 13.3.2007 – 1 BvF 1/05 (BVerfGE 118, 79); BVerfG, Urteil vom 24.4.2013 – 1 BvR 1215/07 (BVerfGE 133, 277); BVerfG, Beschluss vom 6.11.2019 – 1 BvR 16/13 (BVerfGE 152, 152 – „Recht-auf-Vergessen I"); BVerfG, Beschluss vom 6.11.2019 – 1 BvR 276/17 (BVerfGE 152, 216 – „Recht-auf-Vergessen II")

EuGH Rs. C-617/10 [Äckberg Fransson] vom 26.2.2013; EuGH, Rs. C-311/18 vom 16.6.2020

Neumann/Eichberger, „Die Unionsgrundrechte vor dem Bundesverfassungsgericht", JuS 2020, 502; Honer, „Die Grundrechte der EU-Grundrechtecharta", JA 2021, 219

Zur Ergänzungsfrage:
BVerfG, Beschluss vom 20.2.1957 – 1 BvR 441/53 (BVerfGE 6, 257, 264)

Gliederung

1. Komplex (Ausgangskonstellation): Anträge der A und der B
   A.   Zulässigkeit (+)
      I.   Zuständigkeit des Bundesverfassungsgerichts (+)
      II.   Verfahrensabhängige Zulässigkeitsvoraussetzungen (+)
         1.   Beschwerdefähigkeit (+)
         2.   Beschwerdegegenstand (+)
         3.   Beschwerdebefugnis (+)
            a)   Anwendbarkeit der Unionsgrundrechte (+)
            b)   Europäische Menschenrechtskonvention als Teil des Unionsrechts (–)
            c)   Vorrangigkeit der Unionsgrundrechte (–)
               aa)   Anwendungsvorrang des Unionsrechts
               bb)   Anwendungsfälle des Anwendungsvorrangs
            d)   Parallele Anwendung der Unionsgrundrechte; Grundrechte i.S.d. Art. 93 Abs. 1 Nr. 4a GG, § 90 Abs. 1 BVerfGG (–)
            e)   Selbstbetroffenheit, gegenwärtige und unmittelbare Betroffenheit (+)
               aa)   Betroffenheit der A (+)

2. Komplex: Vorlage in Karlsruhe
  A. Zulässigkeit
      I. Zuständigkeit des Bundesverfassungsgerichts (+)
      II. Verfahrensabhängige Zulässigkeitsvoraussetzungen (+)
          1. Vorlageberechtigtes Gericht (+)
          2. Vorlagegegenstand (+)
          3. Überzeugung bezüglich der Verfassungswidrigkeit (+)
          4. Entscheidungserheblichkeit (+)
          5. Ordnungsgemäßer Antrag (+)
      III. Zwischenergebnis
  B. Begründetheit (+)
      I. Formelle Verfassungswidrigkeit (–)
      II. Materielle Verfassungswidrigkeit (+)
          1. Unvereinbarkeit mit Art. 10 Abs. 1 GG (–)
              a) Schutzbereichseingriff (–)
              b) Zwischenergebnis
          2. Unvereinbarkeit mit Art. 2 Abs. 1 GG i.V.m. Art. 1 Abs. 1 GG (+)
              a) Schutzbereichseingriff (+)
              b) Rechtfertigung (–)
                  aa) Zweck (+)
                  bb) Eignung und Erforderlichkeit (–)
      III. Zwischenergebnis
  C. Ergebnis (+)

Lösungsvorschlag

Die folgende Lösung ist als Lösungsvorschlag zu verstehen und ausführlicher, als es in der Klausurbearbeitung verlangt werden kann. Aufgrund der wissenschaftlichen Freiheit können andere Lösungswege vertreten werden, soweit sie dogmatisch begründbar sind. Die Nachweise aus Rechtsprechung und Literatur sowie die das Verständnis fördernden Randbemerkungen sind in der Examensklausur auszusparen. Die Abkürzung „Alt." steht für Alternativfall, nicht für Alternative.

In zwei verbundenen Vorabentscheidungsverfahren hat der Europäische Gerichtshof (EuGH) klargestellt, dass eine nationale Regelung, in der eine allgemeine Speicherung von Daten ohne ausreichende begrenzende Kriterien zugelassen wird, nicht mit Unionsrecht vereinbar ist.

1. Komplex (Ausgangskonstellation): Anträge der A und der B

Die Verfassungsbeschwerden der A und der B werden erfolgreich sein, soweit sie zulässig und begründet sind.

A. Zulässigkeit

Die Verfassungsbeschwerden können zulässig sein.

Anders als im Verwaltungsrecht muss nicht der Terminus „Sachurteils- bzw. Sachentscheidungsvoraussetzungen" verwendet werden, weil das Bundesverfassungsgericht nur bei enumerativ zugewiesenen Verfahren zuständig und keine § 65 Abs. 2 VwGO oder § 17a Abs. 2 GVG vergleichbare Norm ersichtlich ist. § 17a Abs. 2 GVG ist in verfassungsrechtlichen Verfahren nicht anwendbar.

I. Zuständigkeit des Bundesverfassungsgerichts

Das Bundesverfassungsgericht muss für die Verfassungsbeschwerden zuständig sein. Das Bundesverfassungsgericht ist für ein Verfahren zuständig, wenn eine ausdrückliche Zuweisung besteht. Verfassungsbeschwerden sind dem Bundesverfassungsgericht gemäß Art. 93 Abs. 1 Nr. 4a GG i.V.m. § 13 Nr. 8a BVerfGG zugewiesen. Das Bundesverfassungsgericht ist für die Verfassungsbeschwerden der A und der B zuständig.

II. Verfahrensabhängige Zulässigkeitsvoraussetzungen

Die verfahrensabhängigen Zulässigkeitsvoraussetzungen der Verfassungsbeschwerden müssen erfüllt sein. Diese ergeben sich aus §§ 13 Nr. 8a, 90ff. BVerfGG i.V.m. Art. 94 Abs. 2 GG.

Es ist sinnvoll, auf der ersten Gliederungsebene eine Überschrift „Verfahrensabhängige Zulässigkeitsvoraussetzungen" zu bilden, um herauszustellen, dass jedes dem Bundesverfassungsgericht enumerativ zugewiesene Verfahren von eigenständigen Voraussetzungen abhängig ist. Zudem erfolgt eine Angleichung an verwaltungsrechtliche Verfahren, in denen auch besondere Sachurteils- oder Sachentscheidungsvoraussetzungen zu prüfen sind.

---

1. Beschwerdefähigkeit

Ungeschickt wäre es, die Überschrift „Parteifähigkeit" anstelle der „Beschwerdefähigkeit" zu wählen, weil der Begriff „Partei" häufig mit einem Zwei-Parteien-Prozess assoziiert wird. Die Verfassungsbeschwerde ist jedoch kein kontradiktorisches Verfahren.

A und B müssen beschwerdefähig sein. Beschwerdefähig ist, wer geeignet ist, an dem Verfahren der Verfassungsbeschwerde beteiligt zu sein. Dies ist gemäß § 90 Abs. 1 BVerfGG „jedermann". Jedermann sind alle Personen, die Träger von Grundrechten sind – jedenfalls jede natürliche Person. A und B sind natürliche Personen, deren Verfassungsbeschwerden trotz fehlender Regelung über eine subjektive Beschwerdehäufung aus rechtsstaatlichen Effektivitätsgründen verbunden werden. A und B sind beschwerdefähig.

Zwar gibt es keine ausdrückliche Regelung über die subjektive Beschwerdehäufung, jedoch verbindet das Bundesverfassungsgericht die Verfahren aus Effektivitätsgründen in der verfassungsgerichtlichen Praxis trotzdem. Ähnlich wie bei der subjektiven Klagehäufung im Rahmen der Beteiligtenfähigkeit sollte der Aspekt der Verbindung bei der Beschwerdefähigkeit erörtert werden.

---

2. Beschwerdegegenstand

Beschwerdegegenstand i.S.d. § 90 Abs. 1 BVerfGG kann jede Maßnahme der öffentlichen Gewalt sein. Gegenstand der Verfassungsbeschwerden des A und des B sind die §§ 113a, 113b TKG als legislative Maßnahme. Möglicherweise können Sie dennoch kein Beschwerdegegenstand sein, soweit sie als Umsetzung des Unionsrechts einzustufen sind.

§§ 113a, 113b TKG stellen eine Umsetzung der Richtlinie 2006/24/EG dar, wobei die Richtlinie durch § 113a TKG eins zu eins umgesetzt wurde und § 113b TKG jedenfalls insoweit über die Richtlinie 2006/24/EG hinausgehende Regelungen enthält, als die nach § 113a TKG gespeicherten Daten nicht nur bei schweren Straftaten, sondern auch zur Gefahrenabwehr und zur Erfüllung nachrichtendienstlicher Aufgaben verwendet werden dürfen.

Bei den Maßnahmen der öffentlichen Gewalt i.S.d. § 90 Abs. 1 BVerfGG muss es sich entsprechend dem Sinn und Zweck der Verfassungsbeschwerde um Maßnahmen handeln, durch die Grundrechte unabhängig von einer konkreten Grundrechtsverletzungsmöglichkeit im Rahmen der Beschwerdebefugnis potentiell verletzt werden können. Da das Grundgesetz gemäß der amtlichen Überschrift für die Bundesrepublik Deutschland gilt, kann die in Art. 1 Abs. 3 GG normierte Grundrechtsbindung nur für die deutsche Staatsgewalt gelten. „Das Bundesverfassungsgericht ist grundsätzlich gehindert, über die Gültigkeit des Unionsrechts zu entscheiden, da es sich hierbei nicht um einen Akt deutscher Staatsgewalt handelt" (BVerfGE 118, 79, 95). Ein Unionsrechtsakt wie die Richtlinie 2006/24/EG selbst kommt somit als Beschwerdegegenstand nicht in Betracht.

Im Grundsatz sind Unionrechtsakte am Unionsrecht und nationale Rechtsakte am nationalen Recht zu messen. Mangels Grundrechtsbindung der EU-Organe können durch Unionsrechtsakte nationale Grundrechte nur mittels Einstrahlung der nationalen Verfassungen im Sinne des Art. 6 Abs. 3 EUV als allgemeiner Grundsatz des Unionsrechts verletzt werden. Demgegenüber gelten die Grundrechte der EU-Grundrechte-Charta gemäß Art. 51 Abs. 1 S. 1 EU-GR-Charta i.V.m. Art. 6 Abs. 1 EUV „bei der Durchführung des Rechts der Union" auch für die Mitgliedstaaten. Insoweit können Unionsgrundrechte durch nationale Rechtsakte verletzt werden.

Problematisch ist, welche Rolle die nationalen und europäischen Gerichtsbarkeiten bei der Überprüfung der jeweiligen Rechtsakte und Anwendung dieses Maßstabes spielen.

Sind durch eine Richtlinie unionsrechtlich determinierte Regelungen wie die §§ 113a, 113b TKG Gegenstand einer Verfassungsbeschwerde, könnte eine Prüfung bezüglich des zugrundeliegenden Unionsrechts durch das Bundesverfassungsgericht notwendig sein und ein Unionsrechtsakt somit mittelbar zum Beschwerdegegenstand einer Verfassungsbeschwerde werden. Dies stünde § 90 Abs. 1 BVerfGG und dem Sinn und Zweck der Verfassungsbeschwerde jedoch nicht entgegen. In § 90 BVerfGG wird ausschließlich auf den unmittelbaren Beschwerdegegenstand und nicht auf etwaige dahinterliegende Rechtsakte oder politische Leitlinien Bezug genommen. Das Bundesverfassungsgericht hat auch nur bezüglich des unmittelbaren Beschwerdegegenstandes die Verwerfungskompetenz im Sinne des § 95 Abs. 2 und 3 BVerfGG.

In der juristischen Ausbildungsliteratur gibt es Prüfungsaufbauten, in denen bereits auf der Ebene des Beschwerdegegenstandes die Problematik des Anwendungsvorrangs des Unionsrechts thematisiert wird (vgl. Honer, JuS-Extra, 2017, 21, 24; siehe auch Neumann/Eichberger, JuS 2020, 502, 504.). Durch den Aspekt, ob der Anwendungsvorrang des Unionsrechts der Überprüfung eines unionsrechtlich determinierten Beschwerdegegenstandes – wie der Umsetzung einer Richtlinie – entgegensteht, wird aber nicht die prozessuale Tauglichkeit eines Gegenstandes tangiert. Dieser ist vielmehr vor allem hinsichtlich des auf den Prüfungsgegenstand anzulegenden Prüfungsmaßstabes relevant. Denn insofern wird bzw. wurde eine Überprüfung einer dem unmittelbaren Beschwerdegegenstand zugrundeliegenden Richtlinie am Maßstab der Grundrechte des Grundgesetzes problematisiert. An welchem Maßstab der (unmittelbare wie mittelbare) Beschwerdegegenstand zu messen ist, ist keine Frage des Beschwerdegegenstandes, sondern vielmehr eine Frage nach dem möglicherweise verletzten Recht und somit eine Frage, die erst im Rahmen der Beschwerdebefugnis relevant wird.

3. Beschwerdebefugnis

A und B müssen gemäß § 90 Abs. 1 BVerfGG beschwerdebefugt sein. Beschwerdebefugt i.S.d. § 90 Abs. 1 BVerfGG ist, wer behaupten kann, in seinen Grundrechten oder in seinen Rechten aus Art. 20 Abs. 4 GG, Artt. 33, 38, 101, 103, 104 GG verletzt zu sein.

Da das Bundesverfassungsgericht in einem Kooperationsverhältnis zu den Fachgerichten steht, nur Verfassungsrecht als Prüfungsmaßstab hat und im rechtsstaatlichen Gefüge nicht unnötig mit Verfahren behelligt werden darf, genügt dabei die bloße Behauptung der Grundrechtsverletzung nicht. Vielmehr muss der Beschwerdeführer hinreichend substantiiert die Möglichkeit darlegen, selbst, gegenwärtig und unmittelbar in Grundrechten betroffen zu sein, weil § 90 Abs. 1 BVerfGG aus Gründen der rechtsstaatlich gebotenen Effizienz des Bundesverfassungsgerichts gemäß des sich unter anderem aus Art. 20 Abs. 3 GG ergebenden Rechtsstaatsprinzips verfassungskonform auszulegen ist.

Der Beschwerdegegenstand in Form der §§ 113a, 113b TKG dient der Umsetzung der Richtlinie 2006/24/EG vom 15.3.2006. Da es sich somit um einen unionsrechtlich geprägten Sachverhalt handelt, ist fraglich, ob der Anwendungsvorrang des Unionsrechts dazu führt, dass die Grundrechte des Grundgesetzes nicht maßgeblich sind. Eine Sperrung der nationalen Grundrechte könnte sich aus einer gegenüber den Grundrechten des Grundgesetzes vorrangigen Anwendbarkeit der Grundrechte der EU-Grundrechte-Charta ergeben.

Nicht relevant ist in diesem Zusammenhang, ob die EU-Richtlinie innerstaatlich unmittelbare Wirkung entfaltet und gegenüber nationalem Recht (§§ 113a, 113b TKG) vorrangig anzuwenden ist.

a) Anwendbarkeit der Unionsgrundrechte

Fraglich ist zunächst, ob die Grundrechte der EU-Grundrechte-Charta anwendbar sind.

Hinsichtlich der EU-Grundrechte-Charta besteht die Besonderheit, dass sie für Mitgliedstaaten gemäß Art. 51 Abs. 1 EU-GR-Charta nur „bei der Durchführung des Rechts der Union" gilt. Eine solche Durchführung des Unionsrechts ist jedenfalls in vollharmonisierten Bereichen gegeben, in denen den Mitgliedstaaten durch das Unionsrecht kein Gestaltungsspielraum gewährt wird. Richtlinien sind gemäß Art. 288 Abs. 3 AEUV für die Mitgliedstaaten grundsätzlich nur hinsichtlich des zu erreichenden Ziels verbindlich. Den innerstaatlichen Stellen ist die Wahl der Form und der Mittel überlassen, sodass den Mitgliedstaaten in der Regel ein Gestaltungsspielraum zusteht. „Unionsrecht wird aber auch dort durchgeführt, wo den Mitgliedstaaten solche Ermessensspielräume bzw. Gestaltungsspielräume eingeräumt werden" (Jarass, Charta der Grundrechte der EU, 4. Auflage 2021, Art. 51, Rn. 26). Der Wortlaut der „Durchführung" ist dabei nicht restriktiv zu verstehen, wie weitergehende Wortlaute in anderen Sprachfassungen („apply", „applicar") zeigen. Art. 51 Abs. 1 EU-GR-Charta kann also so verstanden werden, dass die Mitgliedstaaten an die Unionsgrundrechte gebunden sind, sobald sie sich im Anwendungsbereich des Unionsrechts bewegen (Honer, JA 2021, 219, 2020 m.w.N.).

Der Anwendungsbereich der EU-Grundrechte-Charta gemäß Art. 51 Abs. 1 S. 1 EU-GR-Charta i.V.m. Art. 6 Abs. 1 EUV als primäres Unionsrecht ist nach dem EuGH insoweit weit auszulegen, als mitgliedstaatliches Handeln in den Geltungsbereich des Unionsrechts fällt (in allen unionsrechtlich geregelten Fallgestaltungen im gesamten Geltungsbereich des Unionsrechts; EuGH Rs. C-617/10 [Äckberg Fransson] vom 26.2.2013). Damit gilt die EU-Grundrechte-Charta nach dem EuGH nicht nur bei Unionsakten und der Eins-zu-eins-Umsetzung, sondern generell im Geltungsbereich des Unionsrechts und somit auch im Geltungsbereich der Grundfreiheiten.

Im Kontext verfassungsgerichtlicher Prüfung werden im Rahmen des Prüfungspunktes der Anwendbarkeit der EU-Grundrechte-Charta oft das vom Bundesverfassungsgericht bis zum Jahre 2016 vertretene, exklusive Verständnis der Anwendbarkeit der Grundrechte aus der Grundrechtecharta einerseits und Grundrechten nach dem Grundgesetz andererseits (sog. **Trennungsmodell**, siehe etwa BVerfGE 133, 277, 313 ff.) und dessen Konsequenzen thematisiert. Danach nahm das Bundesverfassungsgericht an, die Anwendbarkeit der Unionsgrundrechte auf ein Handeln der deutschen öffentlichen Gewalt führe zu einer vollständigen Freistellung dieser von der Bindung an die Grundrechte des Grundgesetzes. „In Fällen mit Bezügen zum Unionsrecht konnte danach nur entweder die eine oder die andere Grundrechtsverbürgung angewendet werden. Damit war für das Bundesverfassungsgericht in der Vergangenheit derselbe Maßstab für die Anwendbarkeit der EU-Grundrechte-Charta entscheidend wie für die Zurücknahme seiner Prüfungskompetenz generell" (Neumann/Eichberger, JuS 2020, 502, 504). Da die Voraussetzung der Durchführung des Unionsrechts nach diesem exklusiven Verständnis eine Einschränkung der Anwendbarkeit der Grundrechte nach dem Grundgesetz bedeutete, wurde sie vom Bundesverfassungsgericht restriktiv ausgelegt. Das Bundesverfassungsgericht schien zu befürchten, dass ein weites Verständnis der „Durchführung des Unionsrechts" zu einer Verdrängung der Geltung deutscher Grundrechte und damit zu einem Verlust der Grundrechtskontrolle durch das Bundesverfassungsgericht führen könnte. Das Bundesverfassungsgericht hielt die nationalen Grundrechte bei Anwendbarkeit der Unionsgrundrechte zudem nicht für unanwendbar, sondern es prüfte sie lediglich nicht. Nach alledem galten für das Bundesverfassungsgericht Regelungsbereiche, die mitgliedstaatliche Umsetzungsspielräume enthielten, nicht als „Durchführung des Unionsrechts" (vgl. etwa BVerfGE 133, 277, 313 f.).

Demgegenüber existiert das sog. **Kumulationsmodell**. Danach können öffentliche Akte, die der Umsetzung bzw. Durchführung bzw. Anwendung des Unionsrechts dienen, sowohl an die Grundrechte des Grundgesetzes als auch an die EU-Grundrechte-Charta gebunden sein, so dass sich die beiden Rechtsordnungen unter Umständen im Rahmen einer „Grundrechtsvielfalt" sogar überschneiden können.

Diese Herangehensweise ist dogmatisch überzeugend, weil das Unionsrecht nur insoweit angewendet wird, als der nationale Gesetzgeber nicht nach nationalem Recht über die Vorgaben des Unionsrechts hinaus agiert. Allerdings hat das Bundesverfassungsgericht dieses exklusive Verständnis nunmehr aufgegeben. In Art. 51 Abs. 1 S. 1 EU-GR-Charta ist der Geltungsbereich der Charta geregelt. Dort ist nicht geregelt, ob nationale Grundrechtskataloge bei grundsätzlicher Anwendbarkeit verdrängt werden. Auf das Verhältnis zwischen nationalen und unionsrechtlichen Grundrechten kommt es im Rahmen der Beschwerdebefugnis an.

Bei dem Erlass der §§ 113a, 113b TKG handelt es sich um eine Durchführung des Unionsrechts i.S.d. Art. 51 Abs. 1 S. 1 EU-GR-Charta. Dies gilt unabhängig davon, inwieweit der Bundesgesetzgeber von seinem Gestaltungsspielraum Gebrauch gemacht hat. Insofern ist es unerheblich, dass der Bundesgesetzgeber in § 113b TKG bezüglich des „Ob" insoweit über die Umsetzung der Richtlinie 2006/24/EG hinausgegangen ist, als die nach § 113a TKG gespeicherten Daten nicht nur bei schweren Straftaten, sondern auch zur Gefahrenabwehr und zur Erfüllung nachrichtendienstlicher Aufgaben verwendet werden dürfen. Auch dass das „Wie" seitens des nationalen Gesetzgebers in eigener Verantwortung geregelt worden ist, ändert nichts daran, dass § 113b TKG eine Durchführung des Unionsrechts darstellt. Gleiches gilt für § 113a TKG, mittels dessen die Richtlinie eins zu eins umgesetzt wird.

In der Lösung wird nunmehr der aktuellen Rechtsprechung gefolgt, wenngleich diese dogmatisch nicht überzeugend ist, weil das Recht der Europäischen Union nur so weit gehen kann, als Hoheitsbefugnisse auf die supranationale Einrichtung der Europäischen Union übertragen und seitens der Europäischen Union von der übertragenen Kompetenz durch Rechtsakte Gebrauch gemacht wurde.

---

b) Europäische Menschenrechtskonvention als Teil des Unionsrechts

Möglicherweise umfasst das anwendbare Unionsrecht aufgrund des Bezuges in Art. 6 Abs. 3 EUV auf die Europäische Menschenrechtskonvention und der Erklärung zu einem „Teil des Unionsrechts" auch die Rechte aus der Europäischen Menschenrechtskonvention.

Die Europäische Menschenrechtskonvention ist – als sogenanntes besonderes Völkerrecht – auf einen völkerrechtlichen Vertrag zurückzuführen, der anders als das allgemeine Völkerrecht, welches gemäß Art. 25 S. 1 GG unmittelbar gilt, keine unmittelbare Wirkung in der Bundesrepublik Deutschland entfaltet, sondern transformiert werden musste. Durch die Transformation hat die Europäische Menschenrechtskonvention innerstaatlich den Rang einfachen Rechts und steht nicht wie das allgemeine Völkerrecht zwischen dem einfachen Recht und dem Verfassungsrecht.

Die Europäische Menschenrechtskonvention könnte als Primärrecht über Art. 6 Abs. 1 EUV gleichrangig neben der EU-Grundrechte-Charta einzustufen sein. Während die EU-Grundrechte-Charta gemäß Art. 6 Abs. 1 EUV als den Verträgen gleichrangig eingestuft ist und daher als primäres Unionsrecht gilt, besteht auf die Europäische Menschenrechtskonvention allerdings kein entsprechender Verweis. Sie gilt gemäß Art. 6 Abs. 3 EUV für die Europäische Union zunächst nur als allgemeiner Grundsatz, wenngleich die Europäische

Union der Europäischen Menschenrechtskonvention i.S.d. Art. 6 Abs. 2 EUV beizutreten beabsichtigt. Daher ist die Europäische Menschenrechtskonvention nicht als primäres EU-Recht im engen Sinne, sondern als subsidiär gegenüber der EU-Grundrechte-Charta in ihren grundlegenden Rechtsinhalten einzustufen.

Über die Auslegung der Europäischen Menschenrechtskonvention entscheidet der Europäische Gerichtshofs für Menschenrechte (EGMR), nachdem gemäß Art. 35 Abs. 1 EMRK der nationale Rechtsweg erschöpft ist, zu dem auch die Anrufung des Bundesverfassungsgerichtes gehört, wobei Individualbeschwerden in Art. 34 EMRK geregelt sind. Der EGMR, der ebenfalls nur aufgrund dieser völkerrechtlichen Basis agiert, gehört wiederum nicht zur supranationalen Einrichtung Europäische Union, sodass seine Entscheidungen grundsätzlich nicht als Unionsrecht einzustufen sind.

Eine Bezugnahme auf die Entscheidungen des EGMR ist in Art. 6 EUV nicht enthalten, sodass auch dessen Urteile weder primäres noch sekundäres Unionsrecht darstellen. Gegebenenfalls wird der EuGH aber auf Entscheidungen des EGMR insoweit Bezug nehmen, als sie zur Auslegung der Europäischen Menschenrechtskonvention relevant sind.

Beim Bundesverfassungsgericht kann die Europäische Menschenrechtskonvention als einfaches nationales Recht einerseits im Rahmen der Verhältnismäßigkeit der nationalen Grundrechte und andererseits – nicht subjektiviert – mittels des unter anderem in Art. 20 Abs. 3 GG verankerten Rechtsstaatsprinzips berücksichtigt werden. Die Grundrechte und das Rechtsstaatsprinzip sind bei verfassungsrechtlichen Prüfungen zu berücksichtigen und können mittelbar durch einfaches Recht – die Europäische Menschenrechtskonvention ist national transformiert worden – beeinflusst werden. Somit können die Normen der Europäischen Menschenrechtskonvention und ebenso die Entscheidungen des EGMR, welche auf die Europäische Menschenrechtskonvention bezogen sind, nur mittelbar in die nationale verfassungsrechtliche Prüfung einfließen.

Die Konventionsgrundrechte sind mangels einer Gleichstellung mit den Verträgen wie in Art. 6 Abs. 1 EUV nicht Teil des unmittelbar geltenden Unionsrechts.

c) Vorrangigkeit der Unionsgrundrechte

Da es sich bei §§ 113a, 113b TKG um eine Durchführung von Unionsrecht handelt, ist zu klären, ob die Grundrechte der EU-Grundrechte-Charta gegenüber den Grundrechten des Grundgesetzes vorrangig anzuwenden sind, mit der Folge, dass eine Verletzung nationaler Grundrechte im Rahmen der Beschwerdebefugnis nicht behauptet werden könnte.

aa) Anwendungsvorrang des Unionsrechts

Das Unionsrecht als Europarecht im engen Sinne stellt einen eigenen Rechtskreis dar, der aus deutscher Sicht auf der Übertragung von Hoheitsgewalt i.S.d. Art. 23 GG im Rahmen der begrenzten Einzelermächtigung i.S.d. Art. 5 Abs. 1 S. 2 i.V.m. Abs. 2 EUV auf die Europäische Union als supranationale Einrichtung basiert. Die europäischen Grundrechte der EU-Grundrechte-Charta sind integraler Bestandteil der allgemeinen Rechtsgrundsätze und mittels des in Art. 6 Abs. 1 EUV enthaltenen Verweises und der dort geregelten Gleichsetzung mit den Verträgen der Europäischen Union primäres Unionsrecht.

Nach dem Anwendungsvorrang findet das unmittelbar anwendbare Unionsrecht gegenüber nationalem Recht vorrangig Anwendung, wenn ein Sachverhalt von beiden Rechtsordnungen erfasst ist und in diesen unterschiedliche Rechtsfolgen vorgesehen sind. Da es sich beim Unionsrecht um einen eigenständigen Rechtskreis handelt, ergibt sich aus einer Unvereinbarkeit des nationalen Rechts mit dem Unionsrecht nicht die Nichtigkeit des nationalen Rechts, sondern lediglich dessen Unanwendbarkeit. Dieser Anwendungsvorrang ergibt sich einerseits aus dem in den Verträgen der Europäischen Union verankerten Gebot der effektiven Durchführung des Unionsrechts – *effet utile* –, andererseits aus dem nationalen Akt zur Übertragung der Hoheitsgewalt auf die Europäische Union in Verbindung mit dem Zustimmungsgesetz als Rechtsanwendungsbefehl, welches letztlich jedenfalls gemäß Art. 23 Abs. 1 S. 3 GG als deklaratorische Norm an Art. 79 Abs. 2, 3 GG zu messen ist.

Der Anwendungsvorrang gilt dabei nicht nur gegenüber einfachem nationalen Recht, sondern auch gegenüber nationalem Recht von Verfassungsrang (vgl. etwa EuGH, Rs. C-311/18 vom 16.6.2020, Rn. 100 m.w.N.).

Der Anwendungsvorrang gegenüber nationalem Verfassungsrecht ist problematisch, da die Unionsgewalt im Rahmen begrenzter Einzelermächtigung nur besteht, soweit Hoheitsgewalt in mit dem Grundgesetz vereinbarer Weise auf die Europäische Union übertragen worden ist und Art. 79 Abs. 2, 3 GG i.V.m. Art. 23 Abs. 1 S. 3 GG letztendlich den maßgeblichen Maßstab für die Verfassungsmäßigkeit der Übertragung von Hoheitsgewalt auf die Europäische Union und damit für die letztverbindliche innerstaatliche Wirkung darstellt – unabhängig von einer Bindung im Außenverhältnis. Somit ist eine unionsrechtskonforme Auslegung des Grundgesetzes normenhierarchisch ebenso problematisch wie eine gegenüber dem Grundgesetz vorrangige Anwendung von Unionsrecht im Kollisionsfalle. Letztlich ist es theoretisch möglich, das Zustimmungsgesetz zur Übertragung der Hoheitsgewalt auf die Europäische Union als verfassungswidrig und somit nichtig einzustufen mit der Folge, dass dadurch der Anwendungsvorrang des Unionsrechts ausgehebelt werden könnte.

---

bb) Anwendungsfälle des Anwendungsvorrangs

Fraglich ist, in welchen Fällen dem Unionsrecht Anwendungsvorrang zukommt.

Dies ist in aller Regel bei unionsrechtlich vollständig vereinheitlichten Regelungen sowie bei deren konkretisierenden Anwendungen anzunehmen (BVerfGE 152, 216, 235 und 2. Leitsatz). „Die Anwendung der Unionsgrundrechte ist insoweit Konsequenz der Übertragung von Hoheitsbefugnissen auf die Europäische Union nach Art. 23 Abs. 1 S. 2 GG. Wenn die Europäische Union im Rahmen dieser Befugnisse Regelungen schafft, die in der gesamten Europäischen Union gelten und einheitlich angewendet werden sollen, muss auch der bei Anwendung dieser Regelungen zu gewährleistende Grundrechtsschutz einheitlich sein. Dieser Grundrechtsschutz wird durch die Charta der Grundrechte der Europäischen Union gewährleistet. Die deutschen Grundrechte werden nicht geprüft, weil dies das Ziel der Rechtsvereinheitlichung konterkarieren würde" (BVerfGE 152, 216, 233).

Dies gilt auch für konkretisierende Anwendungen in Form von Legislativakten. Denn hierunter zählen nicht nur Gerichts- und behördliche Entscheidungen, sondern auch Gesetzgebungsmaßnahmen. Andernfalls wäre der unionsrechtliche Grundrechtsschutz im Falle von Richtlinien mit zwingenden Vorgaben nicht gesichert. „Die in Art. 23 Abs. 1 GG vorgesehene Öffnung des Grundgesetzes für das Unionsrecht bedeutet keinen Rückzug der deutschen Staatsgewalt aus der Verantwortung für die der Europäischen Union übertragenen Materien, sondern vielmehr eine Mitwirkung der Bundesrepublik an deren Entfaltung. In Bezug genommen wird damit ein eng verflochtenes Miteinander der Entscheidungsträger, wie es dem Inhalt der Unionsverträge entspricht. Danach obliegt die Umsetzung des Unionsrechts nur begrenzt den Institutionen der Europäischen Union unmittelbar selbst, sondern in weitem Umfang den Mitgliedstaaten. Innerstaatlich wird dabei das Unionsrecht grundsätzlich nach Maßgabe der grundgesetzlichen Staatsorganisation zur Geltung gebracht. Für die Mitwirkung der Bundesrepublik Deutschland in der Europäischen Union tragen alle Staatsorgane auch in diesem Sinne eine Integrationsverantwortung" (BVerfGE 152, 216, 238f.) Für die Wirksamkeit des unionsrechtlichen Grundrechtsschutzes sind deshalb u.a. die innerstaatlichen Parlamente, sei es auf Bundes- oder Landesebene, zuständig, deren Handlungsform insbesondere Gesetze darstellen (vgl. BVerfGE 152, 216, 235 m.w.N.).

Dient ein Akt der deutschen öffentlichen Gewalt hingegen der Durchführung des nicht vollvereinheitlichten Unionsrechts, können die Grundrechtskataloge des Grundgesetzes und der EU-Grundrechte-Charta demgegenüber grundsätzlich nebeneinander Anwendung finden (vgl. BVerfGE 152, 152, 168).

Fraglich ist, ob es sich bei den Regelungen der Richtlinie 2006/24/EG um einen vollharmonisierten Bereich handelt. Hiergegen scheint zunächst zu sprechen, dass sich die Anforderungen aus einer Richtlinie ergeben. „Für den Regelfall ist davon auszugehen, dass die Europäische Union mit der Wahl der Richtlinie als Rechtsform keine vollständige Vereinheitlichung eines Regelungsgegenstandes erstrebt, sondern den Mitgliedstaaten Gestaltungsspielräume belässt. Das ergibt sich auch aus Art. 288 Abs. 3 AEUV, wonach die Richtlinie den Mitgliedstaaten zur Erreichung der verbindlichen Ziele die Wahl der Form und der Mittel überlässt, sowie deren Unterscheidung von der Verordnung nach Art. 288 Abs. 2 AEUV. Auch durch das Subsidiaritätsprinzip nach Art. 5 Abs. 3 EUV wird diese parallele Anwendbarkeit untermauert. Freilich hängt die Frage, wie weit der zwingende Charakter einer Richtlinie reicht, letztlich von deren konkretem Inhalt ab. Das schließt auch die Möglichkeit ein, dass in einer Richtlinie bestimmte Aspekte vollständig vereinheitlicht werden können" (BVerfGE 152, 216, 231).

Ob es sich um einen vollharmonisierten Bereich handelt, muss nach den unionsrechtlichen Bestimmungen der in Frage stehenden EU-Richtlinie und nicht nach der mitgliedstaatlichen Umsetzung bestimmt werden. Dass bei einer Vollvereinheitlichung das Ziel durch die mitgliedstaatliche Umsetzung nicht erreicht wurde, ist dabei ebenso unerheblich wie eine Nichtwahrnehmung des Gestaltungsspielraums durch die Mitgliedstaaten im Falle fehlender unionsrechtlicher Vereinheitlichungsabsicht, wobei eine Richtlinie insoweit ausnahmsweise unmittelbar gelten kann.

Bezüglich der materiellen Anforderungen an die Datenverarbeitung nach der Datenschutzrichtlinie 95/46/EG, deren Grundsätze durch die Richtlinie 2002/58/EG in besondere Vorschriften für den Bereich der elektronischen Kommunikation transportiert, welche wiederum durch die Richtlinie 2006/24/EG geändert wurden, könnte das Ziel einer vollständigen Vereinheitlichung in ständiger Rechtsprechung angenommen werden (BVerfGE 152, 216, 231). Auch wird in Erwägungsgrund Nummer 6 der Richtlinie 2006/24/EG eine Beeinträchtigung des Binnenmarkts für elektronische Kommunikation durch die „rechtlichen und technischen Unterschiede zwischen den nationalen Vorschriften zur Vorratsdatenspeicherung" als Grund für die Regelung angeführt. Insoweit ist die Annahme des Ziels einer Vollvereinheitlichung möglich. Allerdings belässt der konkrete Inhalt der Richtlinie den Mitgliedstaaten einen Umsetzungsspielraum. So sind in Art. 5 der Richtlinie 2006/24/EG konkrete Datenkategorien aufgezählt, die von den Mitgliedstaaten auf Vorrat gespeichert werden sollen, hinsichtlich derer eine zwar eine Unterschreitung ausgeschlossen, eine Vorratsdatenspeicherung darüber hinausgehender Datenkategorien jedoch möglich ist. Hinsichtlich der Speicherdauer ist in Art. 6 der Richtlinie 2006/24/EG nur einen Zeitrahmen von mindestens sechs Monaten und höchstens zwei Jahren ab dem Zeitpunkt der Kommunikation vorgesehen. Innerhalb dieses Rahmens können die Mitgliedstaaten die Speicherdauer selbst bestimmen. Zudem haben die Mitgliedstaaten gemäß Art. 3 der Richtlinie 2006/24/EG zur Sicherung der Vorratsdatenspeicherung nur die „entsprechenden Maßnahmen" zu treffen, während die Art der Umsetzung ihnen überlassen bleibt.

Bei der Richtlinie 2006/24/EG handelt es sich somit nicht um voll vereinheitlichtes Unionsrecht.

Würde es sich um einen vollvereinheitlichten Regelungsbereich des Unionsrecht handeln, stünde die Anerkennung des Anwendungsvorrangs durch das Bundesverfassungsgericht noch „unter dem Vorbehalt, dass der Schutz des jeweiligen Grundrechts durch die stattdessen zur Anwendung kommenden Grundrechte der Union hinreichend wirksam ist" (BVerfGE 152, 216, 2. Leitsatz). „Indem das Grundgesetz den einzelnen Menschen und seine Grundrechte in den Mittelpunkt seiner Ordnung stellt, deren Wesensgehalt und Menschenwürdekern für unantastbar erklärt (vgl. Artt. 19 Abs. 2, 79 Abs. 3 GG) und diesen Schutz auch im Hinblick auf die Unionsverträge sichert (vgl. Art. 23 Abs. 2 S. 3 GG), können die Garantien der Grundrechte nur insoweit durch das Unionsrecht überlagert werden, als deren Schutzversprechen in der Substanz erhalten bleiben. Erforderlich ist deshalb, dass der Schutz der Charta dem vom Grundgesetz jeweils als unabdingbar gebotenen Grundrechtsschutz im Wesentlichen gleich zu achten ist und der Wesensgehalt der Grundrechte im Kern gesichert ist. Nach dem derzeitigen Stand des Unionsrechts – zumal unter Geltung der Charta – ist entsprechend ständiger Rechtsprechung davon auszugehen, dass diese Voraussetzungen grundsätzlich erfüllt sind" (BVerfGE 152, 216, 235 f.).

Die sogenannte Solange-Rechtsprechung des Bundesverfassungsgerichts wird durch die aktuelle Rechtsprechung des Europäischen Gerichtshofes und des Bundesverfassungsgerichts jedenfalls faktisch in ihrem Anwendungsbereich begrenzt. Nach der Solange-Rechtsprechung wurden nationale Grundrechte trotz ihrer Anwendbarkeit solange nicht geprüft, wie es hinreichenden Grundrechtsschutz auf der EU-Ebene gab. Soweit es um das „Wie" der Umsetzung einer Richtlinie ging und um – über unionsrechtliche Vorgaben hinausgehende – nationale Regelungen des „Ob", wurden in der Vergangenheit nur nationale Grundrechte geprüft. Soweit es um eine Eins-zu-Eins-Umsetzung einer EU-Richtlinie oder um Unionsakte ging, wurden die nationalen Grundrechte nicht geprüft, soweit der Grundrechtsschutz auf Unionsebene hinreichend war. Das Bundesverfassungsgericht prüfte die EU-GR-Charta aber nicht. Für den Bereich der Eins-zu-Eins-Umsetzung des Unionsrechts und für Unionsakte bleibt es auch nach der aktuellen Rechtsprechung dabei, dass nationale Grundrechte nicht geprüft werden, solange in der EU-GR-Charta hinreichender Grundrechtsschutz geboten wird. Die aktuelle Rechtsprechung führt allerdings dazu, dass das Bundesverfassungsgericht in diesem Fall die EU-GR-Charta prüft, wobei es in Problemkonstellationen wie alle nationalen Gerichte gemäß Art. 267 Abs. 3 AEUV beim EuGH vorlegen muss. Gemäß der aktuellen Rechtsprechung des EuGH bzw. des Bundesverfassungsgerichts wird einerseits der Anwendungsbereich der EU-GR-Charta weit ausgelegt, weil sie auch in Konstellationen angewendet wird, in welchen der nationale Gesetzgeber beim „Ob" über nationale Vorgaben hinausgeht oder das „Wie" regelt, wenngleich das Bundesverfassungsgericht die EU-GR-Charta in derartigen Konstellationen trotz Anwendbarkeit insoweit nicht prüft. Maßgeblich für die Prüfung der EU-GR-Charta durch das Bundesverfassungsgericht ist bei Richtlinien insoweit, ob es sich um eine Vollharmonisierung handelt oder nicht. Diese weite Auslegung des Anwendungsbereiches der EU-GR-Charta müsste bei konsequenter Fortführung der Solange-Rechtsprechung eigentlich zu einer Nichtprüfung der nationalen Grundrechte zu Gunsten der EU-GR-Charta in den Konstellationen der nationalen Regelung des „Wie" und der über Unionsvorgaben des „Ob" hinausgehenden nationalen Regelungen führen, soweit der Grundrechtsschutz auf Unionsebene hinreichend ist. Das Bundesverfassungsgericht prüft die nationalen Grundrechte im erweiterten Anwendungsbereich der Nichtvollharmonisierung in diesen Konstellationen allerdings weiterhin. Entweder geht das Bundesverfassungsgericht beim Datenschutz also von einem nicht hinreichenden Grundrechtsschutz auf Unionsebene aus oder es führt die Solange-Rechtsprechung nicht konsequent fort.

d) Parallele Anwendung der Unionsgrundrechte; Grundrechte i.S.d. Art. 93 Abs. 1 Nr. 4a GG, § 90 Abs. 1 BVerfGG

Möglicherweise sind Unionsgrundrechte nicht vorrangig, aber zumindest parallel zu den Grundrechten des Grundgesetzes anwendbar, sodass eine Verletzung der Grundrechte beider Kataloge in Betracht kommt. Die EU-Grundrechte-Charta kann grundsätzlich neben den Grundrechten des Grundgesetzes gelten (BVerfGE 152, 152, 168). Fraglich ist allerdings, ob Grundrechte der EU-Grundreche-Charta in den Prüfungsmaßstab des Bundesverfassungsgerichts im Rahmen einer Verfassungsbeschwerde einzubeziehen sind. Dies hängt zunächst davon ab, ob es sich auch bei den Unionsgrundrechten um Grundrechte i.S.d. Art. 93 Abs. 1 Nr. 4a GG, § 90 Abs. 1 BVerfGG handeln kann.

Ausgehend vom Wortlaut der Normen, die zwischen „Grundrechten" einerseits und den ausdrücklich aufgezählten sogenannten grundrechtsgleichen Rechten andererseits unterscheiden, könnte angenommen werden, mit „Grundrechten" seien ohnehin nur die im ersten Abschnitt des Grundgesetzes genannten Grundrechte gemeint. Diese Lesart scheint auch aus historischer Betrachtung geboten: die Verfassungsbeschwerde wurde bereits im Jahre 1951 zunächst im Bundesverfassungsgerichtsgesetz geregelt und 1969 im Grundgesetz verankert, also lange vor Inkrafttreten der EU-Grundrechte-Charta durch den Vertrag von Lissabon im Jahr 2009.

Dieses ursprüngliche Verständnis hat sich im Rahmen der durch Art. 23 Abs. 1 GG vorgegebenen Öffnung des Grundgesetzes für das Unionsrecht aber gewandelt. „Auch die Unionsgrundrechte gehören heute zu dem gegenüber der deutschen Staatsgewalt durchzusetzenden Grundrechtsschutz. Sie sind nach Maßgabe des Art. 51 Abs. 1 EU-GR-Charta i.V.m. Art. 6 Abs. 1 EUV innerstaatlich anwendbar und bilden zu den Grundrechten des Grundgesetzes ein Funktionsäquivalent. Eingebettet in einen ausformulierten Grundrechtskatalog haben sie ihrem Inhalt und normativen Anspruch nach für das Unionsrecht und dessen Auslegung mittlerweile eine weitgehend gleiche Funktion wie die deutschen Grundrechte für das Recht unter dem Grundgesetz. Sie dienen in ihrem Anwendungsbereich dem Schutz der Freiheit und Gleichheit der Bürgerinnen und Bürger entfalten Vorrang vor jeder Art unionsrechtlichen Handelns – unabhängig von dessen Rechtsform und der hierfür verantwortlichen Stelle" (BVerfGE 152, 216, 239f.).

„Ein Verbot der Einbeziehung der Unionsgrundrechte ergibt sich auch nicht aus dem Wortlaut der Verfassung, insbesondere nicht aus Art. 93 Abs. 1 Nr. 4a GG. Zwar waren trotz der offenen Formulierung historisch nur die Grundrechte des Grundgesetzes gemeint. Aus der sich aus Art. 23 Abs. 1 S. 1 GG ergebenden Pflicht zur Mitwirkung an der Anwendung des Unionsrechts im Rahmen der hiermit verbundenen Integrationsverantwortung folgt jedoch zugleich, dass Art. 93 Abs. 1 Nr. 4a GG insoweit auf Rügen einer Verletzung von Rechten der EU-Grundrechte-Charta anwendbar ist" (BVerfGE 152, 216, 243).

Allerdings kontrolliert das Bundesverfassungsgericht die Anwendung der Unionsgrundrechte durch deutsche Behörden nur im Rahmen des Anwendungsbereiches der EU-GR-Charta (BVerfGE 152, 216, 236). Denn in diesem Fall bliebe der Grundrechtsschutz „ohne Einbeziehung der Unionsgrundrechte in den Prüfungsmaßstab des Bundesverfassungsgerichts gegenüber der fachgerichtlichen Rechtsanwendung nach dem heutigen Stand des Unionsrechts unvollständig. Dies gilt insbesondere für Regelungsmaterien, die durch das Unionsrecht vollständig vereinheitlicht sind. Da hier die Anwendung der deutschen Grundrechte grundsätzlich ausgeschlossen ist, ist ein verfassungsgerichtlicher Grundrechtsschutz nur gewährleistet, wenn das Bundesverfassungsgericht für die Überprüfung fachgerichtlicher Rechtsanwendung die Unionsgrundrechte zum Prüfungsmaßstab nimmt" (BVerfGE 152, 216, 240).

Da die §§ 113a, 113b TKG nicht als Umsetzung vollständig vereinheitlichten Unionsrechts einzustufen sind, sind Unionsgrundrechte nicht in den Prüfungsmaßstab des Bundesverfassungsgerichts einzubeziehen. Somit sind nur die nationalen Grundrechte anwendbar.

e) Selbstbetroffenheit, gegenwärtige und unmittelbare Betroffenheit

Die Beschwerdeführer müssen in Grundrechten des Grundgesetzes selbst, gegenwärtig und unmittelbar betroffen sein. Die Regelungen der §§ 113a, 113b TKG dürfen nicht in der Zukunft Wirkungen entfalten, sondern müssen aktuell wirken. Eine unmittelbare Betroffenheit ist bei Gesetzen anzunehmen, wenn es keines Vollzugsaktes der Behörde zum Beispiel in Form eines Verwaltungsaktes bedarf, um für die Betroffenen spürbare Rechtsfolgen zu entfalten. In Betracht kommt bezüglich der A und der B eine Verletzung des Post- und Fernmeldegeheimnisses i.S.d. Art. 10 Abs. 1 GG und bezüglich des B eine Verletzung der Berufsfreiheit i.S.d. Art. 12 Abs. 1 GG.

Das Merkmal der unmittelbaren Betroffenheit ist vom Bundesverfassungsgericht für die Rechtssatzverfassungsbeschwerde entwickelt worden, da dieses Merkmal bei abstrakt-generellen Regelungen anders als bei Urteilen problematisch sein kann. Dennoch sollte die – bei Urteilen selbstverständlich gegebene – Unmittelbarkeit auch bei Urteilsverfassungsbeschwerden in einem Nebensatz kurz angesprochen werden, da dies in einigen amtlichen Lösungshinweisen – wenngleich in der Sache überflüssig – vorgesehen ist.

---

aa) Betroffenheit der A

A nutzt privat und geschäftlich verschiedene Telekommunikationsdienste wie insbesondere Telefondienste, Dienste der elektronischen Post und Internet, und macht geltend, durch die Speicherung und vorgesehene Verwendung ihrer Verbindungsdaten in ihrem Grundrecht auf Wahrung des Telekommunikationsgeheimnisses verletzt zu sein.

„Vom Schutz des Art. 10 Abs. 1 GG ist Telekommunikation umfasst – unabhängig davon, welche Übermittlungsart (Kabel oder Funk, analoge oder digitale Vermittlung) und welche Ausdrucksform (Sprache, Bilder, Töne, Zeichen oder sonstige Daten) genutzt werden. Der Schutzbereich des Telekommunikationsgeheimnisses ist danach auch auf die Kommunikationsdienste des Internets erstreckt. Zudem sind nicht nur die Inhalte der Telekommunikation vor einer Kenntnisnahme geschützt, sondern auch ihre Umstände. Zu ihnen gehört insbesondere, ob, wann und wie oft zwischen welchen Personen oder Telekommunikationseinrichtungen Telekommunikationsverkehr stattgefunden hat oder versucht worden ist" (BVerfGE 120, 274, 307 m.w.N.). Eine Verletzung des Art. 10 Abs. 1 GG durch die angegriffenen Vorschriften ist somit möglich.

Zwar ist die Speicherungspflicht des § 113a TKG nicht an die als Nutzer betroffene Beschwerdeführerin gerichtet, sondern an die Dienstanbieter. „Jedoch sind diese ohne jeden Entscheidungsfreiraum unbedingt zur Speicherung der Daten der Beschwerdeführerin und zur Auskunftserteilung verpflichtet" (BVerfGE 130, 151, 176). Das im Sinne des sich unter anderem aus Art. 20 Abs. 3 GG ergebende Merkmal der Unmittelbarkeit ist somit restriktiv anzuwenden und es genügt, dass mangels des Spielraumes der vom Beschwerdegegenstand unmittelbar adressierten Dienstanbieter auch die Nutzer vergleichbar den Adressaten betroffen sind. Gleiches gilt für die in § 113b TKG vorgesehene Verwendung der Daten.

A ist durch die §§ 113a, 113b TKG möglicherweise selbst, gegenwärtig und unmittelbar in ihrem Grundrecht auf das Fernmeldegeheimnis gemäß Art. 10 Abs. 1 GG verletzt, da es keines staatlichen Umsetzungsaktes mehr bedarf.

bb) Betroffenheit der B

Als Anbieterin eines Anonymisierungsdienstes, die zugleich auch einen öffentlich zugänglichen Server betreibt, treffen B grundsätzlich die Pflichten des § 113a TKG, ohne dass insoweit Entschädigungs- oder Ausgleichsregeln im Rahmen einer Verhältnismäßigkeit vorgesehen sind, sodass die Möglichkeit besteht, dass B in ihrer Berufsfreiheit i.S.d. Art. 12 Abs. 1 GG verletzt ist, weil ihre Tätigkeit auf Dauer angelegt ist, der Erhaltung ihrer Lebensgrundlage dient und nicht schlechthin gemeinschaftsschädlich ist. Da es keines Umsetzungsaktes bezüglich des Gesetzes bedarf, besteht die Möglichkeit, dass B durch die Speicherungspflicht selbst, gegenwärtig und unmittelbar in ihrer Berufsfreiheit betroffen ist.

f) Zwischenergebnis

A und B sind somit jeweils beschwerdebefugt.

4. Besonderes Rechtsschutzbedürfnis

A und B müssen besonders rechtsschutzbedürftig sein.

a) Rechtswegerschöpfung

A und B müssen den Rechtsweg i.S.d. § 90 Abs. 2 S. 1 BVerfGG erschöpft haben. Der Rechtsweg ist erschöpft, wenn es für den Beschwerdeführer keine Möglichkeit gibt, gegen den Beschwerdegegenstand unmittelbar rechtlich vorzugehen. Beschwerdegegenstand sind die §§ 113a, 113b TKG. Gegen ein formelles nachkonstitutionelles Gesetz ist der Rechtsweg gemäß § 93 Abs. 3 BVerfGG nicht eröffnet, denn auch die Möglichkeit eines Verfahrens beim Landesverfassungsgericht ist – das ergibt sich aus § 90 Abs. 3 BVerfGG – kein Rechtsweg. Formelle Gesetze können auch bei einer prinzipalen Normenkontrolle i.S.d. § 47 VwGO nicht Verfahrensgegenstand sein. Eine Rechtswegerschöpfung ist gegeben.

b) Keine Subsidiarität

Die Verfassungsbeschwerden dürfen nicht subsidiär sein. Zwar ist das Merkmal der Subsidiarität nicht ausdrücklich geregelt, jedoch ist § 90 Abs. 2 S. 1 BVerfGG verfassungskonform im Sinne des sich unter anderem aus Art. 20 Abs. 3 GG ergebenden Rechtsstaatsprinzips dahingehend auszulegen, dass das Bundesverfassungsgericht als Hüter der Verfassung nur angerufen werden soll, wenn es auch über die Rechtswegerschöpfung hinaus nicht möglich ist, das Beschwerdeziel mittels indirekten Rechtsschutzes zum Gegenstand eines Verfahrens zu machen und gegebenenfalls zumindest mit Wirkung zwischen zwei Parteien verwerfen zu lassen, vorausgesetzt, die Betreibung indirekten Rechtsschutzes ist dem Beschwerdeführer rechtsstaatlich zumutbar. Der Beschwerdeführer muss zunächst alle nach Lage der Sache zur Verfügung stehenden prozessualen Möglichkeiten ergreifen, um die geltend gemachte Grundrechtsverletzung in dem unmittelbar mit ihr zusammenhängenden sachnächsten Verfahren zu verhindern oder zu beseitigen (BVerfGE 112, 50, 60 m.w.N.).

Der Grundsatz der Subsidiarität gilt grundsätzlich auch, wenn zwar ein Rechtsweg prinzipiell nicht eingeräumt ist, wie bei formellen Gesetzen, wenn aber Rechtsschutz auf andere Weise erreicht werden kann, insbesondere durch zulässige inzidente Normenkontrolle in einem fachgerichtlichen Verfahren (BVerfGE 75, 246, 263) oder durch eine Feststellungsklage (BVerfGE 115, 81, 92ff.).

Indirekter Rechtsschutz bei Gesetzen wäre möglich, wenn es denkbar wäre, einen auf dem Gesetz beruhenden Vollzugsakt – zum Beispiel einen Verwaltungsakt oder eine Verordnung – abzuwarten, um gegen den Vollzugsakt zum Beispiel mittels einer Anfechtungsklage gemäß § 42 Abs. 1 Alt. 1 VwGO oder einer prinzipalen Normenkontrolle gemäß § 47 Abs. 1 Nr. 2 VwGO in Verbindung mit einem Ausführungsgesetz vorzugehen. Vollzugsakte sind bezüglich des TKG aber nicht ersichtlich und auch nicht erforderlich. Zudem wäre es A und B unzumutbar, durch rechtswidriges Handeln zunächst einen Verwaltungsakt oder dienstrechtliche Konsequenzen provozieren zu müssen, um vor Erhebung einer Verfassungsbeschwerde gegen die Vollzugsmaßnahme vorzugehen.

Ein indirekter Rechtsschutz der A und B ist aber insoweit möglich, als eine allgemeine Feststellungsklage nach § 43 Abs. 1 VwGO mit dem Antrag erhoben werden kann, dass sich für A und B aus den §§ 113a, 113b TKG keine konkreten Rechtsverhältnisse zum öffentlich-rechtlichen Rechtsträger dahingehend ergeben, dass sie irgendwelche Auswirkungen auf die Beschwerdeführer haben, wobei die konkreten Rechtsverhältnisse wiederum von der Verfassungsmäßigkeit des TKG abhängig sind. Bezüglich der A wäre festzustellen, dass ihre Daten nicht von den §§ 113a, 113b TKG erfasst seien.

Da das Verwaltungsgericht bezüglich eines nachkonstitutionellen Gesetzes, also auch des TKG, jedoch lediglich die Prüfungs-, nicht aber die Verwerfungskompetenz hat, muss das Verwaltungsgericht, soweit es bei der Prüfung eines Gesetzes dieses für verfassungswidrig hält und das Gesetz entscheidungserheblich ist, das Gesetz dem Bundesverfassungsgericht gemäß Art. 100

GG im Wege der konkreten Normenkontrolle vorlegen. Insoweit müsste das Bundesverfassungsgericht das Gesetz ohnehin prüfen und Ressourcen aufwenden, sodass es Beschwerdeführern unzumutbar ist, zunächst den Verwaltungsrechtsweg zu beschreiten. Dem könnte entgegenstehen, dass zum Beispiel ein Verwaltungsgericht zu dem Ergebnis gelangen kann, dass das Gesetz nach erfolgter Prüfung offensichtlich rechtmäßig zu sein scheint mit der Folge, dass beim Bundesverfassungsgericht letztlich doch Ressourcen eingespart würden, weil nach dem Prüfungsergebnis des Instanzgerichtes nicht vorgelegt werden müsste. Letztlich ist eine offensichtliche Rechtmäßigkeit des Gesetzes jedoch nicht ersichtlich. Deshalb bleibt es bei der Möglichkeit der Vorlage des Gesetzes nach Art. 100 GG, sodass es prozessunökonomisch, die Verfassungsbeschwerde wegen der Subsidiarität nicht zuzulassen. Nach alledem ist es A und B nicht zumutbar, gemäß § 43 Abs. 1 VwGO zunächst eine allgemeine Feststellungsklage beim Verwaltungsgericht zu erheben.

Im Hinblick auf die Subsidiarität der Verfassungsbeschwerde wegen der Möglichkeit der allgemeinen Feststellungsklage gemäß § 43 Abs. 1 VwGO mit dem Antrag, festzustellen, dass sich aus der Regelung kein Rechtsverhältnis ergibt, ist es entsprechend der Praxis des Bundesverfassungsgerichts vertretbar, die Unzulässigkeit der Verfassungsbeschwerde anzunehmen. Klausurtaktisch ist dies im 1. Examen weder zu empfehlen noch üblich, zumal das unterinstanzliche Gericht bei Anhaltspunkten für die Verfassungswidrigkeit nach eigener Prüfung ohnehin dem Bundesverfassungsgericht nach Art. 100 GG vorlegen müsste, so dass die Justiz unnötig doppelt belastet werden würde.

Die Verfassungsbeschwerden der A und der B sind nicht subsidiär.

Anders ist die Subsidiarität zu beurteilen, wenn es nicht um Gesetze, sondern zum Beispiel um Verordnungen geht. Bei Verordnungen hat das Verwaltungsgericht innerhalb einer allgemeinen Feststellungsklage i.S.d. § 43 Abs. 1 VwGO (Nichtbestehen eines konkreten Rechtsverhältnisses) die Prüfungskompetenz und die Verwerfungskompetenz *inter partes*. Auch im Rahmen einer prinzipalen Normenkontrolle i.S.d. § 47 VwGO hat das Oberverwaltungsgericht die Prüfungskompetenz sowie gemäß § 47 Abs. 5 S. 2 VwGO die Verwerfungskompetenz *inter omnes*. In beiden Konstellationen bedarf es anders als bei einem Gesetz keiner Vorlage i.S.d. Art. 100 GG mit der Folge, dass die Verfassungsbeschwerde insoweit subsidiär ist.

---

5. Form, Antrag und Frist

Die Verfassungsbeschwerden der A und der B sind i.S.d. § 92 BVerfGG hinreichend substantiiert begründet worden und ein schriftlicher Antrag i.S.d. § 23 BVerfGG wurde gestellt. Die Jahresfristen von einem Jahr seit Inkrafttreten des

Gesetzes gemäß § 93 Abs. 3 BVerfGG sind mangels gegenteiliger Anhaltspunkte jeweils eingehalten worden.

III. Zwischenergebnis

Die Verfassungsbeschwerden der A und der B sind zulässig.

B. Begründetheit

Der Aufbau der Rechtssatzverfassungsbeschwerde ist umstritten. In Anlehnung an die Nichtigkeit des Gesetzes i.S.d. § 95 Abs. 3 S. 1 BVerfGG ist ein objektiver Prüfungsmaßstab trotz des Erfordernisses der Beschwerdebefugnis in der Zulässigkeit (subjektives Beanstandungsverfahren) vertretbar. Nach h.M. ist die gesamte Verfassungsbeschwerde subjektiv ausgestaltet mit der Folge, dass es auch in der Begründetheit zunächst eines subjektiven Einstieges bedarf. Lediglich das Gesetz muss im Rahmen der Rechtfertigung ggf. objektiv geprüft werden, weil durch ein objektiv verfassungswidriges und damit nichtiges Gesetz kein Grundrechtseingriff gerechtfertigt werden kann. Daran ändert auch die Praxis des Bundesverfassungsgerichts nichts, nach der dem Gesetzgeber unter anderem anstelle der Nichtigkeitsfeststellung bezüglich eines Gesetzes in der Regel Fristen zur Änderung des Gesetzes vorgegeben werden. Manchmal prüft das Bundesverfassungsgericht Gesetze inzident und undogmatisch lediglich subjektiv anstatt anhand eines objektiven Prüfungsmaßstabes, wobei das Bundesverfassungsgericht auch nicht wissenschaftlich, sondern praktisch arbeitet.

Die Verfassungsbeschwerden der A und der B sind begründet, soweit die Beschwerdeführer gemäß § 90 Abs. 1 BVerfGG in ihren Grundrechten verletzt sind. Das Bundesverfassungsgericht ist keine Superrevisionsinstanz, sondern Hüter der Verfassung. Es kann bei Verfassungsbeschwerden gegen nachkonstitutionelle Gesetze wie dem TKG nicht die Verletzung einfachen Rechts, sondern nur spezifische Verletzungen des Grundgesetzes feststellen.

Das Bundesverfassungsgericht ist keine Superrevisionsinstanz und prüft grundsätzlich kein einfaches Recht, sondern nur sogenanntes spezifisches Verfassungsrecht. Da ein Rechtsweg gegen nachkonstitutionelle Gesetze nicht eröffnet ist, kann das Bundesverfassungsgericht insoweit aber nicht als Superrevisionsinstanz fungieren. Deshalb ist diese Problematik bei Rechtssatzverfassungsbeschwerden gegen nachkonstitutionelle Gesetze nicht zu erörtern. Das Erfordernis der spezifischen Grundrechtsverletzung ist vielmehr für Urteilsverfassungsbeschwerden entwickelt und diesbezüglich gesetzlich abgeleitet worden. Allerdings wäre es auch bei nicht formellen oder vorkonstitutionellen Gesetzen denkbar, die abstrakt-generelle Regelung anhand einfachen Rechts zu prüfen. Deshalb gilt auch insoweit, dass das Bundesverfassungsgericht keine Superrevisionsinstanz ist.

Die spezifische Grundrechtsverletzung muss ggf. als Prüfungsmaßstab des Bundesverfassungsgerichts eingangs der Begründetheit erörtert werden. Da sie in den amtlichen Lösungshinweisen zum Teil aber schon in der Zulässigkeit angesprochen wird, ist dort klarstellend die Darstellung der Möglichkeit einer spezifischen Grundrechtsverletzung zusätzlich zur Erörterung in der Begründetheit empfehlenswert, soweit es auf eine spezifische Grundrechtsverletzung ankommt. Die Verletzung spezifischen Verfassungsrechts sollte also bei der Möglichkeit der spezifischen Grundrechtsverletzung in der Zulässigkeit, anfangs der Begründetheit als Prüfungsmaßstab und an der jeweils relevanten Stelle in der Prüfung der Begründetheit erwähnt werden.

Gemäß § 95 Abs. 3 S. 1, Abs. 1 S. 1 BVerfGG wird das Bundesverfassungsgericht gegebenenfalls feststellen, dass die §§ 113a, 113b TKG als Beschwerdegegenstand nichtig sind. Eine solche Entscheidung des Bundesverfassungsgerichts hätte gemäß § 31 Abs. 2 S. 2 BVerfGG i.V.m. Art. 94 Abs. 2 S. 1 GG Gesetzeskraft.

Zwar ist die Verfassungsbeschwerde ein subjektives Beanstandungsverfahren, jedoch gilt für nationale abstrakt-generelle Regelungen aus rechtsstaatlichen Gründen ein Normennichtigkeitsdogma, sodass sie bei objektiver Rechts- bzw. Verfassungswidrigkeit auch unwirksam sind und durch sie somit kein Grundrechtseingriff gerechtfertigt werden kann. Das Gesetz muss daher objektiv (auch bezüglich der Grundrechte anderer) überprüft werden.

In der Praxis stellt das Bundesverfassungsgericht häufig nicht die Nichtigkeit eines Gesetzes fest, sondern lässt dem Gesetzgeber aus rechtsstaatlichen Gründen zur Vermeidung einer Regelungslücke einen zeitlichen Spielraum, um das verfassungswidrige Gesetz zu ändern.

I. Verfassungsbeschwerde der B

Durch die in den §§ 113a, 113b TKG enthaltenen Regelungen kann die Berufsfreiheit der B i.S.d. Art. 12 Abs. 1 GG verletzt worden sein. Eine Verletzung ist zu bejahen, wenn die §§ 113a, 113b TKG einen nicht gerechtfertigten Eingriff in den Schutzbereich der Berufsfreiheit der B i.S.d. Art. 12 Abs. 1 GG darstellen.

1. Schutzbereichseingriff

Der Schutzbereich des Art. 12 Abs. 1 GG muss eröffnet und durch den Beschwerdegegenstand eingeschränkt sein.

Durch die Berufsfreiheit werden einheitlich die Berufsausübung und die Berufswahl geschützt. Ein Beruf ist jede auf Dauer angelegte Tätigkeit, die in ideeller wie in materieller Hinsicht der Schaffung bzw. Erhaltung einer Lebensgrundlage dient, soweit sie ihrem Wesen nach nicht sozial- bzw. gemeinschaftsschädlich ist. Der Vertrieb einer Software für einen kommerziellen Internet-Anonymisierungsdienst sowie das Betreiben eines Anonymisierungsservers durch die B stellen eine berufliche Tätigkeit i.S.d. Art. 12 Abs. 1 GG dar, weil B mit dem Betrieb des Servers dauerhaft in sogar erlaubter Weise ihren Lebensunterhalt erhält.

Die Auferlegung der Speicherungspflichten, von denen B zumindest insoweit betroffen ist, als sie auch selbst einen öffentlich zugänglichen Anonymisierungsserver betreibt, kann einen Eingriff in ihre Berufsfreiheit darstellen. Staatliches Handeln stellt grundsätzlich einen Grundrechtseingriff dar, soweit dadurch grundrechtliche Schutzpositionen verkürzt werden. Um diesen weiten Eingriffsbegriff der Grundrechte mittels praktischer Konkordanz mit dem auf Bestimmtheit ausgerichteten Rechtsstaatsprinzip in Einklang zu bringen, ist bezüglich der Anforderungen an einen Eingriff auf dessen Art abzustellen. Somit ist grundsätzlich zwischen finalen, unmittelbaren Eingriffen – „klassisch" durch Rechtssetzungsakte oder durch schlichtes Verwaltungshandeln, also unmittelbare Eingriffe im Übrigen – und mittelbaren Eingriffen zu differenzieren. Dabei sind jedoch solche unmittelbaren Eingriffe gesondert zu behandeln, durch die lediglich das Umfeld des Kernschutzbereichs betroffen wird. Ist ein Eingriff bei Finalität und Unmittelbarkeit – sei es, dass er durch einen Rechtssatzungsakt als klassischer Eingriff erfolgt oder durch schlichtes Verwaltungshandeln – regelmäßig offensichtlich, ist ein mittelbarer Grundrechtseingriff nur bei Intention bzw. besonderer Intensität anzunehmen, wobei im Rahmen der Berufsfreiheit insofern die Termini der subjektiv berufsregelnden Tendenz bei Intention bzw. der objektiv berufsregelnden Tendenz bei Intensität gelten. Dies gilt auch bei unmittelbaren Eingriffen, die lediglich das Umfeld des Kernschutzbereichs betreffen, anwendbar.

Häufig wird auch bei finalen, unmittelbaren Eingriffen das Erfordernis der „berufsregelnden Tendenz" geprüft. Das ist überflüssig, weil ein zielgerichteter Eingriff in die Berufsfreiheit zwingend eine berufsregelnde Tendenz hat. Durch das Erfordernis der berufsregelnden Tendenz werden bei mittelbaren Eingriffen die Intention (subjektiv berufsregelnde Tendenz) bzw. Intensität (objektiv berufsregelnde Tendenz) ersetzt. Erweitert werden diese Merkmale auf unmittelbare Eingriffe, die lediglich das Umfeld des Kernschutzbereiches betreffen, angewandt (zum Beispiel bei einem Erdrosselungssteuerbescheid für Glücksspielautomaten, der eigentlich dazu dienen soll, eine Glücksspielhalle in die Insolvenz zu treiben, ohne unmittelbar das Gewerbe zu verbieten; es gibt also einen Steuerbescheid, der nur das Umfeld der Berufsfreiheit – also der Berufsausübung Gewerbeaktivität – betrifft).

Als kommerzielle Anbieterin eines Anonymisierungsdienstes ist B in ihrer Berufsfreiheit gemäß Art. 12 Abs. 1 GG insoweit beeinträchtigt, als sie unmittelbare Adressatin der §§ 113a, 113b TKG ist. Die Speicherungspflichten sind gemäß §§ 113a Abs. 1, 3 Nr. 24 TKG an solche Dienstanbieter gerichtet, die öffentlich zugänglich Telekommunikationsdienste in der Regel gegen Entgelt für Endnutzer erbringen – also an Dienstleister, welche die Dienste jedenfalls typischer-

weise zu Erwerbszwecken anbieten. In § 113a TKG werden eine Speicherungs-
und in § 113b S. 1 HS. 1 TKG eine Übermittlungsmöglichkeit geregelt, die sich als
technische Maßgaben für die Erbringung von Telekommunikationsdiensten
darstellen. Es handelt sich um einen unmittelbaren Eingriff mittels Rechtssetzungsakt, da die Dienstanbieter unmittelbar in die Pflicht genommen werden.

Durch die Regelungen der §§ 113a, 113b TKG wird in die Berufsfreiheit der B
gemäß Art. 12 Abs. 1 GG eingegriffen.

2. Rechtfertigung

Der Eingriff in die Berufsfreiheit der B kann aber gerechtfertigt sein. Dies ist
anzunehmen, wenn für das Grundrecht eine Schrankensystematik geregelt ist,
deren verfassungsrechtliche Voraussetzungen erfüllt sind.

Gemäß Art. 12 Abs. 1 S. 2 GG kann die Berufs*ausübung* aufgrund eines Gesetzes geregelt werden, wobei dieser Gesetzesvorbehalt wegen des einheitlichen
weiten Schutzbereiches auch für die Berufs*wahl* gilt. Zwar ist die Formulierung
„aufgrund" eines Gesetzes typisch für einen einschränkenden Gesetzesvorbehalt, jedoch enthält Art. 12 Abs. 1 S. 2 GG den Terminus „geregelt". Das bedeutet, dass es anders als bei den Formulierungen „eingeschränkt" bzw. „beschränkt" (wie beispielsweise in Art. 8 Abs. 2 oder Art. 11 Abs. 2 GG) an der
grundrechtseinschränkenden Zielrichtung der Maßnahme fehlt, sodass der Regelungsvorbehalt wie ein einfacher Gesetzesvorbehalt zu behandeln ist. Dies
hat zur Folge, dass die zusätzlichen Voraussetzungen des Art. 19 Abs. 1 GG
oder zusätzliche Qualifizierungen zur Rechtfertigung eines Eingriffes in Art. 12
Abs. 1 GG nicht erfüllt sein müssen. Somit gilt parallel zum einheitlichen
Schutzbereich der Berufsfreiheit des Art. 12 Abs. 1 S. 1 GG die für die Berufswahl wie Berufsausübung einheitliche Rechtfertigungssystematik des Regelungsvorbehaltes als einfacher Gesetzesvorbehalt.

Es ist bei der Rechtfertigung der Grundrechtseingriffe zu differenzieren: einfacher Gesetzesvorbehalt, einfach einschränkender oder qualifiziert einschränkender Gesetzesvorbehalt, qualifizierter Gesetzesvorbehalt, ausdrückliche oder verfassungsimmanente Schranke.

Der Eingriff in die Berufsfreiheit der B kann durch die §§ 113a, 113b TKG gerechtfertigt sein. Dazu müssen die §§ 113a, 113b objektiv verfassungsgemäß sein, weil
nur ein objektiv verfassungsgemäßes Gesetz wirksam ist und zur Rechtfertigung
eines Grundrechtseingriffes führen kann.

Zwar ist die Verfassungsbeschwerde ein subjektives Beanstandungsverfahren, jedoch gilt für
nationale abstrakt-generelle Regelungen rechtsstaatlich im Sinne des Art. 20 Abs. 3 GG und im

Hinblick auf die Grundrechte ein Normennichtigkeitsdogma, sodass sie bei objektiver Verfassungswidrigkeit unwirksam sind und durch sie somit kein Grundrechtseingriff gerechtfertigt werden kann. Das Gesetz muss daher objektiv (auch bezüglich Grundrechte anderer) überprüft werden.

Nochmals: Das Gesetz muss objektiv verfassungsgemäß sein, nicht nur subjektiv bezogen auf die Grundrechte des Beschwerdeführers, weil nur ein objektiv verfassungsmäßiges Gesetz wirksam ist und einen Grundrechtseingriff rechtfertigen kann. Das bedeutet, dass im Rahmen der Verfassungsmäßigkeit im Übrigen Grundrechte Dritter, Rückwirkungsverbote etc. zu prüfen sind.

a) Formelle Verfassungsmäßigkeit des Gesetzes

Für eine Rechtfertigung müssten die §§ 113a, 113b TKG formell verfassungsgemäß sein. Mangels Anhaltspunkten zum Verfahren und der Form sind nur die Gesetzgebungskompetenzen maßgeblich, welche in geschriebene – grundsätzliche, konkurrierende und ausschließliche – und ungeschriebene – kraft Natur der Sache, Annex und kraft Sachzusammenhang – zu unterteilen sind.

Gesetzgebungskompetenzen:
- Art. 70 Abs. 1 GG
- ausschließliche gemäß den Artt. 71, 73 GG
- konkurrierende gemäß den Artt. 72, 74 GG
- Spezialregelungen zu obigen in Artt. 84 ff. GG zur Verwaltungsverfahrensgesetzgebung (str.) und Art. 105 GG
- ungeschrieben: kraft Natur der Sache, Annex und kraft Sachzusammenhanges

aa) Grundsatz

Grundsätzlich haben gemäß Art. 70 Abs. 1 GG die Länder das Recht zur Gesetzgebung, soweit im Grundgesetz nichts anderes bestimmt ist.

bb) Ausschließliche und konkurrierende Gesetzgebung

Im Bereich der ausschließlichen Gesetzgebung des Bundes gemäß Art. 71 GG haben die Länder die Befugnis zur Gesetzgebung nur, wenn und soweit sie hierzu in einem Bundesgesetz ausdrücklich ermächtigt werden. Die Kompetenztitel zur ausschließlichen Gesetzgebung des Bundes sind in Art. 73 GG geregelt.

Im Bereich der konkurrierenden Gesetzgebung haben gemäß Art. 72 Abs. 1 GG die Länder die Befugnis zur Gesetzgebung, solange und soweit der Bund von seiner Gesetzgebungskompetenz nicht durch ein Gesetz Gebrauch gemacht hat. Die konkurrierende Gesetzgebungskompetenz ist somit als Vorrangkompetenz einzustufen. Die Kompetenztitel sind diesbezüglich in Art. 74 Abs. 1 GG geregelt.

Soweit der Bund im Rahmen der konkurrierenden Gesetzgebungskompetenztitel von der ihm grundsätzlich zugewiesenen Gesetzgebungskompetenz Gebrauch macht, bedarf es gemäß Art. 72 Abs. 2 GG bezüglich der Titel Art. 74 Abs. 1 Nr. 4, 7, 11, 13, 15, 19a, 20, 22, 25, 26 GG allerdings einer besonderen Erforderlichkeit in Form der Herstellung gleichwertiger Lebensverhältnisse im Bundesgebiet oder der Rechts- oder Wirtschaftseinheit.

Bezüglich der in Art. 72 Abs. 3 S. 1 Nr. 1–6 GG geregelten Titel können die Länder davon abweichende Regelungen treffen, die seitens des Bundes wieder mittels eines neuen Gesetzes überlagert werden können, wobei ein Bundesgesetz insoweit gemäß Art. 72 Abs. 3 S. 2 GG erst sechs Monate nach der Verkündung in Kraft tritt, soweit nicht mit Zustimmung des Bundesrates anderes bestimmt ist. Ein späteres Gesetz ist gemäß Art. 72 Abs. 3 S. 3 GG stets das spätere Gesetz vorrangig.

cc) Ungeschriebene Gesetzgebungskompetenz

Im Rahmen der ungeschriebenen Kompetenzen ist es möglich, dass Vorbereitungs- bzw. Durchführungshandlungen als Annex oder kraft Sachzusammenhanges zweier Materien aus rechtsstaatlichen Gründen mit geregelt werden können.

dd) Telekommunikationsgesetz

Die Gesetzgebungskompetenz des Bundes bezüglich der §§ 113a, 113b TKG kann sich aus Art. 73 Abs. 1 Nr. 7 GG – Postwesen und Telekommunikation – ergeben. „Telekommunikation" i.S.d. Art. 73 Abs. 1 Nr. 7 GG umfasst allerdings nur die „Regelung der technischen Seite der Errichtung einer Telekommunikationsinfrastruktur und der Informationsübermittlung mithilfe von Telekommunikationsanlagen. Von der Norm nicht erfasst sind Regelungen, die auf die übermittelten Inhalte oder die Art der Nutzung der Telekommunikation gerichtet sind und in denen etwa eine Telekommunikationsüberwachung zum Zwecke der Erlangung von Informationen für Aufgaben der Strafverfolgung oder der Gefahrenabwehr vorgesehen ist. Solche Regelungen sind im Hinblick auf die Gesetzgebungskompetenz jeweils dem Rechtsbereich zuzuordnen, für dessen Zwecke die Überwachung erfolgt" (BVerfGE 125, 260, 314 mit Verweis auf BVerfGE 113, 348, 368).

„Die §§ 113a, 113b TKG sind von der Kompetenz zur Regelung des Telekommunikationsrechts jedoch als Bestandteil der hiermit zu verbindenden datenschutzrechtlichen Bestimmungen kraft Sachzusammenhangs miterfasst. Mangels ausdrücklicher Kompetenzzuweisung fällt das Recht des Datenschutzes zwar grundsätzlich in die Zuständigkeit der Länder. Eine bundesgesetzliche Zuständigkeit für dessen Regelung besteht kraft Sachzusammenhangs jedoch insoweit, als der Bund eine ihm zur Gesetzgebung zugewiesene Materie verständigerweise nicht sinnvoll regeln kann, ohne die datenschutzrechtlichen Bestimmungen mitgeregelt werden" (BVerfGE 125, 260, 314 m.w.N.).

Dies gilt für die §§ 113a, 113b TKG. „Diese stehen im Zusammenhang mit den Bestimmungen des Telekommunikationsgesetzes zum Datenschutz und in ihnen sind in Anknüpfung an die Regelung der technischen Bedingungen der Informationsübermittlung die jeweils zu beachtenden Anforderungen an den Umgang mit den bei der Erbringung von Telekommunikationsdiensten erzeugten oder verarbeiteten Daten normiert. Es wird damit unmittelbar an Sachverhalte angeknüpft, die zum Bereich der Gesetzgebungsmaterie der Telekommunikation gehören. Wegen dieses engen Zusammenhangs zwischen technischem Übermittlungsvorgang und den dabei anfallenden Daten kann die erforderliche datenschutzrechtliche Regelung ihrer Verwendung nur einheitlich durch den Bundesgesetzgeber erfolgen, der über die Kompetenz zur Regelung des Übermittlungsvorgangs verfügt. Andernfalls bestünde die Gefahr eines Inkongruenzen verursachenden Auseinanderfallens der technischen und datenschutzrechtlichen Regelungen der Datenverarbeitung. Dementsprechend enthält das Telekommunikationsgesetz neben den Regelungen der §§ 113a, 113b TKG und über das Fernmeldegeheimnis in den §§ 88 ff. TKG auch in den §§ 91 bis 107 TKG umfangreiche bereichsspezifische Regelungen zum Datenschutz" (BVerfGE 125, 260, 314 f.).

„Der Reichweite nach kann der Bund auf dieser Kompetenzgrundlage diejenigen Regelungen treffen, die zu einer grundrechtskonformen Regelung der Datenverwendung erforderlich sind. Insbesondere kann er die Bestimmungen vorsehen, die notwendig sind, damit die in § 113a TKG vorgesehene Datenspeicherung und die Übermittlung der Daten an Strafverfolgungs- und Gefahrenabwehrbehörden sowie Nachrichtendienste und ihre Verwendung zur Erteilung von Auskünften nach § 113 TKG den grundrechtlichen Anforderungen des Art. 10 Abs. 1 GG genügen" (BVerfGE 125, 260, 315), wobei die Tatsache, dass auch Landesgefahrenabwehrbehörden die Daten erhalten, nicht dazu führt, dass es sich um eine Länderkompetenz handelt, da dies einerseits nicht der Schwerpunkt der Regelung ist und eine Splittung zu vermeiden ist, während Gefahrenabwehr in vielen Bereichen andererseits dem Bundesgesetzgeber zugeordnet ist. „Da Eingriffe in Art. 10 Abs. 1 GG voraussetzen, dass ihr Zweck bereichsspezifisch, präzise und normenklar bestimmt ist, beinhaltet dies die Kompetenz zur bereichsspezifischen, präzisen und normenklaren Regelung des Zwecks der Speicherung. Die Gesetzgebungskompetenz des Bundes reicht diesbezüglich aber nur so weit, wie dies nach datenschutzrechtlichen Aspekten und den hiermit verbundenen verfassungsrechtlichen Anforderungen geboten ist. Die Ermächtigungen zum Datenabruf kann der Bund deshalb nicht auf Art. 73 Abs. 1 Nr. 7 GG stützen. Er bedarf dafür eines eigenen Kompetenztitels oder muss die Entscheidung hierüber den Ländern überlassen" (BVerfGE 125, 260, 315).

Die §§ 113a, 113b TKG sind darauf beschränkt, „durch Speicherungspflichten und Übermittlungsregelungen die Voraussetzungen für einen staatlichen Zugriff auf die Daten zu schaffen. Deren Ausfüllung bleibt demgegenüber eigenen Regelungen zum Datenabruf überlassen" (BVerfGE 125, 260, 315f.).

Nach alledem ergibt sich die Gesetzgebungskompetenz des Bundes bezüglich der §§ 113a, 113b TKG kraft Sachzusammenhanges zu Art. 73 Abs. 1 Nr. 7 GG.

b) Materielle Verfassungsmäßigkeit des Gesetzes

Für eine Rechtfertigung müssten die §§ 113a, 113b TKG auch materiell verfassungsgemäß sein. Ergeben sich aus der Rechtfertigungssystematik der Grundrechte keine besonderen Anforderungen an das Gesetz, ist es materiell verfassungsgemäß, wenn das Wesentliche im Gesetz bestimmt ist, im Rahmen der Wechselwirkung des Schutzbereiches mit der Rechtfertigung das Gesetz mit dem Grundsatz der Verhältnismäßigkeit als Schranken-Schranke bezüglich des die Sachstation eröffnenden Grundrechtes vereinbar und das Gesetz im Übrigen verfassungsgemäß und auch insoweit verhältnismäßig ist.

Der subjektive Einstieg in der Begründetheit führt zu Komplikationen im Aufbau der materiellen Verfassungsmäßigkeit. Entweder erfolgt zunächst eine Verhältnismäßigkeitsprüfung nur bezüglich des die Begründetheit eröffnenden Grundrechtes – wegen des nunmehr objektiven Prüfungsmaßstabes allerdings bezogen auf alle Adressaten – oder es wird im Anschluss an den Wesentlichkeitsgrundsatz zunächst die Verfassungsmäßigkeit des Gesetzes im Übrigen geprüft (einschließlich der Schutzbereichseingriffe und Rechtfertigungsebenen bezüglich der Grundrechte Dritter), um anschließend eine Verhältnismäßigkeitsprüfung bezüglich aller betroffenen Rechte vorzunehmen.

---

aa) Wesentlichkeitsgrundsatz

Aus dem sich aus einer praktischen Konkordanz zwischen Demokratie- und Rechtsstaatsprinzip ableitenden Wesentlichkeitsgrundsatz ergibt sich, dass wesentliche Bereiche durch den Gesetzgeber geregelt werden müssen. In den §§ 113a, 113b TKG sind klare Verbotsregelungen mit klaren Folgen enthalten. Anhaltspunkte für einen Verstoß gegen den Wesentlichkeitsgrundsatz sind nicht ersichtlich.

bb) Verhältnismäßigkeit bezüglich Berufsfreiheit

Die §§ 113a, 113b TKG können bezüglich der Berufsfreiheit gemäß Art. 12 GG verhältnismäßig sein.

Andere Grundrechte dürfen erst im Rahmen der Verfassungsmäßigkeit des Gesetzes im Übrigen erörtert werden, weil deren Schutzbereiche noch nicht geprüft wurden, während Art. 12 GG zumindest für B eröffnet ist, sodass bei der objektiven Prüfung des Gesetzes zumindest bezüglich dieses Gesetzesadressaten ein Schutzbereichseingriff vorausgesetzt werden kann, weil dieser Aspekt im subjektiven Einstieg der Prüfung der Begründetheit erörtert worden ist.

Die sogenannte Dreistufentheorie ist lediglich eine gefestigte Rechtsprechung im Rahmen der Verhältnismäßigkeitsprüfung. Die Verwendung des Terminus „Theorie" wirkt allerdings auswendig gelernt und unprofessionell. Sie sollte vermieden werden.

Die erste Differenzierung zwischen Berufsausübung und Berufswahl muss eingangs der Verhältnismäßigkeit beim Zweck erfolgen. Diese Trennung zwischen Berufsausübung und Berufswahl beim Zweck und die Einschränkung desselben stellt im Rahmen der Schranken-Schranke das Pendant zur Erleichterung des Eingriffs im Rahmen der Rechtfertigung mittels einfachen Gesetzesvorbehaltes als Regelungsvorbehalt auch bei der Berufswahl (trotz der Formulierung „aufgrund" bei der Berufsausübung, die nach „einfach einschränkend" klingt, einfacher Gesetzesvorbehalt unter Einbeziehung der Berufswahl in den einfachen Gesetzesvorbehalt, obwohl für die Berufswahl nach dem Wortlaut des Gesetzes eigentlich nur verfassungsimmanente Schranken gelten würden) dar. Wird der Eingriff mittels Auslegung des Gesetzes im Rahmen der Rechtfertigung wegen der Einheitlichkeit des Grundrechts massiv erweitert, ist es ausnahmsweise zulässig, die Einschätzungsprärogative beim Gesetzeszweck durch die Stufenregelung angemessen zu begrenzen, ohne die Legislative in ihrer Einschätzungsprärogative unangemessen zu beschneiden.

Die zweite Differenzierung zwischen subjektiver und objektiver Berufswahl erfolgt im Rahmen der Verhältnismäßigkeit im engen Sinne. Je wesentlicher der Grundrechtseingriff ist, desto höher sind die Anforderungen im Rahmen der Disproportionalität. Subjektive Berufswahlregelungen knüpfen an Bedingungen an, die in der Person des Einzelnen liegen, und können leichter gerechtfertigt werden als objektive Berufswahlregelungen, die außerhalb des individuellen Einflussbereiches liegen.

---

(1) Zweck

Dem Gesetz muss ein legitimer Zweck zugrunde liegen. Wegen der weiten Einschätzungsprärogative des Gesetzgebers als Repräsentant des Volkes ist der Zweck grundsätzlich nur insoweit überprüfbar, als er nicht willkürlich bzw. offensichtlich verfassungswidrig sein darf. Im Rahmen der Berufsfreiheit genügt hinsichtlich eines Eingriffes in die Berufsausübung als Zweck jeglicher Gemeinwohlbelang. Ist allerdings die Berufswahl betroffen, muss die Regelung zum Schutz eines besonders wichtigen Gemeinschaftsgutes zwingend sein. Eine Erweiterung der Überprüfbarkeit des Gesetzeszweckes zulasten der Einschätzungsprärogative des Gesetzgebers bei der Berufswahl ist bezüglich des Demokratieprinzips nicht verfassungswidrig. Denn durch die weite Auslegung des Regelungsvorbehaltes dahingehend, dass er nicht nur – wie im Wortlaut vorgegeben – für die Berufsausübung, sondern für sämtliche Eingriffe in den Schutzbereich des Art. 12 Abs. 1 S. 1 GG gilt, wurde der Spielraum des Gesetzgebers zunächst erweitert. Folglich darf hinsichtlich der Anforderung an das zu verfolgende Ziel ohne Verletzung der Einschätzungsprärogative des Gesetzgebers auch entsprechend wieder verkürzt werden. Insoweit sind Eingriffe in die Berufswahl durch den Gesetzgeber nur mittels verfassungsimmanenter Schranken zu rechtfertigen.

Bei den §§ 113a, 113b TKG handelt es sich um eine Berufsausübungsregelung. Geregelt wird in § 113a TKG eine Speicherungs- und in § 113b S. 1 HS. 1 TKG eine Übermittlungmöglichkeit der Daten. Es handelt sich auch bezüglich der Anonymisierungsdienste nicht um eine Berufswahlregelung, bei der eine endgültige Anonymisierung nicht mehr angeboten werden kann. „Zwar kommt eine Berufswahlregelung nicht nur in Betracht, wenn der Zugang zu einem Beruf rechtlich beschränkt wird, sondern auch, wenn die sinnvolle Ausübung eines Berufs faktisch unmöglich gemacht wird. Jedoch führt die Speicherungspflicht nach § 113a Abs. 6 TKG nicht dazu, dass Anonymisierungsdienste grundsätzlich nicht mehr betrieben werden können. Die Anonymisierungsdienste können ihren Nutzern weiterhin anbieten, ohne Identifizierungsmöglichkeit der IP-Adresse durch Private im Internet zu surfen. Sie ermöglichen damit Nutzern, die eine statische und folglich offene IP-Adresse haben, ihre Identität zu verbergen und schützen andere Nutzer vor Hackern oder sonstigem illegalen Zugriff. Aufgehoben wird die Anonymität nur gegenüber den staatlichen Behörden und auch nur, wenn nach den engen Voraussetzungen für die unmittelbare Verwendung der nach § 113a TKG gespeicherten Verkehrsdaten ein Datenabruf ausnahmsweise erlaubt ist. Abgehalten werden damit folglich allein Kunden, deren Anonymisierungsinteresse sich gegen die in solchen besonders schwerwiegenden Fällen ermittelnden Behörden richtet. Das Angebot eines Anonymisierungsdienstes wird dadurch nicht insgesamt hinfällig" (BVerfGE 125, 260, 359).

Da es sich um eine Berufsausübungsregelung handelt, genügt als legitimer Zweck jeder Gemeinwohlbelang. Die Speicherungs- und Übermittlungpflichten werden aus der Zielsetzung einer Effektivierung der Strafverfolgung, der Gefahrenabwehr und der Aufgaben der Geheimdienste legitimiert, sodass hinreichende Gemeinwohlbelange bestehen (vgl. BVerfGE 125, 260, 360).

(2) Eignung

Eine Maßnahme ist geeignet, wenn durch sie der Zweck gefördert wird, wobei auch insoweit die Einschätzungsprärogative des Gesetzgebers zu berücksichtigen ist. Durch die in den §§ 113a, 113b, TKG enthaltenen Regelungen werden die Strafverfolgung, die Gefahrenabwehr und die Aufgaben der Geheimdienste effektuiert.

(3) Erforderlichkeit

Die Regelungen müssen auch erforderlich sein. Eine Regelung ist erforderlich, wenn kein gleich geeignetes milderes Mittel denkbar ist, wobei auch insoweit die Einschätzungsprärogative des Gesetzgebers zu berücksichtigen.

„Da die Telekommunikationsverkehrsdaten seit der Privatisierung des Telekommunikationssektors nicht mehr beim Staat anfallen, ist dieser seinerseits zu einer direkten Speicherung nicht in der Lage. Eine Übermittlung aller Verbindungsdaten an den Staat, damit dieser die Speicherung selbst vornimmt, scheidet schon wegen der damit verbundenen Risiken sowohl für den Schutz des Telekommunikationsgeheimnisses als auch für die Sicherheit und Vollständigkeit der Daten aus. Auch entfällt die Erforderlichkeit bei Beeinträchtigungen der Berufstätigkeit durch die Auferlegung von Kostenlasten beziehungsweise kostenträchtigen Pflichten nicht schon deshalb, weil eine Finanzierung der betreffenden Aufgabe aus Steuermitteln für die Betroffenen ein milderes Mittel wäre. Mildere Mittel sind nicht solche, die eine Kostenlast lediglich verschieben (BVerfGE 125, 260, 360).

Jegliche Abschwächungen der in §§ 113a, 113b enthaltenen Kontrollen sind somit jedenfalls nicht gleich geeignet, zumal die Einschätzungsprärogative des Gesetzgebers zu beachten ist, sodass das Merkmal der Erforderlichkeit erfüllt ist.

(4) Verhältnismäßigkeit im engen Sinne bezüglich der Berufsfreiheit

Die §§ 113a, 113b TKG können verhältnismäßig im engen Sinne sein. Das setzt voraus, dass zwischen Mittel und Zweck keine Disproportionalität besteht. Ist nicht nur die subjektive Berufswahl, die auf subjektive Kriterien des Einzelnen abzielt, betroffen, sondern die objektive Berufswahl, welche an vom Einzelnen nicht beeinflussbare Kriterien anknüpft, bedarf es für die Verhältnismäßigkeit der Regelung im engen Sinne einer schweren Gefahr für ein überragend wichtiges Gemeinschaftsgut, die mittels der Regelung abgewehrt werden soll.

Nunmehr wird zwischen der subjektiven Berufswahl und der objektiven Berufswahl differenziert. Da ein Eingriff in die objektive Berufswahl besonders wesentlich ist, sind insoweit höheren Anforderungen zu stellen.

„Durch die Speicherungspflicht wird die Grenze der Zulässigkeit nicht durch den technischen Aufwand, der den Dienstanbietern abverlangt wird, überschritten. Da sich die betreffenden Dienstanbieter auf dem Telekommunikationsmarkt bewegen, müssen sie ohnehin ein hohes Maß an Technikbeherrschung im Bereich der Telekommunikationsdatenerfassung, -speicherung und -verarbeitung aufweisen. Über diese Fähigkeiten müssen auch kleine Unternehmen in diesem Sektor verfügen. Zudem wird jedenfalls ein Großteil der nach § 113a TKG zu speichernden Daten ohnehin von den betreffenden Telekommunikationsunternehmen vorübergehend für eigene Zwecke gespeichert. Anspruchsvolle organisatorische Anforderungen zur Gewährleistung von Datensicherheit entstehen nicht erst aus der Speicherungspflicht des § 113a TKG, sondern unabhängig davon schon aus dem Gegenstand der von den betreffenden Unternehmen angebotenen Dienste. Insoweit ist die Auferlegung der spezifischen Pflichten gemäß § 113a TKG in technisch-organisatorischer Hinsicht nicht unverhältnismäßig" (BVerfGE 125, 260, 361).

„Unverhältnismäßig ist die Speicherungspflicht auch nicht bezüglich der finanziellen Lasten, die den Unternehmen durch die Speicherungspflicht nach § 113a TKG und die hieran geknüpften Folgeverpflichtungen wie die Gewährleistung der Datensicherheit erwachsen. Unzumutbar ist dieses nicht deshalb, weil dadurch private Unternehmen unzulässig mit Staatsaufgaben betraut würden. Eine kategorische Trennung der „Staatsaufgaben" und der „privaten Aufgaben" mit der Folge der grundsätzlichen Unzulässigkeit einer Indienstnahme für Gemeinwohlzwecke Privater auf deren Kosten lässt sich der Verfassung nicht entnehmen. Vielmehr hat der Gesetzgeber einen weiten Gestaltungsspielraum, welche Pflichten zur Sicherstellung der Gemeinwohlbelange er Privaten im Rahmen ihrer Berufstätigkeit auferlegt. Grundsätzlich kann er Lasten und Maßnahmen zur Wahrung der Gemeinwohlbelange, die als Folge kommerzieller Aktivitäten regelungsbedürftig sind, den entsprechenden Marktakteuren auferlegen, um die damit verbundenen Kosten auf diese Weise in den Markt und den Marktpreis zu integrieren. Dabei ist der Gesetzgeber nicht darauf beschränkt, Private nur in Dienst zu nehmen, wenn ihre berufliche Tätigkeit unmittelbar Gefahren auslösen kann oder sie hinsichtlich dieser Gefahren unmittelbar ein Verschulden trifft. Vielmehr genügt insoweit eine hinreichende Sach- und Verantwortungsnähe zwischen der beruflichen Tätigkeit und der auferlegten Verpflichtung" (BVerfGE 125, 260, 361f.).

„Danach bestehen gegen die den Speicherungspflichtigen erwachsenden Kostenlasten keine grundsätzlichen Bedenken. Der Gesetzgeber verlagert auf diese Weise die mit der Speicherung verbundenen Kosten entsprechend der Privatisierung des Telekommunikationssektors insgesamt in den Markt. So wie die

Telekommunikationsunternehmen die neuen Chancen der Telekommunikationstechnik zur Gewinnerzielung nutzen können, müssen sie auch die Kosten für die Einhegung der neuen Sicherheitsrisiken, die mit der Telekommunikation verbunden sind, übernehmen und in ihren Preisen verarbeiten. Die den Unternehmen auferlegten Pflichten stehen in engem Zusammenhang mit den von ihnen erbrachten Dienstleistungen und können als solche nur von ihnen selbst erbracht werden. Auch werden hierbei nicht einzelnen Diensteanbietern einzelfallbezogen Sonderopfer auferlegt, sondern in allgemeiner Form die Rahmenbedingungen für die Erbringung von Telekommunikationsdiensten ausgestaltet. Es ist damit verfassungsrechtlich nicht zu beanstanden, wenn die Unternehmen hierfür dann auch die anfallenden Kosten grundsätzlich zu tragen haben" (BVerfGE 125, 260, 362).

„Allein durch die gemeinwohlbezogene Zielsetzung ist es nicht geboten, hierfür einen Kostenersatz vorzusehen. Ein Gesetz, in dem die Berufsausübung in der Weise geregelt ist, dass Privaten bei der Ausübung ihres Berufes Pflichten auferlegt werden und dabei regelmäßig eine Vielzahl von Personen betroffen ist, ist nicht bereits unverhältnismäßig, wenn einzelne Betroffene unzumutbar belastet werden, sondern erst, wenn bei einer größeren Betroffenengruppe das Übermaßverbot verletzt wird. Dass die Kostenlasten in dieser Weise erdrosselnde Wirkungen haben, ist weder substantiiert vorgebracht noch erkennbar" (BVerfGE 125, 260, 362).

§§ 113a, 113b TKG sind bezüglich Art. 12 Abs. 1 GG verhältnismäßig.

cc) Verfassungsgemäßheit im Übrigen

Um materiell verfassungsgemäß zu sein und einen Eingriff in Art. 12 Abs. 1 GG rechtfertigen zu können, muss das Gesetz auch verfassungsgemäß im Übrigen sein. Das Gesetz kann im Übrigen mit dem durch Art. 10 Abs. 1 GG geschützten Fernmeldegeheimnis unvereinbar sein.

Das Gesetz muss objektiv überprüft werden und daher auch im Übrigen verfassungsgemäß sein. Da es sich bei der Verfassungsbeschwerde um ein subjektives Beanstandungsverfahren handelt, ist der Einstieg subjektiv bezogen auf den Beschwerdeführer zu prüfen. Inzident kommt es bei der objektiven Prüfung des Gesetzes jedoch auch auf Grundrechte Dritter an.

---

(1) Schutzbereichseingriff

Durch §§ 113a, 113b TKG kann in den Schutzbereich des Art. 10 Abs. 1 GG eingegriffen worden sein.

Das Bundesverfassungsgericht stuft Art. 10 Abs. 1 GG als gegenüber dem allgemeinen Persönlichkeitsrecht aus Art. 2 Abs. 1 GG i.V.m. Art. 1 Abs. 1 GG spezieller (vgl. BVerfGE 100, 313, 358 f.) ein (Grundrechtskonkurrenzen: Spezialität, Subsidiarität, Idealkonkurrenz). Das allgemeine Persönlichkeitsrecht aus Art. 2 Abs. 1 GG i.V.m. Art. 1 Abs. 1 GG ist aufgrund der Aufgabenstellung nicht zu prüfen.

„Durch dieses Grundrecht wird das Telekommunikationsgeheimnis, von dem die unkörperliche Übermittlung von Informationen an individuelle Empfänger mithilfe des Telekommunikationsverkehrs vor einer Kenntnisnahme durch die öffentliche Gewalt umfasst ist, geschützt. Es ist nicht nur auf die Inhalte der Kommunikation bezogen. Geschützt ist vielmehr auch die Vertraulichkeit der näheren Umstände des Kommunikationsvorgangs, zu denen insbesondere gehört, ob, wann und wie oft zwischen welchen Personen oder Telekommunikationseinrichtungen Telekommunikationsverkehr stattgefunden hat oder versucht worden ist" (BVerfGE 125, 260, 309).

„Der durch Art. 10 Abs. 1 GG vermittelte Schutz gilt nicht nur dem ersten Zugriff, mit dem die öffentliche Gewalt von Telekommunikationsvorgängen und -inhalten Kenntnis nimmt. Seine Schutzwirkung erstreckt sich auch auf die Informations- und Datenverarbeitungsprozesse, die an die Kenntnisnahme von geschützten Kommunikationsvorgängen anschlossen sind und auf den Gebrauch, der von den erlangten Kenntnissen gemacht wird" (BVerfGE 125, 260, 309).

„Ein Grundrechtseingriff ist daher jede Kenntnisnahme, Aufzeichnung und Verwertung von Kommunikationsdaten sowie jede Auswertung ihres Inhalts oder sonstige Verwendung durch die öffentliche Gewalt. Durch Erfassung von Telekommunikationsdaten, ihre Speicherung, ihren Abgleich mit anderen Daten, ihre Auswertung, ihre Selektierung zur weiteren Verwendung oder ihre Übermittlung an Dritte erfolgen damit jeweils eigene Eingriffe in das Telekommunikationsgeheimnis. Folglich ist in der Anordnung gegenüber Kommunikationsunternehmen, Telekommunikationsdaten zu erheben, zu speichern und an staatliche Stellen zu übermitteln, jeweils ein Eingriff in Art. 10 Abs. 1 GG gegeben" (BVerfGE 125, 260, 310).

(a) § 113a TKG

„Bereits durch die in § 113a Abs. 1 TKG den Diensteanbietern auferlegte Speicherung der Telekommunikationsverkehrsdaten wird in das Telekommunikationsgeheimnis eingegriffen. Dies gilt zunächst für die Speicherungspflichten bezüglich der Telekommunikationsdienste gemäß § 113a Abs. 2–5 TKG und in Verbindung hiermit gemäß § 113a Abs. 6 und Abs. 7 TKG. Durch die insoweit zu speichernden Angaben wird Auskunft darüber gegeben, ob, wann, wo und wie oft zwischen welchen Telekommunikationseinrichtungen Verbindungen aufgenommen oder aufzunehmen versucht wurden. Insbesondere gilt dies für die Speicherung der Daten zu Diensten der elektronischen Post gemäß § 113a Abs. 3 TKG, deren Vertraulichkeit gleichfalls durch Art. 10 Abs. 1 GG geschützt wird. Dass sich E-Mails technisch leicht abfangen lassen, ändert an deren vertraulichem Charakter und ihrer Schutzwürdigkeit nichts. Ein Eingriff in Art. 10 Abs. 1 GG wird dabei auch durch die Speicherung der den Internetzugang betreffenden Daten gemäß § 113a Abs. 4 TKG begründet. Zwar wird durch den Internetzugang nicht nur die Aufnahme der Individualkommunikation, die dem Schutz des Telekommunikationsgeheimnisses unterfällt, sondern auch die Teilnahme an Massenkommunikation ermöglicht. Da eine Unterscheidung zwischen Individual- und Massenkommunikation ohne eine der Schutzfunktion des Grundrechts zuwiderlaufende Anknüpfung an den Inhalt der jeweils übermittelten Information jedoch nicht möglich ist, ist bereits die Speicherung der den Internetzugang als solchen betreffenden Daten als Eingriff einzustufen, wenngleich Angaben über die aufgerufenen Internetseiten nicht enthalten sind" (BVerfGE 125, 260, 310f).

„Die Eingriffsqualität des § 113a TKG entfällt auch nicht dadurch, dass die in dieser Vorschrift vorgeschriebene Speicherung nicht durch den Staat selbst, sondern durch private Diensteanbieter erfolgt. Denn diese werden lediglich als Hilfspersonen für die Aufgabenerfüllung durch staatliche Behörden in Anspruch genommen. Durch § 113a TKG werden die privaten Telekommunikationsunternehmen zur Datenspeicherung nur für die Aufgabenerfüllung durch staatliche Behörden zu Zwecken der Strafverfolgung, der Gefahrenabwehr und der Erfüllung nachrichtendienstlicher Aufgaben gemäß § 113b TKG verpflichtet. Dabei ordnet der Staat die mit der Speicherung verbundene Grundrechtsbeeinträchtigung unmittelbar an, ohne dass den speicherungspflichtigen Unternehmen insoweit ein Handlungsspielraum verbleibt. Die Daten sind so zu speichern, dass Auskunftsersuchen der berechtigten öffentlichen Stellen nach § 113a Abs. 9 TKG unverzüglich erfüllt werden können. Unter diesen Voraussetzungen ist die Speicherung der Daten rechtlich dem Gesetzgeber als unmittelbarer Eingriff in Art. 10 Abs. 1 GG zuzurechnen" (BVerfGE 125, 260, 311).

(b) § 113b TKG

„Grundrechtseingriffe in Art. 10 Abs. 1 GG erfolgen auch mittels der Regelungen zur Datenübermittlung in § 113b S. 1 HS. 1 TKG. Zwar eröffnet diese Vorschrift für sich genommen noch keine Verwendung der nach § 113a TKG gespeicherten Daten, sondern verweist auf weitere gesetzlich eigens zu schaffende Abrufnormen.

Jedoch liegt in ihr die grundlegende Bestimmung, für welche Zwecke die Daten verwendet werden dürfen. Sie befreit diesbezüglich die Telekommunikationsunternehmen von ihrer im Übrigen geltenden Geheimhaltungspflicht. Dadurch, dass die Datenverwendung letztlich endgültig erst im gestuften Ineinandergreifen der Vorschriften auf verschiedenen Normebenen zu einer Gesamtregelung wird, wird nichts daran geändert, dass die Definition der Verwendungszwecke und die Erlaubnis zur Datenübermittlung Teil der Verwendungsregelung sind und insoweit Eingriffscharakter haben. Auch diesbezüglich ist es unerheblich, dass § 113b TKG eine Übermittlung der Daten seitens privater Diensteanbieter betrifft. Die vorgesehene Übermittlung beruht auf einer gesetzlichen Regelung und damit unmittelbar auf einem Akt der nach Art. 1 Abs. 3 GG grundrechtsgebundenen öffentlichen Gewalt. Es wird eine hoheitliche Anordnung im Einzelfall vorausgesetzt und sie erfolgt an Behörden. Sie ist damit rechtlich als Eingriff des Staates einzustufen" (BVerfGE 125, 260, 312).

(c) Zwischenergebnis

Mittels der Regelungen der §§ 113a, 113b TKG sind unmittelbare Eingriffe in Art. 10 Abs. 1 GG erfolgt.

(2) Rechtfertigung

Die Eingriffe in Art. 10 Abs. 1 GG können gerechtfertigt sein. Wegen der in Art. 10 Abs. 2 S. 1 GG enthaltenen Formulierung „auf Grund eines Gesetzes" – weitere zwingende Voraussetzungen sind in Art. 10 Abs. 2 S. 1 GG nicht geregelt – ist Art. 10 Abs. 1 GG als einfach einschränkender Gesetzesvorbehalt einzustufen, sodass die Voraussetzungen des Art. 19 Abs. 1 GG eingehalten sein müssen. Dies ist geschehen.

Formell sind die §§ 113a, 113b TKG verfassungsgemäß. Materiell muss der Eingriff in Art. 10 Abs. 1 GG verhältnismäßig sein.

(a) Zweck

Es bedarf eines legitimen Zwecks, bei dem die Einschätzungsprärogative des Gesetzgebers zu berücksichtigen ist.

„Eine sechsmonatige anlasslose Speicherung von Telekommunikationsverkehrsdaten für qualifizierte Verwendungen im Rahmen der Strafverfolgung, der Gefahrenabwehr und der Aufgaben der Nachrichtendienste, wie sie in den §§ 113a, 113b TKG angeordnet werden, ist danach mit Art. 10 GG nicht schlechthin unvereinbar. Der Gesetzgeber kann mit solchen Regelungen legitime Zwecke verfolgen. Bei einer Ausgestaltung, mittels derer dem besonderen Gewicht des Eingriffs hinreichend Rechnung getragen wird, unterfällt eine anlasslose Speicherung der Telekommunikationsverkehrsdaten als solche nicht dem strikten Verbot einer Speicherung von Daten auf Vorrat im Sinne der Rechtsprechung des Bundesverfassungsgerichts" (BVerfGE 125, 260, 316).

„Die Effektivierung der Strafverfolgung, der Gefahrenabwehr und der Erfüllung der Aufgaben der Nachrichtendienste sind legitime Zwecke, durch die ein Eingriff in das Telekommunikationsgeheimnis grundsätzlich gerechtfertigt werden kann. Dabei ist eine illegitime, das Freiheitsprinzip des Art. 10 Abs. 1 GG selbst aufhebende Zielsetzung nicht dadurch erfolgt, dass die Telekommunikationsverkehrsdaten anlasslos vorsorglich gesichert werden sollen. Durch Art. 10 Abs. 1 GG wird nicht jede vorsorgliche Erhebung und Speicherung von Daten überhaupt verboten. Vielmehr wird vor einer unverhältnismäßigen Gestaltung solcher Datensammlungen und hierbei insbesondere vor entgrenzenden Zwecksetzungen geschützt. Strikt verboten ist lediglich die Speicherung personenbezogener Daten auf Vorrat zu unbestimmten und noch nicht bestimmbaren Zwecken" (BVerfGE 125, 260, 316f). Ein legitimer Zweck zur Schaffung der §§ 113a, 113b TKG besteht.

(b) Eignung

Die in den §§ 113a, 113b TKG enthaltenen Regelungen sind geeignet, soweit der verfolgte Zweck durch sie gefördert wird.

„Auch wenn durch eine Datenspeicherung nicht sichergestellt werden kann, dass alle Telekommunikationsverbindungen verlässlich bestimmten Anschlussnehmern zugeordnet werden können, und etwa Kriminelle die Speicherung durch die Nutzung von Hotspots, Internetcafés, ausländischen Internettelefondiensten oder unter falschen Namen angemeldeten Prepaid-Handys unterlaufen können, ergibt sich daraus nicht die Nichteignung, da die Zweckerreichung zumindest gefördert wird" (BVerfGE 125, 260, 317).

(c) Erforderlichkeit

Die §§ 113a, 113b TKG können zur Zweckerreichung erforderlich sein. Dazu darf kein gleich geeignetes milderes Mittel ersichtlich sein. Eine vergleichbar effektive Aufklärungsmöglichkeit besteht nicht im sogenannten Quick-Freezing-Verfahren, bei dem anstelle der anlasslos-generellen Speicherung der Telekommunikationsdaten eine Speicherung nur im Einzelfall und erst zu dem Zeitpunkt angeordnet wird, zu dem dazu etwa wegen eines bestimmten Tatverdachts konkreter Anlass besteht. Ein solches Verfahren, mittels dessen nur Daten aus der Zeit vor der Anordnung ihrer Speicherung erfasst werden können, soweit sie noch vorhanden sind, ist nicht ebenso wirksam wie eine kontinuierliche Speicherung, durch die das Vorhandensein eines vollständigen Datenbestandes für die letzten 6 Monate gewährleistet wird. Ein gegenüber den §§ 113a, 113b TKG milderes Mittel ist nicht ersichtlich, sodass die Erforderlichkeit gewahrt ist.

(d) Verhältnismäßigkeit im engen Sinne (Disproportionalität)

Die Regelungen der §§ 113a, 113b TKG können verhältnismäßig im engen Sinne sein. Dazu darf keine Disproportionalität zwischen Mittel und Zweck bestehen.

Es sind grundlegende Ausführungen zur Vorratsdatenspeicherung erforderlich.

„Bei der Telekommunikationsdatenspeicherung handelt es sich um einen besonders schweren Eingriff mit erheblicher Streubreite. Erfasst werden über den gesamten Zeitraum von sechs Monaten praktisch sämtliche Telekommunikationsverkehrsdaten aller Bürger ohne Anknüpfung an ein zurechenbar vorwerfbares Verhalten, eine – auch nur abstrakte – Gefährlichkeit oder sonst eine qualifizierte Situation. Die Speicherung ist dabei auf Alltagshandeln bezogen, das im täglichen Miteinander elementar und für die Teilnahme am sozialen Leben in der modernen Welt nicht mehr verzichtbar ist. Grundsätzlich ist keine Form der Telekommunikation prinzipiell von der Speicherung ausgenommen. Zwar sind in der Regelung im Ergebnis vereinzelt Lücken enthalten, durch die verhindert wird, dass ausnahmslos jede Telekommunikationsverbindung individualisierend rekonstruiert werden kann, wie unter Umständen bei der Nutzung von Hotspots, unübersichtlichen privaten Netzwerken oder Diensteanbietern im nichteuropäischen Ausland. Eine reguläre Ausweichmöglichkeit für den Bürger besteht jedoch nicht. Der Gesetzgeber versucht vielmehr, grundsätzlich alle Telekommunikationsverbindungen so zu erfassen, dass die Nutzer möglichst flächendeckend ermittelt werden können" (BVerfGE 125, 260, 318f).

„Die Aussagekraft dieser Daten ist weitreichend. Je nach Nutzung von Telekommunikationsdiensten seitens der Betroffenen lassen sich schon aus den Daten – insbesondere, wenn diese als Anknüpfungspunkte für weitere Ermittlungen dienen – tiefe Einblicke in das soziale Umfeld und die individuellen Aktivitäten eines jeden Bürgers gewinnen. Zwar werden mit einer Telekommunikationsverkehrsdatenspeicherung – wie in § 113a TKG geregelt – nur die Ver-

bindungsdaten in Form des Zeitpunktes, der Dauer, beteiligter Anschlüsse sowie bei der Mobiltelefonie des Standortes, nicht aber auch der Inhalt der Kommunikation festgehalten. Auch aus diesen Daten lassen sich jedoch bei umfassender und automatisierter Auswertung bis in die Intimsphäre hineinreichende
inhaltliche Rückschlüsse ziehen" (BVerfGE 125, 260, 319).

„Durch eine Speicherung, durch die Verwendungen in Form der Aufdeckung interner Einflussstrukturen und Entscheidungsabläufe bezüglich gewisser Personengruppen grundsätzlich ermöglicht werden und in bestimmten
Fällen ermöglicht werden sollen, wird ein schwerwiegender Eingriff begründet. Maßgeblich ist insoweit auch, dass unabhängig von einer wie auch immer geregelten Ausgestaltung der Datenverwendung das Risiko der Bürger,
weiteren Ermittlungen ausgesetzt zu werden, erheblich steigt, ohne dass diese Anlass dazu gegeben haben. Es reicht etwa aus, zu einem ungünstigen
Zeitpunkt in einer bestimmten Funkzelle gewesen oder von einer bestimmten
Person kontaktiert worden zu sein, um in weitem Umfang Ermittlungen ausgesetzt zu werden und unter Erklärungsdruck zu geraten" (BVerfGE 125, 260,
319f).

„Trotz der außerordentlichen Streubreite und des mit ihr verbundenen Ein-
griffsgewichts ist dem Gesetzgeber die Einführung einer sechsmonatigen Speicherungspflicht, wie in § 113a TKG vorgesehen, verfassungsrechtlich nicht
schlechthin verboten. Allerdings ist dem Staat eine Sammlung personenbezogener Daten auf Vorrat zu unbestimmten oder noch nicht bestimmbaren Zwecken verfassungsrechtlich strikt untersagt. Um eine solche von vornherein
verbotene Form der Datensammlung handelt es sich bei einer vorsorglich anlasslosen Speicherung der Telekommunikationsverbindungsdaten nicht zwingend. Erfolgt sie zu bestimmten Zwecken, kann eine solche Speicherung eingebunden in eine dem Eingriff adäquate gesetzliche Ausgestaltung vielmehr auch
den Verhältnismäßigkeitsanforderungen im engeren Sinne genügen" (BVerfGE
125, 260, 320f).

„Durch eine sechsmonatige Speicherung der Telekommunikationsverkehrsdaten wird nicht zwingend die Regelung des Art. 10 Abs. 1 GG als solche
aufgehoben. Es wird weder deren Menschenwürdekern i.S.d. Art. 1 Abs. 1 GG
noch deren Wesensgehalt gemäß Art. 19 Abs. 2 GG verletzt. Eine Speicherungs-
dauer von sechs Monaten ist angesichts des Umfangs und der Aussagekraft der
gespeicherten Daten sehr lang und liegt an der Obergrenze dessen, was unter
Verhältnismäßigkeitserwägungen rechtfertigungsfähig ist" (BVerfGE 125, 260,
322).

Schema 62: Wesensgehaltgarantie gem. Art. 19 Abs. 2 GG

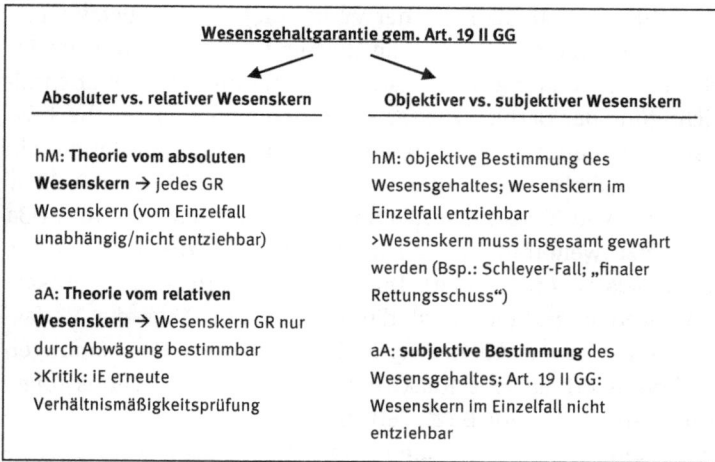

<u>**Wesensgehaltgarantie gem. Art. 19 II GG**</u>	
Absoluter vs. relativer Wesenskern	**Objektiver vs. subjektiver Wesenskern**
hM: **Theorie vom absoluten Wesenskern** → jedes GR Wesenskern (vom Einzelfall unabhängig/nicht entziehbar)	hM: objektive Bestimmung des Wesensgehaltes; Wesenskern im Einzelfall entziehbar >Wesenskern muss insgesamt gewahrt werden (Bsp.: Schleyer-Fall; „finaler Rettungsschuss")
aA: **Theorie vom relativen Wesenskern** → Wesenskern GR nur durch Abwägung bestimmbar >Kritik: iE erneute Verhältnismäßigkeitsprüfung	aA: **subjektive Bestimmung** des Wesensgehaltes; Art. 19 II GG: Wesenskern im Einzelfall nicht entziehbar

„Die Speicherung der Telekommunikationsverkehrsdaten darf nicht als Vorstufe zu einer Gesetzgebung verstanden werden, durch die auf eine möglichst flächendeckende vorsorgliche Speicherung aller für die Strafverfolgung oder Gefahrenprävention nützlichen Daten gezielt werde. Eine solche Gesetzgebung wäre unabhängig von der Gestaltung der Verwendungsregelungen mit der Verfassung nicht vereinbar. Für die verfassungsrechtliche Unbedenklichkeit einer vorsorglich anlasslosen Speicherung der Telekommunikationsverkehrsdaten wird vielmehr vorausgesetzt, dass sie eine Ausnahme bleibt. Sie darf auch nicht im Zusammenspiel mit anderen vorhandenen Dateien zur Rekonstruierbarkeit praktisch aller Aktivitäten der Bürger führen. Maßgeblich für die Rechtfertigungsfähigkeit einer solchen Speicherung ist deshalb insbesondere, dass sie nicht direkt durch staatliche Stellen erfolgt, dass nicht auch die Kommunikationsinhalte erfasst werden und dass auch die Speicherung der von ihren Kunden aufgerufenen Internetseiten durch kommerzielle Diensteanbieter grundsätzlich untersagt ist" (BVerfGE 125, 260, 323f).

„Zusammenfassend ist eine sechsmonatige Speicherung der Telekommunikationsverkehrsdaten in dem vom Gesetzgeber in § 113a Abs. 1–8 TKG vorgesehenen Umfang unter den gegenwärtigen Umständen nicht von vornherein unverhältnismäßig. Für ihre verfassungsrechtliche Unbedenklichkeit ist es allerdings Voraussetzung, dass dem besonderen Gewicht einer solchen Speicherung durch die Ausgestaltung der Speicherung und durch die Verwendung der Daten angemessen Rechnung getragen wird" (BVerfGE 125, 260, 324).

„Aufgrund des Umfangs und der potentiellen Aussagekraft der mit einer solchen Speicherung geschaffenen Datenbestände ist die Datensicherheit für die Verhältnismäßigkeit der angegriffenen Vorschriften von großer Bedeu-tung" (Datenschutz; BVerfGE 125, 260, 324). „In der Verfassung ist nicht detailgenau vorgegeben, welche Sicherheitsmaßgaben im Einzelnen geboten sind. Im Ergebnis muss jedoch ein Standard gewährleistet werden, durch den unter spezifischer Berücksichtigung der Besonderheiten der durch eine vorsorgliche Telekommunikationsverkehrsdatenspeicherung geschaffenen Datenbestände ein besonders hohes Maß an Sicherheit gewährleistet wird" (BVerfGE 125, 260, 326).

„Eine Speicherung von Telekommunikationsverkehrsdaten, wie in § 113a TKG vorgesehen, setzt weiterhin gesetzliche Regelungen zur Verwendung dieser Daten voraus (Datenverwendung). Durch die verhältnismäßige Ausgestaltung dieser Verwendungsregeln wird damit nicht nur über die Verfassungsmäßigkeit dieser einen eigenen Eingriff begründenden Bestimmungen entschieden, sondern es erfolgt eine Rückwirkung auch auf die Verfassungsmäßigkeit der Speicherung" (BVerfGE 125, 260, 327f).

„Da durch eine Auswertung dieser Daten tief in das Privatleben eindringende Rückschlüsse und unter Umständen detaillierte Persönlichkeits- und Bewegungsprofile ermöglicht werden, kann insoweit nicht ohne Weiteres davon ausgegangen werden, dass der Rückgriff auf diese Daten grundsätzlich geringer wiegt als eine inhaltsbezogene Telekommunikationsüberwachung. Vielmehr kann auch die Verwendung solcher Daten nur als verhältnismäßig eingestuft werden, wenn sie besonders hochrangigen Gemeinwohlbelangen dient. Eine Verwendung der Daten kommt deshalb nur für überragend wichtige Aufgaben des Rechtsgüterschutzes in Betracht – also zur Ahndung von Straftaten, durch die überragend wichtige Rechtsgüter bedroht werden oder zur Abwehr von Gefahren für solche Rechtsgüter" (BVerfGE 125, 260, 328).

„Für die Verwendung im Rahmen der Strafverfolgung folgt hieraus, dass für einen Abruf der Daten zumindest der durch bestimmte Tatsachen begründete Verdacht einer schweren Straftat vorausgesetzt wird. Welche Straftatbestände hiervon umfasst sein sollen, hat der Gesetzgeber abschließend mit der Verpflichtung zur Datenspeicherung festzulegen. Ihm kommt hierbei ein Beurteilungsspielraum zu. Er kann dabei entweder auf bestehende Kataloge zurückgreifen oder einen eigenen Katalog schaffen, etwa um Straftaten, für welche die Telekommunikationsverkehrsdaten besondere Bedeutung haben, zu erfassen. Die Qualifizierung einer Straftat als schwer muss aber in der Strafnorm – zum Beispiel durch deren Strafrahmen – objektiviert zum Ausdruck gebracht werden. Eine Generalklausel oder lediglich die Verweisung auf Straftaten von erheblicher Bedeutung reichen hingegen nicht aus" (BVerfGE 125, 260, 328f).

„Für die Vewendung zur Gefahrenabwehr ist die Verwendung der in Frage stehenden Daten gleichermaßen wirksam zu begrenzen. Den Datenzugriff unter Bezugnahme auf Kataloge bestimmter Straftaten zu eröffnen, deren Verhinderung die Datenverwendung dienen soll, ist als Regelungstechnik ungeeignet. Durch sie wird den Anforderungen an den Grad der Rechtsgutgefährdung ihre Klarheit genommen und es ergeben sich Unsicherheiten, wenn schon in den Straftatbeständen Vorbereitungshandlungen und bloße Rechtsgutgefährdungen unter Strafe gestellt werden. Stattdessen bietet sich an, gesetzlich unmittelbar auf die Rechtsgüter Bezug zu nehmen, zu deren Schutz eine Verwendung der Daten gerechtfertigt werden soll, sowie die Intensität der Gefährdung dieser Rechtsgüter, die als Eingriffsschwelle hierfür erreicht sein muss. Eine solche Regelung entspricht dem Charakter der Gefahrenabwehr als Rechtsgüterschutz und es erfolgt eine unmittelbare Anknüpfung an das maßgebliche Ziel, durch das der Grundrechtseingriff gerechtfertigt werden soll" (BVerfGE 125, 260, 329f).

„Die Abwägung zwischen dem Gewicht des in der Datenspeicherung und Datenverwendung liegenden Eingriffs und der Bedeutung einer wirksamen Gefahrenabwehr führt dazu, dass ein Abruf der vorsorglich gespeicherten Telekommunikationsverkehrsdaten nur zur Abwehr von Gefahren für Leib, Leben oder Freiheit einer Person, für den Bestand oder die Sicherheit des Bundes oder eines Landes oder zur Abwehr einer gemeinen Gefahr zugelassen werden darf" (BVerfGE 125, 260, 330).

„Aufgrund der hohen Schwellen, die nach den vorstehenden Maßgaben schon grundsätzlich für die Verwendung vorsorglich gespeicherter Telekommunikationsverkehrsdaten gelten, ist dem Gesetzgeber bei der näheren Regelung des Umfangs der Datenverwendung allerdings ein Gestaltungsspielraum zugewiesen. Insbesondere steht es ihm grundsätzlich frei, solche Verhältnismäßigkeitserwägungen dem zur Entscheidung über die Anordnung eines Datenabrufs berufenen Richter bei der Prüfung im Einzelfall zu überlassen. Verfassungsrechtlich geboten ist als Ausfluss des Verhältnismäßigkeitsgrundsatzes jedoch, zumindest für einen engen Kreis der auf besondere Vertraulichkeit angewiesenen Telekommunikationsverbindungen ein grundsätzliches Übermittlungsverbot vorzusehen. Zu denken ist hier etwa an Verbindungen zu Anschlüssen von Personen, Behörden und Organisationen in sozialen oder kirchlichen Bereichen, die grundsätzlich anonym bleibenden Anrufern ganz oder überwiegend telefonische Beratung in seelischen oder sozialen Notlagen anbieten und die selbst oder deren Mitarbeiter insoweit anderen Verschwiegenheitsverpflichtungen i.S.d. § 99 Abs. 2 TKG unterliegen" (BVerfGE 125, 260, 334).

„Zu den Voraussetzungen der verfassungsrechtlich unbedenklichen Verwendung der durch eine solche Speicherung gewonnenen Daten gehören Anforderungen an die Transparenz. Soweit möglich muss die Verwendung der Daten offen erfolgen. Anderenfalls bedarf es grundsätzlich zumindest nachträglich einer Benachrichtigung der Betroffenen. Unterbleibt ausnahmsweise auch diese, bedarf die Nichtbenachrichtigung einer richterlichen Entscheidung" (BVerf-GE 125, 260, 334f).

Für die verhältnismäßige Ausgestaltung einer vorsorglichen Speicherung der Telekommunikationsverkehrsdaten und ihrer Verwendung bedarf es zudem der Gewährleistung eines effektiven Rechtsschutzes und adäquater Sanktionen (BVerfGE 125, 260, 335). „Für die Gewährleistung effektiven Rechtsschutzes ist eine Abfrage oder Übermittlung dieser Daten grundsätzlich unter Richtervorbehalt zu stellen. Bei Ermittlungsmaßnahmen, durch die ein schwerwiegender Grundrechtseingriff bewirkt wird, kann verfassungsrechtlich eine vorbeugende Kontrolle durch eine unabhängige Instanz geboten sein. Dies gilt insbesondere, wenn der Grundrechtseingriff heimlich erfolgt und für den Betroffenen unmittelbar nicht wahrnehmbar ist. Bezüglich der Abfrage und Übermittlung von Telekommunikationsverkehrsdaten kann dies gegeben sein. Aufgrund des Gewichts des darin bestehenden Eingriffs wird der Spielraum des Gesetzgebers dahingehend reduziert, dass solche Maßnahmen grundsätzlich unter den Vorbehalt richterlicher Anordnung zu stellen sind. Durch Richter können die Rechte des Betroffenen im Einzelfall aufgrund deren persönlicher und sachlicher Unabhängigkeit und ihrer ausschließlichen Bindung an das Gesetz am besten und sichersten gewahrt werden. Eine Ausnahme gilt gemäß Art. 10 Abs. 2 S. 2 GG für die Kontrolle von Eingriffen in die Telekommunikationsfreiheit durch die Nachrichtendienste. Diesbezüglich kann anstelle einer vorbeugenden richterlichen Kontrolle die – gleichfalls spezifisch auf die jeweilige Maßnahme bezogene – Kontrolle durch ein von der Volksvertretung bestelltes Organ oder Hilfsorgan erfolgen" (BVerfGE 125, 260,337f).

„Zur Wirksamkeit der Kontrolle gehört es auch, dass die Daten aufgrund der Anordnung von den Telekommunikationsunternehmen als speicherungsverpflichteten Dritten herausgefiltert und übermittelt werden, das heißt den Behörden also nicht ein Direktzugriff auf die Daten eröffnet wird" (BVerfGE 125, 260, 338f).

„Schließlich bedarf es für eine verhältnismäßige Ausgestaltung wirksamer Sanktionen bei Rechtsverletzungen. Würden auch schwere Verletzungen des Telekommunikationsgeheimnisses im Ergebnis sanktionslos bleiben mit der Folge, dass der Schutz des Persönlichkeitsrechts, auch soweit er in Art. 10 Abs. 1 GG speziell ausgestaltet ist, angesichts der immateriellen Natur dieses Rechts verkümmern würde, widerspräche dies der Verpflichtung der staatlichen Gewalt, dem Einzelnen die Entfaltung seiner Persönlichkeit zu ermöglichen und ihn vor Persönlichkeitsrechtsgefährdungen durch Dritte zu schützen" (BVerfGE 125, 260, 339).

„Zwar ist § 113a TKG nicht schon deshalb mit dem Grundrecht auf Schutz des Telekommunikationsgeheimnisses nach Art. 10 Abs. 1 GG unvereinbar, weil die Reichweite der Speicherungspflicht gemäß § 113a Abs. 1–7, 11 TKG von vorneherein unverhältnismäßig wäre. Jedoch entsprechen auch die Regelungen zur Datensicherheit, zu den Zwecken und zur Transparenz der Datenverwendung sowie zum Rechtsschutz nicht den verfassungsrechtlichen Anforderungen. Damit fehlt es an einer dem Verhältnismäßigkeitsgrundsatz entsprechenden Ausgestaltung der Regelung insgesamt. § 113a TKG und § 113b TKG, soweit in diesem der Abruf der nach § 113a TKG zu speichernden Daten erlaubt wird, sind deshalb mit Art. 10 Abs. 1 GG nicht vereinbar" (BVerfGE 125, 260, 347).

3. Zwischenergebnis
Die §§ 113a, 113b, TKG sind verfassungswidrig, sodass der Eingriff in die Berufsfreiheit der B nicht gerechtfertigt ist.

II. Verfassungsbeschwerde der A
A ist mittels eines Schutzbereichseingriffes in Art. 10 Abs. 1 GG von den Regelungen erfasst. Wie sich bereits aus der objektiven Verfassungsmäßigkeitsprüfung bezüglich der §§ 113a, 113b TKG ergibt, ist der Eingriff aufgrund der Verfassungswidrigkeit der Regelungen aber nicht gerechtfertigt, sodass auch das Grundrecht der A aus Art. 10 Abs. 1 GG verletzt ist.

C. Annahme zur Entscheidung
Das Bundesverfassungsgericht nimmt die Verfassungsbeschwerden der A und der B gemäß § 93a BVerfGG zur Entscheidung an.

D. Ergebnis
Die Verfassungsbeschwerden der A und der B sind erfolgreich.

Da es sich bei § 113a TKG um eine Eins-zu-eins-Umsetzung der Richtlinie handelte, hätte das Bundesverfassungsgericht in seiner diesem Fall zugrunde liegenden Entscheidung (BVerfGE 125, 260) bezüglich der Richtlinie eigentlich gemäß § 267 AEUV beim EuGH vorlegen müssen, soweit es die Solange-Rechtsprechung nicht vollständig aufgibt, sondern nur auf die Verwerfungsebene verlagert. Die Feststellung der Verfassungswidrigkeit der Norm lässt sich nur mit der hohen Intensität des Grundrechtseingriffes bzw. den Artt. 20, 79 Abs. 3 GG i.V.m. Art. 23 Abs. 1 S. 3 GG bzw. mit Befindlichkeiten des Bundesverfassungsgerichts begründen.

1. Komplex (Ergänzungsfrage): Unterlassen des Gesetzgebers

Ein gesetzgeberisches Unterlassen könnte Gegenstand eines Verfahrens beim Bundesverfassungsgericht sein.

A. Verfassungsbeschwerde

Das seitens der B durchzuführende Verfahren kann lediglich eine Verfassungsbeschwerde gemäß Art. 93 Abs. 1 Nr. 4a GG i.V.m. § 13 Nr. 8a BVerfGG sein, da nur dieses Verfahren, als eines der enumerativ dem Bundesverfassungsgericht zugewiesenen Verfahren, auch natürlichen Personen ohne verfassungsrechtliche Funktion offensteht.

I. Beschwerdegegenstand

Problematisch wäre zunächst der Beschwerdegegenstand. Gegenstand der Verfassungsbeschwerde ist gemäß § 90 Abs. 1 BVerfGG etwas, das von der öffentlichen Gewalt ausgeht. Das kann jedenfalls ein aktives Handeln sein. In § 92 BVerfGG und § 95 Abs. 1 S. 1 BVerfGG hat der Gesetzgeber jedoch auch die „Unterlassung" benannt.

„Wenn der Gesetzgeber den Verfassungsauftrag falsch auslegt, demzufolge seiner Gesetzgebungspflicht nur unvollständig nachkommt und durch das Unterlassen einer erschöpfenden Regelung zugleich ein Grundrecht verletzt, ist die Verfassungsbeschwerde somit auch gegen dieses Unterlassen des Gesetzgebers zulässig. Aus der Fassung des § 95 BVerfGG lassen sich keine durchschlagenden Bedenken gegen diese Auffassung herleiten. Nach Sinn und Zweck der Bestimmungen der §§ 90 bis 95 BVerfGG, insbesondere aus § 92 und § 95 Abs. 1 S. 1 BVerfGG ergibt sich, dass Gesetze als „Handlungen" eines Verfassungsorgans, nämlich des Gesetzgebers, einzustufen sind, durch die Grundrechte verletzt werden können. Ist der Gesetzgeber verfassungsmäßig verpflichtet, eine solche Handlung vorzunehmen, also ein Gesetz zu erlassen, kann er durch einen Verstoß gegen seine Handlungspflicht, also durch Unterlassen, ebenfalls Grundrechte verletzen" (BVerfGE 6, 257, 264).

„Hat er den Verfassungsauftrag nur teilweise erfüllt und wird dadurch der allgemeine Gleichheitssatz verletzt, kann eine auf Art. 3 Abs. 1 GG gestützte Verfassungsbeschwerde auch gegen das teilweise Unterlassen des Gesetzgebers gerichtet sein. Die Annahme, ein solcher Verstoß des Gesetzgebers gegen Art. 3 Abs. 1 GG müsse zur Nichtigkeit der positiven Teilregelung führen, die Verfassungsbeschwerde sei also hiergegen – nämlich gegen die den Gleichheitssatz verletzende Begünstigung einer bestimmten Personengruppe – zu richten, ist jedenfalls dann nicht gerechtfertigt, wenn aus der Verfassung nicht nur die

Pflicht zur Regelung abzuleiten ist, sondern wegen des Umfanges der zu regelnden Materie offensichtlich kein einheitliches Gesetz verlangt wird, sondern sinngemäß zeitlich einander folgende Teilregelungen zulässig sind. Insoweit wären Teilregelungen zwar als im Hinblick auf Art. 3 Abs. 1 GG ergänzungsbedürftig einzustufen, bis zu einer möglichen Ergänzung aber nicht als rechtsunwirksam zu behandeln" (BVerfGE 6, 257, 264f).

„Bedenken gegen die Zulässigkeit einer Verfassungsbeschwerde gegen ein derartiges teilweises Unterlassen lassen sich auch nicht daraus herleiten, dass Gesetze in einer parlamentarischen Demokratie nur durch das Zusammenwirken mehrerer Verfassungsorgane zustande kommen und dass der Gesetzgeber wegen der Notwendigkeit der freien Abstimmung und des weiten Spielraums parlamentarischen Ermessens zwar zum Erlass bestimmter Gesetze, nicht aber zum Erlass von Gesetzen eines ganz bestimmten Inhalts verpflichtet werden kann. Wenn der Gesetzgeber auch bei seiner politischen Entscheidung über den Inhalt der Gesetze grundsätzlich frei ist, hat er doch stets das Grundgesetz einschließlich der Grundrechte zu beachten. Wenn daher der von einer gesetzlichen Regelung zu erfassende Personenkreis unmittelbar durch die Verfassung bestimmt ist, muss der Gesetzgeber dem bei seiner politischen Entscheidung aufgrund des Art. 3 Abs. 1 GG Rechnung tragen. Die ihn hinsichtlich des gesamten Personenkreises unmittelbar bindende Verpflichtung folgt dann aus Art. 3 Abs. 1 GG und damit aus einem der tragenden Konstitutionsprinzipien der freiheitlich demokratischen Verfassung" (BVerfGE 6, 257, 265).

Möglich ist allerdings nicht nur die Geltendmachung eines partiellen Unterlassens, sondern unter Umständen auch die Geltendmachung eines vollständigen Unterlassens, wobei dann nicht auf Art. 3 Abs. 1 GG, sondern auf Grundrechte als Leistungsrechte bzw. Schutzpflichten abgestellt werden muss.

II. Frist

Problematisch ist zudem die Frist i.S.d. § 93 BVerfGG. Bei Gesetzen als Beschwerdegegenstand gilt die Jahresfrist des § 93 Abs. 3 BVerfGG. Beim Beginn dieser Frist wird an das Inkrafttreten des jeweiligen Gesetzes angeknüpft. Diese Anknüpfung ist bei einem Unterlassen hingegen nicht möglich.

Die in § 93 BVerfGG geregelten Fristen sind auf positive Akte der öffentlichen Gewalt ausgerichtet. Da ein verfassungswidriges Unterlassen fortwirkt, wäre es nicht möglich, einen rechtsstaatlich i.S.d. Art. 20 Abs. 3 GG hinreichend bestimmten Zeitpunkt für den Beginn einer Frist festzulegen. Denkbar wären zwar der Zeitpunkt des erstmaligen Bedürfnisses des Einzelnen bezüglich der zu schaffenden Regelung oder der Zeitpunkt der Rechtskraft sämtlicher Urteile im Rahmen des mittelbaren Rechtsschutzes bezüglich der Situation – zum Beispiel bezüglich einer allgemeinen Feststellungsklage i.S.d. § 43 Abs. 1 S. 1 Alt. 1 VwGO –, jedoch wäre dies rechtsstaatlich nicht praktikabel, sodass § 93 BVerfGG verfassungskonform im Sinne des sich unter anderem aus Art. 20 Abs. 3 GG ergebenden Rechtsstaatsprinzips zu reduzieren und somit nicht anwendbar ist.

Zwar könnte bei der Nichtumsetzung einer europäischen Richtlinie auf den Ablauf der – nicht hinreichend parlamentarisch legitimierten – Umsetzungsfrist abgestellt werden, jedoch ist dies gesetzlich einerseits nicht vorgesehen, andererseits nicht durchgehend praktikabel, weil nicht jegliches Gesetz Ausdruck der Umsetzung einer Richtlinie ist und unterschiedliche Anknüpfungspunkte für eine Frist je nach Art des Gesetzes verfassungsrechtlich nicht hinreichend bestimmt sind. Eine Frist gilt nicht.

III. Allgemeines Rechtsschutzbedürfnis

Fraglich ist auch, inwieweit beim Unterlassen des Gesetzgebers ein allgemeines Rechtsschutzbedürfnis der B bestünde.

Eine Verfassungsbeschwerde, die bei einem entsprechenden Verfassungsauftrag bezüglich eines Teil- oder vollständigen Unterlassens des Gesetzgebers zulässig ist, kann gemäß § 95 Abs. 1 S. 1 BVerfGG nur zu der Feststellung führen, dass ein Grundrecht verletzt worden ist. Ein Gesetz, dessen Nichtigkeit das Bundesverfassungsgericht feststellen könnte, besteht nicht. „Dem Gesetzgeber bleibt es überlassen, innerhalb angemessener Frist seine bisherige Regelung auf den unter Verletzung des Art. 3 Abs. 1 GG übergangenen Personenkreis zu erstrecken oder aber den gesamten von dem Verfassungsauftrag ergriffenen Bereich neu zu regeln, sofern ihm das ohne Verletzung anderer Grundrechte oder Verfassungsbestimmungen noch möglich ist. Weitere Einwirkungsmöglichkeiten auf den Gesetzgeber stehen dem Bundesverfassungsgericht aufgrund der Gewaltenteilung im Rechtsstaat i.S.d. Art. 20 Abs. 2 S. 2 und Abs. 3 GG nicht zu. Seine Entscheidung in derartigen Fällen bleibt deshalb gleichwohl nicht eine theoretische Deklaration" (BVerfGE 6, 257, 265). Es besteht eine Appellfunktion.

Auch bei Feststellungsklagen im Zivilprozessverfahren gegen den Staat besteht ein Feststellungsinteresse in besonders weitgehendem Maß dahingehend, dass der Staat sich einer von seinen Gerichten festgestellten Rechtspflicht nicht entziehen werde. „Im verfassungsgerichtlichen Verfahren, in dem ohnehin wegen der beschränkten Vollstreckungsmöglichkeiten die loyale Zusammenarbeit der verschiedenen staatlichen Gewalten geradezu vorausgesetzt wird, darf angenommen werden, dass diese „moralische" Wirkung auf den Gesetzgeber dem Spruch des höchsten und gerade zur Auslegung der Verfassung berufenen Gerichts in erhöhtem Maße zukommen wird. Ob dann, wenn der Gesetzgeber die verfassungsmäßigen Folgerungen aus einer solchen verfassungsgerichtlichen Feststellung in angemessener Frist nicht ziehen sollte, eine endgültige Ablehnung jeder Ergänzungsregelung bzw. Regelung anzunehmen ist, ist für eine Verfassungsbeschwerde wegen gesetzgeberischen Unterlassens daher nicht maßgeblich" (BVerfGE 6, 257, 266).

Ein allgemeines Rechtsschutzbedürfnis besteht jedoch auch nur, falls die Umsetzungsfrist bezüglich der europäischen Richtlinie bereits abgelaufen ist und jedenfalls, soweit die Richtlinie nicht unmittelbar gilt, weil sie nicht hinreichend bestimmt bzw. bedingt ist. Beides ist gegeben.

B. Ergebnis

Eine Verfassungsbeschwerde beim Bundesverfassungsgericht wegen gesetzgeberischen Unterlassens ist aufgrund der Appellfunktion des Bundesverfassungsgerichts möglich, wobei in materieller Hinsicht grundrechtliche Schutzpflichten bzw. Leistungsrechte maßgeblich sind.

2. Komplex: Vorlage in Karlsruhe

Die auf der Vorlage des Gerichtes erfolgte konkrete Normenkontrolle i.S.d. Art. 100 Abs. 1 GG wird erfolgreich sein, soweit sie zulässig und begründet ist.

A. Zulässigkeit

Die konkrete Normenkontrolle beim Bundesverfassungsgericht muss zulässig sein.

I. Zuständigkeit des Bundesverfassungsgerichts

Das Bundesverfassungsgericht ist nur zuständig, wenn ihm ein Verfahren ausdrücklich enumerativ zugewiesen ist. Dem Bundesverfassungsgericht ist das konkrete Normenkontrollverfahren gemäß den Artt. 93 Abs. 1 Nr. 5, 100 Abs. 1 GG i.V.m. § 13 Nr. 11 BVerfGG zugewiesen, bei dem es um die Prüfung eines von einem Fachgericht vorgelegten nachkonstitutionellen Gesetzes geht.

II. Verfahrensabhängige Zulässigkeitsvoraussetzungen

Jedem dem Bundesverfassungsgericht enumerativ zugewiesenen Verfahren sind verfahrensabhängige Zulässigkeitsvoraussetzungen zugeordnet, die erfüllt sein müssen und sich für das konkrete Normenkontrollverfahren aus den § 13 Nr. 11 BVerfGG i.V.m. den §§ 80 ff. BVerfGG ergeben.

1. Vorlageberechtigtes Gericht

Zunächst muss das dem Bundesverfassungsgericht vorlegende Gericht vorlageberechtigt i.S.d. § 80 Abs. 1 BVerfGG i.V.m. Art. 100 Abs. 1 GG sein. Vorlageberechtigte Gerichte i.S.d. § 80 Abs. 1 BVerfGG sind alle sachlich unabhängigen Spruchkörper, die in einem formellen Gesetz als Gericht bezeichnet oder denen gerichtliche Aufgaben überantwortet worden sind (BVerfGE 6, 55, 63). Das gilt jedenfalls für die Verwaltungsgerichtsbarkeit. Das Gericht, das im Rahmen eines Verfahrens der allgemeinen Feststellungsklage i.S.d. § 43 Abs. 1 Alt. 1 VwGO vorlegt, ist vorlageberechtigt.

2. Vorlagegegenstand

Es muss sich bei § 113 Abs. 1 S. 2 TKG um einen tauglichen Vorlagegegenstand i.S.d. § 80 Abs. 1 BVerfGG i.V.m. Art. 100 Abs. 1 GG, also um ein vorlagefähiges Gesetz handeln, bezüglich dessen das Bundesverfassungsgericht i.S.d. § 81 BVerfGG Rechtsfragen prüft. Gesetze könnten insoweit sämtliche abstrakt-generelle Regelungen sein.

Dazu würden allerdings zum Beispiel auch Verordnungen gehören, die mittels delegierter Legislativgewalt von der Exekutive erlassen worden sind und bezüglich derer die Fachgerichte nicht nur die Prüfungs-, sondern auch die Verwerfungskompetenz zumindest zwischen den Beteiligten in Verfahren indirekten Rechtsschutzes haben. Im direkten Rechtsschutzverfahren gegen eine Verordnung könnte ein Oberverwaltungsgericht – soweit eine prinzipale Normenkontrolle i.S.d. § 47 Abs. 1 VwGO vorgesehen ist – sogar allgemein verbindlich i.S.d. § 47 Abs. 5 S. 2 VwGO verwerfen. Insoweit ist § 81 BVerfGG verfassungskonform i.S.d. sich unter anderem aus Art. 20 Abs. 3 GG ergebenden Rechtsstaatsprinzips dahingehend auszulegen, dass das Bundesverfassungsgericht als Hüter der Verfassung möglichst geringfügig mit Verfahren behelligt werden soll, sodass Gesetze i.S.d. Art. 100 Abs. 1 GG – welcher in praktischer Konkordanz mit Art. 20 Abs. 3 GG anzuwenden ist – restriktiv anzunehmen sind.

Gesetze sind insoweit jedenfalls geltende, formelle und nachkonstitutionelle Bundes- oder Landesgesetze, für welche bei den Instanzgerichten zwar eine Prüfungskompetenz, jedoch keine Verwerfungskompetenz besteht, weil letztere ausschließlich dem Bundesverfassungsgericht zugewiesen ist. § 113 Abs. 1 S. 2 TKG ist als nachkonstitutionelles Gesetz somit als zulässiger Vorlagegenstand einzustufen.

Auch im Rahmen einer konkreten Normenkontrolle kann ein Unterlassen wegen Unvollständigkeit des Gesetzes Gegenstand des Verfahrens sein. Gleiches gilt für vollständiges gesetzgeberisches Unterlassen im Rahmen einer Leistungsklage. Die Appellwirkung des Bundesverfassungsgerichts wäre bezüglich des Rechtsschutzbedürfnisses maßgeblich.

---

3. Überzeugung bezüglich der Verfassungswidrigkeit

Das vorlegende Gericht muss von der Verfassungswidrigkeit des Gesetzes überzeugt sein, wobei eine Überzeugung über bloße Zweifel der Vereinbarkeit des Gesetzes mit grundgesetzlichen Vorschriften hinausgeht. Das vorlegende Gericht hält § 113 Abs. 1 S. 2 TKG für verfassungswidrig und ist somit von dessen Verfassungswidrigkeit überzeugt.

4. Entscheidungserheblichkeit

Die für das konkrete Normenkontrollverfahren i.S.d. Art. 100 Abs. 1 S. 1 GG beim Bundesverfassungsgericht erforderliche Entscheidungserheblichkeit besteht.

5. Ordnungsgemäßer Antrag

Der Antrag ist schriftlich begründet i.S.d. § 80 Abs. 2 BVerfGG i.V.m. § 23 Abs. 1 BVerfGG ordnungsgemäß gestellt worden.

III. Zwischenergebnis

Der Antrag des Gerichts beim Bundesverfassungsgericht ist zulässig.

B. Begründetheit

Der Antrag des Gerichts ist begründet, soweit § 113 Abs. 1 S. 2 TKG mit dem Grundgesetz unvereinbar ist. Dann wird das Bundesverfassungsgericht den verfahrensgegenständlichen § 113 Abs. 1 S. 2 TKG gemäß §§ 78 S. 1, 81 BVerfGG i.V.m. § 82 Abs. 1 BVerfGG mit Gesetzeskraft i.S.d. § 31 Abs. 2 S. 1 BVerfGG i.V.m. § 78 BVerfGG für nichtig erklären. Das konkrete Normenkontrollverfahren ist ein objektives Beanstandungsverfahren, sodass eine objektive Verfassungswidrigkeit des Gesetzes entsprechend dem in Art. 100 Abs. 1 GG enthaltenen Prüfungsmaßstab des Grundgesetzes maßgeblich ist. Das Gesetz kann formell und materiell verfassungswidrig sein.

I. Formelle Verfassungswidrigkeit

Das Gesetz kann formell verfassungswidrig sein. Da Verfahrens- und Formfehler nicht ersichtlich sind, ist lediglich die Gesetzgebungskompetenz fraglich. Es kommen für § 113 Abs. 1 S. 2 TKG geschriebene Kompetenzen – ausschließliche, konkurrierende oder die Grundregel des Art. 70 Abs. 1 GG – sowie ungeschriebene – kraft Natur der Sache, kraft Sachzusammenhanges und die Annexkompetenz – in Betracht.

Der Bund kann sich auch bezüglich des § 113 Abs. 1 S. 2 TKG lediglich auf eine Gesetzgebungskompetenz kraft Sachzusammenhangs stützen. „Er ist danach auf die Regelung solcher datenschutzrechtlicher Bestimmungen begrenzt, die verständigerweise nur im Zusammenhang mit den Bestimmungen zur Errichtung einer Telekommunikationsinfrastruktur und zur Informationsübermittlung mit Hilfe von Telekommunikationsanlagen i.S.d. Art. 73 Abs. 1 Nr. 7 GG geregelt werden können (vgl. BVerfGE 125, 260, 314). Dazu gehören neben Bestimmungen zum Schutz der Daten umgekehrt auch Bestimmungen, durch welche die Grenzen dieses Schutzes bestimmt und festlegt werden und unter welchen Bedingungen und zu welchen Zwecken Daten für die Wahrnehmung öffentlicher Aufgaben zur Verfügung gestellt werden" (BVerfGE 130, 151, 192f).

„Durch Art. 73 Abs. 1 Nr. 7 GG wird der Bundesgesetzgeber nämlich nicht zur Regelung des behördlichen Datenaustauschs insgesamt berechtigt, sondern zur Regelung solcher Bestimmungen, mit denen in Öffnung der Anforderungen, die dem Schutz der Daten dienen, auch umgekehrt die möglichen Zwecke einer Datenverwendung für die öffentliche Aufgabenwahrnehmung festgelegt werden. Der Bundesgesetzgeber kann darum festlegen, unter welchen Voraussetzungen eine Behörde Daten übermitteln darf. Es besteht eine Datenübermittlungsbefugnis. Bezogen auf die Datenübermittlung zwischen Behörden, die eine Form der Amtshilfe darstellt, gehört auch die sowohl für die verpflichtete Behörde als auch mittelbar für die Datenbetroffenen abschließende maßgebliche Entscheidung, zu welchen Zwecken und in welchen Konstellationen die Daten auf Ersuchen übermittelt werden müssen. Es besteht eine Datenübermittlungspflicht. Die kompetenzrechtliche Verantwortung für die Datenübermittlung einer Behörde, zumal einer Bundesbehörde, liegt im Bereich des Telekommunikationsrechts beim Bund" (BVerfGE 130, 151, 193).

Unterscheide:
- Datenübermittlungsbefugnis
- Datenübermittlungsmöglichkeit

„Die Gesetzgebungsbefugnis endet, sobald es um den Abruf solcher Informationen geht. Die Ermächtigungen zum Datenabruf selbst bedürfen eines eigenen

Kompetenztitels oder müssen den Ländern überlassen bleiben" (BVerfGE 130, 151, 193).

„Zu der aus Art. 73 Abs. 1 Nr. 7 GG kraft Sachzusammenhang folgenden Kompetenz des Bundes für datenschutzrechtliche Regelungen gehört auch die Schaffung von Bestimmungen, mit denen die mögliche Verwendung der bei den Telekommunikationsunternehmen gespeicherten Daten für die öffentliche Aufgabenwahrnehmung festgelegt werden. Hiernach kann der Bund die Telekommunikationsdienstanbieter berechtigen und – in Korrespondenz zu einer fachrechtlich begründeten Auskunftspflicht – auch verpflichten, für bestimmte, von ihm im Einzelnen zu regelnde Zwecke (vgl. BVerfGE 125, 260, 344 ff.) solche Daten bei einem wirksamen Datenabruf an bestimmte Behörden zu übermitteln. Demgegenüber kann die Ermächtigung zu einem solchen Datenabruf ihrerseits nicht auf die Kompetenz für das Telekommunikationsrecht gestützt werden, sondern bedarf einer fachrechtlichen Kompetenzgrundlage" (BVerfGE 130, 151, 200f).

Der Bundesgesetzgeber hat die Kompetenz zur Regelung des § 113 Abs. 1 S. 2 TKG.

II. Materielle Verfassungswidrigkeit
Das Gesetz kann materiell verfassungswidrig sein.

1. Unvereinbarkeit mit Art. 10 Abs. 1 GG
§ 113 Abs. 1 S. 2 TKG könnte mit Art. 10 Abs. 1 GG unvereinbar sein.

a) Schutzbereichseingriff
Ein Schutzbereichseingriff könnte durch § 113 Abs. 1 S. 2 TKG erfolgt sein. Durch Art. 10 Abs. 1 GG wird das Telekommunikationsgeheimnis in Form der unkörperlichen Übermittlung von Informationen an individuelle Empfänger mithilfe des Telekommunikationsverkehrs vor einer Kenntnisnahme durch die öffentliche Gewalt geschützt (vgl. BVerfGE 130, 151, 179 m.w.N.). „Hierdurch soll vermieden werden, dass der Meinungs- und Informationsaustausch mittels Telekommunikationsanlagen deswegen unterbleibt oder nach Form und Inhalt verändert verläuft, weil die Beteiligten damit rechnen müssen, dass staatliche Stellen sich in die Kommunikation einschalten und Kenntnisse über die Kommunikationsbeziehungen und Kommunikationsinhalte gewinnen" (BVerfGE 130, 151, 179).

„Durch Art. 10 Abs. 1 GG werden dabei nicht nur die Inhalte der Kommunikation geregelt. Geschützt ist auch die Vertraulichkeit der näheren Umstände des Kommunikationsvorganges, als auch, ob, wann und wie oft zwischen welchen Personen oder Telekommunikationseinrichtungen Telekommunikationsverkehr stattgefunden hat oder versucht worden ist. Ein Eingriff in Art. 10 Abs. 1 GG ist danach erfolgt, wenn durch eine Fangschaltung ohne Wissen der Anrufenden eine Gesprächsverbindung so geschaltet wird, dass der Anruf rückverfolgbar wird oder eine Rufnummernunterdrückung i.S.d. Art. 101 TKG aufgehoben wird" (BVerfGE 130, 151, 179).

„Durch Art. 10 Abs. 1 GG wird allein die Vertraulichkeit konkreter Telekommunikationsvorgänge geschützt. Demgegenüber wird dessen Schutz nicht allgemein auf alle Informationen, durch die das Telekommunikationsverhalten oder insgesamt die Beziehungen zwischen den Telekommunikationsdienstanbietern und ihren Kunden betroffen sind, bezogen. Durch das Telekommunikationsgeheimnis wird nicht die Vertraulichkeit der jeweiligen Umstände der Bereitstellung der Telekommunikationsdienstleistungen wie etwa die Zuordnung der von den Diensteanbietern vergebenen Telekommu-nikationsnummern zu bestimmten Anschlussinhabern geschützt" (BVerfGE 130, 151, 179f).

In § 113 Abs. 1 S. 2 TKG geht es nicht um konkrete Telekommunikationsvorgänge, sondern nur um die benannten Umstände der Telekommunikationsdienstleistungen.

b) Zwischenergebnis

Ein Schutzbereichseingriff in Art. 10 Abs. 1 GG ist durch die Regelung des § 113 Abs. 1 S. 2 TKG nicht erfolgt.

2. Unvereinbarkeit mit Art. 2 Abs. 1 GG i.V.m. Art. 1 Abs. 1 GG

Das gemäß Art. 2 Abs. 1 GG i.V.m. Art. 1 Abs. 1 GG geschützte allgemeine Persönlichkeitsrecht kann durch die Regelung des § 113 Abs. 1 S. 2 TKG verletzt worden sein.

a) Schutzbereichseingriff

Ein Schutzbereichseingriff in das aus Art. 2 Abs. 1 GG i.V.m. Art. 1 Abs. 1 GG abgeleitete allgemeine Persönlichkeitsrecht kann erfolgt sein. Durch das allgemeine Persönlichkeitsrecht werden die Selbstbestimmung, Selbstbewahrung und Selbstdarstellung geschützt. Während die Selbstbestimmung zum Beispiel auf die Kenntnis der Abstammung sowie auf die Wahl des Personenstandes und die Selbstbewahrung zum Beispiel auf das Recht, sich zurückzuziehen, bezogen ist, sind vom Recht auf Selbstdarstellung zum Beispiel das Recht am eigenen

Bild sowie das Recht auf informationelle Selbstbestimmung als genereller Aspekt des allgemeinen Persönlichkeitsrechts umfasst.

Als besondere eigenständige Ausprägung des allgemeinen Persönlichkeitsrechts i.S.d. Art. 2 Abs. 1 GG i.V.m. Art. 1 Abs. 1 GG sind die Vertraulichkeit und Integrität informationstechnischer eigengenutzter betriebstechnischer Systeme geschützt, wodurch ein Schutz zum Beispiel vor dem Einsatz von Trojanern durch den Staat gewährleistet werden soll (BVerfGE 120, 274, 302; vgl. Hoffmann-Riem JZ 2008, 1009).

„Durch das Recht auf informationelle Selbstbestimmung wird Gefährdungen und Verletzungen der Persönlichkeit Rechnung getragen, die auf den Bedingungen moderner Datenverarbeitung aus informationsbezogenen Maßnahmen beruhen. Durch die freie Entfaltung der Persönlichkeit wird der Schutz des Einzelnen gegen unbegrenzte Erhebung, Speicherung, Verwendung und Weitergabe seiner persönlichen Daten vorausgesetzt. Dieser Schutz ist daher vom Grundrecht des Art. 2 Abs. 1 GG i.V.m. Art. 1 Abs. 1 GG umfasst. Durch das Grundrecht wird insoweit die Befugnis des Einzelnen gewährleistet, grundsätzlich selbst über die Preisgabe und Verwendung seiner persönlichen Daten zu bestimmen. Der Schutzbereich ist betroffen, wenn die Entfaltung der Persönlichkeit dadurch gefährdet wird, dass personenbezogene Informationen von staatlichen Behörden in einer Art und Weise genutzt und verknüpft werden, die Betroffene weder überschauen noch beherrschen können. Das Recht auf informationelle Selbstbestimmung ist nicht auf Informationen beschränkt, die bereits ihrer Art nach sensibel sind und schon deshalb grundrechtlich geschützt werden. Es gibt angesichts der Verarbeitungs- und Verknüpfungsmöglichkeiten kein schlechthin, also ungeachtet des Verwendungskontextes, belangloses personenbezogenes Datum. Insbesondere sind vom Schutz der informationellen Selbstbestimmung auch personenbezogene Informationen zu den Modalitäten der Bereitstellung von Telekommunikationsdiensten erfasst" (BVerfGE 130, 151, 183f).

Eingriffe können unmittelbar bzw. mittelbar in Form der Intention und der Intensität erfolgen.

„Durch Vorschriften, in denen zum Umgang mit personenbezogenen Daten durch staatliche Behörden ermächtigt wird, werden in der Regel verschiedene, aufeinander aufbauende Eingriffe begründet. Insbesondere ist insoweit zwischen der Erhebung, der Speicherung und der Verwendung von Daten zu unterscheiden. Bei der Regelung eines Datenaustauschs zur staatlichen Aufgabenwahrnehmung ist darüber hinaus aber auch zwischen der Datenübermittlung seitens der auskunftserteilenden Stelle und dem Datenabruf seitens der Auskunft suchenden Stelle zu unterscheiden. Ein Datenaustausch wird durch die einander korrespondierenden Eingriffe von Abfrage und Übermittlung vollzogen, die jeweils einer eigenen Rechtsgrundlage bedürfen. Der Gesetzgeber muss nicht nur die Übermittlung der Daten ermöglichen, sondern auch deren Abfrage. Erst durch die Kumulation beider Rechtsgrundlagen erfolgt die Berechtigung zu einem Austausch personenbezogener Daten. Dadurch wird – nach Maßgabe der Kompetenzordnung und den Anforderungen der Normenklarheit – nicht ausgeschlossen, dass beide Rechtsgrundlagen auch in einer Norm zusammengefasst werden können" (BVerfGE 130, 151, 184).

Da in § 113 Abs. 1 S. 2 TKG die Übermittlung und die Abfrage der Daten ermöglicht werden, besteht ein unmittelbarer Schutzbereichseingriff in das allgemeine Persönlichkeitsrecht aus Art. 2 Abs. 1 GG i.V.m. Art. 1 Abs. 1 GG.

Schema 63: Freie Entfaltung der Persönlichkeit gem. Art. 2 Abs. 1 GG

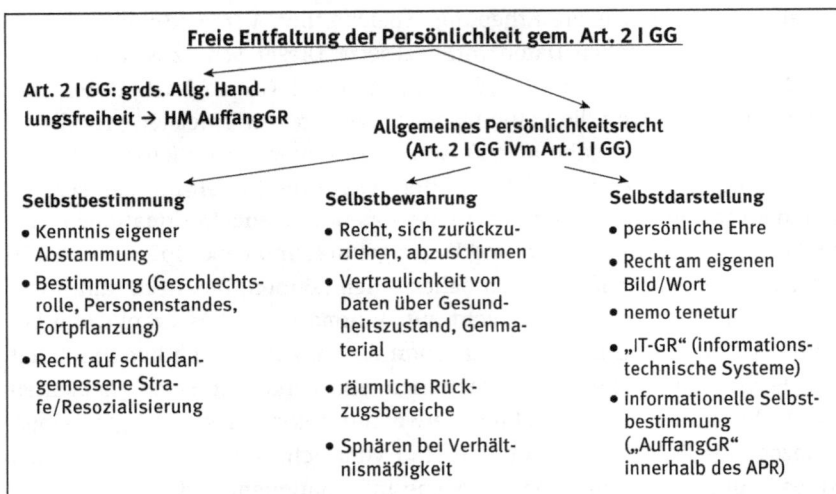

b) **Rechtfertigung**

Der Schutzbereichseingriff könnte gerechtfertigt sein. Das ist anzunehmen, wenn für das Grundrecht eine Schrankensystematik geregelt ist, deren verfassungsrechtliche Voraussetzungen erfüllt sind.

Die Rechtfertigung eines Eingriffes in Art. 2 Abs. 1 GG i.V.m. Art. 1 Abs. 1 GG wäre dem Gesetzeswortlaut entsprechend im Rahmen der in Art. 2 Abs. 1 GG genannten Schrankentrias durch die verfassungsmäßige Ordnung, die Rechte anderer oder die Sittengesetze denkbar.

Der Begriff der verfassungsmäßigen Ordnung ist, anders als in anderen Regelungen des Grundgesetzes – etwa Artt. 9 Abs. 2, 18 S. 2, 21 Abs. 2 GG –, entsprechend seiner Entstehungsgeschichte extensiv als verfassungsmäßige

Rechtsordnung zu verstehen, um eine hinreichende Bestimmtheit zur erreichen und Eingriffe durch verfassungswidrige Gesetze auszuschließen. Zur verfassungsmäßigen Ordnung gehören alle formell und materiell objektiv verfassungsmäßigen Gesetze (st. Rspr. seit BVerfGE 6, 32, 3. Leitsatz).

Eine Eingriffsrechtfertigung durch die Rechte anderer und Sittengesetze behält daneben zumindest keine eigenständige Bedeutung. Einerseits sind Rechte anderer und Sittengesetze hinsichtlich einer praktischen Konkordanz mit dem sich unter anderem aus Art. 20 Abs. 3 GG ergebenden Rechtsstaatsprinzip unvereinbar. Andererseits werden beide Aspekte durch die extensive Interpretation der verfassungsmäßigen Ordnung abgedeckt, sodass der Vorbehalt der Rechte anderer und das Sittengesetz keine eigenständige Bedeutung mehr haben (Jarass/Pieroth, 16. Aufl. 2020, Art. 2 GG, Rn. 14 f.). Letztlich handelt es sich bei Art. 2 Abs. 1 GG um einen einfachen Gesetzesvorbehalt ohne besondere Anforderungen an das Gesetz, sodass das Grundrecht grundsätzlich durch oder aufgrund eines formellen oder materiellen Gesetzes eingeschränkt werden darf.

Dieser Gesetzesvorbehalt gilt auch für das allgemeine Persönlichkeitsrecht, welches sich primär aus Art. 2 Abs. 1 GG und nicht aus Art. 1 Abs. 1 GG ergibt. Würde für das allgemeine Persönlichkeitsrecht primär Art. 1 Abs. 1 GG als Maßstab gelten, gäbe es keine Schrankensystematik bezüglich des allgemeinen Persönlichkeitsrechts, weil Eingriffe in die sehr eng auszulegende Menschenwürde nicht gerechtfertigt werden können.

Die maßgebliche Norm ist § 113 Abs. 1 S. 2 TKG. Das formell verfassungsmäßige Gesetz müsste bei objektiver Prüfung auch materiell verfassungsgemäß sein, um den Eingriff rechtfertigen zu können. Dazu müsste es verhältnismäßig bezüglich des Eingriffes in Art. 2 Abs. 1 GG i.V.m. Art. 1 Abs. 1 GG sein.

aa) Zweck

Legitimer Zweck der in § 113 Abs. 1 S. 2 TKG enthaltenen Regelung ist der Schutz der Allgemeinheit vor Straftaten sowie die Gefahrenabwehr.

bb) Eignung und Erforderlichkeit

Die Regelung des § 113 Abs. 1 S. 2 TKG müsste zur Zweckerreichung geeignet sein, sodass kein milderes gleich geeignetes Mittel bestehen dürfte, wobei die Einschätzungsprärogative des Gesetzgebers zu berücksichtigen ist.

„Verfassungsrechtlichen Einwänden ist § 113 Abs. 1 S. 2 TKG nicht schon deshalb ausgesetzt, weil ein Zugriff auf die von der Vorschrift betroffenen Daten der Zugangssicherung zugelassen worden ist. Es handelt sich auch insoweit um einen Eingriff in das Grundrecht auf informationelle Selbstbestimmung i.S.d.

Art. 2 Abs. 1 GG i.V.m. Art. 1 Abs. 1 GG, der nach allgemeinen Grundsätzen rechtfertigungsfähig ist. Dabei gilt hinsichtlich der aus der Kompetenzordnung und dem Rechtsstaatsprinzip folgenden Anforderungen an das Verhältnis zum Fachrecht dasselbe wie für § 113 Abs. 1 S. 1 TKG" (BVerfGE 130, 151, 207).

„Von § 113 Abs. 1 S. 2 TKG sind Daten betroffen, durch die als Zugangssicherungscodes – zum Beispiel Passwörter, PIN oder PUK – der Zugang zu Endgeräten und Speicherungseinrichtungen gesichert und damit die Betreffenden vor einem Zugriff auf die entsprechenden Daten beziehungsweise Telekommunikationsvorgänge geschützt werden. Durch die Vorschrift werden sie den Behörden zugänglich gemacht, sodass entsprechende Barrieren überwunden werden. Dabei wird die Auskunftserteilung über diese Codes unabhängig von den Voraussetzungen für deren Nutzung geregelt" (BVerfGE 130, 151, 208).

„Wann Behörden von den Sicherungscodes Gebrauch machen und auf die durch sie gesicherten Daten und Telekommunikationsvorgänge zugreifen dürfen, ist in eigenständigen Rechtsgrundlagen wie § 113 Abs. 1 S. 3 TKG für Eingriffe in das Telekommunikationsgeheimnis ausdrücklich klargestellt. Dabei unterscheiden sich die insoweit geltenden Anforderungen je nach Art des Eingriffs sowohl in formeller als auch in materieller Hinsicht. Soll durch die Nutzung des Zugangscodes zum Beispiel eine Onlinedurchsuchung oder die Überwachung eines noch nicht abgeschlossenen Telekommunikationsvorgangs ermöglicht werden, sind dafür nach näherer Maßgabe des Fachrechts die Einhaltung strenger materieller Anforderungen und eine richterliche Anordnung oder Bestätigung vorauszusetzen. Sollen demgegenüber mit dem Code nach Beschlagnahme eines Mobiltelefons auf diesem abgelegte Daten ausgelesen werden, können hierfür geringere Eingriffsschwellen ausreichen" (BVerfGE 130, 151, 208)

„Es ist kein Grund ersichtlich, warum die Behörden die in § 113 Abs. 1 S. 2 TKG geregelten Zugangscodes unabhängig von den Anforderungen an deren Nutzung und damit gegebenenfalls unter erleichterten Voraussetzungen abfragen können sollen. Die Erhebung der in § 113 Abs. 1 S. 2 TKG geregelten Zugangsdaten ist mit Blick auf die dort verfolgten Zwecke nur erforderlich, wenn auch die Voraussetzungen von deren Nutzung gegeben sind. Dies wird durch die Regelung des § 113 Abs. 1 S. 2 TKG in ihrer derzeitigen Fassung nicht hinreichend sichergestellt, da die Abfrage der Zugangscodes – zum Beispiel bezogen auf das strafrechtliche Ermittlungsverfahren – stets bereits unter den Voraussetzungen des § 161 Abs. 1 StPO zulässig sein soll, wenngleich die mit der Abfrage erstrebte Nutzung der Daten an weitergehende Voraussetzungen, beispielsweise eine vorherige richterliche Anordnung, gebunden wäre" (BVerfGE 130, 151, 209).

„Durch den Verhältnismäßigkeitsgrundsatz wird allerdings auch nicht umgekehrt vorgegeben, die Erhebung der Zugangscodes ausnahmslos unter die

Voraussetzungen zu stellen, die für deren eingriffsintensivste maximale Nutzungsmöglichkeit erfüllt sein müssen. Erforderlich für eine effektive Strafverfolgung und Gefahrenabwehr ist lediglich, die Auskunftserteilung über solche Zugangssicherungen an die Voraussetzungen zu binden, die bezüglich des in der Abfragesituation damit konkret erstrebten Nutzungszwecks zu erfüllen sind" (BVerfGE 130, 151, 209).

Aufgrund milderer und gleich geeigneter Mittel ist die Regelung des § 113 Abs. 1 S. 2 TKG nicht erforderlich.

III. Zwischenergebnis

Die in § 113 Abs. 1 S. 2 TKG erfolgte Regelung ist verfassungswidrig.

C. Ergebnis

Die auf Vorlage des Gerichts beim Bundesverfassungsgericht erfolgte Normenkontrolle ist erfolgreich. Das Bundesverfassungsgericht wird den verfahrensgegenständlichen § 113 Abs. 1 S. 2 TKG gemäß § 78 S. 1 BVerfGG i.V.m. § 82 Abs. 1 BVerfGG mit Gesetzeskraft i.S.d. § 31 Abs. 2 S. 1 BVerfGG i.V.m. § 78 BVerfGG für mit dem Grundgesetz unvereinbar erklären bzw. gegebenenfalls zur Sicherung des Rechtsstaates eine Übergangsfrist bestimmen.

Grundrechte – Fall 8:
„Auf das falsche Pferd gesetzt!"

Schwerpunkte: einstweilige Anordnung (§ 32 BVerfGG),Grundrechtsfähigkeit juristischer Personen; Grundrechtberechtigung juristischer Personen des öffentlichen Rechts, Recht auf den gesetzlichen Richter (Art. 101 Abs. 1 S. 2 GG), Recht auf effektiven Rechtsschutz (Art. 19 Abs. 4 GG), Gleichbehandlungsgebot (Art. 3 Abs. 1 GG), Schutz der Familie (Art. 6 GG)

1. Komplex

W betreibt in seiner Gaststätte im Bundesland B ein Wettbüro als privater Wettunternehmer und Wettvermittler. Er steht in vertraglichen Beziehungen zu dem in Vorarlberg (Österreich) ansässigen Unternehmen T. Dieses verfügt über eine befristete Genehmigung der Vorarlberger Landesregierung zur gewerbsmäßigen Vermittlung und zum gewerbsmäßigen Abschluss von Wetten mit Ausnahme von Wetten, die dem Glücksspielgesetz unterliegen.

Mit einem auf Art. 7 Abs. 2 Nr. 1 des Landesstraf- und Verordnungsgesetzes (LStVG) sowie § 12 Abs. 1 des Staatsvertrages zum Lotteriewesen in Deutschland (LottoStV) i.V.m. §§ 1, 4 und 5 Abs. 3 und 4 LottoStV gestützten Bescheid untersagte das Landratsamt L dem Beschwerdeführer im Bundesland B unter Anordnung der sofortigen Vollziehung die Annahme und Vermittlung von Sportwetten sowie die Werbung für das Sportwettenbüro T und ordnete die Einstellung des Betriebs für den auf die Zustellung des Bescheides folgenden Werktag an. Für den Fall, dass der Beschwerdeführer die untersagten Tätigkeiten nicht innerhalb der festgelegten Frist einstellen sollte, wurde ihm die Festsetzung eines Zwangsgeldes angedroht.

Gegen diesen Bescheid erhob W fristgerecht Widerspruch, über den bislang noch nicht entschieden ist, und stellte beim Verwaltungsgericht zudem einen Antrag auf Wiederherstellung bzw. Anordnung der aufschiebenden Wirkung seines Widerspruchs.

Mit einem Beschluss lehnte das Verwaltungsgericht den Antrag des W ab. Zur Begründung hieß es unter anderem, das Vollziehungsinteresse des Antragsgegners überwiege das Interesse des Antragstellers, von der Vollziehung der Verfügung zunächst verschont zu bleiben. Bei der Vermittlung der Sportwetten handele es sich um die Veranstaltung eines Glücksspiels i.S.d. § 284 StGB. Die Vermittlung der Sportwetten an einen Veranstalter, der nicht die erforderliche Erlaubnis habe, sei strafbar. § 284 StGB sei mit dem Grundgesetz – dies trifft zu – vereinbar. Auch unionsrechtlich sei § 284 StGB unbedenklich. Zwar sei § 284 Abs. 1 StGB als Eingriff in den Schutzbereich der mittels Art. 49 AEUV bzw.

https://doi.org.10.1515/9783110624410-019

Art. 56 AEUV garantierten Niederlassungs- und Dienstleistungsfreiheit zu qualifizieren. Dieser sei jedoch zum Schutz der öffentlichen Sicherheit i.S.d. Art. 52 AEUV, welcher gemäß Art. 62 AEUV auch bezüglich des Art. 56 AEUV entsprechend anwendbar ist, gerechtfertigt. Eine Vorlage der Rechtssache bezüglich einer unionsrechtlichen Rechtsfrage an den Gerichtshof der Europäischen Union (EuGH) scheide im Verfahren des vorläufigen Rechtsschutzes aus.

Die hiergegen erhobene Beschwerde des Beschwerdeführers wies der Verwaltungsgerichtshof im Beschwerdeverfahren mit Beschluss zurück. Eine Vorlage an den Europäischen Gerichtshof (EuGH) gemäß Art. 267 AEUV komme nicht in Betracht. Angesichts der geringen Erfolgsaussichten in der Hauptsache sei es grundsätzlich sachgerecht, dass die Interessenabwägung zugunsten des Vollziehungsinteresses ausfalle.

W beantragt daraufhin beim Bundesverfassungsgericht im einstweiligen Rechtsschutz, die genannten Gerichtsentscheidungen aufzuheben. Durch die Entscheidungen sei er in seinen Rechten aus Art. 101 Abs. 1 S. 2 GG und Art. 19 Abs. 4 GG verletzt. Durch die Beschlüsse des Verwaltungsgerichts und des Verwaltungsgerichtshofs sei ihm sein gesetzlicher Richter entzogen worden, weil diese Gerichte es unterlassen hätten, den Rechtsstreit im Rahmen einer Vorabentscheidung gemäß Art. 267 AEUV dem EuGH vorzulegen. Soweit ein Gericht eine faktische Suspendierung primären Unionsrechts vollzieht, bestehe eine Verpflichtung, dem Gerichtshof der Europäischen Union vorzulegen. Eine derartige Suspendierung primären Unionsrechts könne nicht durch nationale Gerichte, sondern ausschließlich durch den EuGH erfolgen. Durch die Entscheidungen des Verwaltungsgerichts und des Verwaltungsgerichtshofs werde zudem der Anspruch des W auf effektiven Rechtsschutz im verwaltungsgerichtlichen Eilverfahren verletzt, da nicht von einer voraussichtlichen Erfolglosigkeit des Rechtsbehelfs in der Hauptsache ausgegangen werden könne. Außerdem behauptet W, die Entscheidungen stellten einen ungerechtfertigten Eingriff in das Grundrecht der Berufsfreiheit dar und der Gleichbehandlungsgrundsatz gemäß Art. 3 Abs. 1 GG werde durch sie verletzt, da die private Veranstaltung von Pferdewetten erlaubnisfähig sei, während für alle anderen vergleichbaren Sportwetten eine Erlaubnis nicht erteilt werden könne. Die Verletzung von Gleichheitsrechten hatte W zuvor noch nicht geltend gemacht.

Wird W mit seinem Antrag Erfolg haben, wenn das Bundesverfassungsgericht das Staatslotteriegesetz des Landes B zwar als mit Art. 12 GG unvereinbar eingestuft, jedoch gleichzeitig eine Übergangsfrist geschaffen hat, aufgrund derer es derzeit wirksam ist? Art. 12 GG ist unabhängig von Art. 3 Abs. 1 GG nicht zu prüfen. Bei Unzulässigkeit des Antrages ist ein Hilfsgutachten für die Begründetheit anzufertigen.

2. Komplex: Abwandlung

Wäre die Hauptsache im Rahmen der Zulässigkeitsvoraussetzungen für den Antrag auf einstweiligen Rechtsschutz beim Bundesverfassungsgericht unbehebbar unzulässig, wenn es sich bei W um eine inländische juristische Person des öffentlichen Rechts – keine Kirche, Universität oder Rundfunkanstalt – handelt und die Prüfung des Art. 12 Abs. 1 GG nicht ausgeschlossen ist?

Landesstraf- und Verordnungsgesetz des Landes B (LStVG)
Art. 7: Befugnisse der Sicherheitsbehörden

(1) Anordnungen und sonstige Maßnahmen, die in Rechte anderer eingreifen, dürfen nur getroffen werden, wenn die Sicherheitsbehörden durch Gesetz oder auf Grund eines Gesetzes dazu besonders ermächtigt sind.

(2) Soweit eine solche gesetzliche Ermächtigung nicht in Vorschriften dieses Gesetzes oder in anderen Rechtsvorschriften enthalten ist, können die Sicherheitsbehörden zur Erfüllung ihrer Aufgaben für den Einzelfall Anordnungen nur treffen, um

1. rechtswidrige Taten, die den Tatbestand eines Strafgesetzes oder einer Ordnungswidrigkeit verwirklichen, oder verfassungsfeindliche Handlungen zu verhüten oder zu unterbinden,

2. durch solche Handlungen verursachte Zustände zu beseitigen,

3. Gefahren abzuwehren oder Störungen zu beseitigen, die Leben, Gesundheit oder die Freiheit von Menschen oder Sachwerte, deren Erhaltung im öffentlichen Interesse geboten erscheint, bedrohen oder verletzen.

[...]

3. Komplex

Als ob W nicht bereits genug Ärger hätte, soll nun der Vater (V) des zweijährigen Kindes (K) der D – eine gute Freundin des W –, das anders als V die deutsche Staatsangehörigkeit innehat, zurück nach Indien abgeschoben werden. W muss nun als Kummerkasten herhalten. V reiste im Jahr 2000 in das Bundesgebiet ein und beantragte unter unvollständig angegebenem Namen und falschem Geburtsdatum Asyl. Der Asylantrag wurde gemäß § 30 Abs. 1 AsylVfG als offensichtlich unbegründet abgelehnt. Nach dem Ende des Asylverfahrens wurde V wegen Passlosigkeit geduldet. Nach der Geburt des K erkannte V seine Vaterschaft an und beantragte eine Aufenthaltserlaubnis. Nachdem D den V beschuldigt hatte, gegen den Säugling tätlich geworden zu sein, lebt das gesundheitlich beeinträchtigte Kind seit einem halben Jahr in einer Pflegefamilie, in der es nach der Auffassung des Jugendamtes auch in Zukunft bleiben soll. D und V haben sich inzwischen getrennt und D ist in ein anderes Bundesland umgezogen. Die Gewaltvorwürfe gegen V hat D zurückgenommen, woraufhin beiden das gemeinsame Sorgerecht mit Ausnahme der Teilbereiche des Aufenthaltsbestimmungsrechts, der Gesundheitsfürsorge und der Vertretung für die Beantragung öffentlicher Hilfen zugesprochen wurde. Seit ihm das Sorgerecht zugesprochen wurde, darf V sein Kind K alle zwei Wochen für zwei Stunden besuchen. Dies nimmt V sehr regelmäßig und verlässlich wahr.

Dennoch wurde der Antrag des V auf die Erteilung einer Aufenthaltserlaubnis i.S.d. § 28 Abs. 1 S. 1 Nr. 3 AufenthG abgelehnt. Nach Ansicht des zuständigen Amtes findet die familiäre Lebensgemeinschaft als Voraussetzung für den begehrten Aufenthaltstitel in der Regel Ausdruck im Zusammenleben der Familie. Fehlt es an einer häuslichen Gemeinschaft, könne sie im Allgemeinen nur angenommen werden, wenn eine dem entsprechende Beistands- und Betreuungsgemeinschaft auf andere Weise verwirklicht werde. Das V verbleibende Sorgerecht sei nichts weiter als ein Besuchsrecht. In dem Bereich der Personensorge, der V verblieben sei, könne nicht von einer Personensorge im herkömmlichen Sinne ausgegangen werden. Mit der Regelung des § 28 Abs. 1 S. 1 Nr. 3 AufenthG sei mehr als ein monatliches Besuchsrecht von vier Stunden gemeint. Eine Beistandsgemeinschaft im Sinne des Kindeswohls habe sich derzeit noch nicht entwickeln können. Hinsichtlich der Rechtsprechung des Bundesverfassungsgerichts zum Umgangsrecht sei auszuführen, dass eine Ausgestaltung der Beziehung der Familienmitglieder untereinander, die dem Leitbild des Gesetzgebers entspreche, nicht bestehe. V und K hätten keine besonderen Bindungen zueinander entwickelt.

Während über die Klage des V auf die Erteilung der Aufenthaltserlaubnis noch nicht letztinstanzlich entschieden worden ist, ist er mit seinem Antrag auf Aussetzung der Abschiebung durch eine einstweilige gerichtliche Anordnung letztinstanzlich gescheitert. Das Gericht hat ausschließlich auf das nähere Verhältnis zur Pflegefamilie abgestellt. Auf Anraten der D sucht hieraufhin auch V, der sich in seinen auch ihm als Ausländer zustehenden Grundrechten verletzt sieht, Schutz bei den Richtern des Bundesverfassungsgerichtes.

Prüfen Sie, ob V durch die verwaltungsgerichtliche Entscheidung, ihm keinen einstweiligen Rechtsschutz gegen seine Abschiebung zu gewähren, verletzt ist.

Bearbeitungsvermerk

Unterstellen Sie, dass das Asylverfahrensgesetz sowie das Aufenthaltsgesetz verfassungsgemäß sind und die gegebenenfalls erforderlichen besonderen Anforderungen für einen Gesetzesvorbehalt erfüllen. Prüfen Sie bezüglich des Vollzuges gegebenenfalls nur die Verhältnismäßigkeit, nicht die Rechtmäßigkeit.

Asylverfahrensgesetz (AsylVfG)
§ 30: Offensichtlich unbegründete Asylanträge

(1) Ein Asylantrag ist offensichtlich unbegründet, wenn die Voraussetzungen für eine Anerkennung als Asylberechtigter und die Voraussetzungen für die Zuerkennung der Flüchtlingseigenschaft offensichtlich nicht vorliegen.

(2) Ein Asylantrag ist insbesondere offensichtlich unbegründet, wenn nach den Umständen des Einzelfalles offensichtlich ist, dass sich der Ausländer nur aus wirtschaftlichen Gründen oder um einer allgemeinen Notsituation oder einer kriegerischen Auseinandersetzung zu entgehen, im Bundesgebiet aufhält.

(3) Ein unbegründeter Asylantrag ist als offensichtlich unbegründet abzulehnen, wenn

1. in wesentlichen Punkten das Vorbringen des Ausländers nicht substantiiert oder in sich widersprüchlich ist, offenkundig den Tatsachen nicht entspricht oder auf gefälschte oder verfälschte Beweismittel gestützt wird,

2. der Ausländer im Asylverfahren über seine Identität oder Staatsangehörigkeit täuscht oder diese Angaben verweigert,

3. er unter Angabe anderer Personalien einen weiteren Asylantrag oder ein weiteres Asylbegehren anhängig gemacht hat,

4. er den Asylantrag gestellt hat, um eine drohende Aufenthaltsbeendigung abzuwenden, obwohl er zuvor ausreichend Gelegenheit hatte, einen Asylantrag zu stellen [...]

Aufenthaltsgesetz
§ 28: Familiennachzug zu Deutschen

Die Aufenthaltserlaubnis ist dem ausländischen

1. Ehegatten eines Deutschen,

2. minderjährigen ledigen Kind eines Deutschen,

3. Elternteil eines minderjährigen ledigen Deutschen zur Ausübung der Personensorge

zu erteilen, wenn der Deutsche seinen gewöhnlichen Aufenthalt im Bundesgebiet hat. Sie ist abweichend von § 5 Abs. 1 Nr. 1 in den Fällen des Satzes 1 Nr. 2 und 3 zu erteilen.[...]

Vertiefung

BVerfG, Beschluss vom 7.12.2006 – 2 BvR 2428/06 (NJW 2007, 1521)

Zur Vorlagepflicht: BVerfG, Beschluss vom 8.4.1987 – 2 BvR 687/85 (BVerfG 75, 223); BVerfG, Beschluss vom 31.5.1990 – 2 BvL 12, 13/88, 2 BvR 1436/87 (BVerfGE 82, 159); BVerfG, Beschluss vom 25.2.2010 – 1 BvR 230/09 (NJW 2010,

1268); BVerfG, Beschluss vom 6.7.2010 – 2 BvR 2661/06 (BVerfGE 126, 286); BVerfG, Beschluss von 14.1.2021 – 1 BvR 2853/19 (NJW 2021, 1005)

Zur Verfassungsmäßigkeit der Vermittlung von Sportwetten: BVerfG, Urteil vom 28.3.2006 – 1 BvR 1840/05, Rn. 4; BVerfG, Beschluss vom 4.7.2006 – 1 BvR 138/05

Zur Grundrechtsfähigkeit juristischer Personen des öffentlichen Rechts: BVerfG, Beschluss vom 9.4.1975 – 2 BvR 879/73 (BVerfGE 39, 302); BVerfG, Beschluss vom 8.7.1982 – 2 BvR 1187/80 (BVerfGE 61, 82); BVerfG, Beschluss vom 14.4.1987 – 1 BvR 775/84 (NVwZ 1987, 879); BVerfG, Beschluss vom 1.7.1987 – 1 BvL 21/82 (BVerfGE 76, 130)

Zum Grundrechtsschutz der Familie: BVerfG, Beschluss vom 1.12.2008 – 2 BvR 1830/08

Gliederung

1. Komplex: Antrag des W beim Bundesverfassungsgericht
- A. Zulässigkeit (–)
  - I. Zuständigkeit des Bundesverfassungsgerichts (+)
  - II. Antragsberechtigung (+)
  - III. Ordnungsgemäßheit und Begründung des Antrags
  - IV. Möglichkeit gleicher Entscheidung in der Hauptsache (+)
  - V. Keine unbehebbare Unzulässigkeit der Hauptsache (+)
    1. Zuständigkeit des Bundesverfassungsgerichts (+)
    2. Verfahrensabhängige Zulässigkeitsvoraussetzungen (+)
       - a) Beschwerdefähigkeit (+)
       - b) Beschwerdegegenstand (+)
       - c) Beschwerdebefugnis (+)
       - d) Besonderes Rechtsschutzbedürfnis (+/–)
          - aa) Rechtswegerschöpfung (+)
          - bb) Keine Subsidiarität (+/–)
       - e) Form, Antrag und Frist (+)
    3. Zwischenergebnis (+)
  - VI. Keine offensichtliche Unbegründetheit der Hauptsache (–)
    1. Art. 101 Abs. 1 S. 2 GG (–)
       - a) Schutzbereichseingriff
          - aa) Vorlage beim Gerichtshof der Europäischen Union (+)
             - (1) Vertretbarkeitskontrolle
             - (2) Willkürkontrolle
             - (3) Grundlegende Maßstäbe
          - bb) Einstweiliger Rechtsschutz
       - b) Zwischenergebnis
    2. Art. 19 Abs. 4 GG (–)
    3. Zwischenergebnis (–)
- B. Ergebnis (–)

C. Hilfsgutachten Begründetheit
    I.   Eilbedürftigkeit (+)
    II.   Folgenabwägung (–)
    III. Ergebnis (–)

2. Komplex: Abwandlung
    I.   Zuständigkeit des Bundesverfassungsgerichts (+)
    II.   Verfahrensabhängige Zulässigkeitsvoraussetzungen (–)
        1.   Beschwerdefähigkeit (+)
        2.   Beschwerdegegenstand (+)
        3.   Beschwerdebefugnis (+)
           a)   Personales Substrat
           b)   Grundrechtstypische Gefährdungslage
           c)   Grund- bzw. Verfahrensrechte der W
           aa) Berufsfreiheit i.S.d. Art. 12 Abs. 1 GG (–)
           bb) Artt. 19 Abs. 4 GG, 101 Abs. 1 S. 2 GG (+)
           cc) Art. 3 Abs. 1 GG (–)
        4.   Besonderes Rechtsschutzbedürfnis (+)
        5.   Form, Antrag und Frist (+)
    III. Ergebnis

3. Komplex: Grundrechtsverletzung des V
    I.   Schutzbereichseingriff (+)
    II.   Rechtfertigung (–)
        1.   Gesetzesvorbehalt und Verfassungsmäßigkeit der Gesetze (+)
        2.   Verhältnismäßigkeit des Vollzuges (–)
           a)   Verfassungsrechtlich legitimer Zweck (+)
           b)   Eignung (+)
           c)   Erforderlichkeit (+)
           d)   Verhältnismäßigkeit im engen Sinne (Disproportionalität) (+)
    III. Ergebnis (+)

Lösungsvorschlag

Die folgende Lösung ist als Lösungsvorschlag zu verstehen und ausführlicher, als es in der Klausurbearbeitung verlangt werden kann. Aufgrund der wissenschaftlichen Freiheit können andere Lösungswege vertreten werden, soweit sie dogmatisch begründbar sind. Die Nachweise aus Rechtsprechung und Literatur sowie die das Verständnis fördernden Randbemerkungen sind in der Examensklausur auszusparen. Die Abkürzung „Alt." steht für Alternativfall, nicht für Alternative.

1. Komplex: Antrag des W beim Bundesverfassungsgericht

Der Antrag des W beim Bundesverfassungsgericht auf Feststellung der Verfassungswidrigkeit der Beschlüsse des Verwaltungsgerichtshofes sowie etwaige vorinstanzliche gleich lautende Entscheidungen wird erfolgreich sein, soweit er zulässig und begründet ist.

A. Zulässigkeit
Der Antrag des W muss zulässig sein.

Anders als im Verwaltungsrecht muss nicht der Terminus „Sachurteils- bzw. Sachentscheidungsvoraussetzungen" verwendet werden, weil das Bundesverfassungsgericht nur bei enumerativ zugewiesenen Verfahren zuständig und keine § 65 Abs. 2 VwGO oder § 17a Abs. 2 GVG vergleichbare Norm ersichtlich ist. § 17a Abs. 2 GVG ist in verfassungsrechtlichen Verfahren nicht anwendbar, weil es sich bei der enumerativen Zuweisung zum Bundesverfassungsgericht nicht um einen Rechtsweg oder eine klassische Zuständigkeitsregelung handelt und es im Bundesverfassungsgerichtsgesetz Spezialregelungen gibt.

I. Zuständigkeit des Bundesverfassungsgerichts
Das Bundesverfassungsgericht ist nur zuständig, wenn ihm ein Verfahren ausdrücklich – enumerativ – zugewiesen ist. Während für die Hauptverfahren beim Bundesverfassungsgericht in Art. 93 GG oder einer anderen Norm des Grundgesetzes jeweils i.V.m. § 13 BVerfGG für verschiedene Konstellationen dezidierte Regelungen geschaffen worden sind, ist der einstweilige Rechtsschutz im Bundesverfassungsgerichtsgesetz als Prozessordnung des Bundesverfassungsgerichts für alle Verfahren in Art. 93 Abs. 3 GG i.V.m. § 32 BVerfGG geregelt. Dem Verweis auf die Hauptsache in § 32 Abs. 2 S. 2 BVerfGG lässt sich entnehmen, dass das Bundesverfassungsgericht für die einstweilige Anordnung nur zuständig ist, wenn ihm auch das Verfahren in der Hauptsache enumerativ zugewiesen ist. Dem Bundesverfassungsgericht ist gemäß Art. 93 Abs. 1 Nr. 4a GG i.V.m. § 13 Nr. 8a BVerfGG die Verfassungsbeschwerde zugewiesen, bei der es darum geht, dass ein Beschwerdeführer sich gegen eine Norm bzw. gegen einen Rechtssetzungsakt eines Gerichts wendet. Für W kommt eine Verfassungsbeschwerde gegen den letztinstanzlichen Beschluss sowie etwaige vorinstanzliche gleich lautende Entscheidungen des Verwaltungsgerichtshofes in Betracht. Somit ist das Bundesverfassungsgericht auch für die einstweilige Anordnung zuständig.

Verfahrensabhängige Voraussetzungen sind für die einstweilige Anordnung i.S.d. § 32 BVerfGG nicht ausdrücklich vorgegeben. Es ist daher in Anlehnung an den Wortlaut des § 32 BVerfGG ein Prüfungsaufbau zu entwickeln. In langjähriger Rechtsprechung des Bundesverfassungsgerichts sind die in diesem Lösungsvorschlag zugrunde gelegten Prüfungspunkte insbesondere anhand des Wortlautes des § 32 BVerfGG entwickelt worden.

II. Antragsberechtigung

Antragsberechtigt in einem Verfahren im einstweiligen Rechtsschutz bezüglich eines Hauptsacheverfahrens ist bei bereits anhängigem Hauptsacheverfahren in Anlehnung an § 32 Abs. 2 S. 2 BVerfGG nur, wer im Hauptsacheverfahren beteiligt ist. In der Hauptsache ist jedoch noch kein Antrag gestellt worden, sodass W unabhängig von der Hauptsache zulässigerweise Antragsteller bezüglich der seinerseits begehrten einstweiligen Anordnung ist.

Ungeschickt wäre es, die Überschrift „Parteifähigkeit" anstelle der „Antragsberechtigung" zu wählen, weil der Begriff Partei häufig mit einem Zwei-Parteien-Prozess assoziiert wird, obwohl die im einstweiligen Rechtsschutz geltend gemachte Verfassungsbeschwerde nicht als kontradiktorisches Verfahren einzustufen ist.

III. Ordnungsgemäßheit und Begründung des Antrags

Es ist davon auszugehen, dass W den Antrag gemäß § 23 Abs. 1 S. 1 BVerfGG schriftlich gestellt und das verfolgte Begehren, die Aufhebung der angegriffenen Beschlüsse, im Antrag gemäß § 23 Abs. 1 S. 2 BVerfGG i.V.m. § 64 BVerfGG bezeichnet hat.

IV. Möglichkeit gleicher Entscheidung in der Hauptsache

Ebenfalls in Anlehnung an § 32 Abs. 2 S. 2 BVerfGG ist es grundsätzlich erforderlich, dass eine Entscheidung – wie sie in der einstweiligen Anordnung beantragt ist – auch in der Hauptsache erfolgen kann. Es darf grundsätzlich kein Antrag im einstweiligen Rechtsschutz gestellt werden, der von jeglicher Hauptsache losgelöst ist. Die von W begehrte Entscheidung könnte in einer Verfassungsbeschwerde als Hauptsacheverfahren grundsätzlich erfolgen.

Eine Entscheidung im einstweiligen Rechtsschutz ist auch ohne eine folgende Hauptsache ausnahmsweise zulässig, wenn dies aufgrund einer Eilsituation erforderlich ist. In einer rechtsstaatlichen Demokratie i.S.d. Art. 20 Abs. 2, 3 GG ist nämlich nicht nur ein Rechtsweg i.S.d. Art. 19 Abs. 4 GG zu gewähren – zu diesem dort gewährten Rechtsschutz gehören Anträge beim Bundesverfassungsgericht nicht –, sondern es muss im Rahmen einer effektiven Gewaltenkontrolle auch eine verfassungsgerichtliche Prüfungsinstanz bestehen, wenn es wegen des Zeitmoments nicht mehr zu einer Hauptsache kommen wird. Der seitens des W gerügte Beschluss des Verwaltungsgerichtshofes ist auf die Betreibung des Wettbüros des W bezogen. Die Angelegenheit ist eilbedürftig, weil W seinen Lebensunterhalt mit den Wetten bestreitet, sodass er die Hauptsache nicht abwarten kann.

Die Möglichkeit einer gleichen Entscheidung in der Hauptsache kann vertretbar auch im allgemeinen Rechtsschutzbedürfnis erörtert werden.

V. Keine unbehebbare Unzulässigkeit der Hauptsache

Der Antrag gemäß § 32 BVerfGG ist unzulässig, wenn die Hauptsache unbehebbar unzulässig wäre. Maßgeblich ist daher, ob ein Antrag des W auf Feststellung der Verfassungswidrigkeit der Beschlüsse unzulässig wäre.

Vertretbar ist es auch, anstatt auf eine unbehebbare, auf eine offensichtliche Unzulässigkeit der Hauptsache abzustellen. Wichtig ist nur, dass inzident die Zulässigkeit der Hauptsache geprüft wird.

---

1. Zuständigkeit des Bundesverfassungsgerichts

Verfassungsbeschwerden sind dem Bundesverfassungsgericht gemäß Art. 93 Abs. 1 Nr. 4a GG i.V.m. § 13 Nr. 8a BVerfGG zugewiesen, sodass es zuständig wäre.

Es ist vertretbar, die Wiederholung der Erwähnung der Zuständigkeit des Bundesverfassungsgerichts für die Hauptsache auszusparen. Diese Zuständigkeit ist bereits in der Zuständigkeit für den einstweiligen Rechtsschutz erörtert worden.

---

2. Verfahrensabhängige Zulässigkeitsvoraussetzungen

Die verfahrensabhängigen Zulässigkeitsvoraussetzungen der Verfassungsbeschwerde müssten erfüllt sein. Diese ergeben sich aus §§ 13 Nr. 8a, 90 ff. BVerfGG i.V.m. Art. 94 Abs. 2 GG.

---

a) Beschwerdefähigkeit

W müsste beschwerdefähig sein. Beschwerdefähig ist, wer geeignet ist, an dem Verfahren der Verfassungsbeschwerde beteiligt zu sein. Dies ist gemäß § 90 Abs. 1 BVerfGG „jedermann". Jedermann sind alle Personen, die Träger von Grundrechten sind – jedenfalls jede natürliche Person. W wäre als natürliche Person beschwerdefähig.

---

b) Beschwerdegegenstand

Beschwerdegegenstand i.S.d. § 90 Abs. 1 BVerfGG kann jede Maßnahme der öffentlichen Gewalt sein. Dass alle Maßnahmen der öffentlichen Gewalt erfasst sind, ergibt sich unter anderem aus den §§ 93, 95 Abs. 1 S. 2 BVerfGG. Gegenstand der Verfassungsbeschwerde des W wären der letztinstanzliche Beschluss des Verwaltungsgerichtshofes sowie – soweit inhaltlich mit dem letztinstanzlichen Beschluss übereinstimmend – gleich tenorierte vorausgegangene Rechtssetzungsakte bzw. Beschlüsse als Akte der Judikative bzw. im Vorfeld der Exekutive, vor welchen durch die Grundrechte als objektive Werteordnung i.S.d. Art. 1 Abs. 3 GG ebenfalls geschützt werden soll.

c) Beschwerdebefugnis

W müsste gemäß § 90 Abs. 1 BVerfGG beschwerdebefugt sein. Beschwerdebefugt i.S.d. § 90 Abs. 1 BVerfGG ist, wer behaupten kann, in seinen Grundrechten oder in seinen Rechten aus Art. 20 Abs. 4 GG, Artt. 33, 38, 101, 103, 104 GG verletzt zu sein.

Da zwischen dem Bundesverfassungsgericht und den Fachgerichten jedoch ein Kooperationsverhältnis besteht und für das Bundesverfassungsgericht somit nur Verfassungsrecht als Prüfungsmaßstab maßgeblich ist, damit es im rechtsstaatlichen Gefüge nicht unnötig mit Verfahren behelligt wird, genügt die bloße Behauptung der Grundrechtsverletzung nicht. Vielmehr muss der Beschwerdeführer hinreichend substantiiert die Möglichkeit darlegen, selbst, gegenwärtig und unmittelbar in Grundrechten betroffen zu sein.

Das Merkmal der unmittelbaren Betroffenheit ist vom Bundesverfassungsgericht für die Rechtssatzverfassungsbeschwerde entwickelt worden, da dieses Merkmal bei abstraktgenerellen Regelungen anders als bei Urteilen problematisch sein kann. Dennoch sollte die – bei Urteilen selbstverständlich gegebene – Unmittelbarkeit auch bei Urteilsverfassungsbeschwerden in einem Nebensatz kurz angesprochen werden, da dies in einigen amtlichen Lösungshinweisen – wenngleich in der Sache überflüssig – vorgesehen ist.

Das Bundesverfassungsgericht ist keine Superrevisionsinstanz, sodass nur spezifische Grundrechtsverletzungen von Bedeutung sind. Während es bei Rechtssatzverfassungsbeschwerden problematisch sein kann, ob ein Beschwerdeführer selbst, gegenwärtig und unmittelbar in seinen Grundrechten verletzt sein kann, ist dies bei Verfassungsbeschwerden gegen Gerichtsentscheidungen – insbesondere gegen rechtskräftige Urteile – jedenfalls anzunehmen, weil eine Gerichtsentscheidung an den jeweiligen Adressaten gerichtet ist.

Das Bundesverfassungsgericht ist keine Superrevisionsinstanz und prüft grundsätzlich kein einfaches Recht, sondern nur sogenanntes spezifisches Verfassungsrecht. Da ein Rechtsweg gegen nachkonstitutionelle Gesetze nicht eröffnet ist, kann das Bundesverfassungsgericht insoweit aber nicht als Superrevisionsinstanz fungieren. Deshalb ist diese Problematik bei Rechtssatzverfassungsbeschwerden gegen nachkonstitutionelle Gesetze nicht zu erörtern. Das Erfordernis der spezifischen Grundrechtsverletzung ist vielmehr für Urteilsverfassungsbeschwerden entwickelt und diesbezüglich gesetzlich abgeleitet worden. Allerdings wäre es auch bei nicht formellen oder vorkonstitutionellen Gesetzen denkbar, die abstrakt-generelle Regelung anhand einfachen Rechts zu prüfen. Deshalb gilt auch insoweit, dass das Bundesverfassungsgericht keine Superrevisionsinstanz ist.

Die spezifische Grundrechtsverletzung muss ggf. als Prüfungsmaßstab des Bundesverfassungsgerichts eingangs der Begründetheit erörtert werden. Da sie in den amtlichen Lösungshinweisen zum Teil aber schon in der Zulässigkeit angesprochen wird, ist dort klarstellend die Darstellung der Möglichkeit einer spezifischen Grundrechtsverletzung zusätzlich zur Erörterung in der Begründetheit empfehlenswert, soweit es auf eine spezifische Grundrechtsverletzung ankommt. Die Verletzung spezifischen Verfassungsrechts sollte also bei der Möglichkeit der spezifischen Grundrechtsverletzung in der Zulässigkeit, anfangs der Begründetheit als Prüfungsmaßstab und an der jeweils relevanten Stelle in der Prüfung der Begründetheit erwähnt werden.

W macht geltend, dass ihm kein hinreichender Rechtsweg i.S.d. Art. 19 Abs. 4 GG offensteht und ihm der gesetzliche Richter i.S.d. Art. 101 Abs. 1 S. 2 GG entzogen wurde. Zudem macht er geltend, er werde ungerechtfertigt gleich im Rahmen seiner Berufsfreiheit aus Art. 12 Abs. 1 GG i.V.m. Art. 3 Abs. 1 GG behandelt, da die private Veranstaltung der Pferdewetten erlaubnisfähig sei, während für alle anderen vergleichbaren Sportwetten keine Erlaubnis erteilt werden könne. Da im verwaltungsgerichtlichen Verfahren nicht gemäß Art. 267 AEUV beim EuGH vorgelegt worden ist und Sportwetten, die keine Pferdewetten sind, keiner Erlaubnis bedürfen, besteht zumindest die Möglichkeit, dass W selbst, gegenwärtig und unmittelbar spezifisch in seinen Rechten aus Art. 101 Abs. 1 S. 2 GG sowie Art. 12 Abs. 1 GG i.V.m. Art. 3 Abs. 1 GG verletzt ist. W wäre beschwerdebefugt.

d) Besonderes Rechtsschutzbedürfnis

W müsste besonders rechtsschutzbedürftig sein.

aa) Rechtswegerschöpfung

W hat den fachgerichtlichen Rechtsweg i.S.d. § 90 Abs. 2 S. 1 BVerfGG erschöpft, da die beim letztinstanzlichen Gericht erforderliche Erschöpfung des Rechtswegs bedeutet, dass der Beschwerdeführer die prozessualen Möglichkeiten nicht versäumt haben darf. Durch die letztinstanzliche Entscheidung des Verwaltungsgerichtshofes hat W den Rechtsweg des Hauptsacheverfahrens erschöpft.

bb) Keine Subsidiarität

Die Verfassungsbeschwerde dürfte nicht subsidiär sein. Zwar ist das Merkmal der Subsidiarität nicht ausdrücklich geregelt, jedoch ist § 90 Abs. 2 S. 1 BVerfGG verfassungskonform im Sinne des sich unter anderem aus Art. 20 Abs. 3 GG ergebenden Rechtsstaatsprinzips dahingehend auszulegen, dass das Bundesverfassungsgericht als Hüter der Verfassung nur angerufen werden soll, wenn es auch über die Rechtswegerschöpfung hinaus nicht möglich ist, das Beschwerdeziel mittels indirekten Rechtsschutzes zum Gegenstand eines Verfahrens zu machen und gegebenenfalls zumindest mit Wirkung zwischen zwei Parteien verwerfen zu lassen, vorausgesetzt, die Betreibung indirekten Rechtsschutzes ist dem Beschwerdeführer rechtsstaatlich zumutbar.

Der Beschwerdeführer muss zunächst alle nach Lage der Sache zur Verfügung stehenden prozessualen Möglichkeiten ergreifen, um die geltend gemachte Grundrechtsverletzung in dem unmittelbar mit ihr zusammenhängenden sachnächsten Verfahren zu verhindern oder zu beseitigen (BVerfGE 112, 50, 60 m.w.N.) – insbesondere im Verhältnis zu Rechtssatzverfassungsbeschwerden.

Der Grundsatz der Subsidiarität gilt grundsätzlich auch, wenn zwar ein Rechtsweg wie bei formellen Gesetzen prinzipiell nicht besteht, wenn aber Rechtsschutz auf andere Weise erreicht werden kann, insbesondere durch eine zulässige inzidente Normenkontrolle in einem fachgerichtlichen Verfahren (BVerfGE 75, 246, 263) oder durch eine Feststellungsklage (BVerfGE 115, 81, 92ff.).

Da das Verwaltungsgericht bezüglich eines nachkonstitutionellen Gesetzes jedoch lediglich die Prüfungs-, nicht aber die Verwerfungskompetenz hat, muss das Fachgericht, soweit es bei der Prüfung eines Gesetzes dieses für verfassungswidrig hält und das Gesetz entscheidungserheblich ist, das Gesetz dem Bundesverfassungsgericht gemäß Art. 100 GG im Wege der konkreten Normenkontrolle vorlegen. Insoweit müsste das Bundesverfassungsgericht das Gesetz ohnehin prüfen und Ressourcen aufwenden, sodass es Beschwerdeführern unzumutbar wäre, zunächst den Instanzenrechtsweg zu beschreiten. Eine Subsidiarität kann sogar bei der Erschöpfung des Rechtsweges anzunehmen sein, etwa wenn Eilrechtsschutz bei einem anderen Gericht möglich ist (BVerfGE 95, 163, 171f.).

W hat jedenfalls alle ihm zumutbaren und ersichtlichen Rechtsbehelfe bzw. Rechtsmittel eingelegt bzw. erhoben, weil er in der Hauptsache das Widerspruchsverfahren betreibt und den einstweiligen Rechtsschutz ausgeschöpft hat, sodass die Verfassungsbeschwerde grundsätzlich nicht subsidiär ist. Ein Abwarten in der Hauptsache ist grundsätzlich nicht zumutbar, soweit er seine subjektiven Rechte bei den Verwaltungsgerichten geltend gemacht hat, weil W durch das Verbot Einbußen erleidet und seine Existenz somit bedroht ist, zumal die Subsidiarität nur bezüglich des verfolgten einstweiligen Rechtsschutzes i.S.d. § 32 BVerfGG geltend gemacht wird.

Soweit gegen einen Beschluss der Verwaltungsgerichtsbarkeit im einstweiligen Rechtsschutz mit einer Verfassungsbeschwerde ohne Berufung auf den einstweiligen Rechtsschutz i.S.d. § 32 BVerfGG vorgegangen wird, ist die Verfassungsbeschwerde mangels Rechtswegerschöpfung bzw. aufgrund der Subsidiarität regelmäßig unzulässig. Wird die Zulässigkeit der Verfassungsbeschwerde lediglich im Rahmen der Zulässigkeit eines Antrages i.S.d. § 32 BVerfGG relevant, sind die Anforderungen rechtsstaatlich i.S.d. Art. 20 Abs. 3 GG gelockert.

Fraglich ist, ob dies auch bezüglich des allgemeinen Gleichheitsgrundsatzes aus Art. 3 Abs. 1 GG gilt. Eine Ungleichbehandlung hatte W im Instanzenzug nicht vorgetragen. Unabhängig davon, dass durch Art. 3 Abs. 1 GG allein kein subjektives Recht, sondern lediglich eine Gleichbehandlung innerhalb einer zugunsten des Betroffenen subjektivierten Vergleichsgruppe – Art. 3 Abs. 1 GG ist daher nur in Verbindung mit einem subjektiven Recht geltend zu machen – gewährt wird, ist bei den Instanzgerichten diesbezüglich jedenfalls nicht vorgetragen worden, sodass insoweit zunächst Rechtsschutz bei den Instanzgerichten hätte gesucht werden müssen. Bezüglich des Gleichheitsgrundsatzes aus Art. 3 Abs. 1 GG ist die Verfassungsbeschwerde subsidiär (BVerfG, NJW 2003, 418, 419) und somit unzulässig, sodass die Berufsfreiheit i.S.d. Art. 12 Abs. 1 GG bezüglich einer Ungleichbehandlung in Verbindung mit Art. 3 Abs. 1 GG im Rahmen des Verfahrens nicht berücksichtigt werden darf, sondern nur unabhängig von Gleichheitsaspekten maßgeblich ist.

Aus Art. 3 Abs. 1 GG ergibt sich kein subjektives Recht – lediglich in Verbindung mit einem subjektiven Recht in einer Vergleichsgruppe kann eine Gleichbehandlung subjektiviert geltend gemacht werden. Wird im Instanzenzug diesbezüglich nicht vorgetragen, ist die Verfassungsbeschwerde insoweit unzulässig.

---

e) Form, Antrag und Frist

Die Verfassungsbeschwerde des W müsste i.S.d. § 92 BVerfGG begründet und ein schriftlicher Antrag i.S.d. § 23 BVerfGG gestellt werden. Die Monatsfrist gemäß § 93 Abs. 1 S. 1 BVerfGG, welche bei Entscheidungen gemäß § 93 Abs. 1 S. 2 BVerfGG mit der Zustellung – wenn diese nach den maßgebenden verfahrensrechtlichen Vorschriften von Amts wegen vorzunehmen ist – oder mit der formlosen Mitteilung der in vollständiger Form abgefassten Entscheidung und im Übrigen gemäß § 93 Abs. 1 S. 3 BVerfGG mit der Verkündung der Entscheidung oder, wenn diese nicht zu verkünden ist, mit ihrer sonstigen Bekanntgabe an den Beschwerdeführer beginnt, wäre einzuhalten.

3. Zwischenergebnis

Eine unbehebbare Unzulässigkeit der Hauptsache ist nicht ersichtlich.

VI. Keine offensichtliche Unbegründetheit der Hauptsache

Im 1. Examen hat beim Prüfungspunkt der offensichtlichen Unbegründetheit der Hauptsache eine vollständige Prüfung der Sachstation der Hauptsache zu erfolgen.

Nochmals: Der Aufbau ist in unterschiedlicher Weise möglich, da es keine klaren Gesetzesvorgaben gibt. Es ist vertretbar, die unbehebbare Unzulässigkeit und das Nichtbestehen einer offensichtlichen Unbegründetheit der Hauptsache in der Prozessstation des Eilverfahrens zu prüfen. Dies erscheint sinnvoll, da ein hoher Prozentsatz der Anträge beim Bundesverfassungsgericht unzulässig ist. Es wird – ohne nähere Begründung – auch vertreten, die prozessualen und materiellen Aspekte der Hauptsache in der Begründetheit der einstweiligen Anordnung zu prüfen, wobei dies zumindest bezüglich des prozessualen Teils nicht zu überzeugen vermag, da es sich insoweit um verfahrensrechtliche Aspekte handelt. Eine Splittung der prozessualen und materiellen Aspekte der Hauptsache auf die Prozess- und die Sachstation der einstweiligen Anordnung erscheint hingegen dogmatisch überzeugend vertretbar.

Der Antrag auf Erlass einer einstweiligen Anordnung gemäß § 32 BVerfGG ist nur zulässig, wenn ein entsprechender Antrag in der Hauptsache nicht offensichtlich unbegründet wäre. Maßgeblich ist somit, ob eine Verfassungsbeschwerde begründet wäre.

Die Verfassungsbeschwerde des W wäre begründet, soweit der Beschwerdeführer gemäß § 90 Abs. 1 BVerfGG in seinen Grundrechten verletzt ist. Da das Bundesverfassungsgericht keine Superrevisionsinstanz, sondern Hüter der Verfassung ist, ist Prüfungsmaßstab bei gerichtlichen Entscheidungen nur Verfassungsrecht. Eine falsche Rechtsanwendung durch den Richter stellt nur eine Grundrechtsverletzung dar, wenn der Einfluss der Grundrechte ganz oder doch grundsätzlich verkannt wird, die Rechtsanwendung grob oder offensichtlich willkürlich ist oder die Grenzen der richterlichen Rechtsfortbildung überschritten werden. Sollte das Bundesverfassungsgericht der Verfassungsbeschwerde gegen die Entscheidungen stattgeben, wird es gemäß § 95 Abs. 2 BVerfGG die Entscheidungen aufheben und an das zuständige, in der Regel letztinstanzliche Gericht zurückverweisen. Gegebenenfalls wird es auch das dem Eingriff zugrunde liegende Gesetz gemäß § 95 Abs. 3 S. 2 BVerfGG i.V.m. S. 1 i.V.m. Abs. 1 S. 1 BVerfGG mit Gesetzeskraft gemäß § 31 Abs. 2 S. 2 BVerfGG i.V.m. Art. 94 Abs. 2 S. 1 GG für nichtig erklären.

1. Art. 101 Abs. 1 S. 2 GG

Durch den letztinstanzlichen Beschluss und die übrigen, gegebenenfalls die Behördenentscheidungen bestätigenden Beschlüsse, die ohne Vorlage gegenüber dem EuGH erfolgten, könnte W in seinem in Art. 101 Abs. 1 S. 2 GG verfassungsrechtlich garantierten Recht auf den gesetzlichen Richter verletzt sein.

a) Schutzbereichseingriff

Das Recht auf den gesetzlichen Richter ist ungerechtfertigt beeinträchtigt worden, soweit wegen des Bezuges zum Unionsrecht als Europarecht im engen Sinne gegenüber dem EuGH eine Auslegungs- bzw. eine Gültigkeitsvorlage i.S.d. Art. 267 AEUV hätte erfolgen müssen.

Soweit eine Vorabentscheidung i.S.d. Art. 267 AEUV erforderlich gewesen wäre, wird das Bundesverfassungsgericht die Entziehung des gesetzlichen Richters feststellen und die Sache gemäß § 95 Abs. 2 HS. 2 BVerfGG i.V.m. § 90 Abs. 2 BVerfGG an das Fachgericht zurückverweisen, welches dann beim EuGH im Wege der Vorabentscheidung vorlegen wird. Nur in Ausnahmekonstellationen und bei Entscheidungserheblichkeit des Unionsrechts für die Entscheidung des Bundesverfassungsgerichts – zum Beispiel in Grenzbereichen der Reichweite der Unionsgrundrechte, durch welche der Anwendungsbereich des Unionsrechts verkürzt werden kann – wird das Bundesverfassungsgericht selbst dem EuGH bezüglich des Unionsrechts vorlegen.

aa) Vorlage beim EuGH

Eine Vorabentscheidung des EuGH ist gemäß Art. 267 Abs. 1 lit. a AEUV über die Auslegung des primären Unionsrechts und gemäß Art. 267 Abs. 1 lit. b AEUV über die Gültigkeit und Auslegung des sekundären Unionsrechts möglich. Bezüglich des W kommt allenfalls eine Verletzung der Grundfreiheiten i.S.d. Artt. 26 ff. AEUV und damit des primären Unionsrechts in Betracht.

Gemäß Art. 267 Abs. 2 AEUV besteht bei Gerichten grundsätzlich eine Einschätzungsprärogative bezüglich des Erfordernisses der Vorlage beim EuGH. Lediglich Gerichte, deren Entscheidung nicht mit Mitteln des innerstaatlichen Rechts angefochten werden kann, sind gemäß Art. 267 Abs. 3 AEUV zur Vorlage beim EuGH verpflichtet, wobei eine Vorlage im Sinne des *effet utile* in Verbindung mit dem Anwendungsvorrang des Unionsrechts auch erfolgen muss, soweit ein Instanzenzug zwar vorgesehen, jedoch faktisch mangels Einschränkungen wie zum Beispiel der Nichtzulassung der Berufung i.S.d. §§ 124 ff. VwGO oder der Nichtzulassung der Revision i.S.d. §§ 132 ff. VwGO nicht möglich ist.

Der gegenüber W gefasste Beschluss erfolgte durch das letztinstanzliche Gericht im Beschwerdeverfahren i.S.d. §§ 146 ff. VwGO. Dabei handelt es sich jedoch nicht um eine Entscheidung, die mit Mitteln des innerstaatlichen Rechts nicht mehr angefochten werden kann, da eine Urteilsverfassungsbeschwerde beim Bundesverfassungsgericht grundsätzlich in Betracht kommt. Diese Möglichkeit ist auch faktisch möglich, wenngleich es sich insoweit nicht um einen Rechtsweg handelt.

Fraglich ist jedoch, welcher Kontrollmaßstab vom Bundesverfassungsgericht für die Verletzung einer etwaigen Vorlagepflicht anzulegen ist.

(1) Vertretbarkeitskontrolle

Einerseits kommt eine Vertretbarkeitskontrolle in Betracht. Insoweit bestünde ein weiter Prüfungsspielraum für das Bundesverfassungsgericht. Die Vorlagepflicht i.S.d. Art. 267 AEUV zur Klärung der Auslegung unionsrechtlicher Vorschriften wäre danach in verfassungswidriger Weise verletzt, wenn „ein letztinstanzliches Gericht eine Vorlage trotz der – seiner Auffassung nach bestehenden – Entscheidungserheblichkeit der unionsrechtlichen Frage nicht erwägt, obwohl es Zweifel hinsichtlich der richtigen Beantwortung der Frage hegt" (grundsätzliche Verkennung der Vorlagepflicht; vgl. BVerfGE 82, 159, 195). „Gleiches gilt in Konstellationen, in denen das letztinstanzliche Gericht in seiner Entscheidung bewusst von der Rechtsprechung des EuGH zu entscheidungserheblichen Fragen abweicht und gleichwohl nicht oder nicht neuerlich vorlegt" (bewusste Abweichung von der Rechtsprechung des Gerichtshofs ohne Vorlagebereitschaft; BVerfGE 82, 159, 195).

„Liegt zu einer entscheidungserheblichen Frage des Unionsrechts noch keine Rechtsprechung des EuGH oder hat er die entscheidungserhebliche Frage möglicherweise noch nicht erschöpfend beantwortet oder erscheint eine Fortentwicklung der Rechtsprechung des EuGH nicht nur als entfernte Möglichkeit, so wird Art. 101 Abs. 1 S. 2 GG verletzt, wenn das letztinstanzliche Gericht der Hauptsache den ihm in solchen Fällen notwendig zukommenden Beurteilungsrahmen in unvertretbarer Weise überschritten hat. Dies ist in der Regel anzunehmen, wenn mögliche Gegenauffassungen zu der entscheidungserheblichen Frage des Unionsrechts gegenüber der Auffassung des Gerichts eindeutig vorzuziehen sind" (BVerfGE 82, 159, 195 f.).

Insoweit ist es auch maßgeblich, ob das Gericht hinsichtlich des europäischen Rechts ausreichend kundig ist. Soweit dem nicht so ist, verkennt das Gericht regelmäßig die Bedingungen für die Vorlagepflicht. Zudem hat das Fachgericht Gründe anzugeben, die dem Bundesverfassungsgericht eine Kontrolle am Maßstab des Art. 101 Abs. 1 S. 2 GG ermöglichen (BVerfG, NJW 2021, 1005, 1007 m.w.N.).

(2) Willkürkontrolle

Anstelle der Vertretbarkeitskontrolle kommt auch eine bloße Willkürkontrolle bezüglich der Verletzung der Vorlagepflicht i.S.d. Art. 267 Abs. 3 GG in Betracht, bei welcher der Prüfungsmaßstab des Bundesverfassungsgerichts eingeengt wäre, weil der Willkürmaßstab deutlich enger als der Vertretbarkeitsmaßstab ist.

„Das Bundesverfassungsgericht ist demnach unionsrechtlich nicht verpflichtet, die Verletzung der unionsrechtlichen Vorlagepflicht voll zu kontrollieren und sich an der Rechtsprechung des EuGH zu Art. 267 Abs. 3 AEUV auszurichten. In Art. 267 Abs. 3 AEUV wird kein zusätzliches Rechtsmittel zur Überprüfung der Einhaltung der Vorlagepflicht gefordert. Ein letztinstanzliches Gericht i.S.d. Art. 267 Abs. 3 AEUV ist definitionsgemäß die letzte Instanz, vor welcher der Einzelne Rechte geltend machen kann, die ihm aufgrund des Unionsrechts zustehen. So behalten die Fachgerichte bei der Auslegung und Anwendung von Unionsrecht einen Spielraum eigener Einschätzung und Beurteilung, der demjenigen bei der Handhabung einfachrechtlicher Bestimmungen der deutschen Rechtsordnung entspricht. Das Bundesverfassungsgericht, das nur über die Einhaltung der Grenzen dieses Spielraums wacht, wird seinerseits nicht zum „obersten Vorlagenkontrollgericht"" (BVerfGE 126, 286, 316).

(3) Grundlegende Maßstäbe

Unabhängig von der Reichweite des Prüfungsmaßstabes des Bundesverfassungsgerichts im Rahmen einer Vertretbarkeits- bzw. Willkürkontrolle ist die Vorlagepflicht jedenfalls verletzt worden, soweit die Vorlagepflicht grundsätzlich verkannt oder bewusst von der Rechtsprechung des EuGH abgewichen wurde bzw. die Rechtsprechung des EuGH unvollständig ist.

bb) Einstweiliger Rechtsschutz

Fraglich ist, ob der letztinstanzliche Beschluss gegenüber W im einstweiligen Rechtsschutz als Entscheidung einzustufen ist, die i.S.d. Art. 267 Abs. 3 AEUV nicht mehr mit Mitteln des innerstaatlichen Rechts angefochten werden kann. Denn nur insoweit besteht eine Vorlagepflicht. Ansonsten haben Gerichte grundsätzlich eine Einschätzungsprärogative bezüglich des Erfordernisses der Vorlage beim EuGH.

In Verfahren des einstweiligen Rechtsschutzes besteht grundsätzlich keine Vorlagepflicht gemäß Art. 267 Abs. 3 AEUV (vgl. Beschluss der 3. Kammer des Zweiten Senats des Bundesverfassungsgerichts vom 29.11.1991 – 2 BvR 1642/91, NVwZ 1992, 360).

Da ein Hauptsacheverfahren noch aussteht, besteht weiterhin die Möglichkeit einer gerichtlichen Prüfung. Art. 267 Abs. 3 AEUV ist dahingehend auszulegen, „dass ein einzelstaatliches Gericht, dessen Entscheidungen selbst nicht mehr mit Rechtsmitteln des innerstaatlichen Rechts angefochten werden können, nicht verpflichtet ist, dem EuGH eine Auslegungsfrage i.S.d. Art. 267 Abs. 1 AEUV vorzulegen, wenn sich die Frage in einem Verfahren der einstweiligen Anordnung stellt und die zu erlassende Entscheidung das Gericht, dem der Rechtsstreit danach in einem Hauptsacheverfahren vorgelegt wird, nicht bindet, sofern es jeder Partei unbenommen bleibt, – auch vor den Gerichten eines anderen Gerichtszweigs – ein Hauptsacheverfahren, in dem jede im summarischen Verfahren vorläufig entschiedene Frage des Unionsrechts erneut geprüft werden und Gegenstand einer Vorlage gemäß Art. 267 AEUV sein kann, entweder selbst einzuleiten oder dessen Einleitung zu verlangen" (BVerfG, NJW 2007, 1521, 1522).

Eine Vorlage beim EuGH gemäß Art. 267 AEUV ist in Verfahren des einstweiligen Rechtsschutzes daher nur erforderlich, soweit „ein nationales Gericht die Aussetzung der Vollziehung eines auf einer Unionsverordnung beruhenden nationalen Verwaltungsakts anordnen will" (BVerfG, NJW 2007, 1521, 1522).

Da es W nicht um einen nationalen Verwaltungsakt geht, der auf einer Verordnung der Europäischen Union beruht, und es um Verfahren im einstweiligen Rechtsschutz bei den Verwaltungsgerichten ging, war eine Vorlage nicht erforderlich. Ein Schutzbereichseingriff in das Recht auf den gesetzlichen Richter i.S.d. Art. 101 Abs. 1 S. 2 GG ist nicht ersichtlich.

b) Zwischenergebnis

W ist nicht in seinem Recht auf den gesetzlichen Richter aus Art. 101 Abs. 1 S. 2 GG verletzt.

2. Art. 19 Abs. 4 GG

W könnte in seinem Recht auf effektiven Rechtsschutz vor Akten der öffentlichen Gewalt i.S.d. Art. 19 Abs. 4 GG verletzt sein, weil die Verwaltungsgerichte den ihm gegenüber erlassenen Verwaltungsakt bezüglich seines Wettbüros nicht suspendiert haben, obwohl das Bundesverfassungsgericht das dem Verwaltungsakt zugrunde liegende Staatslotteriegesetz des Landes B als mit Art. 12 GG unvereinbar eingestuft hat.

In Art. 19 Abs. 4 GG wird der Rechtsweg bei einer Verletzung „durch die öffentliche Gewalt" garantiert. Während im Verfassungsprozessrecht ein Akt der öffentlichen Gewalt zum Beispiel im Rahmen des § 90 Abs. 1 BVerfGG aufgrund des sich unter anderem aus Art. 20 Abs. 3 GG ergebenden Rechtsstaatsprinzips und der damit verbundenen Funktion des Bundesverfassungsgerichts als Hüter der Verfassung einen Akt jeder Gewalt – Legislative, Exekutive und Judikative – darstellt, handelt es sich bei Art. 19 Abs. 4 GG nicht um Verfassungsprozessrecht, sondern um ein prozessuales Grundrecht, mittels dessen ein effektiver Rechtsschutz vor dem Handeln nur der Exekutive gewährleistet wird.

Nicht zum effektiven Rechtsschutz vor dem Handeln der Exekutive i.S.d. Art. 19 Abs. 4 GG gehört das Widerspruchsverfahren, sodass dessen Entbehrlichkeit gemäß § 68 Abs. 1 S. 2 VwGO verfassungsrechtlich grundsätzlich nicht bedenklich ist. Allerdings ist insoweit die Annahme einer Vorwirkung des Art. 19 Abs. 4 GG vertretbar.

Der Schutzbereich des Art. 19 Abs. 4 GG wird einerseits durch einen Kernbereich der Möglichkeit des Rechtsschutzes, andererseits durch eine bereichsspezifische Definition ausgestaltet. Welche Möglichkeiten zum effektiven Rechtsschutz gehören, ist einfachgesetzlich insbesondere in der Verwaltungsgerichtsordnung definiert.

„Durch Art. 19 Abs. 4 GG wird nicht nur das formelle Recht, die Gerichte anzurufen, sondern auch die Effektivität des Rechtsschutzes gewährleistet. Den Anforderungen an die Gewährung effektiven Rechtsschutzes müssen die Gerichte auch bei der Auslegung und Anwendung der einfachgesetzlichen Regelungen, in denen der Schutzbereich des Art. 19 Abs. 4 GG gewährleistet wird, Rechnung tragen – auch bei der Auslegung der Reichweite des verwaltungsgerichtlichen Eilrechtsschutzes.

In Art. 19 Abs. 4 GG wird zwar nicht die aufschiebende Wirkung eines Rechtsbehelfs gewährleistet. Die Gewährleistung effektiven Rechtsschutzes durch die in § 80 Abs. 5 VwGO geregelte Wiederherstellung oder Anordnung der aufschiebenden Wirkung muss aber nur insoweit zurückstehen, als es im Einzelfall um die Anwendung gewichtiger konkreter Interessen geht. Denn die sofortige Vollziehung eines Verwaltungsakts setzt ein besonderes öffentliches Interesse voraus, das über jenes Interesse hinausgeht, das den Verwaltungsakt seinerseits rechtfertigt" (BVerfG, NJW 2007, 1521, 1523).

Nach den seitens des Bundesverfassungsgerichts formulierten verfassungsrechtlichen Anforderungen ist das im Bundesland B bestehende staatliche Sportwettenmonopol aufgrund seiner derzeitigen Ausgestaltung zwar nicht mit Art. 12 Abs. 1 GG vereinbar (vgl. BVerfGE 115, 276). Das Staatslotteriegesetz ist jedoch nicht nichtig. Bis zu einer gesetzlichen Neuregelung bleibt die bisherige Rechtslage mit der Maßgabe anwendbar, dass die gewerbliche

Vermittlung von Sportwetten durch private Wettunternehmen und die Vermittlung von Sportwetten, die nicht seitens des Bundeslandes B veranstaltet werden – unabhängig davon, ob in der Übergangszeit eine Strafbarkeit nach § 284 StGB besteht – weiterhin als verboten angesehen und ordnungsrechtlich unterbunden werden dürfen, soweit das Bundesland B unverzüglich damit beginnt, das bestehende staatliche Sportwettenmonopol konsequent am Ziel der Begrenzung der Wettleidenschaft und der Bekämpfung der Wettsucht auszurichten (vgl. zum Ganzen: BVerfG, Urteil vom 28.3.2006 – 1 BvR 1840/05, Rn. 4; BVerfG, Beschluss vom 4.7.2006 – 1 BvR 138/05, Rn. 17; BVerfG, NJW 2007, 1521, 1523).

Somit ist es irrelevant, ob die Vermittlung der Wetten gemäß § 284 StGB strafbar ist, da die Behörden unabhängig von der Strafbarkeit in der Übergangszeit ordnungsrechtlich gegen die Wettvermittlung vorgehen können. Eine Untersagung der Wettvermittlung ist demnach jedenfalls derzeit zulässig.

„Daraus ergibt sich zugleich – unabhängig von der Strafbarkeit des Verhaltens des W – ein besonderes Interesse an der sofortigen Vollziehung der Untersagungsverfügung" (BVerfG, NJW 2007, 1532, 1523). Eine Verkennung verfassungsrechtlicher Vorgaben bei der Auslegung der verwaltungsprozessualen Normen über den einstweiligen Rechtsschutz als Ausgestaltung des Schutzbereiches des Art. 19 Abs. 4 GG ist somit nicht ersichtlich. Ein ungerechtfertigter Schutzbereichseingriff in Art. 19 Abs. 4 GG ist nicht erfolgt.

Schema 64: Justizgrundrecht und sonstige justizielle Rechte, siehe auch Schema 53

Art. 19 IV GG	Art. 101 I 2 GG	Art. 103 I GG
(Justizgrundrecht)	(grundrechtsgleiche, justizielle Rechte)	
Garantiert nur im Verwaltungsrechtsverhältnis Rechtsschutz für die gerichtliche Durchsetzung der Rechte	Garantiert, dass der Kläger entsprechend den vorher festgelegten Zuständigkeitsregeln ein unabhängiges Gericht anrufen kann	Garantiert Möglichkeit der Äußerung vor Entscheidung zur Sache
Voraussetzung: Möglichkeit einer Rechtsverletzung durch die Verwaltung Schutzaussage: • Rechtsweg = Garantie des Rechtsschutzes durch staatl. Fachgerichte • Verfahrensgestaltung durch den Gesetzgeber muss effektiven Rechtsschutz sicherstellen • Vorwirkung im Verwaltungsverfahrensrecht vertretbar, aber str.: Präklusion, Heilungen etc.	BVerfG prüft nur, ob diese Regeln willkürlich unrichtig angewendet wurden (da Zuständigkeit einfachgesetzlich geregelt und BVerfG keine Superrevisionsinstanz)	Eingriffsrechtfertigung: kollidierendes Verfassungsrecht (z.B. Rechtssicherheit, Funktionsfähigkeit)
Eingriffsrechtfertigung grds. ausgeschlossen		

3. Zwischenergebnis

Eine Verfassungsbeschwerde des W beim Bundesverfassungsgericht wäre offensichtlich unbegründet.

Die Berufsfreiheit gemäß Art. 12 Abs. 1 GG ist aufgrund der Aufgabenstellung nicht gesondert zu prüfen.

B. Ergebnis

Der Antrag des W beim Bundesverfassungsgericht auf einstweiligen Rechtsschutz gemäß § 32 BVerfGG ist unzulässig.

C. Hilfsgutachten Begründetheit

Der Antrag des W ist gemäß § 32 Abs. 1 BVerfGG begründet, soweit die einstweilige Anordnung zur Abwehr schwerer Nachteile, zur Verhinderung drohender Gewalt oder aus einem anderen wichtigen Grund zum gemeinen Wohl dringend geboten ist.

I. Eilbedürftigkeit

Die Entscheidung des Bundesverfassungsgerichts müsste in der Sache sofort erforderlich, also eilbedürftig sein. Die wirtschaftliche Existenz des W ist vom Betrieb seines Wettbüros abhängig. Ein länger andauernder Ausfall bis zur Hauptsacheentscheidung könnte zum Erliegen des Betriebes und somit zu einer existenzgefährdenden Situation für W führen. Die seitens des W beantragte einstweilige Anordnung ist sofort erforderlich.

II. Folgenabwägung

Im Übrigen müssten im Rahmen einer Folgenabwägung die Interessen des W gegenüber denen des Bundeslandes B überwiegen. Dabei ist maßgeblich, welche Folgen es hätte, wenn die einstweilige Anordnung nicht erlassen würde. Diese Fiktion ist den Folgen eines Erlasses der einstweiligen Anordnung gegenüberzustellen. Es bedarf somit einer Doppelhypothese.

Würde die einstweilige Anordnung nicht erlassen werden, könnte das Wettbüro des W zum Erliegen kommen und dessen Existenz gefährdet wer-den. Allerdings verbliebe ihm der normale Gaststättenbetrieb, zumal etwaige Schäden auf der kostenrechtlichen Sekundärebene finanziell ausgleichbar wären. Würde die einstweilige Anordnung allerdings erlassen, würde die durch den Wettbetrieb erfolgende Spielsuchtförderung perpetuiert. Suchterkrankungen würden gefördert und Ordnungswidrigkeiten würden ignoriert werden, weil insoweit die Gesundheit der Bürger i.S.d. Art. 2 Abs. 2 S. 1 GG gegenüber den Interessen des W i.S.d. Art. 12 Abs. 1 GG vorrangig sind. Die Interessen des Bundeslandes B, welches seine gegenüber den Bürgern bestehenden Schutzpflichten wahrnimmt, überwiegen die des W.

III. Ergebnis

Eine einstweilige Anordnung dürfte nicht erfolgen, sodass der Antrag des W nicht begründet ist.

2. Komplex: Abwandlung

Die Zulässigkeit des Antrages der W als eine inländische juristische Person des öffentlichen Rechts beim Bundesverfassungsgericht auf Feststellung der Verfassungswidrigkeit des Beschlusses des Verwaltungsgerichtshofes ist unter anderem vom Merkmal der unbehebbaren Unzulässigkeit der Hauptsache abhängig. Fraglich ist also, ob die im Rahmen der Zulässigkeit der einstweiligen Anordnung die inzident zu prüfende, hypothetische Hauptsache unbehebbar unzulässig wäre.

I. Zuständigkeit des Bundesverfassungsgerichts

Verfassungsbeschwerden – auch die der W – sind dem Bundesverfassungsgericht gemäß Art. 93 Abs. 1 Nr. 4a GG i.V.m. § 13 Nr. 8a BVerfGG zugewiesen, sodass es zuständig ist.

II. Verfahrensabhängige Zulässigkeitsvoraussetzungen

Die verfahrensabhängigen Zulässigkeitsvoraussetzungen der Verfassungsbeschwerde müssten erfüllt sein. Diese ergeben sich aus §§ 13 Nr. 8a, 90 ff. BVerfGG i.V.m. Art. 94 Abs. 2 GG.

1. Beschwerdefähigkeit

W müsste beschwerdefähig sein. Beschwerdefähig ist, wer geeignet ist, an dem Verfahren der Verfassungsbeschwerde beteiligt zu sein. Dies ist gemäß § 90 Abs. 1 BVerfGG „Jedermann". Jedermann sind alle Personen, die Träger von Grundrechten sind – jedenfalls natürliche Personen.

Während juristische Personen des Privatrechts gemäß Art. 19 Abs. 3 GG Träger von Grundrechten und damit „jedermann" sind, wenn sie inländisch (dazu: BVerfGE 129, 78) sind und soweit Grundrechte ihrem Wesen nach auf sie anwendbar sind, ist die Grundrechtsfähigkeit juristischer Personen des öffentlichen Rechts problematischer. Für die Beschwerdefähigkeit kommt es auf die konkrete Möglichkeit der Anwendbarkeit der Grundrechte für die juristische Person jedoch nicht an. W ist inländisch und somit beschwerdefähig.

Ob die Grundrechte gemäß Art. 19 Abs. 3 GG dem Wesen nach anwendbar sind, ist erst bei der Beschwerdebefugnis zu prüfen. Im Rahmen der Beschwerdefähigkeit ist lediglich maßgeblich, ob die juristische Person „inländisch" ist.

Schema 65: Juristische Personen des öffentlichen Rechts

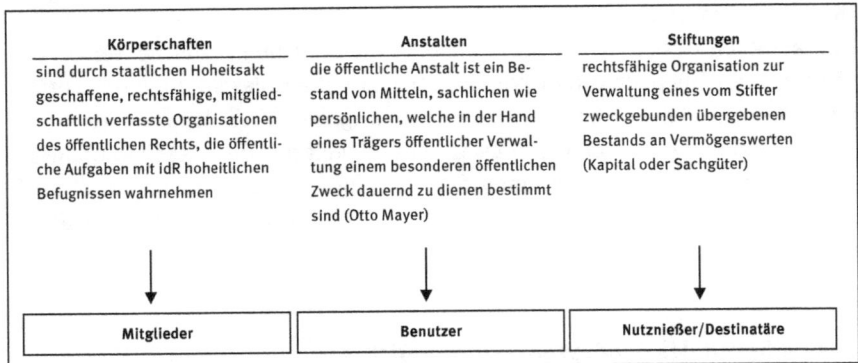

Körperschaften	Anstalten	Stiftungen
sind durch staatlichen Hoheitsakt geschaffene, rechtsfähige, mitgliedschaftlich verfasste Organisationen des öffentlichen Rechts, die öffentliche Aufgaben mit idR hoheitlichen Befugnissen wahrnehmen	die öffentliche Anstalt ist ein Bestand von Mitteln, sachlichen wie persönlichen, welche in der Hand eines Trägers öffentlicher Verwaltung einem besonderen öffentlichen Zweck dauernd zu dienen bestimmt sind (Otto Mayer)	rechtsfähige Organisation zur Verwaltung eines vom Stifter zweckgebunden übergebenen Bestands an Vermögenswerten (Kapital oder Sachgüter)
↓	↓	↓
Mitglieder	Benutzer	Nutznießer/Destinatäre

2. Beschwerdegegenstand

Beschwerdegegenstand i.S.d. § 90 Abs. 1 BVerfGG kann jede Maßnahme der öffentlichen Gewalt sein. Dass alle Maßnahmen der öffentlichen Gewalt erfasst sind, ergibt sich unter anderem aus den §§ 93, 95 Abs. 1 S. 2 BVerfGG. Gegenstand der Verfassungsbeschwerde des W wären der letztinstanzliche Beschluss des Verwaltungsgerichtshofes sowie – soweit inhaltlich mit dem letztinstanzlichen Beschluss übereinstimmend – gleich tenorierte vorausgegangene Rechtssetzungsakte bzw. Beschlüsse als Akte der Judikative, vor welchen durch die Grundrechte als objektive Werteordnung i.S.d. Art. 1 Abs. 3 GG ebenfalls geschützt werden soll.

3. Beschwerdebefugnis

W müsste gemäß § 90 Abs. 1 BVerfGG beschwerdebefugt sein. Beschwerdebefugt i.S.d. § 90 Abs. 1 BVerfGG ist, wer behaupten kann, in seinen Grundrechten oder in seinen Rechten aus Art. 20 Abs. 4 GG, Artt. 33, 38, 101, 103, 104 GG verletzt zu sein.

Da zwischen dem Bundesverfassungsgericht und den Fachgerichten jedoch ein Kooperationsverhältnis besteht und für das Bundesverfassungsgericht somit nur Verfassungsrecht als Prüfungsmaßstab maßgeblich ist, damit es im rechtsstaatlichen Gefüge nicht unnötig mit Verfahren behelligt wird, genügt die bloße Behauptung der Grundrechtsverletzung nicht. Vielmehr muss der Beschwerdeführer hinreichend substantiiert die Möglichkeit darlegen, selbst, gegenwärtig und unmittelbar spezifisch in Grundrechten betroffen zu sein.

Das Bundesverfassungsgericht ist keine Superrevisionsinstanz und prüft grundsätzlich kein einfaches Recht, sondern nur sogenanntes spezifisches Verfassungsrecht. Da ein Rechtsweg gegen nachkonstitutionelle Gesetze nicht eröffnet ist, kann das Bundesverfassungsgericht insoweit aber nicht als Superrevisionsinstanz fungieren. Deshalb ist diese Problematik bei Rechtssatzverfassungsbeschwerden gegen nachkonstitutionelle Gesetze nicht zu erörtern. Das Erfordernis der spezifischen Grundrechtsverletzung ist vielmehr für Urteilsverfassungsbeschwerden entwickelt und diesbezüglich gesetzlich abgeleitet worden. Allerdings wäre es auch bei nicht formellen oder vorkonstitutionellen Gesetzen denkbar, die abstrakt-generelle Regelung anhand einfachen Rechts zu prüfen. Deshalb gilt auch insoweit, dass das Bundesverfassungsgericht keine Superrevisionsinstanz ist.

Die spezifische Grundrechtsverletzung muss ggf. als Prüfungsmaßstab des Bundesverfassungsgerichts eingangs der Begründetheit erörtert werden. Da sie in den amtlichen Lösungshinweisen zum Teil aber schon in der Zulässigkeit angesprochen wird, ist dort klarstellend die Darstellung der Möglichkeit einer spezifischen Grundrechtsverletzung zusätzlich zur Erörterung in der Begründetheit empfehlenswert, soweit es auf eine spezifische Grundrechtsverletzung ankommt. Die Verletzung spezifischen Verfassungsrechts sollte also bei der Möglichkeit der spezifischen Grundrechtsverletzung in der Zulässigkeit, anfangs der Begründetheit als Prüfungsmaßstab und an der jeweils relevanten Stelle in der Prüfung der Begründetheit erwähnt werden.

Das Bundesverfassungsgericht ist keine Superrevisionsinstanz, sodass nur spezifische Grundrechtsverletzungen von Bedeutung sind. Während es bei Rechtssatzverfassungsbeschwerden problematisch sein kann, ob ein Beschwerdeführer selbst, gegenwärtig und unmittelbar in seinen Grundrechten verletzt sein kann, ist dies bei Verfassungsbeschwerden gegen Gerichtsentscheidungen – insbesondere gegen rechtskräftige Urteile – jedenfalls anzunehmen, weil eine Gerichtsentscheidung an den jeweiligen Adressaten gerichtet ist.

W macht geltend, dass ihr kein hinreichender Rechtsweg i.S.d. Art. 19 Abs. 4 GG offensteht und dass der gesetzliche Richter i.S.d. Art. 101 Abs. 1 S. 2 GG entzogen worden ist. Zudem macht sie geltend, sie werde im Rahmen ihrer Berufsfreiheit aus Art. 12 Abs. 1 GG i.V.m. Art. 3 Abs. 1 GG ungerechtfertigt gleich behandelt.

Die seitens der W geltend gemachten Grund- bzw. Verfahrensrechte müssen gemäß Art. 19 Abs. 3 GG dem Wesen nach auf die juristische Person anwendbar sein. Diesbezüglich gibt es verschiedene Anknüpfungspunkte.

Die Maßstäbe für die Anwendbarkeit der Grundrechte auf juristische Personen sind strittig. Es kann auf das personale Substrat bzw. die grundrechtstypische Gefährdungslage abgestellt werden.

Juristische Personen des öffentlichen Rechts können sich aufgrund der Konfusion nur in den ausdrücklich geregelten Fällen (Kirchen, Universitäten, Rundfunkanstalten) auf Grundrechte berufen (strittig). Nur Verfahrensrechte sind stets anwendbar. Zudem kann zwischen Eigengesellschaften und gemischt-wirtschaftlichen Unternehmen differenziert werden. Während Eigengesellschaften regelmäßig wie juristische Personen des öffentlichen Rechts zu behandeln sind, ist die Behandlung gemischt-wirtschaftlicher Unternehmen strittig, weil bei diesen den auch beteiligten privaten Personen nicht die Grundrechte entzogen werden dürfen, soweit es sich nicht um rechtsstaatswidrige Alibibeteiligungen handelt.

Schema 66: Grundrechtsfähigkeit gemischt-wirtschaftl. Unternehmen

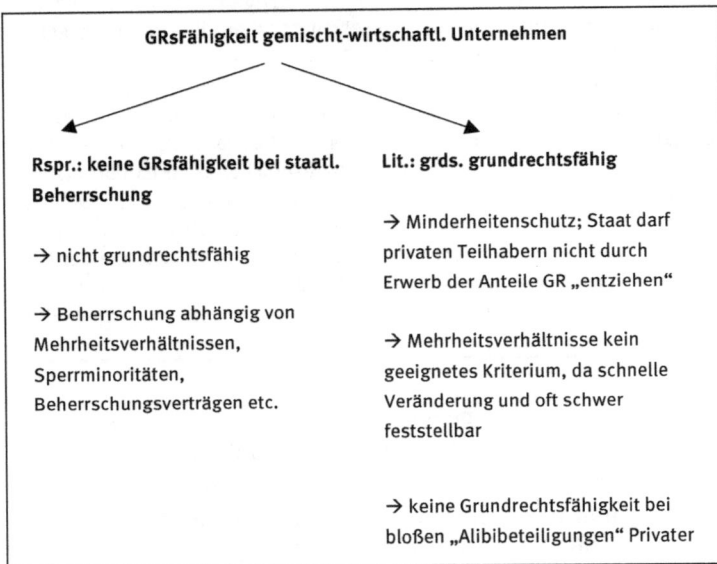

GRsFähigkeit gemischt-wirtschaftl. Unternehmen

Rspr.: keine GRsfähigkeit bei staatl. Beherrschung

→ nicht grundrechtsfähig

→ Beherrschung abhängig von Mehrheitsverhältnissen, Sperrminoritäten, Beherrschungsverträgen etc.

Lit.: grds. grundrechtsfähig

→ Minderheitenschutz; Staat darf privaten Teilhabern nicht durch Erwerb der Anteile GR „entziehen"

→ Mehrheitsverhältnisse kein geeignetes Kriterium, da schnelle Veränderung und oft schwer feststellbar

→ keine Grundrechtsfähigkeit bei bloßen „Alibibeteiligungen" Privater

a) Personales Substrat

Der Anknüpfungspunkt für die wesensgemäße Anwendung von Grundrechten auf juristische Personen könnte das sogenannte personale Substrat sein. Insoweit würde auf den mittelbar hinter dem Grundrechtsschutz stehenden Individualrechtsschutz und somit auf die hinter der juristischen Person stehenden natürlichen Personen abgestellt werden, die einen Durchgriff auf ihre Grundrechte zu fürchten haben. Für die Maßgeblichkeit des personalen Substrats spricht, dass juristische Personen ein theoretisches Konstrukt sind, die nur aufgrund der durch sie agierenden natürlichen Personen schützenswert sind. Gegen die Anknüpfung an das personale Substrat spricht, dass wirtschaftliche Konzernstrukturen so kompliziert sein können, dass die dahinter stehenden natürlichen Personen nur schwer ermittelbar sind und sich diese

Personen aufgrund der Schnelllebigkeit des Wirtschaftsverkehrs zudem stetig verändern. Hinzu kommt, dass die natürlichen Personen unterschiedliche Nationalitäten haben können, sodass eine klare Zuordnung der Deutschengrundrechte für die juristische Person erschwert wäre.

b) Grundrechtstypische Gefährdungslage

Sinnvoller erscheint es, für die wesensgemäße Anwendbarkeit der Grundrechte auf juristische Personen auf eine grundrechtstypische Gefährdungslage abzustellen. Danach ist maßgeblich, ob sich die juristische Person um ihrer selbst Willen auf Grundrechte berufen kann. Nach diesem Verständnis ist eine juristische Person nicht eine Art Treuhänderin der Grundrechte der dahinter agierenden natürlichen Personen, sondern ein eigenständiges Gebilde, dessen Gründungsmöglichkeit durch natürliche Personen wiederum selbst Ausdruck der Freiheitsrechte natürlicher Personen ist. Zudem wäre der Grundrechtsschutz bei Abstellen auf mittelbar betroffene natürliche Personen wegen der zum Teil komplexen Wirtschaftsstruktur und der damit verbundenen schwierigen Ermittelbarkeit der natürlichen Personen aus rechtsstaatlichen Gründen zu unbestimmt.

Schema 67: Grundrechtsfähigkeit juristischer Personen des öffentlichen Rechts/
Eigengesellschaften

GRsFähigkeit jur. Personen des öR/Eigengesellschaften	
Rspr. (hM): grds. nicht GRsfähig	**Lit.: GRsfähig (GRstypische Gefährdungslage)**
• kein **personales Substrat** • „**Konfusionsargument**": wer GRsverpflichtet ist, kann nicht gleichzeitig GRsberechtigt sein • keine **GRstypische Gefährdungslage**: Fiskusprivilegien/sonstige Vorteile (jur. Personen des öR gegenüber Staat nie wie Bürger) • **Ausnahmetrias:** *Kirchen, Universitäten, Rundfunkanstalten*; Grund: personales Substrat; Staatsferne (spezifischem GR zugeordnet; ör Rechtsform der Kirchen nur historisch bedingt)	• insbes. bei **Fiskalverwaltung**: Staat wie ein Privater • gegen Konfusionsargument: GRsbindung gegenüber Privaten schließt nicht die GRsberechtigung gegenüber anderen Hoheitsträgern aus *Wichtig: für alle juristischen Personen (sogar ausländische) VerfahrensGR gewährleistet*

c) Grund- bzw. Verfahrensrechte der W

Fraglich ist, ob die Artt. 12 Abs. 1, 19 Abs. 4, 101 Abs. 1 S. 2 GG sowie Art. 3 Abs. 1 GG sachlich ihrem Wesen nach im Rahmen des personalen Substrats bzw.

einer grundrechtstypischen Gefährdungslage wesensgemäß auf W anwendbar sind.

aa) Berufsfreiheit i.S.d. Art. 12 Abs. 1 GG

Durch die Berufsfreiheit i.S.d. Art. 12 Abs. 1 GG werden sachlich die Berufsausübung und die Berufswahl geschützt. Trotz der gesetzlichen Differenzierung zwischen Berufsausübung und Berufswahl ist ein einheitlicher Schutzbereich des Berufes anzunehmen. Ein Beruf ist jede auf Dauer angelegte Tätigkeit, die in ideeller wie in materieller Hinsicht der Schaffung bzw. Erhaltung einer Lebensgrundlage dient, soweit sie nicht sozial- bzw. gemeinschaftsschädlich ihrem Wesen nach ist. Davon ist auch das Recht eines Gastwirtes erfasst, die Qualität und die Art am Markt angebotener Leistungen und Waren zu bestimmen. Hierzu können auch Wetten – zumindest in bestimmtem Umfang – gehören.

Problematisch ist der persönliche Schutzbereich bei juristischen Personen bezüglich des personalen Substrats bzw. der grundrechtstypischen Gefährdungslage.

Während juristische Personen des Privatrechts sich regelmäßig auf materielle Grundrechte berufen können, gilt dies für juristische Personen des öffentlichen Rechts grundsätzlich nicht – jedenfalls soweit sie öffentliche Aufgaben wahrnehmen (BVerfG, 39, 302, 312f.). Zwar könnte darauf abgestellt werden, dass juristische Personen des öffentlichen Rechts in ähnliche Situationen wie Bürger und juristische Personen des Privatrechts geraten können, jedoch stellen Grundrechte klassische Abwehrrechte gegen den Staat dar, sodass er sich aufgrund der Konfusion grundsätzlich nicht gleichzeitig auf Grundrechte berufen kann.

„Jedenfalls gilt dies, soweit sie öffentliche Aufgaben wahrnehmen. Denn die Erfüllung öffentlicher Aufgaben durch juristische Personen des öffentlichen Rechts erfolgt in der Regel nicht in Wahrnehmung unabgeleiteter, ursprünglicher Freiheiten, sondern aufgrund der Kompetenzen, die durch das positive Recht zugeordnet und inhaltlich bemessen und begrenzt werden. Die Regelung dieser Beziehungen und die Entscheidung daraus resultierender Konflikte sind nicht Gegenstand der Grundrechte, weil der unmittelbare Bezug zum Menschen fehlt. Durch die Erfüllung öffentlicher Aufgaben werden juristische Personen des öffentlichen Rechts auch dann nicht zum grundrechtsgeschützten „Sachwalter" des Einzelnen bei der Wahrnehmung seiner Grundrechte, wenn sie, wie dies etwa bei der Daseinsvorsorge möglich ist, zugleich der Verwirklichung seiner Grundrechte förderlich ist" (BVerfG, NVwZ 1987, 879, 880).

„Ausnahmen können bei juristischen Personen erfolgen, die von den ihnen durch die Rechtsordnung übertragenen Aufgaben her unmittelbar einem durch bestimmte Grundrechte geschützten Lebensbereich zugeordnet sind (bspw. Universitäten und Fakultäten oder Rundfunkanstalten) oder kraft ihrer Eigenart ihm von vornherein zugehören (bspw. Kirchen). Bei diesen Ausnahmen handelt es sich um juristische Personen des öffentlichen Rechts, die – im Umfang der dargelegten Zuordnung – Bürgern zumindest auch zur Verwirklichung ihrer individuellen Grundrechte dienen, und die als eigenständige, vom Staat unabhängige oder jedenfalls distanzierte Einrichtungen bestehen" (BVerfG, NVwZ 1987, 879, 880 m.w.N.).

„Maßgebend für die Anwendbarkeit der Grundrechte auf juristische Personen des öffentlichen Rechts ist somit nicht die Rechtsform, sondern ob und inwieweit in der Rechtsstellung als juristische Person des öffentlichen Rechts eine Sach- und Rechtslage ausgestaltet ist, welche nach dem Wesen der Grundrechte deren Anwendung auf juristische Personen entgegensteht. Es kommt auf die Funktion an, in der eine juristische Person des öffentlichen Rechts von dem beanstandeten Akt der öffentlichen Gewalt betroffen wird. Besteht diese in der Wahrnehmung gesetzlich zugewiesener und geregelter öffentlicher Aufgaben, so ist die juristische Person zumindest insoweit nicht grundrechtsfähig. Aber auch außerhalb des Bereichs der Wahrnehmung öffentlicher Aufgaben gelten Grundrechte nicht ohne Weiteres für juristische Personen des öffentlichen Rechts, wenngleich sie sich grundsätzlich darauf berufen können, soweit sie – wie bspielsweise bei der Handwerkskammer – als Vertreterin der wirtschaftlichen Interessen ihrer Mitglieder betroffen sind und in der Rechtslage kein Unterschied zu derjenigen privater Zusammenschlüsse besteht BVerfG, NVwZ 1987, 879, 880 m.w.N).

Nach alledem ist eine Verletzung der Berufsfreiheit der W aus Art. 12 Abs. 1 GG nicht möglich, weil sie einerseits keine Kirche, Universität oder Rundfunkanstalt ist, andererseits keine Grundrechte geltend macht, auf die sich juristische Personen des öffentlichen Rechts ausnahmsweise berufen können. Bezüglich der Berufsfreiheit ist W nicht beschwerdebefugt.

bb) Artt. 19 Abs. 4, 101 Abs. 1 S. 2 GG

Zwar können sich juristische Personen des öffentlichen Rechts grundsätzlich nicht auf Freiheitsrechte als klassische Abwehrrechte gegen den Staat berufen, jedoch gilt dies nicht für Verfahrensrechte bzw. grundrechtsähnliche Rechte, da diese im Bundesstaat i.S.d. Art. 20 Abs. 1 GG schon zur Erhaltung desselben allen juristischen Personen des öffentlichen Rechts zustehen müssen.

Die Verfahrens- und grundrechtsähnlichen Rechte stellen keine Individualrechte wie Art. 1 GG bis Art. 17 GG dar, „sondern enthalten objektive Verfahrensgrundsätze, die für jedes gerichtliche Verfahren gelten und daher auch jedem zugute kommen müssen, der nach den Verfahrensnormen parteifähig ist oder von dem Verfahren unmittelbar betroffen wird" (BVerfGE 61, 82, 104).

„Ist durch die Rechtsordnung ein Rechtsweg für Verfahrensgegenstände eröffnet, an denen juristische Personen des öffentlichen Rechts beteiligt sind, ergibt sich daraus, dass die für ein gerichtliches Verfahren im Rechtsstaat konstitutiven Gewährleistungen zum Beispiel des gesetzlichen Richters i.S.d. Art. 101 Abs. 1 S. 2 GG und des rechtlichen Gehörs i.S.d. Art. 103 Abs. 1 GG wie auch weitere, etwa aus dem Rechtsstaatsprinzip und dem Verbot der Verfahrenswillkür abzuleitende Gewährleistungen auch zugunsten der verfahrensbeteiligten juristischen Person des öffentlichen Rechts zu wirken haben. Denn die Funktion richterlicher Entscheidungen im Rechtsstaat i.S.d. Art. 20 Abs. 3 GG ist nur zu rechtfertigen, wenn sie bezogen auf alle Rechtsträger unter Beachtung der Erfordernisse eines gehörigen Verfahrens im Sinne der justiziellen Grundrechte bzw. grundrechtsähnlichen justiziellen Rechte gewonnen werden, die im Interesse richterlicher Urteilsfindung unverzichtbar sind" (BVerfGE 61, 82, 104 f.).

Dies gilt auch für Art. 19 Abs. 4 GG als Verfahrensrecht, durch das ein Rechtsweg gewährleistet wird, welcher zur Durchsetzung gewährter Rechte notwendig ist. Eine Verletzung der Rechte der W durch den letztinstanzlichen Beschluss bezüglich der Nichtsuspendierung ist zumindest möglich, sodass W insoweit beschwerdebefugt ist.

cc) Art. 3 Abs. 1 GG

Fraglich ist, ob sich W als juristische Person öffentlichen Rechts auf den allgemeinen Gleichheitsgrundsatz aus Art. 3 Abs. 1 GG berufen kann.

Der allgemeine Gleichheitsgrundsatz aus Art. 3 Abs. 1 GG ist anders als die subjektivierten Freiheitsrechte zunächst als objektiver Staatsgrundsatz im Rahmen des rechtsstaatlichen hoheitlichen Staatsaufbaus einzustufen (vgl. BVerfGE 21, 362, 372), bezüglich dessen nur in Verbindung mit subjektiven Rechten eine Beschwerdebefugnis begründet werden kann. „Bei der Regelung der Verhältnisse von Körperschaften oder Anstalten des öffentlichen Rechts ist der Gesetzgeber auch dann an den Gleichheitssatz gebunden, wenn diese sich nicht auf Freiheitsrechte berufen können", zumal im allgemeinen Gleichheitsgrundsatz das auch rechtsstaatlich i.S.d. Art. 20 Abs. 3 GG verankerte Willkürverbot enthalten ist (vgl. BVerfGE 76, 130, 139). Dieses gilt auch im Verhältnis der Hoheitsträger untereinander (BVerfGE 86, 148, 251; 76, 130, 139).

Nach alledem könnte sich W zwar auf den allgemeinen Gleichheitsgrundsatz aus Art. 3 Abs. 1 GG berufen, jedoch bedürfte es dazu einer subjektivierten Vergleichsgruppe, die mangels der Anwendbarkeit des Art. 12 Abs. 1 GG nicht ersichtlich ist, sodass die Subsidiarität – W hat sich bei den Verwaltungsgerichten nicht auf den Gleichheitsgrundsatz berufen – nicht maßgeblich ist. Bezüglich des allgemeinen Gleichheitsgrundsatzes i.S.d. Art. 3 Abs. 1 GG ist W nicht beschwerdebefugt.

Schema 68: Bindung der drei Gewalten an den Gleichheitssatz

Gesetzgebung	Verwaltung	Rechtsprechung
➜ Rechtssetzungsgleichheit („Gleichheit des Gesetzes")	➜ Rechtsanwendungsgleichheit („Gleichheit vor dem Gesetz")	
(P) diverse Möglichkeiten der Behebung eines Gleichheitsverstoßes	- beim ör Verwaltungshandeln kann Art. 3 GG im Rahmen des Ermessens und bei Beurteilungsspielräumen relevant sein (aber subj. Recht erforderlich; Art. 3 GG gibt nur Recht auf Gleichbehandlung im Rahmen vorhandener subj. Rechte) - bei priv. Verwaltungshandeln Bindung im Verwaltungsprivatrecht und als Willkürverbot bei fiskalischem Handeln	- Gleichheit im Verfahren - Gleichheit bei der Rechtsanwendung; insoweit bei grober Verkennung, nicht nur bei bloßem Verstoß gegen einfaches Recht beachtlich, da BVerfG keine Superrevisionsinstanz (bei besonders intensiven Eingriffen einfachgesetzliche Einstrahlung im Rahmen der Verhältnismäßigkeitsprüfung möglich)

4. Besonderes Rechtsschutzbedürfnis

W müsste besonders rechtsschutzbedürftig sein. Dies ist anzunehmen, wenn W den fachgerichtlichen Rechtsweg i.S.d. § 90 Abs. 2 S. 1 BVerfGG erschöpft hat und die Verfassungsbeschwerde nicht subsidiär wäre.

W hat den fachgerichtlichen Rechtsweg i.S.d. § 90 Abs. 2 S. 1 BVerfGG erschöpft, da die beim letztinstanzlichen Gericht erforderliche Erschöpfung des Rechtswegs bedeutet, dass der Beschwerdeführer die prozessualen Möglichkeiten nicht versäumt haben darf. Durch die letztinstanzliche Entscheidung des Verwaltungsgerichtshofes hat W den Rechtsweg des Hauptsacheverfahrens erschöpft.

Die Verfassungsbeschwerde wäre auch nicht subsidiär.

Hinsichtlich der Subsidiarität bestehen gegenüber dem Ausgangsfall keine Besonderheiten.

5. Form, Antrag und Frist

Die Verfassungsbeschwerde der W müsste i.S.d. § 92 BVerfGG begründet und ein schriftlicher Antrag i.S.d. § 23 BVerfGG gestellt werden. Die Monatsfrist gemäß § 93 Abs. 1 S. 1 BVerfGG wäre einzuhalten.

Auch hinsichtlich der Form, des Antrages und der Frist bestehen keine Besonderheiten gegenüber dem Ausgangsfall.

III. Ergebnis

Die Verfassungsbeschwerde der W wäre zulässig, sodass sie bezüglich des einstweiligen Rechtsschutzes i.S.d. § 32 BVerfGG nicht unbehebbar unzulässig wäre.

In der verfassungsgerichtlichen Praxis werden Verfassungsbeschwerden und Eilanträge oft in einem Schriftsatz verfasst.

3. Komplex: Grundrechtsverletzung des V

V kann durch den ablehnenden Gerichtsbeschluss auf seinen Antrag auf Aussetzung der Abschiebung in seinem Grundrecht auf den Schutz der Familie gemäß Art. 6 Abs. 1, 2 S. 1 GG verletzt worden sein.

I. Schutzbereichseingriff

Der Gerichtsbeschluss kann als Schutzbereichseingriff einzustufen sein. Der persönliche und der sachliche Schutzbereich müssen eröffnet sein. Persönlich ist V als natürliche Person von dem Grundrecht auf den Schutz der Familie erfasst. Es handelt sich um kein Deutschengrundrecht. In sachlicher Hinsicht wird durch Art. 6 GG kein unmittelbarer Anspruch auf Aufenthalt gewährt. Soweit die Definition von Ehe und Familie im Grundgesetz nicht hinreichend erfolgt ist, ist vergleichbar mit Art. 14 Abs. 1 S. 2 GG eine einfachgesetzliche Begriffsdefinition möglich. Dabei kann einerseits der funktionale Schutzbereich – also die eingriffsbezogene Schutzbereichsdefinition –maßgeblich werden, während andererseits bei Bedarf materielle Abwägungsaspekte im Hinblick auf die enge oder weite Schutzbereichsdefinition herangezogen werden müssen.

„Die Entscheidung, in welcher Zahl und unter welchen Voraussetzungen Fremden der Zugang zum Bundesgebiet ermöglicht werden soll, ist im Grundgesetz weitgehend der gesetzgebenden und der vollziehenden Gewalt überlassen worden. Dem Ziel der Begrenzung des Zuzugs von Ausländern darf aufgrund diverser Differenzierungen zwischen Deutschen und Ausländern im Grundgesetz – zum Beispiel in der Präambel und in Art. 1 GG – erhebliches Gewicht beigemessen werden. Mit dem verfassungsrechtlichen Schutz von Ehe und Familie ist es auch grundsätzlich vereinbar, einen Ausländer auf die Einholung eines erforderlichen Visums zu verweisen" (BVerfG, Beschluss vom 1.12.2008 – 2 BvR 1830/08, Rn. 25).

Allerdings ergibt sich aus Art. 6 Abs. 1 GG i.V.m. Art. 6 Abs. 2 GG eine Verpflichtung des Staates, die Familie zu fördern und zu schützen. Dies gilt auch für die Ausländerbehörde bei der Entscheidung über aufenthaltsbeendende Maßnahmen. „Dieser verfassungsrechtlichen Pflicht des Staates zum Schutz der Familie entspricht ein Anspruch des Trägers des Grundrechts aus Art. 6 GG darauf, dass die zuständigen Behörden und Gerichte bei der Entscheidung über das Aufenthaltsbegehren seine familiären Bindungen an im Bundesgebiet lebende Personen angemessen berücksichtigen. Dabei ist grundsätzlich eine Betrachtung des Einzelfalles geboten, bei der einerseits die familiären Bindungen zu berücksichtigen sind, andererseits aber auch die sonstigen Umstände des Einzelfalles" (BVerfG, Beschluss vom 1.12.2008 – 2 BvR 1830/08, Rn. 26).

„Kann die bereits gelebte Lebensgemeinschaft zwischen einem Ausländer und seinem Kind nur in der Bundesrepublik Deutschland stattfinden, weil weder dem Kind noch seiner Mutter das Verlassen der Bundesrepublik Deutschland zumutbar ist, ist die Pflicht des Staates, die Familie zu schützen, gegenüber einwanderungspolitischen Aspekten regelmäßig vorrangig. Dies kann sogar gelten, wenn ein Ausländer vor der Entstehung der zu schützenden Lebensgemeinschaft gegen aufenthaltsrechtliche Bestimmungen verstoßen hat" (BVerfG, Beschluss vom 1.12.2008 – 2 BvR 1830/08, Rn. 27).

„Ausländerrechtliche Schutzwirkungen ergeben sich aus Art. 6 GG nicht bereits aufgrund formal-rechtlicher familiärer Bindungen. Entscheidend ist vielmehr die tatsächliche Verbundenheit zwischen den Familienmitgliedern" (BVerfG, Beschluss vom 1.12.2008 – 2 BvR 1830/08, Rn. 28.).

„Bei der Bewertung der familiären Beziehungen darf keine schematische Einordnung als entweder aufenthaltsrechtlich grundsätzlich schutzwürdige Lebens- und Erziehungsgemeinschaft oder Beistandsgemeinschaft oder aber bloße Begegnungsgemeinschaft ohne aufenthaltsrechtliche Schutzwirkungen erfolgen, zumal auch der persönliche Kontakt mit dem Kind in Ausübung eines Umgangsrechts unabhängig vom Sorgerecht Ausdruck und Folge des natürlichen Elternrechts und der damit verbundenen Elternverantwortung ist und daher i.S.d. Art. 6 Abs. 2 S. 1 GG geschützt ist (BVerfG, Beschluss vom 1.12.2008 – 2 BvR 1830/08, Rn. 29).

Das Bundesverfassungsgericht stellt deutlich auf eine materielle Eltern-Kind-Bindung im Einzelfall, nicht aber auf eine formale Bindung ab. Zu beachten ist das Kindeswohl, welches zum Beispiel in der einfachgesetzlichen Definition der Familie in § 1666 BGB ebenfalls zum Ausdruck gebracht worden ist.

„Es kommt in diesem Zusammenhang nicht darauf an, ob eine Hausgemeinschaft besteht und ob die von einem Familienmitglied tatsächlich erbrachte Lebenshilfe auch von anderen Personen erbracht werden könnte. Dabei ist zu berücksichtigen, dass der spezifische Erziehungsbeitrag des Vaters nicht durch die Betreuung des Kindes durch die Mutter entbehrlich wird (BVerfG, Beschluss vom 1.12.2008 – 2 BvR 1830/08, Rn. 29).

„Eine verantwortungsvoll gelebte und dem Schutzzweck des Art. 6 GG entsprechende Eltern-Kind-Gemeinschaft lässt sich nicht ausschließlich quantitativ etwa nach Daten und Uhrzeiten des persönlichen Kontakts oder genauem Inhalt der einzelnen Betreuungshandlungen bestimmen. Die Entwicklung eines Kindes wird nicht nur durch quantifizierbare Betreuungsbeiträge der Eltern, sondern auch durch die geistige und emotionale Auseinandersetzung geprägt" (BVerfG, Beschluss vom 1.12.2008 – 2 BvR 1830/08, Rn. 30).

„Bei aufenthaltsrechtlichen Entscheidungen, die den Umgang mit einem Kind berühren, ist maßgeblich auch auf die Sicht des Kindes abzustellen und im Einzelfall zu untersuchen, ob tatsächlich eine persönliche Verbundenheit besteht, auf deren Aufrechterhaltung das Kind zu seinem Wohl angewiesen ist. Dabei sind die Belange des Elternteils und des Kindes im Einzelfall umfassend zu berücksichtigen" (BVerfG, Beschluss vom 1.12.2008 – 2 BvR 1830/08, Rn. 31).

„Dementsprechend ist im Einzelfall zu würdigen, in welcher Form die Elternverantwortung ausgeübt wird und welche Folgen eine endgültige oder vorübergehende Trennung für die gelebte Eltern-Kind-Beziehung und das Kindeswohl hätte. In diesem Zusammenhang ist davon auszugehen, dass der persönliche Kontakt des Kindes zum getrennt lebenden Elternteil und der damit verbundene Aufbau und die Kontinuität emotionaler Bindungen zu Vater und Mutter in der Regel der Persönlichkeitsentwicklung des Kindes dient" (BVerfG, Beschluss vom 1.12.2008 – 2 BvR 1830/08, Rn. 32)

„Eine auch nur vorübergehende Trennung kann nicht als zumutbar eingestuft werden, wenn das Gericht keine Vorstellung davon entwickelt, welchen Trennungszeitraum es für zumutbar erachtet. Ein hohes, gegen die Aufenthaltsbeendigung sprechendes Gewicht haben die Folgen einer vorübergehenden Trennung insbesondere, wenn ein noch sehr kleines Kind betroffen ist, das den nur vorübergehenden Charakter einer räumlichen Trennung möglicherweise nicht begreifen kann und diese rasch als endgültigen Verlust erfährt" (vgl. BVerfG, Beschluss vom 1.12.2008 – 2 BvR 1830/08, Rn. 33).

„Soweit für die Annahme einer familiären (Lebens-)Gemeinschaft regelmäßige Kontakte des getrennt lebenden Elternteils mit seinem Kind, durch welche die Übernahme elterlicher Erziehungs- und Betreuungsverantwortung zum Ausdruck gebracht wird, sowie eine emotionale Verbundenheit gefordert werden, ist dies verfassungsrechtlich vorgesehen" (BVerfG, Beschluss vom 1.12.2008 – 2 BvR 1830/08, Rn. 34).

„Die familiäre (Lebens-)Gemeinschaft zwischen einem Elternteil und seinem minderjährigen Kind ist getragen von tatsächlicher Anteilnahme am Leben und dem Aufwachsen des Kindes. Bei regelmäßigem Umgang des ausländischen Elternteils, der dem auch sonst Üblichen entspricht, ist in der Regel von einer familiären Gemeinschaft auszugehen. Auch Unterhaltsleistungen sind in diesem Zusammenhang ein Zeichen für die Wahrnehmung elterlicher Verantwortung" (BVerfG, Beschluss vom 1.12.2008 – 2 BvR 1830/08, Rn. 35).

V hat zu seinem Kind K mehr als nur eine formale Beziehung. Es gibt nicht nur für einige Bereiche formal ein gemeinsames Sorgerecht mit D, sondern V nimmt auch regelmäßig sein Besuchsrecht wahr. Zwar erfolgt dies nur alle zwei Wochen, jedoch ist auch für das Kind eine gewisse Gewohnheit eingetreten, sodass die Beziehung des V zu K vom Schutzbereich erfasst ist. Durch den Beschluss des Gerichts, es bei der Abschiebung des V zu belassen, wird die gleich lautende Behördenentscheidung bestätigt und somit in den Schutzbereich des Art. 6 Abs. 1, 2 S. 1 GG unmittelbar eingegriffen.

II. Rechtfertigung

Der Schutzbereichseingriff kann gerechtfertigt sein. Dies ist anzunehmen, wenn für das Grundrecht eine Schrankensystematik geregelt ist, deren verfassungsrechtliche Voraussetzungen erfüllt sind.

1. Gesetzesvorbehalt und Verfassungsmäßigkeit der Gesetze

Während in Art. 6 Abs. 3 GG für eine Trennung des Kindes von den Erziehungsberechtigten gegen deren Willen ein qualifiziert einschränkender Gesetzesvorbehalt geregelt ist – aufgrund eines Gesetzes, wenn die Erziehungsberechtigten versagen oder wenn die Kinder aus anderen Gründen zu verwahrlosen drohen –, sodass die Voraussetzungen des Art. 19 Abs. 1 GG erfüllt sein müssen, gilt bezüglich des Art. 6 Abs. 1, 2 GG ein einfacher – gemäß Art. 6 Abs. 1 GG sind die staatliche Ordnung und gemäß Art. 6 Abs. 1 S. 2 GG die staatliche Gemeinschaft maßgeblich – Gesetzesvorbehalt, wobei Ehe und Familie einfachgesetzlich spezifisch definiert werden können. Die maßgeblichen Gesetze – das Asylverfahrensgesetz und das Aufenthaltsgesetz – sind verfassungsgemäß und erfüllen die notwendigen Anforderungen.

2. Verhältnismäßigkeit des Vollzuges

Der Gesetzesvollzug in Form des das Verwaltungshandeln bestätigenden Gerichtsbeschlusses kann verhältnismäßig sein.

a) Verfassungsrechtlich legitimer Zweck

Es müsste ein verfassungsrechtlich legitimer Zweck verfolgt werden, wobei bei der Einstufung des Zwecks die Einschätzungsprärogative der Verwaltung zu berücksichtigen ist. Legitimer Zweck der Verwaltungsentscheidung ist die Kontrolle der Zuwanderung zur Erhaltung der Funktionsfähigkeit des Rechtsstaates.

b) Eignung

Die Gerichtsentscheidung muss im Hinblick auf den verfolgten Zweck geeignet sein. Es muss also der gewünschte Erfolg gefördert werden (BVerfGE 67, 157, 173; 90, 145, 172; 90, 10, 23). Durch die gerichtliche Bestätigung der Ausweisung des V wird die Begrenzung der Zuwanderung zumindest gefördert, sodass die Eignung gegeben ist.

c) Erforderlichkeit

Die Entscheidung darf nicht über das zur Verfolgung ihres Zweckes notwendige Maß hinaus-, also nicht weitergehen, als der mit ihr intendierte Schutzzweck reicht. Es darf zur Erreichung des Zwecks kein gleich geeignetes milderes Mittel ersichtlich sein. Jeglicher weiterer Aufenthalt des V in der Bundesrepublik Deutschland wäre bezüglich der Begrenzung der Zuwanderung jedenfalls nicht gleich geeignet, sodass der Gerichtsbeschluss als Bestätigung des Verwaltungshandelns erforderlich ist.

d) Verhältnismäßigkeit im engen Sinne (Disproportionalität)

Die Entscheidung darf nicht unverhältnismäßig im engen Sinne, also nicht disproportional zum angestrebten Zweck sein und somit nicht in einem erheblichen Missverhältnis dazu stehen. Voraussetzung für die Verhältnismäßigkeit im engen Sinne ist es, dass der Eingriff in angemessenem Verhältnis zu dem Gewicht und der Bedeutung des Grundrechts steht (BVerfGE 67, 157, 173).

Diesbezüglich werden die verfassungsrechtlichen Vorgaben durch die gerichtlich getroffene Entscheidung nicht hinreichend berücksichtigt. Bei der Entscheidung darüber, ob V zunächst im Bundesgebiet zu dulden ist, würdigte das Gericht die Bedeutung des Art. 6 Abs. 1 GG und des Art. 6 Abs. 2 S. 1 GG nicht in dem gebotenen Umfang, wobei zugleich die Grundrechtsposition des K betroffen ist, welchem gegenüber aus Art. 6 Abs. 1, 2 GG staatliche Schutzpflichten bestehen (vgl. BVerfG, Beschluss vom 1.12.2008 – 2 BvR 1830/08, Rn. 36).

Die Erwägung des Gerichts, eine Eltern-Kind-Beziehung bezüglich des K bestehe nur zu den Pflegeeltern, trifft bereits im Ansatz nicht zu. „Bei Umgangskontakten unterscheidet sich die Eltern-Kind-Beziehung typischerweise deutlich von dem Verhältnis des Kindes zur täglichen Betreuungsperson. Dass der Umgangsberechtigte nur ausschnittsweise am Leben des Kindes Anteil nehmen kann und keine alltäglichen Erziehungsentscheidungen trifft, steht der Annahme einer familiären Lebensgemeinschaft nicht entgegen. Durch die Erwägung des Gerichts, die Elternfunktion sei rechtlich auf die Pflegeeltern übertragen und der Kontakt des V sei auf ein Besuchsrecht reduziert, wird nicht die Annahme gerechtfertigt, zwischen den Beschwerdeführern bestehe keine verfassungsrechtlich geschützte Lebensgemeinschaft. Je nach den Umständen des Einzelfalls bedeutet gerade die Ausübung des Besuchsrechts die Erfüllung der Elternfunktion i.S.d. Art. 6 Abs. 1, 2 S. 1 GG unter den nicht änderbaren Einschränkungen der Unterbringung in der Dauerpflegestelle" (BVerfG, Beschluss vom 1.12.2008 – 2 BvR 1830/08, Rn. 39).

„Die von den Behörden eingebrachte und vom Gericht übernommene Einschätzung, dass die Beziehung sich aus der Sicht des Kindes nicht von der unterscheide, die zu einem Patenonkel bestehen würde, ist hier nicht zu würdigen. Jedenfalls hätte das Gericht seine Entscheidung nicht allein darauf stützen dürfen. Durch Art. 6 Abs. 1, 2 S. 1 GG wird geboten, auch auf die Sicht des Kindes abzustellen, ohne dass daraus aber Belange des Kindes, die dieses selbst noch nicht erkennen kann, und die schützenswerten Belange des betroffenen Elternteils vernachlässigt werden dürfen. Indem das Gericht V als jemanden behandelt, der nicht in einem „echten" Vater-Kind-Verhältnis zu K stehe, hat es zunächst die Stellung des leiblichen Vaters in verfassungswidriger Weise entwertet. Diese Fehlgewichtung hat dazu geführt, dass die Beziehung zwischen den Beschwerdeführern mit denjenigen nicht schützenswerten Konstellationen einer Begegnungsgemeinschaft gleichgesetzt worden ist, in der es an der Übernahme von Verantwortung für Betreuung und Erziehung des Kindes fehlt" (BVerfG, Beschluss vom 1.12.2008 – 2 BvR 1830/08, Rn. 40).

Eine reine Begegnungsgemeinschaft ist entgegen der früheren Rechtsprechung nicht mehr maßgeblich.

„Die Übernahme einer Verantwortung in Eltern-Kind-Gemeinschaften kann auch in den spezifischen Formen, die durch das Umgangsrecht ermöglicht werden, erfolgen. Demgemäß wäre zu prüfen gewesen, ob die hier vorhandenen Umgangskontakte in ihrer Bedeutung für das Verhältnis des V zu K den auch sonst üblichen entsprechen und auf diese Weise die Vater-Kind-Beziehung gelebt wird. Dies hat das Gericht, erkennbar durch die Bezugnahme auf die Unterbringung des K in einer Pflegefamilie, unterlassen. Ebenso wenig hat das Gericht aufgeklärt, ob und inwieweit V den ihm verbliebenen Teil der elterlichen Sorge wahrnimmt und aus welchen Gründen gegebenenfalls Engagement unterbleibt, welches für das Bestehen einer familiären Lebensgemeinschaft ebenfalls von Bedeutung sein kann" (BVerfG, Beschluss vom 1.12.2008 – 2 BvR 1830/08, Rn. 40).

Der Gerichtsbeschluss beruht auf dem festgestellten Verfassungsverstoß. Es ist nicht auszuschließen, dass das Gericht bei hinreichender Berücksichtigung der sich aus Art. 6 GG ergebenden Vorgaben zu einer anderen, für V und K günstigeren Entscheidung gelangt wäre. Der Eingriff ist nicht gerechtfertigt.

III. Ergebnis

V ist durch die das Verwaltungshandeln bestätigende Gerichtsentscheidung in seinem Grundrecht aus Art. 6 Abs. 1, 2 S. 1 GG verletzt worden.

Stichwortverzeichnis

https://doi.org.10.1515/9783110624410-020

Onlinematerial

Fall 1: Schaubilder

Fall 2: Schaubilder

Fall 3: Schaubilder

Fall 4: Schaubilder

https://doi.org.10.1515/9783110624410-021

Fall 5: Schaubilder

Fall 6: Schaubilder

Fall 7: Schaubilder

Fall 8: Schaubilder

www.ingramcontent.com/pod-product-compliance
Lightning Source LLC
Chambersburg PA
CBHW021341210326
41599CB00011B/712